개정 9 판

기업가치 평가실무

김종일 · 강진홍 · 정호준 공저

SUCCESS

조세통람

개정9판의 발간을 맞이하며

독자들의 애정과 격려가 없었다면 한 권의 책이 출간되어 9판까지 나오기는 쉽지 않은 일이다. 2006년 9월 초판이 발간된 이래 벌써 16년이 넘는 세월이 흘러 새롭게 변화된 9판을 소개하게 되어 감개가 무량하다.

본서의 제목에 걸맞게 가치평가업무를 수행하는 실무자들에게 구체적이고 실질적인 도움이 될 수 있도록 초판을 시작으로 많은 노력이 이루어졌으며, 국내 가치평가 실무분야에서 가장 대표적인 교과서이자 참고서 중의 하나로 자리를 잡는데 커다란 도움이 되어주신 독자들에게 진심으로 감사를 전한다.

모든 것이 변화하듯 가치평가 분야도 변화를 하게 되어 이에 맞추어 새로운 9판을 내놓게 되었다. 초판이 발간된 이래 가치평가 시장은 많은 변화가 있었고, 이러한 변화 속에 괄목할만한 성장을 하게 되었다. 무엇보다 여러 분야에서 공정가치(fair value)에 대한 사회적 요구가 늘어나고 있다는 점이 고무적인 일이라고 볼 수 있다. 공정한 가치평가가 이루어져야 투명한 거래가 이루어지며, 사회적으로 해당 거래가 활발하게 이루어지게 될 것이다.

2018년부터 시행되는 「기업회계기준서」 제1109호는 금융자산의 측정을 위한 분류방식부터 기존의 기준서와 크게 다르고, 지분상품에 대한 공정가치 측정을 더욱 강화하였다. 이로 인해 기업들의 비상장주식 평가가 주요한 과제로 떠올라 가치평가업무의 중요성은 더욱 커지게 된다.

또한 사회적으로는 엔터테인먼트 기업과 바이오 기업을 중심으로 한 공모가 이슈, 그룹사 합병비율 이슈, 피투자회사 관련 회계처리 및 공정가치 평가이슈 등으로 인해 과거에 비해 어느 때보다 사회적으로 공정가치 평가에 대한 관심이 높은 시점에 새롭게 개정된 9판을 내놓게 되어 시의적절함과 함께 부담감을 느끼는 것도 사실이다.

본서에서 가장 많이 할애하고 있는 현금흐름할인모형(DCF Model)은 역사상 가장 많은 영토를 지배한 몽고의 징기스칸처럼 활용분야가 계속하여 넓어지고 있어 명실상부한 공정가치 평가방법의 대명사로 자리를 잡게 되었다. M&A 인수가격 결정, 사업타당성 검토, 기업회생 의사결정, 비상장기업의 합병가액 산정, 해마다 이루어지는 영업권 손평가, 세무상 비상장주식 평가, 법정소송에서 공정가치 평가, 재무제표 작성목적, 기술가치평가 영역 등으로 활동무대가 넓어지고 있다.

금번 9판에서 크게 달라진 것은 다음과 같다.

첫째, 현금흐름표 이해를 추가하였다. 재무제표 중의 하나인 현금흐름표를 이해하고 분석할 수 있는 능력은 다름 아닌 현금흐름할인모형(DCF Model)을 실무에서 제대로 활용할 수 있는 지름길이다. 이에 따라 현금흐름표의 의의, 구성, 주요 이슈, 경영활동과 현금흐름표, 현금흐름과 의사결정 등을 추가적으로 다루었다.

둘째, 한국공인회계사의 MRP 가이던스 및 SRP 연구결과를 추가하였다. 한국공인회계사회는 2022년 6월 28일에 한국의 시장위험 프리미엄 가이던스와 한국의 기업규모위험 프리미엄 연구결과를 발표하였다. 실무적으로 가치평가 관련 업무를 수행하면서 해당 발표자료를 많이 참고할 것으로 예상되므로 이에 대한 내용을 상세히 구체적으로 다루었다.

셋째, 경제적 부가가치모형(EVA Model)을 추가하였다. 내부 성과평가(Performance Measure)의 목적으로 많이 활용되는 EVA Model은 핵심성과지표인 투하자본이익률(ROIC)과 자본조달비용(WACC)의 비교를 통해서 이루어지며 DCF Model과는 다르게 기업이 어느 해에 가치를 창출하는지 또는 어느 해에 가치를 파괴하는지 구체적으로 제시한다.

한 권의 책을 마감할 때마다 항상 많은 아쉬움이 남는다. 향후에는 소송과 가치평가, M&A 등 사업결합(business combination) 과정에서 매수가격배분(PPA; Purchase Price Allocation) 프로세스와 무형자산평가, RIM 및 EVA Model 관련 다양한 사례들을 다룰 예정이다.

9판이 나오기까지 끝까지 격려해주신 ㈜조세통람의 류현수 팀장님을 포함한 출판팀의 노고에 진심어린 고마움을 전해드린다.

2022년 8월

저자 일동

Contents

Contents

Contents

Chapter 9 상속세및증여세법에 의한 주식가치평가 • 491

Chapter 1

기업가치평가

왜 우리는 기업가치를 평가하는 것일까?

이에 대한 대답은 가치평가의 목적에 따라 달라지겠지만, 궁극적으로는 경영상의 의사결정을 위한 것으로 볼 수 있다. 경영자는 기업경영과정에서 여러 의사결정을 내리게 되는데 각 의사결정의 결과로 이익을 얻을 수도 있고, 손실을 보게 될 수도 있다. 이익을 얻게 되는 경우라면 경영자와 주주, 채권자 그리고 종업원에 이르기까지 모두 즐거운 일이 되겠지만, 잘못된 의사결정으로 인해 손실을 입게 되면 경영진은 막중한 책임을 안게 될 수 있다. 따라서 경영자는 자신의 의사결정이 합리적인 것이었는지에 대한 확신을 필요로 한다. 경영자의 의사결정이 합리적인 것이었는가의 판단기준은 '그러한 경영의사결정으로 기업에 이익이 될 것인가' 하는 것이다. 더 나아가 기업의 이익은 주주의 이익을 의미하므로 '주주의 이익에 부합되는가'에 의해 판단해야 한다.

가치평가의 목적은 경제적 의사결정을 도와주는 도구(instrument)가 될 수 있다. 예를 들어 어떤 기업이 신규사업 확대의 방법으로 다른 기업을 인수하기로 하였다고 하자. 인수하는 회사의 경영자는 자신의 의사결정이 합리적인지 파악하기 위해 피인수기업의 가치를 평가하여 인수대가를 결정하고자 할 것이다. 매도자는 인수자가 제시한 인수대가가 기업가치에 대한 충분한 보상이 되는지에 대해 고려할 것이다. 기업의 가치평가는 인수기업과 매도기업 양자에 있어 의사결정의 중요한 참고자료가 될 수 있는 것이다.

경영자가 경영의사결정의 도구로 가치평가를 적절히 수행하는 것은 궁극적으로 주주가치의 극대화(또는 주주가치의 보호)를 위해서이다. 그러나 현실경제에서는 경영자의 의사결정이 주주이익에 부합하지 않는 경우가 있을 수 있다. 기업의 소유주로서 주주는 기업의 중요한 의사결정에 대해 주주총회 등을 통해 직접 참여할 수 있다. 그러나 최종적인 의사결정을 주주가 하더라도 의사결정을 위한 정보는 경영자가 제공하는 경우가 많다.

경영자의 의사결정이 주주의 이익에 부합하지 않을 수 있는 문제로 인해 법 또는 규정에 의해 가치평가방법을 강제하기도 한다. 가치평가의 목적이 경영자의 합리적인 의사결정과 주주이익의 극대화에 있지만 가치평가결과에 따른 경영자의 의사결정이 주주이익의 극대화와 항상 일치하는 것은 아니기 때문이다.

가치평가는 잠재적인 투자자에게도 유용한 정보를 제공한다. 투자자는 투자대상기업의 가치평가결과를 참고하여 투자의사결정에 활용할 수 있다. 가치평가는 은행과 같은 금융기관의 의사결정에도 유용한 정보를 제공한다. 신규사업을 추진하고 있는 기업에 대한 대출의사결정을 위해서도 가치평가는 필요하다. 대출을 받을 기업이 미래현금의 창출능력이 있는지, 원금과 이자는 제때에 상환할 수 있는지에 대한 의사결정의 기준으로 가치평가가 활용될 수 있다.

가치평가는 국가에 있어서도 중요하다. 주식이나 기타 재산을 상속받은 경우나 특정한 관계에 있는 당사자 간에 합병, 주식교환, 유상증자, 주식양수도 등의 거래를 통해 부(富)의 이전이 발생하였다면 이익을 얻은 자는 세금을 납부해야 한다. 국가가 세금을 거둬들이기 위해서는 과세의 기초가 되는 재산가액을 명확히 규정해야 한다. 조세는 법률에 의해서만 징수할 수 있으며 임의적인 판단에 의해 과세할 수 없기 때문이다. 납세의무자는 법에서 정한 방법에 의해 자신이 보유하고 있는 주식 또는 주식거래를 통해 얻은 이익에 대해 세금을 납부해야 하며, 과세의 기초가 되는 재산가액은 법에서 정한 가치평가의 방법에 의해 계산되는 것이다.

또한 가치평가는 종업원에 있어서도 중요할 수 있다. 어떤 기업은 성과평가의 판단기준으로 가치평가를 활용하기도 한다. 예를 들어 가치평가에서 다루어지는 가중평균자본비용을 이용하여 산정되는 경제적 부가가치(EVA; Economic Value Added)를 성과평가의 기초로 사용하기도 한다. 우리사주조합을 통해 자사의 주식을 매입한 경우나 스톡옵션(Stock Option)을 부여받은 종업원은 자사의 가치평가에 관심이 많다.

Section 1 가치평가의 개념

가치평가(Valuation)는 '값(價)을 매기는 것'이라고 할 수 있다. 가치평가를 가장 쉽고 명쾌하게 설명한 말이다. 이 책에서 설명하는 가치평가는 '기업의 가치'에 국한되지만 가치평가의 포괄적 의미는 가치를 매길 수 있는 모든 유 · 무형의 대상에 대한 값(Price)을 계산하는 것으로 볼 수 있다. '값을 매기는 과정'과 그 결과로 도출된 '값'을 의사결정에 활용하는 것은 그 다음의 문제이다.

가치평가의 행위는 일상생활에서도 흔히 접할 수 있다. 집안 대대로 전해져 온 명품의 진위 여부를 판단하고 이의 '값을 매기는' 장면을 TV프로그램을 통해 본 적이 있을 것이다. 또 다른 프로그램에서는 대형쇼핑몰에서 정해진 시간 내에 정해진 금액에 가장 근접하게 물건을 사오는 주부에게 상품을 주는 대회를 연 적이 있다. 이 대회에 참가하는 주부들은 단순히 발이 빠르거나 셈이 빨라서 출전하는 것은 아니다. 쇼핑몰에서 판매하는 물건들의 가격에 대한 정보를 경험으로 미리 알고 있어 어떤 조합의 쇼핑리스트가 원하는 가격총액에 가장 근접할 것이라는 감을 가지고 있는 사람들이다. 이들은 어떤 면에서는 그 방면의 가치평가전문가라고 할 수도 있다.

한국의 소비자들은 까다롭기로 유명하다. 글로벌 기업이 시제품의 마케팅 테스트 대상으로 한국을 선택하는 경우도 있다고 한다. 그런 까다로운 소비자들도 완전히 새로운 제품을 제시하면 이 제품의 가격이 어느 정도일지에 대해 고개를 갸우뚱할 것이다. 더욱이 자신이 알고 있는 제품종류가 아니라면 아예 손사래를 칠 것이다. 소비자는 제품에 대한 기초적인 정보가 있어야만 값을 매길 수 있다.

즉 가치평가를 위해서는 충분한 '정보(information)'가 필요하다. 충분한 정보없이 판단하는 가격은 그저 '감'에 불과하다. 충분한 정보는 합리적인 판단을 할 수 있는 기초가 된다. 어떤 경우에는 충분한 정보와 풍부한 경험에도 불구하고 비합리적인 가치평가결과가 나올 수도 있다. 이는 올바른 가치평가로 볼 수 없다. 가치평가결과는 주관적 판단자료에만 머무르는 것이 아니라 의사결정에 참여하거나 가치평가로부터 영향을 받을 수 있는 사람에게까지 설명될 수 있는 객관적 가치를 가져야 한다. 이러한 이유로 가치평가는 합리적인 추정과정을 필요로 하는 것이다.

즉 가치평가는 단순히 값을 매기는 것에만 그치는 것이 아니라 '충분한 정보'를 바탕으로

'합리적인 판단'에 의해야 한다.

기업에 대한 가치평가도 가치평가의 기초적인 개념에서 벗어나지 않는다. 가치평가의 대상을 기업으로 맞추었을 뿐이다. 가치평가는 '이용가능한 모든 정보를 활용하여 합리적이고 체계적으로 가치를 평가하는(값을 매기는) 과정'으로 정의할 수 있다.

가치는 내재가치와 교환가치로 구분된다고 한다. 내재가치란 기업에 귀속될 이익(또는 현금)에 근거하여 그러한 이익이나 현금이 주주와 채권자에게 궁극적으로 귀속될 것을 전제로 한 가치를 말한다. 즉 내재가치는 기업의 이익(현금)창출능력에 기초하여 평가되는 가치이다. 반면 교환가치는 유가증권시장에서 거래되고 있는 주식가격 그 자체 또는 유가증권시장에서 거래되고 있는 유사기업의 주가를 이용한 가치를 말한다.

어떤 기업이 영업활동을 통해 주당 1,000원을 벌어들이고 있다면 그 기업의 가치는 주당 1,000원의 창출능력을 가지고 있다는 사실에 근거하여 평가하는 것이 내재가치이다. 교환가치는 주당 1,000원을 벌어들이고 있는 기업에 대해 100원을 벌고 있는 것으로 평가(under-value)하기도 하고, 10,000원을 벌고 있는 것으로 평가(overvalue)하기도 한다. 만일 자본시장이 효율적이고 모든 투자자들이 합리적이며, 정보가 왜곡없이 모든 투자자들에게 동일하게 제공된다면 이론적으로는 내재가치와 교환가치가 일치해야 할 것이다. 재무관리 이론서에서는 과대평가된 주식을 투자자가 즉시 매도하고 과소평가된 주식을 즉시 매입함으로써 주가는 균형가격을 유지할 것으로 전제하고 있다. 그러나 현실에서는 그렇지 않은 경우가 많다. 주식시장에서는 터무니없는 소문에 주가가 급등락을 하는 경우도 많고, 이익창출능력에 비해 시장에서 소외되고 있는 주식도 많다.

이와 같이 내재가치와 교환가치는 이론과 달리 괴리를 보인다. 이는 교환가치에 '시장요인'과 '비시장요인'이 반영되기 때문이다. 시장요인은 수요와 공급의 원리에 따라 주식시장에 유동성이 풍부한 경우에는 제한된 투자처에 자금이 모여들게 되므로 특정 주식의 이익(현금)창출능력보다 많은 가치를 부여하는 상황이 발생할 수 있으며, 유동성이 부족한 경우에는 우수한 주식에 대해서도 투자수요가 감소함에 따라 이익창출능력보다 적은 가치를 부여할 수도 있다. 비시장요인은 투자자의 심리상황이나 각종 루머 등에 의해 주가가 등락하는 이유를 설명한다. 어떤 기업에 대한 악재가 터져 나왔을 때 해당 기업에 대한 투자자는 그러한 악재가 기업의 이익창출능력에 어떠한 영향을 미칠 것인가에 대한 분석없이 단기투매하는 경우가 많다. 한때는 '테크'나 '닷컴'이 붙은 기업은 어떤 기업인지 볼 것 없이 투자한 때도 있었다. IMF와 같이 엄청난 영향을 미치는 경제적 사건이 있을 때에 모든 투자자는 공황상태에 빠지기도 한다.

주식시장을 큰 눈으로 보는 투자자는 교환가치의 일상적인 등락에 관심을 가지기 보다는 기업의 이익창출능력에 근거한 가치, 즉 내재가치에 관심을 가지게 된다. 내재가치에 관심을 가지는 투자자는 교환가치의 일시적인 변화보다는 투자한 기업의 실적 자체에 관심을 가지게 되는 것이다.

교환가치는 투자행위의 의사결정(매수 또는 매도)시점 정보를 제공하고 내재가치는 투자 여부의 결정을 위한 핵심자료를 제공하는 것이다. 세계적인 투자자 워렌 버핏이 투자방향을 잡는 데 결정적인 역할을 했다고 회고한 벤저민 그레이엄의 '현명한 투자자'라는 책의 내용은 참고할 만하다.

"시장은 허풍을 좋아하고 기업실적의 일상적인 등락을 지나치게 반영하는 경향이 있다. 투자자들의 관심이나 열정이 조금만 사라져도 주가는 형편없이 떨어질 수 있다. 진정한 투자자에게 주가의 변동은 하나의 중요한 변수일 뿐이다."

내재가치를 측정하는 대표적인 평가방법이 현금흐름할인모형이다. 교환가치를 활용하여 가치를 평가하는 방법을 시장가치비교법이라 한다. 가치평가에서는 내재가치와 교환가치 모두 중요하다. 현실에서 가치의 실현은 교환가치에 의해서만 가능하기 때문이다. 따라서 현명한 가치평가자는 교환가치 속에 숨어 있는 비정상적인 시장요인과 비시장요인을 파악하여 가치의 왜곡을 해소하는 과정이 필요하리라 본다.

News Clip

'제2벤처 붐 가시화를 위한 M&A 활성화 방안'

정보비대칭 상황에서 가격을 매칭(matching)시킬 수 있는 시장조성자(market maker), 연구수요를 충족시킬 수 있는 데이터 생산자 등 M&A시장 내 다양한 제3의 참가자를 육성하여 풍성한 생태계를 조성해나가야 할 것이다. 벤처기업정밀실태조사에서도 M&A 환경개선을 위해 필요한 사항으로 '기업 가치에 대한 신뢰할만한 평가시스템 구축'을 55.1%로 최우선순위로 'M&A 전문가 및 중개기관 육성'이 48.3%로 뒤를 잇고 있음을 확인할 수 있다.

▪ 서울경제TV(www.sentv.co.kr), 2019.11.12. ▪

Section 2 가치평가의 전제

본서에서는 가치평가를 '이용가능한 모든 정보를 활용하여 합리적이고 체계적으로 가치를 평가하는 과정'으로 정의하였다. 합리적이고 체계적으로 가치를 평가하는 것은 평가주체 외에 다른 이해당사자에게도 설득력 있는 방법이 되어야 함을 의미한다. 그러나 가치평가과정은 불확실한 정보를 이용한다. 불확실한 정보와 불확실한 상황은 가치평가에 여러 제약요인이 될 수 있다. 가치평가에서 발생하는 불확실한 상황 중 중요한 부분에 대해서는 평가주체와 이해당사자들이 암묵적으로 동의하는 사항들이 있는데 우리는 이를 가치평가의 전제(premise)라고 한다. 가치평가에 있어 가장 기본적인 전제로는 '계속기업의 가정(Going Concern consideration)'이다.

1. 계속기업의 가정

가치평가는 '계속기업'을 가정한다. 기업이 존재하는 이유는 영업활동을 통해 미래의 현금흐름을 창출하여 그 가치를 높이는 데에 있다. 따라서 가치평가에 있어서는 존속기간을 따로 정하지 않고 계속기업을 가정하는 것이다.

어떤 경우에는 계속기업의 가정을 배제하는 경우가 있다. 대표적인 예가 프로젝트성 기업이다. 프로젝트성 기업은 특정목적으로 설립된 기업이 정해진 특정기간 동안 현금흐름을 창출하며, 그 기간이 다하면 자동으로 소멸하는 것이다. 이러한 기업들을 특수목적기업(SPC; Specific Purpose Company)이라고 하는데 이런 기업들의 상당수는 서류상의 회사(Paper Company)가 많다. 실존기업이 특수목적기업으로 설립되는 예가 없지는 않다. SOC사업의 일환으로 민간시설을 건립하고 정해진 기간 동안 운영한 뒤 사업권 전체를 정부에 넘기는 BOT(Build-Operation-Transfer) 사업의 경우 이러한 예가 될 수 있다. 일반기업의 경우에도 정관에서 정함에 따라 존속사유를 특정할 수 있으며, 특정한 존속기간의 경과 또는 존속목적의 달성에 의해 해산·청산하는 기업이 있을 수 있다.

일반적인 가치평가에 있어서는 계속기업을 가정한다. 때로는 이러한 가정이 불합리할 수 있다. 한국기업뿐 아니라 세계에서 활동하고 있는 기업 중 30년 이상 생존하는 기업의 비율은 얼마나 될까? 한국상장기업의 평균 생존기간은 고작 23.9년에 불과한 것으로 나타났다(LG경제연구원 주간경제 831호). 그럼에도 가치평가에 있어 계속기업의 가정을 기본적인 전제로 하는 것은 생존기간을 예상하여 가치를 평가하는 것은 가치평가의 불확실성을 높일 뿐이며 청산을 목적으로 존재하는 것이 아니라 영속적인 영업활동을 지향하는 기업의 존재이유를 부인하는 것이기 때문이다. 30년 이상의 장기간의 가치를 현재의 가치로 환산하면 전체가치에서 차지하는 비중이 작다는 점도 계속기업을 가정하는 이유 중의 하나이다.

2. 청산기업의 가정

계속기업의 가정과 달리 청산(Liquidation)을 전제로 가치를 평가하는 경우가 있다. 가치평가의 기본전제는 '계속기업의 가정'이므로 청산기업의 가정은 특수한 상황에 도입된다. 예를 들어 기업회생절차(법정관리)에서 기업을 유지할 것인가 혹은 청산할 것인가의 의사결정이 필요한 때에 주로 적용된다. 계속기업의 가정에 의한 기업가치와 청산기업의 가정에 의한 기업가치를 비교할 목적으로 평가하는 것이다. 혹은 청산이 확정된 상황에서 잔여재산의 분배권을 결정하기 위한 가치평가도 있을 수 있다.

가치평가는 계속기업을 가정하므로 청산기업을 가정하는 경우에는 가치평가에 필요한 정보와 합리적인 추정의 판단기준이 달라지게 된다.

Section 3

가치평가의 방법

기업가치를 평가하는 방법은 일반적으로 내재가치 평가방법(Intrinsic Value Method)과 상대가치 평가방법(Relative Value Method)으로 구분된다. 내재가치 평가방법은 자산가치 접근법(Asset-based Approach)과 수익가치 접근법(Income Approach)으로 나눌 수 있으며, 상대가치 평가방법은 주가배수법(P-multiple Method)과 기업가치배수법(EV-multiple Method)으로 나눌 수 있다. 또한 상대가치 평가방법은 다른 측면에서 유사기업 비교법(Comparable Company Method)과 유사거래 비교법(Comparable Transaction Method)으로 나눌 수 있다.

내재가치 평가방법은 독립적으로 평가하는 방식(Stand-alone Valuation Method)이나 상대가치 평가방법은 단독으로 평가가 이루어지지 못하고 유사한 기업 또는 유사한 거래와 비교하는 방식(Peer Valuation Method)이다. 이해를 돕기 위해 부동산의 예를 들면 이렇다. 상가, 오피스텔 등의 수익형 부동산에 투자할 때 미래 임대수익의 크기, 공실률 등을 고려하는 방식이 내재가치 평가방법이라고 할 수 있다. 한편, 우리가 통상 집을 매매할 때 주변시세와 비교할 것이다. '1층 북향 아파트가 최근 평당 얼마에 매매가 되었으니, 남향이면서 로열층인 우리 아파트는 최소한 얼마를 받겠네.'라는 방식으로 산정하는 방식이 상대가치 평가방법이라고 할 수 있다.

위에서 이야기한 방식에서 알 수 있듯이 내재가치 평가방법 중 수익가치 접근법은 장기적이며 미래 지향적이지만 상대가치 평가방법은 단기적이며 현재 시장에 주목한다. 각각의 평가방법은 단일평가기법으로 이용되기도 하지만 대부분의 경우 실무에서는 둘 이상의 평가방법이 함께 이용된다.

[그림 1-1] 가치평가의 방법

<table>
<tr><th colspan="3">구분</th><th>평가방법론</th><th>주요 내용</th></tr>
<tr><td rowspan="4">기업가치평가방법</td><td rowspan="3">내재가치 평가방법 (Intrinsic Value Method)</td><td>(순)자산가치 (Net Aset Value)</td><td>• 청산가치(Liquidated Value)
• 장부가치(Book Value)
• 시가평가가치(Market Value)</td><td>• 자산의 청산가액 평가방법
• 자산의 장부가액 평가방법
• 자산의 시장평가가액 평가방법</td></tr>
<tr><td>수익가치 (Income Value)</td><td>• DCF Model
• EVA(EP) Model
• 배당할인모형(DDM)
• 초과이익모형(RIM)</td><td>• 미래잉여현금흐름의 할인평가방법
• 미래 경제적 부가가치의 할인평가방법
• 미래 배당현금흐름의 할인평가방법
• 미래 초과이익의 할인평가방법</td></tr>
<tr><td>혼합형 (규정)</td><td>• 보충적 평가방법 (상속세및증여세법)
• 본질가치(자본시장법)</td><td>• 자산가치와 수익가치 혼합</td></tr>
<tr><td colspan="2">상대가치 평가방법 (Relative Value Method/ Multiple Method)</td><td>• 주가배수법(P-multiple Method)
• PER(Price/Earning Ratio)
• PSR(Price/Sales Ratio)
• PBR(Price/Booklvalue Ratio)
• 기업가치배수법(EV-multiple Method)
• EV/EBIT
• EV/EBITDA
• EV/EBITA</td><td>• 주가/주당순이익 배수에 의한 평가
• 주가/주당매출액 배수에 의한 평가
• 주가/주당순자산 배수에 의한 평가
• 기업가치/EBIT에 의한 평가
• 기업가치/EBITDA에 의한 평가
• 기업가치/EBITA에 의한 평가</td></tr>
</table>

1. 내재가치 평가방법(Intrinsic Valuation Method)

내재가치 평가방법은 현재시점 지향적인 자산가치 접근법(Asset-based Approach)과 미래시점 지향적인 수익가치 접근법(Income Approach)으로 나눌 수 있다.

1.1 자산가치 접근법(Asset-based Approach)

자산가치 접근법은 평가시점 현재 대상기업의 개별 자산 및 부채를 평가하여 가치를 측정하는 방법이다. 이러한 자산가치 접근법은 장부가치(Book Value), 공정가치(Fair Value), 청산가치(Liquidation Value)로 구분해 볼 수 있다.

자산가치 접근법 중 가장 단순한 방법으로 '장부가치(Book Value)'에 의한 평가방법을 들 수 있다. 장부가치에 의한 평가는 평가대상기업의 장부에 표시된 개별자산과 부채를 일반적으로 인정된 회계처리기준(Generally Accepted Accounting Principle)에 의해 작성되었는지를 판단하고 이를 기초로 가치를 평가하는 방법이다. 장부가치 평가는 총자산가액(Total Asset)에서 총부채가액(Total Debt)을 차감하여 주주지분가치를 산정한다.

장부가치는 객관적이고 합리적인 거래당사자가 거래하고자 하는 가격, 즉 공정가치(Fair Value)로 보기 어렵다. 따라서 장부가치에 의한 가치평가결과는 의사결정을 위한 기초자료로만 활용된다. 대개의 경우 거래 또는 가치 판단에 있어 최소한의 기준으로 이용된다.

자산가치 접근법을 가치평가에 활용하는 방법은 장부가치(Book Value)를 일정한 기준에 의해 공정가치(Fair Value)로 조정하는 것이다. 개별 자산과 부채의 장부가액은 공정가치에 대한 정보를 전혀 제공하고 있지 않은 경우도 있고 장부가액 자체가 공정가치로서의 가치를 가지는 경우도 있다. 예를 들어 10여 년 전에 구입한 본사건물과 부속토지가 대도시 요지에 위치하여 취득한 이래 가격이 많이 올랐다고 하자. 그럼에도 장부가치는 10여 년 전에 구입한 가격과 같거나 낮게 된다. 일반적으로 인정된 회계처리기준은 물가상승이나 자체적인 가치의 변동은 반영하지 않고 역사적 원가(historical cost)로 기록하기 때문이다. 감가상각대상이 아닌 토지에 대해서는 구입당시의 가격이 그대로 장부가치에 표시될 것이며, 건물은 감가상각을 통해 장부가치가 취득원가보다 낮아지게 된다. 이러한 경우 역사적 원가에 의해 기록된 장부가치는 해당 자산의 경제적 실질을 제대로 반영해 주지 못할 수 있다. 10여 년 전에 구입한 토지의 매각가치 또는 담보력은 크게 상승하였기 때문이다.

다른 예로 수년 전 투자한 어떤 벤처기업의 지분의 가치는 상장되지 않은 이유로 공정가치로 평가되지 않고 장부가액으로 기록되어 있다고 하자. 이 기업의 가치는 투자기간 동안 가치가 상승됐을 수도 있지만 낮아졌을 수도 있다.

한국채택국제회계기준(K-IFRS)에서 자산회계의 중요한 한 축인 손상회계는 자산을 보유하고 있는 중에 미래 경제적 효익이 훼손되었다고 판단하면 해당 자산의 장부가치에 손상차손을 반영하는 회계처리이다. 손상차손은 자산(혹은 현금창출단위)의 회수가능액과 장부가치를 비교해야 하는데 이러한 회수가능액을 산출하는 과정에서 여러 주관적 판단이 적용된다. 만약 실상과 다르게 가치의 감소가 크지 않은 것으로 경영자가 판단하여 장부가치로 기록된 경우에는 역시 해당 자산은 공정가치를 제대로 반영하지 못할 수 있다.

매출채권이나 기타당좌자산과 같이 단기간 내에 현금화될 수 있는 자산의 장부가액은 공정가치에 많이 근접해 있는 것으로 볼 수 있을 것이다. 다만, 이때에도 매출채권의 순실현가능가액(Net realized value)에 의해 적절히 평가되었을 경우에만 '장부가치=공정가치'로 판단할 수 있다.

자산가치접근법을 적용하는 대표적인 예로 청산가치(Liquidation Value)의 추정이 있다. 청산가치는 기업이 자산과 부채를 모두 처분하였을 경우 얻을 수 있는 순자산의 가치를 의미한다. 기업회생절차(법정관리)에서 기업회생 여부를 결정하는 중요한 기준이 되는 가치평가방법이다.

기업가치평가를 할 경우 아래에서 설명할 수익가치접근법과 함께 자산가치접근법을 활용하기도 한다. 수익가치접근법을 활용할 경우에도 회사의 영업활동에 직접적으로 기여하지 못하는 자산, 즉 비영업용자산(Non-Operating Asset)의 가치측정에 자산가치접근법이 활용된다. 예를 들어 평가대상기업이 보유하고 있는 잉여부지는 그 부지가 미래 창출할 이익(현금)의 현재가치로 측정될 수도 있지만 당장 매각할 경우의 가치를 평가하여 가산할 수도 있다.

1.2 수익가치 접근법(Income Approach)

수익가치 접근법(또는 소득접근법)은 미래에 예상되는 경제적 이익을 현재가치로 환산하는 방법이다. 따라서 수익가치 접근법의 가장 중요한 두 가지 요소는 '미래에 예상되는 경제적 이익을 추정하는 방법'과 '현재가치(present value)로 적절히 할인하기 위한 할인율(discount rate)'이다. 즉, 수익가치 접근법의 경우 이론적 측면이나 실무적 측면의 두 가지 이슈는 추정의 근거와 할인율의 결정이다.

자산가치 접근법은 현재시점의 개별 자산과 부채를 평가하는 것이므로 해당 자산 · 부채로부터 발생할 미래의 경제적 이익을 고려하지 않는다. 반면, 수익가치접근법은 향후 대상기업에 귀속될 경제적 이익에 중점을 둔다.

이론적인 측면에서 가치평가의 목적을 되짚어 볼 때 수익가치 접근법이 자산가치 접근법보다 우수한 방법임을 알 수 있다. 가치를 평가하는 것은 경영상의 의사결정을 위한 도구로 활용하기 위함이며, 경영의사결정으로부터 발생할 이익과 손실이 주주 등 이해당사자들의 관심임을 설명하였다. 자산가치 접근법은 기업의 자산과 부채를 처분하는 경우에 한해 유용한 정보를 제공하는 반면, 수익가치접근법은 기업의 자산과 부채를 활용함에 따른 미래의 경제적 이익의 크기와 위험에 대한 정보를 제공하므로 훨씬 유용한 정보가 된다.

수익가치 접근법은 경영상의 의사결정에 유용한 정보를 제공하는 동시에 불확실한 정보를 제공한다. 수익가치는 미래의 경제적 이익을 추정하므로 불확실한 정보에 기초하여 추정된 가치이다. 불확실한 정보에 따른 의사결정은 잘못된 의사결정을 가져올 수 있는 것이다.

수익가치 접근법을 적용하는 대표적인 예가 현금흐름할인모형(DCF Model, Discounted Cash Flow Method)이다. 현금흐름할인모형은 장래에 창출될 현금흐름을 해당 기업의 가중평균자본비용 등 적절한 할인율을 이용하여 현재의 가치로 환산하는 것으로 가치평가에서 가장 일반적으로 활용되는 방법 중 하나이다.

2. 상대가치 평가방법(Relative Valuation Method)

상대가치 평가방법(또는 시장가치접근법)은 평가대상회사와 영업위험 및 재무위험이 유사한 비교대상기업(Comparable Company, Peer)을 선정하고 비교대상기업의 가격정보를 이용하여 평가대상기업의 가치를 평가하는 방법을 말한다. 자산가치 접근법과 수익가치 접근법은 평가대상기업의 기본역량(Fundamentals)에 기초하여 평가하는 방법이다. 반면 상대가치 접근법은 평가대상기업의 기본역량을 참고하되, 해당 시장에서 비교대상기업의 선정 · 분석결과를 가치평가에 활용하는 방법이다. 이러한 의미에서 자산가치 접근법 및 수익가치 접근법은 내재적인 또는 본질적인 가치로 분류하고 상대가치 평가방법은 시장가치로 분류할 수도 있다.

일반적으로 상대가치 평가방법은 유가증권시장(KOSPI) 또는 코스닥시장(KOSDAQ) 등 주식시장에서 거래되고 있는 비교대상기업의 주식가치를 활용하는 방법이므로 평가대상기업의 미래의 경제적 이익의 현재가치와는 차이가 있다. 즉 주식시장에서 거래되는 가격은 그 기업의 내재적인 가치(Intrinsic Value) 외에 시장 자체의 요인, 예를 들어 해당 주식의 수급상황, 시중유동자금의 흐름 등 수요와 공급의 원리에 의해 결정되는 부분도 있으며, 상대적인 희소가치나 투자자의 과도한 기대감이나 주가하락에 대한 공포감 등 심리적인 요인이 작용하기도 한다. 상대가치 평가방법에 의해 추정된 가치는 경제적 의사결정이라는 가치평가의 목적 중 매매가치에 중점을 둔 것으로 볼 수 있겠다.

한편, 상대가치 평가방법은 유사기업 비교법(Comparable Company Method)과 유사거래 비교법(Comparable Transaction Method)으로 나눌 수 있다. 유사기업 비교법은 위에서 설명한 바와 같이 주식시장에서 영업위험 및 재무위험이 유사한 기업, 즉 유사상장기업과 비교하여 가치를 평가하는 방법이라면 유사거래 비교법은 상장유무와는 관계없이 과거에 이루어진 유사한 거래를 바탕으로 가치를 평가하는 방법이다. 예를 들어, 과거 비상장기업에 투자한 경험이 많은 벤처 캐피탈(VC, Venture Capital), 사모펀드(PE, Private Equity)가 그들의 과거 유사거래를 파악 및 비교한 후 투자배수를 조정하여 가치를 평가하는 방법이다.

또한, 상대가치 평가방법은 주가배수법(P-multiple Method)과 기업가치배수법(EV-multiple Method)으로 나눌 수 있다. 주가배수법은 주주관점에서 평가하는 방법으로 직접적으로 주식의 가치를 산출하게 되며, 기업가치배수법은 전체 투자자관점에서 평가하는 방법으로 일차적으로 기업가치를 산출한 후 채권자의 가치인 차입금 등의 타인자본가치를 차감하여 주식의 가치를 산출하게 된다.

Section 4 가치평가방법의 적용

가치평가방법은 내재가치 평가방법과 상대가치 평가방법으로 구분할 수 있음을 설명하였다. 실무적인 가치평가는 가치평가의 접근방법에 기초한 가치평가모형 또는 이러한 모형을 활용하여 관련 법령에서 정한 평가방법들에 의해 이루어진다. 이 책에서는 여러 평가방법 중 실무적으로 많이 활용되거나 자본시장과 금융투자업에 관한 법률(자본시장법) 등 관련 법령에서 정한 평가방법을 소개한다.

- 제3장 현금흐름할인모형
- 제4장 초과이익모형(RIM)
- 제5장 상대가치 평가방법
- 제6장 공모가 산정
- 제7장 자본시장법에 의한 주식가치평가
- 제8장 상속세및증여세법에 의한 주식가치평가

이 책에서 소개하게 될 가치평가방법들은 한 가지 또는 둘 이상의 가치평가 기본개념을 활용한 것이다. 예를 들어 자본시장법에 의해 상장기업과 합병하는 비상장기업의 가치는 자산가치와 수익가치를 가중평균한 가치에 상대가치를 평균하여 계산한다. 자산가치, 수익가치 및 상대가치는 각각 자산가치 접근법과 수익가치 접근법 그리고 시장가치 접근법인 상대가치 평가방법을 활용한 방식이다.

[그림 1-2] 다양한 가치평가접근법

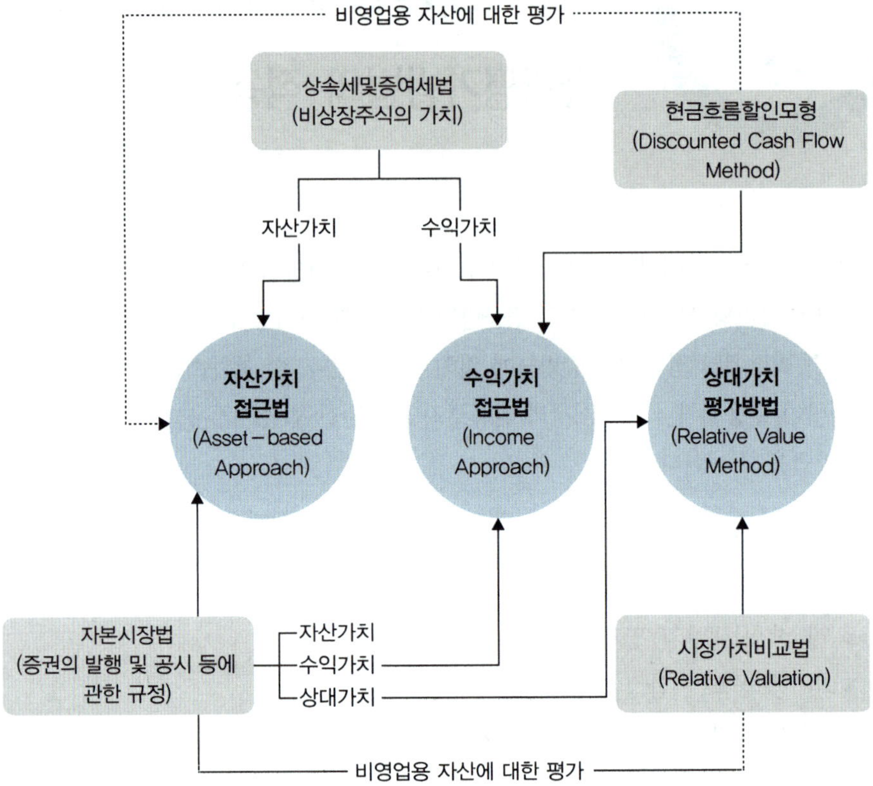

현금흐름할인모형은 대표적인 수익가치 접근법이다. 현금흐름할인모형은 미래에 창출될 잉여현금흐름(Free Cash Flow)을 적절한 할인율로 할인한 현재가치로 측정되는 가치평가방법이다. 현금흐름할인모형의 경우에도 일부 자산가치 접근법의 개념을 도입한다. 평가대상기업이 보유한 비영업용 자산(non-Operating Asset)에 대해서는 미래현금흐름을 추정하는 방법을 적용하지 않고 평가시점 현재의 자산가치에 의해 평가하기도 한다. 시장가치비교법에서도 비영업용 자산의 가치는 별도로 고려하여 자산가치 접근법을 활용하기도 한다. 따라서 이 책에서 소개하는 가치평가방법들은 가치평가의 기본 개념들을 응용한 것으로 볼 수 있다.

Section 5 가치평가 활용분야

실전에서 가치평가를 활용하는 분야는 일반적으로 생각하는 것보다 다양하고 사용하는 빈도수도 점차 증가하고 있다. 가치평가의 대상을 기업으로 한정해도 기업의 의사결정과정에서 여러 이유로 가치평가의 요구는 늘어나고 있다. 특히 국내의 경우 2011년 국제회계기준(IFRS)의 전면시행으로 가치평가의 수요는 대폭적으로 증가하였으며 가치평가 시장은 크게 성장하였다. 또한 재무제표의 유용성 이슈와 관련하여 무형자산의 가치평가와 같이 앞으로 개척해야 할 분야도 여전히 남아 있다.

1. 투자

투자자(investor)와 피투자자(investee)는 대상기업(target)의 공정한 가치를 결정하기 위해 가치평가를 수행해야 한다. 이러한 투자자로는 기관투자자 및 개인투자자와 벤처기업에 전문적으로 투자하는 벤처캐피탈 등을 들 수 있다. 특히, 투자를 받는 비상장기업 입장에서는 중요한 의사결정 과정이라고 볼 수 있다.

상장여부에 따라 이슈가 달라진다. 상장기업의 경우 시가가 존재하므로 투자기준의 1순위는 시가가 되고 시가는 시점에 따라 달라지므로 항상 타이밍 이슈가 발생한다. 하지만 비상장기업에 대한 투자의 경우 시점보다는 본질적인 가치평가에 초점을 두게 된다.

2. M&A와 인수가격 결정

경영권 획득을 위한 기업인수합병에 있어서 매수자(buyer)와 매도자(seller)는 대상기업(target)의 공정한 가치를 결정하기 위해 가치평가를 수행해야 한다.

M&A 인수가격의 특징은 일반적인 투자에 비해 통상적으로 경영권 획득을 위한 경영권 프리미엄(control premium)이 발생한다는 것이다. 국내의 경우 통상 20 ~ 30%의 프리미엄이 발생하는 것으로 보고 있다.

M&A 인수가격을 결정하기 위해 국제적으로나 국내적으로 내재가치 평가방법 중 현금흐름할인모델(DCF Model)과 상대가치 평가방법 중 EV/EBITDA를 통상적으로 사용하고 있다.

3. IPO와 공모가 산정

주식시장에 상장을 추진하는 기업은 신주 또는 구주의 공정가치인 공모가를 산정해야 한다. 상장추진 기업의 주주 입장에서는 중요한 의사결정 과정이라고 볼 수 있다.

공모주 투자에 대한 적정한 수익률 제공과 평가시점의 비상장에 따른 저가(under-pricing) 발행이 특징이라고 볼 수 있다. 국내의 경우 통상 10 ~ 30%의 할인이 발생하는 것으로 보고 있다.

주식상장을 예정하고 있으므로 이미 상장된 유사기업과 비교하는 주가순이익비율(PER)을 통상적으로 사용하고 있다.

4. 사업타당성 검토

기업의 신규 사업 추진 결정시 해당 프로젝트의 타당성 검토 및 해당 프로젝트의 가치를 결정하는 데 가치평가가 이용된다. 기업을 대상으로 한 주식가치평가는 계속기업(going concern)을 전제로 하지만, 프로젝트를 대상으로 한 사업타당성 검토는 일정기간을 전제로 한다. 기업가치평가는 계속기업을 전제로 하므로 무한등비급수인 영구연금(perpetuity)의 현재가치 개념을 고려할 필요가 있으며, 프로젝트 가치평가는 일정기간을 전제로 하므로 사업기간 종료시점에 사업관련 투하자금(invested capital)의 회수(exit)를 고려할 필요가 있다.

사업타당성 검토시 현금흐름할인모형(DCF Model; Discounted Cash Flow Model)이라고 할 수 있는 순현재가치법(NPV Method; Net Present Value Method)이 주로 이용된다. 순현재가치법은 미래현금흐름의 현재가치를 의미하므로 프로젝트 가치평가에 사용하는 현금흐름할인모형임을 알 수 있다.

5. 기업회생(법정관리) 의사결정

기업회생(법정관리)제도에서 청산가치와 계속기업가치를 산정하여 의사결정을 수행하며, 기업회생제도의 인가를 위해서는 계속기업가치가 청산가치보다 커야 한다. 기업회생에 대한 의사결정을 위해서 기업의 청산을 전제로 한다는 특징을 가지고 있으며, 계속기업가치의 경우 현금흐름할인모델(DCF Mode)을 사용하며, 청산가치의 경우 (순)자산가치를 사용한다.

6. 합병가액 산정

자본시장법에 의한 주식가치평가로서 합병가액 산정이 목적이며, 합병가액을 산정하기 위해서는 합병기업들의 주식가치평가가 이루어져야 한다. 자본시장법에 의한 비상장주식 평가방법의 경우 상증법에 의한 보충적 평가방법처럼 자산가치와 수익가치의 혼합형에 의해 이루어진다. 합병가액 산정시 상장법인의 경우 시가를 기준으로 하며, 상장법인과 합병하는 비상장법인의 경우 자본시장법에 의한 본질가치를 사용한다.

상장법인 : 상장법인 = 시가 : 시가
상장법인 : 비상장법인 = 시가 : 본질가치

7. 영업권 평가

개인사업자의 법인전환, 병원과 조합 등 동업관계 탈퇴에 따른 정산, 기업인수과정에서 기업인수가격배분(PPA; Purchase price allocation) 등 영업권의 가치를 평가하는 수요는 지속적으로 늘어나고 있다.

이러한 영업권의 평가방법은 크게 직접법과 간접법으로 구분해 볼 수 있다. 간접법의 경우 기업가치를 산정한 후 식별가능자산과 차이를 비교하여 산정할 수 있으며, 직접법의 경우 지속가능기간의 초과수익의 추정치를 산정한 후 현재가치로 할인하여 산정할 수 있다. 통상 수익접근법이 이용되며 주로 현금흐름과 회계상의 이익 등이 사용된다.

8. 세무상 목적

상속세 및 증여세법에 의한 주식가치평가방법에 의하면 상장주식의 경우 시가를 기준으로 하며, 비상장주식의 경우 자산가치와 수익가치의 혼합형인 보충적 평가방법이라는 방식을 사용한다. 원래 상속세 및 증여세 과세목적으로 사용하나, 법인세법에서도 준용해서 사용하는 경우가 많고 일반적인 거래를 위해서도 많이 사용한다.

비상장주식의 보충적 평가방법의 경우 자산가치와 수익가치 모두 오로지 과거 실적에 의해서 결정된다. 수익가치의 경우 과거 3년 평균손익이 미래에도 그대로 유지된다는 것을 가정한다. 다만, 보충적 방법으로 평가한 비상장주식이 불합리하다고 판단한 납세자는 현금흐름할인모형 등 대체적 방법으로 평가한 가액으로 재산평가심의위원회에 심의를 요청할 수 있다.

9. 내부성과평가

주주를 위한 가치창출은 기업경영의 궁극적인 목표라고 할 수 있으며 이러한 가치를 측정하는 도구로 이용된다. 경영진은 가치창출에 대해 이론적으로 이해해야 할 뿐만 아니라, 경영전략과 가치창출 사이에 유형의 고리를 만들 수 있어야 한다.

외부 거래목적으로는 사용되지 않으며 내부 성과평가의 목적으로 사용된다. 영업상의 경영성과인 투하자본이익률(ROIC)과 최소한의 투자수익률인 자본조달비용(WACC)을 이용한 경제적 부가가치모형(EVA Model; Economic Value Added Model) 또는 경제적 이익모형(EP; Economic Profti)을 가장 많이 사용한다.

10. 법정소송 이슈

최근 그룹사 중심으로 오너 경영자가 비상장주식을 저가양도, 저가발행하여 회사에 손해를 끼쳤다는 이유로 형법상 배임죄의 성립을 인정한 사례들이 늘어나고 있으며, 통상적으로 회사법상의 주주대표소송을 통한 손해배상책임이 함께 진행된다.

상속, 경영권승계, 기업구조조정 과정에서의 비상장주식의 발행 · 양수 · 양도, 주식매수청구권 행사 등에서 비상장주식의 가치평가는 항상 문제가 된다.[1)]

비상장주식 가치평가와 관련하여 다양한 가치평가방법 중 특정 방법을 선택한 이유, 미래추정의 가정을 위한 논리, 영업위험과 재무위험을 반영한 할인율에 대한 합리성이 법정소송에서 주요 이슈로 등장한다.

세법의 평가방법에 따라 거래를 하더라도 이는 세무상 목적이며 법원은 나름대로 공정가치를 산출하며 별도의 규정이 있는 것은 아니다. 따라서 기업입장에서는 어떠한 가치평가방법을 적용해야 법적인 문제가 없는지 불안정한 상태에 놓여있는 것이 사실이다.

1) 비상장주식 가치평가와 법, 최승재 · 정기화 · 신석훈, 한국경제연구원, 2011년 1월.

11. 재무제표 작성

2011년부터 전면적으로 시행된 국제회계기준(IFRS)은 공정가치(fair value) 개념이 재무상태표를 구성하는 자산 및 부채에 엄격하고 광범위하게 적용된다.

K-GAAP(종전의 회계기준) :	역사적 원가주의(historical cost) → 신뢰성(reliability)
K-IFRS(한국채택국제회계기준) :	공정가치(fair value) → 목적적합성(relevance)

특히 무형자산의 평가에 있어서 적정한 가치평가방법은 중요한 과제이며 논란의 대상이 되고 있다. 또한 관련 주석사항 공시에 상당한 어려움과 부담감을 느끼고 있다. 공정가치 측정 및 공시에 대한 일관성 및 비교가능성 증대를 위해 공정가치 측정 시 사용하는 가치평가기법의 투입변수를 아래와 같이 3가지 Level로 구분한다.

- **Level 1** 측정일에 동일한 자산이나 부채에 대해 접근가능한 활성시장의 공시가격
- **Level 2** Level 1의 공시가격 외에 자산 · 부채에 대하여 직 · 간접적으로 관측 가능한 투입변수
- **Level 3** 자산이나 부채에 대한 관측가능하지 않은 투입변수

> 사용된 가치평가기법 및 투입변수에 대한 정보, 유의적이지만 관측가능하지 않은 투입변수(예 : Level 3 투입변수)를 사용한 경우 공정가치측정치가 당기손익 등에 미치는 영향 등을 공시함

한편 2011년 전면적으로 시행된 한국채택국제회계기준(K-IFRS)에 의하면 자산에 대해 재무보고를 할 때 아래와 같이 공정가치모형(Fair Value Model) 또는 원가모형(Cost Model)을 적용하는 자산으로 나눌 수 있다. K-IFRS에 따라 이전에 비해 공정가치모형을 적용하는 자산이 상당부분 증가했다고 볼 수 있다.

<table>
<tr><th>자 산 종 류</th><th colspan="2">측 정 모 형</th></tr>
<tr><td>재고자산</td><td colspan="2">원가</td></tr>
<tr><td>생물자산</td><td colspan="2">공정가치(당기손익)</td></tr>
<tr><td rowspan="2">유형자산과 무형자산</td><td rowspan="2">선택</td><td>원가</td></tr>
<tr><td>공정가치(기타포괄손익, 당기손익)</td></tr>
<tr><td rowspan="2">투자부동산</td><td rowspan="2">선택</td><td>공정가치(당기손익)</td></tr>
<tr><td>원가</td></tr>
<tr><td>매각예정비유동자산</td><td colspan="2">원가</td></tr>
<tr><td rowspan="2">금융자산 중 지분투자</td><td colspan="2">공정가치(당기손익)</td></tr>
<tr><td colspan="2">공정가치(기타포괄손익)</td></tr>
<tr><td rowspan="3">금융자산 중 채권투자</td><td colspan="2">원가</td></tr>
<tr><td colspan="2">공정가치(기타포괄손익)</td></tr>
<tr><td colspan="2">공정가치(당기손익)</td></tr>
<tr><td>금융자산 중 수취채권</td><td colspan="2">원가</td></tr>
<tr><td>관계기업투자, 공동기업투자, 종속기업투자</td><td colspan="2">지분법</td></tr>
<tr><td>영업권</td><td colspan="2">원가</td></tr>
</table>

(출처 : 중급회계, 정운오 외 3인, 경문사, 2019.2.)

12. 기술가치평가

기업은 기업가치의 증대 또는 기업의 존속을 위해서 끊임없이 기술개발에 투자를 하거나 외부에서 구매를 한다. 이러한 분야에 이용되는 기술가치평가는 아래와 같이 구분할 수 있다.

① 기술의 구입, 판매, 라이센싱의 가격결정 등을 위한 거래분야
② 기술의 재무증권화 또는 대출담보 설정을 위한 금융분야
③ 기술의 기증, 처분, 상각을 위한 세무계획수립 및 세금납부 등을 위한 세무분야
④ 기업의 가치증진, 기술상품화, 분사, 기타 장기 전략적 경영계획 수립 등을 위한 전략분야
⑤ 기업의 파산 또는 구조조정에 따른 자산평가, 채무 상환 계획 수립 등을 위한 청산분야
⑥ 특허권 침해, 채무불이행, 기타 재산 분쟁관련의 법적 소송 등을 위한 소송분야

수익접근법에서 기술기여도를 특별히 고려하며, 기술기여도는 기업의 경제적 수익창출에 활용된 유·무형자산 중에서 대상기술이 기여한 상대적 비중으로, 통상 기술요소법, 상관행법 등을 사용한다.

수익접근법(income approach), 시장접근법(market approach), 원가접근법(cost approach) 등을 적용할 수 있으며, 기술의 특성상 수익접근법을 가장 많이 사용한다.

기업가치평가실무

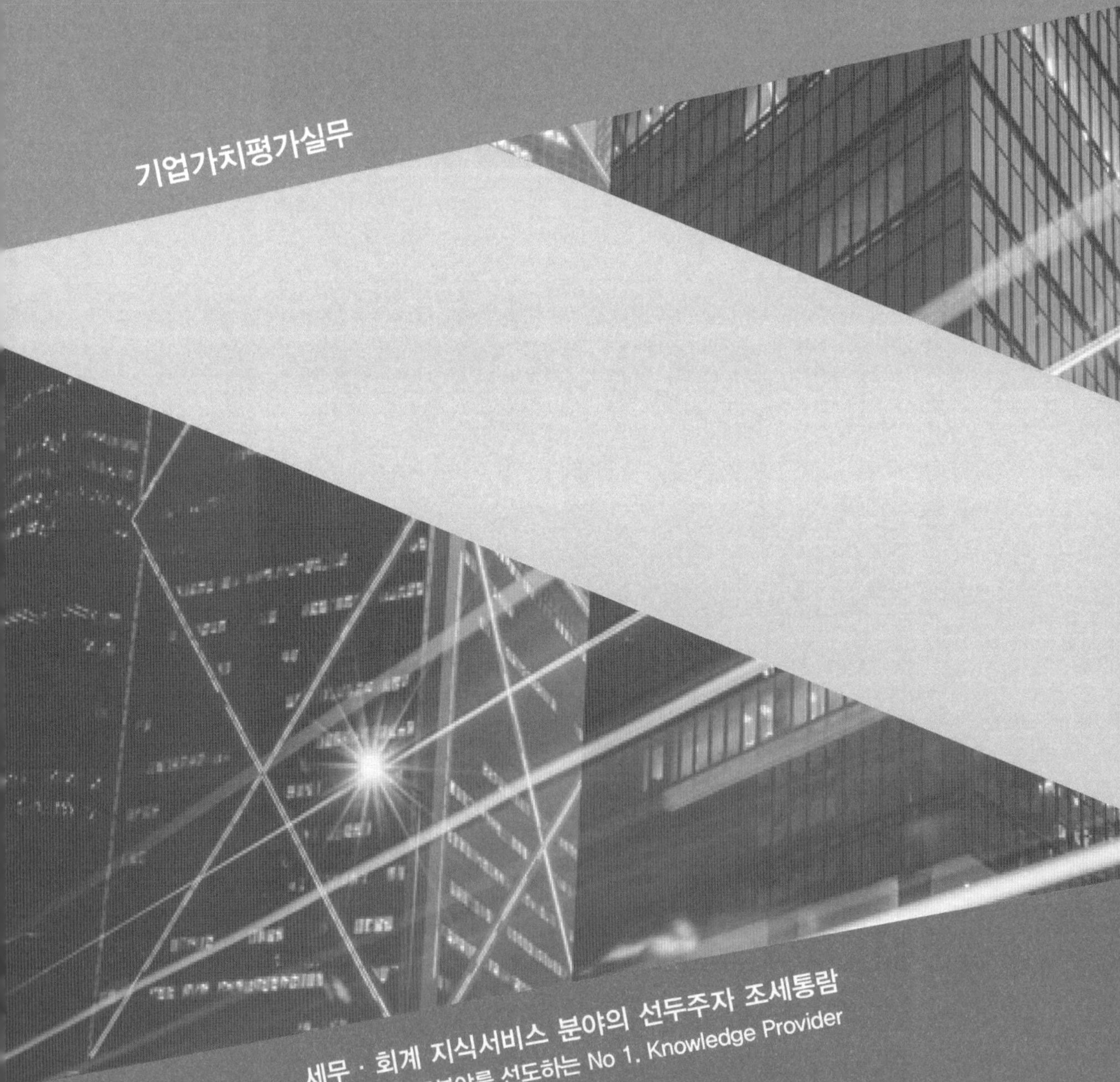

세무 · 회계 지식서비스 분야의 선두주자 조세통람

국내 재경실무분야를 선도하는 No 1. Knowledge Provider

Chapter 2

경영환경분석

기업은 경제활동의 중요한 하나의 축으로 독립적인 의사결정을 수행할 수 있는 주체이면서 경영환경을 구성하는 다른 요인들의 영향에 유기적으로 반응하는 구성원이기도 하다. 기업의 외부환경요인들은 기업의 가치창출활동에 영향을 미치게 되고 내부에 있는 고유한 역량에 의해 환경변화에 대처하게 된다. 따라서 가치를 평가함에 있어 외부환경요인과 내부환경요인을 분석하는 것은 모든 가치평가방법에 공통적으로 고려되어야 할 부분이다. 경영환경분석은 기업을 둘러싼 외부 변수들에 대한 분석(외부환경분석)과 외부환경변화에 대응하는 기업 내부의 역량에 대한 분석(내부역량분석)으로 구분할 수 있다. 가치평가에 있어서 경영환경분석은 기업의 내부역량이 외부환경변화에 어떻게 대처할 수 있으며, 환경변화에 대응하는 기업의 내부역량 정도가 기업의 가치에 결과적으로 어떤 영향을 미치게 될 것인가에 초점이 맞추어지므로 외부환경과 내부역량은 유기적으로 분석하는 것이 바람직하다. 경영환경분석의 결과는 미래현금흐름 창출능력과 현금흐름의 변동성의 정도, 비교대상기업의 선정의 적합성 등 가치평가 전반에 걸쳐 지침이 된다.

Section 1 거시경제요인분석

달러 대비 환율이 하락하거나 상승하면 수출단가와 수입단가에 직접적인 영향을 미치게 된다. 유가가 상승하면 원가상승을 유발하여 판매단가가 오르거나 시장지배력이 약한 경우에는 기업의 이익구조가 악화된다. 정부의 부동산정책에 의해 건설수주규모가 증감하면 건설회사의 현금흐름에 영향을 미친다. 한국은행이 기준금리를 인상하게 되면 금융기관의 예금 및 대출금리가 상승하는데, 이는 금융기관의 이익구조에만 영향을 주는 것이 아니라 투자자들의 요구수익률도 높아지므로 주식가격은 하락하게 마련이다. 외부의 환경요인이 개별기업에 미치는 영향의 형태와 강도는 각기 다르지만 어떤 식으로든 영향을 받지 않는 기업은 없다. 가치평가에 있어서도 외부환경요인의 추정결과는 미래현금흐름과 요구수익률에 직 · 간접적으로 반영된다.

News Clip

외부환경요인이 기업수익에 미치는 영향

주요 기업들의 1분기(1~3월) 수익성이 크게 나빠진 것으로 나타났다. 달러당 원화 환율 하락(원화가치 상승)과 고유가의 영향이 컸다. 한국은행이 1,525개 상장 및 등록법인의 1분기 재무제표를 분석해 15일 내놓은 '기업경영분석 결과'에 따르면 이들 기업의 매출액 경상이익률(경상이익÷매출액)은 지난해 1분기 10.2%에서 올해 8.5%로 1.7%포인트 떨어졌다. 1,000원 어치를 팔아 남긴 이익이 102원에서 85원으로 줄었다는 뜻이다. 1,021개 제조업체의 매출액 경상이익률은 지난해 9.8%에서 올해 7.7%로 더 가파르게 감소했다. 제조업체 가운데 물건을 팔아도 이익이 남지 않는 매출액 경상이익률 0% 미만인 기업의 비중은 26.8%로 지난해 1분기(23.7%)보다 커졌다. 한은 관계자는 '1분기 원화 환율이 작년 동기보다 4.4% 하락했고 중동산 두바이유 가격은 40.7%나 급등한 것이 수익성 악화의 주요인'이라고 설명했다. 기업의 성장성 지표인 매출액 증가율과 투자지표인 유형자산 증가율은 6.9%, 1.1%로 지난해 같은 기간에 비해 각각 2.6%포인트, 0.2%포인트 높아졌다. 그러나 제조업의 유형자산 증가율은 지난해보다 0.2%포인트 낮아져 제조업 투자는 여전히 부진한 것으로 나타났다.

■ 동아일보 2006.6.16. ■

외부환경요인이 변화하면 기업의 가치도 변화한다. 현금흐름할인모형에 의해 산출된 기업의 가치는 절대가치가 아니다. 현금흐름할인모형에서 적용된 가정 중에 외부환경변수의 변화가 발생한다면 기업의 내부역량의 변화가 없더라도 미래현금흐름과 할인율은 변동될 수밖에 없다. 즉 외부환경요인이 변하게 되면 기업가치도 변하게 되는 것이다.

1. 국내총생산(GDP)

국내총생산(GDP : Gross Domestic Product)이란 국내에서 일정기간 내에 발생된 재화(財貨)와 용역(用役)의 순가치(順價値)를 생산측면에서 포착한 총합계액(總合計額)을 말한다. GDP는 국가경제 전체의 경제성장 정도를 나타내는 잣대가 된다. 일반적으로 개발도상국의 경우 GDP 성장률이 높은 반면 선진국일수록 안정적으로 성장하는 경향이 있으므로 GDP 성장률이 낮다. GDP에 민감한 산업은 주요 경제분석기관의 GDP 예측치에 의해 미래현금흐름의 추정이 바뀌기도 한다. 경제성장지표로 사용되는 항목으로는 GDP 성장률 외에 민간소비 증가율, 설비투자 증가율 및 건설투자증가율 등이 있다. 경제성장 지표는 명목지표와 실질지표로 나뉘는데 실질 경제성장 지표는 물가상승 등의 효과를 배제한 성장률로 표시된다. 경제성장 지표는 기획재정부 홈페이지(www.moef.go.kr)에서 월간경제지표를 검색하면 매월 발표되는 각종 경제성장 지표를 확인할 수 있다.

2. 물가상승률

물가상승률은 소비자물가상승률과 생산자물가상승률로 구분할 수 있다. 물가상승률은 물가수준이 전기 대비 얼마나 상승하였는가를 의미한다. 소비자물가수준은 소비자가격의 평균인데 개개의 상품이나 서비스의 물가수준은 과거에 ○○○원 하던 것이 현재 ×××원 한다고 표현된다. 물가상승률을 측정하는 통계적인 방법은 소비자물가지수(CPI; Consumer Price Index)와 생산자물가지수(PPI; Producer Price Index)의 상승률로 계산하는 방법이다.

2.1 소비자물가지수(CPI)

소비자물가지수란 도시가구가 소비생활을 영위하기 위하여 구입하는 일정량의 상품과 서비스의 가격변동을 종합적으로 파악하기 위하여 작성하는 지수로 소비자가 일정한 생활수준을 유지하는 데 필요한 소비금액의 변동을 나타내므로 소비자의 구매력 측정에 사용된다.

2.2 생산자물가지수(PPI)

생산자물가지수란 국내시장의 제1차 거래단계에서 기업상호간에 거래되는 상품과 서비스의 평균적인 가격변동을 측정하기 위하여 작성되는 물가지수이다. 생산자물가지수는 그 대상품목의 범위가 넓어 전반적인 상품과 서비스의 수급동향이 반영된 일반적인 물가수준의 변동을 측정할 수 있기 때문에 일반목적지수로서의 성격을 갖는다. 지수작성에 이용되는 가격은 제1차 거래단계의 가격, 즉 국내생산품의 경우 부가가치세를 제외한 생산자 판매가격(공장도 가격)을 원칙으로 하고 있다.

2.3 소비자물가상승률의 개념 및 가치평가에의 적용

소비자물가지수의 상승률을 나타낸 것이 소비자물가상승률이다. 소비자물가상승률은 가치평가에 있어 판매가격이나 구매가격의 단가상승률, 고정비의 원가상승률의 기초자료로 이용된다. 기업의 판매가격이나 구매가격은 판매자와 구매자 간의 교섭능력, 시장상황, 가격정책 및 기타 원가인상 · 인하 요인에 의해 결정된다.

판매가격이나 구매가격을 결정하는 복잡한 요인에 대해 단기적인 예측에서는 분석 · 예측이 가능하나 장기적인 단가추정의 기준치는 소비자물가상승률을 이용하는 경우가 많다. 특히 고정원가는 평가시점에는 고정적으로 발생하는 것으로 볼 수 있으나 장기적으로는 소비자물가상승률 수준으로 상향조정될 가능성이 높다. 예를 들어 임차료는 부동산시장의 상황, 건물주의 가격정책, 주변 임대건물의 시세에 영향을 받지만 장기적으로 물가상승률을 감안하여 결정될 것이라는 가정을 할 수 있다.

소비자물가상승률(또는 소비자물가지수)은 통계청이 집계 · 고시하고 있다. 경제연구소와 같은 전문연구기관에서는 장단기 소비자물가상승률 예측치를 발표하기도 한다. 한국의 경우 외환위기를 전후하여 소비자물가상승률의 급격한 변동을 겪었으나 최근에는 3%대로 안정되는 기조를 보이고 있으며, 각종 연구기관의 장단기 예측에서도 2.5~3%대의 성장률을 예측하고 있다.

3. 금리

금리, 즉 이자율 수준의 변동은 기업과 투자자 모두에게 영향을 미친다. 특히 차입금을 많이 사용하는 기업일수록 금리의 영향이 크다. 또한 금리상승이 예상되는 경우 기업들은 투자규모를 축소하는 등 방어적 전략을 펼치는 경우가 많다. 소비자들은 가계부채에 대한 부담으로 소비수준을 낮추려 한다.

금리는 투자자에게도 영향을 미치는데 금리가 높아지면 채권이나 은행예금 등과 같은 금융상품에 투자자들의 자금이 몰리므로 주식가격은 떨어지게 된다. 이는 기업가치평가 측면에서도 동일한 결과를 가져온다. 금리가 상승하면 주식투자자는 채권에 투자하는 경우보다 높은 수익률을 요구하게 되며, 이는 미래현금흐름의 할인율인 가중평균자본비용을 상승시켜 동일한 미래현금흐름이더라도 기업가치는 감소한다. 또한 시장금리의 상승으로 타인자본비용이 상승하므로 역시 가중평균자본비용을 상승시키는 효과가 있다.

주요 금리지표 중에서 가치평가에 많이 활용되는 것은 국공채금리이다. 국공채금리는 자기자본비용 계산시 무위험수익률로 이용되기도 한다. 한편, 평가대상기업과 동일한 신용등급에 해당하는 것으로 추정되는 회사채이자율은 타인자본비용 계산시 참고자료로 이용되기도 한다.

4. 환율(Exchange rate)

환율이란 자국화폐와 외국화폐의 교환비율로서 대내외 물가차이, 즉 국제통화 변동을 반영한다. 환율은 외환시장에서 외환에 대한 수요와 공급에 의해서 결정되나 물가상승률, 금리차이, 정치사회의 안정 여부 등 복합적 요인에 의해 영향을 받는다. 환율이 상승(즉 원화가 평가절하)하면 수출기업에는 매출증가효과를 가져오는 반면, 수입기업에는 매입단가의 상승으로 수익성이 악화된다. 따라서 환율변동은 가치평가에 영향을 가져오게 된다. 환율변동은 외국인 투자자들의 국내 투자에도 영향을 주게 되므로 투자자의 요구수익률에도 영향을 미칠 수 있다.

가치평가 및 투자자의 의사결정에 영향을 미치는 그밖의 거시경제요인으로는 임금상승률, 수출 · 수입증가율, 유가 등이 있으며, 거시경제요인이 개별 기업에 미치는 영향은 기업의 경영환경에 따라 달라진다. 본장에서 설명한 물가상승률, 금리, 환율, 임금상승률 등의 각종 경제지표는 기획재정부 홈페이지에서 쉽게 확인할 수 있다.

개별 기업이 통제할 수 없는 거시경제요인들로 인해 기업의 가치가 크게 변할 수 있다. 개별 기업은 환율, 물가, 금리, 수출입동향 및 국제 원자재 시세의 변동에 대해 관심을 가지고 적극적으로 대처하기 위해 노력하지만 외부경제요인을 효과적으로 통제하는 것은 사실상 불가능하다. 가치평가에서도 거시경제요인에 대한 적절한 예측과 가정은 매우 중요하다. 거시경제요인에 대한 예측 또는 가정에 따라 기업의 가치평가결과는 크게 달라질 수 있기 때문이다. 거시경제요인은 개별 기업의 역량과는 별개로 기업의 가치에 직접적인 변화를 가져올 수 있다.

Section 2 산업분석

기업의 경영환경은 기업이 속한 산업의 특성에 따라 다를 수밖에 없다. 개별기업이 속한 산업환경에 따라 기업은 경쟁전략을 달리하며, 거시경제요인에 반응하는 형태도 다르다. 투자자들은 투자의사결정에 있어 개별 기업의 경영능력과 재무상황을 참고하지만 기업이 속한 산업의 특성에 따라서도 요구하는 수익률이 다르다. 급변하는 산업에 속해 있는 초우량기업에 대한 요구수익률이 안정적인 산업에 속해 있는 일반적인 기업에 대한 요구수익률보다 높을 수 있기 때문이다. 즉 산업의 안정성이 높을수록 투자자의 요구수익률이 낮을 것이며, 반대로 산업의 변동성이 클수록 투자자의 요구수익률은 높아질 것이다. 규모가 큰 기업이 발행한 주식이라고 하여 무턱대고 안전한 투자자산으로 인식될 수 없으며, 규모가 작더라도 산업의 특성에 따라 안전한 투자처로 분류될 수 있다. 개별 기업의 특성 외에도 이러한 산업의 안정성은 투자자의 의사결정에 중요한 영향을 미치게 된다. 산업별로 투자자의 요구수익률이 다르다는 것은 산업별 베타를 통해 확인할 수 있다. 베타는 시장포트폴리오(유가증권시장의 경우 종합주가지수로 생각할 수 있음)의 변동 대비 개별 주식의 변동성을 측정한 것인데, 베타가 클수록 시장포트폴리오의 변동폭(시장수익률의 변동폭)보다 개별 주식의 수익률 변동이 크다는 것을 뜻한다. 예를 들어 베타가 1.2라고 하면 주가지수가 10% 상승할 때 개별 주식은 12% 상승한다는 의미이며, 반대로 주가지수가 하락할 때에도 주가지수의 하락폭보다 20% 크다는 것을 뜻한다.

[표 2-1] 산업별 베타 예시

1차금속	화학	에너지	섬유 · 의복	제약
1.4	1.4	0.7	1.2	0.6
제지	**자동차 · 부품**	**건설**	**소매**	**연예오락**
1.3	0.3	1.6	0.8	0.6
기계 · 장비	**음식료**	**전기전자**	**은행**	**보험**
1.6	0.6	0.6	0.7	1.1
증권	**전기 · 가스**	**통신**	**조선**	**지주회사**
1.4	0.6	0.2	1.8	1.5

* 자료 : Samsung Earnings Guide, 2008.6.(산업별로 표본으로 선정된 기업들의 평균베타임)

산업별 베타 예시자료에 기초해 볼 때 섬유 · 의복 및 소매업 등은 종합주가지수의 변동 정도와 유사하게 변화하고 있으며(베타가 1에 가까움), 통신 · 음식료 등은 생활필수품과 관련된 산업으로 수익률의 변동 정도가 크지 않다(베타가 1보다 작음). 증권 · 건설 · 조선의 베타가 높은 것으로 나타났는데(베타가 1보다 큼) 이들은 투자자 입장에서 볼 때 상대적으로 수익률의 변동이 큰 산업으로 인식되고 있다. 다만, 산업별 수익률의 변동성이 베타에 모두 반영되기는 어려우며, 투자자들의 지나친 관심이나 외면 등 비시장요인에 의해서도 베타가 측정됨을 참고할 필요가 있다.

산업분석을 위한 기초정보는 국내외 경제연구소, 증권회사 및 신용평가사 등에서 찾을 수 있다. 특히 각 증권회사의 리서치센터에서는 산업분석리포트를 주기적으로 발표할 뿐 아니라 산업의 중요한 변동이 있을 때 적시에 정보를 제공하므로 유용하게 활용가능하다.

개별 산업별로 전문연구기관에서 발표하는 해외자료도 참고할 만하다. 특히 산업별 장기전망 추정치는 세계 시장상황을 함께 고려하여 추정하게 되므로 국내 연구기관들도 해외 연구기관의 분석 · 전망자료를 참고하는 경우가 많다. 예를 들어 IT분야의 대표적인 분석기관으로 IDC, Dataquest, iSuppli, WSTS(세계반도체무역통계기구) 등이 있다.

사례 2-1 음식료산업분석

2015년 국내음식료 시장은 저성장국면이 지속되는 가운데, 기업실적은 전반적으로 개선세를 나타냈다.

음식료산업은 필수재 성격상 수요기반이 매우 안정적이나 국내인구증가율 둔화 및 산업의 성숙기 진입으로 양적성장이 제한적인 상황이다. 2014년까지 최근 4년간 식료품과 음료의 내수 성장률은 각각 연평균 1.1%와 2.1%에 그치고 있으며 2015년에도 3분기까지 각각 1.3% 및 0.1% 증가하면서 저성장 국면이 지속되고 있다. 특히 음료의 경우 경기부진으로 가격이 낮은 탄산음료에 대한 수요는 양호한 성장을 시현하였으나, 고가격의 기능성음료 수요가 부진하면서 성장세가 크게 둔화되었다.

2015년 중 식료품 및 비주류 음료 소비자물가지수 증가율은 1~2%대로 낮은 수준이 지속되고 있다. 업체들이 양적성장에서 수익성을 중시하는 방향으로 전략을 전환하면서 할인경쟁을 자제하고 꾸준히 신제품을 출시하면서 판매단가를 제고하기 위해 노력하고 있으나 산업 전반적으로 수요가 정체된 가운데 곡물 등 원자재가격이 전반적으로 하락하면서 가격인상이 제한되고 있다. 정부 및 소비자단체의 감시기능이 제고되고 있는 점도 가격상승의 부담요소로 작용하고 있다. 음식료품은 생존을 위한 필수품으로 가격변동이 일반가계의 경제활동에 미치는 영향이 매우 크게 나타나고 있다. 이로 인해 정부의 가격통제의지가 매우 높은 수준이며, 최근에는 소비자주권이 강화되는 방향으로 사회적기조가 움직이면서 사회단체와 언론의 제품가격 모니터링이 강화되고 있다.

기업들의 실적흐름을 살펴보면 내수시장의 저성장국면과 제한적인 가격상승으로 매출이 완만하게 성장하는 가운데 수익성이 개선되는 모습을 보이고 있다. 국내 최대식품업체인 CJ제일제당을 중심으로 비수익부문을 철수하고 할인경쟁을 자제하면서 업계 전반적으로 경쟁이 완화된 가운데 원자재가격흐름 또한 하향안정화 추세가 유지되었기 때문이다. 또한 진열품목 축소 등 비용절감 및 효율개

선노력, 신제품 개발을 통한 시장확대 및 부가가치제고 등도 수익성개선에 기여한 것으로 판단된다.

2016년 음식료산업은 국내경제가 정체되면서 성장이 제한적인 가운데 원가부담이 확대될 것으로 예상되나, 신제품을 통한 부가가치확대 및 경쟁완화기조가 지속되면서 기업실적은 안정적인 흐름을 나타낼 전망이다.

음식료산업의 저성장기조는 2016년에도 유지될 전망이다. 국내경제가 메르스사태의 기저효과, 소비심리개선 및 정부의 소비활성화 대책 등으로 2015년 대비 성장세가 개선되는 것으로 보이지만, 소폭에 그치면서 저성장세가 이어질 것으로 예상되기 때문이다. 한국은행에 따르면 2016년 국내총생산 및 민간소비증가율은 각각 3.2% 및 2.2%로 전망되는데 이는 성장이 둔화된 2011년 이후 4년간 평균치인 3.0% 및 2.1%와 유사한 수준이다. 소비심리지수 또한 메르스 확산이 진정되면서 2015년 6월 이후 상승하고 있으나, 2014년 수준에는 전반적으로 미치지 못하고 있다.

국내 음식료업체들은 원재료에 대한 해외의존도가 높아 곡물가격과 환율변동에 따른 실적변동성이 내재되어 있다. 주요곡물의 국제가격추이를 살펴보면 2014년 이후 전반적으로 하락하는 추세이나 2015년 들어와서는 하락세가 다소 진정되면서 안정적인 흐름을 나타내고 있으며 이는 기업실적에 긍정적인 요소로 작용하여 왔다. 그러나 향후 곡물가격흐름은 불확실성이 높은 수준이다. 미국 농무부(USDA)가 11월 발표한 세계곡물수급전망보고서에 따르면 2015/16년 중 재고가 직전연도대비 1.2% 증가하면서 곡물 초과공급 상태가 유지될 것으로 예상되고 있다. 그러나 수요공급 간 차이가 감소하면서 수급여건은 개선될 것으로 보이며 엘니뇨현상 등 이상기후로 작황이 부진할 것으로 전망되고 있어 장기간 유지되어 온 곡물가격 하락추세가 지속되기는 어려울 것으로 분석된다.

음식료산업의 환경이 전반적으로 대형업체들에게 유리한 흐름을 나타내고 있어 대기업 중심의 과점구조는 심화될 전망이다. 경기침체가 지속되면서 음식료산업에서도 가격이 중요한 제품결정 변수로 작용하고 있으며 인구사회 구조변화 및 소비자 기호다양화로 기존 제품과는 차별화된 신제품개발능력이 요구되고 있다. 이는 대량생산 및 구매로 가격 및 원가경쟁력을 확보하고 있고 풍부한 자본과 연구인력을 보유한 대형업체들에게 유리한 요소이다. 정부 및 사회단체의 가격 및 식품안전에 대한 감시기능이 강화되고 있는 점도 대외교섭력에서 우위를 보이는 대형업체에게 긍정적인 요인으로 작용한다.

최근 음식료업계에서는 여성의 사회진출 증가, 핵가족화, 1인 가구 증대 등의 요인으로 가정에서 직접 요리를 하는 수요가 감소하면서 원재료 가공 및 조리에서부터 섭취까지 단계를 축소시키는 과정에서 부가가치를 제고할 수 있는 간편편의식 시장이 업계의 새로운 성장 동력으로 주목받고 있다. 국내 1인 가구 비중은 2006년 14~15%대에서 지속적으로 증가하여 2013년 이후 20%를 넘어선 상태이며 분기별 냉동조리식품 내수 출하량은 2000년대 중반 4만~5만톤 수준에 그쳤으나 2014년~2015년에는 8만~9만톤 수준까지 성장하였고 레토르트 식품 또한 분기별 6천~7천톤대에서 2만톤대로 확대되는 등 높은 성장을 보이고 있다.

한편, 식품위생 및 안전관련 이벤트가 발생할 경우 기업의 인지도 훼손 및 실적저하를 넘어서 존폐여부를 결정지을 수 있는 중대한 위험요소이다. 소비자의 식품안전에 대한 관심이 지속적으로 증가하는 가운데 위해요인의 예방 및 관리능력과 위생사고에 대한 원활한 대응체계를 포함한 안전관리시스템 확보가 주요 사업역량으로 대두고 있으며 이에 비례하여 식품안전관리에 대한 정부규제와 사회단체의 검증이 강화되고 있는 추세이다.

* 자료 : 한국기업평가 Industry Outlook

상장기업이 공시하는 사업보고서에서도 해당 상장회사가 속한 산업에 대한 분석정보를 얻을 수 있다. 사업보고서 공시자료는 금융감독원 공시사이트(http : //dart.fss.or.kr)에서 누구나 열람할 수 있으며, 'Ⅱ. 사업의 내용'은 사업의 내용, 주요 제품 · 서비스, 주요 원재료, 생산 및 설비 등을 포함한다. 특히, 사업의 내용에는 산업의 특성, 국내외 시장여건 등에 대한 정보를 얻을 수 있다.

Section 3 경영전략분석

기업이 속한 산업이 중요한 만큼 산업환경에 대처하는 개별 기업의 역량도 중요하다. 산업환경은 산업에 속한 모든 기업에게 동일한 위험과 기회를 제공할 수 있지만 개별 기업의 역량에 따라 수익성은 결정된다. 즉 동일한 산업에 속해 있더라도 개별 기업의 역량에 대한 별도의 분석이 필요하다. 경영환경분석의 방법은 산업환경요인과 기업 내부의 역량을 함께 고려하는 유기적인 분석을 필요로 한다. 여기서는 산업환경과 기업역량을 고려한 분석방법 중 몇 가지를 소개하고자 한다.

1. SWOT분석

SWOT분석(SWOT analysis)은 기업의 환경분석을 통해 강점(strength)과 약점(weakness), 기회(opportunity)와 위협(threat)의 요인을 규정하고 이를 토대로 경영전략을 수립하는 기법을 말한다. 이때 사용되는 4요소를 강점 · 약점 · 기회 · 위협(SWOT)이라고 하는데, 강점(strength) 및 약점(weakness)은 경쟁기업과 비교하여 기술의 경쟁우위 수준, 재무적 안정성, 구매자에 대한 교섭능력, 효과적인 경영관리체계, 원가구조의 효율성 등이 우수한지 여부를 말한다. 기회(opportunity) 및 위협(threat)은 외부환경에서 유리한 기회요인 또는 불리한 위협요인을 뜻하며, 잠재고객의 확보가능성 또는 기존고객의 이탈가능성, 거시경제요인의 변동가능성, 시장규모의 증감가능성 및 감독기관의 규제강화 또는 완화가능성 등을 들 수 있다.

SWOT분석은 1971년 켄 앤드류즈(Ken Andrews)가 기업의 자원 및 역량과 외부환경 간의 전략적 적합성(Strategic fit)을 개념화하는 과정에서 탄생했다. SWOT분석은 외부환경의 변화 속에서 그 '기회(opportunity)'와 '위협(threat)'을 찾아내고, 기업 내부의 역량이라는 측면에서 '강점(strength)'과 '약점(weakness)'을 조합하여 기업이 '기회를 활용하기 위하여 강점을 이용'하고 '위협에 대항하여 약점을 방어'하기 위한 전략적 대안을 찾는 프레임 워크를 제공한다고 할 수 있다.

정리하면 SWOT분석은 외부환경요인이 제공하는 기회(opportunity)와 위협(threat)을 기업이 가지고 있는 강점(strength) 또는 약점(weakness)을 파악하여 경영전략방안을 마련해 나가는 과정이다. 가치평가에 있어 SWOT분석은 미래현금흐름의 창출에 영향을 미치는 외부요인과 외부요인에 대응하는 내부역량 파악을 위한 기초정보를 제공한다.

사례 2-2 LG전자 SWOT Analysis

Strengths	Weaknesses
• 해외시장에서의 높은 브랜드 인지도 (Tromm, X-Canvas, Whisen) • 디지털가전의 기술력을 휴대폰에 적용 가능 • 우수한 글로벌 판매 네트워크를 보유	• 디지털가전을 제외한 타부문의 낮은 수익성 • 반기별 이익의 변동성 높음.

Opportunities	Threats
• 제품의 복잡화 및 융합화에 대한 고객의 요구가 높아지고 있으며 이에 대한 수요가 확대되고 있음. • 휴대폰의 교체수요 증가	• 디스플레이 생산업체간 제품개발 및 양산기술 경쟁 치열 • 마케팅 비용의 증가 • low-end market에서 중국의 추격

* 자료 : 우리투자증권 리서치센터

2. Michael Porter의 5요인 모델

경영전략분석에서 이용되어 온 모델 중 대표적인 것이 하버드대학의 마이클 포터(Michael. E. Porter) 교수에 의해 제시된 5요인 모델(5 Forces Model)이다. 이는 산업 내 경쟁구조를 모형화시킨 '경쟁전략모델'(Competitive Strategy : Techniques for Analyzing Industries and Competitors, New York : Free Press, 1980)이다. 포터 교수의 경쟁전략모델은 신규 진입자에 대한 진입장벽(entry barriers), 대체재(substitute)의 존재 여부, 공급자의 협상능력(supplier bargaining power) 및 수요자의 협상능력(customer bargaining power) 등 4가지 외부영향요인과 이들 외부요인과 연관된 기존기업들 간의 경쟁강도, 즉 해당 산업의 수익성(profitability)으로 구성된다.

[그림 2-1] Michael Porter의 5요인 모델(5 Forces Model)

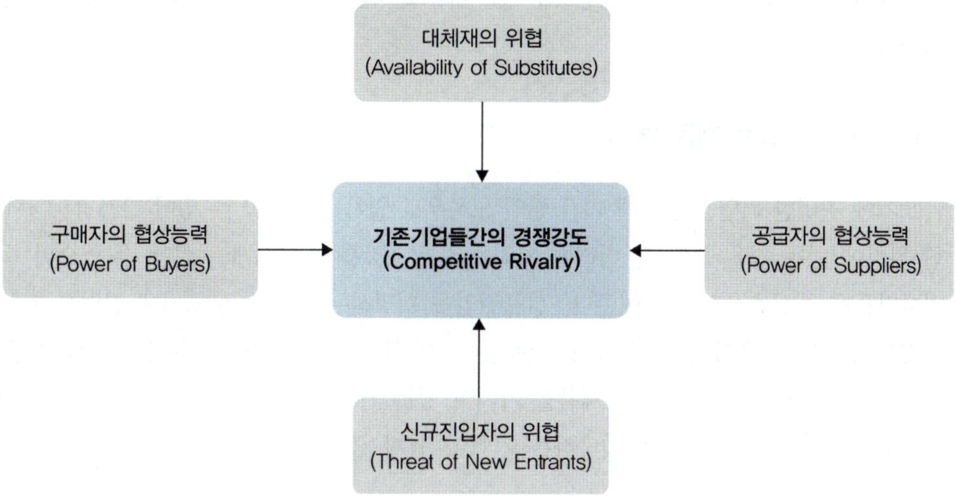

* 자료 : Michael E. Porter, "Industry Structure and Competitive Strategy : Keys to Profitability," Financial Analysis Journal

2.1 신규진입자의 위협(Threat of New Entrants)

어떤 산업의 수익률이 매우 높거나 장래에 높은 수익을 창출할 것으로 기대된다면 기업들은 앞다투어 그 산업에 뛰어들고 싶을 것이다. 기업들이 높은 수익을 창출하는 산업에 쉽게 진입할 수 있다면 그 산업의 높은 수익률은 점차 낮아질 것이며 차별화된 전략보다는 가격위주의 전략이 구사되어 결과적으로 경쟁이 심화될 것이다. 혹시 실제 진입을 하지 않더라도 언제든 뛰어들 준비가 되어 있는 기업이 많이 있다면 이미 진입해 있는 기업들은 가격을 높게 책정할 수 없으므로 수익률은 점차 낮아질 것이다.

그러나 현실적으로 어떤 산업은 다른 산업에 비해 높은 수익을 창출하고 있으며 신규 진입을 희망하는 기업들도 섣불리 진입결정을 못하는 경우가 많이 있다. 신규진입자가 기존기업들로 구성된 산업에 쉽게 뛰어들지 못하게 하는 것이 바로 진입장벽(entry barrier)이다. 진입장벽은 신규진입자가 기존기업들에 대해 부담하는 상대적인 불리함이다. 진입장벽은 그 산업으로 경쟁기업이 유입되는 것을 막아 주고 산업 내의 기존기업들에는 높은 수익률을 선사한다. 신규진입을 희망하는 기업들이 반드시 넘어야만 하는 진입장벽의 예로 몇 가지를 살펴보자.

(1) 대규모 자본소요

신규기업이 산업에 진입하는 데 필요한 투자액이 많이 필요한 경우에는 자본이 충분한 몇몇 기업을 제외하고는 이러한 산업에 진입하기가 힘들다. 대규모 플랜트산업이나 에너지산업 등

기간산업의 경우에는 많은 자본을 필요로 하기 때문에 신규진입이 쉽지 않다. 자동차산업과 같이 규모의 경제를 필요로 하는 산업분야도 대규모 자본을 필요로 하기 때문에 높은 진입장벽이 된다.

(2) 가격우위 또는 제품차별화

초기에 진입한 기업들은 오랜 기간 쌓인 노하우로 원가를 절감할 수 있어 가격경쟁에서 유리한 위치에 있는 경우가 많다. 이러한 기업들은 원재료를 저렴하게 구입할 수 있으며 숙련된 기술자들은 생산효율성을 높여준다. 신규진입을 희망하는 기업들은 초기에 진입한 기업들의 원가우위 · 가격우위에 밀려 상당기간 손실을 감수하지 않으면 안되므로 쉽게 진입결정을 할 수 없는 것이다. 또한 차별화된 제품을 가지고 있는 기존기업은 소비자들에게 높은 인지도를 가지고 있으므로 신규진입을 희망하는 기업이 쉽게 극복하지 못하는 장벽이 된다.

(3) 유통채널

기존기업들이 효과적인 유통채널을 이미 확보한 경우 높은 진입장벽이 될 수 있다. 유통채널의 선점은 소비재산업의 경우 더욱 높은 진입장벽이 된다. 신규진입을 희망하는 기업들이 유통채널을 새로 구축하는 데에는 많은 비용이 소요되며, 기존 기업의 유통채널을 이용하고자 하더라도 기존기업이 쌓아 온 도소매업체들과의 관계 등으로 많은 시행착오를 겪어야 한다.

(4) 제도적 규제

법적인 규제 또는 정부의 제도적 규제는 가장 강력한 진입장벽이다. 종합유선방송사업(SO)의 경우 방송위원회에서 신규허가 및 재허가를 심사 · 통제하고 있어 신규진입이 현실적으로 어려운 영역이다. 이러한 산업의 인수합병대가는 일반적인 가치평가방법으로 산출되지 않는 가격으로 거래되곤 한다. 시장이 개방되면서 정부의 제도적 규제는 자율화되고 있는 추세이나 제도적 규제가 있는 산업의 경우 높은 진입장벽이 여전히 남아 있다.

2.2 대체재의 위협(Availability of Substitutes)

대체재(Substitutes)란 쌀과 빵, 고기와 생선처럼 한 쪽을 소비하면 다른 쪽은 그만큼 덜 소비되어 어느 정도까지 서로 대체될 수 있는 재화를 말한다. 어떤 산업의 제품이 지나치게 가격이 높은 경우 동일한 유형의 재화는 아니더라도 기존제품을 대체할 수 있고 가격이 저렴한 대체재가 있다면 소비자는 대체재의 소비를 늘릴 것이다. 대체재의 위협이 큰 경우에는 진입장벽은 낮아질 수밖에 없다.

2.3 기존기업들 간의 경쟁강도(Competitive Rivalry)

산업 내에서 기존기업들은 시장에서 유리한 위치를 확보하기 위하여 가격, 서비스, 신제품 등에서 산업 내의 다른 기업들과 치열한 경쟁을 펼치게 된다. 기존기업들 간의 경쟁 정도는 산업 내의 경쟁양상과 산업 전체의 수익률을 결정짓게 되는 원인이 된다. 기존기업들 간의 경쟁강도를 결정짓는 가장 중요한 요소는 동일산업에 속한 기업의 수와 개별기업의 규모이다. 만일 산업에 참여하고 있는 기업의 수가 적고 규모가 크다면 산업의 수익률은 상대적으로 높아지게 되며, 산업에 참여한 기업의 수가 많고 개별 기업의 규모가 작다면 경쟁이 심화되어 산업 전체의 수익률은 낮아진다.

동일한 산업에 있더라도 기존기업들과 차별화된 전략을 구사하는 기업이 많을수록 경쟁강도는 약해진다. 반면, 산업에 속한 대부분의 경쟁기업들이 원가우위전략을 구사하면서 가격위주의 전략을 펼친다면 경쟁 정도는 심화될 것이다. 또한 동일한 조건하에서도 불황기일수록 경쟁강도는 심화된다. 불황기에 접어들면 기업들은 유휴설비를 갖고 재고는 누적된다. 불황기에는 유휴설비의 가동과 재고해소를 위해 가격위주의 정책을 펴게 되고 결과적으로 경쟁 정도는 심화된다.

2.4 구매자의 협상능력(Power of Buyers)

구매자는 소비자가 될 수 있고, 원자재를 구매하는 기업이 될 수도 있다. 제품의 차별화가 이루어진 경우에 구매자는 가격에 개의치 않는다. 명품의류나 액세서리는 실제 원가와 관계없이 높은 가격에 거래된다. 때로는 판매자가 의도적으로 물량을 한정적으로 공급해 가격을 올리는 경우도 있다. 이러한 경우에는 구매자의 협상능력은 크게 낮아진다.

구매자의 협상능력은 정보를 많이 가지고 있을수록 높아진다. 구매자들이 공급자의 제품특성과 원가구조에 대한 자세한 정보를 가지고 있다면 구매자의 협상능력은 높아진다. 반면, 구매자들이 기존공급자로부터 다른 공급자로 전환하는 데 많은 비용이 소요된다면 구매자의 협상능력은 낮아진다.

2.5 공급자의 협상능력(Power of Suppliers)

제품생산에 필요한 재화 및 서비스를 공급하는 공급자의 협상능력이 크면 공급자는 많은 이익을 얻게 된다. 예를 들어 OPEC은 산유국인 각 공급자의 협상능력을 키우기 위한 기구이다.

사례 2-3 동아제약 5-Forces Model

대체재의 위협 (Availability of Substitutes)

- 의약품의 경우 특허 만료시 제네릭 의약품이라는 대체재가 존재. 동사의 경우 제네릭 의약품 출시로 인한 위협은 크지 않음.

구매자의 협상능력 (Power of Buyers)

- 처방의약품의 선택권은 전적으로 의사들에게 주어지므로 구매자의 힘은 매우 강한 편

기존기업들간의 경쟁강도 (Competitive Rivalry)

- 한미약품, 유한양행 등 상위권 국내업체들
- 화이자, 머크, GSK 등 다국적 제약사들의 국내 자회사

공급자의 협상능력 (Power of Suppliers)

- 신약의 경우 특허로 독점적 권리가 보장되어 있어 공급자의 권한은 강한 편. 그러나 동사는 강력한 영업망을 바탕으로 대등한 협상을 이끌어낼 수 있다고 판단됨.

신규진입자의 위협 (Threat of New Entrants)

- 아직 국내에 진출하지 않은 다국적 제약사들의 신규진입이 가능하나 주요 업체들의 진입은 이미 마무리
- 재벌기업들의 제약사업 참여는 적을 것으로 전망

* 자료 : 우리투자증권 리서치센터

3. 경쟁우위전략분석

기업은 시장에서의 위치, 기술력 및 생산효율성 등을 고려하여 기업의 장기적인 전략목표로 경쟁우위(Competitive advantage)전략을 선택하게 된다. 경쟁우위를 구축하기 위한 기업의 전략은 원가우위(Cost advantage)전략, 차별적 우위(Differential advantage)전략 및 집중화(Focus)전략으로 구분된다.

3.1 원가우위(Cost advantage)전략

원가우위는 기업의 제반 활동, 즉 구매생산, 판매관리 및 애프터서비스 등에 수반하는 모든 비용이 타 기업보다 낮은 것을 의미한다. 원가우위에 있는 기업은 자사의 제품을 경쟁자보다

저가에 공급할 수 있으므로 시장에서 유리한 위치를 선점한다. 원가우위에 있는 기업은 생산 및 판매시스템에서 효율성을 추구한다.

3.2 차별적 우위(Differential advantage)전략

차별적 우위는 고객이 특정기업의 제품에 부여하는 높은 가치로서 경쟁기업의 제품과 구별될 수 있는 가격 이외의 것을 의미한다. 이러한 차별적 우위를 가진 기업은 타사의 상품보다 높은 가격을 책정할 수 있다. 또한 같은 가격이라면 더 많이 팔 수 있도록 하거나 경기가 좋지 않은 경우에도 높은 고객충성도를 유지할 수 있도록 하는 원동력이 된다. 차별적 우위는 원가우위와 마찬가지로 기업의 모든 활동영역에서 발생할 수 있다. 기업은 제품 및 서비스의 특성, 신속한 배송, 입지적 유리함, 제휴업체의 협력, 기업의 규모 등을 통하여 자사제품을 경쟁제품과 차별화시킬 수 있다.

3.3 집중화(Focus)전략

원가우위전략이나 차별적 우위전략은 전반적인 시장에서 일반적으로 사용하는 전략이다. 이에 비해 집중화전략은 특정시장으로 목표시장을 잡은 후 회사의 자원을 집중적으로 투입하여 경쟁우위를 확보하는 전략이다. 집중화전략을 위해 회사는 특정시장에 대해 원가우위전략이나 차별적 우위전략을 사용할 수 있다. 원가우위 집중화전략은 전체 시장에서 원가우위를 점하고 있는 경쟁업체에 대해서 특정시장에서만큼은 원가우위를 점할 수 있는 방법이다. 마찬가지로 전체 시장에서 차별적 우위를 점하고 있는 경쟁업체에 대해 목표시장에서만큼은 차별적 우위를 점하고자 하는 경우에 사용한다.

4. 생명주기분석

생명주기(Life Cycle)분석이란 산업도 살아있는 생명체와 같이 생성, 성장, 쇠퇴, 소멸한다는 이론이다. 산업의 수명을 도입기, 성장기, 성숙기, 쇠퇴기 등 네 단계로 나눌 수 있으며 각 단계별로 산업 내 기업들의 매출수준 및 증가율, 이익수준 및 이익률, 경쟁수준 및 형태가 달라지므로 가치평가 대상기업의 산업이 어느 단계에 있는지를 파악한다.

생명주기분석은 산업의 대체적인 발전방향을 나타내므로 특정시점의 해당 산업의 수익성 및 성장성을 평가하는 데 유용한 분석도구가 된다.

4.1 도입기

도입기는 제품 · 상품 · 서비스가 처음으로 시장에 도입되는 단계이다. 매출증가율이 낮으며 이익수준은 낮거나 손실을 보인다. 한편 손실이 몇 년간 누적되어 도산하는 기업도 나타나게 된다. 이 단계에서는 어느 기업이 향후 산업의 리더가 될 것인가를 예측하기가 쉽지 않다.

4.2 성장기

성장기는 매출 및 이익이 급증하는 단계이며 산업 내 리더기업들이 출현하기 시작한다. 도입기에 살아남은 생존 기업들은 상대적으로 안정되고, 제품 · 상품 · 서비스 수요의 증가에 따라 매출수준은 대폭 늘어나게 된다. 경쟁수준도 높지 않아 이익률도 큰 폭으로 향상된다.

성장기는 초기의 급속성장기와 후반의 안정성장기로 구분할 수 있다. 한편 성장기의 후반기에는 경쟁수준이 심화되어 이익수준은 증가하지만 이익률은 정점 이후 차츰 감소하게 된다.

4.3 성숙기

성숙기는 산업 내 기업들이 안정적인 시장점유율을 유지하면서 매출은 완만하게 늘어나는 단계이다. 이 단계에서 매출수준은 정점에 이르게 되며 제품 · 상품 · 서비스의 표준화가 가속화된다. 이익률은 가격경쟁과 광고 및 홍보경쟁으로 하락하고 경영관리능력에 따라 경영성과의 차이를 보이게 된다.

또한 기업들은 원가 및 비용 절감을 통해 이익의 하락추세를 막으려 노력하며 제품 · 상품 · 서비스의 수명주기 연장 및 새로운 제품 · 상품 · 서비스 개발을 위한 연구개발비 지출이 늘어난다. 한편 잉여현금은 설비에 대한 자본적 지출보다는 배당을 통한 지출로 이루어지게 된다.

4.4 쇠퇴기

쇠퇴기는 전반적인 수요 감소에 의해 매출액 증가율이 감소하게 되는 단계이다. 또한 이익률이 큰 폭으로 하락하면서 많은 기업들이 손실을 보게 된다. 결국 기업들은 해당 산업에서 철수를 하거나 사업 다각화를 위해 노력하게 된다. 이러한 요인은 기존 제품 · 상품 · 서비스의 노후화, 새로운 제품 · 상품 · 서비스의 출현 및 경쟁심화 등으로 설명될 수 있다.

한편, 아래와 같이 산업의 성장단계별로 기업의 재무제표분석 관점이 달라져야 한다.

- 초기단계 : 초기단계에는 유동성 분석이 중요하다. 특히 초기단계 기업의 경우 매출채권회전율 등 활동성 분석을 통한 운전자금(working capital)에 대한 관리, 즉 유동성 관리가 중요하다. 우수한 제품과 기술을 보유하고 재무제표상 이익이 나도 단기자금인 운전자금 관리를 잘못할 경우 일시적 자금부족으로 파산할 위험이 커지게 된다.
- 성장단계 : 성장에 대한 관리가 중요하므로 성장성 분석이 중요하다. 또한 성장에 따른 시설투자를 위한 장기자금 조달능력이 중요하므로 장기적 관점인 안정성도 중요한 지표이다.
- 성숙단계 : 장기적 관점에서 수익성과 안정성에 대한 분석이 중요하다. 지속적 수익창출능력에 대한 평가인 수익성과 장기적 재무구조의 안정성이 중요한 지표이다. 또한, 새로운 성장 모멘텀을 위한 성장전략, 사업다각화 여부, 사업포트폴리오 구성과 함께 이에 관련하여 현금창출능력에 대한 현금흐름분석이 중요하다.

제품수명주기(PLC, Product Life Cycle)란 새로운 경쟁상황 등의 여건변화가 특정제품의 수익성과 위험에 미치는 영향을 단계별로 나눈 것이며, 성장단계별 특징을 살펴보면 아래와 같다.

① 제 품

구분	특징
도입기	−품질이 열악함 −제품설계와 개발이 중요함 −제품의 표준화가 안 됨
성장기	−제품이 기술 및 기능상 차별화되기 시작함 −제품에 대한 신뢰성이 성공요인임 −경쟁적 제품개선으로 품질향상이 계속됨
성숙기	−품질이 최고수준에 달함 −차별화가 적어지고 표준화됨 −제품의 변화가 줄어듦
쇠퇴기	−차별화가 거의 없음 −품질이 저하됨

② 마케팅

구분	특징
도입기	−판매에 대한 광고비율이 높고, A/S 등 마케팅 비용이 많이 발생함
성장기	−A/S 비율이 도입기보다 낮으나 여전히 높음 −기술적 차별화가 되지 않는 제품은 광고와 유통부문이 매우 중요함

성숙기

- 시장세분화가 가속화되고 제품라인이 많아짐
- 라이프사이클을 늘려 제품다양화를 시도함
- 포장, 서비스가 중요해지고 광고경쟁이 치열함
- A/S는 낮아짐

쇠퇴기

- 광고 및 마케팅 활동을 하지 않음
- 마케팅 비용이 감소됨

③ 제조 및 유통

도입기

- 가동률이 낮고 생산원가가 높음
- 제조기술의 변경을 위한 투자가 필요함
- 협소한 판매망을 이용함

성장기

- 조업도가 높으며 과소설비의 문제가 대두됨
- 대량생산체계를 갖춤
- 대량유통채널 구축, 유통경로확보 경쟁이 치열함

성숙기

- 조업도가 약간 낮아지며, 부분적 설비과잉문제가 발생함
- 제조과정이 안정화됨
- 제품이 다양해져 물적 유통비용이 많이 발생함
- 대량유통체계를 갖춤

쇠퇴기

- 조업도가 현저히 낮아짐
- 과잉설비가 문제됨
- 유통경로가 축소됨

④ 경쟁 사업위험

도입기

- 참여기업이 극히 적음
- 사업위험이 매우 높음

성장기

- 신규업체 참여로 경쟁업체가 증가함
- 성장률이 높아지면서 사업위험이 감소됨

성숙기

- 가격경쟁이 발생함
- 개별상표가 증가하고 일부는 철수함
- 업계 재편성이 이루어지기 시작함

쇠퇴기

- 철수기업이 늘어남
- 경쟁이 크게 줄어듦

⑤ 제품마진과 수익성

도입기	-높은 가격수준을 보임 -낮은 수익성을 보임 -가격탄력성은 낮음
성장기	-수익성이 높아짐 -가격은 높은 수준이나 도입기보다 낮아짐
성숙기	-가격이 하락함 -제품마진, 수익성 모두 감소함 -유통업체 마진도 감소함
쇠퇴기	-낮은 가격과 낮은 마진을 보임 -가격이 지속적으로 하락함

기업가치평가실무

세무 · 회계 지식서비스 분야의 선두주자 조세통람

국내 재경실무분야를 선도하는 No 1. Knowledge Provider

Chapter 3

현금흐름할인모형

Section 1 현금흐름할인모형의 기본개념

현금흐름할인모형(DCF; Discounted Cash Flow method)하에서의 가치(Value)는 미래 예상 현금흐름을 적절한 할인율(기대수익률)로 할인하여 구한 현재가치로 정의된다. 바꾸어 말해 현금흐름할인모형하에서의 기업의 가치는 기업이 영업활동을 통해 창출하는 미래예상현금흐름을 주주와 채권자의 요구수익률로 할인한 가치다. 현금흐름할인모형에서 기업의 가치를 결정짓는 요소는 '미래의 현금흐름'과 '예측된 현금흐름의 불확실성을 반영한 할인율'이 된다.

기업의 가치는 과거의 경영성과나 현재의 외부환경요인 자체가 아닌 외부환경에 대응하는 기업의 역량에 의해 창출될 수 있는 미래의 현금흐름에 의해 측정된다는 점에서 현금흐름할인모형은 논리적으로 가장 우수한 평가방식으로 인정받고 있지만 미래의 불확실한 현금흐름과 할인율을 추정해야 하므로 가치평가결과에 대한 신뢰성에 의문이 제기될 수 있다. 이런 한계점으로 인해 현금흐름할인모형에 의한 기업가치는 절대가치가 아니며, 이용가능한 정보를 활용한 추정가치이다. 정보의 불확실성이 제거되거나 이용가능한 정보의 내용이 변경되면 현금흐름할인모형에 의한 가치평가결과도 달라지게 되는 것이다.

1. 왜 현금흐름인가?

Cash is the best! 매출(sales)과 이익(earnings)이 많을수록 좋지만 결국 중요한 것은 현금(cash)이다. 우리가 회계 상의 이익을 중요시하는 것은 발생주의 이익인 회계 상의 이익이 결국 현금이 된다는 강한 믿음이 있기 때문이다.

Sales are good! Profits are better! Cash is the best!

발생주의에 따른 회계 상의 이익은 선택과 추정에 따른 결과라고 볼 수 있다. 동일한 거래라고 하더라도 국제회계기준의 원칙중심(principle base)에 따라 다양한 회계처리방법이 적용될 수 있다. 예를 들어, 재고자산의 원가흐름을 어떻게 가정하는가에 따라 개별법, 선입선출법, 평균법 등 여러 가지 단가 결정방법이 적용될 수 있다.

또한, 금융자산과 유형 · 무형자산의 손상회계, 유형 · 무형자산의 내용연수 및 잔존가치,

확정급여제도의 보험수리적 가정 등 수많은 추정이 이루어져야 한다.

이에 비해 현금흐름은 복잡한 회계기준과 경영자의 판단을 떠나 오직 현금의 유입과 유출만 고려하면 된다.

Profit is an opinion, Cash is a fact!

회계상의 이익과 영업활동 현금흐름의 차이가 작고, 부호가 같은 경우 이익의 질(earnings quality)이 높다고 한다. 회계상의 이익과 현금흐름은 관련성이 있지만 이익 자체가 가치를 창출하지는 않는다. 기업은 현재시점에 현금을 투자하고 미래시점에 더 많은 현금을 회수하여 가치를 창출한다. 현금흐름의 증가 없이 가치는 창출될 수 없으며, 회계처리의 변경에 따른 이익의 증가는 기업가치의 변화와 무관하다.

2. 화폐의 시간가치

현금흐름할인모형은 화폐의 시간가치에 기초를 두고 있다. 화폐의 시간가치란 오늘의 1원의 화폐가치는 물가상승, 투자기회 등으로 인해 내일의 1원의 가치와는 다르다는 것을 뜻한다. 예를 들어 어떤 투자자가 은행의 1년 만기 정기예금에 10만원을 예치한다고 가정하자. 은행에서는 연 5%의 확정이자를 제공하기로 하였다. 이러한 경우 투자자가 1년 후에 수취할 원리금은 10만 5천원이다.

> 1년 만기, 연5%의 정기예금에 10만원을 투자한 경우 1년 후 수취할 금액
> =10만원×(1+5%)=10만 5천원

이때 투자자가 1년 후에 원금 또는 이자의 일부라도 받지 못할 가능성이 있을까? 이러한 상황하에서도 원리금을 받지 못할 가능성이 전혀 없는 것은 아니나, 보통의 경우 투자자는 예금자보호법에 의해 원금과 이자가 보호받으므로 10만 5천원은 확정된 미래현금흐름으로 볼 수 있을 것이다. 위의 예에서 거꾸로 생각해 보자. 1년 후에 10만 5천원이 필요한 투자자는 현재 시점에 정기예금에 얼마를 투자해야 할까? 물론 10만원이다.

> 1년 후에 10만 5천원이 필요한 투자자가 현재시점에 연리 5% 정기예금에 투자해야 할 금액=10만 5천원÷(1+5%)=10만원

현금흐름할인모형은 현재가치(PV; Present Value)를 계산하는 위의 계산식을 이용하는 방법이다. 즉 미래현금흐름(여기서는 미래에 필요한 현금)을 할인율(여기서는 정기예금의 이자율)로 할인

한 가치가 현재가치(여기서는 현재 투자해야 할 금액)인 것이다.

이번엔 단일기간인 1년 후가 아니라 여러 기간을 고려해 보자. 위의 투자자는 3년간 정기예금에 예치하기를 희망한다. 투자자가 10만원을 3년간 예치하는 경우 3년 후 받을 정기예금의 원리금은

$$3년\ 후\ 받을\ 원리금 = 100,000 \times (1+5\%)^3 = 115,763원$$

이와 같은 계산 방식은 '복리(複利)'의 개념에 대한 이해를 필요로 한다. 위의 식을 조금 풀어서 설명해 보자. 3년간 정기예금에 투자한 투자자는 1년 후의 원리금으로 10만 5천원을 받을 수 있는데, 이자가 가산된 원리금 10만 5천원이 다시 1년간 재투자되므로 2년 후의 원리금은 105,000원×(1+5%)=110,250원이 된다. 다시 2년 후의 원리금이 재투자되어 3년 후 원리금은 110,250×(1+5%)=115,763원이 되는 것이다.

시 점	원 금	이율	계 산	원리금
현재시점				100,000
1년 후	100,000	5%	=100,000×(1+5%)	105,000
2년 후	105,000	5%	=105,000×(1+5%)	110,250
3년 후	110,250	5%	=110,250×(1+5%)	115,763

이제 1년 후만을 고려했을 때와 같이 현재가치를 계산해 보자. 3년 후 115,763원이 필요한 투자자가 현재시점에 3년 만기 연 5%의 이자를 지급하는 정기예금에 투자하고자 한다면 얼마를 예치해야 할까? 답은 물론 10만원이다.

이를 산식으로 표현하면

$$\frac{115,763원}{(1+5\%)^3} = 100,000원$$

이는 매년의 현금흐름을 표시해 다음과 같이 나타낼 수도 있다.

$$\frac{5,000}{(1+5\%)} + \frac{5,000}{(1+5\%)^2} + \frac{105,000}{(1+5\%)^3} = 100,000원$$

첫 번째 산식은 매년 발생한 이자금액이 자동적으로 원래의 정기예금 원본에 가산하여 재투자되는 것을 가정한다. 두 번째 산식은 매년 발생한 이자금액을 동일한 정기예금상품에 잔여만기간 동안 재투자하는 것을 가정한다. 어느 것이든 결과는 동일하다.

미래현금흐름의 현재가치(PV; Present Value)에 대한 개념을 산식으로 정리하면 다음과 같다.

$$현재가치(PV) = \frac{CF_1}{(1+r)} + \frac{CF_2}{(1+r)^2} + \frac{CF_3}{(1+r)^3} + \cdots \frac{CF_n}{(1+r)^n}$$

위에서는 편의상 기간의 정의를 '1년'으로 하였다. 그러나 실제 현금흐름의 발생주기에 따라 기간을 정해야 한다. 예를 들어 위의 투자자가 예치한 상품이 월 복리로 계산된다면 월 이율 0.417%(=5%÷12)로 하여 1년에 12회 기간계산을 하는 것이 옳다. 위의 예에서도 3년 후의 원리금은

100,000원×$(1+0.417\%)^{36}$=116,147원이다.
단, 0.417%=5%÷12, 36=12월×3년

현금흐름할인모형에서의 기간에 대한 정의는 별도로 한다. 기간은 현금흐름의 발생시점 별로 측정하는 것이 원칙이다. 그러나 현금흐름의 발생시점별로 정확히 측정해 그때마다 할인율로 할인하는 방식은 비효율적일 수 있다. 기업은 매일 현금흐름이 발생하게 되는데 이를 일일이 측정해서 평가하는 것이 얼마나 어려운 일인가? 일반적으로 현금흐름할인모형에서는 현금흐름의 발생주기를 1년 단위로 측정한다. 본서에서도 특별한 경우가 아니라면 현금흐름의 발생주기를 1년으로 한다.

3. 영구연금

영구연금(Perpetuity)이란 일정한 현금흐름이 영원히 발생하는 경우를 말한다. 만일 어떤 투자자가 매년 10만원을 5% 적금에 무한기간 동안 적립한다고 가정하자. 매년 투자한 적금의 현재가치는 얼마인가?

$$적금의\ 현재가치 = \frac{100,000}{(1+5\%)} + \frac{100,000}{(1+5\%)^2} + \frac{100,000}{(1+5\%)^3} + \cdots$$
$$= \frac{100,000}{5\%} = 2,000,000원$$

영구연금(永久年金)의 현재가치는 무한등비수열 공식을 이용한다. 초항이 A이고, 공비가 r인 무한등비수열의 합은

$$\text{무한등비수열의 합} = \frac{A}{(1-r)}$$

영구연금은 불입액을 S로 하고 할인율을 k라 할 때 초항이 S/(1+k)이고 공비가 1/(1+k)인 무한등비수열의 합이다.

$$\text{영구연금의 현재가치} = \frac{S/(1+k)}{[1-(1/1+k)]} = \frac{S}{k}$$

즉 영구연금의 현재가치는 매년 불입액(또는 매년 발생하는 동일한 현금흐름)을 할인율로 나눈 값이다.

영구연금의 현재가치 공식을 기업가치추정에 적용할 때 기업가치는 매년 발생하는 동일한 현금흐름($CF_1=CF_2=CF_3\cdots=CF_n=CF_{n+1}\cdots$)을 일정한 할인율로 나눈 가치이다. 만일 어떤 기업의 1기말의 현금흐름(CF1)이 영원히 동일하게 발생하며, 할인율이 k라면 그 기업의 현재가치는

$$\text{기업가치(Firm Value)} = \frac{CF_1}{k}$$

현금흐름할인모형에서 영구연금에 대한 가정을 도입하는 경우가 많다. 기업의 현금흐름이 매년 동일한 금액이 영원히 발생할 것이라는 가정은 비현실적이나 계속기업의 가정(going concern)과 영구적인 기간의 현금흐름의 변동은 평균에 수렴할 것이라는 가정에 기초하여 일정기간 이후의 현금흐름에 대해서는 영구연금공식을 이용하게 된다.

이에 더하여 영구연금이 매년 일정한 성장률(g)로 성장[즉 $CF_2=CF_1\times(1+g\%)$, $CF_3=CF_2\times(1+g\%)\cdots$]할 것이라는 가정을 추가로 도입하여 항상성장(恒常成長)영구연금의 현재가치는 다음의 식으로 정의된다.

$$\text{항상성장영구연금의 현재가치} = \frac{CF_1}{k-g}$$

CF_1 : 1기말의 현금흐름, k : 할인율, g : 성장률

항상성장영구연금은 평가대상기업의 현금흐름이 일정할 것이라는 가정 대신 일정한 성장률로 현금흐름이 증가할 것이라는 추가적인 가정을 도입한 것이다. 위의 예에서 최초 적립액은

10만원이나 매년 3% 증가한 금액을 영원히 적립할 경우 영구연금의 현재가치는 다음과 같이 계산된다.

$$적금의\ 현재가치 = \frac{100,000}{(1+5\%)} + \frac{103,000}{(1+5\%)^2} + \frac{106,090}{(1+5\%)^3} + \cdots$$

$$= \frac{100,000}{5\% - 3\%} = 5,000,000원$$

항상성장영구연금 모형은 예측기간 이후의 가치, 즉 영구기업가치(CV; Continuous Value)의 측정에 활용된다. 영구기업가치 추정에는 영구기간의 성장률을 적용하게 되는데, 상기의 항상성장영구연금모형에서 보듯이 성장률(g)이 높을수록 가치는 높아지며, 성장률이 낮을수록 가치는 낮아지게 된다.

4. 위험에 대한 대가

현금흐름할인모형을 이해하기 위해 화폐의 시간가치의 개념을 살펴보았다. 여기에 한 가지 더 고려해야 할 것이 있다. 바로 '위험(risk)'이다. 앞의 예의 투자자는 안정적인 현금흐름을 위해 정기예금에 투자하였다. 그러나 다소의 위험은 감수하더라도 보다 큰 수익을 얻고자 하는 투자자가 있을 것이다. 이러한 투자자는 정기예금이 아닌 주식이나 채권에 투자하고자 할 것이다.

앞의 예에서 3년 후 115,763원이 필요한 투자자는 연 5% 정기예금에 100,000원을 투자하면 되었다. 이 투자자는 자신의 투자성향이 보다 위험에 적극적이라는 점을 알고 이번엔 BBB 등급의 무보증회사채에 투자할지 고민이다. 3년 만기 BBB등급의 무보증회사채의 현재 이자율은 8%라고 하자. 3년 후 115,763천원이 필요한 이 투자자는 3년 만기 BBB등급의 무보증회사채에 얼마를 투자하면 될까?

$$\frac{115,763원}{(1+8\%)^3} = 91,896원$$

3년 후 115,763원이 필요한 투자자가 정기예금과 무보증회사채 중 어느 것을 선택하느냐에 따라 현재 투자해야 할 금액은 각각 100,000원과 91,896원으로 차이가 발생했다. 투자안에 따라 할인율(이자율)이 차이가 발생하였기 때문이다.

정기예금금리 5%와 무보증회사채 수익률 8%의 차이 3%는 위험에 대한 대가이다. 투자자는 위험에 대한 대가로 적은 투자원금을 필요로 한다. 거꾸로 위험을 부담하는 투자자는 높은 수익률을 원한다고 설명할 수도 있다.

그렇다면 위험에 대한 대가는 무엇인가? 위의 예에서 3%의 차이는 '지급불능 위험에 대한 대가'로 볼 수 있다. 정기예금에 100,000원을 투자한 투자자는 거의 확실하게 3년 후 115,763원을 손에 쥘 수 있다. 반면, 무보증회사채에 91,896원을 투자한 투자자는 3년 후 115,763원을 전부 또는 일부를 손에 쥘 수 없을 수도 있다. 여기서 '없을 수도 있다'는 것은 가능성(possibility), 즉 확률을 의미한다.

무보증회사채는 정기예금에 비해 미래예상현금이 실현될 확률이 낮지만 주식에 비해서는 현저히 높다. 즉 주식의 경우 예상된 현금흐름이 실현될 가능성이 상대적으로 낮다는 것이다. 미래현금흐름에 대한 확률이 바로 위험과 연관되는 것이다. 미래현금흐름의 예측치의 표준편차가 클수록 미래예상현금흐름이 실현될 확률이 낮을 것이며, 이런 경우 위험이 높아진다. 정기예금은 미래현금흐름의 예측치의 표준편차가 0에 가깝다. 정기예금에 대해서는 위험을 부담한 대가를 받을 필요가 없는 것이다. 주식의 미래현금흐름의 예측치의 표준편차는 매우 크다. 주식에 대해서는 위험부담의 대가를 보상받아야 하는 이유이다.

위의 예에서 정기예금 금리 5%와 무보증회사채 수익률 8%의 차이인 3%는 위험에 대한 대가, 즉 위험프리미엄(risk premium)이다. 위험프리미엄에 대해서는 본 장(章)의 '5절 자본비용의 계산'에서 자세히 살펴보겠다.

[그림 3-1] 투자자산의 종류별 현금흐름의 변동성

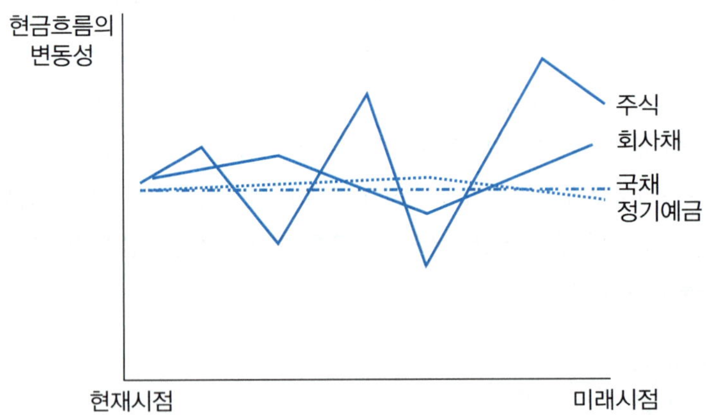

5. 현금흐름할인모형의 접근방법

미래예상현금흐름이 무엇이며 적절한 할인율은 어떻게 구할 것인가에 대해서는 많은 연구와 논란이 계속되고 있다. 현금흐름할인모형의 종류로는 추정현금흐름과 할인율에 대한 정의에 따라 배당평가모형(DDM; Dividend Discount Model), 자기자본가치 현금흐름할인모형(Equity DCF) 및 전체기업가치 현금흐름할인모형(Entity DCF) 등이 있다. 이 중 전체기업가치 현금흐름할인모형(Entity DCF Model)이 일반화된 평가방법이다. 추정현금흐름(Projected Cash Flow)과 각 현금흐름의 위험을 적절히 반영된 할인율(Discount rate)을 사용한다면 이론적으로는 세 가지 현금흐름할인모형의 결과는 동일하다. 그럼에도 자기자본만을 평가하는 배당평가모형이나 자기자본가치 현금흐름할인모형보다 전체기업가치 현금흐름할인모형이 선호되는 이유는 다음과 같다.

첫째, 전체기업가치접근법은 사업가치를 우선 평가하므로 최종 산출물인 자기자본가치 외에도 사업 자체의 가치를 측정할 수 있어 유용한 정보를 제공한다. 사업 자체의 투자과정과 현금회수과정을 명확히 파악함으로써 사업타당성평가의 효과를 얻을 수 있다. 둘째, 사업가치는 가치를 창출하는 요인이며, 자기자본가치와 부채가치는 가치의 배분과정임을 상기할 때 가치창출과정에 대한 정보를 제공한다. 즉 가치창출의 핵심요인이 어디에 있는지 파악하는데 도움을 준다. 셋째, 여러 사업부문을 가지고 있는 기업에도 사업부문별 가치를 측정하여 합산함으로써 부분가치와 전체가치에 대한 정보를 함께 제공가능하다.

본서에서는 현금흐름할인모형 중 이론적으로 우수하고 보편적으로 사용되고 있는 전체기업가치 현금흐름할인모형을 중심으로 설명한다.

전체기업가치접근법은 평가대상 기업의 영업가치(Operating Value)에서 부채가치(또는 타인자본가치, Debt Value)를 차감하여 주주지분의 가치(또는 자기자본가치, Equity Value), 즉 주식가치를 산출하는 방식이다. 보통주보다 변제순위가 높은 우선주(Preferred stock) 등이 있는 경우에는 이를 추가적으로 차감하여 자기자본가치를 계산한다.

영업가치는 전체 기업의 잉여현금흐름(FCF; Free Cash Flow)을 기업 전체에 적용될 할인율(자기자본과 부채의 현금흐름의 위험을 모두 반영할 수 있는 할인율)인 가중평균자본비용(WACC; Weighted Average Cost of Capital)으로 할인하여 계산한 가치이다. 영업가치는 영업활동으로부터 창출된 가치이며 궁극적으로 부채 및 자기자본에 귀속될 현금흐름을 창출한다. 즉 '영업가치 → 자기자본가치 + 부채가치'로 정리될 수 있다. 이에 영업활동과 무관한 자산의 운용결과 창출된 가치(비영업용 자산의 가치)를 추가로 고려하면 기업가치의 창출과정과 배분과정은 [그림 3-2]와 같이 정리된다. 창출된 기업가치는 채권자에게 배분되는 가치인 타인자본가치(Debt Value)와 주주에게 배분되는 가치인 자기자본가치(Equity Value)로 배분된다. 채권자는 창출된 기업가치 중 채권 원본금액과 이자상당액에 대한 우선청구권이 있다. 창출된 기업가치 중 채권자의 몫을 제외한 잔여가치는 모두 주주에게 귀속된다. 기업의 적절한 자본조달 및 배분정책에 의해 자기자본가치의 크기도 달라질 수 있는 것이다. 창출된 기업가치가 채권자의 원본금액과 이자상당액보다 작은 경우에는 주주의 몫이 없어지게 된다. 한편, 가치의 배분은 자본조달방식의 대가이므로 가치의 배분이라는 결과론적 해석이 가능하나 원천별 자금조달방식으로도 표현된다.

[그림 3-2] 가치의 창출 및 배분

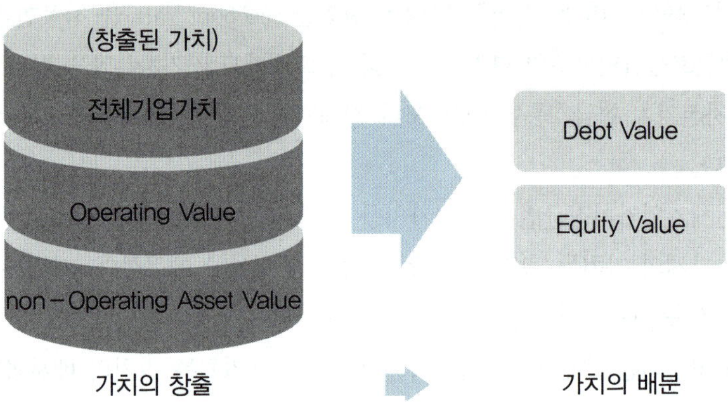

Section 2

현금흐름할인모형에 의한 기업가치평가구조

현금흐름할인모형에 의해 기업가치를 평가하는 구조는 [그림 3-3]과 같다. 현금흐름할인모형은 미래잉여현금흐름(FCF; Free Cash Flow)의 현재가치와 비영업용 자산의 가치(non-Operating Asset Value)를 합하여 기업가치(Firm Value)를 구한 후 부채가치(Debt Value)를 차감하여 자기자본의 가치(Equity Value)를 도출하는 구조이다.

[그림 3-3] 현금흐름할인모형의 계산구조

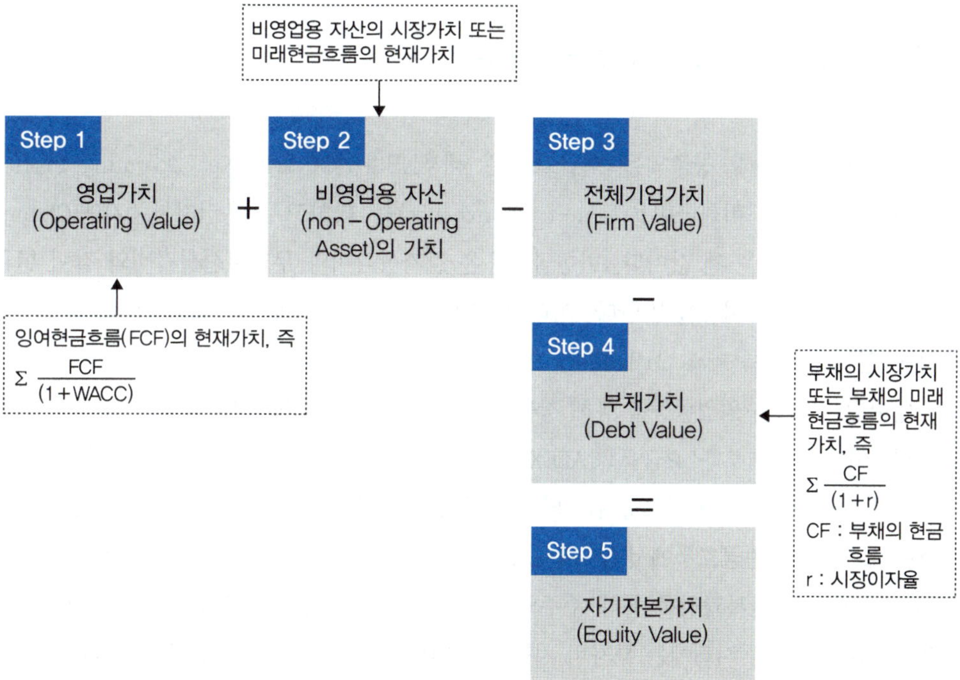

1. 영업가치(Operating Value)

영업가치는 미래 잉여현금흐름(FCF)을 주주와 채권자의 가중평균자본비용(WACC)으로 할인한 가치다. 잉여현금흐름은 영업활동을 통해 창출되는 현금흐름에서 투자소요금액을 차감한 금액을 말한다. 투자소요금액(CAPEX; Capital Expenditure)은 유형자산(PP&E; Property, Plant and Equipment) 및 무형자산 또는 영업 관련 투자자산에 대한 투자금액을 의미하며 영업용 운전자본(Operating working capital)의 순증가액은 세후EBIT(NOPLAT)에서 차감한다.

$$\text{영업가치 (Operating Value)} = \frac{FCF_1}{(1+WACC)} + \frac{FCF_2}{(1+WACC)^2} + \frac{FCF_3}{(1+WACC)^3} + \cdots \frac{FCF_n}{(1+WACC)^n}$$

FCF = 세후EBIT(NOPLAT) + 비현금비용 − 순운전자본 증가액 − 투자소요금액(CAPEX)
NOPLAT(Net Operating Profit Less Adjusted Tax) : 세후EBIT 또는 세후영업이익
비현금비용(Non-Cash Expense) : 감가상각비 · 무형자산상각비와 같이 현금의 유출이 없는 비용
순운전자본 증가액(Changes in Working Capital) : 매출채권 및 매입채무 등 운전자본의 순증가액
CAPEX(Capital Expenditure) : 투자소요금액(신규투자 및 재투자)
WACC : 가중평균자본비용

2. 잉여현금흐름(FCF; Free Cash Flow)

영업활동을 통해 창출되는 현금흐름은 세후EBIT(NOPLAT; Net Operating Profit Less Adjusted Tax)에 비현금비용(Non-cash expense)을 더하고 순운전자본증가액(Changes in Working Capital)을 뺀 값이다. 비현금비용은 감가상각비와 무형자산상각비와 같이 현금지출을 수반하지 않는 비용을 말한다. 이러한 영업활동 현금흐름에 투자소요금액(CAPEX)을 차감하면 잉여현금흐름(Free Cash Flow)이 도출된다.

잉여현금흐름은 영업활동을 통해 창출된 현금에서 기업의 생존 및 성장을 위해 반드시 재투자되어야 할 현금(투자소요금액 : CAPEX)을 제외한 나머지 현금을 말한다. 즉 잉여현금흐름은 주주와 채권자에게 최종적으로 귀속되는 현금이 된다. [그림 3-4]에서 볼 수 있듯이 잉여현금흐름은 영업활동현금흐름에서 투자활동현금흐름을 차감한 값이다. 이는 기업은 투자(Invest)와 회수(Return)의 반복과정을 통해 주주와 채권자에게 창출된 가치를 돌려준다는 의미로 볼 수 있다. 투자가 많은 시점에는 투자비 지출이 영업활동을 통해 창출된 현금을 초과(즉 부의 잉여현금흐름을 창출)하므로 주주 또는 채권자에게 손을 벌리게 된다. 투자의 과실이 맺어지는 시점에는 영업활동을 통해 창출된 현금이 투자비 부담을 초과(즉 정의 잉여현금흐름을 창출)하므로 주주와 채권자에게 귀속될 몫이 커지게 된다. '잉여'는 주주와 채권자에게 귀속된다는 의미 또는 영업을 통해 창출한 현금 중 재투자(CAPEX)까지 완료된 자유로운(Free) 현금이라는 의미를 가진다. 또한 특정 시점의 분석이 아닌 여러 기간에 걸쳐 발생하는 현금의 변동상황을 뜻하므로 '흐름(flow)'이라는 용어를 사용한다.

잉여현금흐름은 이익(Earning)보다는 현금(Cash)에 초점을 맞춘다. 회계상의 이익을 많이 창출하였다 하더라도 투자비 부담이 크다거나 운전자본 변동으로 인해 계산된 이익과 달리 현금이 부족한 경우에는 주주와 채권자에게 귀속될 가치가 없어지게 된다. 따라서 잉여현금흐름은 '이익'이라는 가공의 회계수치보다는 보다 명확한 '현금'을 중시하는 것이다. [그림 3-4]에서 세후EBIT (NOPLAT)에서 비현금비용과 순운전자본변동액을 가감하는 것은 회계상의 세후EBIT(NOPLAT)을 영업현금흐름으로 전환하는 과정이다. 항목별 조정내용은 이후 자세히 설명하도록 한다.

[그림 3-4] 잉여현금흐름(FCF)의 계산

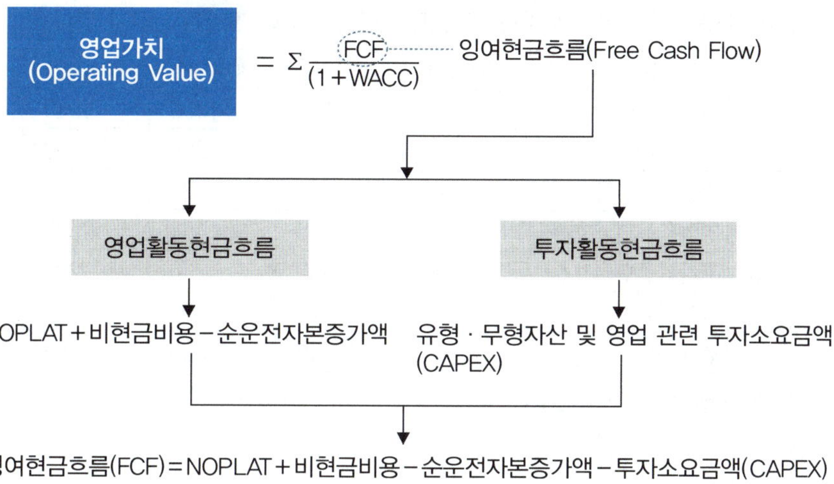

잉여현금흐름을 계산할 때 주의할 것은 이자비용이나 배당금과 같이 자금조달과 관련된 현금흐름은 배제해야 한다. 이들 비용은 결국 가치의 배분대상이 되는 가치에 포함되므로 영업가치에는 포함되지 않는다.

예제 3-1 잉여현금흐름 및 영업가치의 계산

EY Corp의 영업가치를 계산하기 위해 추정한 다음의 자료를 이용하여 EY Corp의 영업가치를 추정해 보자.

① 세후EBIT(NOPLAT) 및 순운전자본(Net Working Capital) (단위 : 백만원)

구 분	20×1년	20×2년	20×3년	20×4년	20×5년
세후EBIT	2,080	2,163	2,250	2,340	2,433
순운전자본	520	541	562	585	608

평가기준일 시점의 순운전자본 잔액은 505백만원이다.

② 투자소요금액 및 감가상각비 추정 (단위 : 백만원)

구 분	20×1년	20×2년	20×3년	20×4년	20×5년
투자소요금액	300	500	250	200	160
감가상각비	200	230	225	190	165

감가상각비 외에 EY Corp의 비현금비용은 발생하지 아니할 것으로 예상된다.

③ 할인율(가중평균자본비용)=12%, 영구기업가치 계산을 위한 성장률=1%

구 분	20×1년	20×2년	20×3년	20×4년	20×5년
현가계수(12%)	0.8929	0.7972	0.7118	0.6355	0.5674

■ 잉여현금흐름(FCF)의 추정

잉여현금흐름 계산 산식에 따라 잉여현금흐름을 계산한 결과는 다음과 같다.

구 분		20×1년	20×2년	20×3년	20×4년	20×5년
	세후EBIT	2,080	2,163	2,250	2,340	2,433
(가산)	비현금비용	200	230	225	190	165
(차감)	순운전자본증감	15	21	21	23	23
	영업활동현금흐름	2,265	2,372	2,454	2,507	2,575
(차감)	투자활동현금흐름	300	500	250	200	160
	잉여현금흐름	1,965	1,872	2,204	2,307	2,415
	현재가치	1,755	1,492	1,569	1,466	1,370

영업활동현금흐름=세후EBIT+비현금비용−순운전자본증감

잉여현금흐름=영업활동현금흐름−투자활동현금흐름

■ 영업가치의 추정

잉여현금흐름을 매년도의 현가계수를 곱하여 계산한 현재가치의 합은 7,652백만원(=1,755+1,492+1,569+1,466+1,370)으로 계산되었다. 이는 예측기간가치에 해당된다. 한편, 영구기업가치는

$$영구기업가치=\frac{CF_5\times(1+g)}{WACC-g}\times PVIF_5=\frac{2,439}{12\%-1\%}\times 0.5674=12,582백만원$$

CF_5 : 20×5년 추정현금흐름

WACC : 가중평균자본비용(할인율)

g : 영구성장률

EY Corp의 영업가치는 예측기간가치와 영구기업가치의 합으로 계산된다.

(영구기업가치에 대한 내용은 '가치평가대상기간에 대한 가정' 부분을 참고하기 바람)

영업가치=예측기간가치(7,652백만원)+영구기업가치(12,582백만원)=20,234백만원

3. 가치평가대상기간에 대한 가정

영업가치를 추정함에 있어 추가적으로 고려되어야 할 것은 기업의 존속기간에 대한 가정이다. 일반적으로 인정된 회계원칙이나 재무관리이론에서는 프로젝트성 사업평가를 제외하고는 '계속기업을 가정(Going Concern)'한다. 이는 평가대상기업은 영구히 존속할 것을 가정하는 것으로 특정기간 내에 해산, 청산되지 않는다는 것이다. 잉여현금흐름은 예측되는 영업이익의 규모와 투자예상액이 매년 일정하게 유지되지 않기 때문에 매년 달리 나타나게 된다. 무한 존속하는 회사의 현금흐름을 장기간 추정하는 것은 불가능할 뿐 아니라 추정의 실익도 없다. 일정기간, 예를 들어 50년~100년 정도가 지나면 아무리 큰 현금흐름이라 하더라도 현재가치는 크지 않다. 또한 50년~100년간의 현금흐름을 추정하는 것은 현실적으로 어려우며 그 추정 결과의 신뢰성도 낮다. 따라서 신뢰성이 높은 예측가능기간(대략 5년~10년 정도)의 현금흐름을 예측하고, 예측가능기간을 경과한 기간의 현금흐름은 영구현금흐름모형에 따라 향후 동일금액 또는 일정 성장률을 적용한 금액을 이용하게 된다. 전자를 예측기간가치(Explicit forecast period Value)라 하고 후자를 영구기업가치(CV; Continuous Value 또는 Terminal Value)라 한다.

영업가치 (Operating Value)	=	예측기간가치 (Explicit Forecast Period Value)	+	영구기업가치 (Continuous Value)

[그림 3-5] 예측기간가치와 영구기업가치의 계산구조

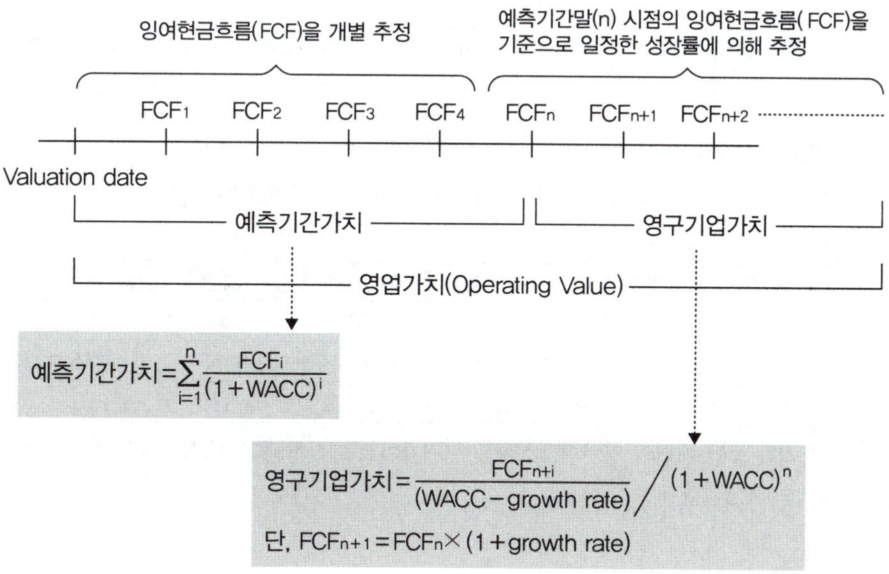

영구기업가치를 계산함에 있어 흔히 범하는 실수는 영구현금흐름을 영구연금공식을 이용하여 예측기간말 현재의 가치를 구한 후 다시 현재시점의 가치를 계산하여야 하나, 예측기간말 현재의 영구현금흐름의 가치를 현재가치로 잘못 사용하는 것이다. 영구기업의 가치를 구할 때에는 다음과 같은 단계를 밟아 계산하는 것이 실수를 줄일 수 있다.

- 1단계 : 영구현금흐름 첫해(즉 'n+1'기)의 현금흐름을 구한다.
- 2단계 : 영구연금공식을 이용하여 예측기간말(n) 현재의 가치를 구한다.
- 3단계 : 예측기간말 현재의 가치에 예측기간말 현가계수를 곱하여 영구기업의 가치를 구한다.

산식을 이용하여 이를 정리해 보자. 예측기간말(n)의 잉여현금흐름을 FCF_n이라 하고, 예측기간 이후 매년 g%씩 성장하는 경우

- 1단계 : 영구현금흐름 첫해의 잉여현금흐름(FCF_{n+1}) $= FCF_n \times (1+g)$
- 2단계 : 예측기간말 현재 영구현금흐름의 가치 $= FCF_n \times (1+g)/(WACC-g)$
- 3단계 : 영구기업의 가치 $= FCF_n \times (1+g)/(WACC-g) \times PVF_n$(n기 현가계수)

예제 3-2 예측기간가치와 영구기업가치

EY Corp의 재무팀장은 자사의 기업가치를 추정함에 있어 예측기간가치와 영구기업가치를 구분하여 추정하고자 한다. 재무팀장은 예측기간을 5년으로 계산하였으며 6년 이후의 현금흐름은 5년차 현금흐름이 영구히 3%씩 성장할 것으로 가정하였다. 예측기간의 잉여현금흐름의 추정치는 다음과 같다. 적용할 할인율은 12%이다. EY Corp의 예측기간가치와 영구기업가치 그리고 영업가치를 계산하라.

(단위 : 백만원)

구 분	20×1년	20×2년	20×3년	20×4년	20×5년
잉여현금흐름(FCF)	3,000	3,150	3,600	3,800	4,000

■ **예측기간의 가치**

예측기간의 가치는 매년의 잉여현금흐름에 각 기간의 현가계수를 곱하여 현재가치를 구한 후 그 합을 계산하여 구한다.

구 분	20×1년	20×2년	20×3년	20×4년	20×5년	합계
잉여현금흐름	3,000	3,150	3,600	3,800	4,000	
현가계수(12%)	0.8929	0.7972	0.7118	0.6355	0.5674	
현재가치(PV)	2,679	2,511	2,562	2,415	2,270	12,437

예측기간 동안 매년의 잉여현금흐름을 현재가치로 계산한 결과 예측기간의 가치는 12,437백만원으로 계산되었다.

■ **영구기업의 가치**

영구기업의 가치는 다음과 같이 3단계로 계산된다.

• 1단계 : 6차연도(20×6년)의 현금흐름을 계산한다.
6차연도(20×6년)의 잉여현금흐름 = 5차연도(20×5년) 잉여현금흐름 × (1 + 3%) = 4,000 × (1 + 3%) = 4,120백만원

• 2단계 : 항상성장영구연금공식을 이용하여 5차연도(20×5년)말의 현재가치를 계산한다.

$$영구현금흐름의\ 5차연도(20\times5년)말\ 현재가치 = \frac{4,120백만원}{(12\% - 3\%)} = 45,778백만원$$

• 3단계 : 영구기업의 가치를 계산한다.
영구기업의 가치 = 영구현금흐름의 5차연도(20×5년)말 현재가치 × 5차연도 현가계수
= 45,778백만원 × 0.5674 = 25,974백만원

■ **영업가치**

영업가치 = 예측기간의 가치 + 영구기업의 가치
= 12,437백만원 + 25,974백만원 = 38,411백만원

실무적으로 예측기간설정은 매우 중요하다. 예측기간이 짧을 경우 예측기간가치보다 영구기업가치의 상대적인 비율이 커지게 되는데 영구기업가치는 중요한 몇 가지 변수, 즉 추정기간말 잉여현금흐름과 가중평균자본비용(할인율) 그리고 예측기간 이후의 안정성장률(stable growth rate)에 의해 결정되게 되며, 특히 안정성장률이 가치평가결과에 절대적인 영향을 주는 상황이 발생할 수 있다.

적절한 예측기간을 설정하는 일반적인 기준은 향후의 투자계획 및 잉여현금흐름의 안정성을 고려하여 판단하는 것이다. 일상적인 투자가 아닌 대규모 투자가 발생한 경우에는 그러한 투자효과가 실현되는 고성장기간을 감안하여 예측기간을 설정하여야 할 것이며, 영업활동의 변동성으로 인해 단기적인 잉여현금흐름의 변동이 클 것으로 예상된다면 그러한 잉여현금흐름이 안정화되는 시점을 참고하여 예측기간을 설정한다.

예제 3-3 영구기업가치의 계산

EY Corp의 평가기준일 이후 5년간의 영업이익(EBIT) 및 잉여현금흐름(FCF)의 추정결과는 다음과 같다.

(단위 : 백만원)

구 분	20×1년	20×2년	20×3년	20×4년	20×5년
영업이익(EBIT)	7,720	5,165	12,345	16,268	21,234
영업이익에 대한 법인세	2,110	1,407	3,382	4,461	5,826
세후EBIT	5,610	3,758	8,963	11,807	15,408
비현금비용	260	399	736	971	955
순운전자본증감	2,835	2,258	2,937	2,479	3,119

구 분	20×1년	20×2년	20×3년	20×4년	20×5년
투자비지출	1,938	696	16,308	1,174	1,152
잉여현금흐름(FCF)	1,097	1,203	−9,546	9,125	12,092

EY Corp는 20×3년경에 대규모 투자비 지출이 발생할 것으로 예상되며, 20×3년을 제외한 나머지 기간에는 평균적인 수준의 투자비 소요를 예상하였다. 20×3년의 투자로 인해 영업이익과 잉여현금흐름은 20×4년과 20×5년에 큰 폭으로 증가하는 것으로 예상된다. 예측기간 중간에 대규모 투자가 예상되는 경우에는 투자비 지출효과의 실현시기에 대한 충분한 고려를 필요로 한다.

추정기간인 20×1년부터 20×5년까지의 잉여현금흐름을 가중평균자본비용 15%로 하여 계산한 예측기간가치는 6,816백만원으로 추정되었다.

구 분	20×1년	20×2년	20×3년	20×4년	20×5년	합계
잉여현금흐름(FCF)	1,097	1,203	−9,546	9,125	12,092	
현가계수	0.8696	0.7561	0.6575	0.5718	0.4972	
현재가치	954	910	−6,277	5,217	6,012	6,816

한편, 예측기간 이후인 20×6년 이후의 가치는 안정성장률 0%로 하여 다음과 같이 추정되었다.

$$\text{영구기업가치} = \frac{FCF_{20\times5} \times (1+g\%)}{(15\% - g\%)} \times PVIF_{15\%,\ 5\text{년}} = 12,092\text{백만원} \times \frac{(1+0\%)}{(15\% - 0\%)} \times 0.4972$$

$$= 40,079\text{백만원}$$

따라서 회사의 전체기업가치는 46,895백만원으로 계산되었다.

전체기업가치 = 예측기간가치(6,816백만원) + 영구기업가치(40,079백만원) = 46,895백만원

전체기업가치에서 영구기업가치가 차지하는 비중이 85%이다. 이는 예측기간 중간에 대규모 투자가 있어 예측기간의 잉여현금흐름에 중요한 영향을 미쳤기 때문이다. 이러한 경우에는 투자비 지출의 실현시점 등을 감안하여 예측기간을 조정할지 여부를 고려해 볼 수 있겠다.

4. 순운전자본의 순증감액

운전자본(WC; Working Capital)은 매출채권, 재고자산, 매입채무 등 영업활동과정에서 발생하는 채권, 채무 등을 말한다. 잉여현금흐름 계산에서 매출채권 · 재고자산 등 (+)운전자본(자산항목의 운전자본)의 증가는 차감하고, 매입채무 · 미지급금 등 (−)운전자본의 증가는 가산한다.

잉여현금흐름 계산시 운전자본의 증가금액을 차감하는 이유는 두 가지 점에서 설명이 가능하다. 첫째, 현금흐름의 계산이 재무회계에서 사용되는 '영업이익'에서 시작된다는 점이다. 영업활동현금흐름을 계산하기 위해서는 세후EBIT(NOPLAT)에서 운전자본의 순증가액을 차감한다고 설명하였다. 세후EBIT(NOPLAT)에서 차감하는 매출채권의 증가를 예를 들어 보자. 세후EBIT는 매출액에서 매출원가와 판매비와관리비를 차감한 후 영업이익에 대한 법인세를 고려

하여 계산한다. 이때 매출액은 현금기준의 매출액이 아닌 재무회계의 기본개념인 '발생주의'에 따라 계산된 것이다. 발생주의에 따른 매출액이란 비록 현금판매가 이루어지지 않았더라도 재화의 인도가 완료되면, 즉 재화의 판매가 이뤄지면 매출로 표시한다는 의미이다. 이러한 경우 현금유입이 없었으므로 기업은 매출채권을 인식한다.

잉여현금흐름의 추정이 재무회계상의 '매출액' 인식에서 비롯된 영업이익을 기반으로 하므로 현금유입액과는 차이가 발생한다. 이러한 재무회계상의 발생주의와 현금흐름할인모형의 현금주의의 차이를 조정해 주기 위한 방법으로 운전자본을 차감하는 것이다.

예제 3-4 발생주의와 현금주의

EY Corp는 도매업을 영위하고 있는 회사로 판매정책에 따라 현금판매 외에 외상판매도 하고 있다. EY Corp는 당기 중 거래처에 1,000원에 해당하는 물품을 공급하면서 500원은 현금으로 즉시 회수하였으나 500원은 내년에 받기로 하였다. EY Corp 매출을 발생주의와 현금주의에 따라 계산하고 발생주의에 따른 매출을 현금주의 매출로 조정하는 과정을 설명하라.

■ **발생주의 매출을 현금주의 매출로 조정**

구 분	발생주의		현금주의	
총판매액 : 1,000원	매출액	1,000원	매출액	500원
현금판매 : 500원	현금수입	500원	현금수입	500원
외상판매 : 500원	매출채권	500원	매출채권	0원

조정

발생주의 매출 :	1,000원
매출채권 차감 :	(−)500원
현금주의 매출 :	500원

발생주의 매출은 현금주의 매출과 매출채권(운전자본)만큼 차이가 발생하게 된다. [예제 3-4]에서는 매출채권의 기초잔액이 없으므로 당기 발생한 매출채권을 차감하면 현금주의 매출로 조정이 된다. 매출채권의 기초잔액이 있으면 기초매출채권 잔액의 당기 회수분은 현금주의 매출에 가산되어야 한다. 따라서 발생주의 매출을 현금주의 매출로 조정하는 과정은 다음과 같이 정리된다.

현금주의 매출 = 발생주의 매출 − 기말매출채권 + 기초매출채권
= 발생주의 매출 − 매출채권 순증가액

매출 외에 매출원가와 판매비와관리비도 발생주의 원가에서 현금주의 원가로의 조정과정은 동일하다. 다만, 조정되는 순운전자본이 재고자산과 매입채무라는 점이 다르다.

현금주의 원가=발생주의 원가-재고자산 순증가액+매입채무 순증가

기업의 순운전자본에는 매출채권, 재고자산 및 매입채무뿐 아니라 미수금, 미수수익, 기타 당좌자산과 미지급금, 기타유동부채 등이 있다. 대개의 경우 매출채권, 재고자산 및 매입채무는 영업활동과 직접 관련된 순운전자본이므로 영업활동현금흐름 계산시 반드시 고려해야 하는 운전자본항목이다. 반면, 미수금이나 미지급금 등 기타 유동자산과 유동부채에 포함된 항목은 영업활동과 관련될 수도 있고, 투자나 재무활동과 관련될 수도 있다. 영업활동과 관련된 순운전자본이라면 영업이익에서 조정해 주어야만 현금주의 영업이익이 도출될 것이다. 만일 투자나 재무활동과 관련된 항목이라면 영업활동 현금흐름과 관련 없으므로 조정할 필요가 없다. 영업활동 현금흐름을 구하기 위해 미수금, 미지급금 등의 순운전자본을 가감할 것인지의 여부는 회사의 회계처리정책을 확인해야 한다. 만일 미수금, 미지급금 등의 금액이 미미한 경우에는 순운전자본 증감액으로 조정하지 않는 것이 일반적이다.

예제 3-5 순운전자본 증감액 조정

[예제 3-4]에서 EY Corp는 거래처에 판매하기 위해 당기 중 1,000원의 상품을 매입하였다. 이 중 500원은 현금으로 지급하였으나 나머지 500원은 내년에 지급하기로 하였다. 당기 매입한 1,000원 중 700원에 해당하는 상품은 판매하였으나(즉 700원에 해당하는 상품을 1,000원에 판매함), 나머지 300원은 판매하지 못하고 재고로 남게 되었다. 발생주의 매출원가와 영업이익을 계산하고, 이를 현금주의 원가와 영업현금흐름으로 조정하라.

■ **발생주의 및 현금주의 원가의 계산 및 조정**

구 분	발생주의		현금주의	
총매입액 : 1,000원	매출원가	(-)700원	매출원가	(-)500원
현금매입 : 500원				
외상매입 : 500원	매입채무	500원		
미판매재고 : 300원	재고자산	300원		

조정

발생주의 원가 :	(-)700원
재고자산 차감 :	(-)300원
매입채무 가산 :	500원
현금주의 원가 :	(-)500원

발생주의 매출원가=기초재고+당기 매입액-기말재고=0원+1,000원-300원=700원
현금주의 매출원가=당기 현금매입액=500원

■ **현금주의 영업이익의 계산**

먼저 발생주의와 현금주의에 따른 영업이익을 직접법에 따라 계산해 보자.

발생주의 영업이익＝매출액－매출원가＝1,000원－700원＝300원
현금주의 영업이익＝현금매출액－현금매입액＝500원－500원＝0원

이번엔 발생주의 영업이익에서 순운전자본 증감액을 차감하여 현금주의 영업이익을 계산해 보자.
현금주의 영업이익＝발생주의 영업이익－순운전자본 증감액
＝영업이익－(매출채권 증가액＋재고자산 증가액－매입채무 증가액)
＝300원－(500원＋300원－500원)＝0원

현금흐름할인모형은 현금주의 영업이익과 현금주의 투자액을 기준으로 한 미래잉여현금흐름을 추정하는 것이 최종적인 목적이다. 그럼에도 미래현금흐름을 직접적으로 추정하지 않고 발생주의 영업이익을 미래잉여현금흐름 추정의 기본자료로 이용하는 이유는 추정의 과정이 발생주의에 따라 계상된 과거 회계자료를 기초로 하여 미래의 이익을 추정하는 것이 보다 쉽기 때문이다.

잉여현금흐름을 추정할 때 영업이익에서 순운전자본을 별도로 차감하는 형식을 취하는 두번째 이유는 매출채권과 같은 운전자본도 영업정책에 따라 유형자산에 투자하는 것과 같이 관리된다는 점이다. 이때에는 운전자본의 운영정책과 관련된다. 기업은 재화를 판매할 때 현금으로 판매할지 외상으로 판매할지 의사결정을 하게 된다. 이때 현금으로 판매하지 않고 외상으로 판매하는 것은 기업의 영업정책의 결과이다. 따라서 운전자본금액은 어느 정도 통제가능한 부분이다. 거래처의 신용이 낮음에도 불구하고 외상판매할 경우 채권회수가 쉽지 않다. 이러한 경우 현금판매가 아니면 판매 자체를 하지 않을 것이다. 신규 거래처에 대해 전략적으로 외상판매를 해서라도 장기적인 거래처를 확보하기도 한다. 운전자본을 유형자산투자와 유사하게 '투자' 개념으로 볼 수 있는 이유이다. 평가대상기업의 업종에 따라 운전자본 순증감액이 잉여현금흐름에 미치는 영향이 큰 경우가 있으므로 주의해야 한다.

특히 중소기업의 경우 순운전자본의 효율적인 관리는 매우 중요하다. 회계상 이익을 창출하면서도 도산하는 이른바 '흑자도산'의 많은 경우가 순운전자본의 관리에 허점이 생겼기 때문이다. 매출채권과 재고자산이 많은 기업은 기업의 운영자금이 매출채권 등에 묶여 있다는 뜻이며, 매입채무가 적은 기업은 채무가 발생하는 즉시 대금을 지급하는 불리한 입장에 있다는 뜻이다. 따라서 일반적인 재무분석과 달리 가치평가에서는 과다한 수준의 매출채권, 재고자산 등의 운전자본은 기업가치를 훼손하는 것이며, 높은 수준의 매입채무가 유지될 경우 오히려 가치를 증대시킬 수 있는 것이다. 때에 따라서는 운전자본의 효율적 관리, 즉 매출채권과 재고자산과 같은 운전자본을 최소화하는 것만으로도 가치가 창출될 수 있다고 할 수 있다.

예제 3-6 이익과 운전자본의 관계

상장회사인 M사의 최근 6년간의 재무성과는 다음과 같이 파악되었다.

(단위 : 백만원)

구 분	20×1년	20×2년	20×3년	20×4년	20×5년	20×6년
매출액	80,603	90,523	115,600	175,846	180,546	182,156
영업이익	7,988	6,304	10,804	16,542	16,859	16,900
당기순이익	5,844	4,481	7,084	11,854	11,985	11,994

M사는 매출액, 영업이익 및 당기순이익에서 꾸준한 성장세를 유지하여 왔다. 그럼에도 불구하고 M사에 대해 운영자금이 부족하다는 주장이 제기되어 왔으며, 결국 M사는 최근 투자자금 확보라는 이유로 유상증자를 결의하였다. 이유는 무엇일까?

과도한 운전자본은 회계상의 이익을 무의미하게 만들 수 있다. M사의 현금흐름표를 살펴본 결과 중요한 사실을 알게 되었다.

M사의 부분 현금흐름표

(단위 : 백만원)

구 분	20×1년	20×2년	20×3년	20×4년	20×5년	20×6년
영업활동현금흐름	1,016	-3,943	-1,353	3,941	-4,618	-7,310
1. 당기순이익	5,844	4,481	7,084	11,854	11,985	11,995
2. 현금유출없는비용가산	2,241	2,377	3,969	5,061	4,416	3,993
3. 현금유입없는수익차감	1,255	627	1,453	1,747	2,480	2,752
4. 영업활동관련자산부채가감	-5,814	-10,174	-10,953	-11,227	-18,539	-20,546
(매출채권)	-1,955	-5,569	-6,222	-15,877	-10,400	-12,068
(매입채무)	329	1,513	-1,034	5,570	-8,144	1,532
투자활동현금흐름	-5,026	-1,588	-2,892	-3,729	-11,008	6,384

M사의 현금흐름표는 매출이 꾸준히 증가하고 있으며, 영업이익과 당기순이익이 발생함에도 불구하고 운영자금이 부족할 수 있다는 사실을 알려주고 있다. M사는 최근 6년간 한 번도 영업손실이나 당기순손실을 기록하지 않았다. 그러나 현금흐름표에 나타나 있듯 매년 영업활동관련자산부채가 크게 증가하고 있으며 이에 따라 영업활동현금흐름이 20×5년 이후 계속 큰 폭의 적자를 보이고 있다. 즉 운전자본의 증가세가 이익의 증가세를 앞지르고 있어 이익은 발생하지만 회사에는 현금이 부족하게 된 것이다.

5. 투자소요금액

잉여현금흐름 계산시 차감되는 투자소요금액(CAPEX; Capital Expenditure)은 유형자산, 무형자산 및 영업관련 투자자산에 대한 투자금액이다. 유형자산 투자금액은 향후 영업이익 창출을 위해 투자할 토지, 건물, 구축물, 기계장치 및 집기비품 등으로 재무제표상의 '유형자산'으로 분류된 항목들이다. 투자자산은 임차보증금, 투자주식 등에 대한 투자를 말한다. 투자자산은 영업활동을 위해 불가피하게 투자되는 경우도 있고 여유자금을 운영하기 위한 경우도 있다.

유형자산은 영업활동에 사용할 것을 목적으로 장기간 보유되는 자산으로서 유형의 실체를 가진 자산을 말한다. 유형자산은 영업활동을 통해 판매될 목적으로 보유하는 자산인 재고자산과 구분되며 장기 시세차익이나 배당수익의 획득 또는 타기업지배 등을 위해 보유하는 투자자산과도 구별된다. 일반적으로 유형자산투자금액은 잉여현금흐름 계산시 차감되는 투자소요금액으로 분류한다. 유형자산은 영업활동현금흐름을 창출하기 위한 밑거름이기 때문이다.

유형자산의 취득원가는 영업활동으로 인한 수익에 대응하기 위해 유형자산의 경제적 내용연수에 따라 감가상각하여 비용으로 인식한다. 즉 회계에서는 유형자산의 취득시점에는 '자산'으로 인식되며 비용인식은 내용연수 동안 배분되는 효과가 있다.

재무상태표상의 투자자산에는 매도가능증권이나 만기보유증권과 같은 장단기투자증권과 지분법투자주식, 임차보증금, 골프 및 콘도회원권 등의 보증금, 장기금융상품 등이 포함된다. 이들 투자자산에 대한 지출을 잉여현금흐름에서 차감되는 투자소요금액으로 볼 것인가의 여부는 해당 자산이 영업활동현금흐름을 창출하는 데 기여하고 있는지 여부에 따라 판단한다. 가령 매도가능증권이 평가대상기업의 영업활동과 직접적으로 연관된 생산법인 내지 판매법인이거나 영업활동을 위해 불가피하게 납입하는 조합출자금 등은 투자소요금액으로 분류하여야 할 것이나, 영업활동현금흐름 창출과정에 직접적인 연관이 없다면 투자소요금액에서 제외하여 비영업용 자산으로 분류하여야 할 것이다. 이러한 논리는 만기보유증권이나 지분법적용투자주식에도 동일한 방식으로 적용된다. 보증금으로 분류된 임차보증금은 유형자산의 직접 취득에 대체되는 투자금액이므로 투자소요금액으로 볼 것이나 골프회원권과 같은 보증금은 영업활동현금흐름에 직접적으로 기여하는 것으로 볼 수 없으므로 투자소요금액이 아닌 비영업용 자산으로 분류하는 것이 타당하리라 생각된다.

예제 3-7 재무회계와 현금흐름할인모형상의 유형자산에 대한 처리비교

EY Corp는 20×1년말 생산활동에 사용할 목적으로 300원의 기계장치를 구입하였다. 기계장치의 구입대금 중 200원은 구입즉시 지급하였으나 100원은 20×2년말에 지급하기로 하였다. EY Corp는 유형자산을 잔존가액 없이 5년간 정액법으로 감가상각하고 있다. EY Corp의 유형자산 투자와 관련하여 한국채택국제회계기준(K-IFRS)에 따른 회계처리를 설명하고 현금흐름을 추정하라.

■ **한국채택국제회계기준(K-IFRS)에 따른 회계처리**

한국채택국제회계기준(K-IFRS)은 발생주의에 의해 회계처리하므로 당기초 유형자산취득금액 전액을 자산으로 처리하고 내용연수 동안 상각한다. 한국채택국제회계기준(K-IFRS)에 따른 회계처리 결과는 다음과 같다.

구 분	20×1년	20×2년	20×3년	20×4년	20×5년	20×6년
유형자산	300	240	180	120	60	−
미지급금	100	−	−	−	−	−
감가상각비		60	60	60	60	60

20×2년말 시점의 유형자산금액 : 취득금액(300) − 감가상각비(60) = 240
20×3년말 시점의 유형자산금액 : 20×2년말 시점의 유형자산금액(240) − 감가상각비(60)
= 180

■ **현금흐름의 추정**

회계처리와는 달리 기계장치 구입과 관련하여 직접 지출된 현금흐름을 추정한 결과는 다음과 같다.

구 분	20×1년	20×2년	20×3년	20×4년	20×5년	20×6년
유형자산투자액	−200	−100	−	−	−	−

감가상각비는 영업이익에서 차감되나 실제는 비현금비용이므로 현금흐름에 영향이 없다. 유형자산 등의 투자금액도 현금이 실제 지출되는 시점을 기준으로 투자액을 산정해야 한다.

유형자산 등의 투자총액을 추정할 수 있으나 구체적인 현금지출시기를 예측하기가 쉽지 않을 수 있다. 실무적으로 유형자산 등의 투자액을 지출시점별로 구분하지 않고 현금흐름을 추정하는 것이 일반적이나 투자금액이 크고 중요한 경우(예를 들어 대규모 건설사업의 투자비 지출시기의 추정)에는 지출시점을 구분해야 한다.

현금흐름할인모형에서는 현금흐름을 기초로 하므로 유형자산의 취득과 동시에 실제 현금지출시점에 맞추어 '투자금액'으로 인식하여 부(−)의 현금흐름으로 인식한다. 재무회계에서는 할부로 구입한 유형자산의 경우에도 실질적인 사용가능 여부를 따져 '자산'으로 인식하지만 현금흐름할인모형에서는 '취득인식시점'보다는 실제 현금지출 여부가 중요하다. 장기할부로 취득할 경우에는 예상지출시점에 맞추어 투자금액을 인식해야 한다. 같은 방식으로 선급금이나 건설중인자산으로 표시된 유형자산 등의 투자금액도 해당 본계정의 투자가 선급금 또는 건설중인자산의 지출시점으로 해야 함을 주의해야겠다.

예제 3-8 발생주의 및 현금주의 유형자산투자액과 잉여현금흐름의 추정

EY Corp는 당기 중 시설확장을 위해 300원에 해당하는 기계장치를 구입하면서 100원은 내년에 지급하기로 하고 미지급금으로 계상하였다. 판매비와관리비는 발생하지 않았다. 앞서의 [예제 3-5]의 자료를 이용하여 발생주의와 현금주의에 따른 영업이익과 유형자산 투자액을 계산하고 이를 조정하는 과정을 설명하라.

■ **발생주의 및 현금주의 유형자산투자액 및 조정**

구 분	발생주의		현금주의	
유형자산투자 : 300원 현금투자 : 200원 외상투자 : 100원	유형자산 미지급금	(−)300원 100원	유형자산	(−)200원

조정

발생주의 투자 : (−)300원

미지급금 가산 : 100원

현금주의 투자 : (−)200원

■ **잉여현금흐름의 계산**

잉여현금흐름=(세후)영업이익+순운전자본증감액−유형자산투자액

=300원−(500원+300원−500원)−200원=(−)200원

=현금주의 영업이익−유형자산투자액

=0원−200원=(−)200원

예제 3-9 현금흐름표를 이용한 투자소요금액 집계

EY Corp의 최근 3개년 현금흐름표에서 투자활동현금흐름 부분을 발췌한 내용은 다음과 같다. 아래의 내용을 참고하여 EY Corp의 최근 3년간의 투자소요금액(CAPEX)을 계산하라.

① 최근 3개년 현금흐름표 중 투자활동현금흐름 부분 (단위 : 백만원)

구 분	20×1년	20×2년	20×3년
II. 투자활동으로 인한 현금흐름	(−)10,400	(−)1,710	(−)2,350
1. 투자활동으로 인한 현금유입	2,300	500	−
가. 기계장치의 처분	300	−	−
나. 장기금융상품의 감소	2,000	500	−
2. 투자활동으로 인한 현금유출	(−)12,700	(−)2,210	(−)2,350
가. 단기금융상품의 증가	1,500	−	2,000
나. 토지의 취득	−	300	−
다. 건물의 취득	−	400	−
라. 기계장치의 취득	1,000	500	300
마. 집기비품의 취득	200	10	50
사. 건설중인자산의 증가	10,000	1,000	−

② 연도별 건설중인자산투자의 내용 (단위 : 백만원)

구 분	20×1년	20×2년	20×3년
토지해당액	6,000	300	−
건물해당액	4,000	700	−

■ **최근 3년간의 투자비 집계**

재무회계에서는 취득이 완료되기 전까지는 건설중인자산으로 기표하였다가 취득이 완료되면 해당 유형자산으로 재분류하는 작업을 하는데, 이를 본계정 재분류라 한다. 본계정으로 재분류되기 전까지는 현금흐름표상에는 건설중인자산의 취득으로 표시하는데 투자비 지출의 유형을 파악하기 위해서는 건설중인자산의 실질 취득내용을 파악하여 본계정으로 대체되었음을 전제하여 집계하여야 한다. 예를 들어 20×1년의 건설중인 자산의 증가액 100억원 중 토지 해당액 60억원은 현금흐름표상에는 나타나지 않고, 20×2년 본계정 대체시에 재무상태표상에만 토지가 60억원 증가한 것으로 표시된다. 따라서 재무상태표로는 토지의 취득이 20×2년에 이뤄진 것으로 보일 수 있으나, 실제 현금이 지출된 시점에 따라 투자소요금액을 분석하는 것이 바람직하다.

현금흐름표상에 투자활동현금흐름 중 장단기금융상품의 증가 및 감소는 투자비 산출과정에서 고려할 필요가 없다. 장단기금융상품의 증가 또는 감소는 현금에서 현금으로 분류된 것에 불과하기 때문이다. 20×1년의 기계장치 처분액은 신규 기계장치 취득에 따른 처분으로 보아 투자비 지출에서 차감하여 투자소요금액을 산출한다.

투자소요금액 집계결과

(단위 : 백만원)

구 분	20×1년	20×2년	20×3년
토지의 취득	6,000	600	−
건물의 취득	4,000	1,100	−
기계장치의 취득	700	500	300
집기비품의 취득	200	10	50
투자비합계	10,900	2,210	350

20×1년 : 토지와 건물은 건설중인자산의 증가액을 재분류하였으며, 기계장치는 취득금액과 처분금액을 차감하여 투자소요금액으로 표시하였다.

20×2년 : 토지와 건물의 건설중인자산의 증가액과 본계정 직접투자액을 합하여 투자비 지출액을 집계하였다.

6. 비현금비용

잉여현금흐름 계산시 가산하는 대표적인 비현금비용(non−Cash expense)은 유형자산에 대한 감가상각비와 무형자산에 대한 무형자산상각비 등이 있다. 비현금비용을 가산하는 이유는 운전자본을 차감하는 이유와 동일하다. 재무회계에서는 유형자산을 취득하는 시점에 자산으로 인식한 후 향후 내용연수에 걸쳐 감가상각비로 비용 인식한다는 것은 설명한 바 있다. 현금흐름할인모형에서는 유형자산 투자시점에 (−)현금흐름에 반영되므로 감가상각비에 대해서는 고려할 필요가 없는 것이 원칙이다. 그러나 매기 잉여현금흐름의 추정은 세후EBIT(NOPLAT, 즉 EBIT−taxes on EBIT)을 기초로 한다. 세후EBIT는 재무회계에 의해 추정된 것이므로 투자시점에 이미 차감된 유형자산 투자금액에 대한 감가상각비가 차감되어 계산된다. 세후EBIT에 감가상각비를 다시 가산해 줌으로써 매년의 실제현금흐름이 계산되는 것이다. 만일 세후EBIT를 현금기준으로 추정이 가능하다면 감가상각비는 가산해 줄 필요가 없다.

감가상각비는 현금유출이 없는 비용이나 법인세를 절감해주는 효과가 있다. 즉 감가상각비에 법인세율을 곱한 금액만큼 절세효과가 있는 것이다. 잉여현금흐름의 추정이 세후EBIT에서 시작되므로 감가상각비의 절세효과는 이미 세후EBIT에 반영되어 있다. 다만, 유형자산투자로 인한 순현금흐름효과를 측정하고자 할 경우에는 감가상각비의 절세효과를 별도로 고려할 수 있다.

예제 3-10 감가상각비의 절세효과

상기의 [예제 3-8]의 유형자산투자내용을 참고한다. [예제 3-8]의 내용에 추가하여 법인세가 있으며 추정기간 동안의 법인세율은 30%로 일정하다고 가정하자. EY Corp의 기계장치 투자와 관련된 현금흐름을 추정하라.

■ **유형자산투자로 인한 현금흐름**

법인세효과를 고려한다면 감가상각비 계상액은 이익의 차감항목이므로 절세효과를 얻을 수 있다. 기계장치 투자에 따른 현금흐름은 다음과 같다.

구 분	20×1년	20×2년	20×3년	20×4년	20×5년	20×6년
유형자산투자액	−200	−100				
감가상각비절세효과		18	18	18	18	18
총현금흐름	−200	−82	18	18	18	18

감가상각비절세효과=감가상각비×세율=60×30%=18

7. 잉여현금흐름과 현금흐름표

한국채택국제회계기준(K−IFRS)에 따라 작성 · 공시된 재무제표 중 현금흐름표(Cash Flow Statement)의 각 항목은 잉여현금흐름(FCF) 추정의 좋은 참고자료가 된다. 실무에서 현금흐름표는 작성의 편의 때문에 직접법보다는 간접법에 의해 작성된다. 직접법과 간접법의 차이는 현금주의 순이익이라고 할 수 있는 영업활동현금흐름을 작성하는 방법에서 차이가 난다. 직접법은 현금주의 포괄손익계산서를 직접적으로 작성하는 방법이며, 간접법은 발생주의 순이익부터 출발하여 차이조정을 통하여 현금기준 순이익을 산출하는 과정을 보여주는 방법이다.

간접법에 따라 작성되는 현금흐름표는 아래와 같은 구조로 구성되어 있다.

[표 3-1] 간접법에 의한 현금흐름표

항　목	설　명
Ⅰ. 영업활동현금흐름	=1-2+3+4-5
1. 영업에서 창출된 현금흐름	=①-②+③ ± ④ ± ⑤ ± ⑥
① 당기순이익	포괄손익계산서상의 당기순손익
② 현금의 유입이 없는 수익 등의 차감	비현금수익
③ 현금의 유출이 없는 비용 등의 가산	감가상각비 · 무형자산상각비 등 비현금비용
④ 투자활동이나 재무활동 손익	유형자산처분이익 등 영업외수익항목 중 투자와 재무활동관련 이익과 유형자산처분손실, 투자자산관련 손실 등 영업외비용항목 중 투자와 재무활동관련 비용
⑤ 별도 공시항목 가감	금융수익(-), 금융비용(+), 배당수익(-), 법인세비용(+)
⑥ 영업활동관련 자산 부채의 변동	매출채권 · 재고자산 · 매입채무 등 운전자본의 순증감액 투자 및 재무활동관련 채권채무의 증감액
2. 이자수취	이자의 수취액
3. 배당수취	배당금의 수취액
4. 이자지급	이자의 지급액
5. 법인세납부	법인세의 납부액
Ⅱ. 투자활동현금흐름	=①-②
① 투자활동현금유입	유형 · 무형 · 투자자산의 처분
② 투자활동현금유출	유형 · 무형 · 투자자산의 취득
Ⅲ. 재무활동현금흐름	①-②
① 재무활동현금유입	차입금의 조달/상환
② 재무활동현금유출	유상증자 · 유상감자 및 배당
Ⅳ. 현금의 순증감	= Ⅰ + Ⅱ + Ⅲ

현금흐름표의 구성을 보면 알 수 있듯이 잉여현금흐름(FCF)은 영업활동현금흐름에서 투자활동현금흐름 중 영업용 고정자산(유형자산 및 무형자산)의 투자금액을 차감한 결과와 비슷하다. 투자활동현금흐름 중 비영업용 자산(초과보유현금, 유가증권, 투자목적의 보유토지 등)은 영업가치와 별도로 가치를 측정하여 기업가치에 더해지므로 제외한다. 또한 장단기금융상품에의 투자금액과 회수금액은 '현금'에서 '현금'으로 재분류되는 것에 불과하므로 역시 제외되어야 한다. 재무활동현금흐름은 영업가치창출을 위해 조달된 자금의 원천을 표시해 주거나 창출된 가치의 배분결과를 표시하므로 가치평가시의 현금흐름과 무관하며 할인율 계산시 고려될 수 있다.

K-IFRS에 따르면 이자와 배당금의 수취 및 지급에 따른 현금흐름은 각각 별도로 표시하며, 각 현금흐름은 매 기간 일관성 있게 영업활동, 투자활동 또는 재무활동으로 분류한다.

또한 법인세로 인한 현금흐름도 별도로 표시하며, 재무활동과 투자활동에 명백히 관련되지 않는 한 영업활동 현금흐름으로 분류한다.

[표 3-2] 별도표시 항목

구 분	분류(1)	분류(2)
이자수취 배당수취	투자활동	영업활동
이자지급 배당지급	재무활동	

따라서 이자와 배당금의 수취 및 지급에 따른 현금흐름을 투자활동 또는 재무활동으로 분류하지 않고 영업활동으로 분류한 경우, 현금흐름표상의 영업활동현금흐름에서 이자와 배당금의 수취는 차감하고 이자와 배당금의 지급은 가산해 주어야 한다.

또한 영업활동관련 자산·부채의 변동액은 영업용 운전자본을 의미하므로 투자활동관련 채권·채무, 가령 유형자산의 취득과 관련한 미지급금이나 미수금은 제외되어야 한다. 그러나 실무적으로 현금흐름표 작성과정에서 이러한 투자활동관련 채권채무를 정확히 파악하여 고려하지 않는 경우가 있을 수 있다. 이러한 경우에는 관련 채권채무는 영업활동관련 자산·부채의 변동액에서 제외해야 함에 주의한다.

K-IFRS에 따른 현금흐름표상의 각 항목과 가치평가를 위한 현금흐름의 측정과정을 정리해 보면 [그림 3-6]과 같다.

[그림 3-6] 현금흐름표 구성항목과 기업가치평가과정

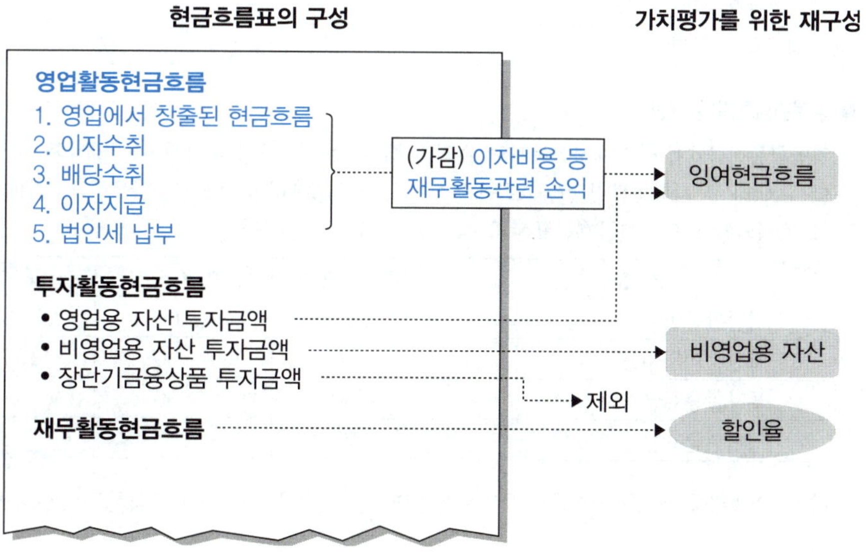

예제 3-11 현금흐름표를 이용한 잉여현금흐름의 계산

EY Corp의 과거 3년간(20×1년~20×3년)의 현금흐름표는 다음과 같다. 현금흐름표를 이용하여 잉여현금흐름(FCF)을 계산해 보자. 단, 20×1년의 미지급금의 증가 50원은 취득원가 350원의 기계장치를 구입하는 과정에서 발생한 미지급금이며, 이는 20×2년에 지급되었다(미지급금의 감소 50원). 또한 20×3년의 미지급금의 증가 50원은 20×3년의 기계장치의 구입 200원의 미지급금이다. 한편, 회사의 포괄손익계산서상의 영업외손익에는 이자비용 30원이 전부이며, 이는 20×1년~20×3년에 걸쳐 동일하게 발생하였다.

구 분	20×1년	20×2년	20×3년
Ⅰ. 영업활동현금흐름	340	160	375
1. 당기순이익	200	145	225
2. 현금의 유입이 없는 수익 등의 차감	–	–	–
3. 현금의 유출이 없는 비용 등의 가산	80	80	80
감가상각비	80	80	80
4. 영업활동관련 자산부채의 변동	60	(–)65	70
매출채권의 감소(증가)	(–)15	(–)20	15
재고자산의 감소(증가)	5	(–)5	(–)10
매입채무의 증가(감소)	20	10	15
미지급금의 증가(감소)	50	(–)50	50
Ⅱ. 투자활동현금흐름	(–)350	–	(–)200
1. 투자활동현금유입	–	–	–
2. 투자활동현금유출	(–)350	–	(–)200
기계장치의 구입	(–)350	–	(–)200
Ⅲ. 재무활동현금흐름	150	–	–
1. 재무활동현금유입	150	–	–
장기차입금의 차입	150	–	–
2. 재무활동현금유출	–	–	–
Ⅳ. 현금의 순증감	140	160	175

■ **잉여현금흐름의 계산**

영업활동현금흐름에서 재무활동관련 손익과 투자활동현금흐름을 가감하면 잉여현금흐름을 도출할 수 있다. 투자활동관련 현금흐름에서 미지급금이 발생하였으나 영업활동현금흐름에서 자동으로 조정되었으므로 현금흐름표상의 정보를 그대로 이용한다.

구 분	20×1년	20×2년	20×3년
영업활동현금흐름	340	160	375
가산 : 이자비용	30	30	30
투자활동현금흐름	(–)350	0	(–)200
잉여현금흐름	20	190	205

다만, 영업활동관련 현금흐름과 투자활동관련 현금흐름을 구분하여 분석하고자 한다면, 기계장

치 구입과정에서 발생한 미지급금의 변동액을 감안하여 재작성하여야 한다. 이를 감안하여 잉여현금흐름을 재산정하면 다음과 같다.

구 분	20×1년	20×2년	20×3년
영업활동현금흐름	290	210	325
가산 : 이자비용	30	30	30
투자활동현금흐름	(−)300	(−)50	(−)150
잉여현금흐름	20	190	205

투자비지출액의 미지급분을 영업활동에서 조정하는 경우와 투자활동에서 조정하는 경우 잉여현금흐름에 미치는 영향은 동일하다. 다만, 활동별 현금흐름 분석이 중요한 의미를 지닐 수 있으므로 금액이 중요한 투자비지출액에 대해서는 지출시점을 감안한 분석이 요구된다.

8. 할인율(Discount Rate)

현금흐름할인모형을 올바르게 적용하기 위해서는 현금흐름에 대응되는 적절한 할인율을 사용하여야 한다. 할인율은 창출된 영업가치의 배분대상, 즉 자기자본과 타인자본의 기회비용 또는 요구수익률이 반영되어야 한다. 동일한 영업현금흐름에 대해서도 자금의 조달원천인 주주(자기자본)와 채권자(타인자본)의 요구수익률은 서로 다르다. 각 투자자들은 동일한 위험을 안고 있는 다른 투자기회에 투자하는 경우와 비교하여 요구하는 수익률 수준을 결정하게 되므로 동일한 영업현금흐름에 대해서도 그 위험 정도에 따라 요구수익률도 달라진다. 따라서 잉여현금흐름에 대응되는 할인율은 영업현금흐름의 위험과 주주와 채권자의 상대적인 청구권의 크기, 즉 자본구조에 따른 위험을 함께 고려하여 결정되어야 한다. 영업현금흐름의 위험과 각 자본의 구성비율에 따른 가중치를 부여하여 산출된 가중평균자본비용(WACC; Weighted Average Cost of Capital)을 할인율로 이용하게 된다.

실무적으로 할인율은 논란거리가 되고 있다. 현금흐름할인모형의 이론적 우수성에도 불구하고 할인율 추정의 어려움은 여전히 숙제로 남아 있다. 예상현금흐름의 추정은 향후 검증과정을 통해 그 정확성을 확인할 수 있으며 과거 실적자료를 통해 미래현금흐름과의 비교분석이 가능하다. 그러나 할인율은 많은 연구에도 불구하고 현금흐름할인모형을 불안한 가치평가도구로 머무르게 하고 있는 요소이다.

본서 제8장 "상속세및증여세법"상 순손익가치의 평가시 적용할 할인율도 이러한 할인율 계산의 어려움으로 인해 합리적 추정방법을 포기하고 법령에 의해 정하고 있는 것이다.

다행히 할인율에 대한 이론적 토대를 바탕으로 다양한 실증적 연구결과가 나오고 있다. 본서에서는 할인율 결정의 중요성을 고려하여 할인율 추정방식에 대하여는 '5절 자본비용의 계산'에서 구체적으로 다루겠다.

9. 비영업용 자산의 가치

비영업용 자산은 영업가치창출활동에 직접적으로 기여하지 못하는 자산을 통틀어 말한다. 좀더 정확한 의미로는 '잉여현금흐름 추정시 고려되지 않는 자산'으로 볼 수 있다. 유형자산과 매출채권, 재고자산과 같은 운전자본을 영업자산 또는 핵심자산으로 지칭하는데, 이들을 제외한 자산을 비영업용 자산이라 하며 비핵심자산으로도 불린다.

현금흐름할인모형에 따른 가치평가시 비영업용 자산의 가치(non-Operating Asset Value)는 영업가치(Operating Value)에 더하여 전체기업가치를 구한다. 왜 비영업용 자산의 가치를 더해주는 것일까?

영업가치(Operating Value)는 잉여현금흐름(FCF)의 현재가치이다. 잉여현금흐름은 세후 EBIT(NOPLAT)에 비현금비용을 가산하고 투자소요금액을 차감하여 계산한다. 즉 잉여현금흐름 계산시 영업활동과 무관한 투자자산인 비영업용 자산으로부터 발생하는 현금흐름은 배제된다. 영업활동현금흐름은 기업이 존속하는 한 계속 발생하는 데 비해 비영업용 자산으로부터 발생하는 현금흐름은 영업활동이 아니므로 일시적이고 단절적으로 발생하게 된다. 비영업용 자산으로부터 발생하는 현금흐름을 체계적으로 예측가능하다면 잉여현금흐름에서 고려할 수도 있으나 추정이 어려울 뿐더러 기업가치측정의 기본전제에도 부합되지 않는다.

비영업용 자산으로부터 발생하는 미래현금흐름이 잉여현금흐름에는 포함되지 않지만 미래현금흐름에 영향을 미치는 것은 확실하다. 그러므로 평가시점의 비영업용 자산의 가치를 평가하여 영업가치에 가산하는 것이다. 이는 평가시점의 비영업용 자산의 가치를 시장가치로 즉시 처분하여 현금화한다는 가정으로 볼 수 있다. 또한 비영업용 자산의 미래현금흐름의 현재가치는 평가시점의 시장가치와 동일하다고 전제하는 것이기도 하다. 비영업용 자산의 가치가 영업가치에 가산하여 전체기업가치에 직접적인 영향을 미치므로 이의 인식과 평가문제는 매우 중요하다.

비영업용 자산의 예로는 초과보유현금(excess cash), 유가증권 및 기타 투자자산 등이 있다. 비영업용 자산의 구별은 가치평가과정에서 영업가치창출과정에 기여하는지의 여부 판단이 어려운 경우가 많아 가치평가자의 주관이 개입되는 경우가 많다. 비영업용 자산으로 처리되는 주요 항목과 그 내용을 보자.

9.1 초과보유현금(Excess Cash)

적정현금수준(Target Cash Balance)을 초과하여 보유하는 초과보유현금(excess cash)은 비영업용 자산으로 분류할 수 있다. 초과보유현금은 영업활동을 지원하기 위하여 보유해야 할 적정현금잔고 이상으로 보유하는 현금으로 볼 수 있다. 이때의 현금은 지폐, 동전과 같은 통화뿐 아니라 보통예금과 같은 현금성자산과 장단기금융상품도 포함된다. 현금성자산이란 거래비용의 부담없이 즉시 현금화할 수 있는 예금 등을 말한다.

한편, 기업은 여유자금이 생기면 순수현금이나 이자율이 낮은 보통예금에 예치할 수 있으나 보다 이율이 높은 정기예금이나 정기적금 등에 예치하는 경우가 있다. 재무상태표에는 이들을 유동자산의 '단기금융상품'과 투자자산의 '장기금융상품'으로 표시한다. 초과보유현금을 계산할 때에는 현금성자산과 함께 이들 장단기금융상품에 포함된 항목을 함께 고려해야 한다. 순수현금으로 보유하느냐 아니면 금융상품에 예치하느냐는 경영자의 의사결정이므로 기업가치에 영향을 주어서는 안된다.

적정현금수준이 어느 정도인지에 대한 논란이 있다. 정상적인 영업활동을 위해 일정 수준의 현금은 반드시 필요하다. 간혹 정상적인 현금보다 월등히 많은 현금을 보유하고 있는 기업이 있다. 비정상적으로 많은 현금을 보유하고 있는 기업이 실제 잉여현금으로 보유하는 경우도 있으나 평가시점에서 일시적으로 보유하고 있는 운영자금일 수도 있다. 이러한 경우에는 초과보유현금으로 보기 어렵다.

기업들은 보통 매출의 2% 정도를 현금으로 보유하고 있다고 가정하고 그 초과분을 과다보유분이라고 판단한다는 주장[2)]도 있으나 일반화하기는 어렵다.

초과보유현금 측정을 위한 합리적인 접근을 생각해 볼 수 있겠다. 초과보유현금은 단기간 내에 운전자본의 정상적인 상환을 위해 필요한 자금을 초과하는 현금이라고 볼 수 있다. 다른 측면에서의 초과보유현금은 타인자본을 상환하거나 비영업용 자산에 투자하거나 또는 주주에게 배당을 지급할 수 있으므로 잉여현금흐름의 누적치로 볼 수 있다. 즉 평가기준일 현재 보유현금으로 매입채무 등 운전자본을 상환하기 위한 자금이라면 또 다른 형태의 운전자본인 반면 차입금을 상환하거나 재투자를 위해 보유하는 현금이라면 초과보유현금으로 볼 수 있는 것이다. 이러한 접근에 따라 초과보유현금을 계산하는 산식을 다음과 같이 제시할 수 있다.

초과보유현금=보유현금－MAX{(차입금을 제외한 유동부채－현금을 제외한 유동자산), 0}

상기의 식에서 보유현금은 현금성자산과 장단기금융상품을 말한다. 차입금을 제외한 유동

2) Valuation, 6판, McKinsey & Company, WILEY, 2015.8.17.

부채란 차입금이나 유동성장기부채와 같은 단기상환 대상 타인자본을 제외한 나머지 매입채무 등의 운전자본을 말한다. 현금을 제외한 유동자산이란 현금과 단기금융상품을 제외한 매출채권이나 재고자산 등의 운전자본을 말한다.

산식에서 초과보유현금은 평가기준일 현재 매출채권 등의 유동자산을 현금화하여 매입채무 등의 유동부채를 상환하기 위해 필요한 자금을 초과하는 현금을 일컫는다. 가령 차입금을 제외한 유동부채가 10억원이 있고 현금을 제외한 유동자산이 5억원 있다면 평가기준일 현재 유동부채 상환을 위해 소요되는 자금은 5억원이다. 회사의 보유현금이 20억원이라면 20억원에서 5억원을 차감한 15억원을 초과보유현금으로 볼 수 있는 것이다.

그러나 여기서 15억원을 모두 초과보유현금으로 보기에는 어려움이 있다. 왜냐하면 매출채권이나 재고자산이 적시에 현금화되어 매입채무 등의 유동부채를 상환할 수 있는가 하는 의문이 생기기 때문이다. 특히 매출채권과 재고자산 등에 부실채권 또는 부실재고가 포함되어 있거나 사실상 단기에 회수가 어려운 기타 유동자산이 다수 있는 경우에는 이러한 접근방법을 무의미하게 할 수 있다. 따라서 보다 현실적인 의미의 초과보유현금은 상기의 산식에서 계산된 초과보유현금의 대략 50%에 해당하는 금액만을 초과보유현금으로 재분류하거나 유동자산 중 사실상 조기에 현금화할 수 있는 항목을 파악하여 계산하는 과정이 필요하겠다. 물론, 이러한 접근방법은 비영업용자산으로 분류되는 초과보유현금을 추정하는 하나의 방법론에 불과하다. 초과보유현금은 평가기준일 현재 주주 또는 채권자에게 투자과실로 지급(배당, 유상감자 또는 원리금 상환)하더라도 영업활동에 전혀 지장이 없는 현금규모를 개별적으로 파악하는 것이 가장 합리적이다. 보유현금이 많지 않은 경우에는 초과보유현금 여부를 고려할 필요는 없으리라 본다.

예제 3-12 비영업용 자산으로 분류하는 초과보유현금

EY Corp는 현금 및 장단기금융상품 잔액이 적정수준의 현금보다 월등히 많은 것으로 보아 비영업용 자산으로 분류할 것을 고려하고 있다. EY Corp가 보유하고 있는 현금 및 장단기금융상품이 총 148억원이라고 할 때 아래의 재무정보를 이용하여 초과보유현금을 계산하라.

① 부분재무상태표

구 분	유동자산금액	구 분	유동부채금액
현금성자산	10억원	매입채무	31억원
단기금융상품	108억원	단기차입금	250억원
매출채권	25억원	미지급금	28억원
재고자산	34억원	예수금	10억원
선급금	25억원	유동성장기부채	31억원
기타유동자산	18억원	기타유동부채	20억원
합 계	220억원	합 계	370억원

② 유동자산 각 항목의 내용을 추가로 검토한 결과는 다음과 같다.

- 매출채권 25억원 중 8억원은 단기간 내에 회수될지 불확실한 채권이다.
- 재고자산 34억원 중 10억원은 장기미판매재고로 단기간 내에 판매될지 불확실한 자산이며, 8억원은 저장품 재고로 판매대상 재고자산이 아니다.
- 선급금 25억원은 기계장치 구입을 위해 지급한 계약금 및 중도금이다.
- 기타유동자산 18억원은 부가세대급금, 미수수익 등으로 단기에 회수될 채권이다.
- 투자자산에는 장기금융상품 30억원이 있다.

■ **현금을 제외한 유동자산과 차입금을 제외한 유동부채 금액의 집계**

총유동자산 220억원 중 현금 및 예금을 제외한 유동자산은 102억원(=220억원-10억원-108억원)이다.

총유동부채 370억원 중 차입금을 제외한 유동부채는 89억원(=370억원-250억원-31억원)이다.

단기간 내에 현금화할 수 있는 유동자산이 102억원으로 차입금을 제외한 유동부채를 초과하므로 현금을 제외한 유동자산을 회수하여 차입금을 제외한 유동부채를 지급할 수 있다. 이러한 경우 총보유현금 148억원 모두 또는 보유현금의 절반 정도인 74억원을 초과보유현금으로 분류할 수 있을 것이다.

그러나 유동자산 각 항목의 내용을 추가로 검토한 결과 단기간 내에 현금으로 회수할 수 없는 금액이 상당부분 포함되어 있다. 단기간 내에 현금으로 회수할 수 없는 내용을 집계하여 초과보유현금을 다시 계산해 볼 필요가 있다.

■ **유동자산 항목별 분석을 통한 초과보유현금 추산**

현금을 제외한 유동자산 102억원 중 단기간 내에 회수할 수 없거나 사실상 회수대상이 아닌 채권(선급금 등)을 제외할 경우 회수가능 유동자산금액은 다음과 같이 집계된다.

- 단기회수가능 유동자산금액=현금제외 유동자산금액(102억원)-매출채권(8억원)-재고자산(18억원)-선급금(25억원)=51억원

단기회수가능 유동자산금액을 재산정한 결과 차입금 제외 유동부채보다 38억원 부족(=51억원-89억원)한 것으로 나타났다. 이를 감안하여 초과보유현금을 재계산해 보면

- 초과보유현금=보유현금(148억원)
  -{차입금을 제외한 유동부채(89억원)-단기회수가능 유동자산(51억원)}=110억원

9.2 유가증권

유가증권은 대개 비영업용 자산으로 분류한다. 유가증권이란 말 그대로 가치를 가지고 있는 증권으로서 기업이 발행한 주식이나 채권 및 국가나 공공기관에서 발행한 채권 등이 포함된다. 주식을 지분증권(지분상품), 채권을 채무증권(채무상품)으로 구분하기도 한다. 한국채택국제회계기준(K-IFRS)에 따르면 금융자산인 유가증권은 당기손익-공정가치모형(FVPL Model), 기타포괄손익-공정가치모형(FVOCI Model), 상각후원가모형(AC Model) 등 세 가지 중 하나의 범주로 분류한다.

채무증권은 사업모형과 계약상 현금흐름의 특성을 고려하여 상각후원가(AC)채무증권, 기타포괄손익-공정가치(FVOCI)채무증권, 당기손익-공정가치(FVPL)채무증권으로 분류한다. 재무상태표에 FVPL채무증권 중 단기매매항목은 유동자산으로 표시하며, AC채무증권과 FVOCI채무증권은 기말 현재 잔여만기가 1년 이내가 아니면 그 보유목적으로 보아 대부분 비유동자산으로 분류한다. 비유동자산인 채무증권은 보유 중 12개월 내에 현금화될 것으로 예상하는 기말에 재무상태표 표시를 유동자산으로 변경하여야 한다.

지분증권은 당기손익-공정가치(FVPL)지분증권이 원칙이며, 단기매매항목이 아닌 경우 최초 인식시점에서 기타포괄손익-공정가치(FVOCI)지분증권을 선택할 수 있다. 재무상태표에 FVPL지분증권의 경우 단기매매항목은 유동자산, 그 외는 적절하게 유동자산 혹은 비유동자산으로 표시하며, FVOCI지분증권의 경우 일반적으로 비유동자산으로 분류한다.

한편 평가대상기업이 직·간접적으로 투자대상회사 주식의 20% 이상을 보유하고 있다면 앞의 구분과 관계없이 지분법적용투자(주식)로 하여 투자자산에 표시한다. 지분법적용투자의 경우 지배력 획득, 공동 지배력 획득, 유의적인 영향력 행사 여부에 따라 다시 종속기업투자, 공동기업투자, 관계기업투자로 분류될 수 있다.

그렇다면 어떤 유가증권을 비영업용 자산으로 분류하고 어떤 유가증권을 영업용 자산으로 분류할 것인가? 개념적으로는 잉여현금흐름 추정시 고려되는 유가증권은 영업용 자산으로 분류하고 잉여현금흐름 추정시 고려되지 못하는 유가증권은 비영업용 자산으로 분류함이 타당하다. 실무적으로 볼 때 영업을 위해 불가피하게 보유하는 유가증권, 가령 건설회사가 출자하는 건설공제조합 출자금 등의 유가증권은 영업용 자산으로 보는 것이 적절할 것이다. 지주회사가 보유하는 자회사 주식은 잉여현금흐름 추정시 고려되어야 하므로 영업용 자산으로 분류할 수 있다. 평가대상회사의 제품 등을 생산 또는 판매를 위해 설립한 법인의 유가증권 취득금액도 영업용 자산으로 볼 수 있을 것이다. 그렇다고 생산법인이나 판매법인이라고 하여 일률적으로 영업용 자산으로 분류할 수는 없으며, 해당 생산법인이나 판매법인이 자체적인 가치창출활동을 하는 경우에는 평가대상회사의 잉여현금흐름 창출 외의 가치를 지니므로 비영업용 자산으로 분류하는 것이 더 타당할 수 있다. 반면, 평가대상회사의 영업활동과 직접적인 연관이 없는 피투자회사는 비영업용 자산으로 분류할 수 있다.

비영업용 자산으로 분류된 유가증권은 시장가치를 측정하여 반영하여야 한다. 유가증권은 시장성유가증권과 비시장성유가증권으로 나뉘는데 시장성유가증권은 시장에서 형성되는 가격을 이용하면 되므로 가치평가가 쉽다. 또한 재무회계에서도 시장성유가증권은 시가평가하도록 되어 있으므로 별도로 평가하는 수고도 덜 수 있다. 시장성이 없는 유가증권은 그 금액이 중요한 경우에 사용가능한 가치평가기법을 이용하여 추정하여야 한다. 시장성이 없는 유가증권은 재무상태표상 취득원가로 표시되어 있는 경우가 많으나 실제 회수가치는 이에 크게 못 미칠 수 있다. 회수가치가 낮은 유가증권이라면 그 가치를 0으로 평가할 수도 있겠다.

20% 이상의 지분을 보유한 관계회사주식, 즉 지분법적용투자주식은 영업목적 또는 투자목적으로 자회사의 주식을 취득하여 경영권을 행사하거나 배당을 얻게 된다. 지분법적용투자주식을 보유하는 것이 영업목적일 수도, 투자목적일 수도 있기 때문에 어떤 식으로 가치평가에 반영해야 할지 고심하게 된다. 투자목적으로 보유하는 경우에는 비영업용 자산에 해당한다. 영업목적으로 보유하는 경우에는 원칙적으로는 영업자산으로 처리하는 것이 옳다. 그러나 영업목적으로 보유하는 경우에도 잉여현금흐름 계산시 추정의 위험이 있다. 지분법적용투자주식으로부터 발생할 미래현금흐름을 적절히 예측하는 것이 현실적으로 어려움이 있다는 뜻이다.

비영업용 자산으로 분류된 지분법적용투자주식이 시장성이 있다면 시장가치로 재평가하는 것이 바람직하다. 앞서 설명했듯이 비영업용 자산은 즉시 처분하여 환가(換價)하거나 미래현금흐름의 현재가치로 계산한 결과와 일치하여야 하기 때문이다. 시장성이 없다면 별도의 평가기법을 이용하여 추정하는 것이 바람직하다. 결론적으로 지분법적용투자주식도 다른 주식에 대한 평가와 동일하게 시장성 유무에 따라 평가한다.

9.3 유형자산의 장부금액

미래현금흐름을 추정함에 있어 평가대상회사의 장부상의 유형자산은 어떤 의미가 있는가? 결론부터 말하자면 기투자된 유형자산은 매몰원가(sunk cost)로 가치추정에 아무런 영향이 없다. 기업의 미래현금흐름은 현재시점에 기투자된 자산과 이에 더하여 미래에 추가로 투자될 자산에 의해 창출된다. 만일 미래에 추가로 투자될 자산이 없다면 현재 투자된 자산만이 미래의 현금흐름 창출의 원동력이 될 것이다. 따라서 유형자산의 장부금액은 미래현금흐름의 현재가치로 측정되므로 유형자산의 장부금액을 가치측정시 추가로 고려한다면 가치를 이중으로 계산하게 되는 것이다.

반면, 어떤 경우에는 기투자된 유형자산을 비영업용 자산으로 분류하는 것이 타당한 경우가 있다. 투자목적으로 취득한 투자부동산이나 영업활동에 사용하고 있지만 대체가능한 자산을 재취득함으로써 매각대가를 수취할 수 있는 경우에는 비영업용 자산으로 분류할 수 있다. 또한 유형자산 중 운휴자산이 있고 그 자산이 단기간 내에 처분될 것이며, 처분대가를 수취할 수 있다면 비영업용 자산으로 분류할 수 있을 것이다.

예제 3-13 비영업용 자산의 가치평가

EY Corp의 기업가치평가를 위해 수집된 재무정보가 같을 때 EY Corp의 비영업용 자산의 가치를 계산해 보자.

① 평가기준일 현재 현금을 제외한 유동자산과 차입금을 제외한 유동부채의 규모를 감안하여 산정된 초과보유현금규모=3,800백만원

② 기타 보유자산 현황 (단위 : 백만원)

구 분	장부금액	공정가액	비 고
시장성 있는 투자주식	1,200	1,200	평가기준일 현재 종가로 평가
시장성 없는 투자주식	840	840	취득원가로 평가
시장성 없는 투자채권	325	325	취득원가로 평가
지분법투자주식	7,258	15,456	평가기준일 현재 종가로 평가
건설중인자산	5,400	5,400	사옥 매입을 위한 계약금 지급
물류사업부 자산가액	7,000	15,000	2008년말 매각예정가액으로 평가

③ 시장성 있는 투자주식과 시장성 없는 투자주식 그리고 투자채권은 모두 회사의 영업활동현금흐름의 창출과 직접적인 연관이 없는 것으로 파악되었으며, 지분법투자주식은 회사의 관련 상장 자회사로 회사의 영업활동과 연관이 있으나 동 자회사는 EY Corp의 단순생산 또는 판매법인이 아닌 자체적인 수익을 창출하고 있다.

④ 건설중인자산은 회사의 신사옥 매입을 위해 지급한 계약금으로 신사옥 매입이 완료되면 기존 보유하고 있는 사옥은 매각할 계획이다. 기존 보유사옥의 예상 매각가격은 25,000백만원이며 신규로 취득할 사옥의 잔금 45,000백만원은 평가기준일로부터 1년 후에 지급될 예정이다.

⑤ EY Corp는 평가기준일로부터 1년 후에 회사의 3개 사업부 중 물류사업부를 매각할 계획이며, 잠재적 매수자와 동 사업부에 대해 15,000백만원에 매각하는 방안을 추진 중이다.

⑥ 가중평균자본비용 추정결과=12%, 현가계수(12%, 1년말)=0.8929

■ 비영업용 자산의 가치평가

상기의 정보를 이용하여 EY Corp의 비영업용 자산의 가치를 추정한 결과는 다음과 같다.

- 초과보유현금=3,800백만원
- 유가증권=17,821백만원

  비영업용 자산으로 분류된 유가증권가액은 시장성 있는 투자주식(1,200백만원)과 시장성 없는 투자주식(840백만원) 및 채권(325백만원) 그리고 지분법투자주식(15,456백만원)의 공정가액의 합계액이다. 시장성 없는 투자주식과 채권은 금액적 중요성을 고려하여 취득원가로 평가하였다. 지분법투자주식은 재무회계상 지분법에 의한 평가액을 장부금액으로 기표하였으나, 비영업용 자산으로 분류될 경우에는 공정가액으로 평가해야 한다.
- 기존 사옥의 예상매각가격의 현재가치=25,000백만원×0.8929=22,322백만원

  EY Corp는 기존 사옥을 매각하고 신사옥을 매입할 계획으로 계약금을 지급한 상황이다. 이에 따라 신사옥의 예상 중도금 및 잔금은 평가기준일로부터 1년 이후의 투자소요금액(CAPEX)에서 고려하게 된다. 따라서 매각할 예정인 기존 사옥은 비영업용 자산으로 분류하고 예상매각대금의 현재가치를 비영업용 자산으로 분류한다.
- 처분예정사업부문의 매각가격의 현재가치=15,000백만원×0.8929=13,393백만원

  평가기준일로부터 1년 후 처분예정인 사업부문은 평가기준일로부터 1년 이후의 잉여현금흐름의 추정에서 제외되므로 예상 매각가격의 현재가치로 평가한다. 다만, 평가기준일 시점에서 매각예상금액을 알 수 없는 경우에는 타 사업부문과 동일하게 미래현금흐름을 추정하여 현재 시점의 매각가치를 추정하여야 하며 이 경우에는 비영업용 자산으로 분류한 경우와 동일한 결과를 얻게 될 것이다.

• 비영업용 자산의 가치=초과보유현금(3,800백만원)+유가증권(17,821백만원)+기존 사옥 매각가치의 현가(22,322백만원)+처분예정사업부문의 가치(13,393백만원)=57,336백만원

예제 3-14 기업가치의 추정

EY Corp의 재무팀장은 자사의 기업가치를 추정하고자 한다. 재무팀장이 수집하고 분석한 자료를 바탕으로 미래현금흐름을 추정하기 위한 재무정보는 다음과 같다. 재무팀장은 예측기간을 5년(20×1년~20×5년)으로 하였으며, 할인율은 12%로 계산하였다. 영구기업가치를 추정하기 위해 예측기간말 잉여현금흐름($FCF_{20\times5}$)이 연간 3%씩 영구적으로 성장하는 것으로 예상하였다. 회사에 적용되는 법인세율(t)은 30%이다.

① 손익추정결과 (단위 : 백만원)

구 분	20×0년	20×1년	20×2년	20×3년	20×4년	20×5년
매출액	7,500	8,000	8,480	8,989	9,528	10,100
매출원가	4,200	4,500	4,680	4,867	5,062	5,264
매출총이익	3,300	3,500	3,800	4,122	4,466	4,835
판관비	2,000	2,200	2,332	2,472	2,620	2,777
영업이익	1,300	1,300	1,468	1,650	1,846	2,058

② 운전자본추정결과 (단위 : 백만원)

구 분	20×0년	20×1년	20×2년	20×3년	20×4년	20×5년
매출채권	750	800	848	899	953	1,010
매입채무	420	450	468	487	506	526
재고자산	336	360	374	389	405	421

③ 향후 투자계획 및 추정감가상각비 (단위 : 백만원)

구 분	20×1년	20×2년	20×3년	20×4년	20×5년
유형자산	600	650	700	750	800
감가상각비	200	220	240	250	270

④ EY Corp는 장기여유자금으로 정기예금 1,000백만원을 보유하고 있으며, 이는 비영업용 자산으로 볼 수 있다.

주어진 자료를 바탕으로 EY Corp의 기업가치를 계산한 결과는 다음과 같다.

• 예측기간의 가치추정 (단위 : 백만원)

구 분	20×1년	20×2년	20×3년	20×4년	20×5년
영업이익(EBIT)	1,300	1,468	1,650	1,846	2,058
세후EBIT	910	1,028	1,155	1,292	1,441
비현금비용	200	220	240	250	270
운전자본의 증감	−44	−44	−47	−50	−53

구 분	20×1년	20×2년	20×3년	20×4년	20×5년
매출채권의 증가	-50	-48	-51	-54	-57
매입채무의 증가	30	18	19	19	20
재고자산의 증가	-24	-14	-15	-16	-16
투자소요금액	-600	-650	-700	-750	-800
잉여현금흐름	466	553	648	742	857
현가계수	0.8929	0.7972	0.7118	0.6355	0.5674
현재가치	416	441	461	472	487
예측기간의 가치	2,276				

20×1년의 세후EBIT : 영업이익(EBIT : 1,300)-EBIT에 대한 법인세(1,300×30%)=910

20×1년의 비현금비용 : 감가상각비(200)

20×1년의 현재가치 : 잉여현금흐름(466)×현가계수(0.8929)=416

• 영구기업의 가치 (단위 : 백만원)

구 분	금 액	설 명
20×6년의 현금흐름($FCF_{20\times6}$)	883	=857백만원×(1+3%)
20×5년의 영구현금흐름의 가치	9,813	=883백만원/(12%-3%)
영구기업가치(continuous value)	5,568	=9,813백만원×0.5674

• 기업가치 (단위 : 백만원)

구 분	예측기간가치	영구기업가치	비영업용 자산가치	기업가치
기 업 가 치	2,276	5,568	1,000	8,844

영업가치=예측기간가치(2,276)+영구기업가치(5,568)=7,844

기업가치=영업가치(7,844)+비영업용 자산의 가치(1,000)=8,844

비영업용 자산의 가치 : 정기예금 1,000백만원

10. 타인자본가치와 자기자본가치

전체기업가치(Firm Value)에서 타인자본가치(Debt Value)를 차감하여 자기자본가치(Equity Value)를 도출하게 된다. 타인자본가치는 채권자들에게 귀속될 현금흐름의 현재가치이다. 타인자본인 이자발생부채(IBD; Interests Bearing Debt)의 현재가치를 계산하기 위한 할인율(타인자본비용)은 동일하거나 유사한 만기와 위험을 갖는 이자발생부채에 적용되는 현재의 시장이자율과 같다. 타인자본비용의 계산과정은 '5절 자본비용의 계산'에서 구체적으로 살펴보겠다.

타인자본가치는 평가시점 현재의 이자발생부채만이 포함된다. 미래에 추가적으로 발생할 차입금이 있다 하더라도 고려할 필요가 없다. 미래에 발생할 차입금은 순현금유입(자금의 조달)과 순현금유출(자금의 상환 및 이자지급)의 순현재가치가 '0'이기 때문이다. 미래에 발생할 차입금이 타인자본가치에는 영향을 미치지 아니하나, 자본비용 계산시 목표자본구조에 영향을 줄 수 있음에 유의해야 한다.

전체기업가치에서 타인자본가치를 차감하면 자기자본가치를 얻을 수 있다. 자기자본가치접근에 따른 현금흐름할인모형이나 배당평가모형에서 직접 자기자본에 귀속될 현금흐름을 추정하여 가치를 평가하는 것과 달리 전체기업가치접근법에서는 수동적으로 도출된다. 이론적으로는 어떤 방식이든 평가결과는 동일해야 한다.

예제 3-15 자기자본가치의 계산

[예제 3-14]에서 계산된 기업가치를 활용하자. EY Corp의 기업가치는 8,844백만 원으로 계산되었다. EY Corp의 평가기준일 현재 부채현황은 다음과 같다. EY Corp의 자기자본가치를 계산하라.

(단위 : 백만원)

구 분	금 액	구 분	금 액
매입채무	300	장기차입금	3,400
예수금	120	퇴직급여충당부채	800
단기차입금	1,200		
기타유동부채	240	비유동부채 소계	4,200
유동부채 소계	1,860	부채총계	6,060

■ **타인자본가치 및 자기자본가치의 계산**

타인자본가치는 자본비용이 발생하는 타인자본청구권에 대해서만 이자발생부채로 집계된다. 일반적인 상거래과정에서 발생하는 채무나 기업 내부에 적립하는 부채성충당부채는 타인자본으로 볼 수 없다. 따라서 EY Corp의 타인자본가치는 단기차입금과 장기차입금만 해당된다.

- EY Corp의 타인자본가치 = 1,200 + 3,400 = 4,600백만원
- EY Corp의 자기자본가치 = 기업가치 − 부채가치 = 8,844백만원 − 4,600백만원 = 4,244백만원

Section 3 재무성과분석

'과거는 미래의 거울'이라는 얘기가 있다. 가치평가에 있어서도 미래를 추정하기에 앞서 현재의 재무상황과 과거의 재무성과를 돌아보는 것은 중요하다. 재무성과에 대해 올바르게 이해함으로써 미래현금흐름 추정을 위한 전체적인 시각과 논리를 갖추어 신뢰성 있는 추정결과를 얻을 수 있다.

1. 재무정보의 활용

가치평가를 위해서는 평가대상기업에 대한 재무정보의 활용이 필수적이다. 가치평가를 위한 재무정보는 현재 및 과거의 재무정보 그리고 비교대상기업 또는 산업의 재무정보로 구분하여 볼 수 있다.

1 평가대상기업의 현재의 재무정보(Current financial information)

- 평가대상기업의 투자의 수익성
- 미래성장을 위한 재투자규모
- 평가대상기업의 자산구성(영업용 자산 및 비영업용 자산의 규모)
- 평가대상기업의 수익구조 및 비용구조
- 평가대상기업의 자본구조

2 평가대상기업의 과거 재무정보(Past financial information)

- 평가대상기업의 수익 및 이익의 성장성
- 평가대상기업의 주가변동에 관한 정보 등

3 비교대상기업의 재무정보(Comparable firm's financial information)

- 평가대상기업의 경쟁자 또는 비교대상기업의 재무정보(장기적 예측)
- 산업분석자료
- 비교대상기업을 통해 파악된 동일 업종의 위험, 성장성 및 현금흐름유형에 대한 정보

평가대상기업의 현재 및 과거의 재무정보를 가장 쉽게 파악할 수 있는 것이 재무제표(financial statements)이다. 재무제표는 재무성과를 분석할 때 가장 많이 사용하는 재료이기도 하다. 재무제표 분석을 통해 미래현금흐름추정의 기초자료들을 얻을 수 있다. 흔히 과거 재무제표는 미래 재무제표의 추정결과와 비교해 이상항목이 있는지 여부만을 확인하는 경우가 많은데 이것만으로는 재무제표를 충분히 활용했다고 할 수 없다. 재무제표를 통해 추가적인 분석자료를 얻고 미래추정치와 비교하다 보면 추정과정에서 발생할 수 있는 여러 가지 오류를 찾아낼 수도 있다.

재무제표를 이용할 때 몇 가지 주의할 것이 있다. 첫째는 재무제표의 신뢰성이다. 「주식회사 등의 외부감사에 관한 법률」에서는 일정 기준 이상인 주식회사와 유한회사에 대해서 외부감사를 받도록 의무화하고 있다.[3] 따라서 평가대상기업이 외부감사대상이 아니고, 자발적으로 외부감사를 받는 경우가 아니라면 재무제표의 신뢰성은 상대적으로 떨어진다. 실제 최초로 외부감사를 받게 된 회사의 장부와 재무제표를 들여다보면 한국채택국제회계기준(K-IFRS)에 따라 제대로 결산이 반영되지 않아 장부가 엉망인 경우가 많았다. 이러한 기업의 재무제표를 이용하여 분석하면 제대로 된 결과를 얻기 어렵다. 원천 데이터가 오류투성이면 그로 인한 산출물을 어찌 믿을 수 있겠는가(Garbage in Garbage out)? 재무제표의 신뢰도가 떨어지는 非외부감사대상 기업이거나 설립한 지 얼마 되지 않아 재무정보가 축적되지 않은 기업을 평가할 때에는 대상회사뿐 아니라 유사기업의 재무제표를 참고로 활용할 필요가 있다.

또한 재무제표는 경영자의 의도에 따라 부분적으로 왜곡되거나 이익이 조작되기도 한다. 금융기관 대출이나 경영자 평가보상 등 다양한 이유로 경영자는 재무제표를 과대포장하기도 하고, 세금을 절감할 목적으로 과소포장하기도 한다. 우리나라뿐 아니라 엔론, 월드컴 등 외국

---

3) 2018.11.1.에 시행된 「주식회사 등의 외부감사에 관한 법률」에 의하여 다음과 같은 회사들이 작성한 재무제표를 공인회계사에게 감사 받도록 규정되어 있다.

1. 주권상장법인
2. 해당 사업연도 또는 다음 사업연도 중에 주권상장법인이 되려는 회사
3. 그 밖에 직전 사업연도 말의 자산, 부채, 종업원수 또는 매출액 등 일정 기준에 해당하는 주식회사(또는 유한회사)
   ① 직전 사업연도 말의 자산총액이 500억원 이상인 회사
   ② 직전 사업연도의 매출액(직전 사업연도가 12개월 미만인 경우에는 12개월로 환산하며, 1개월 미만은 1개월로 본다. 이하 같다)이 500억원 이상인 회사
   ③ 다음 중 3개 이상에 해당하지 아니하는 회사
      가. 직전 사업연도 말의 자산총액이 120억원 미만
      나. 직전 사업연도 말의 부채총액이 70억원 미만
      다. 직전 사업연도의 매출액이 100억원 미만
      라. 직전 사업연도 말의 종업원(일용근로자 및 파견근로자 제외)이 100명 미만
      (단, 유한회사의 경우에는 직전 사업연도 말의 사원이 50명 미만)

한편, 2019.11.1. 이후 「상법」에 따라 주식회사에서 유한회사로 조직을 변경한 유한회사는 같은 변경등기한 날부터 5년간 3호의 주식회사의 기준에 따른다.

의 대형기업들도 재무제표의 의도적인 왜곡, 즉 분식회계(粉飾會計, window dressing settle-ment)로 문을 닫은 회사가 적지 않다.

분식회계의 가능성 또는 이익의 기간왜곡에 대한 의혹 등을 이유로 과거 재무제표를 이용하지 않고 미래현금흐름을 추정하는 것은 불가능하다. 따라서 재무제표를 이용할 때에는 재무제표 각 항목 간의 유기적인 관계와 특성을 최대한 이용해야 한다. 예를 들어 재무제표 중 현금흐름표를 적극 활용할 필요가 있다. 분식회계 유형은 여러 가지가 있는데 가공매출, 매출채권 및 재고자산의 평가감 누락, 차입금 누락 등이 있다. 그러나 현금을 분식처리하는 것은 어렵다. 예를 들어 가공매출을 한 회사는 실제 현금회수가 될 매출이 아니므로 회수할 금액은 매출채권이나 다른 계정에 숨겨둘 것이다. 이러한 경우 영업활동현금흐름에 포함되지 않으므로 매출은 증가하나 영업현금흐름은 감소하는 현상이 발생할 것이다. 또한 매출채권의 증가로 운전자본이 증가하는 모습을 보일 수 있다. 매출채권회전율이 감소하는 현상은 특별한 반증이 없는 한 미래현금흐름 추정시 순운전자본 증가로 반영될 것이다. 즉 가공매출을 통해 재무회계상 외형을 늘렸으나 현금기준으로는 전혀 영향을 미치지 못하는 것이다. 이처럼 현금흐름표는 다른 재무제표 분석에 도움을 줄 수 있다. 단, 현금흐름표가 분식사례를 잡아내는 수단이 아니며 참고로 활용하는 것에 불과하다는 사실도 잊지 말아야 한다. 현금의 분식도 일어날 수 있다. 최근 들어 양도성예금증서(CD)를 이용한 현금의 분식회계처리가 다수 발견되는 것은 외부감사인이나 가치평가자들을 당황하게 한다.

또 한 가지 주의할 것은 재무제표의 기간별 비교가능성이다. 외환위기 이후 우리나라는 회계제도 개선에 노력해 왔고 한국채택국제회계기준(K-IFRS)을 국제적인 수준으로 맞추기 위해 한국채택국제회계기준(K-IFRS)서를 발간하여 회계처리방법을 선진화하고 있다. 회계처리방법이 바람직한 방향으로 개선되는 것은 좋으나 기간별 비교가능성은 떨어지고 있다. 최근의 재무제표에서 사용하는 계정과목의 이름이나 처리방법이 수년 전 공시된 것과 차이가 있을 경우 기간별 재무분석이 어려워진다. 변경된 회계처리방법으로 과거 재무제표를 재작성하는 것도 쉽지 않다. 분석에 중요한 영향을 미칠 것으로 예상되는 항목에 대해서는 중요한 회계변경이 있었는지 확인해 볼 필요가 있다.

가치평가에 있어 재무성과분석은 분석결과가 미래현금흐름 추정시 어떻게 활용할 것인가 하는 문제와 관련된다. 재무성과분석을 통해 파악된 정보를 기초로 하여 미래현금흐름을 추정하게 되므로 단순한 재무비율의 나열에 그쳐서는 안되며, 미래현금흐름을 창출하는 데 결정적인 역할을 하게 될 가치창출요소를 파악하는 데 주안점을 두어야 한다.

[그림 3-7] 재무성과 분석구조

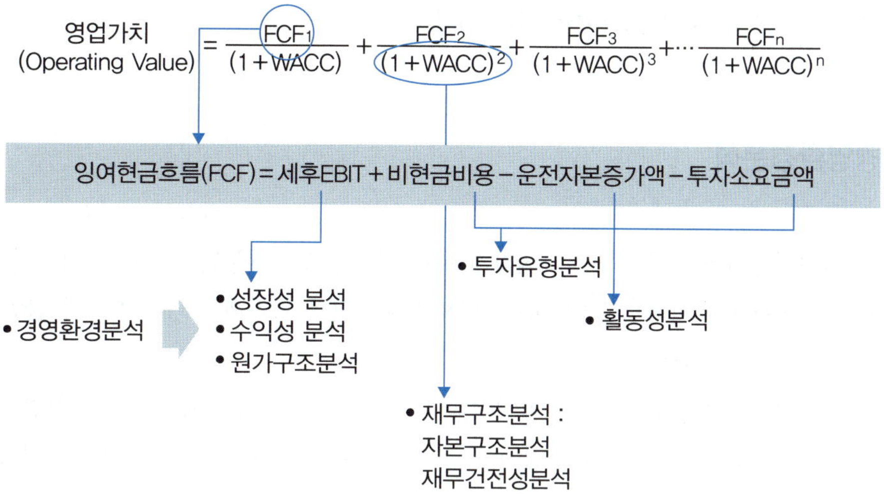

재무성과분석의 목적이 미래현금흐름과 영업가치 그리고 궁극적으로 기업가치의 추정을 위한 가치창출요소를 파악하는 데 있음을 강조하였다. [그림 3-7]에서 보듯이 영업가치를 창출하는 두 가지 중요한 요소인 잉여현금흐름과 자본비용을 추정하기 위한 각종 분석이 이루어진다. 미래잉여현금흐름(FCF; Free Cash Flow)은 세후EBIT(NOPLAT)과 비현금비용, 운전자본 순증가액 그리고 투자소요금액의 함수로 표시하였다.

세후EBIT(NOPLAT)는 매출액에서 매출원가와 기타 판매비및관리비를 차감한 영업이익에서 영업이익관련 법인세를 차감한 것이다. 즉 세후EBIT를 파악하려면 수익(매출액)과 원가(매출원가 및 판매비와관리비)에 대한 분석이 필요함을 뜻한다. 이를 위해 매출 및 이익의 성장성과 수익성 분석이 필요하다. 아울러 수익성 분석을 위해서는 원가분석이 선행되어야 한다. 매출 및 이익의 성장성과 수익성 분석에는 경영환경분석이 동반되어야 한다. 가치평가 과정에서 활용되는 재무정보에는 평가대상기업의 재무정보 외에 비교대상기업 또는 평가대상기업이 속한 산업에 대한 재무정보도 포함된다.

운전자본 순증가액 분석은 재무비율 중 활동성 분석을 통해 평가대상기업의 운전자본 운용상황을 확인할 수 있다. 현금흐름 분석을 통해 과거의 투자유형을 분석하고 평가대상기업의 투자활동의 특징을 찾아낼 수 있다. 재무구조분석은 현재와 과거의 재무구조분석을 통해 자본비용 추정에 적용될 자본구조에 대한 이해를 위한 참고자료가 될 것이다.

여기서 한 가지 분석이 추가되어야 한다. 재무제표, 즉 재무상태표와 포괄손익계산서에 대한 분석이다. 재무제표는 주주와 이사회 등 재무제표 이용자들에게 재무보고목적으로 작성된 보고서이므로 가치평가목적을 위한 재무정보와 일치하는 정보가 아니다. 즉 재무제표에는 가치평가자가 주의해서 살펴보지 않으면 쉽사리 넘겨 버릴 수 있는 정보들이 많이 있다. 이를 위해 가치평가자는 재무보고목적의 재무제표를 가치평가목적의 재무제표로 변환하는 작업을 해야 한다. 이를 재무제표분석이라고 한다.

2. 경영환경분석

경영환경분석은 재무성과를 분석하기 위한 기초정보를 제공받고자 하는 과정이다. 기업은 외부환경변화에 유기적으로 대응하기 위해 노력하므로 평가대상 기업이 속한 산업과 사업의 특성을 먼저 파악해야 한다.

평가대상기업의 규모, 시장에서의 위치, 사업의 해외의존도 등에 따라 경영환경분석의 범위와 정도는 달라진다. 삼성전자와 같이 규모가 크고 수출비중이 높으며 시장에서 선도적인 위치를 점하고 있는 경우에는 세계경제흐름 및 국내경제전망, 기술개발계획, 사회문화적 변화방향, 시장전체의 성장성 등 고려해야 할 요소들이 많아진다.

경영환경분석에 대한 설명은 '제2장 경영환경분석'을 참고하기 바란다.

3. 재무제표분석

재무제표(financial statements)는 재무상태표, 포괄손익계산서, 현금흐름표, 자본변동표 및 재무제표에 대한 주석으로 구성된다. 현금흐름표는 투자유형분석에 유용한 자료로 활용되며, 자본변동표와 재무제표에 대한 주석은 재무상태표와 포괄손익계산서에 대한 보조자료로 활용된다.

3.1 재무보고의 목적

2019년 4월 19일에 의결된 K-IFRS "재무보고를 위한 개념체계"에 따르면 재무보고의 목적을 다음과 같이 정의하고 있다.

> ● 일반목적재무보고의 목적, 유용성 및 한계(문단 1.2)
>
> 일반목적재무보고의 목적은 현재 및 잠재적 투자자, 대여자와 그 밖의 채권자가 기업에 자원을 제공하는 것과 관련된 의사결정을 할 때 유용한 보고기업 재무정보를 제공하는 것이다. 그 의사결정은 다음을 포함한다.
>
> (1) 지분상품 및 채무상품의 매수, 매도 또는 보유
>
> (2) 대여 및 기타 형태의 신용 제공 또는 결제

(3) 기업의 경제적 자원 사용에 영향을 미치는 경영진의 행위에 대한 의결권 또는 영향을 미치는 권리 행사

재무보고의 목적은 궁극적으로 투자자나 채권자들에게 유용한 정보를 제공하는 것이다. 이때의 유용한 정보는 미래에 유입되리라고 예상되는 순현금흐름과 관련된 의사결정에 도움이 되는 정보를 제공하는 것을 포함한다. 이러한 점에서 재무보고과정에서 작성되는 재무제표는 그 자체만으로 미래예상현금흐름을 예측하는 정보를 충분히 제공하는 것으로 볼 수 있다.

그러나 재무제표는 재무정보의 제공수단으로서 한계를 보이기도 한다. 재무제표는 재무보고의 유일한 수단이 아니므로 각종 재무보고에 담긴 내용 중 재무제표에는 포함되지 않는 것도 얼마든지 있을 수 있다. 재무제표를 통해 기업의 내용이 완전히 전달되는 것은 아니며 정해진 공시내용에 한해 해당 기업의 재무정보를 열람할 수 있는 것이다.

재무제표가 재무정보의 제공수단으로서의 한계를 보이는 보다 근본적인 원인은 재무제표의 작성기준, 즉 일반적으로 인정된 회계처리기준(GAAP; Generally Accepted Accounting Principle)에 있다. 재무제표는 재무제표를 이용하리라 예상되는 다수의 이용자들을 대상으로 작성되기 때문에 특수목적의 회계처리기준이 적용되지 않고 일반적인 기준을 적용하게 된다. 이러한 이유로 재무제표는 현재 적용되는 회계처리기준이 가지는 한계점을 그대로 가지고 있다.

대표적인 예로 원가모형(cost model)을 적용하는 자산이다. K-IFRS에 따르면 자산은 재무보고를 할 때 공정가치모형(fair value model) 적용자산, 원가모형(cost model) 적용자산, 두 가지 모형 중 선택형 자산으로 구분할 수 있다. 원가모형은 재무제표의 신뢰성을 높이기 위해 발생당시의 원가로 기록하는 것을 말한다. 따라서 가치의 변동이 큰 자산, 예를 들어 서울 요지에 위치한 토지 등의 경우에는 장부가격과 시장가격은 큰 차이를 보일 수 있다. 이러한 장부가격과 시장가격의 차이는 해당 자산의 매각시점까지 실현이 보류된다.

일반적으로 인정된 회계처리기준에서 가치평가자가 주안점을 두어야 할 부분은 발생주의 회계이다. 자산과 부채 그리고 손익을 발생주의에 따라 인식하므로 가치평가자의 주된 관심사인 현금흐름의 추정과는 차이가 있을 수 있다. 따라서 발생주의에 대한 올바른 이해가 재무제표 해석의 기초가 된다.

참고

발생주의 회계가 반영된 재무성과

발생기준 회계는 거래와 그 밖의 사건 및 상황이 보고기업의 경제적 자원 및 청구권에 미치는 영향을, 비록 그 결과로 발생하는 현금의 수취와 지급이 다른 기간에 이루어지더라도, 그 영향이 발생한 기간에 보여준다. 이것이 중요한 이유는 보고기업의 경제적 자원과 청구권 그리고 기간 중 변동에 관한 정보는 그 기간의 현금 수취와 지급만의 정보보다 기업의 과거 및 미래 성과를 평가하는 데 더 나은 근거를 제공하기 때문이다.

■ K-IFRS "재무보고를 위한 개념체계" 문단 1.17 ■

재무보고의 목적이 투자자의 의사결정에 참고가 될 만한 유용한 정보를 제공하는 데 있으므로 재무보고의 산출물을 가치평가의 기초자료로 이용하는 것은 당연하다. 그러나 살펴본 바와 같이 재무제표가 가지는 근본적인 한계점을 이해하고 재무제표에서 파악된 재무정보를 가치평가에 보다 유용하게 활용하려면 가치평가목적에 맞게끔 재무제표에 대한 재해석 작업이 필요하다.

3.2 재무상태표(Financial Position Statements)[4)]

재무상태표는 일정시점 현재 기업실체가 보유하고 있는 경제적 자원인 자산과 경제적 의무인 부채, 그리고 자본에 대한 정보를 제공하는 재무보고서이다. 재무상태표에 나타난 자산과 부채의 가액이 기업실체의 가치를 직접 평가할 수 있는 것은 아니다. 그러나 재무상태표는 다른 재무정보와 함께 이용될 때 가치평가의 기초정보로 활용된다.

재무정보가 유용하기 위해서는 특정한 성질을 가져야 하는데, 이를 재무정보의 질적 특성이라고 부른다. 질적 특성은 투자자와 채권자들의 의사결정에 유용한 재무정보와 그렇지 않은 정보를 식별하는 기준이 된다. 질적 특성은 근본적 질적 특성과 보강적 질적 특성으로 나누어지는데, 근본적 질적 특성에 표현의 충실성(faithful representation)과 목적적합성(relevance)이 있다. 표현이 충실한 재무정보는 경제적 현상의 실질(substance)을 충실하게 표현하고 있음을 의미한다.

목적적합한(relevant) 재무정보는 정보이용자의 의사결정에 차이를 가져올 수 있는 정보를 의미하며, 재무정보가 예측가치(predictive value)나 확인가치(confirmatory value) 또는 이 둘 모두를 갖는다면 그 정보는 이용자의 의사결정에 차이가 나게 할 수 있으므로 목적적합한 정보가 된다.

정보이용자들이 미래결과(예, 미래 순현금유입)를 예측하기 위해 사용하는 절차(예, 이익예측모형)에 투입요소(input)로 사용될 수 있는 재무정보는 예측가치를 갖는다. 예를 들어, 상장기업은 연간재무보고를 하기 이전에 분기재무보고를 하는데, 분기재무보고를 통해 발표되는 분기이익정보는 연간이익을 예측하는 데에 투입요소로 사용될 수 있으므로 예측가치를 갖는다. 예측가치를 갖는 재무정보는 이용자 자신이 미래결과를 예측하는 데에 사용되는 정보인 것이다.

어떤 재무정보가 미래결과에 대한 정보이용자의 과거 평가에 대해 피드백을 제공한다면 그 정보는 확인가치를 갖는다. 재무정보의 예측가치와 확인가치는 서로 배타적이지 않고 연관되어 있다. 예를 들어, 당기이익은 미래이익을 예측하는 투입요소로 사용되지만, 당기이익에 대한 과거 예측치와 비교함으로써 정보이용자가 과거 사용한 예측절차를 수정하고 개선하는 데에 사용될 수 있다.

4) 중급회계(8판 수정증보판, 정운오 외 3인, 경문사, 2020.2.20.)

가치평가는 미래현금흐름을 합리적으로 추정하고 다양한 평가기법을 활용하여 공정한 가치를 산출해 내는 것이므로 목적적합성과 관련이 깊다. 이러한 가치평가결과는 유용한 재무정보가 되며 정보이용자인 투자자에게 의사결정에 영향을 끼치기 때문이다.

(1) 재무상태표의 기본요소

일정시점 현재 기업실체의 재무상태에 대한 정보를 제공하는 재무상태표의 기본요소는 자산, 부채 및 자본이다.

① 자산

자산은 과거의 거래나 사건의 결과로서 현재 기업실체에 의해 지배되고 미래에 경제적 효익을 창출할 것으로 기대되는 자원이다. 이때 자산에 내재된 미래의 경제적 효익이란 직접 또는 간접적으로 기업실체의 미래현금흐름 창출에 기여하는 잠재력을 말한다. 자산은 고객에게 판매 또는 제공될 재화 및 용역의 생산에 이용된다. 기업은 자산을 이용한 생산 · 제조를 통해 산출된 자산을 다른 자산(현금)과 교환하여 경제적효익을 창출한다. 자산에는 유형자산과 같은 물리적 형태를 가지고 있는 자산이 있으나 물리적 형태가 있어야 자산의 요건이 되는 것은 아니다. 물리적 형태가 없더라도 기업실체에 의해 통제되고 미래의 경제적 효익을 창출할 것으로 기대되는 경우에는 자산의 요건을 만족하는 것이다. 또한 부동산이나 채권과 같이 법적인 권리가 부여되어 있는 자산이 있다. 그러나 소유권 등의 법적 권리가 자산의 요건은 아니다. 법적 권리가 있는 경우에는 기업실체가 자산의 통제권을 명확히 쥐고 있는 것으로 볼 수 있으나 개발비 등과 같이 법적 권리가 없더라도 자산의 요건을 만족할 수 있다.

② 부채

부채는 과거의 거래나 사건의 결과로 현재 기업실체가 부담하고 있고 미래에 자원의 유출 또는 사용이 예상되는 의무이다. 부채는 기업실체가 현재 시점에서 부담하는 경제적 의무이다. 의무란 일정한 방법으로 실행하거나 수행할 책임을 말하는 것으로 계약이나 법령에 의해 법적 강제력이 있는 의무뿐 아니라 상관습이나 관행 또는 거래상대방과의 원활한 관계유지를 위한 정책 등으로 인해 발생하는 의무도 있다.

③ 자본

자본은 기업실체의 자산총액에서 부채총액을 차감한 잔여액 또는 순자산으로서 기업실체의 자산에 대한 소유주의 잔여청구권이다. 주식회사의 소유주인 주주는 유한책임을 지므로 채권자에 대해 우선권은 없으나 확정되어 있는 채권자 부담분을 제외한 잔여재산에 대한 청구권을 가지게 된다. 재무회계에서는 자본을 분배 또는 사용에 대한 법적 제한이나 기타 사용목적에 따라 구분표시함으로써 재무제표이용자에게 유용한 정보가 제공될 수 있다. 가치평가방법 중 하나인 배당평가모형(DDM; Dividend Discount Model)에서는 발생한 순이익이 모두 배당가능한 이익으로 가정하는데 이는 현실적으로 매우 강한 가정이다. 소유주 지분인 자본에는 상법이나 세법 등에서 정한 이유로 인해 소유지분의 재산적 권리행사, 즉 배당에 대해 규제하고 있기 때문이다. 재무상태표에 표시되는 자본의 총액은 회계기준에 의해 자산 및 부채를 인식, 측정함에 따라 부수적으로 도출되는 것이므로 재무상태표상의 자본총액은 주식의 시가총액과는 일치하지 않는다.

(2) 재무상태표의 재해석

비록 최근의 재무회계의 방향이 목적적합성을 중시하여 공정가액평가의 기준을 많이 도입하고 있으나 가치평가 목적에 있어 재무상태표는 그 자체로 직접 이용하기에는 한계가 있다. 가치평가는 재무회계목적으로 작성된 재무상태표를 가치평가목적으로 재구성하는 노력이 필요하다.

재무상태표의 재해석이 필요한 이유는 첫째, 가치평가를 위한 미래현금흐름은 경상적인 영업활동 현금흐름을 측정하는 데 반해 재무상태표에는 기업실체가 겪은 모든 경제적 사건이 반영되어 있다. 미래현금흐름의 추정에 있어 경상적이고 반복적인 영업현금흐름 외에 예측이 불가능한 현금흐름은 추정이 어렵다. 따라서 기업의 가치평가는 영업가치와 비영업용 자산의 가치로 나누어 평가하게 된다.

[그림 3-8] 기업가치의 구분

재무상태표의 재해석은 자산 중 비영업용 자산을 구분해 내는 데에만 있는 것은 아니다. 재무상태표의 재해석과정은 한국채택국제회계기준(K-IFRS)에 의해 작성된 재무상태표를 가치평가를 위한 재무상태표로 전환하는 과정이다.

[그림 3-9] 재무상태표에 대한 재해석

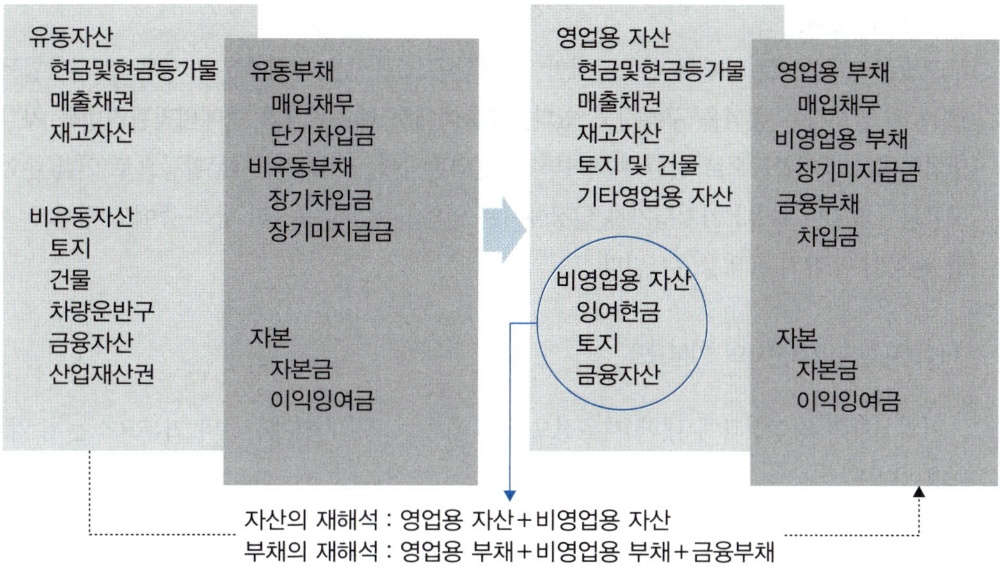

재무상태표는 유동성 배열법에 따라 유동자산과 비유동자산으로 구분하고 비유동자산은 그 취득목적에 따라 투자자산, 유형자산, 무형자산 및 기타비유동자산으로 구분한다. 부채는 유동성 배열법에 따라 유동부채와 비유동부채로 구분한다. 자산의 구성항목은 동일한 항목이라 하더라도 영업용 자산과 비영업용 자산에 각각 포함되기도 한다. 예를 들어 기업이 보유하고 있는 토지 중 일부는 제조활동에 사용되고 일부는 장기투자목적으로 보유(회계처리는 유형자산으로 하더라도)하는 경우가 있을 수 있다. 이때에는 해당 토지 중 제조활동에 사용되는 토지는 영업용 자산으로, 투자목적의 토지는 비영업용 자산으로 분류되어야 한다.

또한 부채는 지급의무가 장기인가 단기인가의 분류보다는 부채의 지급대상이 영업활동 관련 부채인가 혹은 자본조달을 위한 차입금인가를 구분하는 것이 더 중요하다. 따라서 부채는 영업용 부채와 금융부채(즉 타인자본) 그리고 금융부채는 아니나 영업활동과 무관한 부채(예를 들어 비영업용 자산 구입과정에 발생한 채무)를 구분한다.

3.3 포괄손익계산서(Comprehensive Income Statements)

포괄손익계산서는 일정기간 동안 기업실체의 경영성과에 대한 정보를 제공하는 재무보고서이다. 포괄주의 관점에서 작성한 포괄손익계산서는 일정기간 동안 소유주와의 자본거래를 제외한 모든 원천에서 순자산이 증가하거나 감소한 정도와 그 내역에 대한 정보를 제공한다. 즉 일정기간의 포괄이익과 그 구성요소인 수익과 비용 등에 대한 정보를 제공하며, 이러한 정보를 통해 투자자 및 채권자 등의 정보이용자는 일정기간 동안의 기업실체의 경영성과를 파악할 수 있다.

포괄손익계산서는 명확하지는 않지만, 영업활동으로 인한 손익부분과 재무 및 투자활동으로 인해 발생하는 손익을 구분하고 있다. 매출액에서 매출원가와 판매비및관리비를 차감한 영업이익은 영업활동으로 인한 손익이다. 영업외손익에는 투자 및 재무활동으로 인한 손익이 포함되어 있다. 그러나 가치평가자 입장에서는 영업외손익에 구성된 항목 중에도 영업과 관련한 손익이 포함되어 있을 수 있다.

(1) 포괄손익계산서의 기본요소

기업실체의 경영성과에 대한 재무정보를 제공하는 포괄손익계산서의 기본요소는 수익 및 비용이다.

① 수익

수익이란 기업의 경영활동과 관련된 재화의 판매 또는 용역의 제공 등에 대한 대가로 발생하는 자산의 유입 또는 부채의 감소이다. 수익의 창출과정에서 재화 및 용역을 공급한 대가로서 현금이나 매출채권이 증가하게 된다. 수익은 기업의 경영활동의 결과로서 발생하였거나 발생할 현금유입액을 나타내며 경영활동의 종류와 수익이 인식되는 방법에 따라 주된 영업활동으로부터 발생한 수익은 매출액으로 투자나 재무활동, 부수적인 영업활동으로부터 발생되는 이자수익, 배당수익 및 임대수익 등은 영업외수익으로 표시하게 된다. 특히 기업의 주된 영업활동에서 발생하였다 하더라도 정보의 유용성을 높이기 위해 포괄이익을 증가시키는 요소는 차익으로 구분하여 표시한다. 예를 들어 외화매출채권에서 발생하는 환율차익은 매출액으로 표시하지 않고 외환차익 또는 외화환산이익으로 하여 영업외항목으로 구분하여 표시한다.

② 비용

비용은 기업의 경영활동과 관련된 재화의 판매 또는 용역의 제공 등에 따라 발생하는 자산의 유출이나 사용 또는 부채의 증가액이다. 재화의 생산 및 판매과정에서 발생한 비용은 재고자산의 유출, 유형자산의 사용(감가상각비) 또는 미지급비용과 같은 부채의 증가로 나타난다. 비용은 기업의 주요 경영활동의 결과로서 발생하였거나 발생할 현금유출액을 나타내며 경영활동의 종류와 비용이 인식되는 방법에 따라 주된 영업활동으로부터 발생하는 비용은 매출원가와 판매비와관리비로 구분하며, 이에는 각각 급여, 감가상각비 등 영업활동 관련 비용이 포함된다. 이자비용, 매도가능증권평가손실, 유형자산처분손실 등 투자나 재무활동과 관련된 비용과 영업활동으로 인해 발생되었더라도 정보의 유용성을 높이기 위해 외환차손 등과 같이 순자산감소로 직접 측정하는 비용은 영업외비용으로 분류한다.

비용은 수익을 창출하기 위해 희생된 자원들의 가치이므로 수익과 비용 간의 인과관계를 연결시키기 위해 수익을 창출하기 위해 발생한 비용을 그 수익이 인식되는 기간에 대응하여 인식할 필요가 있다. 이를 '수익비용대응의 원칙'이라 한다. 즉 수익의 인식요건을 만족하여 어떤 기간의 수익을 인식하게 되면 그 수익과 관련된 비용을 찾아내어 동일한 기간에 인식하는 것이다. 수익과 비용 모두 발생주의 기준에 따라 인식하지만 이중 비용은 발생주의에 따라 인식된 수익에 상응하도록 인식하는 것이다.

③ **기타포괄손익**[5)]

총포괄손익을 구성하는 수익과 비용 항목은 당기순손익(PL; Profit or Losses)과 기타포괄손익(OCI; Other Comprehensive Income)으로 나눌 수 있으며, 기타포괄손익(OCI)은 주로 보유중인 자산·부채의 가치변동으로 발생하는 미실현평가손익이다.

기타포괄손익(OCI)을 별도로 보고하는 이유는 변동성이 높은 시장변수들의 영향을 받아 그 변동성이 매우 높으므로, 만일 당기순손익(PL)의 계산에 포함될 경우 이익의 변동성을 지나치게 높이는 문제점이 있기 때문이다. 경영자들은 이익의 지나친 변동성을 기피하므로 기타포괄손익(OCI)이 순손익에 포함되는 것을 원하지 않지만, 투자자들은 기업가치나 신용도를 정확하게 평가하기 위해서는 기타포괄손익(OCI)항목까지 포함된 재무성과정보를 필요로 한다.

이러한 이해상충의 상황에서 투자자를 보호하려는 자본시장감독기관과 이익의 변동성을 기피하는 경영자들 사이에 이루어진 절충이 기타포괄손익(OCI)을 당기순손익(PL)과 구분표시하는 방식으로 구현된 것이다. 따라서 기타포괄손익(OCI)과 총포괄손익이라는 개념의 도입에는 이와 같은 정치적 배경이 깔려 있다.

(2) 포괄손익계산서의 재해석

포괄손익계산서에는 반복적으로 발생하는 항목(recurring item)과 비반복적으로 발생하는 항목(non-recurring item)이 있다. 비반복적으로 발생하는 항목은 그것이 영업활동에서 발생한 것이든 재무나 투자활동에서 발생한 것이든 향후에도 동일한 유형으로 다시 발생할 것으로 예측하는 것은 어렵다. 비반복적으로 발생하는 손익항목은 재분류하여 미래에 발생하지 않을 것으로 보아 제외할 수 있다. 반복적으로 발생하는 항목은 영업활동과 관련된 항목과 재무활동과 관련된 항목으로 구분하여 파악한다.

---

5) 중급회계(8판 수정증보판, 정운오 외 3인, 경문사, 2020.2.20.)

[그림 3-10] 포괄손익계산서에 대한 재해석

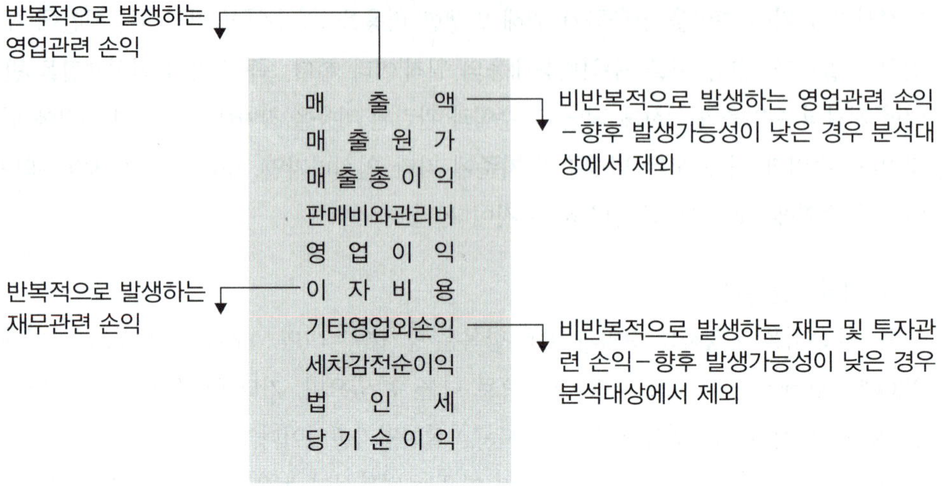

포괄손익계산서를 해석함에 있어 반복적으로 발생하는 손익과 비반복적으로 발생하는 손익을 구분하는 것 못지않게 중요한 것은 개별 손익항목이 영업활동관련 손익인가 투자 또는 재무활동관련 손익인가를 구분하는 것이다. 한국채택국제회계기준(K-IFRS)에 의한 포괄손익계산서의 영업이익(손실)은 영업활동과 관련된 손익으로 볼 수 있다. 반면, 영업외손익에 포함된 개별 손익항목은 한국채택국제회계기준(K-IFRS)에 의한 구분과 관계없이 영업활동과 관련된 손익이 포함되어 있을 수 있다. 영업활동과 관련된 손익은 한국채택국제회계기준(K-IFRS)에 의한 분류에 관계없이 재해석되어야 하는 것이다. 그러나 영업외손익항목 중 영업활동관련 부분과 투자나 재무활동관련 부분이 모두 포함된 경우가 있을 수 있다. 이러한 손익항목을 구체적으로 항목별로 구분하여 고려할 수도 있으나 구분의 실익이 크지 않은 경우에는 영업활동 또는 재무(투자)활동 중 어느 하나에 포함되는 것으로 볼 수도 있다.

(3) EBIT의 개념 및 도출과정

포괄손익계산서의 각 구성항목을 가치평가 측면에서 재구성함으로써 얻을 수 있는 하나의 개념은 EBIT(Earning Before Interest and Tax)이다. 단순하게는 이자비용 및 세금공제 전 이익으로 해석된다. 그러나 EBIT는 포괄손익계산서의 재해석 결과를 충분히 반영하여야 한다. EBIT에는 반복적이고 경상적으로 발생하는 손익만이 포함되어야 한다. 또한 EBIT에는 이자비용과 같은 금융비용(이자수익과 같은 금융수익 포함)과 외화환산손익, 영업의 중단(discontinued operation)으로부터 발생한 손익, 특별손익, 비영업용 자산의 투자(non-operating investments)로부터의 투자손익은 제외된다. 이러한 이유로 실무적으로는 EBIT는 단순히 '영업이익'으로 표현되기도 한다. 그러나 포괄손익계산서상의 영업외수익과 비용에 금융비용 또는 비영업용 자산관련 손익이 아닌 기타 손익의 금액이 큰 경우에는 EBIT와 영업이익은 차이가 발생할 수 있다. 일반적인 경우에는 EBIT와 영업이익은 유사하다고 볼 수 있다.

한국채택국제회계기준(K-IFRS)에 의한 포괄손익계산서상의 영업외손익항목의 대부분은 이자비용, 이자수익과 같은 금융비용(수익)이거나 외화환산손익 그리고 영업활동과 관련없는 투자자산의 처분 또는 평가관련 손익과 같은 비영업용 자산관련 손익이다. 따라서 영업외손익에서 영업활동과 관련된 손익의 금액이 큰 경우를 제외하고는 포괄손익계산서에서의 영업이익을 EBIT로 볼 수도 있다. 가치평가실무에서는 영업외손익에 포함되는 영업활동관련 손익을 추정하는 것이 불가능할 경우가 많아 영업이익을 EBIT로 하는 경우가 많다.

4. 성장성분석

기업은 외부경영환경과 기업내부의 핵심역량에 따라 성장하기도 하고 축소되기도 한다. 외형의 성장은 자산의 증가, 매출액의 증가 또는 이익규모의 증가 등으로 측정된다. 가치평가목적에 부합하는 성장성분석의 자료로는 매출성장성과 이익성장성에 대한 분석결과가 유용하다. 총자산 또는 개별 자산의 증가율은 투자활동과 관련된 부분에서 고려되어야 할 요소만을 추출하는 것으로 족하다. 장부가치에 의한 자산의 증가는 가치평가에 있어 목적적합한 정보가 아니기 때문이다.

$$\text{매출액증가율} = \left(\frac{\text{당기매출액}}{\text{전기매출액}} - 1\right) \times 100$$

$$\text{영업이익증가율} = \left(\frac{\text{당기영업이익}}{\text{전기영업이익}} - 1\right) \times 100$$

① 매출액증가율

매출액증가율은 대표적인 성장성 지표로 전기 대비하여 매출규모가 얼마나 증가하였는가 보여준다. 매출액증가율은 기업 전체의 매출액증가율뿐 아니라 주요 제품 또는 서비스 종류별로 증가율을 살펴야 한다. 어떤 제품이 전체 매출에서 차지하는 비중이 점점 높아지고 있다면 성장률도 높을 것이다. 높은 성장률을 보이는 제품 또는 서비스가 산업 내에서 선도적인 역할을 하는지 아니면 이미 틀이 갖추어진 시장에서 틈새시장을 노려 자리를 잡아가고 있는지 확인해야 한다. 매출액증가율은 향후 미래현금흐름 추정시 매출추정의 기초자료가 된다.

그러나 매출액증가율을 미래의 매출증가율과 직접 연관짓기는 어렵다. 시계열 분석을 통한 매출추정시 과거의 매출성장률을 미래 매출증가율로 사용하기도 하지만 그러한 접근을 사용할 만한 근거가 있어야 한다.

[그림 3-11] 과거 매출성장률과 추정성장률의 비교

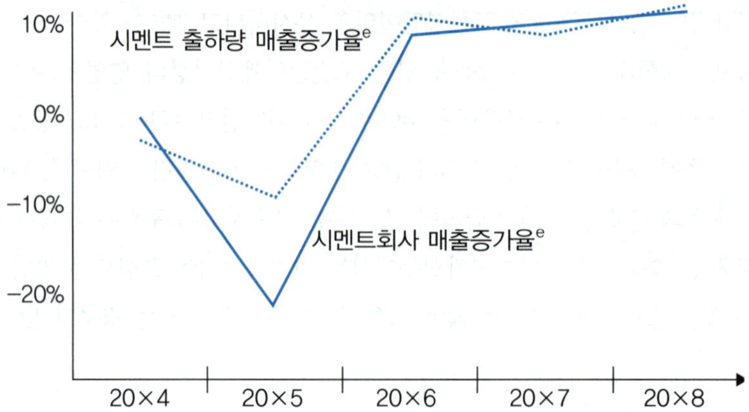

[그림 3−11]에서 볼 수 있듯이 시멘트회사의 과거 2년간 매출성장률은 (−)수치를 보였다. 동 기간 산업 전체의 시멘트출하량도 하락하였다. 그럼에도 불구하고 향후 시멘트회사의 매출성장률은 5% 이상의 성장을 기대하는 것으로 예측하였다. 이는 과거 2년간 (−)매출성장률이 향후에도 실현되리라는 객관적인 정보가 부족한 반면, 시멘트출하량은 향후에는 건설경기 호전 등의 이유로 증가할 것으로 예상되기 때문이다. 시멘트산업은 산업 내에 속한 몇몇 시멘트 공급회사에서 과점적으로 공급하고 있으므로 과거의 매출성장률보다는 시장성장률이 더 중요한 정보를 제공한다고 할 수 있다. 예의 경우 매출성장률 지표는 미래추정치로서의 재활용보다는 산업 전체의 시멘트출하량과 평가대상회사의 시멘트 매출액추이의 상관관계 분석에 더 유용할 것이다.

② 영업이익증가율

영업이익증가율은 매출액 증가대비 영업이익 증가규모에 대한 추세분석으로 활용할 수 있다. 매출액증가율에 비해 영업이익규모의 증가 또는 감소의 규모가 현저히 크거나 현저히 작다면 영업이익을 구성하는 항목 중 고정비의 부담이 크다는 것을 뜻한다. 매출액증가율과 영업이익증가율이 유사한 수준으로 변한다면 고정비보다는 변동비 비중이 높은 것으로 유추할 수 있다.

③ 당기순이익증가율

가치평가에 있어 당기순이익증가율은 중요한 정보로 분류하지 않는다. 당기순이익에는 영업이익 외에 자본비용과 관련된 이자비용과 비반복적이고 비경상적인 특별손익 등 미래현금흐름 추정시 고려하지 않는 요소가 모두 포함되어 있기 때문이다.

5. 수익성분석

매출의 증가가 반드시 기업가치의 증대로 이어지지는 않는다. 어떤 제품의 경우 판매할수록 손실을 보기도 하고 어떤 제품은 약간의 매출증가로 가치증대에 크게 기여할 수 있다. 따라서 특정제품의 매출성장이 반드시 좋은 것은 아니다. 기존시장에서 수익성 악화를 이유로 철수하고 있는 시장의 일부를 대체하여 침투하는 경우도 종종 있다. 이런 경우 증가하는 수익이 기업 전체의 수익성을 악화시킬 가능성도 있으므로 제품별 수익성분석을 해야 한다. 수익성분석은 기업 전체의 수익률분석보다는 원가구조분석을 통한 공헌이익분석이 유효하다.

5.1 수익구조분석

수익구조분석은 기업의 수익을 구성하는 각 항목의 비중, 특성 및 추세 등을 파악하는 것이다. 회사가 판매 또는 제공하는 주요 제품 또는 서비스가 무엇인지, 총수익에서 각 제품이 차지하는 비중은 어떤지, 주력제품이 변동하고 있는지를 확인한다.

5.2 일반적인 수익성분석지표

일반적으로 사용되는 수익성분석지표는 매출액 총이익률 또는 매출액 영업이익률이다. 특히 매출액 영업이익률은 기업의 주된 영업활동에 의한 성과를 판단하기 위한 지표로서 제조 및 판매활동과 직접 관계가 없는 영업외손익을 제외한 순수한 영업이익만을 매출액과 대비한 것으로 영업효율성을 나타내는 지표이다. 만일 단일 재화 또는 단일 서비스를 공급하는 기업이라면 매출액 영업이익률 분석에 의한 수익성분석이 의미가 있으나 여러 종류의 재화 또는 서비스를 공급하는 경우라면 영업이익률 분석은 단순한 참고자료에 불과하다.

$$\text{매출액 총이익률} = \left(\frac{\text{매출총이익}}{\text{매출액}}\right) \times 100$$

$$\text{매출액 영업이익률} = \left(\frac{\text{영업이익}}{\text{매출액}}\right) \times 100$$

매출액 총이익률은 매출액 대비 매출총이익의 비율이다. 매출총이익은 매출액에서 매출원가를 차감한 금액이다. 매출총이익은 판매금액에서 원가를 차감한 이익으로 제품 또는 기업의 수익성을 나타낸다. 매출액 총이익률도 제품별로 그 수익성을 보아야 한다. 제품별 매출액 총이익률이 낮은 제품의 매출성장률이 높다면 일단은 좋지 않은 신호이다. 반대로 제품별 매출액 총이익률이 높은 제품의 매출성장률이 높다면 회사의 수익성이 호전되고 있다는 뜻이며 장기적으로도 긍정적인 추정이 가능하다. 그러나 매출액 총이익률은 그다지 유효한 분석지표는 아니다. 왜냐하면 기업의 회계처리과정에서 발생한 원가를 매출원가로 처리할 것인가 또는 판매비와관리비로 처리할 것인가에 대해 명확하지 않을 수 있기 때문이다. 동일한 업종에 속한 회사 간에도 어떤 기업은 매출총이익을 별도로 표시하고 어떤 기업은 영업수익과 영업비용으로 구분하여 매출총이익 계산없이 영업이익을 바로 표시하기도 한다. 특히 서비스업에 속한 기업은 매출원가와 판매비와관리비의 구분이 중요치 않은 경우가 많다.

매출액 영업이익률은 매출액 대비 영업이익의 비율이다. 매출액 영업이익률은 영업효율성을 나타내는 지표로 생산효율성과 관리효율성으로 구분하여 분석할 수 있다.

$$\text{매출액 영업이익률} = \frac{\text{매출총이익}}{\text{매출액}} \times \frac{\text{영업이익}}{\text{매출총이익}}$$

$$\text{영업효율성} = \text{생산효율성} \times \text{관리효율성}$$

이러한 구분에 의해 매출액 영업이익률의 변화가 어느 부문활동의 효율성 변화에 기인하는지 파악할 수 있다.

5.3 공헌이익에 의한 수익성분석

수익성분석에 있어 매출액 영업이익률과 같은 일반적인 수익성분석지표는 참고자료에 불과하다는 것을 설명하였다. 가치평가를 위한 수익성분석을 위해서는 기업이 생산, 공급하는 개별 재화 또는 서비스별로 미래현금흐름 창출에 얼마나 기여할 것인가에 대한 분석을 필요로 한다. 이를 위해서는 원가구조분석이 선행되어야 하는데 원가구조분석의 방법에 대해서는 뒤에서 별도로 설명하기로 한다. 가치평가를 위한 수익성분석은 추가적인 원가구조분석 작업을 통해 제품별 공헌이익(CM; Contribution Margin)에 의해 제품별 수익성을 분석하는 것이다.

$$\text{제품별 공헌이익} = \text{제품별 매출액} - \text{제품별 변동원가}$$

$$\text{제품별 공헌이익률} = \frac{\text{제품별 공헌이익}}{\text{제품별 매출액}}$$

공헌이익(Contribution Margin)은 판매금액에서 변동원가를 차감한 것이다. 변동원가는 제품 1단위를 추가생산할 경우 추가적으로 발생하는 원가이다. 예를 들어 제품 1단위를 추가로 판매할 경우 추가적으로 발생하는 1단위 포장비용이 발생한다면 이는 변동원가이다. 반면, 제품판매 여부와 관계없이 발생하는 감가상각비 등은 고정원가(또는 비변동원가)이다('6 원가구조분석' 참고). 따라서 단위당 공헌이익은 1개의 제품을 추가로 판매할 경우 기업의 총이익에 직접적으로 미치는 이익이다. 만일 단 1개의 제품도 판매하지 못하였다면 고정원가만 발생할 것이다. 즉 고정원가는 회피불가능한 원가이며, 변동원가는 회피가능한 원가이다.

제품별 수익성을 따질 때에는 제품별 공헌이익(률)을 기준으로 하는 것이 타당하다. 제품별 공헌이익(률)이 큰 제품은 많이 판매할수록 회사 전체의 이익이 좋아진다. 반대로 공헌이익이 작은 제품을 많이 판매하면 수익성은 악화된다. 공헌이익의 계산이 쉽지 않기 때문에 많은 경우에 공헌이익이 낮은지 모른 채 열심히 판매에 열을 올리는 경우가 있다. 나중에 원가분석을 통해 회사의 역량을 집중한 제품의 공헌이익이 낮은 사실을 알고 뒤늦게 후회할 수 있다.

우리가 쉽게 계산할 수 있는 제품별 매출총이익률(제품별 매출총이익÷제품별 매출액)은 공헌이익률과는 큰 차이가 있다. 첫째, 제품별 매출액 총이익률은 판매비와 관리비가 고려되지 않았다. 둘째, 매출원가에는 직접원가뿐 아니라 제품별로 추적이 되지 않은 간접원가도 일정한 배분방식에 의해 배분되므로 공헌이익과는 차이가 발생한다. 따라서 제품별 매출액 총이익률은 참고자료로만 활용하고 중요한 의사결정을 위해서는 제품별 공헌이익(률)을 확인해야 한다.

예제 3-16 제품별 매출총이익과 공헌이익

EY Corp는 동일한 생산라인에서 A, B, C 3개의 제품을 생산, 판매하고 있다. 생산부서는 생산라인에 추가적인 비용없이 생산할 제품을 변경할 수 있다. 제품 A, B, C의 생산 및 판매원가는 제품 1단위당 추가적으로 발생하는 원가(직접원가)와 추가생산 여부와 관계없이 발생하는 원가(간접원가)로 구분가능하다. 각 제품에 대한 판매단가, 당기의 판매수량, 직접원가 및 간접원가에 대한 정보는 다음과 같다.

(단위 : 원, 개)

구 분	A	B	C
① 판매단가	200	150	300
② 판매수량	4,500	4,000	400
③ 직접원가	120	100	260
제조원가	90	80	200
판매비와관리비	30	20	60
④ 간접원가			
제조원가	500,000		
판매비와관리비	50,000		

EY Corp는 간접원가를 생산(판매)수량에 비례하여 배부하고 있다. 당기 중 생산 후 미판매된 재고는 없다. 즉 '생산수량=판매수량'이다.

1. 제품별 매출총이익(률)과 공헌이익(률)을 계산하라.
2. EY Corp의 재무팀장은 향후의 경영전략 및 손익추정을 위하여 수익성분석 결과를 활용하고자 한다. 아래의 두 가지 안의 추정영업이익을 계산하여 어떤 안이 기업의 가치를 증대시키는 방향

인지 결정하라.

[1안] A, B, C 제품 중 매출총이익률이 높은 2개 제품의 판매를 현재보다 두 배로 늘리고, 매출총이익률이 낮은 1개 제품의 판매를 절반으로 낮추는 안

[2안] A, B, C 제품 중 공헌이익률이 높은 2개 제품의 판매를 현재보다 2배로 늘리고, 공헌이익률이 낮은 1개 제품의 판매를 절반으로 낮추는 안

1. 제품별 매출총이익(률)과 공헌이익(률)

• 제품별 매출총이익(률) 계산결과

구 분	A	B	C
매출액	900,000	600,000	120,000
매출원가	657,809	544,719	102,472
직접원가	405,000	320,000	80,000
간접원가배분	252,809	224,719	22,472
매출총이익	242,191	55,281	17,528
판매수량	4,500	4,000	400
단위당 매출총이익	54	14	44
매출총이익률	27%	9%	15%

제품A 매출액=판매수량(4,500)×판매단가(200)=900,000

제품A 매출원가=직접제조원가(405,000)+간접제조원가(252,809)=657,809

제품A 직접제조원가=생산수량(4,500)×단위당 직접제조원가(90)=405,000

간접원가배분

A : 500,000×4,500개÷8,900개=252,809

B : 500,000×4,000개÷8,900개=224,719

C : 500,000×400개÷8,900개=22,472

제품A 매출총이익=매출액(900,000)−매출원가(657,809)=242,191

• 제품별 공헌이익(률)

구 분	A	B	C
판매단가	200	150	300
직접원가	120	100	260
공헌이익	80	50	40
공헌이익률	40%	33%	13%

* 직접원가=제조직접원가+판매비와관리비 직접원가

제품A 직접원가=제조직접원가(90)+판매비와관리비 직접원가(30)=120

제품A는 매출총이익률 및 공헌이익률 모두가 EY Corp의 제품 중 가장 높은 것으로 나타남. 반면, 제품C는 매출총이익률은 제품B보다 높으나 공헌이익률은 제품B보다 낮은 것으로 나타남.

2. 각 대안별 추정영업이익의 계산

[제1안] 매출총이익률이 높은 제품A, C의 판매수량을 두 배로 증가시키고 제품B의 판매수량을 절반으로 떨어뜨릴 경우 영업이익의 추정

구 분	A	B	C	합계
판매수량	9,000	2,000	800	
매출액	1,800,000	300,000	240,000	2,340,000
매출원가	1,191,356	244,746	193,898	1,630,000
직접원가	810,000	160,000	160,000	1,130,000
간접원가배분	381,356	84,746	33,898	500,000
매출총이익	608,644	55,254	46,102	710,000
판매비와관리비	308,136	48,475	51,390	408,000
직접원가	270,000	40,000	48,000	358,000
간접원가배분	38,136	8,475	3,390	50,000
영업이익	300,508	6,780	(−)5,288	302,000

제품A 판매수량=기존 판매수량(4,500)×2배=9,000
제품B 판매수량=기존 판매수량(4,000)×50%=2,000
제품C 판매수량=기존 판매수량(400)×2배=800
제품A 매출원가=직접원가(810,000)+간접원가배분(381,356)=1,191,356
　제품A 직접원가=단위당 직접제조원가(90)×생산수량(9,000)=810,000
　제품A 간접원가배분=500,000×9,000개/11,800개=381,356
제품A 판매비와관리비=직접원가(270,000)+간접원가배분(38,136)=308,136
　제품A 직접원가=단위당 직접판관비(30)×판매수량(9,000)=270,000
　제품A 간접원가배분=50,000×9,000개/11,800개=38,136
제품A 영업이익=매출액(1,800,000)−매출원가(1,191,356)−판매비와관리비(308,136)
=300,508

[제2안] 공헌이익률이 높은 제품A, B의 판매수량을 두 배로 늘리고 제품C의 판매수량을 절반으로 떨어뜨릴 경우 영업이익의 추정

구 분	A	B	C	합계
판매수량	9,000	8,000	200	
매출액	1,800,000	1,200,000	60,000	3,060,000
매출원가	1,071,628	872,558	45,814	1,990,000
직접원가	810,000	640,000	40,000	1,490,000
간접원가배분	261,628	232,558	5,814	500,000
매출총이익	728,372	327,442	14,186	1,070,000
판매비와관리비	296,163	183,256	12,581	492,000
직접원가	270,000	160,000	12,000	442,000
간접원가배분	26,163	23,256	581	50,000
영업이익	432,209	144,186	1,605	578,000

• 결론
공헌이익률이 높은 제품들의 생산량을 늘릴 경우 영업이익은 578,000원이나 매출총이익률이 높은 제품들의 생산량을 늘릴 경우 영업이익은 302,000원에 불과하다. 공헌이익률이 생산 및 판매전략 의사결정에 유용한 자료가 됨을 알 수 있다.

6. 원가구조분석

6.1 원가구조분석의 개요

수익과 관련된 자료는 중점적으로 집계되고 관리되지만 원가와 관련된 자료는 관리하기가 쉽지 않고, 원가관리의 필요성을 제대로 인식하지 못해 소홀히 해온 것이 사실이다. 다행히 최근 들어서는 각 기업들이 원가관리의 중요성을 깨닫고 원가구조분석에 많은 노력을 기울이고 있는 것 같다. 원가구조분석은 오랜 기간의 원가 관련 정보가 축적되어 있어야만 의미가 있다. 또한 원가구조분석은 체계적이고 효과적으로 정보를 관리해야만 가능하다.

(1) 사업단위의 파악

원가구조분석은 원가가 집계되는 사업단위를 파악하는 데서 시작된다. 중소기업의 경우 회계담당부서에서 모든 원가정보를 관리하는 것이 대부분이지만 생산부서 등 현업부서에서 직접 관리하는 경우도 있다. 어쨌든 규모가 작은 회사는 회사 전체가 하나의 원가단위로 볼 수 있다. 대기업, 특히 사업부문이 여러 개로 나뉘어져 있는 기업은 사업부문별로 원가가 집계되는 경우가 있다. 이러한 경우에는 각 사업부문별로 동일한 관리항목하에 집계된 원가라 하더라도 각 사업부문별 원가의 성격이 다를 수 있다. 예를 들어 거래처에 지급한 수수료 금액이 A사업부문에서는 판매활동과 유기적으로 작용하여 발생하는 변동원가의 성격이나 B사업부문은 판매와 관련없이 발생하는 고정원가일 수 있다. 이런 경우 원가구조분석은 각 사업부문별로 이루어져야 할 것이다.

(2) 원가특성의 이해

사업단위의 구분이 되면 원가의 개별 항목별로 원가특성에 대한 분석을 한다. 인건비의 경우를 예를 들어 보자. 전통적인 원가관리회계 교과서에서 인건비는 '변동원가'로 분류된다. 이는 1주에 1명의 노동자가 생산에 투입할 수 있는 시간이 40시간이라고 보고 1주 급여를 40만원이라고 하면, 이 노동자의 노무시간 대비 급여는 1만원이다. 1개의 제품을 생산하는 데 1시간의 노무시간이 소요되면 이 제품의 변동원가로 분류되는 인건비는 1만원이다.

이러한 접근은 공급자 위주의 시장에서는 가능했다. 생산한 물건은 제때 팔리고 투입하는 노동시간을 늘릴수록 급여도 늘어난다. 요즘처럼 수요자 위주의 시장에서 이러한 논리는 한계를 보인다. 생산은 수요를 잘 예측하여야만 하고 주문이 있어야만 생산하는 경우도 있다. 주문생산방식의 경우에도 고정적인 생산자 급여는 지불해야 하므로 이때 발생하는 인건비는 고정비적 성격이 강하다. 최근에는 인건비를 고정원가로 분류하는 경우가 많다. 이는 생산직의 경우에도 마찬가지이다.

인건비뿐 아니라 다른 원가에 대해서도 변동원가인지 또는 고정원가인지에 대한 원가특성을 결정하지 못하는 경우는 많다. 원가특성을 규정하지 못한다면 재료비, 인건비, 감가상각비 등 주요 항목별로 전체적인 원가의 특성을 결정하는 것도 가능하다. 어떤 원가가 고정비적 성격이고, 어떤 항목이 변동비적 성격인가 하는 것은 생산 및 판매관리 담당자와의 인터뷰와 추가적인 분석을 통해서도 가능하고, 통계적인 기법을 활용하여 원가특성을 파악하는 것도 가능하다. 물론 중요한 원가인 경우에는 변동원가 부분과 고정원가 부분을 구분하는 것이 바람직하다.

원가항목별 특성분석은 변동원가, 고정원가의 구분만을 의미하지는 않는다. 특정원가는 회피가능한 원가인지, 회피불가능한 원가인지도 살펴야 한다. 일시적인 원가인가 아니면 지속적으로 발생할 원가인가도 확인해야 한다.

(3) 원가동인(Cost driver)

원가분석에 있어 기억해야 할 한 가지 개념은 원가동인(Cost Driver)에 대한 것이다. 원가동인은 비용을 발생시키는 원인이 되는 사건 또는 항목을 말한다. 예를 들어 재료비의 원가동인은 생산량(또는 판매량)일 것이다. 공장전력비의 원가동인은 공장가동시간일 것이다. 각 원가항목별로 원가동인이 다르기 때문에 원가를 변동원가와 고정원가를 하나의 원가동인에 의해 구분하는 것은 원칙적으로 불가능하다. 그러나 원가동인의 개념을 좀더 확장해서 생각하면 차선의 방법을 찾을 수 있다. 재료비와 전력비의 원가동인은 정확히는 다르지만 결국 판매량에 비례하여 증가하는 원가동인이라는 공통점을 가지고 있다. 물론 판매량과 공장가동시간이 완전히 비례한다고 볼 수는 없으나 유사한 원가동인을 묶어 줌으로써 원가분석의 효과를 높일 수 있다. 유사한 접근방식으로 판매량과 매출액을 동일한 원가동인 묶음으로 본다면 매출액이 원가동인으로 볼 수 있는 항목은 재료비, 공장전력비, 생산직 인건비 등 매출원가항목과 광고선전비와 접대비 등 판매비와관리비항목에서도 동일한 원가동인 묶음에 속하는 항목을 찾을 수 있다.

고정원가(fixed cost)는 원가동인에 의해 변동원가(variable cost)로 구분되는 원가를 제외한 원가로 원가동인의 변동에 의해 영향받지 않는 비용이다. 이론서적에서는 원가동인의 변동과 관계없이 고정된 원가라는 의미로 사용되나, 실무적으로 완전한 의미의 고정원가는 없으므로 고정원가는 변동원가가 아닌 원가로 볼 수 있다. 따라서 고정원가는 과거 및 미래에 변함없이 발생하는 원가가 아닌 별도로 분석 및 관리해야 하는 원가인 것이다. 이러한 의미에서 고정원가는 '비변동원가'로 표현하는 것이 더 적절할 것이다. 예를 들어 대표적인 고정원가인 감가상각비는 원가동인에 의해 영향을 받지 않는 원가이나 유형자산의 변동에 따라 증가 및 감소되는 원가이다. 감가상각비는 유형자산잔액과 감가상각비 정책에 따라 분석되고 추정된다.

6.2 원가구조분석방법

원가구조분석은 원가항목의 특성, 원가에 대한 정보 및 개별원가가 차지하는 중요성에 따라 분석을 달리할 수 있다. 원가구조분석은 원가의 특성을 파악하여 변동원가와 고정원가로 분류하는 정성적 방법과 원가정보를 통계적 방법을 통해 분석한 결과 변동원가와 고정원가를 구분하는 정량적 방법이 있다. 원가구조가 단순하고 별도로 추정되는 중요한 원가(재료비, 인건비, 감가상각비 등)를 제외한 나머지 원가가 차지하는 비중이 크지 않은 경우에는 정성적 방법을 통해 원가추정을 할 수도 있다. 반면, 원가특성이 복잡하고, 원가가 차지하는 비중이 중요하다면 통계적 방법에 의한 분석을 고려해야 한다.

(1) 정성적 방법에 의한 원가구조분석

정성적 방법에 의한 원가구조분석이란 원가담당자 등과의 인터뷰 등을 통해 개별 원가의 특성을 파악하고 각 원가의 특성에 따라 변동원가와 고정원가로 구분하는 방법이다. 예를 들어 판매비와관리비 중 '지급수수료'의 연간 발생금액을 분석한 결과 매출액 등의 원가동인과 어떠한 관계도 찾아낼 수 없으며, 원가의 발생원인이 특정되지 않다면 고정원가 성격으로 분류한다. 반면, 의류산업의 광고선전비와 같이 매출액에 대해 일정비율로 발생되는 것으로 볼 수 있는 경우에는 변동원가로 분류하는 방법이다. 개별 원가가 차지하는 비중이 크지 않고, 원가정보가 제한되어 있을 때 정성적 방법에 의한 원가구조분석이 이루어진다.

(2) 통계적 방법에 의한 원가구조분석

통계적 방법에 의한 원가구조분석은 원가항목별로 원가동인을 명확히 규정하고 원가동인과 원가발생금액과의 일정한 관계를 통계적으로 도출해 냄으로써 변동원가와 고정원가로 분류하는 방법이다. 통계적 방법에 의한 원가구조분석은 원가에 대한 충분한 정보가 있고, 개별 원가항목이 전체 원가에서 차지하는 비중이 중요한 경우에 사용된다. 통계적 방법에 의한 원가구조분석은 상관계수를 이용하는 방법과 회귀분석을 이용한 원가구조분석이 많이 활용되고 있다.

① 상관계수를 이용한 원가구조분석

상관계수란 두 개의 변수 간에 상관 정도를 측정하여 하나의 수치로 표현한 것이다. 예를 들어 X변수와 Y변수가 있을 때 두 개의 변수 간에 얼마나 밀접한 상관관계가 있는지를 측정하여 (−)1에서 (+)1 사이의 값으로 표현한 것이다. 상관계수가 '1'이면 완전한 양의 상관관계가 있다고 하며, '(−)1'이면 완전한 음의 상관관계가 있다고 한다. 상관계수(ρ_{XY})를 구하는 공식은 다음과 같다.

$$\rho_{XY} = \frac{\sigma_{XY}}{\sigma_X \cdot \sigma_Y}$$

$$\sigma_{XY} = Cov(X, Y) = E[(X-\mu X) \cdot (Y-\mu X)]$$

μ_X=X의 평균값

상관계수를 수작업에 의해 계산하는 것은 어려움이 있으므로 EXCEL 프로그램을 이용하여 간단히 구할 수 있다. EXCEL 프로그램의 함수에서 CORREL(Array1, Array2)에서 Array1, 2를 각각 X값 또는 Y값으로 하여 계산할 수 있다.

상관계수를 이용한 원가구조분석이란 원가동인(X값)과 분석대상원가(Y값)를 각각 변수로 두고 상관계수를 측정하여 상관계수가 1에 가까운 경우에는 변동원가로 분류하고, 그렇지 않은 경우에는 고정원가로 분류하는 방법을 말한다. 이때 상관계수가 1에 가까운 정도에 대한 판단은 대략 0.7 이상인 정도가 적정하다. 상관계수가 0.7 이하인 경우에는 동일한 자료에 의한 회귀분석결과 적합하지 않은 것으로 나올 가능성이 높다.

예제 3-17 상관계수를 이용한 변동원가·고정원가 구분

EY Corp의 과거 3개년간 분기별 매출액과 전력비발생현황은 다음과 같다. 상관계수를 이용하여 전력비가 매출액에 대해 변동원가·고정원가 여부를 구분하라.

구분	20×1년				20×2년				20×3년			
	1/4	2/4	3/4	4/4	1/4	2/4	3/4	4/4	1/4	2/4	3/4	4/4
매출액	12,457	13,675	11,670	19,754	17,654	20,876	16,892	15,432	13,457	12,905	17,652	20,054
전력비	548	711	747	1,185	777	960	946	741	592	583	918	1,027

■ **상관계수의 계산결과**

과거 3개년간 분기별 매출액과 전력비 발생금액의 상관계수는 0.8594로 계산된다. 이는 매출액과 전력비 간에 높은 상관관계가 있음을 뜻한다. 따라서 전력비는 매출액에 대해 변동원가 항목으로 구분될 수 있다. EXCEL 프로그램의 함수에서 CORREL(Array1, Array2)에서 Array1, Array2를 각각 매출액 및 전력비로 하여 계산할 수 있다.

[예제 3-17]에서 매출액과 전력비 간에 상관계수 0.8594는 두 변수 간의 상관관계가 높음을 뜻하지만 전력비 전체가 변동원가임을 의미하지는 않는다. 전력비 중에는 고정원가가 포함되어 있으므로 별도로 고려해야 한다. 다만, 전력비가 전체원가에서 차지하는 비중이 크지 않다면 전력비 전체를 변동원가로 규정할 수도 있다. 전력비 발생원가 전체를 변동원가로 본다면 3개년 누적매출액(192,478) 대비 누적전력비 발생금액(9,735) 비율인 5.1%를 변동비율로 볼 수도 있다. 이러한 가정이 적절하지 않은 경우에는 고정원가에 대한 합리적인 추정을 필요로 한다. 변동원가와 고정원가의 구분은 반드시 원가동인(Cost drive)을 '총매출액' 또는 '특정

제품매출액'으로 규정할 필요는 없다. 각 원가항목은 원가특성에 따른 원가동인이 따로 있을 수 있다.

② 회귀방정식을 이용한 원가구조분석

회귀방정식이란 회귀분석을 통해 두 개 이상의 변수(독립변수와 종속변수) 간의 관계를 파악하여 하나의 함수식으로 표현한 것이다. 회귀분석을 통해 도출된 결과는 변동원가와 고정원가의 구분이 가능하게 하며, 원가구조분석결과 원가추정에 직접 사용될 수 있다.

참고

회귀분석(regression analysis)

경영의사결정에 관한 문제를 해결하기 위해 여러 변수들 간의 관계를 수학적인 함수의 형태로 파악하면 유용한 경우가 많다. 예를 들어 기업의 마케팅책임자는 광고비 지출액이 제품의 매출액에 어떤 영향을 미치는지 계량적인 분석결과에 관심이 있다. 증권분석가(Analyst)는 거시경제지표, 예를 들어 환율이나 유가, 금리수준이 분석대상 기업의 주가에 어떤 형태로 영향을 미치는지 궁금할 것이다.

회귀분석은 두 개의 변수, 즉 독립변수와 종속변수 간의 관계를 수학적인 함수의 형태로 제시하고 독립변수의 예상방향에 의해 종속변수가 어떤 결과로 나타날지에 대한 예측근거를 제공한다. 독립변수는 종속변수의 변화에 대한 원인을 제공하고 종속변수는 독립변수에 영향을 받는 결과치로서, 독립변수를 설명변수라 하고 종속변수를 피설명변수라고 하기도 한다. 회귀분석은 독립변수의 수에 따라 단순회귀분석과 다중회귀분석으로 나눌 수 있다. 단순회귀분석은 독립변수가 한 개이며, 독립변수의 일차 함수식을 통해 종속변수의 행태를 분석하게 된다. 반면에 다중회귀분석은 다수의 독립변수로 구성된 모형을 통해 종속변수의 형태를 분석한다. 일반적으로 독립변수는 X로, 종속변수는 Y로 표현한다. 현실적인 문제에서 독립변수 X와 종속변수 Y의 관계는 확률적이다. 즉 독립변수와 종속변수와의 관계는 확정적이지 않다. 이러한 독립변수와 종속변수의 확률적 관계식을 추정하여 분석하는 기법을 회귀분석(regression analysis)이라 한다. 여기서는 실무에서 일반적으로 사용되는 단순회귀분석에 대해서만 설명하기로 한다.

■ 회귀방정식

단순회귀분석은 독립변수와 종속변수의 확률적 관계를 일차함수로 표현한다. 회귀방정식은 독립변수와 종속변수의 확률적 관계를 일차함수로 표현한 식이다. 회귀방정식은 종속변수 Y가 독립변수 X와 다음의 식에 따른 관계가 있는 것으로 가정한다.

$Y_i = \alpha + \beta X_i + \varepsilon \quad i = 1, 2, 3 \cdots n$

상기의 회귀방정식을 '모회귀선'이라고 하는데 회귀분석에서는 잔차(ε)를 최소화하는 최소자승법에 의해 표본회귀선을 도출해 낸다. 이를 그림으로 표현하면 다음과 같다.

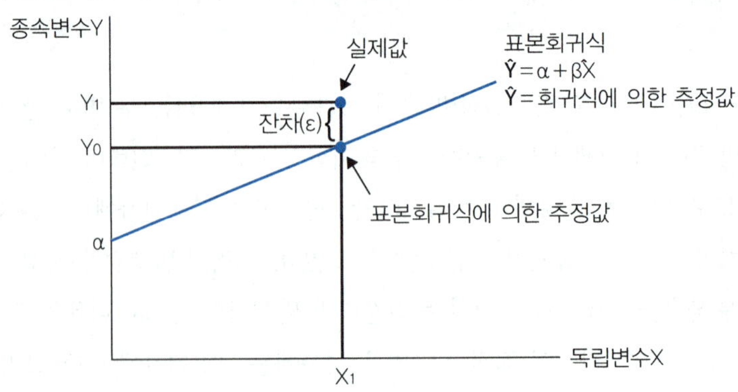

정리하면 표본회귀식과 표본회귀식의 기울기(β), 그리고 절편(α)을 도출해 낸 산식은 다음과 같다.

■ **표본회귀식 :**

$Y=\alpha+\hat{\beta X}$

■ **표본회귀식의 기울기(β) 및 절편(α)**

$$\beta=\frac{\sum_{i=1}^{n} X_i \cdot Y_i \cdot -n \cdot \overline{X} \cdot \overline{Y}}{\sum_{i=1}^{n} X_i^2-N \cdot \overline{X}^2} \qquad \alpha=\overline{Y}-\beta \cdot \overline{X}$$

$\overline{X}$: 독립변수인 X_i의 표본평균

$\overline{Y}$: 종속변수인 Y_i의 표본평균

■ **엑셀(EXCEL) 프로그램을 이용한 단순회귀분석**

회귀분석을 원가구조분석에 활용하고자 할 때에는 복잡한 회귀분석식을 도출해 내고, 결과를 분석하는 작업을 직접 수행하기란 만만치 않은 작업이다. 회귀분석 작업은 컴퓨터 프로그램을 이용해 데이터 입력만으로 그 결과를 도출할 수 있다. 또한 프로그램에서는 도출해 낸 회귀분석식의 모형의 적합성과 통계적 유의성을 검증할 수 있다. 회귀분석에 가장 많이 이용되는 통계프로그램으로 SPSS가 있다. 그러나 전문적으로 통계결과를 도출해 내기보다는 가치평가를 위한 원가구조분석에 사용하는 경우에는 마이크로소프트사의 엑셀(EXCEL) 프로그램에서도 가능하다. 통계전문가들은 엑셀프로그램의 통계프로그램이 불안정하다고 지적하지만 단순한 통계결과를 도출해 내는 데에는 문제가 없는 것으로 알려져 있다. 엑셀프로그램을 이용한 단순회귀식의 도출 및 모형의 적합성 검증방법을 예제를 통해 알아보자.

예제 3-18 엑셀프로그램을 이용한 회귀분석

EY Corp는 월매출액이 월광고비 지출액에 선형의 관계에 있을 것으로 판단하였다. 과거 10개월의 매출 및 광고비 자료가 다음과 같이 주어졌다. (단위 : 백만원)

월 i	월광고비 X_i	월매출액 Y_i	$X_i Y_i$	X_i^2	Y_i^2
1	3	40	120	9	1,600
2	4	50	200	16	2,500
3	5	45	225	25	2,025
4	4	45	180	16	2,025
5	5	50	250	25	2,500
6	6	55	330	36	3,025
7	7	70	490	49	4,900
8	8	85	680	64	7,225
9	12	100	1,200	144	10,000
10	13	115	1,495	169	13,225
합계	67	655	5,170	553	49,025
평균	6.7	65.5			

상기의 자료를 이용해 먼저 표본회귀식을 직접 구해 보자. 일차함수인 표본회귀식의 기울기(β)와 절편(α)의 도출공식은

$$\beta = \frac{\sum_{i=1}^{n} X_i \cdot Y_i \cdot - n \cdot \overline{X} \cdot \overline{Y}}{\sum_{i=1}^{n} X_i^2 - N \cdot \overline{X}^2} \qquad \alpha = \overline{Y} - \beta \cdot \overline{X}$$

$\overline{X}$: 독립변수인 X_i의 표본평균

$\overline{Y}$: 종속변수인 Y_i의 표본평균

이므로 표본회귀식의 기울기(β)와 절편(α)은 각각

$\beta = \{5,170 - 10 \times 6.7 \times 65.5\} \div \{553 - 10 \times 6.7^2\} = 7.5072$

$\alpha = 65.5 - 7.5072 \times 6.7 = 15.2017$

이다. 따라서 표본회귀방정식은

$Y = 15.2017 + 7.5072X$

가 된다.

만일 상기의 표본회귀식에 의해 향후의 광고비 지출액에 따른 매출예상액을 추정한다고 하자. EY Corp가 다음달 광고비 지출액을 13백만원을 지출한다면 예상매출액은

$Y = 15.2017 + 7.5072 \times 13 = 112.80$백만원이 된다.

참고로 주어진 자료에서 광고비 지출액이 13백만원일 때 실제매출액은 115백만원이었다. 회귀분석식은 확률적 추정을 하는 것이므로 실제치와 차이가 있으며, 실제매출액 115백만원과 추정매출액 112.80백만원의 차이가 잔차(residuals)인 것이다.

위와 같이 회귀분석식의 기울기값과 절편값을 직접 추정하는 방법은 중요한 오류가 발생할 가능성이 있음에 주의해야 한다. 단순회귀분석은 독립변수와 종속변수가 선형(linear)의 관계에 있음을 가정하게 되는데 모변수의 실제 관찰치가 선형의 관계가 아닌 경우에도 회귀분석식은 도출될 수 있다.

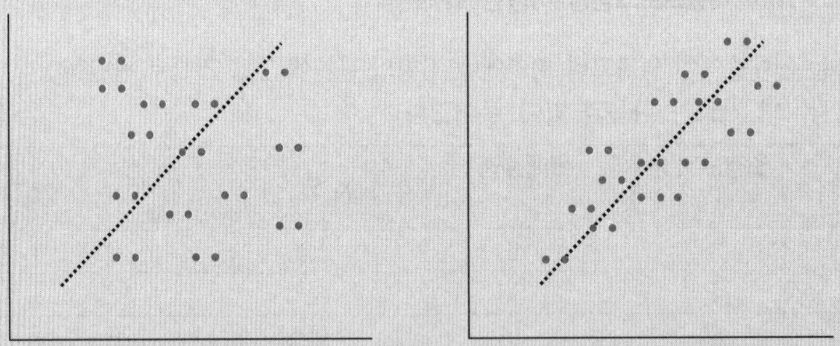

산포도(가) 산포도(나)

위의 그림에서 관찰치의 분포를 보여주는 산포도(가)와 산포도(나)는 동일한 회귀분석식이 도출될 수 있다. 그럼에도 산포도(가)의 경우 독립변수와 종속변수 간에 선형의 관계가 형성되어 있다고 보기 어렵다. 회귀분석을 할 때에는 도출된 회귀분석식에 의해 검증 없이 이용되어서는 안되는 것이다. 엑셀프로그램에 의한 회귀분석은 회귀분석식의 모형의 적합성에 대한 검증결과도 알 수 있다. 엑셀프로그램에 의한 단순회귀분석을 아래의 단계를 밟아 직접 해보자.

① 독립변수와 이에 대응되는 종속변수의 관찰치값을 입력한다. 그리고 도구메뉴에서 데이터분석을 선택하면 아래의 화면이 나타난다. 여기서 회귀분석을 선택하고 확인을 누르면 회귀분석 대화상자가 나타나게 된다.

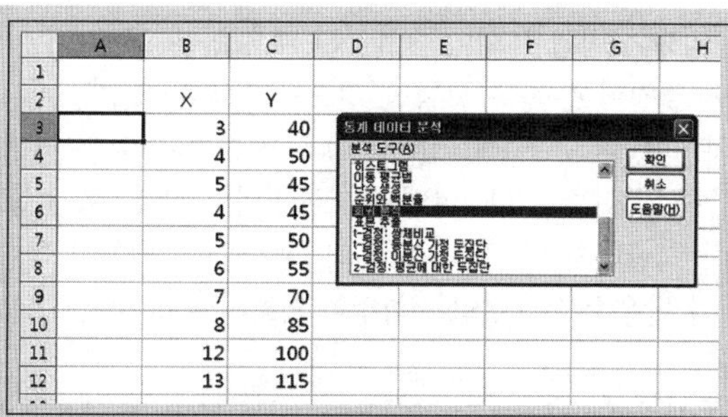

[참고] 데이터 분석

엑셀프로그램에서 데이터 분석을 하기 위해서는 오피스를 추가로 설치해야 하는 경우가 있다. 이는 오피스를 설치할 때 필요한 부분만 설치한 경우인데, 도구메뉴에서 '데이터 분석'이 나타나 있지 않으면 아래의 방법에 따른다. 도구 → 추가기능 → 분석도구 체크 → 확인 → 추가설치(필요한 경우 오피스 CD를 삽입해야 함)

② 회귀분석 대화상자에서 Y축은 매출액 자료이고, X축은 광고비 자료이므로 해당되는 셀의 범위를 입력한다.

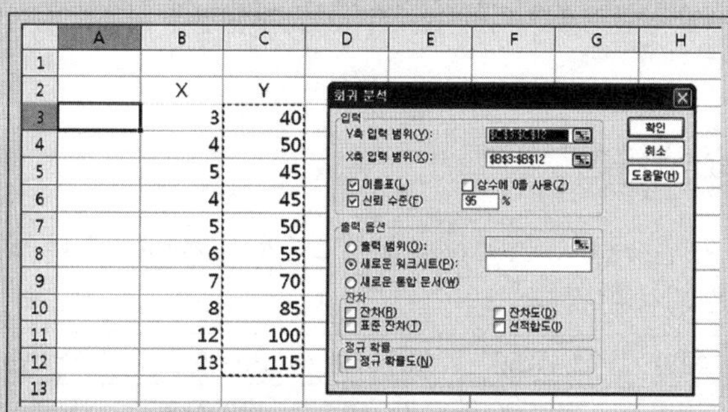

신뢰도는 특별한 이유가 없는 한 95% 수준으로 설정한다. 회귀분석의 대화상자에 필요한 정보를 모두 입력하였다면 회귀분석결과를 도출할 수 있다.

③ 회귀분석결과의 해석

2	요약 출력								
3									
4	회귀분석 통계량								
5	다중 상관계수	0.978902							
6	결정계수	0.958249							
7	조정된 결정계수	0.95303							
8	표준 오차	5.65265							
9	관측수	10							
10									
11	분산 분석								
12		자유도	제곱합	제곱 평균	F 비	유의한 F			
13	회귀	1	5866.88	5866.88	183.6129	0.00000			
14	잔차	8	255.6196	31.95245					
15	계	9	6122.5						
16									
17		계수	표준 오차	t통계량	P-값	하위 95%	상위 95%	하위 95.0%	상위 95.0%
18	Y절편	15.20173	4.119925	3.689807	0.006132	5.7011657	24.70229	5.701166	24.70229
19	X	7.507205	0.554022	13.55038	8.45E-07	6.2296285	8.784781	6.229628	8.784781

엑셀프로그램에 의한 회귀분석결과 직접 계산에 의한 방법과 동일하게 기울기는 7.5072가 도출되었고, 절편값은 15.20173이 계산되었다.

회귀분석결과를 살펴보면 먼저 결정계수가 0.958249로 계산되었는데 이는 종속변수(매출액)의 변동 중 95.82% 가량이 독립변수(광고비)에 의해 설명됨을 의미한다(이는 매우 높은 결정계수이다. 현실적으로 결정계수가 50~60%만 되어도 설명력이 높은 모형인 것으로 알려져 있음).

분산분석은 모형의 적합성을 확인하는 절차인데, 유의한 F의 값이 0.0000으로 유의수준 1%보다 낮은 유의수준에서도 추정된 회귀식이 적합함을 알 수 있다. 만일 유의한 F의 값이 1%보다 높고, 5%보다 낮다면 1% 유의수준에서는 모형이 적합하지 않으나 5% 유의수준에서는 모형이 적합한 것으로 볼 수 있다(쉽게 설명하면 유의한 F가 낮을수록 모형의 적합성이 확보되는 것이며, 그 값은 최소한 0.05 이하여야 함).

또한 Y 절편과 X 계수에 대한 p-값이 0.01보다 낮은 것으로 나타났다. 이는 1%의 유의수준에서 매출액에 대한 광고비 지출액의 회귀계수(기울기와 절편값)가 통계적으로 유의함을 알 수 있다(분산분석과 마찬가지로 p-값이 낮을수록 계수가 통계적으로 유의함을 뜻하며, 최소한 0.05 이하이어야 함). 다시 말해 X와 Y 관찰값의 회귀분석을 통한 회귀분석식의 기울기(β)와 절편값(α)이 의미 있다는 것이다. 간혹 회귀분석과정에서 기울기는 통계적으로 유의하나(X계수의 p-값이 0.01 또는 0.05보다 낮은 경우), 절편은 통계적으로 유의하지 않은 경우(Y절편의 p-값이 0.01 또는 0.05보다 높은 경우)가 있다. 실무적으로도 기울기값은 통계적으로 유의한 경우가 많이 나타나지만 절편값은 유의하지 않는 것으로 나타나는 경우가 많다. 이러한 경우에는 Y절편값은 의미가 없으므로 사용할 수 없으며, 독립변수와 종속변수의 상관관계를 의미하는 기울기(X계수)만을 이용해야 한다.

예제 3-19 회귀분석을 이용한 원가구조분석

EY Corp는 자사의 원가구조분석에 있어 원가동인(cost driver)을 매출액과 인건비로 보았다. 과거 6개년간 매출액과 주요 원가의 실적은 다음과 같다.

구 분	20×1년	20×2년	20×3년	20×4년	20×5년	20×6년
매출액	65,342	66,453	76,390	75,490	82,018	85,670
인건비	17,564	18,442	19,217	20,370	21,694	22,779
1. 제조원가						
전력비	1,960	1,861	2,444	1,887	2,379	2,741
수선비	156	155	136	290	380	120
외주비	6,534	7,310	8,785	7,549	11,483	10,280
소모품비	351	369	346	407	369	456
기타비용	1,765	2,908	1,653	2,121	1,654	2,500
2. 판관비						
여비교통비	263	406	346	326	412	547
광고선전비	2,744	2,791	3,208	3,397	3,486	3,598
세금과공과	564	532	189	278	353	256
접대비	653	997	1,069	1,661	1,476	1,628
지급수수료	1,307	1,396	1,604	1,661	1,886	1,713
기타비용	1,983	2,200	1,867	1,134	2,905	2,100

일차적인 원가분류를 위해 각 원가항목과 원가동인 간의 상관계수를 산정한 결과는 다음과 같다.

원가동인과 제조원가항목 간의 상관계수 계산결과

구 분	제조원가				
	전력비	수선비	외주비	소모품비	기타비용
매출액	0.8433	0.2738	0.8864	0.6277	-0.1501
인건비	0.7274	0.3302	0.8484	0.7632	0.0531

전력비, 외주비는 '매출액'과 소모품비는 '인건비'와 상관관계가 높은 것으로 보인다. 수선비와 기타비용은 어떠한 상관관계도 찾을 수 없었다.

원가동인과 판관비 항목 간의 상관계수 계산결과

구 분	판매비와관리비					
	여비 교통비	광고 선전비	세금과 공과	접대비	지급 수수료	기타비용
매출액	0.7169	0.9684	-0.7804	0.8214	0.9059	0.2246
인건비	0.7974	0.9483	-0.6311	0.8919	0.8776	0.2333

원가동인과 각 원가항목과 상관계수가 큰 경우에는 변동비적 성격이 강하다는 것을 추정할 수 있다. 변동비율을 합리적으로 산출하기 위해 추가적으로 회귀분석을 한 결과는 다음과 같다.

제조원가 항목별 회귀분석 결과

구 분	전력비	수선비	외주비	소모품비	기타비용
원가동인	매출액	고정원가	매출액	인건비	고정원가
유의한 F	0.0349		0.0186	0.0775	
기울기값	0.0375		0.2077	0.0160	
X 기울기 p-값	0.0349		0.0186	0.0775	

전력비와 외주비는 각각 변동비율을 매출액 대비 3.75%와 20.77%로 추정되었다. 반면, 소모품비는 상관계수가 높은 것으로 분석되었으나 변동비율로 사용될 X기울기의 p-값이 0.05 이상으로 95% 신뢰도하에서 신뢰할 수 없으므로 고정원가(=비변동원가)로 재분류한다.

판관비 항목별 회귀분석 결과

구 분	여비 교통비	광고 선전비	세금과 공과	접대비	지급 수수료	기타비용
원가동인	인건비	매출액	고정원가	인건비	매출액	고정원가
유의한 F	0.057423	0.001484		0.016908	0.012853	
기울기값	0.038983	0.04302		0.18143	0.023672	
X기울기 p-값	0.057423	0.001484		0.016908	0.012853	

회귀분석결과 여비교통비와 접대비는 인건비를 원가동인으로 하여 변동비율이 각각 3.89%와 18.14%로 추정되었다. 그러나 여비교통비는 유의한 F와 X기울기의 p-값이 0.05 이상이므로 고정원가(또는 비변동원가)로 재분류한다. 광고선전비와 지급수수료는 변동비율이 각각 4.30%와 2.36%로 추정되었다. 변동원가로 분류되지 않은 항목은 고정원가로 보아 별도추정을 한다.

7. 활동성 분석

활동성 분석은 매출채권, 재고자산 및 매입채무 등 주요 운전자본의 회전율 분석에 이용한다. 운전자본의 회전율 자료는 잉여현금흐름 추정시 운전자본 증가액 계산의 기초자료가 된다.

- 매출채권회전율 $= \dfrac{\text{매출액}}{\text{연평균매출채권}}$

  연평균매출채권=(기초매출채권+기말매출채권)/2

- 재고자산회전율 $= \dfrac{\text{매출액}}{\text{연평균재고자산}}$

  연평균재고자산=(기초재고자산+기말재고자산)/2
  매출액 대신 매출원가를 이용할 수 있음.

- 매입채무회전율 $= \dfrac{\text{매출액}}{\text{연평균매입채무}}$

  연평균매입채무=(기초매입채무+기말매입채무)/2
  매출액 대신 매출원가를 이용할 수 있음.

7.1 비정상적 항목의 고려

활동성 지표를 이용할 때 주의할 점은 재무제표 분석결과 정상적인 운전자본에 대해서만 회전율을 계산해야 한다는 것이다. 이때 정상적인 운전자본이란 정상적인 영업활동을 통해 발생한 운전자본으로 부도어음이나 장기미회수채권 등 향후에 반복적으로 발생하지 않을 것으로 예상되는 부분은 제외해야 한다. 불량매출채권과 같은 비정상운전자본 역시 운전자본회전율 계산시 고려해야 한다는 주장이 있을 수 있다. 문제는 그러한 불량매출채권 등이 반복적으로 발생할 것인가의 문제이다. 불량매출채권의 발생 빈도 등을 고려할 때 과거 몇 개년의 회전율 계산시에 이러한 비정상적인 항목이 포함된다면 향후 추정결과가 왜곡될 수 있기 때문이다. 특정 분석기간의 비정상적인 항목을 제외하여 계산하되 산출된 회전율에 비정상적인 항목이 발생할 가능성을 감안하여 조정하는 것이 왜곡을 줄일 수 있다.

예제 3-20 정상운전자본을 고려한 회전율 계산

EY Corp의 과거 3개년 매출액 및 매출채권 현황은 다음과 같다. EY Corp의 매출액은 연도별로 등락을 보이는 데 비해 매출채권은 꾸준히 증가하고 있다. 매출채권이 증가하는 이유는 20×3년 중 매출액 감소로 정상매출채권은 감소하였으나 20×3년말에 정상적인 결제를 해오던 TK Corp가 부도가 남에 따라 관련 채권 120백만원이 증가한 것이다. EY Corp 거래처의 부도 발생으로 채권회수가 어려워진 경우는 매우 예외적인 상황으로 최근 3~4년간 거액의 불량매출채권이 발생한 사례는 없다.

(단위 : 백만원)

구 분	20×1년	20×2년	20×3년
매출액	8,000	9,500	7,900
기초매출채권	650	690	820
기말매출채권	690	820	860
평균매출채권	670	755	840

EY Corp의 과거 3개년 매출채권회전율의 평균을 계산하라. 단, 불량매출채권이 포함된 경우와 제외된 경우를 나누어 계산하라.

■ **예외항목을 포함하여 매출채권회전율을 계산한 경우**

구 분	20×1년	20×2년	20×3년	평균
회전율	11.94	12.58	9.40	11.31
평균회수기간	30.57	29.01	38.81	32.80

■ **예외항목을 제외하여 매출채권회전율을 계산한 경우**

－조정 후 평균매출채권의 계산

구 분	20×1년	20×2년	20×3년
기초매출채권	650	690	820
기말매출채권	690	820	740
평균매출채권	670	755	780

－조정 후 매출채권회전율 계산결과

구 분	20×1년	20×2년	20×3년	평균
회전율	11.94	12.58	10.13	11.55
평균회수기간	30.57	29.01	36.04	31.87

비정상적인 항목을 조정한 후 회전율은 11.55로 조정하기 전 회전율 11.31보다 약간 상승하였다.

비정상적인 항목을 조정한 회전율을 적용하는 것이 타당한 것은 매출액 추정결과에 따른 운전자본 증감액 계산시 과거 회전율 자료를 이용할 때 명확하게 밝혀진다. 이에 대해서는 미래현금흐름 추정에서 다시 한번 설명하겠다.

7.2 운전자본 증감액의 계산

운전자본 증감액은 대상 운전자본의 재무상태표의 전기 및 당기말 잔액의 차이금액이다. 따라서 재무상태표만으로도 운전자본 증감액을 도출해 낼 수 있다. 다른 방법으로 간접법에 의해 작성된 현금흐름표상의 운전자본 증감액을 이용할 수도 있다. 현금흐름표상의 운전자본 증감액은 재무상태표의 전기 및 당기말 잔액을 이용하여 계산된 것이므로 두 방법의 결과는 동일하다. 미래잉여현금흐름 계산시에는 중요한 운전자본에 대해서만 증감액을 추정하므로 비교목적으로 작성되는 운전자본 증감액 계산은 중요 운전자본에 대해서만 집계한다.

[그림 3-12] 재무상태표 또는 현금흐름표를 이용한 운전자본 증감액의 계산

재무상태표

계정과목	당기	전기	증감액	현금흐름에 미치는 영향
매출채권	1,800	1,650	150	(−)150
재고자산	985	1,050	(−)65	65
…	…	…	…	…
매입채무	1,650	1,550	100	100
순운전자본	1,800	1,650	150	(−)150

현금흐름표

	당기
Ⅰ. 영업활동으로 인한 현금흐름	
1. 당기순이익	…
2. 현금의 유출이 없는 비용 등의 가산	…
3. 현금의 유입이 없는 수익 등의 차감	…
4. 영업활동관련 자산 · 부채의 변동	…
가. 매출채권의 증가	(−)150
나. 재고자산의 감소	65
…	…
마. 매입채무의 증가	100

8. 재무구조분석

재무구조분석은 자본비용 추정에 사용될 자본구조에 대한 이해를 높이기 위한 과정이다. 아울러 재무구조분석을 통해 평가대상회사의 신용위험을 파악하여 향후 대상회사의 자금조달 계획의 타당성을 검토하고 타인자본비용을 추정하는 데 참고가 된다.

8.1 자본구조분석

가치평가에 있어 자본구조분석은 자기자본과 타인자본의 구성비율, 즉 부채비율을 파악하고 평가대상회사의 자본구조의 특징을 찾아내는 것이다.

$$\text{부채비율} = \left(\frac{\text{타인자본}}{\text{자기자본}}\right) \times 100$$

재무회계에서 부채비율은 부채총액을 자기자본총액으로 나누어서 계산한다. 그러나 가치평가에 있어 부채비율은 자본의 조달방법으로서의 차이인 타인자본과 자기자본의 비율이 중요하다. 부채총액에는 금융기관 차입금, 회사채 등의 타인자본과 매입채무, 미지급금과 같은 운전자본이 포함되어 있다. 운전자본은 영업활동과 관련된 부채로 타인으로부터 조달된 자본이 아니므로 부채비율에서 제외하는 것이 타당하다.

[그림 3-13] 가치평가에서의 부채비율

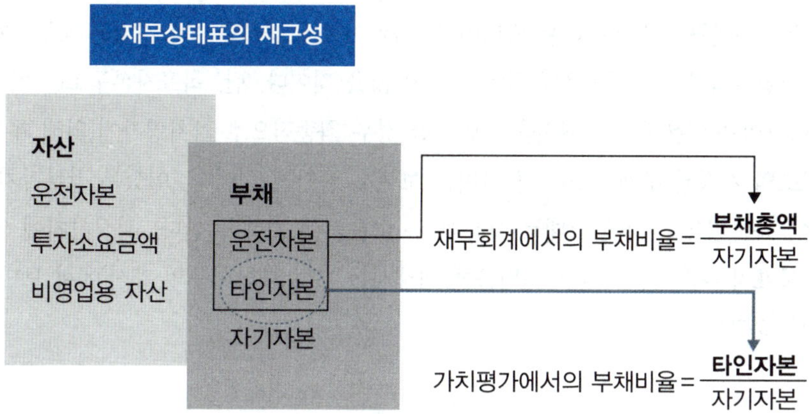

가치평가에 있어 부채비율을 구성하는 타인자본과 자기자본은 원칙적으로 시장가치 기준을 의미한다. 이때 시장가치란 시장에서 거래되는 가치 또는 합리적이고 독립적인 제3자 간에 자유로이 거래될 수 있는 가격을 의미한다. 타인자본과 자기자본의 장부가액은 부채비율 계산의 일차적인 수단이 될 수 없는데, 특히 자기자본의 장부가치는 역사적 원가로 기록되어 시장가치 또는 미래현금흐름의 현재가치와 큰 차이를 보이기 때문이다.

부채비율을 계산하는 데 있어 시장가치로 해야 하는 이유는 무엇인가? 자본비용의 계산시 적용하는 부채비율은 향후에도 동일한 비율로 유지될 것을 가정한다. 따라서 신규 투자소요금액의 조달은 자본비용 계산시 적용한 부채비율이 유지될 수 있도록 구성되어야 한다. 만일 투자소요금액이 200억원이고 자본비용 추정시 적용한 자기자본과 타인자본의 비율을 5 : 5로 하였다고 가정하자. 투자소요금액 200억원 중 100억원은 자기자본에서 나머지 100억원은 타인자본에서 조달해야 할 것이다. 이때 조달되는 자기자본은 역사적 원가(historical cost)로 기록된 장부가치(book value)로 조달되는 것이 아니라 조달되는 시점의 시장가치(market value)로 조달된다. 타인자본도 마찬가지이다. 부채비율 계산에 있어 장부가치가 아닌 시장가치가 적용되어야 하는 이유이다.

상장기업이라면 타인자본 및 자기자본의 시장가치를 이용하여 가치평가목적의 부채비율을 계산할 수 있다. 상장기업의 자기자본은 거래되는 주식의 시가총액으로 집계되고 타인자본은 시장수익률을 이용하여 현재가치로 계산할 수 있기 때문이다. 그러나 비상장기업이나 상장기업이라 하더라도 시장에서 거래되는 가격이 왜곡되었다고 판단되는 경우에는 자기자본의 시장가치를 계산할 수 없다. 자기자본의 가치는 현금흐름할인모형에 의해 도출될 수 있으나, 부채비율이 선행적으로 산출되어야 자본비용 추정이 가능하므로 순환적 계산문제가 발생한다. 이러한 이유로 자기자본의 시장가치가 형성되어 있지 않는 경우에는 두 가지 대안이 있다. 첫째는 비교대상기업을 선정하여 시장가치비교법을 통해 대략적인 자기자본가치를 도출하는 방법이다. 둘째는 장부가치기준 부채비율을 이용하여 현재의 자본구조를 분석하되, 자본비용 추정에는 목표자본구조를 이용하는 방법이다. PBR이 1에 근접한 상장기업은 장부가치기준 부채비율과 시장가치기준 부채비율의 차이가 크지 않을 것이다. 단, 목표자본구조를 이용하거나 시장가치비교법을 이용하여 부채비율을 반영한 경우 최종적으로 가치평가에 의해 계산된 부채비율이 최초의 가정된 부채비율과 큰 차이를 보여서는 안될 것이다. 어쨌든 장부가치에 의한 부채비율이 자본비용 추정에 그대로 사용될 수 없음을 주지해야 한다. 시장가치에 의한 부채비율 또는 목표자본구조에 의한 부채비율에 대해서는 '5절 자본비용의 계산'에서 보다 자세히 설명하도록 하겠다.

8.2 재무건전성 분석

재무건전성 분석은 기업이 영업활동을 통해 창출한 현금이 영업활동을 위해 재투자되는지 혹은 외부자금조달비용으로 소모되고 있는지 파악함과 동시에 향후 자금조달계획의 참고자료로 활용하고자 하는 것이 그 목적이다. 특히 재무건전성이 위협받고 있는 경우에는 타인자본비용에 적절히 반영해야 하는지에 대한 검토도 아울러 수행된다. 재무건전성을 평가하는 여러 재무비율 중 가치평가측면에서 가장 많이 이용되는 것은 이자보상배율(ICR; interest coverage ratio)이다.

$$\text{이자보상배율} = \frac{\text{영업이익}}{\text{이자비용}}$$

이자보상배율은 영업활동으로부터 창출된 이익이 이자비용 등 타인자본 조달비용을 상환할 수 있는 정도를 나타내는 비율이다. 이자보상배율이 높으면 재무건전도가 높다고 볼 수 있다. 이자보상배율이 높은 경우 향후 투자소요금액에 대한 재무구조전략을 여유롭게 운용할 수 있다. 이자보상배율이 높은 기업은 가중평균자본비용을 낮추기 위해 타인자본 조달을 확대할 수 있고(목표자본구조에 반영), 반대로 자기자본비율을 높일 수도 있다. 이자보상배율이 낮은 경우 재무구조전략에 제약이 있으며 향후 투자소요에 조달되는 자본비용이 추가적인 외부자금으로 소요되어야 한다면 현재의 타인자본비용보다 높은 조달비용을 지불해야 할 것이다.

예제 3-21 부채비율 및 이자보상배율

상장회사인 EY Corp의 20×1년과 20×2년의 부분 재무상태표 및 손익자료와 시장가치자료를 이용하여 부채비율과 이자보상배율을 계산하라. 부채비율은 다음의 세 가지 방법으로 계산한다.

(1) 재무회계에서의 부채비율

(2) (가치평가에서의) 장부가치기준 부채비율

(3) (가치평가에서의) 시장가치기준 부채비율

－EY Corp의 20×1년 및 20×2년 현재 부분재무상태표

구 분	20×1년	20×2년
유동부채	1,946,910	1,779,045
매입채무	596,580	769,932
단기차입금	100,224	181,314
미지급금	372,834	367,897
기타유동부채	136,668	138,757
유동성장기부채	740,604	321,145
비유동부채	1,207,964	1,705,342
사채	872,470	1,335,470
장기차입금	116,335	124,739
기타고정부채	219,159	245,133
부채총계	3,154,874	3,484,387
자본총계	2,438,525	2,195,142

－EY Corp의 20×1년 및 20×2년 현재 손익자료 및 시가총액

구 분	20×1년	20×2년
영업이익	421,714	522,918
이자비용	94,731	92,174
시장가치총액(중간값)	3,326,150	3,264,800

■ **재무회계 부채비율의 계산**

재무회계 부채비율은 부채총액을 자본총액으로 나눈 값이다.

구 분	20×1년	20×2년
부채총액	3,154,874	3,484,387
자본총액	2,438,525	2,195,142
부채비율	129%	159%

■ **(가치평가에서의) 장부가치기준 부채비율**

가치평가목적에 있어서의 부채는 타인으로부터 조달한 자본을 의미한다. 따라서 매입채무 등 운전자본과 부채성충당금 등 기타고정부채는 타인으로부터 조달한 자본이 아니므로 부채에서 제외한다.

구 분	20×1년	20×2년
타인자본	1,829,633	1,962,668
단기차입금	100,224	181,314
유동성장기부채	740,604	321,145
사채	872,470	1,335,470
장기차입금	116,335	124,739
자기자본	2,438,525	2,195,142
부채비율	75%	89%

가치평가에 있어서의 부채에는 순운전자본이 제외되므로 재무회계에서의 부채비율보다 낮아지게 된다. EY Corp의 경우에도 재무회계상의 부채비율이 20×1년 130%에 달하였으나 타인자본만을 고려했을 때의 부채비율은 75%로 감소함을 알 수 있다. 부채비율의 접근방법에 따라 그 값이 달라지므로 자본비용에 중요한 영향을 미치기도 한다.

■ (가치평가에서의) 시장가치기준 부채비율

시장가치기준 부채비율의 계산은 자기자본가치를 시장가치로 반영한다. 타인자본의 가치도 시장가치로 반영함이 원칙이나 타인자본의 가치는 시장가치와 장부가치의 차이가 크지 않으므로 여기서는 장부가치를 사용하였다.

구 분	20×1년	20×2년
타인자본가치	1,829,633	1,962,668
자기자본가치	3,326,150	3,264,800
부채비율	55%	60%

EY Corp는 장부가치대비 시장가치가 높게 형성되지 않으나 미래 성장성을 높게 평가받고 있는 벤처기업은 장부가치대비 시장가치가 매우 높게 형성되는 경우가 있다. 미래현금흐름을 창출하기 위한 재투자나 수익의 배분은 미래 자본조달방법의 시장가치로 조달 또는 분배하여야 하므로 장부가치대비 시장가치가 높게 형성되어 있는 기업은 장부가치를 이용한 부채비율을 사용시 주의해야 한다.

■ 이자보상배율

이자보상배율은 영업이익을 이자비용으로 나눈 값으로 영업활동을 통해 창출된 이익이 타인자본조달비용을 지불할 수 있는 여력을 나타낸다. EY Corp의 이자보상배율은 안정적인 영업이익의 실현과 낮은 차입금 의존도로 인해 높은 이자보상배율을 나타내고 있다.

구 분	20×1년	20×2년
영업이익	421,714	522,918
이자비용	94,731	92,174
이자보상배율	4.45	5.67

참고 주요 재무비율

재무비율은 그 지표가 시사하는 바에 따라 수익성분석지표, 안정성분석지표, 활동성분석지표 및 성장성분석지표 등으로 구분된다. 각 재무비율지표가 속하는 분석단위와 계산방식에 대해 살펴보자.

■ 수익성분석지표

일정기간 동안의 경영성과를 측정하는 비유로서 기업의 이익창출능력, 투하자본의 수익성에 대한 정보를 제공한다.

(1) 매출액 영업이익률(Operating income to Sales)

매출액 영업이익률은 주된 영업활동 결과 창출한 이익(영업이익)이 매출액에서 차지하는 비중을 나타낸 비율로서 영업활동의 효율성을 나타낸다.

$$\text{매출액 영업이익률} = \left(\frac{\text{영업이익}}{\text{매출액}}\right) \times 100$$

(2) 매출액 순이익률(Net income to Sales)

매출액 순이익률은 정상적인 경영활동으로 창출된 이익뿐 아니라 기업의 순자산을 증가시키는 모든 비경상적인 이익과 기업이 창출한 이익에 대한 정부의 청구권인 법인세까지 모든 감안한 이익효과를 반영한다.

$$\text{매출액 순이익률} = \left(\frac{\text{당기순이익}}{\text{매출액}}\right) \times 100$$

(3) 총자산순이익률(Net income to total assets)

기업이 소유하고 있는 총자산 운용의 효율성을 나타내는 지표로서 투하된 자산으로부터 창출된 이익의 규모로 표현된다. 총자산순이익률은 총자본순이익률로도 불린다.

$$\text{총자산순이익률} = \left(\frac{\text{당기순이익}}{\text{총자산}}\right) \times 100$$

총자산순이익률은 투하자산의 회수율이라는 개념을 강조하여 ROI(Return On Investment)라고도 한다. 1930년대 듀폰사에서 ROI분석방법을 개발하여 기업의 목표를 자산의 투자수익률로 하고 ROI를 구성하는 재무요인을 체계적으로 분석하여 문제가 되는 부분을 중점적으로 통제하는 것이다. ROI분석이 유용하게 적용된 이유는 ROI 지표를 수익성을 나타내는 매출액순이익률과 활동성을 표시하는 총자본회전율의 곱으로 분해할 수 있기 때문이다.

$$\text{총자산순이익률} = \frac{\text{당기순이익}}{\text{매출액}} \times \frac{\text{매출액}}{\text{총자산}}$$
$$= \text{매출액순이익률} \times \text{총자산회전율}$$

ROI분석은 각 부서에 속한 관리자와 종업원들에게 부서의 업무와 기업목표와의 관계를 명확히 함으로써 각 부문의 활동이 기업이 달성해야 할 목표와 일치시키는 데 유용하게 이용되었다.

(4) 자기자본순이익률(Net income to Equity)

자기자본순이익률은 지분투자자 입장에서의 수익성을 나타내는 지표이다. 당기순이익은 투자자 중 채권자에 지불해야 할 몫인 이자비용을 차감한 후의 이익이므로 궁극적으로 투자자에게 귀속될 부분이다. 따라서 자기자본순이익률은 지분투자자의 수익률(Return on Equity)로도 표현된다.

$$\text{자기자본 순이익률} = \left(\frac{\text{당기순이익}}{\text{자기자본}}\right) \times 100$$

자기자본순이익률 분석(ROE분석)은 ROI분석의 한계점에 대한 대체안으로 사용되기도 한다. ROI는 총자산의 효율성을 측정할 수 있으나 자본구조로 인한 효과를 반영하지 못한다. 특히 과거의 한국 기업과 같이 차입경영에 의존하는 경우에는 높은 부채비율로 인해 ROI가 낮게 나타나는 경우 명확한 책임관계를 규명하지 못하는 문제가 발생한다. 반면 ROE분석은 기업의 수익창출능력에서 자본구조가 미치는 영향을 명확히 함으로써 ROI의 한계를 극복했다는 평을 받고 있다.

$$ROE = \frac{\text{당기순이익}}{\text{매출액}} \times \frac{\text{매출액}}{\text{총자산}} \times \frac{\text{총자산}}{\text{자기자본}}$$
$$= (\text{매출액순이익률}) \times (\text{총자산회전율}) \times (1/\text{자기자본비율})$$

■ 성장성분석지표

경영활동의 성과가 전기에 비해 얼마나 증가하였는가를 측정한 지표로 기업의 경쟁력이나 미래의 수익창출능력을 간접적으로 나타낸다.

(1) 매출액증가율(Growth rate of Sales) 및 영업이익증가율(Growth rate of operating income)

전기 매출액에 대한 당기 매출액의 증가율로 외형의 성장 정도를 판단할 수 있다. 동일업종 평균 매출증가율보다 높은 증가율을 보이거나 낮은 증가율을 보인다면 상대적인 시장점유율이 높아지거나 낮아진다는 것을 추측할 수 있다.

$$\text{매출액증가율} = \left(\frac{\text{당기매출액}}{\text{전기매출액}} - 1\right) \times 100$$
$$\text{영업이익증가율} = \left(\frac{\text{당기영업이익}}{\text{전기영업이익}} - 1\right) \times 100$$

(2) 총자산증가율(Growth rate of total assets)

경영활동에 투하된 총자산의 성장성을 나타내는 것으로 기업의 전체적인 성장 정도를 측정하는 지표이다.

$$\text{총자산증가율} = \left(\frac{\text{당기총자산}}{\text{전기총자산}} - 1\right) \times 100$$

■ 안정성분석지표

안정성이란 기업의 장단기 채무에 대한 지불능력을 측정하는 지표로서 안정성이 높은 기업은 재무적 건전성이 높은 것으로 볼 수 있다.

(1) 유동비율(Current ratio)

유동비율은 유동부채에 대한 유동자산의 비율로 유동부채의 단기지불능력을 의미한다. 유동비율은 1900년대 미국의 은행가들이 여신 심사대상 기업들의 단기지급능력을 평가하는 지표로 널리 활용되어 Banker's ratio라고도 불린다.

$$\text{유동비율} = \left(\frac{\text{유동자산}}{\text{유동부채}}\right) \times 100$$

유동비율이 높을수록 단기지급능력이 높은 것으로 볼 수 있다.

(2) 고정장기적합률(Fixed assets to shareholders' equity and long-term liabilities)

유형자산에 투자하기 위한 재원으로 자기자본과 타인자본 중 어떤 조달방식을 선택하느냐에 따라 상환의무에 대한 부담이 달라진다. 고정장기적합률은 비유동자산 투자금액 중 장기조달재원인 자기자본과 비유동부채가 차지하는 비중을 표시한 것이다. 고정장기적합률이 낮을수록 재무적 안정도가 높다고 할 수 있다.

$$\text{고정장기적합률} = \left(\frac{\text{비유동자산}}{\text{자기자본} + \text{비유동부채}}\right) \times 100$$

(3) 부채비율(Debt ratio)

자기자본대비 타인자본의 비율로 나타내는 것으로 재무적 안정성을 측정하는 가장 일반적인 지표이다. 부채비율이 낮을수록 재무적 건전성이 높다고 할 수 있다. 본문에서 설명하였듯이 재무회계에서는 부채총액을 타인자본으로 규정하므로 가치평가에서의 부채비율과는 약간의 차이가 있다.

$$\text{부채비율} = \left(\frac{\text{부채}}{\text{자기자본}}\right) \times 100$$

(4) 이자보상배율(ICR; Interest coverage ratio)

이자보상배율은 타인자본의 사용대가로 지불하는 이자비용의 지급에 필요한 이익을 창출할 수 있는 능력을 측정하기 위한 지표로 이자부담능력을 판단함으로써 재무적 건전성을 측정하는 유용한 지표이다. 이자보상배율이 높을수록 이자비용을 지불할 여력이 높은 것을 뜻하므로 재무적 안정성이 높다고 할 수 있겠다.

$$\text{이자보상배율} = \left(\frac{\text{영업이익}}{\text{이자비용}}\right) \times 100$$

■ 활동성분석지표

활동성은 자산, 부채 및 자본의 회전율로서 측정되는 데 투하된 자본이 얼마나 활발하게 운용되었는가를 나타내는 지표이다.

(1) 총자산회전율(Total assets turnover)

기업의 총자산이 일정기간의 매출을 창출하기 위해 몇 번 사용되었는가를 측정하는 비율이다. 총자산회전율은 총자산의 운용효율을 측정하는 지표로 이용된다.

$$총자산회전율 = \left(\frac{매출액}{총자산}\right)$$

(2) 순운전자본회전율(Net Working Capital turnover)

매출채권, 재고자산 및 매입채무와 같은 순운전자본의 회전속도를 측정한 것이다. 매출채권과 재고자산은 현금화 속도를 의미하며, 매입채무는 결제 속도를 의미한다고 할 수 있다. 매출채권과 재고자산의 회전율이 높을수록 효율적인 관리가 이루어지고 있다고 할 수 있다.

$$순운전자본회전율 = \left(\frac{매출액}{순운전자본}\right)$$

분모에 표시된 순운전자본이 매출채권인가 재고자산인가 또는 매입채무인가에 따라 매출채권회전율(Receivable turnover), 재고자산회전율(Inventory turnover) 및 매입채무회전율(Payable turnover)이라 한다. 순운전자본회전율은 산식의 변경을 통해 회수기간을 측정할 수 있다. 매출채권의 경우 아래와 같이 매출채권의 평균회수기간을 계산할 수 있다.

$$매출채권회수기간 = \left(\frac{365}{순운전자본회전율}\right)$$

Section 4 현금흐름표 이해와 현금흐름분석

현금흐름할인모형의 핵심은 미래에 대한 일정한 가정하에서 현금흐름을 논리적으로 추정하는 것이다. 일반적으로 추정에 대한 논리는 과거에 대한 분석을 통해서 이루어진다. 결국 과거 현금흐름에 대한 기본적인 분석은 주요 재무제표인 현금흐름표를 대상으로 이루어지게 되며 현금흐름표에 대한 깊은 이해는 다름 아닌 현금흐름할인모형을 제대로 구축하여 활용할 수 있는 지름길이 되는 것이다.

1. 현금흐름표의 의의

현금흐름표는 일정한 회계기간 동안 기업의 모든 현금흐름을 나타내는 재무제표로서 채권자, 투자자나 경영자 등 재무제표이용자에게 현금및현금성자산의 창출능력(현금유입)과 사용용도(현금유출)에 대한 정보를 제공하는 재무제표이다. 현금흐름표는 발생기준에 기초하여 작성된 재무상태표나 포괄손익계산서와는 달리 현금기준을 사용하여 작성하는 재무제표이며 특정 회계기간 동안 발생한 기업의 현금흐름을 영업활동으로 인한 현금흐름, 투자활동으로 인한 현금흐름, 재무활동으로 인한 현금흐름으로 구분 표시하여 현금및현금성자산의 역사적 변동에 관한 정보를 제공한다. 모든 기업은 'K-IFRS 1007 현금흐름표'나 '일반기업회계기준 제2장 재무제표의 작성과 표시Ⅰ'에 따라 현금흐름표를 작성하여 공시해야 한다.

현금흐름표는 재무상태표나 포괄손익계산서와 다르게 분식이 어려운 재무제표이며 또한 자금사정이 악화되어 부실화되는 기업, 특히 이익창출능력이 양호한 기업이 갑자기 도산하는 흑자도산기업도 조기에 파악할 수 있는 정보를 제공한다.

2. 현금흐름표의 구성

현금흐름표는 회계기간 동안 발생한 현금흐름을 영업활동, 투자활동, 재무활동으로 구분하여 표시하고 이에 기초 현금및현금성자산과 외화표시 현금및현금성자산의 변동효과를 반영하여 기말 현금및현금성자산을 산출한다. K-IFRS 제1007호에서는 구체적인 현금흐름표 양식을 예시하고 있지 않다. 현재 기업들이 일반적으로 작성하고 있는 현금흐름표 양식은 다음과 같다.

현금흐름표

영업활동으로 인한 현금흐름(직접법 또는 간접법)	xxx
투자활동으로 인한 현금흐름	xxx
재무활동으로 인한 현금흐름	xxx
현금및현금성자산의 증가(감소)	xxx
기초의 현금및현금성자산	xxx
외화표시 현금및현금성자산의 환율변동효과	xxx
기말의 현금및현금성자산	xxx

영업활동현금흐름은 총현금유입과 총현금유출을 주요 항목별로 구분하여 표시하는 직접법과 당기순이익에 당기순이익 조정항목, 즉 포괄손익계산서 조정항목과 재무상태표 조정항목(영업활동으로 인한 자산 또는 부채의 변동)을 가감하여 표시하는 간접법이 있는데, 기업은 두 가지 방법 중 하나의 방법을 선택 적용하여 작성보고해야 한다. 그러나 "K-IFRS 현금흐름표"에서는 직접법을 사용할 것을 권장하고 있다.

특히 아래 현금흐름표에 보는바와 같이 일반적으로 이자의 수취 및 지급에 따른 현금흐름과 배당금수취관련 현금흐름, 법인세 납부관련 현금흐름은 영업활동현금흐름에서 별도로 구분표시한다. 그러나 투자활동현금흐름과 재무활동현금흐름의 표시방법은 직접법과 간접법이 동일하다. 한편 현금및현금성자산의 환율변동효과는 영업활동현금흐름, 투자활동 및 재무활동 현금흐름과 별도로 구분하여 표시한다.

현금흐름표 본문 사례를 예시하면 다음과 같다.

현금흐름표

2X01. 1. 1부터 2X01. 12. 31까지 (단위 : 백만원)

〈직접법에 의한 현금흐름표〉

항목		금액
Ⅰ. 영업활동현금흐름		1,780
1. 매출로부터 유입된 현금		30,150
2. 매출원가로부터의 현금유출		(26,450)
매입으로부터 현금유출		
종업원에 대한 현금유출		
기타비용 현금유출		
3. 판매비및관리비로부터의 현금유출		(1,150)
4. 영업활동에서 창출된 현금흐름		2,550
5. 이자수취		400
6. 배당금수취		0
7. 이자지급		(270)
8. 법인세의 납부		(900)
Ⅱ. 투자활동현금흐름		(880)
1. 투자활동현금유입		20
종속기업A의 처분	0	
설비의 처분	20	
…	…	
2. 투자활동현금유출		(900)
관계기업B의 취득	550	
유형자산의 취득	350	
–		
Ⅲ. 재무활동현금흐름		(790)
1. 재무활동현금유입		500
유상증자	250	
장기차입금	250	
…		…
2. 재무활동현금유출		(1,290)
금융리스부채의 지급	90	
배당금지급	1,200	
Ⅳ. 현금및현금성자산의 증가		110
Ⅴ. 기초 현금및현금성자산		120
Ⅵ. 현금및현금성자산의 환율변동효과		0
Ⅶ. 기말 현금및현금성자산		230

〈간접법에 의한 현금흐름표〉

항목		금액
Ⅰ. 영업활동현금흐름		1,780
1. 당기순이익		2,630
2. 조정 :		3,020
법인세비용	0	
이자수익	(500)	
배당금수익	0	
이자비용	400	
감가상각비	450	
외화환산손실	40	
…	…	
3. 영업활동자산및부채의 변동		(470)
매출채권의 증가	(500)	
재고자산의 감소	270	
매입채무의 감소	(240)	
4. 영업활동에서 창출된 현금흐름		2,550
5. 이자수취		400
6. 배당금수취		0
7. 이자지급		(270)
8. 법인세의 납부		(900)
Ⅱ. 투자활동현금흐름		(880)
1. 투자활동현금유입		20
종속기업A의 처분	0	
설비의 처분	20	
…	…	
2. 투자활동현금유출		(900)
관계기업B의 취득	550	
유형자산의 취득	350	
–		
Ⅲ. 재무활동현금흐름		(790)
1. 재무활동현금유입		500
유상증자	250	
장기차입금	250	
…		…
2. 재무활동현금유출		(1,290)
금융리스부채의 지급	90	
배당금지급	1,200	
Ⅳ. 현금및현금성자산의 증가		110
Ⅴ. 현금및현금성자산의 증가		120
Ⅵ. 현금및현금성자산의 환율변동효과		0
Ⅶ. 기말 현금및현금성자산		230

3. 현금흐름표의 주요 이슈

① 현금흐름표는 현금거래만으로 작성해야 하기 때문에 당기 중 발생한 재무상태표나 포괄손익계산서에 영향을 미치는 거래를 현금유출입이 있는 현금거래와 현금유출입이 없는 비현금거래로 구분하여야 한다.

② 현금흐름표에서 가장 중요한 이슈는 현금흐름을 활동별로 구분하는 것이다. 당기 중에 발생된 현금거래가 영업활동, 투자활동과 재무활동 중 어떤 활동에 해당하는지 결정하고 구분하여, 회계정보이용자가 기업의 미래 현금흐름을 예측할 수 있도록 활동별로 각각 표시하는 것이다.

③ 현금흐름표는 영업활동으로 인한 현금흐름을 보고할 때 작성방법에 따라 직접법과 간접법 중 하나를 선택해서 작성하도록 하고 있다.

- 직접법은 발생주의를 기초로 작성된 포괄손익계산서를 현금기준에 근거한 포괄손익계산서로 수정한 것이다. 따라서 영업활동현금흐름을 산출할 때는 포괄손익계산서 항목 중 영업활동과 관련된 수익과 비용을 구분하고 각각의 수익과 비용항목이 재무상태표의 어떤 자산이나 부채와 관련되어 있는지를 파악하는 것이 중요한 이슈다.
- 간접법은 발생주의에 근거한 당기순이익을 현금주의에 근거한 당기순이익으로 수정하는 과정을 보여주는 방법이다. 따라서 간접법으로 영업활동현금흐름을 산출할 때는 포괄손익계산서의 당기순이익과 현금흐름표에서의 영업활동현금흐름을 다르게 만드는 원인을 이해하는 것이 중요한 이슈이다.

④ 현금흐름표는 K-IFRS 적용기업이 작성하는 현금흐름표와 일반기업회계기준을 적용하는 기업이 작성하는 현금흐름표가 다르다.

4. 현금및현금성자산

현금흐름표를 작성할 때 사용하는 기준인 현금은 현금및현금성자산을 말한다. 현금은 보유현금과 요구불 예금을 말한다. 요구불 예금이란 언제든지 인출가능한 예금으로, 보통예금이 그 예이다. 현금성자산이란 투자나 다른 목적이 아닌 단기의 현금수요를 충족하기 위한 목적으로 보유하는 자산으로, (1) 유동성이 매우 높은 단기 투자자산으로서 (2) 확정된 금액의 현금으로 전환이 용이하고 (3) 가치변동의 위험이 중요하지 않은 자산을 말한다.

투자자산도 경우에 따라서는 현금성자산으로 구분할 수 있는데 투자자산이 현금성자산으로 분류되기 위해서는 (1) 확정된 금액의 현금으로 전환이 용이하고, (2) 가치변동의 위험이 중요하지 않아야 한다. 따라서 투자자산이 현금성자산으로 분류되기 위해서는 취득 당시부터 일반적으로 만기일이 단기에 도래하는 경우(예를 들어, 취득일로부터 만기일이 3개월 이내인 경우)에만 현금성자산으로 분류된다. 지분상품은 현금성자산에서 제외한다. 다만, 상환일이 정해져 있고 취득일로부터 상환일까지의 기간이 단기인 상환우선주와 같이 실질적인 현금성자산인 경우에는 예외로 한다.

현금및현금성자산을 구성하는 항목 간의 이동은 현금흐름에서 제외한다. 현금및현금성자산을 구성하는 항목 간 이동은 영업활동, 투자활동 및 재무활동의 일부가 아니라 현금관리에서 잉여현금을 현금성자산에 투자하는 일부분일 뿐이다. 따라서 현금및현금성자산의 구성요소에 대한 정보는 현금흐름표의 본문이 아니라 주석에 별도로 표시한다.

현금흐름표에서 현금및현금성자산은 현금및현금성자산의 증감, 기초현금및현금성자산, 현금및현금성자산의 환율변동효과, 기말현금및현금성자산으로 별도 구분해서 보여준다. 현금및현금성자산의 환율변동효과는 미실현손익으로 현금흐름이 아니다. 그러나 기초와 기말의 현금 및 현금성자산을 조정하기 위해 현금흐름표에 보고하되 영업활동, 투자활동 및 재무활동과 별도로 표시하고 현금흐름표상의 현금및현금성자산 변동금액과 재무상태표에 보고된 현금및현금성자산 변동금액의 차이에 대한 정보를 알려준다.

5. 경영활동과 현금흐름표

현금흐름표는 아래에서 보는 바와 같이 재무상태표나 포괄손익계산서에 영향을 미친 당기 중에 발생한 거래 중 현금유입이나 현금유출이 있는 현금거래만을 대상으로 활동별로 구분, 즉 영업활동, 투자활동 및 재무활동으로 분류하여 작성 · 보고하는 재무제표이다.

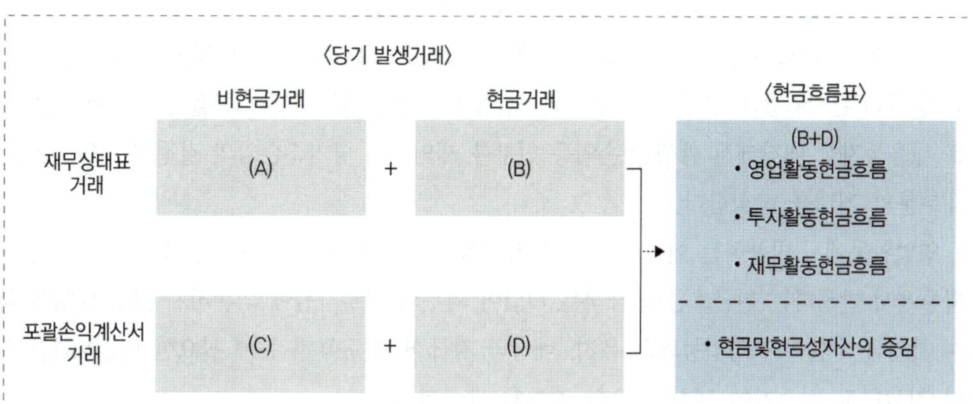

현금흐름표는 아래와 같이 특정 회계기간 동안 발생한 모든 현금흐름을 영업활동으로 인한 현금흐름, 투자활동으로 인한 현금흐름, 재무활동으로 인한 현금흐름으로 구분하여 각각의 활동에서 현금및현금성자산이 증가 또는 감소한 영향을 표시하여 보고한다. 즉, 회계기간 동안 발생한 모든 현금거래는 영업활동, 투자활동, 재무활동 중 하나로 분류하여야 한다.

① 투자활동은 기업의 미래의 수익창출을 위한 투자와 관련된 것으로 재무상태표에 자산으로 인식된 유형자산 등 투자와 관련된 비유동자산과 관련이 있다.
② 재무활동은 기업의 재무구조와 관련된 장기자금조달을 의미하는 비유동부채 및 자본 그리고 유동부채 중 이자를 지급하는 부분과 관련이 있다.
③ 영업활동현금흐름은 기업의 주요 수익창출 활동과 재무활동이나 투자활동으로 구분되지 않는 기타투자및재무활동으로 주로 운전자본인 유동자산 및 유동부채와 관련이 있다.

그러나 하나의 거래가 항상 하나의 활동에 속한 현금흐름에만 영향을 주는 것은 아니다. 하나의 거래에는 서로 다른 복수의 활동으로 분류되는 현금흐름이 포함될 수 있다. 예를 들어 이자와 차입금을 함께 상환하는 경우, 이자지급은 영업활동으로 분류될 수 있고 원금상환은 재무활동으로 분류된다.

(1) 영업활동 현금흐름

영업활동은 기업의 주요 수익창출활동뿐만 아니라 투자활동이나 재무활동에 포함되지 않는 모든 부수적 활동을 포함한다. 즉, 투자 및 재무활동에 속하지 않는 기타활동도 영업활동으로 구분한다는 것이다. 즉, 이자의 수취 및 지급이나 배당금수취에 따른 현금흐름은 실질적으로는 투자활동이나 재무활동인데도 불구하고 영업활동으로 분류한다는 것이다. 따라서 K-IFRS 1007 '현금흐름표'에서 정의하고 있는 영업활동은 일반적으로 실무에서 영업활동으로 파악하고 있는 구매활동, 생산활동, 판매활동보다 범위가 더 넓다.

영업활동현금흐름은 기업의 주요 수익창출활동인 주요 제품의 판매활동과 생산활동, 상품과 용역의 판매활동과 구매활동, 판매관리활동에서 발생하는 현금흐름을 말하지만, 일반적으로 비유동자산 매각에서 발생한 손익등 일부를 제외하고 당기순손익의 결정에 영향을 미치는 대부분의 거래를 포함한다.

영업활동에서 발생하는 현금흐름은 세 가지의 현금흐름 중 가장 중요한 현금흐름이다. 영업활동에서 발생하는 현금흐름의 금액은 기업이 외부의 재무자원에 의존하지 않고 영업을 통하여 차입금 상환이나 영업능력의 유지, 배당금 지급 및 신규투자 등에 필요한 현금흐름을 얼마나 창출하고 있는가에 대한 중요한 정보를 제공한다.

(2) 투자활동 현금흐름

투자활동은 일반적으로 장기성자산이나 기타 투자자산의 취득이나 처분과 관련된 활동을 말한다. 그러나 단기금융자산이나 현금성자산에 속하는 자산의 취득과 처분은 제외한다. 투자활동은 유형자산과 무형자산 또는 다른 기업의 지분상품이나 채무상품등의 취득과 처분활동, 제3자에 대한 대여 및 회수활동 등을 포함한다.

투자활동현금흐름은 미래수익과 미래현금흐름을 창출할 자원의 확보를 위하여 기업이 주로 장기성 자산에 지출한 정도를 나타낸다.

(3) 재무활동 현금흐름

재무활동은 기업의 납입자본과 차입금의 크기 및 구성내용에 변동을 가져오는 자본과 차입금을 통한 자금조달이나 환급 및 상환과 관련된 활동을 말하며, 구체적으로 장 · 단기자금의 차입 및 상환, 신주발행이나 유상감자, 자기주식의 취득이나 처분, 배당금의 지급 등과 같이 자본과 차입금을 통한 부채 및 자본계정에 영향을 미치는 활동이다.

재무활동현금흐름은 미래 현금흐름에 대한 자본 제공자의 청구권을 예측하는 데 유용하다.

6. 현금흐름과 의사결정

영업활동, 투자활동, 재무활동으로 인한 현금흐름의 결과에 따라 아래와 같이 기업의 현금흐름을 8가지 패턴(pattern)으로 분류할 수 있다.

현금흐름 패 턴	1	2	3	4	5	6	7	8
영업활동 CF from Operating	+	+	+	+	−	−	−	−
투자활동 CF from Investing	+	−	+	−	+	−	+	−
재무활동 CF from Financing	+	−	−	+	+	+	−	−
	현금 비축형	우량형	부채 상환형	성장형	사업 부진형	급성장형	매각형	현금 소진형

* 출처 : Michael T. Dugan, Benton E. Gup 및 William D. Samson, "Teaching the Statement of Cash Flows", Journal of Accounting Education, Vol. 9, 1991, pg36.

(1) 패턴 1(+++)

영업활동에서 현금흐름을 창출하고 있으며 새로운 성장을 위한 타 기업 인수 또는 신규 사업 분야의 진출 등을 위해 대규모 현금을 모집하기 위해 투자활동에서 자산을 매각하고 있고 재무활동에서도 자금을 조달하고 있다. 결과적으로 유동성이 매우 풍부한 기업이라고 볼 수 있다.

이러한 현금흐름 패턴에서는 인수하려는 기업 또는 진출하려는 신규 사업 분야의 적정성을 검토할 필요가 있다.

(2) 패턴 2(+−−)

풍부한 영업활동 현금흐름을 이용하여 사업 확장을 위한 유형자산 또는 지배구조 확충을 위한 관계기업 또는 종속기업에 투자하고 있으며 나머지 여유현금을 차입금 상환이나 배당금 지급, 자사주 매입 등에 사용하고 있다. 소위 cash cow의 전형적인 형태라고 볼 수 있다.

이러한 현금흐름 패턴에서는 양호한 영업활동 현금흐름의 지속성을 검토할 필요가 있다.

(3) 패턴 3(++−)

영업활동에서 창출한 현금흐름과 투자활동에서 유형자산 또는 투자주식 등 비유동자산의 매각을 통한 현금흐름으로 차입금을 상환하고 있다. 사업규모와 부채규모를 축소하여 불확실한 미래를 대비하거나 새로운 사업을 모색하고 있는 중인 기업이라고 볼 수 있다.

이러한 현금흐름 패턴에서는 해당 업종의 미래전망, 사업규모 축소의 타당성과 모색하고 있는 새로운 사업의 적정성을 검토할 필요가 있다.

(4) 패턴 4(+−+)

영업활동에서 창출한 현금과 차입 또는 증자를 통해 조달한 현금을 통해 성장을 위한 유형자산 등 시설투자를 하고 있거나 지배구조 확충을 위해 관계기업 또는 종속기업의 지분을 늘리고 있다.

이러한 현금흐름 패턴에서는 성장을 위한 투자의 타당성 또는 관계기업 또는 종속기업의 지분 확보의 필요성을 검토할 필요가 있다.

(5) 패턴 5(−++)

영업활동 현금흐름의 문제점을 투자활동과 재무활동으로 해결하려는 기업이다. 비유동자산의 매각과 차입 또는 증자 등으로 조달한 현금으로 영업활동에서 부족한 현금흐름을 보충하고 있는 기업이다.

이러한 현금흐름 패턴에서는 부진한 영업활동 현금흐름이 얼마나 지속되는지를 판단할 필요가 있다.

(6) 패턴 6(− − +)

초창기 또는 급격히 성장하고 있는 기업으로서 영업활동에서 운전자금 부족과 시설자금을 차입 또는 증자를 통해서 조달하고 있는 회사이다. 초창기 기업(Start-up)이나 급성장 기업(High-Growth Company)으로 매출액의 증가에 따라 영업용 운전자산의 부담이 증가하는 회사이다.

이러한 현금흐름 패턴에서는 부진한 영업활동 현금흐름의 지속기간과 시설투자의 성공가능성을 검토할 필요가 있다.

(7) 패턴 7(− + −)

영업활동에서 현금흐름의 부진과 함께 차입금의 상환 압력까지 받아 비유동자산의 매각이 진행 중인 기업이다. 가장 위험한 형태의 현금흐름으로 추가적으로 매각할 자산이 없을 경우 파산할 가능성이 높다고 볼 수 있다.

이러한 현금흐름 패턴에서는 부진한 영업활동 현금흐름의 해소 가능성, 매각할 자산의 존재 여부, 채권자의 상환압박 정도를 검토할 필요가 있다.

(8) 패턴 8(− − −)

그 동안 모아둔 유보현금으로 영업활동의 부진과 채권자의 상환압박을 피하고 있으며 새로운 경영상의 전환을 위해 여전히 시설투자를 하고 있는 기업이다. 비축된 현금이 소진될 경우 도산할 가능성이 높다고 볼 수 있으나 사업전환에 대해 경영자는 희망을 버리고 있지 않은 기업이다.

이러한 현금흐름 패턴에서는 부진한 영업활동 현금흐름의 해소 가능성, 지속가능경영에 대한 경영자의 의지 정도, 채권자의 상환압박 정도를 검토할 필요가 있다.

7. 현금흐름분석

재무성과를 분석하는 것은 미래현금흐름을 추정하기 위한 기초자료를 확보하기 위해서이다.

따라서 미래현금흐름 추정과 동일한 방식으로 과거 현금흐름을 분석한 결과와 미래기간의 추정현금흐름을 비교하여 봄으로써 합리적인 추정의 기반을 닦는 동시에 추정결과에 대한 검증도 가능하다. 현금흐름분석은 가능하다면 원가정보가 집계되는 사업부서별로 하는 것이 좋다. 사업부서별 현금흐름분석을 통해 과거와 미래의 사업부서 간 비교를 통해 가치평가결과의 활용도가 높아진다. 이하에서는 현금흐름분석에 필요한 중요한 항목에 대해 살펴보자.

7.1 세후EBIT(NOPLAT; Net Operating Profit Less Adjusted Taxes)

현금흐름분석은 과거 및 현재의 재무제표를 이용하여 실현된 잉여현금흐름(realized Free Cash Flow)을 계산하여 이를 향후 추정할 잉여현금흐름(Projected Free Cash Flow)과 비교분석하는 과정이다. 따라서 실현된 잉여현금흐름의 계산은 추정 잉여현금흐름의 그것과 동일한 과정을 거친다. 잉여현금흐름은 세후EBIT(NOPLAT)에서 비현금비용을 가산하고 투자소요금액과 순운전자본 증가액을 차감하여 계산한다. 세후EBIT(NOPLAT)은 앞에서 설명한 EBIT를 기초로 한다. 즉 세후EBIT(NOPLAT)은 EBIT에서 EBIT에 대한 법인세를 차감한 금액이 된다.

세후EBIT(NOPLAT) = EBIT − EBIT에 대한 법인세

우리는 앞에서 EBIT는 손익계산서상의 영업이익과는 차이가 있으나 일반적으로는 두 개념이 유사하다는 것을 확인하였다. 따라서 여기서는 EBIT는 손익계산서상의 영업이익에 준하는 개념으로 설명한다. 단, 사업부문별로 분석하고자 할 때에는 별도로 사업부문별 영업이익이 계산가능해야 한다.

세후EBIT(NOPLAT)은 영업이익에서 법인세를 차감하여 계산한다. 이때 영업이익은 손익계산서상의 영업이익을 이용한다고 가정하더라도 차감할 법인세는 어떤 방식으로 산정할 것인가? 영업이익에 해당하는 법인세 부분을 계산하는 일반적인 방법은 총부담 법인세를 계산하고, 이 중 영업외손익에 귀속될 법인세를 차감하여 영업이익에 대한 법인세를 계산하는 것이다. 부담할 법인세 총액에 대한 정보는 외부감사인의 감사보고서 주석사항(대개 법인세비용 관련 주석)에서도 확인할 수 있다. 주의할 것은 가치평가 및 분석을 위한 목적에서의 법인세는 납부세액기준으로 해야 한다는 것이다. 우리나라의 기업회계기준에서는 법인세비용 제도를 도입하여 기업회계상 귀속 법인세와 세무상 납부할 법인세의 차이 중 일시적인 기간 귀속분을 이연법인세자산(부채)으로 하여 반영하도록 하고 있다. 이는 법인세비용을 납부기준으로 계산하는 것이 아니라 재무회계상의 이익에 대응되는 법인세를 측정, 기록하겠다는 의도이다. 그러나 현금흐름할인법은 현금흐름을 기초로 하므로 이연법인세 회계처리는 무시하고 납부할 법인세

기준으로 하여야 한다.

예제 3-22 영업이익에 대한 법인세 계산

EY Corp의 손익계산서의 일부와 외부감사인의 감사보고서 주석에 기재된 법인세비용과 관련된 정보는 다음과 같다. 이를 바탕으로 세후EBIT(NOPLAT)을 계산하라.

① 요약손익계산서

구 분	금 액
영업이익	12,000백만원
영업외수익	3,000백만원
영업외비용	6,000백만원
법인세차감전 순이익	9,000백만원
법인세비용	2,000백만원
당기순이익	7,000백만원

② 법인세비용 관련 주석사항

구 분	금 액
당기 부담할 법인세	1,800백만원
이연법인세자산의 변동분	200백만원
법인세비용	2,000백만원

■ **영업이익에 대한 법인세부담액 계산 및 세후EBIT(NOPLAT)의 계산**

당기 부담할 법인세는 1,800백만원이다. 법인세비용 중 200백만원은 재무회계상 이연법인세 변동에 따른 비용인식액으로 가치평가에 있어서 이연법인세는 실제적인 납부 법인세가 아니므로 고려하지 않는다. 당기 부담 법인세는 영업이익에 대한 법인세와 영업외손익에 대한 법인세로 구분한다.

- 영업이익에 대한 법인세부담액=1,800×12,000/(12,000−3,000)=2,400백만원

[참고] 영업외손익에 대한 법인세부담액=1,800−2,400=(−)600백만원

실무적으로는 영업이익에 대한 법인세 부담액은 '법인세부담률'에 의해 계산한다.

- EY Corp의 법인세부담률=법인세부담액(1,800)/법인세차감전순이익(9,000)=20%
- 영업이익에 대한 법인세 부담액=영업이익(12,000)×법인세부담률(20%)
  =2,400백만원

세후EBIT(NOPLAT)은 영업이익에서 영업이익에 대한 법인세를 차감하여 계산한다.

- 세후EBIT(NOPLAT)=영업이익(12,000)−영업이익에 대한 법인세(2,400)
  =9,600백만원

영업외손익에 귀속될 법인세를 계산하기 어렵거나 추가적인 정보가 없다면 영업이익에 한계세율을 곱하여 계산할 수 있다. 현재 우리나라의 한계 법인세율은 20%(과세표준 2억원 이상임. 과세표준 200억원 이상인 경우 한계세율은 22% 적용)이나 지방소득세(10%)를 감안하여 22%

(=20%×110%)를 한계세율로 사용한다.

한계세율에 의해 계산된 경우에는 한계세율이 세부담률이 되는데, 때로는 한계세율에 의한 방식이 더 정확한 방식이 될 수 있다. 정부는 조세정책적 목적에 따라 소득공제, 세액감면 등을 두고 있다. 평가대상기업이 세금감면으로 인해 납부할 법인세가 크게 감소한 경우를 생각해 보자. 과거 재무성과를 분석하는 목적이 미래의 추정에 대한 기초자료를 얻고자 하는 데 있으므로 과거의 세금감면효과가 미래에 지속될 것인가를 고려해야 한다. 우리나라의 조세감면구조는 중소기업에 대한 지원이나 인력개발 및 투자촉진을 위한 한시적인 조세특례가 많다. 평가시점 현재 중소기업이라 하더라도 향후 매출증가 등을 고려하면 궁극적으로는 중소기업 지원대상에서 제외될 수 있으며 한시적인 인력개발 및 투자촉진 관련 조세특례도 장기적으로 폐지될 가능성이 높다. 각종 준비금 등으로 납부세액이 감소한 것은 납부할 법인세를 향후로 미룬 것이므로 세부담의 기간별 재배분에 불과하며 전체기간으로 보면 세부담 자체가 감소한 것은 아니다.

또한 법인세법상 세금부과의 기초가 되는 소득금액인 과세표준과 재무회계상의 당기순이익은 개념체계와 계산구조가 서로 달라 영업외손익에 귀속될 법인세를 계산하는 것이 쉽지 않다. 우리나라의 법인세의 소득금액 계산구조는 간접법으로 당기순이익에서 각종 세무조정항목을 가감하여 계산된다. 영업이익에 귀속될 법인세를 계산하려면 당기순이익과 영업이익과의 차이를 파악할 뿐 아니라 세무조정 항목도 일일이 확인해야 하는 번거로움이 있다. 이러한 분석으로부터 얻을 수 있는 성과도 크지 않다. 이러한 이유로 단기적인 법인세부담률을 장기적인 추정법인세부담률로 사용하기보다는 법정 유효세율을 장기추정치로 이용하는 경우가 많다.

7.2 투자소요금액(Capital Expenditure)

투자소요금액은 유형자산 및 무형자산 그리고 일부 투자자산에 대한 투자액(CAPEX; Capital Expenditure)을 말한다. 유형자산과 무형자산은 영업활동에 투입되는 것이 일반적이므로 비영업용 자산으로 분류하는 것이 타당할 것으로 판단되는 자산을 제외하고는 투자소요금액에 포함된다. 투자자산은 영업활동에 필수적으로 필요한 자산도 있고 여유자금의 운용 등 영업활동과 관계없이 취득하는 자산도 있다. 임차보증금은 재무회계상 투자자산으로 분류되지만 영업활동에 반드시 필요한 자산에 해당한다. 반면, 매도가능증권은 순수 재무적 투자목적이거나 업무상 필요에 의해 취득하지만 그 자산의 취득으로 미래현금흐름의 증가와 연결하기에는 어려움이 있는 경우가 많아 비영업용 자산으로 분류된다.

(1) 유형자산 투자액

유형자산은 영업활동에 사용할 것을 목적으로 장기간 보유하는 자산으로 유형의 실체를 가진 자산을 말한다. 유형자산에는 토지, 건물, 기계장치, 비품, 구축물 등이 있다. 각 분석기간별 유형자산 투자규모는 현금흐름표에서 얻을 수 있다. 현금흐름표의 'Ⅱ. 투자활동으로부터의 현금흐름' 항목에는 유형자산 투자로 인한 현금유출과 유형자산 처분으로 인한 현금유입이 표시되어 있다. 동 항목에 포함된 투자자산 중 비영업용 자산의 현금흐름은 고려하지 않는다.

유형자산 투자실적 분석시 주의할 점은 대개 내용연수가 긴 자산, 즉 토지나 건물, 구축물을 최근에 투자한 경우 향후 투자계획을 함께 고려해야 한다. 만일 장기간 사용한 유형자산을 신규로 취득한 경우라면 당분간 추가구입이 필요없을 것이므로 유지보수 부담만 고려하면 될 것이다. 현재 보유하고 있는 유형자산에 대한 자본적지출 성격이라면 해당 유형자산에 대한 신규 구입, 증설, 대체의 필요가 있는지 함께 검토해야 한다. 기계장치, 비품 등의 경우에도 사용순환주기 등을 고려하여 과거 투자내역과 향후 투자계획을 확인하는 과정이 필요하다.

(2) 무형자산 투자액

무형자산은 영업활동에 사용할 것을 목적으로 장기간에 걸쳐 보유되는 물리적 형체가 없는 자산을 말한다. 무형자산에는 합병시 발생하는 영업권 외에 산업재산권, 라이선스와 프랜차이즈, 저작권, 컴퓨터 소프트웨어, 개발비, 임차권리금, 광업권 및 어업권 등이 포함된다. 원칙적으로 무형자산에 대한 분석은 유형자산과 동일하다. 일시적이고 향후에 지속적으로 발생하기 어렵다고 판단되는 항목은 고려할 필요가 없으나, 평가대상기업의 특성상 각종 무형자산 투자가 지속적으로 발생하는 경우에는 좀 더 심도있는 분석이 필요하다.

무형자산 투자액과 비용의 구분이 명확하지 않을 때가 있다. 개발비의 경우가 대표적인 경우이다. 기업회계기준에서는 개발비와 같이 외부에서 취득하지 않고 자가창출된 무형자산은 미래경제적 효익이 유입되고 자산의 통제가 이루어지는 경우에는 자산으로 인식하고 그렇지 못한 경우에는 비용으로 인식하도록 하고 있다. 가치평가는 현금흐름을 기초로 하므로 개발비를 자산으로 처리하든 비용으로 처리하든 관계없이 개발비 투자액이 투입된 시점과 발생금액에 대한 정보만 있으면 된다. 다만, 비용으로 처리하는 경우에는 즉시 세금효과가 있으므로 자산으로 처리하는 것과 비교해 세금부담액의 기간별 차이는 발생하게 된다.

[그림 3-14] 현금흐름표를 이용한 투자금액의 파악

II. 투자활동으로 인한 현금흐름	
1. 투자활동으로 인한 현금유입	
가. 토지의 처분	3,000
2. 투자활동으로 인한 현금유출	
가. 기계장치의 취득	1,200
나. 집기비품의 취득	500
다. 임차보증금의 취득	560
라. 산업재산권의 취득	100
마. 개발비의 증가	500
마. 단기금융상품의 증가	2,000

투자소요금액(CAPEX)	
기계장치	1,200
집기비품	500
임차보증금	560
산업재산권	100
개발비	500
합계	2,860

[그림 3-14]에서 토지의 처분은 어떤 의미를 가지는지 확인해 볼 필요가 있다. 토지가 생산활동에 직접적으로 사용되어 온 경우라면 대체투자가 필요할 수 있다. 토지의 처분으로 인한 대체투자가 필요하다면 향후 미래현금흐름 추정시 '투자소요계획'에서 대체투자계획(예를 들어 타부지의 매입 또는 건물의 임차계획)이 마련되었는지 확인해야 한다. 같은 기간 내에 토지의 처분과 대체투자가 모두 이뤄진 경우가 아니라면 그러한 토지의 처분이 투자소요금액의 차감요인은 아니다. 토지의 처분으로 인해 타인자본이 상환되었거나 여유자금으로 보유하고 있다면 이는 자본비용에서 고려하거나 비영업용 자산에서 고려하면 되기 때문이다. [그림 3-14]에서는 토지의 처분대가가 단기금융상품으로 보유하고 있을 가능성이 높다. 만일 토지의 처분대가를 단기금융상품으로 보유하고 있으며, 운전자본 상환을 위해 보유하는 것이 아니라면 동 단기금융상품을 비영업용 자산으로 분류하고 토지의 처분대가는 투자소요금액의 차감항목으로 분류하지 않는다.

7.3 잉여현금흐름(FCF; Free Cash Flow)

잉여현금흐름은 주주와 채권자에게 귀속될 현금흐름이다. 미래잉여현금흐름을 추정하기에 앞서 실현잉여현금흐름(Realized FCF)을 계산함으로써 평가대상회사의 잉여현금흐름의 발생유형을 파악하고 추정잉여현금흐름(Projected FCF)과 실현잉여현금흐름(Realized FCF)의 비교를 통해 추정의 일관성을 확인할 수 있다. 또한 실현잉여현금흐름을 미리 계산해 봄으로써 추정잉여현금흐름 계산시 발생할 수 있는 오류를 줄일 수 있다. 실현잉여현금흐름 계산의 목적이 추정잉여현금흐름과의 비교에 있으므로 미래잉여현금흐름의 추정과정과 동일한 가정과 절차에 따르도록 한다.

잉여현금흐름은 세후EBIT(NOPLAT)에서 비현금비용을 가산하고 운전자본 증감액과 투자소요금액을 차감한 금액이다.

> 잉여현금흐름(FCF) = 세후EBIT(NOPLAT) + 비현금비용(non-Cash expense)
> − 운전자본증가액(changes in Working Capital)
> − 투자소요금액(CAPEX)

예제 3-23 현금흐름표를 이용한 현금흐름분석

건설용 자재를 생산판매하는 EY Corp의 재무팀장은 미래현금흐름 추정결과와의 비교를 목적으로 과거 및 현재의 현금흐름표를 이용해 실현 잉여현금흐름(Realized FCF)을 산출하고자 한다. 이를 위한 재무정보는 다음과 같다.

① 요약 손익정보

영업이익 : 제22기 = 4,426백만원, 제21기 = 3,879백만원
영업이익에 적용될 EY Corp의 한계 법인세율 = 24.3%

② 현금흐름표

과 목	제 22 (당) 기		제 21 (전) 기	
	금	액	금	액
Ⅰ. 영업활동으로 인한 현금흐름		6,706		1,406
1. 당기순이익	3,690		2,428	
2. 현금의 유출이 없는 비용 등의 가산	3,392		3,056	
가. 감가상각비	1,471		1,142	
나. 대손상각비	1,501		1,571	
다. 퇴직급여	359		286	
라. 무형자산상각비	61		57	
3. 현금의 유입이 없는 수익 등의 차감	(132)		(197)	
가. 외화환산이익	132		197	
4. 영업활동으로 인한 자산부채의 변동	(244)		(3,881)	
가. 매출채권의 감소(증가)	(189)		(2,939)	
나. 재고자산의 감소(증가)	1,180		(271)	
다. 매입채무의 증가(감소)	(1,846)		422	
라. 기타운전자본의 증가(감소)	611		(1,093)	

과 목	제 22 (당) 기		제 21 (전) 기	
	금	액	금	액
Ⅱ. 투자활동으로 인한 현금흐름		(2,647)		(4,073)
1. 투자활동으로 인한 현금유입액	1,221		1,654	
가. 단기금융상품의 감소	306		1,062	
나. 단기대여금의 감소	567		187	
라. 장기투자증권의 처분	9		62	
마. 보증금의 감소	339		343	
2. 투자활동으로 인한 현금유출액	(3,868)		(5,727)	
가. 단기대여금의 증가	572		–	
나. 장기투자증권의 취득	–		197	
다. 장기금융상품의 증가	858		588	
라. 보증금의 증가	186		351	
마. 토지 및 건물의 취득	58		3,439	
사. 기타 유무형자산의 취득	2,194		1,152	
Ⅲ. 재무활동으로 인한 현금흐름		(1,888)		1,586
1. 재무활동으로 인한 현금유입액	1,100		3,270	
가. 장기차입금의 증가	1,100		3,270	
2. 재무활동으로 인한 현금유출액	(2,988)		(1,684)	
가. 단기차입금의 감소	1,284		1,379	
나. 유동성장기부채의 상환	754		305	
다. 장기차입금의 감소	950		0	
Ⅳ. 현금의 증가(감소)(Ⅰ+Ⅱ+Ⅲ)		2,171		(1,081)
Ⅴ. 기초의 현금		954		2,035
Ⅵ. 기말의 현금		3,125		954

③ EY Corp의 중요 운전자본은 매출채권, 재고자산, 매입채무 등이다. 기타 운전자본 항목 중 투자활동 및 재무활동관련 자산부채의 변동액은 포함되지 않았다.

④ EY Corp의 장단기대여금, 장단기투자증권은 영업활동과 무관한 투자자산으로 분류된다. 투자자산 중에는 보증금만이 영업활동과 직접적인 관련이 있다. 보증금은 영업지점에 대한 임차보증금으로 당기 중 영업지점의 일부를 폐쇄함에 따라 보증금의 일부를 회수하였다.

■ **세후EBIT(NOPLAT)의 계산**

EY Corp의 세후EBIT는 영업이익(EBIT)에 한계세율(24.3%)을 적용하여 계산하였다.

－세후EBIT(NOPLAT)＝영업이익(EBIT)－영업이익에 대한 법인세

－제22기＝4,426×(1－24.3%)＝3,350백만원

－제21기＝3,879×(1－24.3%)＝2,936백만원

■ **비현금비용의 계산**

비현금비용내역	제22기	제21기
감가상각비	1,471	1,142
대손상각비	1,501	1,571
퇴직급여	359	286
무형자산상각비	61	57
	3,392	3,056

비현금비용은 감가상각비와 무형자산상각비 외에 대손상각비, 퇴직급여 등이다. 대손상각비, 퇴직급여 등 충당금 계정은 순운전자본 증감 고려시 순액법에 의해 계산할 때에는 별도로 고려할 필요가 없으나 총액법에 의해 증감액을 표시할 때에는 해당 비현금비용을 별도로 표시해 준다.

■ **순운전자본 증감액의 계산**

순운전자본 증가액은 현금흐름표상 영업활동으로 인한 자산부채의 변동총액을 이용하였다.

	제22기	제21기
순운전자본증가액	244	3,881

현금흐름표에서 '영업활동관련 자산부채의 변동'이 (−)로 표시된 금액은 순운전자본금액이 '증가'하였음을 의미한다. 순운전자본의 증가액은 잉여현금흐름 계산시 '차감'된다. 반면, '영업활동관련 자산부채의 변동'이 (+)로 표시된 금액은 '순운전자본금액'이 '감소'하였음을 의미하며, 잉여현금흐름 계산시 '가산'된다.

■ **투자소요금액**

투자소요금액	제22기	제21기
보증금의 증가	(153)	8
토지 및 건물의 취득	58	3,439
기타유무형자산의 취득	2,194	1,152
	2,099	4,599

보증금에 대해서는 당기증가액과 감소액의 차이로 투자소요금액을 기표하였다.

■ **실현잉여현금흐름의 계산**

	제22기	제21기
세후EBIT(NOPLAT)	3,350	2,936
(가산) 비현금비용	3,392	3,056
(차감) 순운전자본증감액	244	3,881
(차감) 투자소요금액	2,099	4,599
실현잉여현금흐름(Realized FCF)	4,399	(2,488)

제22기의 실현잉여현금흐름은 양(+)의 현금흐름이나 제21기의 실현잉여현금흐름은 부(−)의 현금흐름이다. 제21기 현금흐름이 부(−)의 금액이 발생한 것은 토지와 건물 등 주요 유형자산의 투자가 발생하였기 때문이다. 또한 제22기에는 기계장치에 대한 대규모 투자가 발생하였다. 따라서 EY Corp의 제23기 추정잉여현금흐름은 제22기의 실현현금흐름보다 크거나 비슷할 것이다. 왜냐하면 유형자산의 투자가 최근에 발생하였으며 이로 인해 단기 투자소요계획에 추가적인 대규모 투자가 없다면 영업활동을 통한 투자금액의 회수시점이 도래하기 때문이다. 이러한 경우 추정기간의 설정은 제2차 투자에 따른 투자순환주기를 고려해야 한다. 제2차 투자에 따른 투자순환주기가 길어 추정기간 내에 포함되지 않는다면 영구성장률 계산시 이를 감안해야 한다.

Section 5

미래현금흐름의 추정

미래현금흐름의 추정은 재무성과분석의 연장선상에 있다. 현금흐름 추정을 위해서는 경영환경분석을 통해 평가대상기업이 속한 산업의 특성과 전망에 대해 예측하고 산업 내에서의 입지 및 우위를 평가하여 성장성 및 안정성 정도를 파악한다. 이러한 분석과정은 궁극적으로는 재무제표의 개별 항목을 추정하는 기본자료로 활용된다. 가치평가는 궁극적으로 미래잉여현금흐름(Projected FCF)의 추정에 있지만, 미래잉여현금흐름의 추정에는 재무제표 작성이 동반되어야 한다. 추정재무제표는 현금흐름의 추정 외에 미래의 자산부채현황, 손익전망 등의 정보를 제공해 주며, 추정결과에 대한 검증도구로서도 활용될 수 있다.

1. 미래현금흐름의 추정구조

미래현금흐름을 추정하는 정형화된 방법은 없다. 다만, 미래현금흐름을 추정하는 데 있어 논리적 일관성을 갖추고 실무적으로 유용한 방법에 대해 살펴보기로 한다. 미래현금흐름을 추정하는 일반적인 단계는 다음과 같다.

[그림 3-15] 미래현금흐름의 추정단계

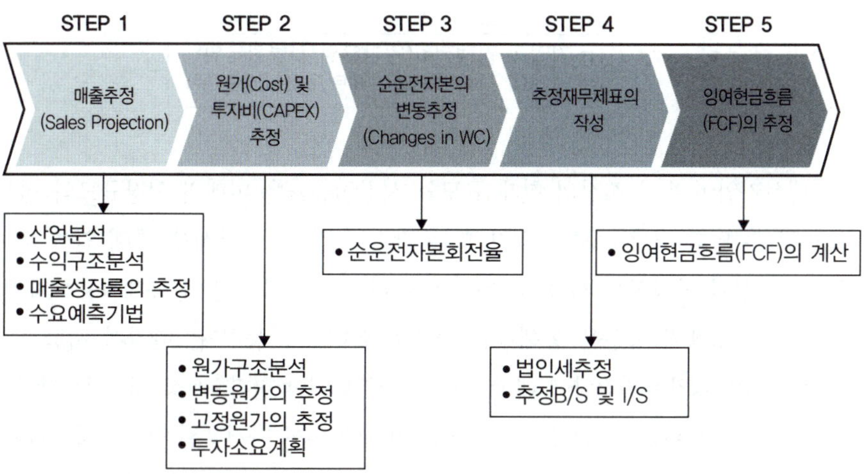

2. 매출추정의 접근방법

경영환경분석(산업분석) 및 수익구조분석 결과를 바탕으로 평가대상기업의 향후 매출을 추정한다. 경영환경분석에 대해서는 '제2장 경영환경분석'을, 수익구조분석에 대해서는 '제3장 3절 재무성과분석'을 참고하기 바란다.

평가대상기업이 속한 시장이 명확하다면 산업분석결과를 이용하여 매출추정이 가능하다. 산업분석결과 국내외 거시경제요소에 대한 분석과 평가대상기업이 속한 산업에 대한 전반적인 평가가 이루어지면 시장규모 및 시정점유율 분석을 통해 매출추정이 가능하다.

[그림 3-16] 매출추정을 위한 분석의 틀

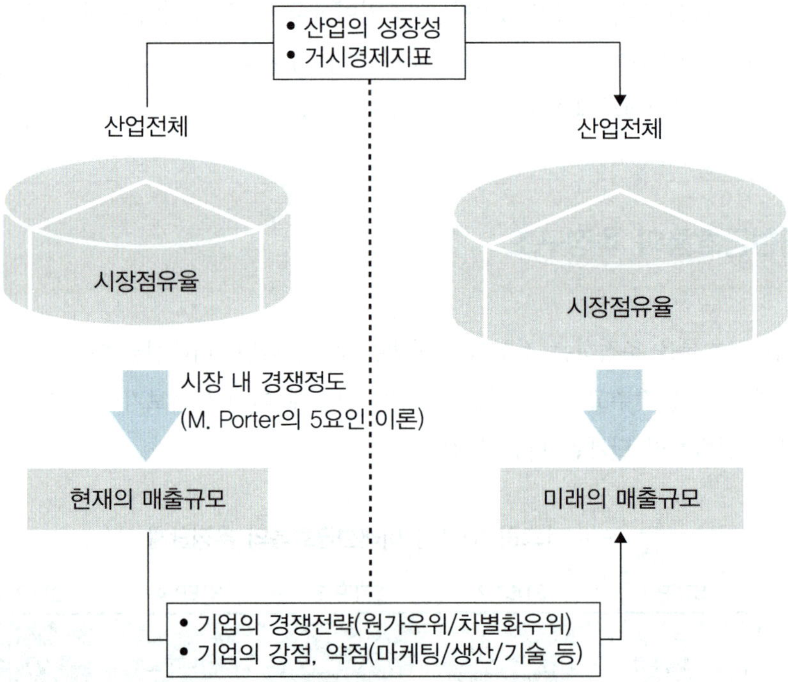

평가대상기업이 속한 시장의 현재 규모와 시장점유율은 미래의 시장규모와 점유율 추정시 척도가 될 수 있다. 시장규모의 성장 또는 감소는 경영환경분석을 통해 얻을 수 있다. 전체 시장의 성장성과 안정성은 시장선도기업이 아니라면 개별 기업이 통제가능하지 않은 경우가 많다. 그러나 경쟁력 향상을 통해 시장점유율 확대는 가능하다. 따라서 시장점유율 변경은 평가대상기업의 경쟁우위전략에 대한 연구가 선행되어야 한다. 시장 내 다른 참여자들에 대한 경쟁우위는 원가우위를 바탕으로 한 저렴한 가격에 의한 가격우위전략과 차별화된 재화나 서비스를 통한 차별화우위전략 등이 있다. 이에 대해서는 '제2장 경영환경분석'을 참고하기 바란다.

시장규모와 평가대상기업의 시장점유율에 대한 예측이 되었다면 평가대상기업의 생산능력을 검토해야 한다. 아무리 시장이 빠르게 성장하고 있고, 시장점유율이 증가하더라도 실질적인 공급능력이 받쳐주지 못하는 경우에는 시장의 확대가 매출증가로 이어지지 못한다. 따라서 추정되는 시장규모 및 점유율에 맞추어 평가대상기업의 공급능력이 확보가능한지 검토해야 한다. 어떤 경우에는 공급능력을 단기간 내에 확보하지 못하는 경우가 있다. 증가할 것으로 예상되는 판매에 대비해 생산시설을 추가해야 할 경우 생산시설 설치에만 상당한 기간이 소요되는 경우도 있고, 생산시설이 갖추어져 있더라도 유통시설 등이 부족해 추가공급하지 못할 수도 있다. 공급능력의 확보는 제조업뿐 아니라 서비스업에서도 마찬가지이다. 우수한 인적자원을 바탕으로 하는 서비스업의 경우 제조업보다 공급능력 확대가 오히려 어려울 수 있다.

시장규모 및 점유율에 대한 예측을 근간으로 평가대상기업의 경쟁력과 공급능력을 모두 고려하여 매출추정이 이루어진다. 또한 장기적으로 매출이 증가할 것으로 예상한다면 현재의 공급능력과 필요 생산능력을 고려하여 투자소요계획에 반영되어야 한다.

평가대상기업이 여러 개의 사업부문을 가지고 있고 각 사업부문이 속한 산업분야가 다르다면 매출추정은 각 사업부문별로 이뤄져야 한다. 사업부문별 매출추정은 사업부문별 경영환경 분석을 의미하기도 한다.

3. 매출추정

앞에서는 매출추정의 기본틀을 제시하였다. 매출추정은 시장규모와 시장점유율이라는 두 개의 요소로 구분할 수 있다. 시장규모의 성장률과 시장점유율의 곱은 매출성장률(Growth rate of Sales)을 의미한다. 이때 시장규모와 시장점유율을 각각 예측함으로써 성장률을 추정할 수 있고, 단일변수로서의 성장률을 추정할 수도 있다.

$$[1+\text{매출성장률}^e(\text{Growth rate})]=[1+\text{시장규모의 성장률}^e(\text{Growth rate of Market Size})]\times MS_2 / MS_1$$

MS_1 : 현재 시장점유율

MS_2 : 예상 시장점유율

모든 기업이 그러한 것은 아니지만 매출액은 매출물량과 매출단가로 구분하여 파악할 수 있다. 따라서 매출성장률은 매출물량 증가율과 매출단가 증가율로 표현되기도 한다. 시장규모의 성장률은 매출물량 증가율만을 의미할 수도 있고, 매출단가까지 고려한 증가율을 뜻할 수도 있다. 동시에 시장점유율의 상승 또는 하락은 매출물량에 1차적으로 영향을 주지만, 시장 내에서의 경쟁강도가 달라지므로 매출단가에도 영향을 미치게 된다.

매출액(Sales Amount) = 매출물량 × 매출단가
[1 + 매출성장률(Growth rate of Sales)] = (1 + 매출물량 증가율) × (1 + 매출단가 상승률)

3.1 매출추정의 방법론

매출액 또는 매출성장률의 추정방법은 대략 세 가지로 구분해 볼 수 있다. 첫째는 단일변수로서의 매출성장률을 직접 추정하는 방식이며, 둘째는 시장규모와 시장점유율을 각각 추정함으로써 매출 또는 매출성장률을 추정하는 방식이다. 마지막으로 매출의 구성항목인 매출물량과 매출단가를 각각 추정하여 매출액을 예측하는 것이다. 이때에도 시장규모의 성장률과 시장점유율에 대한 예측정보를 활용함은 당연하다.

(1) 단일변수로서 매출성장률 추정

매출성장률을 구성하는 항목을 구분하여 분석하지 않고 단일변수로 매출성장률을 바로 추정하는 방법이다. 경영환경 분석결과가 충분하지 않는 반면 회사의 매출성장패턴이 일관성 있는 경우나 프로젝트단위로 단절적으로 매출이 발생하는 기업에 적용할 수 있다. 특히 프로젝트단위로 매출이 발생하는 회사는 시장규모와 시장점유율 파악이 쉽지 않고, 매출물량과 매출단가를 구분하는 것도 어렵다. 즉 매출을 세분화하기 어려운 단일변수로서 매출성장률을 추정하는 방법을 사용할 수 있다.

예제 3-24 매출성장률을 직접 추정하는 방법

EY Corp는 과거 5년간의 매출추세를 분석한 결과 매년 5% 내외의 안정적인 성장을 지속하여 왔으며, 향후에도 비슷한 성장기조를 유지할 것으로 내다보았다. 시장분석자료에서도 EY Corp가 속한 시장의 규모가 중장기적으로 연간 5% 성장을 보일 것으로 예상하였다. EY Corp의 매출실적 및 추정결과는 다음과 같다. (단위 : 백만원)

구 분	20×1A	20×2A	20×3A	20×4A	20×5A	20×6F	20×7F	20×8F
매출추정	46,539	48,866	51,212	53,823	56,353	59,171	62,129	65,236
매출성장률	4.6%	5.0%	4.8%	5.1%	4.7%	5.0%	5.0%	5.0%

EY Corp의 매출은 5% 내외의 안정적인 성장이 향후에도 그대로 유지될 것으로 예측하고, 매출성장률을 직접 추정하는 방식을 사용하였다.

(2) 시장규모와 시장점유율을 이용한 매출추정

매출성장률의 구성요소인 '시장규모의 증가율'과 '시장점유율'을 각각 추정함으로써 매출성장률을 추정하는 방법을 이용할 수 있다. 먼저 미래의 시장규모 또는 시장규모의 성장률을 추정하고, 경영환경분석을 통해 파악된 정보를 바탕으로 평가대상회사의 시장점유율을 예측함으로써 매출을 추정하는 방식이다.

예제 3-25 시장규모의 증가율과 시장점유율을 이용한 매출추정

EY Corp는 지역도시가스 공급업체로서 시장규모의 증가율과 회사가 속한 시장의 점유율을 예측하여 자사의 향후 매출을 추정하고자 한다. EY Corp가 속한 도시가스공급산업은 시장이 안정화되어 있어 향후 시장규모가 큰 폭으로 확대되지는 않을 것으로 예상되고 있다. 반면, EY Corp는 자사의 도시가스공급지역을 확대할 기회를 포착함에 따라 시장점유율이 현재(8.1%)보다 단계적으로 증가하여 20×7년에는 11.0%까지 증가할 것으로 예상하였다.
시장분석전문기관의 도시가스공급시장현황 및 시장규모추정결과는 다음과 같다.

(단위 : 억원)

구 분	20×1A	20×2A	20×3F	20×4F	20×5F	20×6F	20×7F
시장규모	98,567	99,345	100,456	101,879	103,450	104,236	104,967
시장규모증가율	0.9%	0.8%	1.1%	1.4%	1.5%	0.8%	0.7%

시장규모에 대한 예측자료와 시장점유율 추정치를 이용하여 EY Corp의 매출을 추정하였다.

구 분	20×1A	20×2A	20×3F	20×4F	20×5F	20×6F	20×7F
시장규모	98,567	99,345	100,456	101,879	103,450	104,236	104,967
시장점유율	7.9%	8.1%	8.5%	9.2%	9.6%	10.4%	11.0%
매출추정	7,787	8,047	8,539	9,373	9,931	10,841	11,546
매출증가율	2.9%	3.3%	6.1%	9.8%	6.0%	9.2%	6.5%

[예제 3-25]에서 EY Corp가 속한 시장은 안정성장산업으로 시장규모의 증가는 향후 1%의 내외의 낮은 성장이 예상되지만, EY Corp의 매출은 6~9%의 높은 증가가 예상된다. 평가대상기업의 매출성장률이 산업평균성장률보다 높은 것은 시장점유율의 증가(8.1%에서 11%로 증가)가 예상되기 때문이다. 평가대상기업이 시장성장률보다 높거나 낮은 성장을 보일 것이라는 추정을 위해서는 경영환경분석을 통해 회사가 속한 산업에서의 위치, 회사의 강점 · 약점 및 위기요인과 기회요인에 대한 분석이 뒤따라야 할 것이다.

(3) 매출물량과 매출단가를 이용한 매출추정

매출액은 매출물량과 매출단가의 곱으로 표시된다. 따라서 매출의 추정은 매출물량과 매출단가를 각각 추정하는 방법이 가능하다. 매출물량의 추정은 시장규모의 성장률, 시장 내의 경쟁 정도 등 경영환경분석에서 파악된 내용을 바탕으로 하거나 시장분석기관의 추정자료를 이용할 수도 있다. 매출단가는 시장가격변동추이, 회사의 가격정책, 산업 내 경쟁강도 및 물가상승률 등을 감안하여 추정하게 된다. 매출물량과 매출단가의 추정은 결국 시장규모의 성장률과 시장점유율 추정에 따르게 되나, 시장규모의 성장률과 시장점유율에 대한 정보는 매출추정의 직접적인 요소로 고려하는 것이 아니라 매출물량과 매출단가 추정을 위한 2차 정보로 활용된다는 점에서 차이가 있다.

예제 3-26 매출물량과 매출단가를 구분한 매출추정

EY Corp는 매출추정을 위해 매출물량과 매출단가를 구분하여 분석하기로 하였다. 매출물량의 추정은 시장규모 성장률에 대한 예측자료를 활용(즉 시장점유율의 변동은 없는 것으로 가정)하며, 매출단가는 회사의 과거 단가상승에 대한 분석결과를 반영하여 소비자물가상승률(3%) 수준으로 상승할 것으로 추정하였다.

시장규모 및 매출물량의 추정결과

구 분	20×1A	20×2A	20×3F	20×4F	20×5F	20×6F	20×7F
시장규모(톤)	36,784	38,071	39,975	41,814	43,905	46,100	48,405
시장성장률	1.0%	3.5%	5.0%	4.6%	5.0%	5.0%	5.0%
매출물량(톤)	1,104	1,180	1,239	1,296	1,361	1,429	1,501

EY Corp의 매출물량이 시장성장률과 동일한 비율로 증가하므로 (물량기준)시장점유율에는 변동이 없음을 가정하는 것이다. 판매단가는 소비자물가상승률만큼 증가하는 것으로 하여 추정판매단가가 계산되었다. 매출물량과 판매단가를 곱하여 매출액을 최종적으로 추정하게 되는데 이때 매출성장률은 매출성장률을 직접 추정하는 것과는 반대로 사후적으로 계산된다. EY Corp의 매출물량은 시장성장률만큼 증가하나 판매단가는 소비자물가상승률만큼 증가할 것으로 내다보았으므로 매출성장률은 시장성장률보다 높은 연간 8% 수준으로 추정되었다.

구 분	20×1A	20×2A	20×3F	20×4F	20×5F	20×6F	20×7F
매출물량(톤)	1,104	1,180	1,239	1,296	1,361	1,429	1,501
판매단가(억원)	35.00	36.00	37.08	38.19	39.34	40.52	41.73
매출추정(억원)	38,623	42,488	45,950	49,506	53,541	57,904	62,624
매출성장률	3.0%	10.0%	8.1%	7.7%	8.2%	8.2%	8.2%

3.2 매출추정을 위해 필요한 정보의 수집

매출추정방법의 선택을 선택하기 위해서는 활용가능한 정보는 무엇이며, 정보를 어떤 식으로 수집·정리하여 활용할지에 대해 알아야 한다. 예를 들어 시장규모성장률과 시장점유율을 이용하여 매출을 추정하고자 한다면 관련 정보가 통계 · 관리되고 있어야만 추정이 가능하다. 따라서 매출추정방법의 선택은 활용가능한 정보가 무엇인지 확인하는 것이 우선적으로 필요하다.

(1) 과거성장률 자료

기업의 과거성장률(past growth rate), 즉 역사적 자료(historical data)는 미래성장률 추정의 기초지표가 될 수 있다. 특히 단일지표로서 매출성장률을 추정하는 경우에는 과거성장률과의 비교분석이 필수적이다. 또한 안정적인 기업 또는 안정적인 산업에 속한 기업은 과거성장률이 향후 매출성장률과 상관관계가 높을 것이다. 반면 기술기업(Technology firm)과 같이 고성장산업(기업)의 경우 과거성장률 자료는 단지 참고자료에 불과하다. 시계열분석기법은 과거성장률과 같은 역사적 자료를 활용하여 미래성장률을 추정하는 대표적인 방법이다.

(2) 전문기관의 조사결과

시장분석전문가(market researcher or analyst)의 조사결과 및 추정자료는 시장규모, 시장점유율 및 시장성장률에 대한 유용한 정보를 제공한다. 국내외 전문분석기관의 분석전문가들은 시장의 변동상황뿐 아니라 향후 시장전망에 대한 예측자료를 발표하고 있다. 시장분석전문가의 조사결과는 시장의 평균적인 상황이므로 개별 기업의 점유율과 매출성장률 추정은 별도로 이루어져야 한다. 매출추정을 위해 동원되는 여러 수요예측기법들은 몇 가지 방법을 제외하고는 추가적인 비용과 시간을 필요로 한다. 이 때문에 별도의 수요예측작업을 하기보다 해당 산업의 전문시장조사기관에서 조사한 시장분석 및 예측보고서를 활용하는 경우가 많다. 이를 바탕으로 평가대상기업의 공급능력, 경쟁전략을 참고하여 시장점유율을 예측한다. 전문조사기관의 예측자료도 다양한 수요예측기법을 이용한 결과이므로 많은 시간과 비용을 줄일 수 있는 장점이 있는 반면 평가대상기업의 맞춤형 정보가 아니므로 추가적인 분석이 필요하다.

사례 3-1 전문조사기관 자료를 이용한 매출물량추정의 예

(단위 : 천 M/T)

구 분	20×1A	20×2A	20×3F	20×4F	20×5F	20×6F	20×7F
총내수량	50,055	54,294	53,200	55,000	56,000	57,300	58,700
시장점유율	14.3%	14.3%	14.3%	14.3%	14.3%	14.3%	14.3%
판매량추정치	7,158	7,764	7,608	7,865	8,008	8,194	8,394

* 총내수량 추정치는 Ocean Shipping 추정치
* 시장점유율은 20×1년~20×2년 회사의 시장점유율이 계속 유지되는 것으로 가정

전문조사기관의 조사 및 추정자료는 시장전반의 다양한 자료를 제공하는데, 이에는 주요 제품의 단가에 대한 정보도 포함된다. 제품의 단가는 어떤 기업에는 판매단가가 될 수 있으며, 어떤 기업에는 재료비단가가 될 수도 있다.

사례 3-2 전문조사기관 자료를 이용한 매출단가(재료비 단가)예측자료의 예

구 분	2002년A	2003년A	2004년A	2005년A	2006년F	2007년F	2008년F
국제유가 (Dubai, 달러/배럴)	23.9	26.8	33.7	49.4	59.5	61.2	63.0
Naphtha가격 (CFR Japan, 달러/톤)	237.0	283.0	389.0	489.0	589.0	606.0	624.0

* 자료 : 관계기관, 한국투자증권

(3) 평가대상기업의 매출성장률 관련 정보

미래의 매출규모 또는 매출성장률을 추정하기 위해서는 시장 관련 정보에 추가하여 평가대상기업의 개별 특성을 파악하여야 한다. 기업이 속한 산업의 평균적인 성장률만큼 성장하는 것으로 가정하지 않는 이상 평가대상기업의 기본역량(fundamentals)에 의해 최종적인 매출규모(또는 매출성장률)가 결정되기 때문이다. 기업의 성장률은 새로운 자산에 얼마나 투자하고 핵심역량을 키워나가는가에 의해 결정되는 것이지, 산업성장률이나 과거성장률에 의해 결정되는 것은 아니기 때문이다. 산업성장률은 정체되는 데 반해 시장점유율의 확대로 기업성장률이 높아지려면 기업 고유의 역량이 높아져야 한다. 기업의 성장방식은 기존산업에서의 입지 강화뿐 아니라 새로운 산업으로의 진출 등 다양한 방식이 있으므로 경영환경분석과 내부역량에 대한 분석을 종합하여 평가대상기업의 개별 특성정보가 확보되어야 합리적인 매출추정이 가능하다.

4. 수요예측기법

매출추정을 위한 기본정보가 정의되고, 이용가능한 정보에 대한 파악이 이루어지면 본격적인 매출추정을 하게 된다. 이때 매출추정을 위한 다양한 방법을 활용할 수 있는데 이를 수요예측기법이라 한다. 수요예측기법은 정성적(Qualitative)인 방법과 정량적(Quantitative)인 방법으로 구분된다. 정성적 방법은 재무자료의 분석보다는 주관적 판단에 의해 매출을 추정하는 방식이다. 신제품을 개발, 판매하는 경우나 과거 자료가 없는 경우 또는 과거와 마케팅환경이 급변하는 경우에 적용할 수 있다. 분석에 필요한 시간적 여유가 없는 경우에도 유용한 방법이다.

[표 3-3] 수요예측기법의 종류

구 분	수요예측기법	필요한 자료	적용상황
정성적 기법	경영자판단법	전체적인 분석자료	기존제품이나 신제품의 전체 매출에 대한 단기적 · 개략적 매출추정
	판매원의견 통합법	설문조사	기존제품의 지역별 또는 제품별 단기예측
	델파이법	설문조사	신제품이나 신기술에 대한 장기적 수요예측
시계열분석법	단순예측법	과거매출자료	성숙기 산업의 단기예측
	이동평균법	과거매출자료	정태적 산업의 단기예측
	지수평활법	과거매출자료	정태적 산업의 단기예측
	시계열분석법	과거매출자료	추세변화나 계절적 변이가 있는 경우의 장단기예측
	BOX-Jenkins모형	과거장기매출자료	충분한 자료축적이 이루어진 경우의 단기예측
인과적 모형	회귀분석	매출 관련 변수자료	동태적 산업의 단기예측
	구매의도분석법	survey 자료	동태적 산업의 장단기예측

정량적 방법은 과거의 매출자료, 마케팅 관련 자료, 거시경제지표 등과 같은 계량적인 자료를 이용하여 예측모형에 적용, 매출을 추정하는 것이다. 정량적 방법은 과거 매출자료와 변화추이를 근거로 하여 미래의 매출을 예측하는 시계열분석(Time series analysis)과 매출에 영향을 미친 원인변수들과 과거매출 간의 관계를 추정하고 이를 토대로 향후의 매출을 추정하는 인과모형(Causal models)으로 나누어진다. 각 방법을 적용할 때에는 필요한 자료의 이용이 가능한지, 제품의 특성에 적합한 방법은 무엇인지, 산업이 얼마나 급변하고 있는지, 예측기간은 어느 정도여야 하는지 등을 종합적으로 고려하여 선택한다.

4.1 경영자 판단법

경영자 판단법(executive judgment)은 오랜 기간 동안 시장상황에 대한 풍부한 경험을 갖고 있는 기업의 최고경영자, 영업최고책임자 및 기타 중역들로 하여금 향후의 매출을 판단하도록 하는 방법이다. 이 방법은 예측이 쉽고 빠르며 전체 매출의 크기에 대해 비교적 정확한 예측결과를 얻을 수 있다는 장점으로 인해 많이 이용되는 수요예측기법이다. 그러나 경영자 몇몇의 판단에 의한 추정은 오류가능성을 많이 내포하고 있으며, 마케팅 목적이 아닌 가치평가의 목적에는 적절하지 못한 방법이다. 즉 경영자 판단법은 주관적인 추정치이며 가치평가측면에서는 편의(偏倚)된 예측치이므로 실제 사용은 불가능한 방법이다.

4.2 판매원의견 통합법

판매원의견 통합법(Salesforce composite)은 담당지역과 제품에 대한 풍부한 정보를 갖고 있는 판매원들 각각에게 책임지역 또는 제품에 대한 매출을 예측하도록 하고 판매원별 예측치를 합하여 기업 전체의 매출을 예측하는 방법이다. 이 방법은 현장에 대해 비교적 정확한 정보를 갖고 있는 판매원들에 의해 지역 · 제품별 세부적인 예측이 가능하고 자신들의 목표달성가능성을 감안한 현실적 예측치를 제시한다. 적용이 쉽고, 추가적인 비용부담도 없으므로 가장 많이 사용되는 방법 중 하나이다. 그러나 판매원들은 실제 예측치보다는 실현 불가능한 목표치를 제시하는 경우가 많으며, 조사의 목적을 오해하여 판매목표달성에 대한 부담감으로 예측치를 축소하기도 한다. 또한 판매원들은 거시적 마케팅 환경변화에 대한 정보가 부족해 이를 예측에 반영하지 못할 가능성이 높다. 이러한 이유로 판매원의견 통합법이 가장 많이 이용되는 매출추정의 방식 중 하나이면서도 가장 신뢰성이 떨어지는 방법으로 취급받기도 한다.

4.3 델파이방법

델파이방법(Delphi method)이란 신제품이나 신기술의 개발과 같이 축적된 과거자료가 없고 향후 시장전망이 불투명한 상황하에서 다양한 전문가 집단의 의견을 수렴하여 예측의 정확도를 높이는 방법이다. 먼저 기업 내 · 외의 전문가(영업부, 기획부, 개발부, 대리점, 업계전문가 등)들로 하여금 1차로 매출에 대한 예측을 하도록 한다. 이들의 의견을 취합하여 그 결과를 각각의 참여자에게 알려주면 각 참여자는 이 자료를 참고로 수정된 예측결과를 다시 제출한다. 만일 참여자들의 예측결과가 비슷하다면 이를 최종적인 추정치로 결정하며, 추정치들 간에 차이가 있다면 다시 참여자들에게 의견을 묻는 과정을 반복하게 된다.

델파이방법은 과거자료가 없고 시장전망이 불확실한 상황에서 다양한 전문가 집단으로부터 비교적 정확하고 합의된 예측치를 얻을 수 있다는 장점이 있으나, 효율적인 진행을 위한 전문가가 필요하며 많은 시간과 비용이 소요된다는 단점을 가지고 있다.

4.4 단순예측법

단순예측법(Naïve method)은 가장 단순한 형태의 시계열분석기법이다. '지난 3년간의 매출자료'와 같이 시간의 흐름에 따라 순서적으로 정리된 자료를 시계열자료(time series data)라고 하는데, 시계열분석(time series analysis)이란 시계열 자료로부터 규칙성을 찾아내고 이를 기초로 향후 매출의 변화를 예측하는 기법을 말한다.

단순예측법은 시장이 정태적인 경우, 즉 과거와 비교해 미래에 큰 시장변화가 일어나지 않을 것으로 예상될 때 과거의 매출자료를 미래의 예측치로 이용하는 기법이다. 단순예측법에서 요구되는 자료는 바로 과거 1기의 자료이다. 단순예측법의 추정모형은 다음과 같다.

$$P_{t+1} = S_t$$

P_{t+1} : t+1기의 판매예측치
S_t : t기의 매출실적

단순예측법은 제품시장이 성숙기에 들어서 시장에 큰 변화가 없는 경우 이용된다. 단순예측법에서는 기본적으로 전기의 실적치가 당기 또는 차기 이후의 실적치로 보는 것이나 가치평가에 있어서는 단순예측법을 약간 수정해서 사용하게 된다. 왜냐하면 기업은 급변하는 경영환경 속에서 지속적으로 변화하며 성장하는 것을 추구하기 때문이다. 따라서 가치평가에 있어 단순예측법의 적용은 전기의 실적치에 일정부분 성장계수를 이용하게 된다. 실무적으로는 과거 매출실적에 GDP성장률이나 인구증가율, 소비자 또는 생산자 물가상승률 등 거시경제지표나 개별분석을 통해 예측된 성장률을 반영하여 추정한다. 예를 들어 어떤 기업의 과거 매출성장률 성향을 분석한 결과 GDP성장률과 일정한 상관관계가 형성되어 있는 것으로 파악되었다면, GDP성장률의 장기전망치는 그 기업의 장기성장률과 밀접한 관련이 있는 것으로 볼 수 있다. GDP성장률과 밀접한 상관관계가 있는가의 여부는 과거의 기간별 성장률과 GDP성장률과의 상관관계분석을 통하거나 산업의 특성을 고려하여 결정할 수 있다. GDP성장률 등 거시경제지표를 이용하여 매출을 추정하는 경우에는 매출성장계수를 이용할 수 있다.

매출성장계수=과거 매출증가율÷GDP 과거성장률
매출성장률=매출성장계수×GDP성장률 전망치

가치평가에 있어 단순예측법의 적용은 전1기의 매출실적에 예상성장률을 고려하여 다음과 같이 추정한다.

$$P_{t+1} = (1+g) \times S_t$$

P_{t+1} : t+1기의 판매예측치
S_t : t기의 매출실적
g : 매출성장률

거시경제지표를 이용한 추정방법은 실무적으로 다양하게 활용될 수 있다. 예를 들어 건설업종의 경우에는 건설수주액과 평가대상회사와의 매출규모와의 관계를 이용할 수 있으며, 소비자물가지수에서 중요한 항목을 차지하는 일반 소비재 생산품을 생산 · 판매하는 회사는 소비자물가상승률 전망치와의 일정한 상관관계를 이용할 수 있다.

예제 3-27 GDP성장률 등을 이용한 단순예측법

EY Corp의 과거 일정기간의 매출성장률과 GDP성장률 수치는 다음과 같다. EY Corp의 2005년 매출실적이 10억원일 때 EY Corp의 장기매출규모를 추정하라.

① 과거 GDP성장률과 EY Corp의 매출성장률 (단위 : %)

구 분	1996 A	1997 A	1998 A	1999 A	2000 A	2001 A	2002 A	2003 A	2004 A	2005 A
GDP성장률	7.0	4.7	(6.9)	9.5	8.5	3.8	7.0	3.1	4.7	4.0
매출성장률	8.4	9.4	(9.7)	7.6	10.2	4.2	8.4	5.0	6.6	6.4

② 전문분석기관에 의한 GDP성장률 전망치

구 분	2006E	2007E	2008E	2009E	2010E
GDP성장률(%)	5.2	4.7	5.1	5.2	5.1

■ **매출성장률과 GDP성장률과의 상관관계분석**

먼저 회사의 매출실적과 GDP성장률과의 상관관계에 대한 분석을 한다. GDP성장률과 EY Corp의 매출성장률 자료를 상관관계를 측정하는 엑셀함수(CORREL)에 의해 상관계수를 계산하니 0.9380으로 계산되었다. 이는 GDP성장률과 EY Corp의 매출실적은 매우 높은 상관관계를 가진다는 의미이다. 따라서 GDP성장률 전망치는 EY Corp 매출추정의 기초자료로 활용될 수 있다고 할 수 있다. 한편, 과거 EY Corp의 매출성장률은 GDP성장률 대비 연평균 35% 높은 것으로 계산되었다. 이는 1996년부터 2005년까지 매년의 매출성장률을 GDP성장률로 나눈 값(매출성장계수)을 단순평균한 값이다.

구 분	1996A	1997A	1998A	1999A	2000A	2001A	2002A	2003A	2004A	2005A
매출성장계수	1.2	2	1.4	0.8	1.2	1.1	1.2	1.6	1.4	1.6

(예) 1996년의 매출성장계수=8.4÷7.0=1.2

각 연도별로 매출성장률과 GDP성장률 간의 비율(=매출성장계수)을 산술 평균해서 계산한 값은 1.35이다. 반면, 1996년부터 2005년까지를 하나의 기간으로 보고 평균성장률을 계산하는 방법도 있다. 예를 들어 1996년의 GDP와 매출액을 100으로 보고 각각의 성장률을 계산하면 2005년의 GDP는 154.51이며, 같은 해의 매출수준은 170.76이다. 즉 1996년부터 2005년까지 GDP는 연평균 4.95%(=(154.51/100)1/9−1) 증가한 데 비해 매출은 연평균 6.13%(=(170.76/100)1/9−1) 증가한 것이다(이는 기하평균을 계산하는 방식임). 두 지표의 증가율을 나누면 (6.13%÷4.95%−1)=23.8%만큼 매출증가율이 GDP증가율보다 높게 나타났다. 이는 상기의 산술평균 결과보다 약간 낮은 수준이다. GDP성장률 대비 과거 매출성장률의 비율을 계산할 때는 위의 두 가지 방법 중 보다 합리적인 방법을 선택하면 된다. 이론적으로는 기간별 실적이 독립적이라면 산술평균이 적정하고, 기간별 실적이 상호의존적이라면 전체를 하나의 기간으로 보아 증가율을 비교하는 방법(기하평균)이 적정할 것이다.

[참고] 매출성장계수를 통계적으로 유의한 값을 도출하고자 하면 상기와 같이 기간별 평균값이 아닌 회귀분석에 의한 계수값을 이용하는 것이 보다 합리적이다. 이에 대해서는 수요예측 기법 중 회귀분석을 활용한 예제를 참고하기 바란다.

■ **EY Corp의 매출추정**

여기서는 전체기간을 하나의 기간으로 보고 성장률을 비교하는 방법을 사용하기로 한다. EY Corp의 향후 매출은 GDP성장률의 129.8%만큼 높은 것으로 추정할 수 있다.

구 분	2006E	2007E	2008E	2009E	2010E
GDP성장률(%)	5.2	4.7	5.1	5.2	5.1
매출성장률(%)	6.44	5.82	6.31	6.44	6.31
매출추정(억원)	10.644	11.263	11.974	12.745	13.549

2006년 매출추정=2005년 매출(10)×(1+6.44%)=10.644
2006년 매출성장률=5.2%×123.8%=6.44%

4.5 이동평균법

이동평균법(moving average method)은 매출에 특별한 패턴이 없는 경우에 과거의 판매실적을 평균하여 향후의 매출을 예측을 예측하는 방법이다.

$$P_{t+1}=[S_t+S_{t-1}+S_{t-2}+\cdots S_{t-(n-1)}]/n$$

P_{t+1} : t+1기의 판매예측치
S_t : t기의 매출실적
n : 판매예측 계산에 이용된 기간

이동평균법은 안정된 제품시장에서 단기적 예측에 효과적이다. 이동평균법에 의해 얻어지는 수요예측치는 계산기간에 따라 값에 차이가 발생한다. 기간이 길어지면 최근의 시장변화가 반영되지 못하는 반면, 계산기간이 너무 짧으면 단순예측법과 차이가 없어진다. 따라서 이동평균법에서는 시장의 변화 정도를 고려하여 적절한 계산기간이 결정되어야 한다. 한편, 실무적으로는 역시 GDP성장률과 같은 성장률 지표를 고려하여 추정한다. 또한 최근의 시장변화를 최대한 반영하기 위해 최근의 실적에 가중치를 부여하는 방법도 이용된다.

가치평가에 있어 이동평균법을 이용한 매출추정은 다음의 식으로 변형하여 사용한다.

$$P_{t+1}=(1+g)\times[S_t+S_{t-1}+S_{t-2}+\cdots S_{t-(n-1)}]/n$$

P_{t+1} : t+1기의 판매예측치
S_t : t기의 매출실적
n : 판매예측치 계산에 이용된 기간
g : 매출성장률

예제 3-28 이동평균법을 이용한 수요예측-성장률 지표 및 최근 가중치 부여

EY Corp는 부동산임대업을 영위하고 있다. EY Corp의 과거 5년간 평당임대료 및 공실률에 대한 정보와 전문기관이 예측한 향후 소비자물가상승률 전망치를 이용하여 임대수익을 예측하라. 단, EY Corp의 현재시점(20×5년말)의 공실률은 10%인데 향후 매년 공실률이 2%씩 감소하여 최종적으로 2% 수준의 공실률이 유지될 것으로 예상된다. 20×6년의 평당임대료는 과거 3년간의 가중평균임대료(최근 임대료에 가중치 부여)의 110%수준으로 하는 것으로 상호합의되었으며, 20×7년 이후에는 동일한 방식으로 계산된 가중평균임대료에 소비자물가상승률 전망치(전문기관의 전망치는 향후 5년간 평균 3%로 예상되었음)만큼 성장할 것으로 예상된다.

구 분	20×1A	20×2A	20×3A	20×4A	20×5A
평균임대료(만원)	10.0	12.0	11.0	15.0	15.0
공실률(%)	6%	12%	5%	8%	10%
총임대가능면적(평)	20,000	20,000	20,000	20,000	20,000
임대수익(백만원)	1,880	2,112	2,090	2,760	2,700

■ **평균임대료 및 임대수익 추정**

구 분	20×6F	20×7F	20×8F	20×9F	2010F
가중평균임대료	14.3	15.4	15.7	16.0	16.3
평당임대료(만원)	15.8	15.8	16.1	16.5	16.7
공실률(%)	8%	6%	4%	2%	2%
예상임대면적(평)	18,400	18,800	19,200	19,600	19,600
임대수익(백만원)	2,907	2,970	3,100	3,227	3,282
매출성장률	7.4%	2.7%	4.1%	4.1%	1.7%

- 20×6년 임대수익의 계산
  20×6년 가중평균임대료=(11만원×1+15만원×2+15만원×3)/6=14.3만원
  20×6년 평당 임대료=가중평균임대료(14.3)×(1+10%)=15.8만원
  20×6년 임대수익=평당임대료(15.8)×예상임대면적(18,400)=2,907
- 20×7년 임대수익의 계산
  20×7년 가중평균임대료=(15.0×1+15.0×2+15.8×3)/6=15.4만원
  20×7년 평균임대료=가중평균임대료(15.4만원)×(1+3%)=15.8만원
  20×7년 임대수익=평당 임대료(15.8)×예상임대면적(18,800)=2,970

4.6 지수평활법

지수평활법(exponential smoothing)은 과거 일정기간 동안의 자료만을 이용하는 이동평균법과는 달리 이용 가능한 과거자료 모두를 매출추정에 활용하는 방법이다. 지수평활법에 의한 수요예측산식은 다음과 같다.

$$P_{t+1} = \alpha S_t + (1-\alpha)P_t$$

P_{t+1} : t+1기의 수요예측치　S_t : t기의 매출실적　α : 평활상수(smoothing factor)

지수평활법은 평활상수 α의 조정을 통해 최근 매출자료에 보다 높은 가중치를 주던지 과거 자료에 더 많은 가중치를 줄 수 있다. α가 커지면 최근 매출자료의 비중이 높아진다. 반면에 α가 작아지면 과거 매출자료의 비중이 상대적으로 높아진다. 위의 식에서 $P_t = \alpha S_{t-1} + (1-\alpha)P_{t-1}$의 산식으로 다시 정리되기 때문에 점점 과거 실적에 가중치가 부여되는 효과가 있는 것이다.

예제 3-29 지수평활법을 이용한 수요예측

금융기관인 EY Finance Corp의 재무팀장은 지수평활법을 이용하여 향후 대출금리를 추정하고자 한다. 금리예측전문기관의 1기 예측금리는 7%이다. 지수평활계수로는 0.7을 적용한다. 과거 3개년의 대출금리는 다음과 같다.

구 분	20×1A	20×2A	20×3A
대출금리	7.00%	6.50%	7.40%

■ **지수평활법을 이용한 금리추정결과**

지수평활법을 이용해 향후 5년간 대출금리를 예측한 결과는 다음과 같다.

구 분	20×4F	20×5F	20×6F	20×7F	20×8F
대출금리	7.00%	7.28%	7.08%	7.22%	7.13%

20×4년 대출금리예측치 = 전문기관예측치(7%)
20×5년 대출금리예측치 = 7.40%×0.7 + 7.00%×(1−0.7) = 7.28%
20×6년 대출금리예측치 = 7.00%×0.7 + 7.28%×(1−0.7) = 7.08%
지수평활법에 의한 예측치는20×4년과 20×5년 예측에 사용하는 것이 개념에 부합한다. 따라서 기간별 실적치가 측정되면 다음 기간의 대출금리 추정치를 수정하는 방법에 의해 추정치를 조정하게 된다. 다만, 사례에서는 기간별 대출금리의 상호의존성을 전제로 추정치가 다음 기의 실적치로 간주될 것이라는 가정이 내포되어 있다. 이러한 경우에는 대출금리의 첫해 예측치가 신뢰성이 높아야 할 것이다.

4.7 회귀분석

회귀분석(regression analysis)은 대표적인 인과모형(causal model)이다. 인과모형이란 매출에 영향을 미치는 변수들과 매출 간의 인과관계를 밝히는 데 이용된다. 즉 매출에 영향을 미치는 주요 변수들을 규명하고 이들 변수들과 매출 간의 관계를 통계적 모형을 이용해 추정한 다음 판매예측에 이용하는 기법이다(회귀분석에 관한 이론설명과 EXCEL 프로그램을 이용한 활용방법에 대해서는 '3. 재무성과분석'에서 설명하였음).

회귀분석을 이용한 매출의 추정은 과거의 데이터를 이용하여 특정변수와 매출과의 상관관계를 찾아내고, 이를 바탕으로 특정변수의 예측결과에 의해 매출을 추정하는 방식이다. 회귀분석을 위해서는 매출에 영향을 미칠 것으로 추정되는 주요 변수들을 먼저 규정한다. 이러한 주요 변수들에는 광고비와 같은 원가정보, 대리점의 수와 같은 마케팅활동에 관한 정보, GDP성장률과 같은 거시경제지표 등이 있다. 이들 주요 변수를 독립변수로 하는 회귀분석을 적용하여 매출에 유의한 영향을 미치는 변수를 찾아낸 다음 이들로부터 예상매출을 추정하는 것이다.

회귀분석은 그 자체로 수요예측을 위한 방법으로 사용되기도 하지만 다른 수요예측기법의 예측력을 높이기 위한 보조수단으로 사용될 수도 있다. 단순예측법이나 이동평균법에서 성장률 지표로 GDP성장률 등을 사용하였다고 보자. GDP성장률을 성장률 지표로 이용하기 위한 합리적인 근거는 무엇인가? 회귀분석을 통해 가장 적절한 독립변수로 GDP성장률이 선택되었다면 GDP성장률에 의한 추정결과의 예측력을 높일 수 있을 것이다.

예제 3-30 매출성장계수의 검증방법으로 회귀분석 활용

EY Corp의 재무담당자는 매출추정을 위해 매출성장계수로 GDP를 사용하기로 하였다. 재무담당자는 매출성장계수로 GDP성장률을 적용하는 것이 타당한지 확인하기 위해 과거 GDP성장률자료와 과거 매출성장률자료를 이용하여 회귀분석을 하기로 하였다. 과거 GDP성장률과 회사의 매출성장률에 대한 자료는 다음과 같다.

구 분	1996A	1997A	1998A	1999A	2000A	2001A	2002A	2003A	2004A	2005A
GDP성장률	7.0	4.7	(6.9)	9.5	8.5	3.8	7.0	3.1	4.7	4.0
매출성장률	8.4	9.4	(9.7)	7.6	10.2	4.2	8.4	5.0	6.6	6.4

과거자료를 이용하여 엑셀프로그램에 의한 GDP성장률과 EY Corp의 매출성장률 간의 회귀분석결과는 다음과 같다.

2	요약 출력								
3									
4	회귀분석 통계량								
5	다중 상관계수	0.937828							
6	결정계수	0.879522							
7	조정된 결정계수	0.864462							
8	표준 오차	0.021017							
9	관측수	10							
10									
11	분산 분석								
12		자유도	제곱합	제곱 평균	F 비	유의한 F			
13	회귀	1	0.025797	0.025797	58.40219	6.06E-05			
14	잔차	8	0.003534	0.000442					
15	계	9	0.029331						
16									
17		계수	표준 오차	t통계량	P-값	하위 95%	상위 95%	하위 95.0%	상위 95.0%
18	Y절편	0.003066	0.009647	0.317783	0.758786	-0.01918	0.025311	-0.01918	0.025311
19	X1	1.17697	0.154011	7.642132	6.06E-05	0.821821	1.532119	0.821821	1.532119

도출된 결과를 살펴보자. 먼저 상관계수 0.9378은 GDP성장률과 EY Corp의 매출성장률이 매우

높은 상관관계에 있음을 보여준다. 참고로 상기의 자료는 [예제 3-29]와 동일한 자료이다. 상관계수값은 엑셀의 상관계수함수(CORREL)에 의해 도출한 결과와 동일하다. 결정계수에서 보듯이 독립변수와 종속변수 간의 설명력이 매우 높음을 알 수 있다. 분산분석에서 유의한 F가 0.01보다 낮으므로 모형의 적합성도 만족한다. 기울기의 p-값은 0.01보다 낮으므로 99%의 신뢰도하에서 기울기 1.1769도 통계적으로 유의하다. 반면, Y절편 계수의 p-값은 0.7587로 Y절편은 통계적으로 유의하지 않다. 우리는 앞의 단순예측법에서 GDP성장률과 EY Corp의 매출성장률의 상관관계가 높으므로 기간별 매출성장계수를 구하고 평균한 값인 1.35를 매출성장계수로 도출하였다. 회귀분석을 이용하면 기울기값, 즉 1.1769가 바로 매출성장계수가 된다. 따라서 통계적으로 유의한 매출성장계수를 도출하고자 한다면 회귀분석을 이용하는 것이 합리적이다.

신제품에 대한 수요를 예측하거나 과거의 매출실적에 대한 자료가 부족해 회귀분석이 어려운 경우가 있다. 이 경우에는 소비자들에 대한 설문조사를 통해 소비자들의 구매의사결정과정에서 매출에 가장 인과관계가 높은 독립변수를 찾아내는 방법을 사용한다. 이 방법은 마케팅관리 목적에서는 과거 매출자료를 이용한 회귀분석보다 소비자들의 구매행동패턴을 반영하므로 미래 추정의 정확도가 높을 수 있으나 계량화가 어렵고 시간과 비용이 많이 소요되는 문제가 있다.

5. 원가추정

원가추정방식은 산업별로 특성이 있으며 개별 기업별로 원가동인이 달라 일괄적인 추정방식을 제시하기는 힘들다. 일반적으로 이용되는 원가추정의 틀은 다음과 같다. 아래에 제시되는 방법은 제조업을 기본으로 하였으나 서비스업 등에서도 활용가능하다.

[표 3-4] 원가종류별 추정방법 개요

원가구분	추 정 방 법
재료비	매출추정결과에 따른 판매소요계획, 생산계획을 이용하여 재료비 수량을 추정하고 재료비 시장상황 등을 고려하여 단가를 추정한다.
인건비	인원소요계획에 따라 추정한다. 인원소요계획은 매출추정결과에 연동되는 직접 인력과 매출추정과 관련 없는 관리인원 등이 함께 고려되어야 한다. 인건비는 급여 등 직접 인건비뿐 아니라 복리후생비 등 인건비성 비용도 함께 고려되어야 한다.
변동제조비	재료비, 인건비를 제외한 제조원가 중 매출에 연동되는 원가항목은 변동제조비로 추정한다.
변동판관비	인건비를 제외한 판매비와관리비 중 매출에 연동되는 원가항목은 변동판관비로 추정한다.
고정제조비	감가상각비를 제외한 고정제조비는 매출변동에 무관하게 예상발생액을 추정한다.
고정판관비	감가상각비를 제외한 고정제조비는 매출변동에 무관하게 예상발생액을 추정한다.
감가상각비	투자소요계획을 세우고 투자소요계획에 따라 발생하는 감가상각비를 추정한다.

원가추정에서는 원가의 성격에 대한 규정이 가장 중요하다. 변동비 성격의 원가를 고정비로 분류한다든가 아니면 반대로 고정원가를 변동원가로 분류한다면 전체적인 원가의 추정치는 왜곡될 수 있다. 재무성과분석시 원가의 성격을 명확히 규정해야 한다.

5.1 재료비 추정

제조업을 영위하는 기업은 제품 제조과정에서 재료비가 투입된다. 업종의 성격에 따라 다르나 제조원가에서 차지하는 재료비 비중이 큰 것이 일반적이다. 반면, 부가가치율이 높은 기업이나 서비스업은 재료비의 비중이 낮다.

재료비는 매출추정결과에 비례하는 것으로 가정할 수 있다. 특히 회사의 생산활동이 합리적이어서 과다한 재고를 보유하지 않고 있으며 재료시장이 안정적이어서 재료확보가 용이하고 구매단가가 안정적이면 재료비 추정은 어렵지 않다. 그러나 재료시장이 불안정하고 공급자 위주의 시장이라면 재료비 추정에 신중을 기해야 한다. 재료시장이 불안정한 경우에는 재료산업분석을 통해 향후 확보가능한 물량을 예측해야 하며, 필요한 경우 재료상황을 반영하여 매출추정을 재고(再考)해야 한다. 물량의 확보가 가능하더라도 단가의 변동성은 높을 수 있으므로 재료비 추정시 고려한다.

재료비는 판매물량 추정치와 연동되는 경우가 많다. 판매물량과 투입물량에는 제품 종류별로 수율로 인한 차이가 있을 수 있으므로 이를 고려해야 한다. 또한 재료비는 투입원가 기준으로 산정되므로 기초재고와 기말재고를 함께 고려해야 한다. 원재료 확보가 쉽지 않은 경우에는 일정 부분 여유재고를 보유하는 경우도 있다.

재료비는 투입원가기준으로 계산되므로 미판매 재고분은 완성재고에 포함된다. 재료비 추정단계에서는 미판매 재고분에 대한 고려는 하지 않고 운전자본 추정시 일괄적으로 추정하는 경우가 많다.

재료비의 추정은 물량의 흐름과는 정반대로 이루어진다. 물량의 흐름은 원재료구매에서 제품생산에 투입 후 최종제품의 판매의 순으로 이루어진다. 반면, 재료비의 추정은 매출물량의 추정에서 시작하여 원재료소요량을 파악하여 재료비를 추정하게 된다. 이를 그림으로 표현하면 다음과 같다.

[그림 3-17] 원재료의 물량흐름과 재료비추정과정(재공품은 없는 것으로 가정)

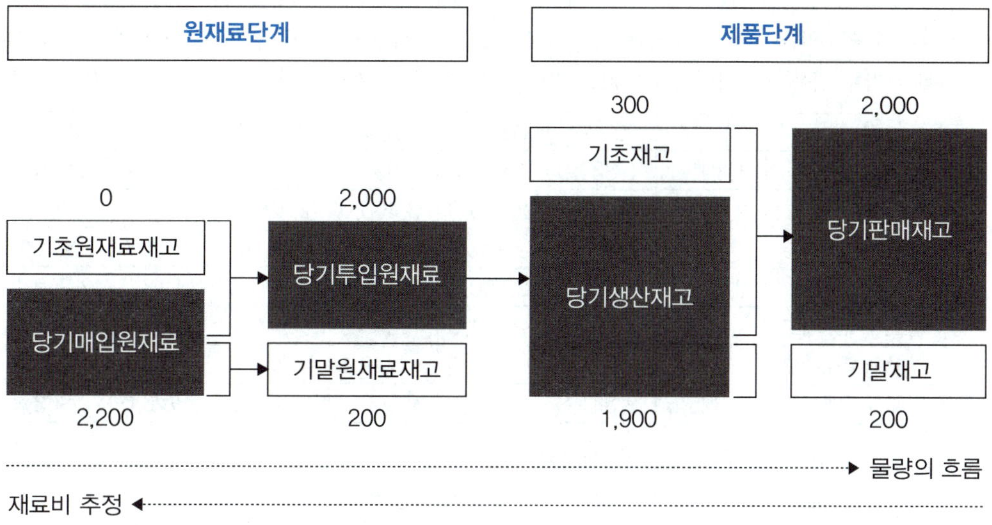

[그림 3-17]은 재공품이 없는 것으로 가정(즉 당기 투입된 원재료는 모두 생산이 종료됨)하였으며 제품생산물량 대비 투입 원재료량은 1 : 1로 가정(즉 원재료 1단위 투입으로 제품 1단위 생산)하였다. 매출추정결과 당기에 2,000개가 판매될 것으로 예상되었으며 운전자본추정결과 기말재고로는 당기 판매물량의 10% 수준인 것으로 예상된다. 이 경우 기초시점의 제품재고와 원재료 재고현황을 고려할 때 당기에 매입해야 할 원재료는 2,200개가 되는 것이다. 여기에 단가를 곱하여 최종적으로 재료비를 추정하게 된다.

예제 3-31 재료비 추정

EY Corp는 제지업체로서 원가를 구성하는 주요 항목인 재료비를 추정하고자 한다. 재료비 중 가장 큰 비중을 차지하는 것은 펄프투입원가이며, 매출추정결과 필요한 원재료소요량과 회사의 생산능력 그리고 펄프가격 등을 종합적으로 고려하여 재료비를 추정하였다. 먼저 매출추정을 통한 제품의 예상판매량과 기초재고 및 기말재고를 고려한 제품생산소요량은 다음과 같다. 20×3년 이후의 기말재고는 판매량의 10%를 재고로 보유할 것을 가정하였다. (단위 : 톤)

구 분	20×1A	20×2A	20×3F	20×4F	20×5F	20×6F	20×7F
판매량(톤)	1,768.0	1,821.0	1,903.0	1,984.8	2,064.2	2,161.2	2,269.3
기초재고	126.0	159.1	173.0	190.3	198.5	206.4	216.1
기말재고	159.1	173.0	190.3	198.5	206.4	216.1	226.9
생산소요량	1,801.1	1,834.9	1,920.3	1,993.0	2,072.1	2,170.9	2,280.1

- 20×3년 생산소요량 및 기말재고의 추정
  기말재고=판매량(1,903.0)×재고보유비율(10%)=190.3
  생산소요량=판매량(1,903.0)+기말재고(190.3)−기초재고(173.0)=1,920.3

생산소요량 추정결과를 바탕으로 원재료 투입소요량을 추정한 결과는 다음과 같다. EY Corp의 과거 수율(투입물량 대비 생산물량의 비율)은 80%에 근접해 있으므로 추정기간 동안 수율이 80%대를 유지할 것을 가정하였다. 원재료 기말재고는 투입수요량의 10%를 보유한다. (단위 : 톤)

구 분	20×1A	20×2A	20×3F	20×4F	20×5F	20×6F	20×7F
생산소요량	1,801.1	1,834.9	1,920.3	1,993.0	2,072.1	2,170.9	2,280.1
생산능력	2,400.0	2,400.0	2,400.0	2,400.0	2,400.0	2,400.0	2,400.0
수율	79.0%	77.5%	80.0%	80.0%	80.0%	80.0%	80.0%
투입소요량	2,279.9	2,367.6	2,400.4	2,491.2	2,590.2	2,713.7	2,850.1
기초원재료재고	205.2	250.8	224.9	240.0	249.1	259.0	271.4
기말원재료재고	250.8	224.9	240.0	249.1	259.0	271.4	285.0
원재료구매	2,325.5	2,341.8	2,415.5	2,500.3	2,600.1	2,726.0	2,863.8

- 20×3년 투입소요량 및 기말재고의 추정

  투입소요량=생산소요량(1,920.3)÷수율(80%)=2,400.4

  기말원재료재고=투입소요량(2,400.4)×재고보유비율(10%)=240.0

  원재료구매량=투입소요량(2,400.4)+기말재고(240.0)−기초재고(224.9)=2,415.5

재료비는 원재료 투입소요량에 구매단가를 곱하여 계산한다. 원재료인 펄프의 국제가격추이를 고려한 단가추정결과는 다음과 같다. (단위 : 천원)

구 분	20×1A	20×2A	20×3F	20×4F	20×5F	20×6F	20×7F
펄프단가	657	664	690	718	739	761	784

이상의 자료를 정리하여 재료비와 기말원재료재고금액의 추정결과는 다음과 같다.

(단위 : 백만원)

구 분	20×1A	20×2A	20×3F	20×4F	20×5F	20×6F	20×7F
재료비	1,498	1,571	1,657	1,788	1,915	2,066	2,235
원재료기말재고	165	149	166	179	191	207	224

- 20×3년 재료비=투입소요량(2,400.4)×재료비단가(690천원)=1,657백만원
- 20×3년 원재료기말재고=원재료기말재고(240.0)×재료비단가(690천원)=166백만원

[예제 3−31]에서 판매물량 추정치에 의해 계산된 연도별 생산소요량은 EY Corp의 생산능력을 밑돌고 있다. 만일 연도별 생산소요량이 생산능력을 넘어서거나 생산능력에 근접한 경우, 즉 가동률이 100%를 초과하였거나 근접하였다면 추정된 매출달성이 어려우므로 추가설비 투자계획을 검토하여야 한다. 생산소요량이 생산능력을 초과함에도 다른 이유로 인해 투자소요계획에 반영하지 않았다면 매출추정치를 변경해야 할 수도 있다.

5.2 인건비 추정

인건비를 변동원가로 보는 시각은 더 이상 없다. 많은 경우에 근로자들은 노동조합을 통해 보호되고 기업들도 우수인력의 안정적인 확보를 위해 시장이 단기간 등락하더라도 보유인력을 탄력적으로 조정하지 않는다. 매출액과 인건비가 일정한 상관관계를 보이며 변동한다는 증거는 찾아보기 힘들다. 따라서 인건비는 준고정비적 성격을 띤다고 볼 수 있다. 매출이 증가함에 따라 즉각적으로 증가하지는 않으나 일정수준 증가하면 보유인력을 늘이게 되는 것이다. 따라서 원가추정에서 인건비추정은 별도의 인원소요계획을 세우고 이를 바탕으로 원가추정을 한다. 서비스업뿐 아니라 제조업에서도 인건비의 비중은 점점 높아지고 있으므로 인건비 추정은 중요한 추정과정이라 할 수 있다.

인건비는 급여와 상여 외에도 인건비성 비용인 퇴직급여와 복리후생비도 포함된다. 인원소요계획에 의해 도출된 급여와 상여 등 직접인건비 추정결과에 따라 퇴직급여 등 인건비성 비용의 추정결과도 달라진다.

인건비를 효율적으로 추정하기 위해서는 급여구조에 대한 이해가 필요하다. 어떤 기업은 연봉제를 실시하며, 어떤 기업은 호봉제를 선택하기도 한다. 정기 상여 외에 이익이나 성과평가에 연동된 인센티브 제도를 도입한 기업도 많다.

어떤 기업은 매출이 증가하더라도 최소의 인원은 유지한 채 추가인원은 외부인력이나 외주업체를 이용하기도 한다. 인건비 추정시에는 개별 기업마다 특성이 있는 인력운용정책을 고려해야 하는 것이다. 일반적인 경우 인건비추정절차는 다음과 같다.

[그림 3-18] 인건비 및 인건비성 비용의 추정절차

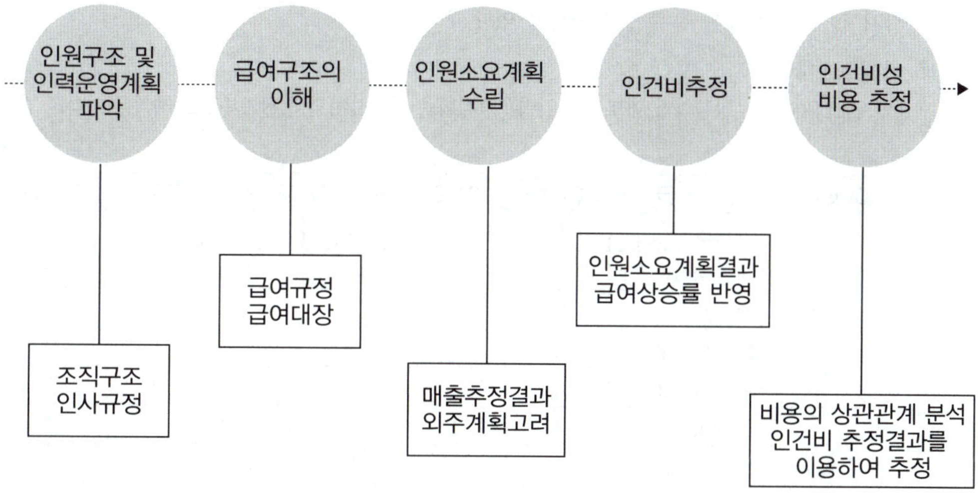

예제 3-32 인원소요계획과 인건비 추정

IT Consulting 업체인 EY Corp의 매출추정 및 인원소요계획에 따라 인건비를 추정하고자 한다. 인건비 및 인건비성비용의 추정절차에 따라 추정한 결과는 다음과 같다.

① 인력구조 및 급여구조의 이해

EY Corp의 사업부문은 IT Consulting 부문과 연구개발부서(R&D) 그리고 관리부서(Ad-ministration)로 구분된다. 각 부서별 직급구조와 인원현황 그리고 20×1년의 평균급여에 대한 분석결과는 다음과 같다. (단위 : 천원)

Division	직 급	인 원	평균급여	총급여
Consulting	Director	5	80,000	400,000
	Sr. Manager	7	65,000	455,000
	Manager	10	50,000	500,000
	Consultant	12	40,000	480,000
	Assistant	4	30,000	120,000
R&D	Director	1	90,000	90,000
	Sr. Manager	1	60,000	60,000
	Manager	2	45,000	90,000
	Assistant	1	25,000	25,000
Admin	Director	3	120,000	360,000
	Manager	1	55,000	55,000
	Assistant	2	20,000	40,000

EY Corp는 과거 3년간 평균 4%의 급여상승이 있었으며, 향후에는 20×1년 전국평균임금상승률인 5% 수준으로 증가할 것으로 예상된다.

한편, 인건비와 연관된 비용인 퇴직급여와 복리후생비는 20×1년 총급여의 각각 10%와 8%인 267,500천원과 214,000천원이 발생하였다. 퇴직급여와 복리후생비의 총급여 대비 발생비율은 과거 몇 년간 비슷한 수준을 유지하고 있다.

② 인원소요계획

EY Corp의 매출추정결과와 내부적인 인력운영계획을 감안하여 추정된 인원소요계획은 다음과 같다. (단위 : 명)

Division	직 급	20×1A	20×2F	20×3F	20×4F	20×5F	20×6F
Consulting	Director	5	5	5	5	6	6
	Sr. Manager	7	7	8	8	9	9
	Manager	10	11	11	12	12	13
	Consultant	12	13	14	15	16	17
	Assistant	4	4	4	4	5	5
R&D	Director	1	1	1	1	1	1
	Sr. Manager	1	1	1	1	1	1
	Manager	2	2	2	3	3	3

Division	직 급	20×1A	20×2F	20×3F	20×4F	20×5F	20×6F
	Assistant	1	1	1	1	1	1
Admin	Director	3	3	3	3	3	3
	Manager	1	1	1	1	1	1
	Assistant	2	2	2	2	3	3

■ **인건비(급여 및 상여) 추정**

인원소요계획과 평균급여 자료를 이용하여 인건비를 추정하였다. 추정기간 동안 20×1년 전국 평균임금상승률인 5%를 적용하여 인건비를 추정하였다. (단위 : 천원)

Division	직 급	20×1A	20×2F	20×3F	20×4F	20×5F	20×6F
Consulting	Director	400,000	420,000	441,000	463,050	583,443	612,615
	Sr. Manager	455,000	477,750	573,300	601,965	711,071	746,625
	Manager	500,000	577,500	606,375	694,575	729,304	829,583
	Consultant	480,000	546,000	617,400	694,575	777,924	867,871
	Assistant	120,000	126,000	132,300	138,915	182,326	191,442
R&D	Director	90,000	94,500	99,225	104,186	109,396	114,865
	Sr. Manager	60,000	63,000	66,150	69,458	72,930	76,577
	Manager	90,000	94,500	99,225	156,279	164,093	172,298
	Assistant	25,000	26,250	27,563	28,941	30,388	31,907
Admin	Director	360,000	378,000	396,900	416,745	437,582	459,461
	Manager	55,000	57,750	60,638	63,669	66,853	70,195
	Assistant	40,000	42,000	44,100	46,305	72,930	76,577
Total		2,675,000	2,903,250	3,164,175	3,478,663	3,938,240	4,250,018

■ **인건비성 비용(퇴직급여 및 복리후생비) 추정**

퇴직급여는 과거 인건비 대비 발생비율(10%)이 계속적으로 발생하는 것으로 가정하였다. 이는 현재의 퇴직금 지급구조를 고려하였을 때 합리적인 수준이다. 한편, 복리후생비는 과거 인건비 대비 발생비율(8%)이 계속적으로 발생하는 것으로 가정하되, 그 비율은 지속적으로 감소하는 것으로 예상하였다. 왜냐하면 복리후생비는 4대 보험 등과 각종 복리비용 지출이므로 급여에 정비례하여 증가하기보다는 고정비용이 일부 포함되어 있기 때문이다.

구 분	20×1A	20×2F	20×3F	20×4F	20×5F	20×6F	적용률
퇴직급여	267,500	290,325	316,418	347,866	393,824	425,002	10%
복리후생비	214,000	232,260	253,134	250,464	252,047	238,001	8%
복리비반영률	100%	100%	100%	90%	80%	70%	

5.3 기타 변동원가 및 고정원가 추정

변동제조원가와 변동판매비와관리비 등 변동원가는 매출액 등의 원가동인과 일정한 상관관계를 지니며 변동하는 원가이다. 우리는 '3절 재무성과분석' 중 '6. 원가구조분석'에서 변동원가와 고정원가의 분류방법에 대해 살펴보았다. 변동원가와 고정원가의 분류는 생산 및 원가담당자와의 인터뷰, 과거 원가정보에 대한 분석 등을 통해 파악된다. 원가구조분석은 원가의 특성을 파악하여 변동원가와 고정원가로 분류하는 정성적 방법과 원가정보를 통계적 방법을 통해 변동원가와 고정원가로 구분하는 정량적 방법이 있다. 별도로 추정되는 중요한 원가(재료비, 인건비, 감가상각비 등)에 해당되지 않고 원가구조가 단순하며 전체원가에서 차지하는 비중이 크지 않은 경우에는 정성적 방법을 통해 원가추정을 할 수도 있다. 반면, 원가특성이 복잡하고, 전체 원가에서 차지하는 비중이 중요하다면 통계적 방법에 의한 분석을 고려해야 한다.

원가정보가 충분한 경우 통계적 분석을 통한 원가구조분석이 가능하다. 변동원가와 고정원가의 구분은 개별 원가항목을 원가구조분석에 의해 산출될 수 있고, 개별원가 전체를 변동원가 또는 고정원가로 분류할 수 있다. 예를 들어 판매비와관리비 항목 중 매년 유사한 금액이 발생하는 지급수수료는 전체 원가를 고정원가로 분류할 수 있다. 개별원가항목을 원가구조분석에 의해 변동비와 고정원가로 구분하는 것은 예를 들어 광고선전비 중 일정부분은 고정원가로, 일정부분은 매출액에 상관관계를 보이는 변동원가로 구분하는 것이다. 원가항목 중 중요한 원가에 대해서는 개별원가구조분석을 하는 것이 바람직하다.

변동원가인가 혹은 고정원가인가의 여부는 일차적으로 상관계수를 도출함으로써 가능하다. 예를 들어 전력비(또는 전력사용량)가 변동원가인가 여부를 파악하기 위해서는 전력비 발생금액과 매출액과의 상관계수를 계산해 봄으로써 파악할 수 있다.

예제 3-33 상관계수를 이용한 변동원가 · 고정원가 구분

EY Corp의 과거 3개년간 분기별 매출액과 전력비발생현황은 다음과 같다. 상관계수를 이용하여 전력비가 매출액에 대해 변동원가 · 고정원가 해당 여부를 구분해 보자.

구 분	20×1A				20×2A				20×3A			
	1/4	2/4	3/4	4/4	1/4	2/4	3/4	4/4	1/4	2/4	3/4	4/4
매출액	12,457	13,675	11,670	19,754	17,654	20,876	16,892	15,432	13,457	12,905	17,652	20,054
전력비	548	711	747	1,185	777	960	946	741	592	583	918	1,027

과거 3개년간 분기별 매출액과 전력비 발생금액의 상관계수는 0.8594로 계산된다. 이는 매출액과 전력비 간에 높은 상관관계가 있음을 뜻한다. 따라서 전력비는 매출액에 대해 변동원가항목으로 구분될 수 있다. EXCEL 프로그램의 함수 중 'CORREL(Array1, Array2)'에서 Array1, Array2를 각각 매출액 및 전력비로 하여 계산할 수 있다.

[예제 3-33]에서 매출액과 전력비 간의 상관계수 0.8594는 두 변수 간의 상관관계가 높음을 뜻하지만 전력비 전체가 변동원가임을 의미하지는 않는다. 전력비 중에는 고정원가가 포함되어 있으므로 별도로 고려해야 한다. 다만, 전력비가 전체원가에서 차지하는 비중이 크지 않거나 고정원가에 해당하는 전력비가 크지 않을 것으로 예상된다면 전력비 전체를 변동원가로 규정할 수도 있다. 전력비 발생원가 전체를 변동원가로 본다면 3개년 누적매출액(192,478) 대비 누적전력비 발생금액(9,735) 비율인 5.1%를 변동비율로 볼 수도 있으며, 그러한 가정이 적절하지 않은 경우에는 고정원가에 대한 합리적인 추정을 필요로 한다.

변동원가와 고정원가의 구분에 있어 원가동인(Cost drive)을 '총매출액' 또는 '특정제품매출액'으로 반드시 규정할 필요는 없다. 각 원가항목은 원가특성에 따른 원가동인이 따로 있을 수 있다. 원가구조분석결과 각 원가항목별로 원가동인이 파악되면 해당 원가동인의 추정결과에 의해 원가추정이 가능하다.

[예제 3-33]에서 상관계수를 이용하여 변동원가 · 고정원가를 구분하였다. 또한 누적매출액과 누적전력비를 이용하여 변동비율을 계산하였는데 통계적으로 유의한지 여부를 판단하기 위해서는 회귀분석을 하는 것이 바람직하다. 앞에서 설명한 EXCEL프로그램을 이용한 회귀분석결과는 Y절편은 -34.408로 계산되었으며, X기울기는 0.0527로 계산되었다. 회귀분석모형의 적합성 및 도출변수의 통계적 유의성 파악결과는 다음과 같다.

상관계수	결정계수	유의한 F	Y절편 p-값	X기울기 p-값
0.8594	0.7386	0.0003	0.8361	0.0003

회귀분석결과 모형의 유효성 및 설명력은 비교적 높은 것으로 파악되었다. 또한 X기울기의 p-값이 0.01 이하로 X기울기 값은 통계적으로도 유의한 것으로 판단된다. 따라서 X기울기 0.0527은 변동비율로 사용될 수 있다(누적매출액과 누적전력비를 이용해 계산한 변동비율 5.1%와 약간의 차이가 있음).

반면, Y절편인 -34.408은 Y절편의 p-값이 0.01 이상으로 통계적으로 유의하지 않으므로 사용할 수 없다. 따라서 전력비 중 고정원가에 대해서는 통계적으로 추정하기 어렵다. 현실적으로 회귀분석결과 Y절편이 통계적 유의성을 보이는 경우는 많지 않아 회귀분석에 의해 고정원가를 추정하는 것은 대단히 어려운 일이다. 따라서 원가구조분석결과 정의된 원가동인(Cost drive)과 상관관계를 갖는 변동원가를 분류한 후 기타 원가항목에 대해서는 고정원가로 분류하고 별도로 추정하는 경우가 많다.

고정원가는 매출액 등의 원가동인과 무관하게 발생하는 비용이다. 원가구조분석결과 특정원가 또는 개별원가 내 고정원가로 분류된 원가는 이론적으로는 매출액 등 원가동인에 개의치 않고 고정원가를 추정하면 되므로 수요예측시 사용한 단순예측법이나 이동평균법을 통해 추정가능하다. 그러나 완전한 변동원가가 없듯이 완전한 고정원가도 없다. 일반적으로는 소비자물가상승률 등을 이용한 단순예측법이나 이동평균법을 많이 이용하지만, 고정원가로 분류한 원가 중 준고정원가 성격의 원가는 일정규모 이상의 매출발생시 조정이 필요한지 여부를 검토해야 한다.

고정원가 추정시에는 과거 발생비용 중 비경상적 항목이 있는지 파악하여야 한다. 만일 고정원가 발생금액 중 일시적이고 비경상적 항목이 포함되어 있다면 추정기간 내에 비경상적 항목이 발생할 가능성을 고려하여 추정에 반영하여야 한다. 동시에 과거에는 발생하지 않았지만 향후에는 발생할 것으로 예상되는 고정원가가 있을 수 있다. 향후에 추가로 발생될 원가가 있다면 이를 별도로 고려하여야 한다.

예제 3-34 회귀분석을 이용한 원가구조분석 및 원가추정

EY Corp는 자사의 원가구조분석에 있어 원가동인(cost driver)으로 매출액과 인건비로 설정하였다. 과거 6개년간 매출액과 주요 원가(별도추정대상원가는 제외함)의 실적은 다음과 같다.

구 분	20×1A	20×2A	20×3A	20×4A	20×5A	20×6A
매출액	65,342	66,453	76,390	75,490	82,018	85,670
인건비	17,564	18,442	19,217	20,370	21,694	22,779
1. 제조원가						
전력비	1,960	1,861	2,444	1,887	2,379	2,741
수선비	156	155	136	290	380	120
외주비	6,534	7,310	8,785	7,549	11,483	10,280
소모품비	351	369	346	407	369	456
기타비용	1,765	2,908	1,653	2,121	1,654	2,500
2. 판매비와관리비						
여비교통비	263	406	346	326	412	547
광고선전비	2,744	2,791	3,208	3,397	3,486	3,598
세금과공과	564	532	189	278	353	256
접대비	653	997	1,069	1,661	1,476	1,628
지급수수료	1,307	1,396	1,604	1,661	1,886	1,713
기타비용	1,983	2,200	1,867	1,134	2,905	2,100

EY Corp의 향후 5개년간의 매출 및 인건비는 다음과 같이 추정되었다.

구 분	20×6A	20×7F	20×8F	20×9F	2010F	2011F
매출액	85,670	90,382	95,805	102,319	107,947	112,805
인건비	22,779	23,917	25,113	26,369	27,687	29,072

원가동인(매출액과 인건비)에 대한 각 원가항목별 변동원가와 고정원가의 분류, 변동원가로 분류된 경우 변동비율에 대한 분석결과는 다음과 같다.

■ **회귀분석에 의한 원가구조분석 및 변동비율의 계산**

① 제조원가

구 분	전력비	수선비	외주비	소모품비	기타비용
원가동인	매출액	고정원가	매출액	인건비	고정원가
유의한 F	0.0349		0.0186	0.0775	
기울기값(변동비율)	0.0375		0.2077	0.0160	
X기울기 p-값	0.0349		0.0186	0.0775	

제조원가 중 전력비와 외주비는 매출액에 대한 변동원가이며, 소모품비는 인건비에 대한 변동원가로 측정되었다. 수선비와 기타비용은 고정원가로 분류된다. 기울기값은 각 원가동인에 대한 변동비율이다.

② 판매비와관리비

구 분	여비교통비	광고선전비	세금과공과	접대비	지급수수료	기타비용
원가동인	인건비	매출액	고정원가	인건비	매출액	고정원가
유의한 F	0.057423	0.001484		0.016908	0.012853	
기울기값(변동비율)	0.038983	0.04302		0.18143	0.023672	
X기울기 p-값	0.057423	0.001484		0.016908	0.012853	

판매비와관리비 중 광고선전비와 지급수수료는 매출액에 대한 변동원가로, 여비교통비와 접대비는 인건비에 대한 변동원가로 측정되었다. 세금과공과 및 기타비용은 고정원가로 구분되었다. 기울기값은 각 원가동인에 대한 변동비율이다.

■ **원가동인 추정결과를 바탕으로 한 변동원가 및 고정원가의 추정**

매출 및 인건비 추정결과와 원가구조분석결과를 바탕으로 변동원가를 추정하였다.

구 분	20×6A	20×7F	20×8F	20×9F	2010F	2011F		
매출액	85,670	90,382	95,805	102,320	107,948	112,806		
인건비	22,779	23,917	25,113	26,369	27,687	29,071		
1. 제조원가							연관항목	변동비율
전력비	2,741	3,389	3,593	3,837	4,048	4,230	매출액	0.0375
외주비	10,280	18,772	19,899	21,252	22,421	23,430	매출액	0.2077
소모품비	456	383	402	422	443	465	인건비	0.0160
2. 판관비								
여비교통비	547	933	979	1,028	1,080	1,134	인건비	0.0390
광고선전비	3,598	3,886	4,120	4,400	4,642	4,851	매출액	0.0430
접대비	1,628	4,339	4,555	4,783	5,022	5,273	인건비	0.1814
지급수수료	1,713	2,142	2,271	2,425	2,558	2,674	매출액	0.0237

[계산의 예]

- 전력비 20×7F=20×7F 매출추정(90,382)×변동비율(0.0375)=3,389
- 여비교통비 20×7F=20×7F 인건비 추정(23,917)×변동비율(0.0390)=933

한편, 고정원가로 분류된 항목은 원가특성상 불규칙적으로 발생되고 있으며, 향후 추정원가를 합리적으로 예측하기 어려운 것으로 판단된다. 고정원가에 대해서는 20×6년 발생원가에 대해 매년 소비자물가상승률(3%)만큼 상승하는 것으로 가정하여 추정하였다.
단, 20×6년 기타비용(제조)에는 일시적인 재고자산감모손실 1,000이 포함되어 있으며, 동 원가는 향후에는 발생하지 않을 것으로 예상된다. 또한 판매비와관리비 중 향후 사업계획에 따라 추가되어야 할 임차료가 500이 예상되며, 이러한 원가는 매년 반복적으로 발생될 것으로 예상된다.

구 분	20×6A	20×7F	20×8F	20×9F	2010F	2011F
수선비(제조)	120	124	127	131	135	139
기타비용(제조)	2,500	1,545	1,591	1,639	1,688	1,739
세금과공과(판관)	256	264	272	280	288	297
기타비용(판관)	2,100	2,678	3,273	3,887	4,518	5,169

고정원가는 20×6년 발생금액이 매년 소비자물가상승률(3%)만큼 증가할 것으로 추정하였다.
단, 20×6년 기타비용(제조)에 포함된 비경상적 원가 1,000을 제외한 1,500을 기준으로 고정원가를 추정하였다. 또한 향후 추가적으로 발생할 임차료 500을 기타비용(판관비)에서 고려하였다.

6. 순운전자본 추정

순운전자본(Net Working Capital)은 매출채권(외상매출금과 받을어음), 재고자산, 선급비용 등 영업활동관련 자산에서 매입채무(외상매입금과 지급어음), 미지급비용, 예수금 등 영업활동관련 부채를 차감하여 계산한다. 재무상태표항목 중 미수금, 미지급금 등의 항목이 운전자본에 해당하는지 판단하기가 어려운 경우가 있다. 일반적인 영업활동에서 발생하는 채권 · 채무를 미수금, 미지급금으로 기표하는 경우도 있고, 투자활동과 관련된 채권 · 채무를 미수금, 미지급금으로 기표할 수도 있기 때문이다. 원칙적으로는 미수금, 미지급금 계정의 금액 중 영업활동관련 부분과 투자활동관련 부분으로 구분하여 영업활동관련 부분만 운전자본으로 보고 투자활동관련 부분은 투자소요계획 수립시 현금지급분으로 별도 반영한다. 실무적으로는 계정의 구성이 큰 항목으로 분류할 수 있다. 예를 들어 미수금의 상당 부분이 영업활동 관련된 부분이라면 운전자본으로 분류할 수 있겠다.

우리는 '2절 현금흐름할인모형에 의한 기업가치평가구조' 중 '4. 순운전자본의 순증감액' 부분에서 발생주의 회계에 의한 손익에 운전자본을 가감함으로써 미래현금흐름을 추정할 수 있음을 확인하였다. 또한 '3절 재무성과분석'에서 과거 재무성과를 분석하여 중요한 운전자본회전율의 도출방법과 비정상적 항목이 있을 경우 이를 조정한 운전자본회전율을 계산하는 것에 대해서도 알았다.

미래현금흐름의 추정에 있어서도 발생주의 이익추정에 운전자본 순증감액을 가감함으로써 발생주의 이익을 현금주의로 전환할 수 있다. 또한 과거 재무성과 분석결과 파악된 운전자본회전율 결과와 회사의 운전자본 운영정책 등을 고려하여 향후 운전자본 순증감액을 추정 · 계산하게 된다. [그림 3-19]는 운전자본의 항목별 특성파악에서 운전자본순증감액 추정단계까지 운전자본의 추정과정을 설명해 준다.

[그림 3-19] 운전자본 추정과정

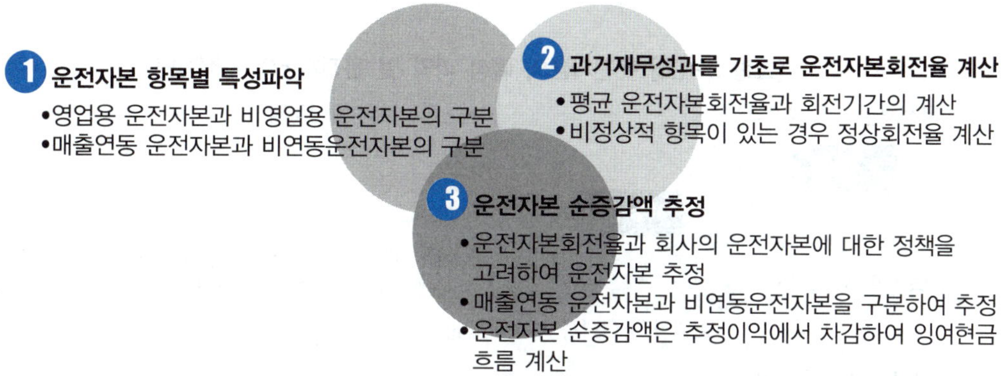

6.1 운전자본 항목별 특성파악

운전자본으로 분류되는 항목은 매출채권 및 매입채무 등 영업 관련 상거래채권과 미수금 등 기타당좌자산, 미지급금 등 기타유동부채 등이다. 이 중 매출 · 매입 등 주요 영업활동 관련 채권 · 채무는 영업용 운전자본으로 구분하고, 투자 및 재무활동 관련 채권 · 채무는 비영업용 운전자본으로 구분할 수 있다.

기업별로 회계처리방침이 다르므로 어떤 계정과목이 영업용 운전자본이며, 어떤 계정과목이 비영업용 운전자본인지 일률적으로 구분하기는 힘들다. 운전자본의 개별 항목별 특성을 파악하여 영업용 운전자본과 비영업용 운전자본으로 구분하여야 한다. 예를 들어 제조과정에서 발생한 외주용역비 미지급금은 영업용 운전자본으로 볼 수 있으며, 유형자산의 취득 관련 미지급금은 투자 및 재무 관련 운전자본, 즉 비영업용 운전자본으로 구분되는 것이다. 그러나 가치평가실무에서 계정과목별 잔액에 대해 영업용 운전자본 해당액과 비영업용 운전자본 해당액을 일일이 구분하는 것은 대단히 어렵다. 특정 운전자본항목에 대한 특성파악을 통해 영업용 운전자본의 성격이 많은 경우에는 영업용 운전자본으로 구분하고, 그렇지 않은 경우에는 비영업용 운전자본으로 분류하는 것이 일반적인 방법으로 볼 수 있다.

한편, 영업용 운전자본 중에서도 매출 · 매입과 연동되어 증감하는 항목이 있는가 하면, 그렇지 않은 항목이 있을 수 있다. 예를 들어 매출채권과 매입채무 그리고 재고자산은 매출 · 매입과 연동되어 증감하는 운전자본이다. 때로는 미수금, 미지급금 등의 내용이 매출과 직접 연동되어 있을 수 있다. 결론적으로 보면 매출 · 매입과 연동되어 있는 운전자본은 매출 · 원가 추정에 의해 운전자본 순증감액을 계산하게 되며, 매출 · 매입과 연동되지 않은 영업용 운전자본과 비영업용 운전자본은 별도의 추정을 필요로 한다. 실무적으로 매출 · 매입과 연동되지 않은 영업용 운전자본과 비영업용 운전자본에 대해서는 별도의 추정을 하되, 특별한 이유가 없는 한 증감이 없을 것으로 추정하는 경우가 많다.

[그림 3-20] 운전자본의 특성 파악 및 운전자본의 추정방법

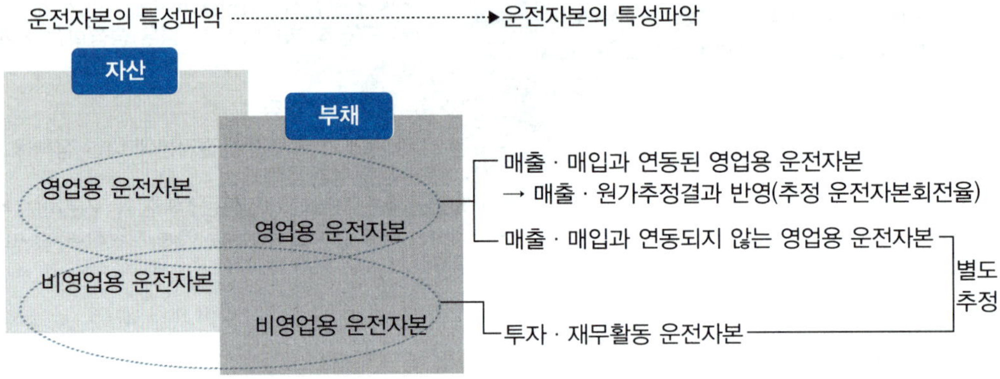

6.2 운전자본회전율 계산

운전자본의 추정은 과거의 재무성과 분석결과 파악된 운전자본회전율을 이용하는 경우가 많다. 유형자산 투자계획과 달리 운전자본 소요계획을 별도로 세우는 것은 어려움이 많다. 운전자본을 추정하는 합리적인 방법에 따라 운전자본을 추정하되, 과거의 운전자본회전율을 참고자료로 활용할 수 있다. 주로 사용되는 운전자본회전율은 다음과 같다.

- 매출채권회전율 $= \dfrac{\text{매출액}}{\text{연평균매출채권}}$

  연평균매출채권=(기초매출채권+기말매출채권)/2

- 재고자산회전율 $= \dfrac{\text{매출액}}{\text{연평균재고자산}}$

  연평균재고자산=(기초재고자산+기말재고자산)/2
  매출액 대신 매출원가를 이용할 수 있음.

- 매입채무회전율 $= \dfrac{\text{매출액}}{\text{연평균매입채무}}$

  연평균매입채무=(기초매입채무+기말매입채무)/2
  매출액 대신 매출원가를 이용할 수 있음.

과거의 운전자본회전율이 기간별로 불규칙적인 모습을 보인다면 과거 재무성과에 의한 회전율에 대한 검토가 필요하다. 운전자본회전율이 기간별로 불규칙인 것으로 측정되는 것은 특정기간에 대규모의 부실채권 발생, 결산시점에 일시적인 매출채권의 과다발생 등의 원인이 있다. 결과적으로 결산일 현재 계상된 운전자본금액이 비정상적이라면 회전율도 왜곡된다. '3절 재무성과분석'에서 설명되었듯이 비정상적이고 일시적인 운전자본의 발생으로 인해 특정기간의 운전자본회전율이 왜곡되었다면 비정상적 항목을 제외한 정상운전자본의 회전율을 별도로 계산해서 적용하는 것이 좋다. 둘째는 회사의 운전자본 운영계획이 안정적이지 못해 실제 운전자본회전율이 불규칙적인 경우이다. 운전자본회전율을 효과적으로 이용하려면 연말 회전율보다는 연평균 회전율을 이용하는 것이 좋다. 또한 불규칙적인 회전율을 보인 특정연도의 운전자본에 대해서는 일부 조정해 줄 수 있다. 무엇보다 특정기간의 회전율에 집착하기보다 긴 기간의 회전율 추세를 반영하도록 노력하는 것이 중요하다.

6.3 운전자본의 추정

운전자본의 항목별 특성파악 및 재무성과를 바탕으로 한 운전자본회전율에 대한 검토가 이루어지면 향후의 매출추정 및 운전자본 운용계획을 바탕으로 운전자본을 추정한다. 매출·매입과 연동된 운전자본의 추정은 매출추정결과에 재무성과를 바탕으로 계산된 정상운전자본회전율을 이용하되, 채권의 회수 및 대금의 지급정책 등 전반적인 운전자본 운용정책에 의해 판단한다. 예를 들어 재무성과분석에 의해 파악된 매출채권의 평균 회수기일이 40일이나 회사의 매출채권 회수정책은 30일인 경우 매출채권 추정회수기간은 이들 고려요소를 참고하여 30~40일 사이에 결정할 수 있다.

예제 3-35 순운전자본의 추정

EY Corp의 과거 4년간 매출액 및 운전자본의 현황은 다음과 같다. (단위 : 백만원)

구 분	20×1A	20×2A	20×3A	20×4A
매출액	65,389	76,453	74,532	78,431
매출채권	5,439	8,736	6,943	7,639
미수금	386	287	2,964	2,850
매입채무	4,683	6,781	5,836	4,867

수금은 20×3년 크게 증가하였는데 이에는 투자자산처분대금(2,500백만원) 미회수분이 포함되어 있으며, 동 미수금은 평가기준일까지 회수되지 못하고 있다. 회사는 미수금을 회수하기 위한 노력을 하고 있으나 단기간 내에 회수될 가능성이 크지 않은 것으로 보인다. 매출채권과 매입채무에는 비정상적인 채권·채무는 없는 것으로 파악되었다. 회사의 운전자본 운용정책상 매출채권회수기간은 30일, 매입채무지급기간은 25일이다.

EY Corp의 향후 5년간 매출추정결과는 다음과 같다. (단위 : 백만원)

구 분	20×4A	20×5F	20×6F	20×7F	20×8F	20×9F
매출액	78,431	83,921	89,376	95,632	102,805	110,001

■ **운전자본 추정결과**

EY Corp의 운전자본 추정결과는 다음과 같다.

① 운전자본의 특성파악

EY Corp의 운전자본 중 매출채권과 매입채무는 영업용 운전자본으로 매출 등 영업활동과 연동되어 발생하는 것으로 볼 수 있으므로 향후 매출추정결과에 의해 운전자본회전율을 이용하여 추정할 수 있다. 반면, 미수금에는 투자활동 운전자본이 포함되어 있으므로 별도의 추정을 필요로 한다. 동 미수금은 단기간 내에 회수가 어려울 것으로 판단되므로 추정기간 내에 회수되지 않을 것으로 보았다.

② 운전자본회전율 및 회수기간의 계산

재무성과자료를 이용하여 과거 3년간의 운전자본회전율 및 회수기간을 계산하였다.

구 분	20×2A	20×3A	20×4A
매출액	76,453	74,532	78,431
평균매출채권	7,088	7,840	7,291
평균매입채무	5,732	6,309	5,352
매출채권회전율	10.79	9.51	10.76
(평균회수기간)	33.8	38.4	33.9
매입채무회전율	13.34	11.81	14.66
(평균지급기간)	27.4	30.9	24.9

[계산의 예]

- 20×2A 평균매출채권={기초매출채권(5,439)+기말매출채권(8,736)}/2=7,088백만원
- 20×2A 매출채권회전율=매출액(76,453)÷평균매출채권(7,088)=10.79
- 20×2A 평균회수기간=365÷매출채권회전율(10.79)=33.8일

③ 순운전자본의 추정

과거 3년간의 평균 매출채권회수기간 및 평균 매입채무지급기간은 35.4일 및 27.7일로 계산된다. 또한 회사의 운전자본 운용정책상 매출채권회수기간은 30일, 매입채무지급기간은 25일이다. 재무성과 분석결과와 운전자본 운용정책을 종합적으로 고려하여 향후 추정기간 동안 매출채권회수기간은 35일, 매입채무지급기간은 25일로 적용하기로 한다. 이에 따라 추정매출채권회전율은 10.43(=365일/35일), 추정매입채무회전율은 14.60(=365일/25일)이 된다. 이를 바탕으로 향후 5개년간 운전자본의 추정결과는 다음과 같다.

구 분	20×4A	20×5F	20×6F	20×7F	20×8F	20×9F
매출액	78,431	83,921	89,376	95,632	102,805	110,001
매출채권	7,639	8,046	8,569	9,169	9,857	10,547
미수금	2,850	2,850	2,850	2,850	2,850	2,850
매입채무	4,867	5,748	6,122	6,550	7,041	7,534

구 분	20×4A	20×5F	20×6F	20×7F	20×8F	20×9F
순운전자본	5,622	5,148	5,297	5,469	5,665	5,862
순운전자본의 증감	1,551	(474)	149	171	196	197

[계산의 예]

- 20×5F 매출채권=추정매출액(83,921)/추정매출채권회전율(10.43)=8,046백만원
- 20×5F 미수금=2011A 미수금
- 20×5F 매입채무=추정매출액(83,921)/추정매입채무회전율(14.60)=5,748백만원
- 20×5F 순운전자본=추정매출채권(8,046)+추정미수금(2,850)−추정매입채무(5,748)
  =5,148백만원
- 20×5F 순운전자본의 증감=2012F 순운전자본(5,148)−2011A 순운전자본(5,622)
  =(−)474백만원

따라서 잉여현금흐름의 계산에는 474백만원만큼 가산된다.

7. 투자소요금액 및 감가상각비 추정

유형자산의 아래 추정방법은 매출추정에 따른 별도의 투자소요계획에 따르거나 과거의 매출액대비 비율을 이용할 수 있다. 과거의 매출액대비 비율을 이용할 경우 두 가지 방법을 생각해 볼 수 있다. 과거의 매출액대비 순유형자산 비율을 이용하거나 매출액대비 자본적 지출 비율을 이용할 수 있다. 여기서 순유형자산이란 취득원가인 총유형자산에서 감가상각누계액을 차감한 유형자산의 장부가액(book value)을 의미한다.

방법 1 순유형자산/매출액(잔액 base)
방법 2 자본적 지출/매출액(증가 base)

방법 2의 경우 의도하지 않게 빈번히 또한 쉽게 유형자산 회전율(매출액/순유형자산)이 변동하게 된다. 반면, 장기간에 걸쳐 매출액대비 순유형자산 비율은 안정적인 경향이 있으므로 방법 1이 선호된다. 방법 1은 아래와 같은 과정을 거치게 된다.

① 매출액대비 비율로 순유형자산을 추정
② 총유형자산대비 또는 순유형자산대비 비율로 감가상각비를 추정
③ 순유형자산 증가와 감가상각비를 합하여 자본적 지출을 산정한다.

계속기업을 가정하므로 기본적으로 매년 감가상각비 등 일정금액 이상의 투자활동이 수반되어야 한다. 다만, 성장률이 낮고 자본효율성이 개선될 것으로 예상될 경우 자산매각 등 (−) 자본적 지출을 고려해야 한다.

감가상각비(무형자산상각비 포함)는 고정원가에 해당하나 별도의 추정이 필요하다. 감가상각비는 매출추정을 감안한 투자소요계획에 의해 결정되기 때문이다. 평가대상기업의 현재 생산능력은 매출추정시 주요 고려요소이다. 현재의 생산능력이 향후 시장규모의 성장 및 매출추정 결과에 미치지 못한다면 별도의 투자소요계획을 수립해야 한다.

투자소요계획에 따라 기간별 투자소요금액이 정해지면 연도별 감가상각비가 산출된다. 감가상각비는 기존 유형자산에 대한 감가상각비 추정과 투자계획에 의해 신규로 취득될 유형자산에 대한 감가상각비를 구분하여 추정한다.

기존 유형자산에 대한 투자금액(장부금액) 자체는 현금흐름과는 무관하다. 그러나 기존 투자금액에 대한 감가상각비 절세효과는 현금흐름에 영향을 미치게 된다. 따라서 평가대상기업의 유형(무형)자산 미상각잔액 및 감가상각방법, 상각내용연수에 의해 감가상각비를 추정하여야 향후 발생할 감가상각비 절세효과에 의한 현금흐름을 추정할 수 있다.

예제 3-36 투자소요계획 및 감가상각비

■ **유형자산 투자계획 및 기존자산에 관한 정보**

EY Corp의 매출추정결과 및 사업계획을 바탕으로 추정된 기계장치의 향후 투자소요계획은 다음과 같다.

구 분	20×1A	20×2F	20×3F	20×4F	20×5F	20×6F
기계장치투자금액	1,200	600	1,800	700	2,000	560

한편, EY Corp의 기존 기계장치의 장부가액 및 감가상각 관련 정보는 다음과 같다.

구 분	취득원가	장부금액	상각방법	평균상각률
기계장치	9,800	2,940	정률법	0.40

■ **기존유형자산 및 신규취득 유형자산에 대한 감가상각비 추정**

EY Corp의 신규취득 기계장치에 대한 감가상각은 기존자산과 마찬가지로 정률법(상각률=0.4)에 의해 상각한다. EY Corp의 투자소요계획에 따른 신규취득자산의 감가상각비 추정 및 기존 기계장치의 감가상각비는 다음과 같이 추정된다.

① 기존 기계장치의 감가상각비 추정

구 분		20×1A	20×2F	20×3F	20×4F	20×5F	20×6F
기계장치	감가상각비	1,323	1,176	706	423	254	381
	장부금액	2,940	1,764	1,058	635	381	0

[계산의 예]

- 20×2F 감가상각비 추정=20×1년 장부금액(2,940)×평균상각률(0.4)=1,176
- 20×3F 감가상각비 추정=20×2년 장부금액(1,764)×평균상각률(0.4)=706

② 신규취득 기계장치의 감가상각비 추정

구 분	20×2F	20×3F	20×4F	20×5F	20×6F	Total
취득금액	600	1,800	700	2,000	560	5,660
상각률	40%	40%	40%	40%	40%	
감가상각비						
20×2F	240	–	–	–	–	240
20×3F	144	720	–	–	–	864
20×4F	86	432	280	–	–	798
20×5F	52	259	168	800	–	1,279
20×6F	31	156	101	480	224	991

[계산의 예]

- 20×2F 취득자산의 20×2F 감가상각비 추정=장부금액(600)×상각률(40%)=240
- 20×2F 취득자산의 20×3F 감가상각비 추정=장부금액[(600−240)]×상각률(40%) =144

■ **감가상각비 추정결과 집계 및 유형자산 장부금액 추정결과**

기존 유형자산 및 신규취득 유형자산에 대한 감가상각비 추정결과를 집계하여 연도별 감가상각비 추정액을 정리하였다. 또한 기존유형자산의 장부금액과 신규취득 유형자산의 감가상각비를 반영한 장부금액을 추정하였다. 유형자산의 연도별 장부금액은 '추정재무상태표'에 활용될 것이다.

구 분	20×1A	20×2F	20×3F	20×4F	20×5F	20×6F
투자금액	1,200	600	1,800	700	2,000	560
감가상각비	1,323	1,416	1,570	1,222	1,533	1,372
취득원가	9,800	10,400	12,200	12,900	14,900	15,460
감가상각누계액	6,860	8,276	9,846	11,067	12,600	13,973
장부금액	2,940	2,124	2,354	1,833	2,300	1,487

[계산의 예]

- 20×2F 취득원가=20×1A 취득원가(9,800)+20×2F 취득원가(600)=10,400
- 20×2F 감가상각누계액=20×1A 감가상각누계액(6,860)+20×2F 감가상각비 추정액 (1,416)=8,276
- 20×2F 감가상각비 추정액=기존유형자산감가상각비(1,176)+신규취득자산 감가상각비 추정액(240)=1,416
- 20×2F 장부금액=20×2F 취득원가(10,400)−20×2F 감가상각누계액(8,276)=2,124

한편, [예제 3−36]에서 20×2년의 투자소요금액(CAPEX)을 6억원으로 예상되고 있으며, 동 자산의 20×2년 감가상각비는 취득가액에 상각률을 곱하여 2.4억원으로 계산되었다. 이는 논리적인 모순을 갖고 있다. 만일 모든 현금흐름이 기말에 발생하는 것으로 가정한다면 20×2년의 투자비지출액을 20×2년말에 지출하는 것으로 추정하면서 감가상각비는 1년분을 상각하고 있는 것이다. 즉 투자하지 않은 자산에 감가상각한 것과 같은 효과이다. 이를 해결하기 위해 투자비 지출은 연중 평균적으로 발생한 것으로 보고 감가상각비도 취득 첫해에는 50%만 계산한다. 또한 투자비지출액이 연중 평균적으로 발생한 것으로 보게 되므로 기중현금흐름 발생을 가정하게 된다('기중현금흐름의 가정'에 대해서는 '7절 주식가치평가' 부분에서 다시 다루겠음). 예제의 경우 20×2년 투자비 지출은 20×2년 중에 발생한 것으로 보아 감가상각비는 2.4억원이 아닌 1.2억원(=2.4억원×50%)으로 계산된다.

8. 법인세

미래현금흐름의 추정에서 법인세는 향후 실제 부담할 법인세를 계산한다. 미래현금흐름의 추정에서 세후EBIT를 계산하게 되는데, 이를 NOPLAT(Net Operating Profit Less Adjusted Tax)이라 한다.

한국채택국제회계기준(K-IFRS)은 법인세법에 의한 과세소득과 기업회계에 의한 기간귀속의 차이를 반영한 '이연법인세' 제도를 도입하고 있다. 그러나 현금흐름할인모형에서는 추정기간의 법인세 실제 납부금액, 즉 현금흐름에 초점을 맞추게 되므로 한국채택국제회계기준(K-IFRS)에 의한 법인세비용은 고려하지 않는다. 현금흐름할인모형에서 고려하는 법인세는 '실제 납부할 법인세'를 의미하지만 이자비용의 법인세 절감효과는 별도로 고려하므로 EBIT에 대한 법인세 부담액을 계산한다는 점에 주의해야 한다.

현금흐름할인모형에서는 자본의 조달원천을 타인자본과 자기자본으로 구분하고 있다. 법인세법에 의한 과세표준은 영업이익에서 타인자본비용(이자비용)을 차감한 이익, 즉 자기자본에 귀속될 이익에 과세된다. 타인자본을 사용함으로써 얻게 되는 절세효과가 자기자본에 귀속되는 것이다. 기업 전체의 현금흐름에서는 타인자본을 적절히 이용함으로써 미래현금흐름의 유출을 감소시킬 수 있으므로 자본의 청구권자 입장에서는 타인자본비용의 절세효과만큼 낮은 수익률을 요구하는 것이다. 타인자본비용(이자비용)의 법인세효과는 자본비용에 반영하므로 당기순이익을 과세표준으로 하여 법인세를 계산하여 현금흐름에 반영하면 법인세효과는 이중으로 계산되는 것이다. 따라서 현금흐름할인모형을 계산하기 위한 법인세 부담액과 실제 부담하게 되는 법인세액과는 약간 차이가 발생할 수 있다. 한편, 잉여현금흐름을 추정하는 과정에 추정재무제표를 작성하게 되는데 이때에는 당기순이익에 대한 법인세 부담액을 계산한다.

[그림 3-21]은 법인세법에 의한 법인세 계산구조와 가치평가를 위한 법인세 계산 그리고 추정포괄손익계산서에서의 법인세 계산의 차이를 보여주고 있다.

[그림 3-21] 법인세 계산구조 및 현금흐름추정에서 법인세의 고려

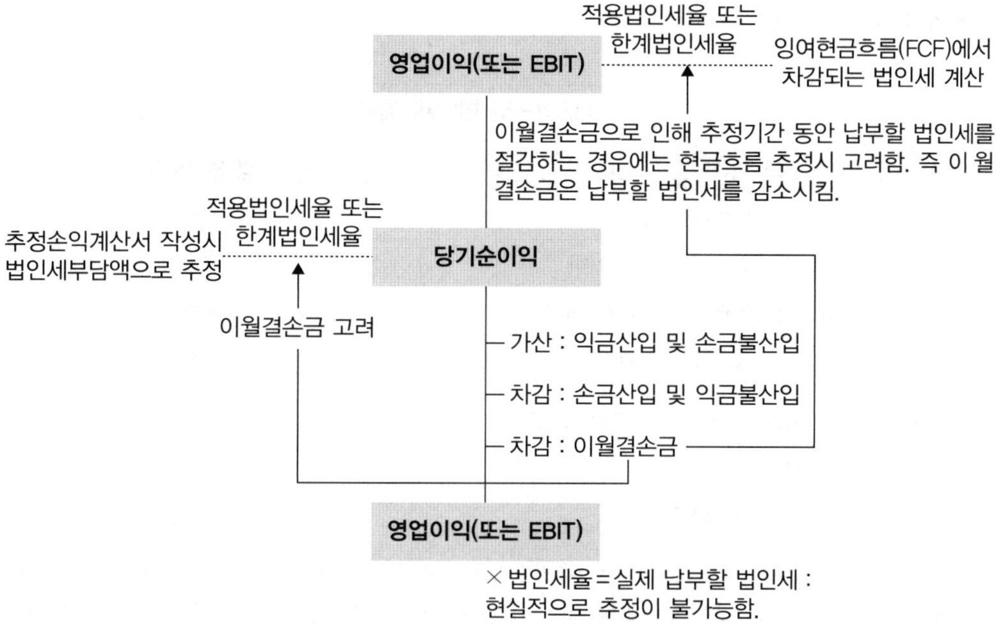

적용할 법인세율은 평가대상기업이 실제 부담할 세율을 적용하되 일시적인 세금의 감면이나 절세효과가 추정기간 및 추정기간 이후에 지속될지 여부에 대해 신중하게 고려해야 한다. 조세특례제한법에서는 여러 가지 조세특례조항을 두고 있으며, 이로 인한 세금감면 또는 절감규모가 매우 큰 경우도 있다. 따라서 일괄적으로 동일한 세율을 적용하는 것은 비합리적일 수 있다.

현금흐름추정에 있어 법인세의 추정은 실제 부담할 한계세율에 기초한다. 반면, 이월결손금은 현금흐름할인모형에 의한 법인세추정과 추정포괄손익계산서 작성을 위한 법인세 추정 모두에 대해 고려할 필요가 있다. 이월결손금은 미래의 현금유출을 감소시킬 것으로 합리적으로 예측할 수 있기 때문이다. 잉여현금흐름 추정기간 동안 예상되는 이익보다 평가기준일 현재 이월결손금이 크다면, 즉 추정기간 동안 법인세 납부가 없을 것으로 예상한다면 영구기업가치 추정결과가 왜곡될 수 있으므로 주의할 필요가 있다. 추정기간 동안 이월결손금으로 인해 납부할 법인세가 없었으나 향후 이익의 실현이 계속된다면 언젠가는 법인세를 납부해야 하기 때문이다. 이때에는 안정성장률에서 법인세 납부효과를 반영하여 조정할 수 있다.

법인세법상의 과세표준과 가치평가를 위해 측정된 EBIT나 재무회계에 의해 계산된 당기순이익은 다르다. 그럼에도 가치평가에 있어 EBIT나 당기순이익이 법인세법상의 과세표준임을 전제하는 경우가 많다. 현실적으로 추정이익을 기초로 세무조정을 하는 것이 불가능하며, 장기적인 현금흐름 추정과정에서 그 오차가 줄어들 것으로 가정하는 것이다.

법인세 계산시에는 법인세법상의 법인세율 또는 대상기업에 적용할 부담세율(또는 한계세율)

을 적용하게 되는데 어떤 방식으로 계산하든 법인세분 지방소득세(법인세 산출세액의 10%)는 추가로 고려해야 한다.

[표 3-5] 법인세 세율

과 세 표 준 구 간	법 인 세 율
2억원 이하	10%
2억원 초과 200억원 이하	20%
200억원 초과 3,000억원 이하	22%
3,000억원 초과	25%

* 법인세분 지방소득세(법인세산출세액의 10%)는 별도임.

예제 3-37 법인세의 계산

EY Corp의 향후 5년간 EBIT 및 손익추정결과는 다음과 같다. EY Corp는 평가기준일 현재 과세표준에서 공제되지 아니한 누적이월결손금이 47,654백만원이 있다. 평가기준일 현재 이월결손금은 발생시점을 고려할 때 추정기간 내의 이익에 대해 공제가능할 것으로 추정된다. EY Corp의 추정손익을 바탕으로 세후EBIT(=NOPLAT)과 추정포괄손익계산서상의 당기순이익을 추정해 보자. EY Corp에 적용될 한계법인세율은 22%(지방소득세 포함)이다.

(단위 : 백만원)

구 분	20×1A	20×2F	20×3F	20×4F	20×5F	20×6F
EBIT	18,764	20,764	21,802	22,674	23,468	24,407
이자비용	2,252	1,869	2,071	1,973	2,229	2,197
세전이익	16,512	18,895	19,731	20,702	21,238	22,210
이월결손금잔액	47,654	28,759	9,028	–	–	–

20×2년 이월결손금잔액=20×1년 잔액(47,654)−20×2년 추정이익(18,895)=28,759

■ **세후EBIT(NOPLAT)의 계산**

구 분	20×2F	20×3F	20×4F	20×5F	20×6F
EBIT	20,764	21,802	22,674	23,468	24,407
EBIT−결손금	–	–	17,586	23,468	24,407
Tax	–	–	3,869	5,163	5,370
NOPLAT	20,764	21,802	18,805	18,305	19,037

20×2F 및 20×3F까지는 이월결손금이 EBIT를 초과하므로 납부할 법인세가 없다. 반면, 20×4F부터는 공제가능한 이월결손금이 없으므로 회사에 적용할 법인세율 22%를 이용하여 법인세를 계산하였다.

- 20×4F EBIT－결손금＝EBIT(22,674)－미공제결손금(47,654－{20,764＋21,802})
  ＝17,586
- 20×4F Tax＝17,586×22%＝3,869
- 20×4F 세후EBIT(NOPLAT)＝EBIT－EBIT에 대한 법인세＝EBIT(22,674)－Tax(3,869)
  ＝18,805

■ **당기순이익 추정**

구 분	20×2F	20×3F	20×4F	20×5F	20×6F
세전이익	16,512	18,895	19,731	20,702	21,238
법인세	–	–	1,647	4,554	4,672
당기순이익	16,512	18,895	18,084	16,148	16,566
이월결손금잔액	31,142	12,246	–	–	–

추정포괄손익계산서에는 이자비용에 대한 법인세효과가 반영된 법인세를 계산한다.

- 20×4F 추정과세표준＝세전이익(19,731)－미공제 이월결손금(12,246)＝7,485
- 20×4F 추정법인세＝추정과세표준(7,485)×22%＝1,647
- 20×4F 당기순이익＝세전이익(19,731)－추정법인세(1,647)＝18,084

9. 추정재무제표의 작성

미래현금흐름을 추정하기 위해 추정재무제표를 반드시 작성해야 하는 것은 아니다. 재무제표의 각 항목을 추정하는 과정은 미래현금흐름의 각 요소를 추정하기 위함이지 재무제표 자체를 추정하기 위해서는 아니기 때문이다. 그럼에도 대부분의 가치평가보고서에는 추정재무제표가 첨부되어 있다.

추정재무제표를 작성함으로써 얻을 수 있는 이득은 첫째, 추정재무제표를 작성하다 보면 현금흐름추정 과정에서 발생할 수 있는 오류를 발견할 수 있다. 재무제표는 재무상태표와 포괄손익계산서 그리고 현금흐름표의 유기적인 구조로 이루어져 있다. 따라서 어느 하나 실수로 잘못 작성이 되면 재무제표 중 어느 한 곳이 엉뚱한 모양을 보이게 된다. 둘째, 추정재무제표를 작성함으로써 과거의 재무제표와 비교하기가 용이하다. 추정한 재무제표와 과거의 실제 재무제표를 놓고 기간별 비교를 함으로써 이상항목에 대한 발견이 쉬울 뿐 아니라 추정치의 변동상황에 대한 설명이 쉬워진다. 과거 재무제표와 추정재무제표를 연결하여 분석적 검토(Analytical review)를 하다 보면 추가적인 정보를 얻을 수 있다. 마지막으로 추정재무제표의 작성으로 장기적인 재무상황을 한 눈에 확인할 수 있다. 추정재무제표를 통해 장기적인 재무비율의 추정치를 얻을 수 있으며, 이익잉여금(결손금) 등 주주이익에 직접적인 영향을 주는 항목에 대한 추정정보를 제공한다.

[그림 3-22] 추정재무제표의 작성

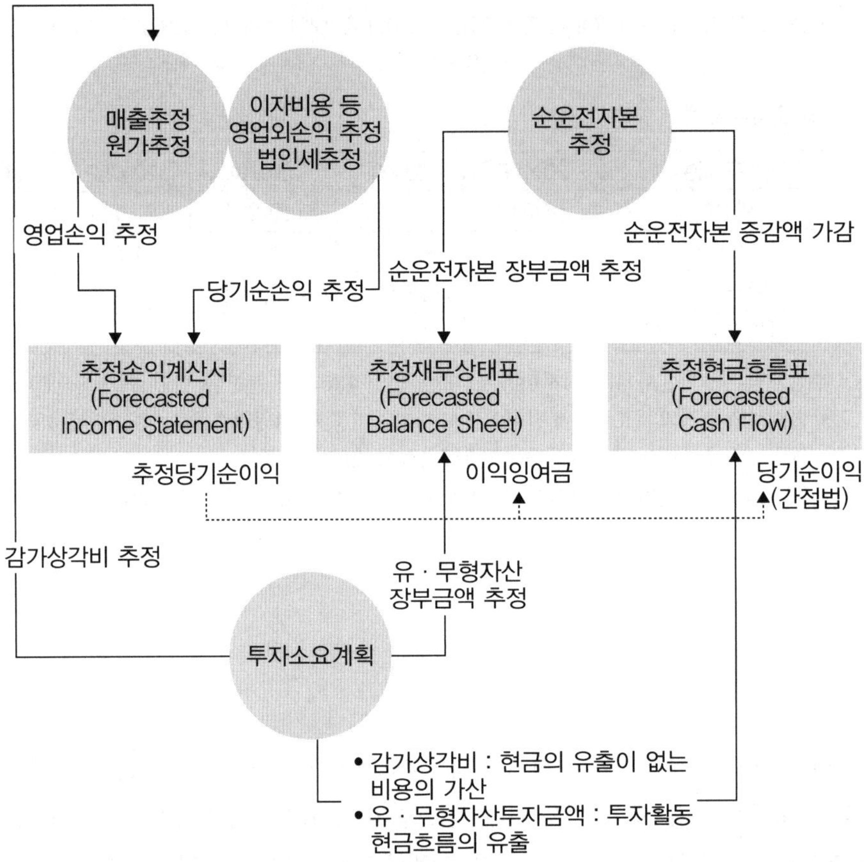

추정재무제표는 실제 재무제표보다 간략하게 작성하는 것이 좋다. 추정재무제표는 추정의 검증도구이자 향후 재무구조에 대한 추정치이므로 복잡한 것이 정확한 것은 아니다.

재무제표는 복식부기의 원리에 의해 작성되므로 대차(貸借)가 일치되어야만 올바르게 추정된 것이다. 재무제표를 효과적으로 추정하는 요령은 아래의 순서에 의한다. 재무제표의 추정은 지금까지 우리가 미래현금흐름을 추정하는 과정에서 얻어진 정보들이 모두 이용되어 정리되는 과정으로 이해할 수 있다. [그림 3-22]는 미래현금흐름을 추정하는 과정에 산출되는 정보와 이 정보들을 활용하여 추정재무제표를 산출하는 과정을 보여준다.

① STEP 1 : **추정포괄손익계산서의 작성**

매출 및 원가추정결과를 이용하여 추정포괄손익계산서를 작성한다. 추정포괄손익계산서는 최종적으로 '당기순이익(손실)'을 추정하는 것이므로 영업이익 외에 영업외손익에 대한 추정을 필요로 한다.

추정포괄손익계산서에 의한 '당기순이익' 추정결과는 재무상태표상의 이익잉여금(결손금)에 영향을 준다.

- 매출 및 원가추정 → 영업이익 추정
- 투자소요계획 → 추정포괄손익계산서의 감가상각비 추정
- 이자비용 등 영업외손익 및 법인세 추정 → 당기순손익 추정

② STEP 2 : **재무상태표의 각 자산 · 부채항목의 추정**

추정현금흐름표를 작성하기 위한 전단계로 '운전자본추정'과 '투자소요계획에 의한 유 · 무형자산 장부금액'이 추정되어야 한다. 또한 기타당좌자산항목과 투자자산에 대한 추정이 필요하다. 각 항목을 추정하여 재무상태표상의 자산 · 부채항목에 기입하더라도 대차(貸借)가 일치하지는 않는다. 현금이 변동되기 때문이다.

- 운전자본추정 → 추정재무상태표상의 운전자본 잔액 추정
- 투자소요계획 → 추정재무상태표의 유형자산 · 무형자산 장부금액 추정
- 추정당기순이익 → 추정재무상태표의 이익잉여금

③ STEP 3 : **추정현금흐름표의 작성**

추정당기순이익과 재무상태표상의 각 항목들에 대한 추정이 이루어지면 추정현금흐름표를 작성한다. 현금흐름표는 '영업활동관련 현금흐름'과 '투자활동관련 현금흐름' 그리고 '재무활동관련 현금흐름'으로 구분되는데 현금흐름표의 추정에서는 영업활동으로부터의 현금흐름과 투자활동현금흐름 추정결과에 따라 자금의 부족이나 잉여가 발생하게 되므로 재무활동현금흐름은 마지막으로 고려한다. 자금의 잉여가 발생하면 보유현금이 증가(금융상품으로 처리하는 경우도 있음)하는 것으로 볼 수 있으나 자금의 부족이 발생하면 추가 차입이 필요할 수 있다. 이러한 경우에는 순환의 문제가 발생한다. 현금흐름표는 이자비용이 차감된 후의 당기순이익을 시작으로 작성되는데 현금흐름표 작성결과 자금부족으로 추가차입이 일어나면 이자비용의 변동이 생기므로 당기순이익이 변하게 되는 것이다. 이런 경우에는 자금과부족 잔액을 차입하는 것으로 하지 않고 '자금과부족' 계정으로 처리하는 경우가 많다.

- 추정포괄손익계산서 → 추정당기순이익 → 추정현금흐름표 영업활동현금흐름의 추정
- 운전자본추정 → 추정현금흐름표 영업활동현금흐름의 추정
- 투자소요계획 → 추정현금흐름표 투자활동현금흐름의 추정

④ STEP 4 : **추정재무상태표의 작성**

재무상태표 각 구성항목의 추정과 추정현금흐름표상의 현금변동분을 반영하여 최종적으로 추정재무상태표가 작성된다.

- STEP 2에서 파악된 재무상태표의 각 자산 · 부채 추정결과
- 현금흐름표 → 기말현금잔액(또는 차입금)의 추정

추정재무제표작성의 이해를 돕기 위하여 예제를 통해 알아보자.

예제 3-38 추정재무제표의 작성

EY Corp의 향후 5년간 매출 및 원가 그리고 영업외손익과 법인세 등을 포함한 당기순이익을 추정하였다. 원가에는 투자소요계획에 의해 추정된 감가상각비가 포함되어 있다.

① 추정포괄손익계산서(Forecasted Income Statement) (단위 : 백만원)

구 분	20×1A	20×2F	20×3F	20×4F	20×5F	20×6F
매출	85,670	90,382	95,805	102,320	107,948	112,806
매출원가	64,253	63,267	62,273	67,531	69,087	69,940
매출총이익	21,418	27,115	33,532	34,789	38,861	42,866
판매비와관리비	17,134	18,076	16,287	18,418	19,431	19,741
영업이익	4,284	9,038	17,245	16,371	19,431	23,125
영업외수익	–	–	–	–	–	–
영업외비용	1,986	1,988	1,988	1,988	1,988	1,988
이자비용	1,856	1,856	1,856	1,856	1,856	1,856
기타	130	132	132	132	132	132
세전이익	2,298	7,050	15,257	14,383	17,443	21,137
법인세	708	2,171	4,699	4,430	5,372	6,510
당기순이익	1,590	4,879	10,558	9,953	12,070	14,627

② 투자소요계획 및 감가상각비 추정 (단위 : 백만원)

구 분	20×1A	20×2F	20×3F	20×4F	20×5F	20×6F
투자금액	1,200	600	1,800	700	2,000	560
감가상각비	1,323	1,416	1,570	1,222	1,533	1,372
취득원가	9,800	10,400	12,200	12,900	14,900	15,460
감가상각누계액	6,860	8,276	9,846	11,067	12,600	13,973
장부금액	2,940	2,124	2,354	1,833	2,300	1,487

③ 순운전자본추정 (단위 : 백만원)

EY Corp의 재무성과분석결과 파악된 운전자본회전율과 회사의 운전자본 운용정책 등을 감안하여 추정한 순운전자본은 다음과 같다.

구 분	20×1A	20×2F	20×3F	20×4F	20×5F	20×6F
매출채권	8,214	8,666	9,186	9,810	10,350	10,816
기타당좌자산	1,324	1,324	1,324	1,324	1,324	1,324
매입채무	5,868	6,191	6,562	7,008	7,394	7,726
기타유동부채	2,876	2,876	2,876	2,876	2,876	2,876
순운전자본	794	923	1,072	1,250	1,404	1,537
순운전자본의 증감	101	129	149	178	154	133

④ 회사의 자산부채에는 상기의 유형자산 및 운전자본 외에 투자자산 5,670백만원, 차입금 5,300백만원 및 자본금 5,000백만원이 있다. 20×1년말 현재 이익잉여금 잔액은 1,432백만원이다. 투자자산과 차입금 및 자본금 잔액은 변동이 없을 것으로 예상되며, 배당을 계획하고 있지 아니하므로 매년의 당기순이익만큼 이익잉여금이 증가할 것으로 추정된다.

상기의 정보들을 바탕으로 '추정현금흐름표' 및 '추정재무상태표'를 작성해 보자.

■ **추정현금흐름표의 작성**

(단위 : 백만원)

구 분	20×1A	20×2F	20×3F	20×4F	20×5F	20×6F
1. 영업활동현금흐름	2,812	6,166	11,979	10,997	13,449	15,866
① 당기순이익	1,590	4,879	10,558	9,953	12,070	14,627
② 현금유출 없는 비용가산	1,323	1,416	1,570	1,222	1,533	1,372
-감가상각비	1,323	1,416	1,570	1,222	1,533	1,372
③ 현금유입 없는 수익차감	-	-	-	-	-	-
④ 영업활동관련 자산부채의 변동	-101	-129	-149	-178	-154	-133
2. 투자활동현금흐름	-1,200	-600	-1,800	-700	-2,000	-560
① 유형자산투자	-1,200	-600	-1,800	-700	-2,000	-560
3. 재무활동현금흐름	-	-	-	-	-	-
4. 현금의 증감	1,612	5,566	10,179	10,297	11,449	15,306

[보충설명]

- 영업활동현금흐름은 당기순이익에 감가상각비, 무형자산상각비 및 퇴직급여와 같이 현금의 유출이 없는 비용과 투자 및 재무활동관련 비용(예 : 유형자산처분손실)을 가산한다. 반면, 현금의 유입이 없는 수익이나 투자 및 재무활동관련 수익(예 : 지분법평가이익)은 차감한다. 이에 영업활동관련 자산부채의 변동을 가감하는데 이 금액은 순운전자본의 추정결과 순운전자본의 증감액를 가감하는 것으로 볼 수 있다.
- 투자활동현금흐름은 투자소요계획에 의한 투자금액이 투자활동으로 인한 현금유출이며, 비영업용 자산의 처분에 의해 현금의 유입이 발생하면 투자활동으로 인한 현금유입이다.
- 재무활동현금흐름은 차입금의 조달이나 상환, 유상증자 또는 감자 등 재무거래와 관련한 현금흐름을 의미한다.
- 현금의 증감액은 영업활동현금흐름에 투자활동현금흐름과 재무활동현금흐름을 가감하여 순증감액을 계산하는 것으로 추정재무상태표상의 현금잔액을 증가시킨다.

■ 추정재무상태표의 작성 (단위 : 백만원)

구 분	20×1A	20×2F	20×3F	20×4F	20×5F	20×6F
1. 현금	2,328	7,894	18,073	28,369	39,818	55,125
2. 매출채권	8,214	8,666	9,186	9,810	10,350	10,816
3. 기타당좌자산	1,324	1,324	1,324	1,324	1,324	1,324
4. 투자자산	5,670	5,670	5,670	5,670	5,670	5,670
5. 유형자산	2,940	2,124	2,354	1,833	2,300	1,487
자산총계	20,476	25,677	36,606	47,006	59,462	74,421
1. 매입채무	5,868	6,191	6,562	7,008	7,394	7,726
2. 기타유동부채	2,876	2,876	2,876	2,876	2,876	2,876
3. 차입금	5,300	5,300	5,300	5,300	5,300	5,300
부채총계	14,044	14,367	14,738	15,184	15,570	15,902
1. 자본금	5,000	5,000	5,000	5,000	5,000	5,000
2. 이익잉여금	1,432	6,311	16,869	26,822	38,892	53,519
자본총계	6,432	11,311	21,869	31,822	43,892	58,519
부채와 자본총계	20,476	25,677	36,606	47,006	59,462	74,421

[20×2F 계산의 예]

1. 현금=20×1A 현금(2,328)+20×2F 현금흐름표상의 현금의 증가(5,566)=7,894
2. 매출채권=20×2F 운전자본 추정결과
3. 기타당좌자산=20×2F 운전자본 추정결과
4. 투자자산=20×1A 잔액
5. 유형자산=20×2F 투자소요계획에 의한 유형자산장부금액 추정결과
6. 매입채무=20×2F 운전자본 추정결과
7. 기타유동부채=20×1A 잔액
8. 차입금 · 자본금=20×1A 잔액
9. 이익잉여금=20×1A 이익잉여금(1,432)+20×2F 추정당기순이익(4,879)=6,311

10. 잉여현금흐름의 추정

추정재무제표에 의한 현금흐름표는 이자비용 등의 현금유출이 모두 반영되어 있는 것으로 잉여현금흐름(FCF)은 아니다. 잉여현금흐름은 설명한 바와 같이 세후EBIT(NOPLAT)에 비현금비용을 가산하고, 운전자본증감액을 가감한 금액에 투자활동 현금흐름을 차감하여 계산한다. 잉여현금흐름(FCF)을 추정하는 궁극적인 목적은 추정잉여현금흐름의 현재가치, 즉 영업가치(Operating Value)를 계산하는 데 있다.

[그림 3-23] 잉여현금흐름(FCF)의 계산구조

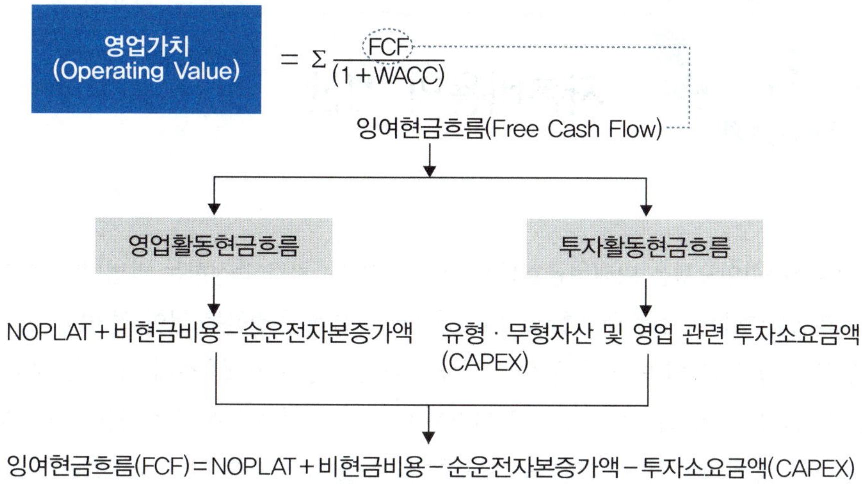

예제 3-39 잉여현금흐름의 추정

[예제 3-38]에서 제시한 EY Corp의 추정자료를 이용하여 향후 5년간 잉여현금흐름(FCF)을 추정하였다.

구 분	20×1A	20×2F	20×3F	20×4F	20×5F	20×6F
EBIT	4,284	9,038	17,245	16,371	19,431	23,125
EBIT에 대한 법인세	1,319	2,784	5,311	5,042	5,985	7,123
세후EBIT(NOPLAT)	2,964	6,254	11,933	11,329	13,446	16,003
비현금비용	1,323	1,416	1,570	1,222	1,533	1,372
순운전자본 변동액	(101)	(129)	(149)	(178)	(154)	(133)
투자소요금액(CAPEX)	(1,200)	(600)	(1,800)	(700)	(2,000)	(560)
Free Cash Flow	2,986	6,941	11,555	11,672	12,825	16,682

[20×2F 계산의 예]

- EBIT=추정포괄손익계산서상의 20×2F 영업이익 9,038백만원 : 영업외손익 중 EBIT 계산을 위해 영업이익에서 차감할 만한 항목이 없으므로 영업이익을 EBIT로 봄.
- EBIT에 대한 법인세=9,038백만원×30.8%=2,784백만원 : 영업이익에 대해 EY Corp에 대한 적용법인세율 30.8%로 계산
- 세후EBIT(NOPLAT)=EBIT(9,038)−EBIT에 대한 법인세(2,784)=6,254백만원
- 비현금비용(Non−Cash Expense)=20×2F 감가상각비(1,416)
- 순운전자본 변동액(Changes in Working Capital)=20×2F 운전자본 순증감액 추정결과[(−)129백만원]
- 투자소요금액(CAPEX)=20×2F 유형자산투자소요계획상의 유형자산 투자예정금액[(−)600백만원]
- 잉여현금흐름(FCF)=세후EBIT(NOPLAT : 6,254)+비현금비용(1,416)−순운전자본 변동액(129)−투자소요금액(CAPEX : 600)=6,941백만원

Section 6 자본비용의 계산

현금흐름할인모형은 미래현금흐름을 할인한 현재가치로 측정하는 방법이다. 이를 위해서는 미래의 현금흐름을 추정해야 한다. 미래의 현금흐름을 추정하는 것이 얼마나 어려운 것인가? 급변하는 경영환경의 변화 속에 우리는 바로 내일의 상황도 예측하기 어렵다. 하물며 5~10년의 긴 기간을 추정하는 것은 참으로 어려운 일이다. 그럼에도 우리는 이용가능한 모든 정보를 활용하여 가장 합리적인 방법으로 미래현금흐름을 추정하기 위해 노력한다.

가치평가에 있어 미래현금흐름을 예측하는 것 못지않게 현금흐름에 대응되는 할인율, 즉 자본비용의 측정도 어려운 문제이다. 현금흐름할인모형은 미래현금흐름을 할인한 현재가치에 기초하므로 할인율의 추정결과는 기업가치에 큰 영향을 미친다. 미래현금흐름은 추정결과와 비교할 수 있는 실적 현금흐름이 있어 미래현금흐름 추정결과를 실적 현금흐름내용과의 비교분석을 통해 (차이가 있더라도) 차이의 원인에 대한 설명이 가능하고 논리적이고 합리적인 이유가 있다면 추정결과에 대한 신뢰성이 높아질 수 있다. 그러나 자본비용에 있어서는 쉽지 않은 것 같다.

자본비용은 궁극적으로 투자자의 요구수익률이다. 채권자와 주주의 요구수익률을 계량화하는 것이 얼마나 어려운 일인가? 이 때문에 재무를 전공하는 학자들 사이에 가장 많이 연구되는 분야가 자본비용이다. 해외의 가치평가 전문기관들의 보고서에서도 자본비용이 가장 화두에 오른다. 재무관리 이론서와 가치평가 실무서에서 가장 중점적으로 다루는 부분도 자본비용이다. 자본비용에 대한 이론서의 체계는 비슷하게 구성되어 있다. 그러나 적용결과는 딴판인 경우가 많다. 미래현금흐름을 합리적으로 추정하는 것도 중요하지만 자본비용의 차이가 가치평가결과에 미치는 영향이 크므로 자본비용을 합리적으로 추정하는 것도 현금흐름의 추정 못지않게 중요한 것이다.

자본비용의 추정결과가 가치평가에 미치는 영향을 단순한 예를 통해 알아보자. 어떤 기업의 잉여현금흐름(FCF)의 추정결과가 다음과 같을 때 가중평균자본비용을 10%에서 시작하여 3%씩 높아질 때 가치평가의 크기가 얼마나 달라지는가?

구 분	T=1	T=2	T=3	T=4	T=5
FCF	100	105	110	116	122

T=1시점의 잉여현금흐름을 100으로 보고 매년 5%씩 잉여현금흐름이 증가하는 것으로 가정하였다. 상기의 잉여현금흐름 추정결과에 대해 다른 모든 조건은 동일하고 가중평균자본비용(WACC), 즉 할인율이 바뀜에 따라 추정된 가치평과결과는 다음과 같다. 추정기간 이후의 안정성장률은 편의상 0%로 하였다.

구 분	예측기간가치	영구기업가치	영업가치	가치비율
WACC=10%	415	792	1,208	100%
WACC=13%	384	533	917	76%
WACC=16%	357	380	736	61%
WACC=19%	332	281	614	51%

자본비용이 10%일 때의 영업가치를 100%로 할 때 자본비용이 3%씩 증가할 때마다 가치는 크게 감소하는 것으로 나타났다. 특히 10%에서 13%로 증가할 때 감소하는 가치의 크기가 13%에서 16%로 증가할 때 감소하는 가치의 크기보다 크게 발생한다. 이는 절대수준의 자본비용이 낮을수록 자본비용의 크기가 가치의 크기에 미치는 영향이 크다는 것을 뜻한다. 절대수준의 자본비용이 높을수록 기업가치의 크기에 미치는 영향은 적게 된다.

[그림 3-24] 자본비용이 영업가치에 미치는 영향

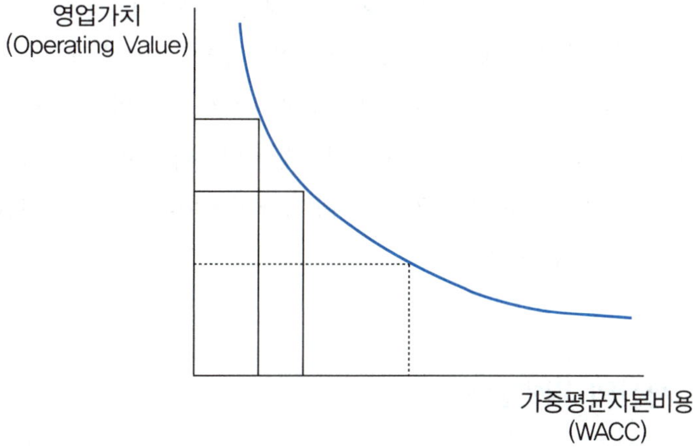

국내에서도 자본비용에 대한 연구는 많이 진행되고 있으나 실무적인 적용에는 어려움이 있는 것 같다. 이론서의 내용에 따라 적용하기가 쉽지 않을 뿐더러 혹 그대로 하였다 하더라도 예상치 못한 결과가 나오는 경우가 많다. 이는 국내 주식시장이 성숙되지 못한 이유가 크다. 자본비용에 대한 연구는 경험적 연구를 바탕으로 하는 경우가 일반적이다. 자본비용에 대한 이론적 연구를 뒷받침해 줄 수 있는 성숙된 자본시장이 연구대상이 된다. 자본비용과 관련한 이론에서는 다소 비현실적인 가정이 전제되는 경우가 많으므로 성숙된 자본시장에서도 이론서에 나오는 내용대로 구현된다고 볼 수 없다. 상대적으로 성숙된 시장에서도 이론적인 가정에 부합하지 못하므로 신흥시장과 같이 경험자료가 불충분하고 시장상황이 비시장요인에 의해 큰 영향을 받는다면 경험적 연구의 대상이 되기 어려운 것이다.

학자들은 남미와 아시아를 포함한 이머징 마켓(emerging market)에 속한 국가들에 기반한 기업의 가치평가는 해당국의 주식시장 자료를 이용하는 것은 왜곡된 평가결과를 가져온다고 주장한다. 심지어 유럽의 몇몇 국가들도 그 경제의 성숙도에 비해 자본시장이 불완전하다고 경고한다. 이머징 마켓의 불완전성은 자본시장에 참여한 투자자들의 요구수익률(또는 기대수익률)과 해당 자본시장의 실적수익률이 크게 차이가 나는 것으로 나타난다.

자본시장이 국제화되면서 국제 자본이 자유롭게 바다를 건널 수 있는 환경이 조성됨에 따라 과거의 지역적인 시장개념이 많이 변화하고 있다. 국내의 몇몇 기업들은 국내 주식시장에 상장하였을 뿐 아니라 예탁증서(DR)형식으로 미국 시장에서도 거래되고 있다. 자본의 국제화는 외국의 투자가가 평가한 결과와 한국의 투자가가 평가한 결과가 달라서는 안된다는 것을 뜻한다.

이러한 이유들로 인해 국내 기업의 주식가치 평가시 사용하는 할인율은 국내 주식시장의 자료는 제한적으로 이용하고, 대신 미국 주식시장의 축적된 자료를 활용하되 미국 외의 기업에 대한 조정작업을 통해 도출된 할인율을 사용하는 경우도 많다. 이는 외국인이 국내 기업에 투자할 때 뿐 아니라 국내 투자자가 국내기업을 평가할 때에도 마찬가지이다. 이에 대한 자세한 설명은 '11. 한국기업의 자기자본비용' 부분에서 다루겠다.

자본비용은 투자자들의 기대수익률이 반영되어야 한다. 기대수익률은 동일한 위험을 가진 다른 투자안을 포기하고 이 주식에 투자하는 기회비용이다. 기대수익률(expected rate of return)은 실현수익률(realized rate of return)과 일치하지는 않는다. 기대수익률도 추정치이기 때문이다. 자본비용을 적절히 추정하지 않으면 가치평가가 왜곡된다. 이하에서 자본비용에 대한 이론적 · 실무적 접근에 대해 살펴보자.

1. 자본비용 계산의 일반원칙

본서에서는 현금흐름할인모형 중 전체기업가치접근법을 설명하고 있다. 이에 따라 현금흐름도 전체기업 현금흐름, 즉 잉여현금흐름(Free Cash Flow)을 추정하였다. 현금흐름에 대응되는 위험에 대한 할인율인 자본비용도 주주와 채권자의 위험을 모두 반영한 가중평균자본비용(WACC; Weighted Average Cost of Capital)이 사용된다.

[그림 3-25] 현금흐름과 대응되는 할인율

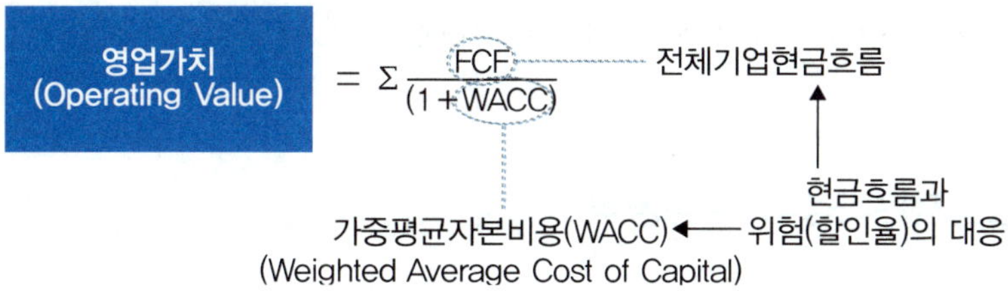

가중평균자본비용은 주주의 요구수익률인 자기자본비용과 채권자의 요구수익률인 타인자본비용을 각각의 자금조달방법의 비율에 따라 가중평균(weighted average)한 비용이다. 가중평균자본비용의 추정을 위해서는 아래의 원칙이 지켜져야 한다.

(1) 자본의 원천별 수익률을 자본구성비율에 따라 가중평균

가중평균자본비용은 자기자본(주주)과 타인자본(채권자) 등 자본의 원천별로 요구하는 수익률을 각각의 자본구성비율에 따라 가중평균하여 계산한다. 즉 가중평균자본비용은 두 종류의 자본이 그 가치의 비율에 의해 가중평균으로 계산된 할인율이다. 미래잉여현금흐름에 대한 청구권은 주주와 채권자가 각각의 요구수익률에 의해 평가되어야 한다. 또한 미래현금흐름은 영구히 발생할 것으로 가정하는 것이며, 가까운 시일 내에 청산할 것을 전제하지 않는다. 따라서 두 종류의 자본의 상대적인 비율은 현시점의 시장가치기준 자본구성비율 또는 장기적으로 달성될 목표자본구조에 의해 가중치가 설정되어야 할 것이다.

(2) 자본비용 계산시 이자비용의 세금효과를 반영

잉여현금흐름은 세후EBIT(NOPLAT)를 기초로 한다. 타인자본비용은 법인세를 감소시켜 주는데 잉여현금흐름 계산시 이자비용을 차감하기 전 이익을 기준으로 세금효과를 측정하였으므로 자본비용 계산시 세금효과를 반영하여야 한다. 즉 세금절감효과가 있는 이자비용의 세금효과는 타인자본비용 계산시 고려한다.

(3) 체계적 위험만을 보상한다. 단, 비상장기업에 대해서는 비체계적 위험을 고려한다

각 자본공급자들은 체계적 위험(Systematic Risk)에 상응하는 보상을 원하므로 자본비용 계산시 체계적 위험을 감안하여 조정한다. 자본시장에 참여하는 투자자들은 포트폴리오를 구성함으로써 개별 기업이 독창적으로 가지는 위험인 비체계적 위험을 제거할 수 있다고 알려져 있다. 따라서 자본시장에서는 체계적 위험에 대한 대가를 지급할 뿐 제거가능한 위험인 비체계적 위험은 보상대상이 아니다. 다만, 비상장기업의 주식에 대해서는 투자자가 포트폴리오를 구성하더라도 개별 기업이 가지는 위험이 제거되기 어렵다. 비상장기업은 상장기업과 달리 일부 비체계적 위험에 대한 보상 여부를 고려할 수 있다.

2. 가중평균자본비용의 추정공식

가중평균자본비용(WACC; Weighted Average Cost of Capital)의 추정공식은 다음과 같다.

$$WACC = K_e \times \frac{E}{V} + K_d \times (1-t) \times \frac{D}{V}$$

K_e : 자기자본비용
K_d : 타인자본비용
E/V : 자기자본비율
D/V : 타인자본비율
V : 기업의 시장가치(=D+E)
t : 적용법인세율

위의 식은 타인자본과 보통주 자기자본이 있을 경우만을 가정한 것이다. 만일 우선주가 있다면 우선주 자본비용과 우선주의 시장가치 대비 기업가치비율(우선주 자본비율)을 추가하여 가중평균자본비용을 계산한다.

가중평균자본비용 공식에서 표시된 기업가치 대비 자기자본비율(E/V)과 타인자본비율(D/V)은 시장가치에 의한 자본구성비율 또는 목표자본구조이다. 부채가치에 포함되는 부채는 이자를 발생시키는 부채를 말한다. 매입채무와 같이 이자지급이 없는 부채는 운전자본으로 보므로 가치평가에서는 부채가 아니다. 실제로는 매입채무에서도 일정수준 자본비용을 갖고 있다. 이자지급은 없지만 기간경과비용을 고려하여 채무금액을 계산하므로 암묵적인 자본비용이 포함된다. 그러나 이러한 암묵적인 자본비용을 모두 감안하는 것은 어려우며 실익도 적으므로 고려하지 않는다.

가중평균자본비용 계산의 이론적인 구조는 세 개의 핵심요소, 즉 자본구성비율과 타인자본비용 및 자기자본비용으로 구성된다. 이하에서는 자본구성비율, 타인자본비용 및 자기자본비용에 대한 개념과 추정방법에 대해 설명하도록 하겠다.

3. 자본구성비율

가중평균자본비용은 자기자본비용과 타인자본비용을 기업가치 대비 자기자본비율(E/V)과 타인자본비율(D/V)로 곱하여 계산한다고 하였다. 이때 기업가치(V=E+D)와 자기자본가치(E) 및 타인자본가치(D)는 모두 시장가치(또는 목표자본구조)이다. 즉 가중평균자본비용은 각 자금 조달자의 기회비용(자본비용)을 각각의 시장가치(또는 목표자본구조)를 가중치로 하여 평균한 것이다.

자기자본과 타인자본의 비율(즉 자본구성비율)을 '장부가치'가 아닌 '시장가치'로 계산하는 이유는 무엇인가?

가치추정을 함에 있어 미래현금흐름은 추정기간 동안 매기 별도로 추정한다. 예를 들어 2005년 말을 기준일로 하여 향후 5년간의 잉여현금흐름(FCF)을 추정한다면 2006년부터 2010년까지 매년의 잉여현금흐름(FCF)은 다를 것이다. 그러나 현금흐름에 대응되는 요구수익률인 가중평균자본비용(WACC)은 추정 첫해인 2006년부터 2010년까지 동일하게 적용한다. 뿐만 아니라 영구기업가치 산정에도 동일한 요구수익률(WACC)을 이용하여 현재가치를 계산하게 된다. 이는 현재시점의 투자자의 요구수익률이 각 기간별로 달라진다고 가정하는 것이 이상적일 수 있으나, 현실적으로 각 기간별로 투자자의 요구수익률을 달리 적용하는 것이 쉽지 않을 뿐 아니라 추정의 실익이 크지 않기 때문이다. 즉 평가기준일 시점의 요구수익률 계산의 기초가 된 자기자본과 타인자본의 비율은 장기적으로 기업이 달성하게 될 자본구조가 되는 것이다. 이는 향후 현금흐름을 창출하기 위해 투자 및 원가에 소요되는 현금은 현재시점의 자본구조하에서 조달하며, 이러한 조달비율은 미래에도 유지될 것이란 가정이다. 이는 두 가지 중요한 의미를 가진다. 첫 번째는 자본비율은 '부채의 시장가치'와 '자기자본의 시장가치'로 측정된 가치의 비율이어야 한다는 것이다. 자기자본가치의 경우 추가로 유상증자 등을 통해 투자소요자금을 마련한다면 장부금액에 기초해 조달하는 것이 아니라 '시장가치'에 의해 조달하기 때문이다. 두 번째 의미는 자본비율은 쉽게 변하지 않을 장기적인 비율이 되어야 한다는 것이다. 단기적인 자금조달계획은 장기적인 자본구조에 결정적인 영향을 미치지 못할 수 있다. 결론적으로 자본구조는 자기자본과 타인자본의 시장가치에 의하여 계산하되, 그 가치는 단기적인 가치가 아닌 장기적인 가치가 되어야 한다.

가중평균자본비용의 계산식을 보면 의문이 생긴다. 가중평균자본비용은 기업가치를 구하기 위한 할인율이다. 이때의 기업가치는 시장가치이다. 자기자본가치는 기업가치에서 부채가치를 차감하여 계산한다고 하였다. 그런데 기업가치를 계산하기 전 단계인 가중평균자본비용에서 기업가치를 알아야 한다. 순환문제가 생긴 것이다.

3.1 목표자본구조

가중평균자본비용을 시장가치기준에 의해 추정된 자기자본비율과 타인자본비율을 가중치로 사용하려면 ‘순환문제’가 발생한다고 하였다. 일부 가치평가전문가는 순환의 문제가 발생하더라도 반복계산방식에 의한 순환산식을 이용하여 자본구조를 추정해야 한다고 주장한다. 실무적으로 순환방식에 의해 계산되는 사례도 접할 수 있다. 그러나 순환산식에 의한 방식이 적용되려면 순환반복에 의해 자본구조추정치가 ‘수렴’되는 경우에 한하여 적용가능하며 순환반복결과가 ‘발산’하는 경우에는 적용이 어렵다. 특히 순환반복결과가 ‘발산’하는 경우에도 반복계산횟수를 늘려 반복계산결과가 도출되기도 하는데 그 값이 수렴값인지 발산값인지 정확히 알 수 없다는 문제가 있다. 이러한 이유로 인해 가중평균자본비용의 계산을 위한 자본구조는 ‘목표자본구조’를 적용하는 것이 일반적이다.

목표자본구조는 장기적으로 기업이 달성하고자 하는 자본구조이다. 따라서 목표자본구조는 현재의 자본구조와 비슷할 수도 있고 다를 수도 있다. 그럼에도 목표자본구조를 적용하는 것이 현재의 자본구조를 적용하는 것보다 합리적이다. 미래의 현금흐름에 대해 각 시점별로 자본구조를 달리하여 할인율을 사용하는 것이 아니라 현재 시점에서 측정된 하나의 할인율이 전 기간에 걸쳐 적용된다. 따라서 미래현금흐름과 대응되는 자본비용은 장기간에 걸쳐 적용가능한 것이어야 한다.

그러나 목표자본구조를 사용한다는 것도 적용하기에는 어려움이 있는 것은 마찬가지이다. 기업이 장기적으로 달성하고자 하는 자본구조를 예측하는 것은 쉽지 않은 일이다. 목표자본구조는 다음과 같은 사항을 고려하여 추정한다.

3.2 목표자본구조 추정시 고려요소

첫째, 목표자본구조 추정시에는 현재의 장부가치에 의한 자본구조에 대한 고려가 필요하다. 목표자본구조가 현재의 장부가치기준 자본구조와 큰 차이를 보인다면 목표자본구조의 설정에 대한 합리적인 근거가 필요하다. 실제 국내상장기업 중 상당수는 PBR이 1 이하인 기업이 많다. PBR이 1 이하라는 것은 시장가치가 장부가치보다 작다는 것을 의미한다. 따라서 장부가치가 항상 시장가치보다 작을 것이라는 편견도 옳지 않다.

둘째, 유사기업의 자본구조를 적극 활용한다. 유사기업의 선정방법에 대해서는 ‘시장가치비교법’에서 상세히 설명하겠다. 여러 개의 유사기업의 평균치는 평가대상기업이 장기적으로 도달하게 될 목표자본구조가 될 가능성이 높다. 그러나 이를 무턱대고 이용하기보다 유사기업들이 대표성을 지니고 있는지, 그리고 평가대상기업보다 자본의 효율성을 달성하고 있는 기업인지에 대한 검토가 필요하다.

셋째, 평가대상기업의 장기적인 자금조달계획을 검토한다. 현재의 자본구조나 유사기업의 자본구조가 궁극적으로 평가대상기업의 목표자본구조와 유사하다고 가정하기에는 무리가 있다. 자본조달구조는 각 기업의 여건과 목표에 따라 달라지는 것이므로 자체적인 자금조달계획이 가장 중요하다. 이때에도 단기적인 자금조달계획을 반영하는 것은 위험하다. 이는 현재의 자본구조를 그대로 이용하는 것과 마찬가지의 한계를 지닌다.

마지막으로 목표자본구조에 의해 도출된 가중평균자본비용을 이용하여 최종적으로 추정된 타인자본가치와 자기자본가치의 비율(추정자본구조)이 목표자본구조와 큰 차이를 보이는지 살펴보아야 한다. 목표자본구조와 추정자본구조가 큰 차이를 보인다면 차이의 원인은 무엇인지, 차이가 발생한 이유가 합리적인지 검토해야 한다. 목표자본구조와 추정자본구조의 차이가 크고, 차이의 원인이 뚜렷하지 않다면 적용하였던 목표자본구조를 수정할 것을 검토해야 한다. 이러한 조정을 통해 적용된 목표자본구조는 순환방식에 의해 자본구조를 적용하는 것과 유사한 결론을 얻게 된다.

결론적으로 목표자본구조를 결정할 때 위의 사항을 종합적으로 고려하는 것이 중요하다. 목표자본구조는 장기적으로 달성 가능한 자본구조여야 하며 자본의 효율성을 높이는 방향으로 진행되어야 한다.

현재의 자본구조는 시장가치를 기준으로 한 것임을 잊어서는 안된다. 모든 가치의 평가는 시장가치에 근거하고 있으므로 자본구조의 측정도 시장가치에 근거해야 한다. 간혹 장부가치를 이용하여 자본구조를 측정하는 경우가 있는데 이때에는 장부가치가 시장가치와 큰 차이가 없을 것이란 전제가 필요하다.

3.3 목표자본구조 추정의 실무적인 접근

목표자본구조는 위에서 설명한 사항들을 고려하여 최종적으로 결정한다. 이에는 평가자의 주관적인 요소가 개입되므로 목표자본구조를 추정하기 위한 실무적이고 객관적인 방법을 알아보자.

(1) 비교대상기업의 평균 부채비율(타인자본비율)을 활용

목표자본구조를 가장 효과적으로 추정하는 방법은 비교대상기업의 평균부채비율을 이용하는 것이다. 특히 비교대상기업이 동일업종 내에서 안정적인 경영을 유지하는 기업이라면 평가대상회사가 장기적으로 달성하게 될 목표자본구조에 근접해 있을 수 있다. 혹은 비교대상기업들의 평균적인 자본구조(=부채비율)가 평가대상기업이 장기적으로 도달할 자본구조일 수 있다. 비교대상기업의 부채비율을 활용할 경우 세 가지 점에 주의해야 한다. 먼저 가치평가에 있어 부채비율은 재무회계에서 산정하는 부채비율과 다르므로 기업개요나 감사보고서의 경영지표상의 부채비율을 사용해서는 안된다. 이때의 부채비율에는 이자비용이 발생되는 타인자본

(금융기관차입금, 회사채 등) 외에 운전자본에 해당하는 영업용 부채가 포함되어 계산된 것이다. 가치평가에 있어 매입채무나 미지급금과 같은 영업용 부채는 부채가 아니다. 이들은 잉여현금흐름의 유출을 지연시켜 주는 일시적인 채무일 뿐이다. 따라서 비교대상기업의 부채비율은 타인자본 대비 자기자본의 비율이다. 두 번째 주의할 점은 부채비율의 계산은 타인자본 대비 시장가치기준 자기자본, 즉 시가총액이어야 한다. 이는 앞에서 설명하였듯이 장부가치에 의한 자기자본은 향후 자본조달과는 관계가 없기 때문이다. 마지막으로 비교대상기업의 자본구조를 활용할 경우에는 이상치(outlier)가 발생될 수 있으므로 이들 이상치는 제외하는 것이 좋다. 비교대상기업이 자본구조의 효율성을 달성하였는지 여부는 확인하기 어려우나 비교대상기업의 평균적인 자본구조와 동떨어진 기업의 경우는 배제하는 것이 좋겠다.

예제 3-40 비교대상기업의 자본구조를 이용한 목표자본구조의 추정

비상장기업인 EY Corp와 동일 업종에 속한 상장기업들의 재무정보는 다음과 같다. 부채총액은 각 비교대상기업들의 재무상태표에 부채로 표시된 금액 전체를 집계한 것이다. 즉 차입금 등 이자발생 채무와 매입채무 등 일반부채가 모두 포함된 금액이다. 반면, 타인자본은 금융기관차입금과 회사채 등 이자가 발생하는 채무만이 해당된다. 자기자본은 재무상태표상 자본총액으로 표시된 금액이다. 즉 자본금에 자본잉여금과 이익잉여금 및 자본조정항목의 합계이다. 시가총액은 비교대상기업들의 최근 2개월간 주가의 평균을 토대로 발행주식수를 곱하여 계산한 가치이다. 비교대상기업의 재무정보를 이용하여 EY Corp의 목표자본구조를 도출해 보자.

구 분	A기업	B기업	C기업	D기업	E기업	F기업	EY Corp
부채총액	176,452	265,498	4,890	36,432	1,007,654	34,561	87,564
타인자본	95,600	150,000	4,000	27,654	850,000	20,000	55,000
자기자본	185,275	212,398	5,868	32,789	302,296	35,598	83,186
시가총액	407,604	318,598	14,083	59,020	272,067	56,957	-

■ **부채비율의 계산**

먼저 주어진 자료를 이용해 재무회계에서 계산하는 부채비율을 계산해 보자. 재무회계에서의 부채비율은 '부채총액'을 '자기자본총액(장부가치)'으로 나눈 비율이다.

재무회계에서의 부채비율

구 분	A기업	B기업	C기업	D기업	E기업	F기업	EY Corp
부채총액	176,452	265,498	4,890	36,432	1,007,654	34,561	87,564
자기자본	185,275	212,398	5,868	32,789	302,296	35,598	83,186
부채비율	95%	125%	83%	111%	333%	97%	105%

재무회계에서의 부채비율은 단기적인 재무건전성의 지표로 이용될 수 있다. 그러나 부채총액에는 운전자본도 포함되어 있으며, 이들 운전자본은 미래현금흐름의 유출을 지연시켜 줄 뿐 창출된 잉여현금흐름에 대한 배분대상이 아니다. 따라서 미래현금흐름의 배분대상이 되는 타인자본과 자기자본의 비율이 가치평가에 있어서의 부채비율이 된다.

가치평가에서의 부채비율(장부가액기준)

구 분	A기업	B기업	C기업	D기업	E기업	F기업	EY Corp
타인자본	95,600	150,000	4,000	27,654	850,000	20,000	55,000
자기자본	185,275	212,398	5,868	32,789	302,296	35,598	83,186
부채비율	52%	71%	68%	84%	281%	56%	66%

타인자본을 기초로 한 부채비율은 재무회계에서의 부채비율보다 낮다. 미래현금흐름에 대한 가치배분대상이 아닌 운전자본은 부채에서 제외되기 때문이다. 자기자본은 장부상의 금액이므로 역사적 원가에 의해 기록된 금액이다. 즉 발생시점별로 가치가 측정된 후 가치의 변동은 반영되지 않는다. 더욱 중요한 것은 주주가치는 미래현금흐름의 현재가치(또는 시장가치)인 데 비해 재무상태표상의 자기자본(=자본총액)은 과거 경영성과만이 집계되어 있으므로 미래현금흐름의 분배비율(또는 자금조달비율)로는 적당하지 않다. 따라서 자기자본가치는 시장가치로 측정된 금액으로 해야 한다. 자기자본가치를 시장가치로 한다는 것은 장기적인 자본조달계획이 타인자본과 자기자본이 시장가치의 비율로 이루어진다는 것을 뜻한다.

시장가치기준에 의한 부채비율

구 분	A기업	B기업	C기업	D기업	E기업	F기업	EY Corp
타인자본	95,600	150,000	4,000	27,654	850,000	20,000	55,000
시가총액	407,604	318,598	14,083	59,020	272,067	56,957	
부채비율	23%	47%	28%	47%	312%	35%	

시장가치기준에 의한 부채비율은 장부가치에 의한 부채비율보다 낮게 나타났다. 그렇다고 시장가치기준 부채비율이 장부가치기준 부채비율보다 항상 낮은 것은 아니다. 시장가치가 장부가치보다 높아야 하기 때문이다. 현실적으로 주식시장에서 거래되고 있는 주식 중 상당수는 PBR이 1보다 작다. PBR이 1보다 작다는 것은 장부가치가 시장가치보다 크다는 것을 뜻한다. 예에서도 다른 기업들은 시장가치기준 부채비율이 장부가치기준보다 낮았으나 E기업의 경우는 PBR이 1보다 작은 기업으로 시장가치기준 부채비율이 오히려 높다.

이들 비교대상기업들의 평균부채비율은 비상장기업이 장기적으로 달성할 목표자본구조가 될 수 있을 것이다. 비교대상기업들의 평균 부채비율을 산술평균에 의해 계산하면,

평균부채비율={A기업(23%)+B기업(47%)+C기업(28%)+D기업(47%)+E기업(312%)+F기업(35%)}/6=82%로 계산된다.

EY Corp의 목표자본구조는 82%의 부채비율이 될 수 있다.

그런데 여기서 한 가지 더 고려할 것이 있다. EY Corp의 비교대상기업으로 선정된 기업들의 시장가치기준 부채비율은 E기업을 제외하고는 20~40%대이다. E기업만이 312%로 높은 부채비율을 기록하고 있다. E기업으로 인해 평균목표자본구조가 82%에 달하는 것이다. 이런 경우 E기업의 부채비율은 이상치(outlier)로 보고 제외하는 것이 바람직하다. E기업을 제외한 나머지 기업들은 평균적인 자본의 효율성을 달성하고 있는 것으로 볼 수 있으나, E기업은 재무건전도가 낮아 자본의 효율성을 달성하지 못한 것으로 판단되기 때문이다. E기업을 제외한 나머지 5개 기업들의 평균부채비율을 계산하면 36%가 된다. 즉 EY Corp가 장기적으로 달성할 목표자본구조는 36%인 것으로 추정할 수 있다.

(2) 시장가치비교법에 의한 목표자본구조의 추정

비교대상기업들의 시장가치에 기준한 부채비율을 평가대상기업의 목표자본구조로 추정하는 방법은 일반적인 방법이지만 일반화의 오류를 범할 위험도 있다. 비교대상기업으로 선정된 기업들이 평균적으로 유사한 부채비율을 보인다고 해서 장기적인 자본의 효율성을 달성했다고 간주하기 어렵기 때문이다. 특히 동일업종에 속한 기업들은 영업위험이 유사하다고 볼 수 있으나 이들 기업들이 비슷한 재무위험을 보인다고 볼 수는 없다. 동일한 영업위험에 속해 있더라도 각 기업들의 재무전략에 따라 기업가치를 극대화하는 방법은 다를 것이기 때문이다.

결론적으로 목표자본구조는 그 기업이 가치를 극대화시키는 자본구조가 될 것이며, 유사한 기업들의 평균 자본구조는 대상기업과는 원칙적으로는 상관이 없다는 의미다. 이러한 경우에는 목표자본구조는 허상에 불과하며, 현재의 시장가치에 의한 자본의 비율이 더 중요해진다. 즉 타인자본과 자기자본 각각의 현재의 시장가치에 기초한 비율로 가중평균요구수익률이 결정되어야 하는 것이다.

상장기업은 시가총액 대비 타인자본금액 비율로 부채비율을 계산할 수 있다. 반면, 비상장기업은 시가총액이 없으므로 부채비율을 계산하기 위해서는 먼저 시장가치를 추정해야 한다. 문제는 현금흐름할인모형의 최종적인 목적이 가치의 추정에 있으므로 현금흐름할인모형에 의한 가치추정의 전 단계로 시장가치기준에 의한 부채비율을 계산하는 것은 불가능하다는 것이다. 이에 대한 대안으로 가능한 방법은 시장가치비교법에 의해 자기자본의 시장가치를 간접적으로 계산할 수 있다. 시장가치비교법은 상장된 비교대상회사의 주가정보를 이용하여 평가대상기업의 가치를 추정하는 것이다.

시장가치비교법을 활용하여 목표자본구조를 추정할 때 가장 일반적으로 사용될 수 있는 시장배율(market multiple)은 주가대비 순자산장부가액비율, 즉 PBR이다. PER나 EV-EBITDA 배율과 같이 일반적으로 활용되는 방법이 아닌 PBR에 의한 목표자본구조 추정이 더 많이 활용되는 것은 PBR은 다른 시장배율과 달리 자기자본의 장부가치에 기초하여 가치를 추정하므로 미래의 이익추정에 의해 변동이 크지 않다는 장점이 있기 때문이다. 또한 목표자본구조는 장부가치기준 자본구조를 기초로 하므로 장부가치에 기초하여 추정하는 방법이 비교하기가 원활하기 때문이다. 물론 시장가치비교법에 의한 목표자본구조의 추정은 PBR이 아닌 PER나 EV-EBITDA에 의해서도 가능하다.

예제 3-41 시장가치비교법에 의한 목표자본구조의 추정

[예제 3-40]에서 EY Corp의 비교대상기업으로 선정된 기업들의 PBR을 이용하여 EY Corp의 목표자본구조를 추정해 보자. EY Corp의 비교대상기업들의 PBR 계산결과는 다음과 같다.

비교대상기업의 PBR 계산결과

(단위 : 백만원)

구 분	A기업	B기업	C기업	D기업	E기업	F기업	EY Corp
자기자본	185,275	212,398	5,868	32,789	302,296	35,598	83,186
시가총액	407,604	318,598	14,083	59,020	272,067	56,957	–
PBR	2.2	1.5	2.4	1.8	0.9	1.6	

비교대상기업들의 평균PBR을 계산하면 다음과 같다.

비교대상기업들의 평균PBR=(2.2+1.5+2.4+1.8+0.9+1.6)/6=1.733

비교대상기업들의 평균PBR을 이용하여 EY Corp의 시가총액과 부채비율(시장가치자본구조)을 추정하면

- EY Corp의 시가총액 추정=1.733×83,186=144,189
- EY Corp의 시장가치기준자본구조(부채비율)=타인자본총액(55,000)/시가총액(144,189)
  =38%

[예제 3－40]에서 비교대상기업의 평균부채비율을 이용할 경우 EY Corp의 목표자본구조(목표부채비율)는 36%로 계산되었다. PBR에 의해 산출한 결과(38%)와 차이가 크지 않다. [예제 3－40]에서 비교대상기업의 평균부채비율을 이용하여 추정한 부채비율(36%)은 이상치로 분류된 E기업이 제외된 수치이다. E기업을 포함할 경우 평균부채비율은 82%로 크게 높아진다. 반면, PBR을 이용하는 경우 비교대상기업 6개 회사의 평균 PBR을 이용할 경우 38%, E기업을 제외할 경우 35%로 일관성 있게 계산된다. 물론 PBR에 있어서 이상치가 존재할 경우에는 이상치로 인해 평균값이 왜곡될 수 있다. 다만, 일반적으로 볼 때 PBR에 의한 방법이 추정결과의 편차가 줄어드는 것으로 볼 수 있다.

(3) 종합적인 고려

목표자본구조를 추정하는 방법으로 비교대상기업들의 평균부채비율을 이용하거나 PBR 등의 시장배율을 이용해 시장가치기준 부채비율을 목표자본구조로 추정하는 방법을 살펴보았다. 두 가지 방법 중 어떤 방법이 합리적이라고 할 수는 없다. 각 방법별로 필요한 가정과 적용과정상의 한계가 있기 때문이다.

평가대상기업의 목표자본구조 추정은 결국 비교대상기업의 평균부채비율, 시장가치비교법에 의해 추정된 시장가치기준 부채비율, 그리고 회사의 장기적인 자금조달전략과 현재시점의 장부기준 부채비율 등 모든 사항을 고려해 복합적으로 결정하게 된다.

특히 목표자본구조에 의해 도출된 가중평균자본비용을 이용하여 최종적으로 추정된 자본구

조가 목표자본구조와의 차이가 큰 경우에는 차이의 원인을 파악하고, 필요한 경우 적용된 목표 자본구조를 조정할 필요가 있는지에 대해서도 고려하여야 한다.

[그림 3-26] 목표자본구조의 추정

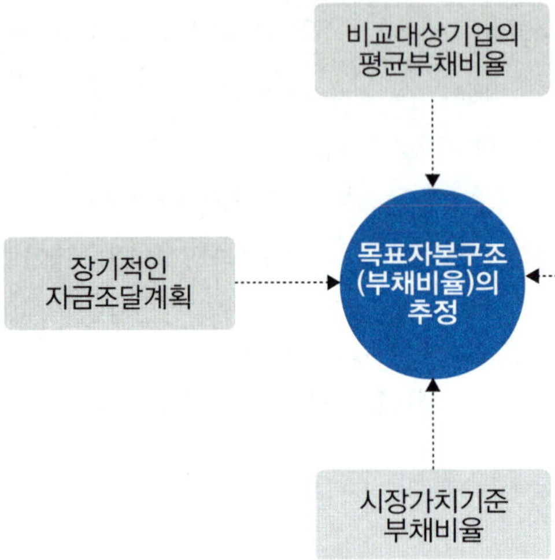

예제 3-42 목표자본구조의 적용 및 조정

EY Corp의 기업가치 및 자기자본가치를 다음과 같이 추정하였다. 기업가치 추정을 위해 EY Corp와 유사한 사업을 영위하는 상장회사의 평균 부채비율 20%를 이용하여 무부채베타의 조정 및 가중평균자본비용의 가중치를 적용하였다. 아래의 추정내용을 참고하여 EY Corp의 기업가치 추정과정의 문제점이 무엇인지를 파악하라.

① 잉여현금흐름의 현재가치 추정결과 (단위 : 백만원)

구 분	1차년도	2차년도	3차년도	4차년도	5차년도
잉여현금흐름(FCF)	10,200	−1,400	28,700	23,750	22,560
현가계수	0.89287	0.7972	0.7118	0.6356	0.5674
현재가치	9,107	−1,116	20,429	15,096	12,801

② 가중평균자본비용(WACC) = 12%
③ 목표자본구조 = 기업가치대비 부채비중(D/V) = 20%(비교대상기업의 평균 부채비중을 이용함)
④ 타인자본금액 = 135,000백만원
⑤ 영구성장률 = 1%

■ **기업가치의 추정**

예측기간의 가치 = 예측기간 잉여현금흐름의 현재가치 합 = 56,316백만원
영구기업가치 = {22,560백만원 × (1 + 1%)/(12% − 1%)} × 0.5674 = 117,532백만원
전체기업가치 = 56,316백만원 + 117,532백만원 = 173,848백만원

■ **자기자본가치 및 추정된 기업가치 대비 부채비율의 산정**

자기자본가치 = 173,848백만원 − 135,000백만원 = 38,848백만원
추정된 기업가치 대비 부채비율(D/V) = 135,000백만원 ÷ 173,848백만원 = 77.7%

■ **목표자본구조와 계산된 부채비율의 비교**

가중평균자본비용 계산을 위해 적용된 목표자본구조(D/V)는 20%이나, 목표자본구조를 이용하여 계산된 자본구조(D/V) = 77.8%로 큰 차이를 보인다. 이러한 차이가 발생하는 경우에는 EY Corp의 경영자는 지속적으로 타인자본을 상환하여 장기적으로 부채비율을 낮출 것이라는 가정이 성립해야 한다. 그러한 가정이 현실적이지 못하다면 상기의 가치평가는 적절치 못한 것으로 볼 수 있으며, 목표자본구조를 높이는 방향으로 조정하여 재계산해야 할 것이다.

4. 타인자본비용

타인자본은 이자비용이 발생하며, 만기에 원금과 이자가 확정되어 있는 채무를 말한다. 타인자본으로는 금융기관 차입금과 회사채 등이 있다. 매입채무 등 영업관련 부채와 퇴직급여충당금, 판매보증충당금 등 부채성충당금은 이자지급이 없을 뿐더러 상환시기와 상환금액이 확정적이지 않으므로 타인자본이 될 수 없다. 반면, 리스부채는 차입금을 조달하여 자산을 취득하는 것과 동일한 효과를 가져오므로 타인자본에 해당한다.

4.1 타인자본의 유형

금융시장은 직접금융방식과 간접금융방식으로 구분된다. 주식발행, 회사채발행 등 투자자로부터 직접 자금을 조달하는 시장을 직접금융시장이라고 한다. 반면, 은행과 같은 간접금융기관을 통해 자금을 차입하는 것을 간접금융방식이라 한다. 직접금융방식에 의한 자금조달은 투자자가 모든 위험을 부담하게 되는 데 반해 간접금융방식에 의한 자금조달은 간접금융의 매개자인 금융기관(주로 은행)이 기업으로부터 발생하는 경영위험이 투자자에게 전가되지 않도록 하는 특징이 있다.

[그림 3-27] 간접금융시장과 직접금융시장의 구조

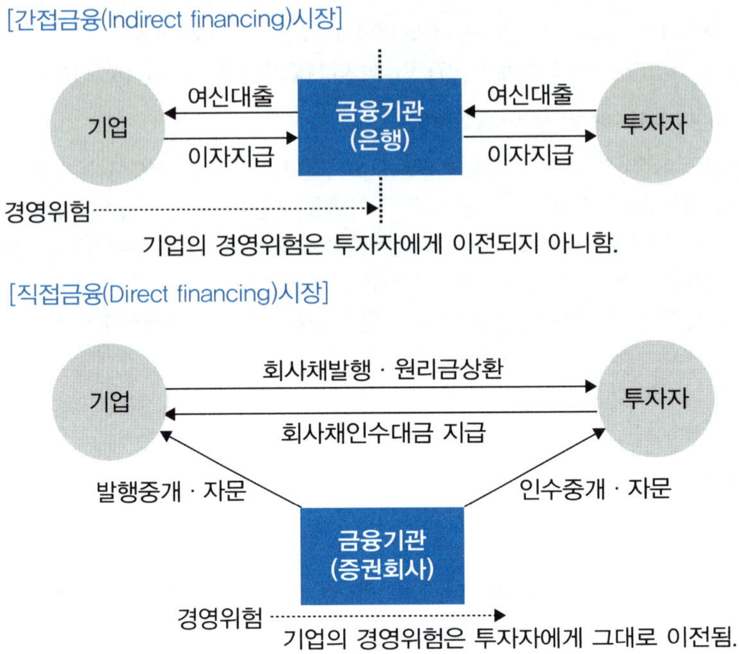

(1) 간접금융방식 : 금융기관 차입금

간접금융방식에서는 간접금융기관의 대출심사를 통해 자금의 위탁자로부터 예탁받은 자금을 대출하여 운영한다. 따라서 은행 등 금융기관 차입금은 시장 내의 다수의 투자자가 참여하는 시장이 아니므로 이자율 결정이 금융기관에 의해 결정된다. 각 금융기관들은 내부적인 이자율 결정 프로세스를 가지고 담보 및 신용평가를 바탕으로 대출규모와 이자율을 제시하게 된다. 규모가 작은 기업들은 회사채와 같은 직접금융시장을 이용할 여력이 없는 경우가 일반적이며 은행과 같은 금융기관에 의존하는 비율이 크다.

간접금융방식의 예로 일반적인 은행차입금을 포함하여 당좌차월, 어음할인, 팩터링(factoring), 단자차입, 보험차입, 시설자금차입, 외화차입, 리스 등이 있다. 당좌차월은 당좌예금을 거래하고 있는 거래처에 대하여 예금액 이상의 어음 · 수표를 발행하는 것이다. 어음할인은 상업어음을 지불기일이 도달하기 전에 은행이 그 기일까지의 이자를 공제한 금액으로 매입하는 것이다. 우리나라는 유럽이나 미국기업들에 비해 간접금융에 대한 의존이 높다. 간접금융을 통해 재벌식 경영구조를 확립하기 유리하였기 때문이다. 외환위기 이후 간접금융방식의 문제점이 드러나면서 직접금융방식에 의한 자본조달이 활발해졌으나 아직까지 대부분의 기업들은 직접금융보다는 간접금융방식을 선호하고 있는 것이 현실이다.

(2) 직접금융방식 : 회사채

직접금융방식의 대표적인 예로 주식발행과 더불어 회사채를 꼽을 수 있다. 회사채(Corporate Bond)는 채권에 투자하고자 하는 투자자에게 계약에 따라 일정한 이자를 지급하고 만기에 원금을 상환하기로 약정한 증권을 발행하는 것이다. 투자자로부터 자금을 직접 조달한다는 점에서 금융기관 대출과 다르다. 회사채는 이자지급방법, 상환방법, 사채에 부가된 추가적인 옵션의 유무 및 보증 여부에 따라 여러 종류로 구분된다. 회사채가 가진 위험에 대한 평가의 척도는 신용등급에서 찾을 수 있다. 우리나라는 한국기업평가, 한국신용평가 및 한국신용정보 등 신용평가회사에서 무보증회사채에 대한 신용등급평가자료를 제공하고 있다.

4.2 타인자본비용의 추정

타인자본비용은 이자비용수준과 회사의 채무상환능력 그리고 부채와 관련된 세금효과에 의해 결정된다. 이자율이 높아지면 타인자본비용이 높아지는 것은 자명한 일이다. 또한 타인자본은 원금의 상환능력을 최우선으로 하기 때문에 지급불능위험(default risk)이 증가할수록 타인자본비용도 증가한다. 현재의 이자율 수준뿐 아니라 향후의 재무상태에 따라 채무상환능력이 변동된다. 또한 동일한 이자율과 향후 지급능력하에서도 세금절감효과의 정도에 따라 타인자본비용 수준이 변동될 수 있다. 법인세율은 동일하나 개별 기업의 법인세 부담률은 다르기 때문이다.

(1) 타인자본비용 계산의 일반기준

타인자본의 구성이 다양한 만큼 타인자본의 종류별로 타인자본비용이 다르게 측정된다. 따라서 타인자본 종류별로 각각 계산된 타인자본비용을 타인자본의 시장가치에 따라 가중평균하여 타인자본비용을 계산한다.

미국시장과 달리 일본, 유럽의 몇몇 국가의 경우 직접금융시장보다는 간접금융시장이 크게 발달되어 있다. 한국기업들도 금융기관 대출금에 의존하는 비율이 회사채 조달방법보다 높은 상황이다. 이러한 경우 타인자본비용의 상당수는 금융기관차입금 이자율이 이용되는 것이 보통이다. 금융기관 차입금으로 대표되는 간접금융시장은 시장가격이 없으므로 약정이자율을 타인자본비용으로 이용한다. 단기차입금은 만기가 짧으므로 기업의 지급여력에 대한 심사가 적시에 이뤄진다. 반면 장기차입금은 이자율이 책정된 후 일정기간이 경과하면 시장이자율(엄밀히 시장이자율이라고 하기 어렵고, 유사한 기업에 적용되는 이자율)이 변경된다. 이런 경우 최초에 책정된 역사적 이자율(historical interest rate)은 시장이자율로 대체되어야 한다.

예제 3-43 타인자본비용의 추정

EY Corp의 부채현황 및 약정이자율은 다음과 같다. 가중평균차입이자율을 이용하여 EY Corp의 타인자본비용을 추정하라. (금액단위 : 백만원)

구 분	금 액	이자율
매입채무	500	
기타채무	687	
단기차입금	2,500	6.50%
유동성장기부채	1,600	5.40%
장기차입금	5,600	6.20%
회사채	4,800	6.80%

■ **가중평균차입이자율에 의한 타인자본비용의 추정**

타인자본	금 액	이자율	가중치
단기차입금	2,500	6.50%	17.24%
유동성장기부채	1,600	5.40%	11.03%
장기차입금	5,600	6.20%	38.62%
회사채	4,800	6.80%	33.10%
합계	14,500	6.36%	

EY Corp의 가중평균차입이자율을 이용한 타인자본비용 추정결과는 6.36%이다.

투자등급에 해당하는 회사채는 동일한 위험을 가진 부채의 가장 최근 시장수익률을 사용해 타인자본비용을 계산해야 한다. 회사채의 표면이자율은 할인 또는 할증발행되지 않았다면 발행당시의 시장이자율을 적절히 반영한 이자율이다. 그러나 발행시점과 평가시점의 차이가 있다면 평가시점의 시장수익률을 이용해야 한다. 만일 적절한 회사채 신용평가등급을 찾지 못하였거나 현재로서는 회사채 발행실적이 없어 등급이 없지만 향후 발행계획을 가지고 있고 이를 목표자본구조에서도 고려하고자 하는 경우 등에는 유사기업의 신용평가등급을 이용할 수 있겠다.

5. 자기자본비용의 이론적 구조

자기자본비용(Cost of Equity)은 주식(여기서는 보통주만을 고려함)을 발행하여 자본을 조달하는 대가로 지급하는 비용을 말한다. 자기자본은 타인자본과 비교하여 자본사용의 대가로 얼마를 지급하게 될 것인지 자본조달시점에서는 알 수가 없다. 자기자본 투자자들은 미래 기업의 경영성과에 따라 높은 수익률을 얻을 수도 있으며 투자금액 원본을 회수하지 못할 수도 있다.

또한 타인자본에 비해 자본의 청구권도 후순위이므로 상대적으로 위험에 크게 노출되어 있다. 자기자본비용에는 이러한 불확실성을 부담하는 대가인 위험프리미엄(risk premium)이 포함된다. 자기자본비용 계산에 있어 위험프리미엄의 도출은 가장 핵심적인 과제가 된다.

위험한 자산이 안전한 자산보다 많은 수익을 올릴 것으로 기대하는 것은 당연한 것이다. 완벽하게 안전한(perfectly risk-free) 무위험 자산이 있다고 가정하자. 어떤 자산에 대한 기대수익률은 무위험자산의 수익률과 무위험수익률을 초과하는 수익률(extra rate of return)로 나눌 수 있다. 바로 이 초과수익률이 그 자산이 가지고 있는 위험에 대한 대가이다. 이러한 위험에 대가, 즉 위험프리미엄(risk premium)을 어떻게 측정할 것인가 그리고 이를 어떻게 할인율에 반영할 것인가에 대한 추정모형들이 제시되고 있다.

자기자본비용을 추정하기 위한 모형으로 자본자산가격결정모형(CAPM; Capital Asset Pricing Model), 차익거래가격결정모형(APM; Arbitrage Pricing Model) 및 배당평가모형(Dividend Valuation Model) 등이 있다. 타인자본비용과는 달리 자기자본비용은 이론적 구조도 복잡하고 실무적 적용방법도 다양하다. 이로 인해 자기자본비용의 계산결과는 평가자별로 차이가 날 수밖에 없다. 자기자본비용을 올바르게 추정하기 위해서는 계산된 결과가 이론적으로 합당한 모형에 기초하여 논리적으로 접근되었는가를 따져야 한다. 여기서는 실무적으로 가장 널리 이용되고 있는 CAPM에 의한 자기자본비용 계산방식을 중심으로 설명한다.

5.1 자본자산가격결정모형(CAPM)의 기초

자본자산가격결정모형(CAPM; Capital Asset Pricing Model)은 자산의 위험에 따라 기대수익률이 어떻게 결정되는지 보여주는 가장 일반적인 이론이다. CAPM은 1960년대 스탠퍼드대 교수 샤프(William Sharpe)의 논문 자본자산가격－위험하의 시장균형("Capital Asset Prices : A Theory of Market Equilibrium under Conditions of Risk", Journal of Finance 19)을 통해 처음 소개된 이후 모신(Mossin, J.), 린트너(Lintner) 등에 의해 보완되었다. CAPM은 균형가격의 결정과정을 밝히는 여러 가격결정모형 중 가장 널리 알려졌을 뿐 아니라 지금까지도 가장 일반적으로 이용되고 있는 모델이다.

5.2 CAPM의 가정

CAPM은 위험(risk)과 기대수익률(expected return) 사이의 균형관계를 보여주는 가격결정이론으로 마코위츠(Markowitz, H.)의 평균－분산 포트폴리오 이론("Portfolio Selection" Journal of Finance)을 기초로 몇 가지 가정을 추가하여 완성되었다. 평균－분산포트폴리오 이론은 포트폴리오를 구성함으로써 위험의 일부를 없앨 수 있다는 것이 주요 내용이다. 이 이론하에서 모든 투자자들은 위험회피형으로 기대효용을 극대화하고 평균-분산모형에 따라 포트폴리오를 선택한다. 또한 모든 투자자들은 무위험이자율(risk-free rate)로 차입 또는 대출이 가능하며 세금 및 거래비용이 없다. CAPM에서는 이에 더하여 투자자는 완전경쟁시장하에서 정보의 편의가 없으며 자산의 기대수익률과 분산에 의해 같은 기대를 한다. CAPM은 기본적으로 1기간을 투자기간으로 한다.

CAPM은 매우 강한 가정하에 생성된 이론으로 현실적으로 CAPM의 이론이 성립되는 시장은 없다. 그러나 CAPM은 자기자본비용을 추정하기 위해 지금까지 나온 어떤 이론보다 이론적으로 우수하고 적용하기에도 쉬워 실무적으로 많이 사용되고 있다. 가치평가실무에서는 CAPM의 기본모형에 몇 가지 사항을 추가로 고려하여 적용한다.

5.3 CAPM의 계산구조

CAPM의 계산구조는 다음과 같다. 주주의 기회비용, 즉 자기자본비용은 무위험수익률에 시장위험프리미엄에 대한 체계적 위험(beta)을 곱한 값을 더해 준다. 이를 산식으로 표시하면 다음과 같다.

$$K_e = R_f + [E(R_m) - R_f] \times beta$$

K_e : 자기자본비용

R_f : 무위험수익률

$E(R_m) - R_f$: 시장위험프리미엄

beta : 주식의 체계적 위험(systematic risk)

CAPM의 산식은 자기자본비용과 베타 간의 일차함수로 표현된다. CAPM의 자기자본비용 추정함수는 다음과 같이 나타낼 수 있다.

[그림 3-28] CAPM에 의한 자기자본비용 함수

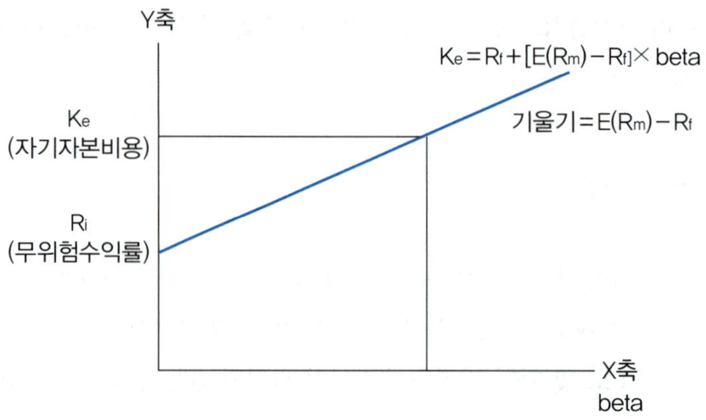

시장위험프리미엄[$E(R_m) - R_f$]은 위험자산에 고루 분산하여 투자하는 경우 무위험자산에 투자하는 수익률을 초과하여 얻는 수익률, 즉 위험의 시장가치라 할 수 있다. 시장위험프리미엄은 시장의 모든 위험자산에 시장가치에 비례하여 투자하여 얻을 수 있는 수익률인 시장수익률(R_m)의 기대치에서 무위험수익률을 차감한 것이다. 위의 CAPM산식에서 알 수 있듯이 자기자본비용은 시장위험프리미엄[$E(R_m) - R_f$]에 베타(beta)를 곱하여 계산한 금액[$(E(R_m) - R_f) \times beta$]과 무위험수익률($R_f$)의 합에 해당하는 기대수익률이다. 이때 베타는 체계적 위험(systematic risk)으로 불린다. 체계적 위험이란 주식의 분산투자를 통해서도 제거될 수 없는 위험을 말한다. 시장의 각 위험자산은 비체계적 위험을 가지지만 분산투자에 의해 비체계적 위험은 제거되고 체계적 위험은 제거되지 않는다. 따라서 시장에서는 이러한 체계적 위험에 대한 보상을 하는 것이다. 전체 시장에 대한 베타는 1이다. 이는 평균적인 주식의 베타 역시 1이라는 의미이다. 주식가격의 변동이 전체 시장과 유사하게 움직이는 주식의 베타는 1에 근접한다.

CAPM을 이용하여 자기자본비용을 추정하려면 CAPM의 주요 결정요소인 무위험이자율, 시장위험프리미엄 및 체계적 위험에 대한 이해가 필요하다.

6. 무위험수익률

위험－수익대응모형은 무위험자산의 존재에 대한 가정에서 시작된다. 위험자산에 대한 기대수익률은 결국 무위험수익률과 관계있다. 위험자산의 기대수익률은 무위험수익률(risk－free rate)에 기대위험프리미엄(expected risk premium)을 가산함으로 계산되기 때문이다. 무위험자산의 수익률, 즉 무위험수익률을 추정하기 위해 먼저 이해해야 할 것은 첫째, 무위험자산은 무엇인가 하는 것이며 둘째, 무위험수익률에 대한 정의가 만족되는 수익률을 어떻게 추정할 것인가 하는 것이다.

6.1 무위험자산은 무엇인가?

무위험자산에 대해 이해하려면 위험이 어떻게 측정되는지에 대해 먼저 알아야 한다. 투자자는 자신이 보유하고 있는 자산으로부터 시간이 경과함에 따라 일정한 수익을 기대하게 된다. 자산의 보유기간 동안의 실제 수익(actual return)은 아마도 기대했던 수익(expected return)과는 다를 것이다. 즉 여기에는 위험이 있다. 위험이란 바로 기대했던 수익과 다르게 실제 수익이 발생할 수 있는 변동성(variance)의 관점에서 정의된다. 이러한 전제하에서 무위험자산에의 투자는 실제 수익이 기대했던 수익과 항상 동일해야 한다.

무위험수익률은 지급불이행위험이 없는 채권으로 다른 어떤 자산의 수익률과도 상관관계가 없어야 한다. CAPM에서는 제로베타포트폴리오(베타가 0인 포트폴리오)의 수익률이 무위험수익률이라고 설명하고 있다. 현실적으로 제로베타포트폴리오 수익률을 찾아내는 것은 불가능에 가깝다. 어쩌면 이론에 완전히 합치되는 무위험수익률은 존재하지 않을 것이다.

6.2 무위험자산의 필수조건

무위험자산의 정의는 실제 수익이 기대수익과 동일한 자산이라고 하였다. 과연 실제 수익과 기대수익이 동일하려면 어떤 조건이 만족되어야 하는가 생각해 보자. 첫 번째, 실제수익과 기대수익이 동일하려면 지급거절위험(default risk), 즉 파산위험이 없어야 한다. 이런 이유로 일반 기업(private firm)이 발행한 증권은 무위험자산이 될 수 없다. 일반 기업이 아무리 규모가 크고 안전하게 경영되어 왔더라도 말이다. 무위험자산이 될 수 있는 자격을 갖춘 것은 정부가 발행하는 채권(Government securities)뿐이다. 정부가 민간기업에 비해 더 나은 경영을 하기 때문이 아니라 통화를 발행하기 때문이다. 통화를 발행할 권한이 있는 한 정부채권의 지급거절위험은 없어진다. 물론 자본의 국제거래가 활발해진 상황하에서 모라토리움(moratorium) 선언을 한 몇몇 나라에서 볼 수 있듯이 비록 통화발행권이 있더라도 일부 정부의 채권을 무위험자산으로 규정하는 데에는 한계가 있다.

실제수익과 기대수익이 동일하기 위한 두 번째 조건은 재투자 위험(reinvestment risk)이 없어야 한다. 예를 들어 6개월 만기 미국 재무성 단기증권(Treasury Bill)은 지급거절위험은 없다고 하더라도 무위험자산으로 보기는 어렵다. 만일 6개월짜리 프로젝트의 가치평가를 하는 것이 아니라면 말이다. 6개월 이상의 추정기간에 대해 6개월 만기 Treasury Bill을 이용하게 되면 매 6개월이 지날 때마다 이자율 변동에 따른 재투자 위험에 노출된다. 또한 장기의 채권을 사용하게 되더라도 액면이자가 있는 경우에는 액면이자를 재투자함에 따른 위험이 있다. 따라서 가장 좋은 무위험자산 수익률을 사용하려면 장기채권 중 할인채권(zero coupon bond)을 사용하는 것이 바람직하다.

6.3 가치평가시의 무위험수익률 적용

장기할인채권을 무위험수익률로 사용하는 것이 가치평가 실무자에게는 무척이나 곤혹스러울 수 있다. 장기할인채권은 거의 발행되지 않기 때문이다(대부분의 할인채권은 단기채권임). 따라서 무위험수익률을 실제 적용하는 데에는 대략 두 가지의 방식이 이용될 수 있다. 첫째는 듀레이션(duration)을 일치시키는 것이다. 추정현금흐름의 듀레이션과 같거나 비슷한 듀레이션을 가진 채권을 무위험수익률로 사용하는 것이다. 그러나 주식가치평가에서는 다시 한 번 문제가 생긴다. 주식가치평가는 대부분 무한대의 생존기간(infinite lives)을 가진 것으로 보는 계속기업의 가정(Going Concern)을 하기 때문이다.

이러한 이유로 일반적인 기업가치평가에서는 만기가 긴 국채의 이자율을 무위험수익률로 이용한다. 미국의 경우 장기재정증권은 대략 10~30년의 만기를 가진 채권을 많이 발행한다. 어느 정도의 만기가 적절한지에 대해서는 약간의 이견(異見)이 있다. 이 중 10년물 장기재정증권이 무위험수익률을 가장 잘 나타낸다고 주장하는 근거는 현금흐름할인모형에서의 현금흐름은 장기이므로 무위험수익률 역시 장기채권을 사용해야 하는데 10년물 장기재정증권이 현금흐름할인모형에 추정하는 현금흐름의 듀레이션과 근접하기 때문이다. 또한 30년물 장기재정증권은 기대하지 않은 인플레이션에 민감한 반응을 하므로 지나치게 장기인 채권은 무위험수익률로 적절치 않다는 것이다. 반면, 20년 또는 30년 만기 재정증권이 더 적절하다는 주장은 아래에서 설명되겠지만 시장위험프리미엄이 30년 이상의 장기자료를 이용하며 가치평가 대상기업도 영구기업을 가정하므로 장기 채권일수록 유리하다는 것이다. 미국기업의 가치평가 실무에서 종전에는 20년 만기 Treasury Bond가 무위험수익률로 주로 이용되어 왔으나, 20년 만기 Treasury Bond가 발행되지 않는 상황이므로 10년물 또는 30년물 Treasury Bond를 무위험수익률로 사용하는 것이 일반적이다.

국내 국고채는 만기별로 3년, 5년, 10년, 20년, 30년, 50년 등 6가지 종류가 있다. 과거 국내기업의 자기자본비용 계산에 있어서는 무위험수익률로 3년물 또는 5년물 국고채 수익률을 사용하는 경우가 많았다. 이는 우리나라의 경우 장기 국고채의 발행실적이 미미하기 때문이었다. 그러나 3년물 또는 5년물 국고채는 무위험수익률로 이용하는데 이론적인 한계가 있다. 3년 또는 5년의 기간은 가치평가에 있어서는 지나치게 짧은 기간이므로 단기 국고채는 재투자위험에 노출되어 있는 것이다. 최근에는 국고채 10년물 발행이 늘어나면서 무위험수익률 자료로 자주 이용되고 있다. 한국기업의 가치평가에 적용할 무위험수익률에 대해서는 '11. 한국기업의 자기자본비용'에서 다시 한 번 설명하겠다.

7. 시장위험프리미엄

시장위험프리미엄(Market Risk Premium 또는 Equity Risk Premium)은 시장포트폴리오에 대한 기대수익률과 무위험 이자율 간의 차이이다. 시장위험프리미엄은 주식을 소유한 자가 기대하는 미래현금흐름의 불확실성에 대한 대가이다. 극단적인 위험회피자라면 위험자산에 투자하지 않고 무위험자산에만 투자할 것이다. 반면, 위험자산에 투자하는 투자자는 자신이 부담하는 위험에 대한 대가로 무위험자산의 투자수익률보다 높은 수익을 원하는 것이다. 시장위험프리미엄을 이용할 때 주의할 것은 시장위험프리미엄은 기대치라는 것이다. 시장위험프리미엄은 미래현금흐름에 대응되는 할인율을 계산하기 위한 것이기 때문이다. 그럼에도 불구하고 시장위험프리미엄을 추정하는 데 가장 일반적인 접근방법은 과거의 역사적 자료(historical data)를 이용한다. 이러한 방식은 근본적인 한계가 있지만 미래시장위험프리미엄을 체계적으로 추정하는 것은 매우 어려운 일이므로 현실적인 대안으로 과거의 수익률 자료를 활용하는 것이다.

7.1 과거 실적치를 이용할 것인가? 시장추정치를 이용할 것인가?

기대시장위험프리미엄(expected risk premium)을 계산하는 방법으로 두 가지가 제시된다. 한가지 방법은 과거 실적자료(historical data)를 이용하는 방법이며 또 다른 방법은 시장추정치(market projection)를 이용하는 것이다. 먼저 과거 실적자료를 이용하는 근거를 살펴보자. 이는 '과거에 발생한 경제적 사건은 미래에도 유사한 형태로 발생할 것으로 기대되므로' 과거 실적자료는 미래추정치와 유사할 것이라는 가정에 기초한다. 시장추정치를 이용하는 것은 전문가들로부터의 설문조사(survey) 또는 체계화된 추정모델(projection model)을 통해 시장위험프리미엄은 추정가능하므로 이론적인 기대시장위험프리미엄이 산출가능하기 때문이라는 주장이다.

현재 대부분의 시장위험프리미엄 모델은 과거 실적자료를 이용하고 있다. 이 모델들은 과거 특정기간의 정보는 미래 추정기간의 가장 훌륭한 지표가 될 것이라는 가정을 하고 있다. 과거 실적자료를 이용하는 것이 일반화된 이유는 기대시장위험프리미엄을 추정하는 모델의 신뢰성이 낮기 때문이다. 이는 추정모델의 적중률이 낮을 뿐 아니라 체계적이고 신뢰성 있는 모델이 제시되지 못하고 있기 때문이다. 따라서 본서에서도 시장위험프리미엄의 추정은 과거의 역사적 자료를 기초로 산정된 수치를 이용한다.

7.2 시장위험프리미엄 추정과 관련한 논란은 무엇 때문인가?

시장위험프리미엄은 위험수익대응모델(risk-return model)에서 가장 중심에 있는 항목이다. 시장위험프리미엄의 중요성을 모두 인정하지만 실무적으로 시장위험프리미엄을 추정하는 데에는 장벽이 많다. 시장위험프리미엄에 대한 의견이 분분한 이유는 '어떠한 가정에 의해 어떠한 방법으로 시장위험프리미엄을 계산하고 적용하였는가'에 따라 가치평가결과에 영향을 미치기 때문이다.

시장위험프리미엄이 가치평가결과에 어느 정도의 영향을 미치는지에 대해 간단한 예를 들어 보자. 무위험수익률이 5%, 베타는 1.0이며 무부채기업이 영구적으로 매년 1,000원의 현금흐름이 발생한다고 가정해 보자. 모든 조건이 같고 시장위험프리미엄이 5%인 경우와 7%인 경우의 차이는 얼마나 될까?

예제 3-44 시장위험프리미엄이 가치평가에 미치는 영향

무위험수익률(R_f) = 5%
Beta = 1.0
미래영구현금흐름(CF) = 1,000원

- Case 1 : 시장위험프리미엄(MRP)이 5%인 경우
- Case 2 : 시장위험프리미엄(MRP)이 7%인 경우

두 가지 상황에서 CAPM에 의한 자본비용을 계산해 보자. 무부채기업이므로 자기자본비용이 가중평균자본비용이 된다.
– 시장위험프리미엄이 5%인 경우 자기자본비용(K_e) = 5% + [5% × 1.0] = 10%
– 시장위험프리미엄이 7%인 경우 자기자본비용(K_e) = 5% + [7% × 1.0] = 12%

동일한 매년 현금흐름 1,000원을 이용하여 두 가지 상황하의 기업가치를 구해 보면
– 시장위험프리미엄이 5%인 경우 기업가치(V_1) = 1,000원/10% = 10,000원
– 시장위험프리미엄이 7%인 경우 기업가치(V_2) = 1,000원/12% = 8,333원

결국 다른 모든 조건이 동일한 상황하에서 시장위험프리미엄 2% 차이만으로 전체기업가치 변화가 16% 발생하였다. 실제 데이터에서도 확인할 수 있다. 동일한 데이터를 이용하더라도 시장위험프리미엄을 산술평균으로 계산할 것인가, 아니면 기하평균으로 계산할 것인가에 의해 자기자본비용은 달라지며, 긴 기간의 자료를 이용할 것인가 혹은 짧은 기간의 자료를 이용할 것인가에 따라 2%가량 차이를 보일 수 있다.

미국의 유명한 가치평가기관, 투자은행(Investment Bank)과 재무분야 교수들이 미국 주식시장의 과거 자료를 이용하여 시장위험프리미엄을 계산하여 도출해 낸 결과는 상당한 차이를 보인다. 놀라운 것은 이들 시장위험프리미엄은 대부분 Ibbotson Associate에서 정리한 동일한 과거 수익률의 원시자료를 기초로 하였음에도 그 적용에 있어서는 큰 차이를 보이고 있다는 점이다.

1928년에서 2016년까지의 미국 주식시장과 국채시장의 수익률자료를 이용하여 다양한 방식으로 시장위험프리미엄을 계산해 낸 결과를 비교하면 다음과 같다.

[표 3-6] 시장위험프리미엄의 계산결과

기 간	Stock-Treasury Bills		Stock-Treasury Bonds	
	산술평균	기하평균	산술평균	기하평균
1928년~2016년	7.96%	6.11%	6.24%	4.62%
1966년~2016년	6.57%	5.25%	4.37%	3.42%
2006년~2016년	7.90%	6.15%	3.62%	2.30%

* 자료 : Estimating Equity Risk Premiums, Aswath Damodaran

동일한 수익률 자료를 이용함에도 시장위험프리미엄 계산결과가 이렇듯 차이를 보이는 것은 가치평가자를 당황하게 한다. 시장위험프리미엄 추정결과가 측정방법에 따라 차이를 보이는 것은 아래의 세 가지 이유에 기인한다.

첫째, 과거 실적치를 이용한다면 어느 정도의 기간을 이용할 것인가의 문제이다. 주가지수가 관리되기 시작한 1900년대 초반부터 집계할 것인가? 아니면 최근의 실적만을 반영해 최근 30년간 또는 10년간의 실적만을 이용할 것인가?

둘째, 무위험수익률은 어떤 자산을 이용할 것인가의 문제다. 시장위험프리미엄은 시장포트폴리오(Market Portfolio)의 수익률과 무위험수익률의 차이이므로 무위험수익률을 어떤 자산으로 정의하느냐에 따라 결과는 달라진다.

셋째, 과거실적을 이용한다면 측정기간의 산술평균(arithmetic mean)을 이용할 것인가, 아니면 기하평균(geometric mean)을 이용할 것인가에 따라 시장위험프리미엄 계산결과는 달라진다.

이하에서는 시장위험프리미엄의 측정결과에 영향을 주는 세 가지 이유에 대해 이론적으로 검토해 보고 가치평가실무에서 일반적으로 사용되는 접근방법에 대해서 설명한다.

7.3 어느 정도 기간의 과거 실적치를 이용할 것인가?

시장위험프리미엄은 어느 기간을 기준으로 계산할 것인가에 따라 그 결과치의 차이가 크게 난다. 어는 정도의 과거로 돌아가 계산하는 것이 가장 합리적일까? 미국 주식시장의 경우 주식시장이 형성된 시점으로 돌아가 보면 대략 1800년대 후반까지 거슬러 올라간다.

그러나 실제 시장위험프리미엄을 측정가능한 시점은 대략 1926년부터이다. Ibbotson Associate는 매년 'Stock, Bonds, Bill and Inflation(SBBI) Yearbook'을 발간하는데 이에는 1926년부터 현재까지의 시장위험프리미엄을 계산하여 제시하고 있다. 뉴욕주립대의 Damodaran 교수는 1928년부터 현재까지의 시장위험프리미엄을 계산해 그의 홈페이지에 공시하고 있다. 이들 자료들은 최근 20~30년간의 단기 시장위험프리미엄(short-term MRP)과 40~60년간의 중기시장위험프리미엄(Intermediate-term MRP) 그리고 1928년 이후의 장기 시장위험프리미엄(Long-term MRP)으로 구분한다.

단기 · 중기 · 장기시장위험프리미엄 중 어느 것을 적용할 것인지 결정하려면 어느 지표가 기업의 미래현금흐름에 대응되기에 적합한지를 찾아야 한다. 프로젝트성 실체가 아니라면 일반적인 기업의 생존기간을 미리 정하는 것은 어렵다. 100년을 생존하면서 꾸준히 성장해가는 기업이 있는가 하면 시장에서 큰 영향력을 행사하다가 불과 몇 년 만에 흔적도 없이 사라지는 기업도 있다.

기업의 생존기간을 예측하기 어렵기 때문에 우리는 계속기업의 가정(Going Concern)을 하게 된다. 생존기간을 특정하지 않는다는 것이다. 계속기업의 가정을 한다는 것은 그 기업이 오랜 기간 생존하면서 다양한 경제적 사건을 경험하게 될 것을 의미한다. 그런 의미에서 다수의 가치평가전문가들은 장기시장위험프리미엄을 사용할 것을 권고한다. 1928년부터 현재까지의 시장수익률이 모두 반영된 시장위험프리미엄에는 1929년의 경제대공황, 두 차례의 세계대전, 한국전쟁과 베트남전쟁, 오일파동과 스태그플레이션 등 근대에 미국경제가 겪은 모든 경제적 사건이 포함되어 있다. 이는 계속기업의 가정하에서 오늘의 평가대상기업이 장래에 겪게 될 수많은 경제적 사건의 가능성을 가지고 있다는 의미이다.

반면, 어떤 가치평가 전문가들은 최근 20~30년의 단기시장위험프리미엄을 사용하는 것이 효과적이라는 주장을 한다. 이는 30년보다 더 과거의 경제적 사건이 미래에 발생할 가능성은 높지 않다라는 가정이다. 경제대공황이나 3차 세계대전 같은 경제적 사건이 또 일어나기는 힘들다는 의미이다. 또한 위험회피형 투자자는 시간이 경과함에 따라 투자행위가 위험의 변화에 맞춰 변화하기 때문에 단기시장위험프리미엄은 보다 업데이트된 추정치라는 것이다.

그러나 이 주장에는 자체적인 모순을 안고 있다. 역설적으로 30년 이내에 발생한 특별한 경제적 사건(Unique economic events)의 발생가능성만 고려한다는 의미이다. 이는 또 한 번의 오일파동의 발생가능성은 높지만 1929년의 경제대공황과 유사한 사건의 발생가능성은 낮다라는 의미이다. 또한 단기시장위험프리미엄을 사용하게 되면 변칙적인 주식시장의 비정상적 변동이 반영될 수 있다. 주식시장의 변동성은 주식수익률의 표준편차에 의해 측정될 수 있다. 1926년부터 1997년까지의 주식가격의 표준편차(standard deviation)는 약 20% 정도인데, 이러한 표준편차를 기초로 시장위험프리미엄을 추정함에 있어 표준오차(standard error)는 기간에 대한 가정에 따라 달라진다.

[표 3-7] 기간의 가정에 따른 표준편차(standard deviation)와 표준오차(standard error)

기간가정	5년	10년	25년	50년
표준오차	$20\%/\sqrt{5}$ =8.94%	$20\%/\sqrt{10}$ =6.32%	$20\%/\sqrt{25}$ =4.00%	$20\%/\sqrt{50}$ =2.83%

* 자료 : Estimating Equity Risk Premiums, Aswath Damodaran

계산결과에서 알 수 있듯이 표준오차를 합리적인 수준으로 낮추기 위해서는 보다 긴 기간의 수익률 자료를 이용해야 한다.

시장위험프리미엄은 가급적 많은 경제적 사건으로 인한 효과가 반영될수록 미래 적용가능성이 높다는 것이 일반화되고 있다. Copeland는 시장위험프리미엄의 변화형태는 랜덤워크(Random walk)라는 기초개념에 따라 미래에 대한 보다 나은 예측치를 구하려면 좀 더 긴 측정기간이 이용되어야 한다고 주장한다("Valuation", Measuring and Managing The Value of Company, 1994 Tomas Copeland, Tim Koller and Jack Murrin).

Ibbotson Associate는 기업의 생명이 무한하다는 기본가정하에 가치평가가 이루어지므로 가급적 긴 기간의 시장위험프리미엄을 적용하는 것이 중요하다고 지적한다. 과거 실적자료를 이용해 시장위험프리미엄을 계산할 때에는 단기간을 적용해야 할 특별한 반증이 없는 한 장기 시장위험프리미엄을 적용하는 것이 바람직하리라 판단된다.

7.4 무위험수익률은 어떤 것을 이용하여야 하나?

Ibbotson Associate에서 제공하는 Treasury Bill과 Treasury Bond의 최근 수익률 자료를 보면 최근 70년간의 수익률은 완만한 상승(upward sloping)곡선을 그리는 것으로 나타났다. 따라서 Treasury Bill과 같은 단기채권을 무위험수익률로 이용한다면 시장위험프리미엄은 장기채권을 이용할 때보다 커진다. 무위험수익률을 무엇으로 할까 고민할 때 가장 중요하게 생각할 것은 시장위험프리미엄 사용시 이용된 기간과 일관성을 가지는 것이다. 따라서 장기시장위험프리미엄을 사용한다면 무위험수익률도 장기채권을 사용하는 것이 바람직하다. 대부분의 가치평가에서 장기시장위험프리미엄을 사용하듯이 무위험수익률도 T-Bond와 같은 장기수익률을 이용하는 것이 일반적이다.

7.5 산술평균과 기하평균 중 어느 것을 사용하여야 하나?

시장위험프리미엄을 계산하기 위해 적용할 기간을 장기로 하는 것이 적합한 것으로 정리되는 것과 달리 과거 시장위험프리미엄의 계산방법을 산술평균으로 할 것인가, 기하평균으로 할 것인가에 대해서는 학계와 실무에서 정리되고 있지 않은 것 같다. 기간의 문제 못지않게 산술평균과 기하평균 중 어느 것을 사용할 것인가에 따라 시장위험프리미엄 계산결과는 크게 달라진다.

1928년에서 2016년까지의 S&P500 지수와 단기재정증권(T-bill) 및 장기재정증권(T-bond)의 수익률을 이용하여 시장위험프리미엄을 계산하면 다음과 같다.

[표 3-8] 산술평균과 기하평균에 의한 시장위험프리미엄의 계산

구 분	Market Risk Premium : T-bill	Market Risk Premium : T-bond
산술평균	7.96%	6.24%
기하평균	6.11%	4.62%

* 자료 : www.stern.nyu.edu~/adamodaran.

평균값을 계산하는 방법과 무위험수익률을 무엇으로 할 것인가에 따라 동일기간 시장위험프리미엄 차이가 3.34%(=7.96%-4.62%)까지 발생하는 것을 알 수 있다. 단기재정증권(T-bill)을 사용하지 않는다는 것을 고려하더라도 산술평균인가, 기하평균인가에 따라 1.62%(=6.24%-4.62%)의 차이가 난다. 산술평균과 기하평균 중 어느 것을 사용하는 것이 적절한가에 대한 논란이 생기는 이유는 이렇듯 가치평가결과에 중요한 영향을 미치기 때문이다.

산술평균과 기하평균을 계산하는 방식을 살펴보자. 10년간 종합주가지수의 연평균값이 아래와 같다고 가정하자. 각 기간별로 종합주가지수의 기간별 수익률을 먼저 구한 다음 산술평균과 기하평균을 구해 비교한다.

기 간	주가지수	기간수익률	기 간	주가지수	기간수익률
1	100		6	120	(-)8%
2	120	20%	7	125	4%
3	110	(-)8%	8	140	12%
4	115	5%	9	145	4%
5	130	13%	10	150	3%

산술평균은 기간별 수익률을 평균(simple mean of series of annual return)해서 구한다. 산술평균값은 약 4.97%[=(20%+(−)8%+5% … 3%)/9]이다. 기하평균은 전체 관찰기간 동안 일정한 수익률을 실현하는 것으로 가정한다. 기하평균값은 시초값과 최종값을 일치시키는 복리수익률(compounded return)로 계산된다. 위의 예에서 기하평균값은 약 4.61%[=((150/100)1/9−1]이다. 산술평균은 기하평균보다 항상 큰 값이며 두 평균값의 차이는 수익률의 편차가 클수록, 즉 관찰기간 내 수익률의 등락이 클수록 커진다.

산술평균값은 과거의 각 경제적 사건이 독립적으로 발생하였으며 기간별 수익률은 서로 상관관계가 없다는 주장에 근거한다. 가치평가대상이 되는 미래현금흐름은 미래예상치의 기대값이므로 이에 대응되는 할인율의 기초인 시장위험프리미엄도 독립적인 과거 실적치의 평균인 산술평균을 사용해야 한다는 것이다.

산술평균을 이용할 경우의 문제점은 기간별 수익률의 독립성을 가정하다 보니 측정대상기간에 의하여 편차가 발생할 수 있다. 예를 들어 어떤 특정기간의 시장수익률이 시장의 충격으로 인해 큰 폭의 등락을 보였다면 산술평균은 이로 인한 영향으로 수익률 측정에 영향을 미친다. 만일 측정기간 첫해의 주가지수가 100이고 둘째 해의 주가지수는 각종 호재로 인해 150으로 올랐으나, 다음해에 그 호재의 실현가능성이 비관적으로 바뀌면서 다시 100으로 떨어졌다고 가정하자. 기하평균에 의한 수익률은 0%[=(100/100)(1/2)−1]가 된다. 산술평균에 의한 수익률은 8.5%[=(50%+(−)33%)/2]이다. 3개연도에 걸쳐 주가지수는 원래 값으로 돌아왔지만 산술평균에서는 8.5%의 수익률을 기록하는 것으로 나타난다.

만일 기간별 주가지수가 독립적(annual returns are uncorrelated over time)이라고 가정한다면 산술평균값이 더 정확한 시장위험프리미엄이 될 수 있다. 주가지수가 100에서 150으로 올랐을 때 시장에 영향을 준 정보와 150에서 다시 100으로 하락할 때 영향을 준 정보가 완전히 독립적이라면 말이다. 이때는 주가지수 100에서 투자하는 것과 주가지수 150에서 투자하는 것 자체가 독립적인 투자행위이다.

Ibbotson Associate은 산술평균을 사용해야 한다고 주장하는 대표적인 가치평가기관이다. Ibbotson은 과거 수익률 자료를 자체 분석한 결과 소규모기업은 양의 기간 상관관계(positive serial correlation)를, 대규모기업은 음의 기간 상관관계(negative correlation)를 보이지만 시장 전체로는 전혀 상관관계를 보이지 않는다고 주장하였다.

[표 3-9] 기간상관계수의 측정결과

구 분	시장전체	대규모기업	소규모기업
기간상관계수	0.00	−0.01	0.12

* 자료 : Ibbotson Associate, "Is There A size Premium?"

반면, 뉴욕주립대의 Damodaran 교수나 맥킨지의 Copeland 박사는 기하평균수익률을 사용하는 것이 현실적으로 타당하다고 주장한다. 만일 과거 수익률이 기간별로 완전 독립적이라면 산술평균을 이용하는 것이 타당하다는 것에는 이들도 동의한다. 그러나 실증 연구(Fama and French, 1988 외)에 따르면 주식수익률 간에 장기에 걸쳐 음의 자기상관현상(negative auto－correlation)이 나타나는 것으로 파악된다. 이는 달리 말해 한해 수익률이 좋으면 다음해에는 실적이 나쁠 가능성이 높다는 것을 의미한다. 즉 기간별 수익률이 서로 독립적이지 않다는 의미이다. 또한 CAPM의 기본가정은 단일기간모형(single period model)이다. 단일기간모형을 가정하였으므로 단기간 독립적인 산술평균을 이용하는 것보다는 긴 기간을 하나의 단일기간으로 보고 계산하는 기하평균이 모형에 더 적합하다고 보는 것이다.

산술평균과 기하평균 중 어느 것이 시장위험프리미엄 사용에 더 적절한가에 대해서는 체계적인 연구가 더 필요할 것 같다. 무엇보다도 기간별 자기상관현상(serial auto－correlation)에 대한 실증적인 연구결과가 더 필요하다.

7.6 시장위험프리미엄에 대한 가치평가실무에서의 적용

시장위험프리미엄에 대한 측정을 위한 중요한 고려요소에 대하여 살펴보았다. 가치평가실무에서 시장위험프리미엄의 적용은 가치평가자가 판단할 문제이다. 다만, 가치평가 실무를 위한 가이드라인을 제시할 수는 있겠다.

시장위험프리미엄의 추정을 위해 과거 일정기간의 수익률 자료를 활용하는 것은 대부분의 전문가들이 동의하고 있는 부분이다. 또한 수익률 측정기간에 있어서도 가급적 긴 기간의 수익률 자료를 이용하는 것이 보다 합리적으로 받아들여지고 있다. 무위험수익률에 있어서도 10년 이상의 장기채권, 즉 T－bond가 T－Bill보다는 시장위험프리미엄 측정에 적절하다고 볼 수 있다. 다만, 시장위험프리미엄을 계산하는 방법에 있어 산술평균과 기하평균 중 어느 것이 이론적으로 타당한가에 대한 논란은 계속되고 있다. 산술평균은 선택되는 기간단위(time interval)의 크기에 영향을 받으며 관찰기간 내의 수익률 편차가 클 경우 변동이 크게 나타나므로 장기수익률 예측에는 적합하지 않다는 것이다. 그러나 산술평균을 사용하는 것이 더 적절하다는 주장을 무시할 수 없으며, 가치평가전문기관들은 산술평균을 이용한 가치평가결과보고서를 발행하는 경우가 많다. 추정미래현금흐름은 독립적인 경제적 사건들의 기대값이기 때문이다. 향후 이 부분에 대한 지속적인 연구가 필요하다.

8. 베타

위험을 많이 부담하는 투자자에 대해서는 위험에 상응하는 많은 보상이 필요하다. 위험－수익대응모형은 투자안에 대한 위험은 잘 분산된(well－diversified) 투자에 대한 위험을 기본전제로 한다. 기대수익은 이러한 위험의 측정치에 대한 함수로 표시된다. 포트폴리오 이론에서는 분산투자에 의해 개별 자산이 가진 비체계적 위험(non－systematic risk)은 제거되고 시장포트폴리오를 구성함으로써 체계적 위험(systematic risk)만이 남게 된다. 잘 분산된(well－diversified) 투자에서도 남는 체계적 위험을 베타(beta)라고 한다. CAPM은 단일변수모형이므로 시장포트폴리오에 대한 베타 하나에 의해 요구수익률이 측정되며, APM 등 다변수모형(multi－factor model)은 각기 다른 변수와 관련된 여러 개의 베타를 통해 시장위험을 측정한다.

베타는 시장 전체의 위험을 1로 보았을 때 개별 주식이 갖는 위험의 상대적인 크기를 나타낸다. 다시 말해 시장포트폴리오의 수익률의 변화에 대한 개별 주식의 수익률이 얼마나 민감하게 변화하는가를 의미한다. 시장포트폴리오의 베타는 정의상 1이 되며 베타가 1보다 커 시장포트폴리오의 수익률 변화보다 더 크게 변동하는 주식을 공격적 주식(aggressive stock)이라 하고, 베타가 1보다 작은 주식을 방어적 주식(defensive stock)이라 한다.

이론적인 의미에서의 베타는 현실의 시장에서는 한계를 보이는 것이 사실이다. 개별 주식의 베타는 시장포트폴리오와 같이 잘 분산된 투자에 대해 추가적으로 갖는 상대적인 위험의 크기로 정의하였다. 이때 잘 분산된 투자란 단지 시장에 거래되고 있는 주식만을 말하는지 아니면 다른 자산들도 모두 포함되어야 하는지에 대해 의문을 갖게 된다. 또한 국내의 시장에서 거래되는 자산만을 포트폴리오로 구성할 것인가 아니면 전 세계의 모든 투자가능한 자산을 포함하여야 하는가에 대해서도 고민하게 된다.

CAPM의 기본가정으로 돌아가 보자. CAPM에서는 어떠한 거래비용도 없고(no transaction cost) 잘 분산된 투자는 모든 종류의 자산을 포함하여야 한다고 가정한다. 따라서 주식뿐 아니라 투자가능한 모든 자산이 포함되어야 하며 국제적으로 분산되어야 한다. 현실적으로 시장에서는 거래비용이 존재하며 주식 외의 모든 자산을 포함하고 국제적으로 분산된 포트폴리오를 구성하는 것에는 많은 장벽(barriers)이 있다. 따라서 엄밀한 의미에서의 베타의 도출은 사실상 불가능하다.

대신 우리는 베타에 대해 한계투자자(marginal investor)의 관점에서 접근가능하다. 비록 완전한 의미의 베타는 존재하지 않지만 기존의 최대한 분산된 투자(예를 들어 S&P 500지수)에 대한 상대적인 위험의 측정이 가능하다. 한계 투자자는 이론적으로 완전한 베타에 관심이 있는 것이 아니라 현실 시장에서 최대한 분산된 시장포트폴리오에 대한 상대적인 위험에 관심이 있기 때문이다.

8.1 회귀분석을 이용한 베타의 측정

베타는 일정한 기간(some time period) 동안 시장포트폴리오(market portfolio) 수익률에 대해 특정 자산수익률을 회귀분석(regression analysis)하여 도출할 수 있다.

[그림 3-29] 베타 측정을 위한 회귀분석

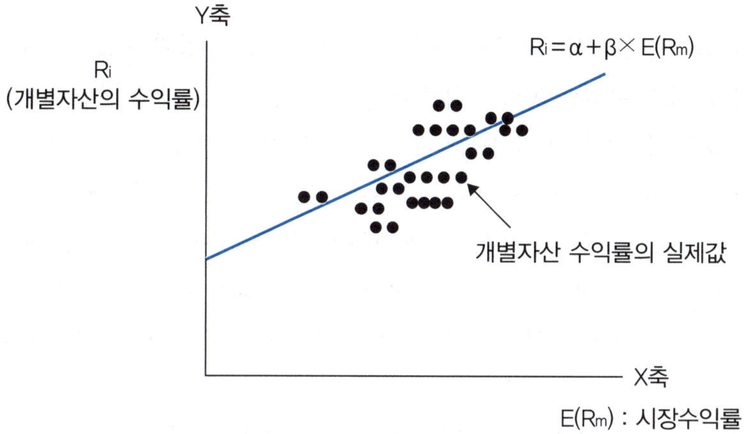

$$\beta = \frac{\sum_{i=1}^{n} X_i \cdot Y_i - n \cdot \overline{X} \cdot \overline{Y}}{\sum_{i=1}^{n} X_i^2 - N \cdot \overline{X}^2}$$

$\overline{X}$: 독립변수인 X_i의 표본평균
$\overline{Y}$: 종속변수인 Y_i의 표본평균

시장포트폴리오 수익률을 X축의 독립변수로 하고 특정자산의 수익률을 Y축의 종속변수로 한다. 여러 기간의 시장포트폴리오 수익률과 특정자산의 수익률을 회귀분석하면 다음과 같은 회귀분석식을 얻게 된다.

$$R_i = \alpha + \beta R_m$$

R_i는 i라는 자산의 투자수익률이며 R_m은 시장포트폴리오의 수익률이다. 회귀분석식에서 중요한 의미를 가지는 것은 시장포트폴리오 수익률(R_m)에 대비한 특정자산의 수익률(R_i)의 변동 정도를 나타내는 β이다. β는 회귀분석식의 기울기로 표시되며 시장포트폴리오 수익률에 대해 추가되는 위험으로 측정된다. β는 다음의 식으로 도출된다.

$$\beta = \frac{COV(i,\ m)}{\sigma m^2} = \frac{N\Sigma(i \times m) - \Sigma i \times \Sigma m}{N\Sigma i^2 - (\Sigma i)^2}$$

효율적인 시장하에서 잘 분산된 시장포트폴리오를 구성하였다면 개별 주식의 β를 가중 평균한 값은 1이 될 것이다. 그러나 지금까지의 연구결과 완전한 시장포트폴리오에 근접한 시장지수(market index)는 찾지 못했다. 현실 시장에서 베타를 합리적으로 추정하기 위해 고려하여야 할 것은 무엇인가에 대해 알아보자.

(1) 시장지수(market index)의 결정

현실에서는 완전한 시장포트폴리오를 구성하고 있는 시장지수(market index)를 찾는 것은 불가능하다. 대신 우리는 여러 주식시장(equity market) 및 채권시장(fixed income market)의 지수를 이용할 수 있다. 여러 시장지수 중 미국기업의 가치평가실무에서는 S&P 500 지수가 가장 널리 이용되고 있다. S&P 500 지수는 미국 주식시장에서 거래되는 500개의 대형주(large capitalization)의 주식가격을 시장가치에 따라 가중평균한 지수(market value weighted average index)이다. 단지 500개의 대형주를 가중평균한 지수를 시장지수로 사용하는 것이 타당한가? 가급적 많은 수의 주식이 포함된 지수를 이용하는 것이 옳지 않은가에 대한 의문을 제공한다.

S&P 500지수에는 주식(equity)만 포함된다. 채권시장(fixed income market)이나 부동산시장(real estate market)의 수익률 정보는 일반적으로 주(weekly)나 월(monthly)단위로 제공되지 않으며 일부 정보는 신뢰성을 확신할 수 없기 때문에 이들을 모두 포함한 시장지수를 이용하는 것은 현실적으로 어렵다. 그렇다면 왜 굳이 S&P 500 지수를 시장지수로 이용하는 걸까? S&P 500 지수 외에도 시장지수로 이용될 수 있는 것은 DOW 30 지수, NYSE 지수, Wilshire 5000 지수 등이 있다. 이 중 DOW 30 지수는 단지 30개의 초대형주만 포함되었을 뿐 아니라 시장가치로 가중평균한 지수(market value weighted average index)가 아닌 주식가격으로 가중평균한 지수(Price-weighted average index)이다. 주식가격 가중평균 지수는 개별 주식의 총발행유통주식수(shares outstanding)는 고려하지 않고 개별 주식가격만으로 평균하여 계산하므로 총시장가치에 관계없이 주당 가격이 높은 주식의 변동에 지수가 영향을 받는다. 시장포트폴리오는 총시장가치에 따라 가중평균하여 투자하는 것을 전제하므로 DOW 30 지수는 적절치 않다. Wilshire 5000 지수는 NYSE, NASDAQ, AMEX뿐 아니라 장외시장(OTC)에서 거래되는 주식까지 포함한다. 보다 많은 증권을 포함할 수 있으나 주식가격의 신뢰성이 부족한 장외시장을 포함하고 있으며, 무엇보다 NYSE를 제외한 나머지 시장은 역사가 길지 않아 자본비용 계산의 나머지 변수(Equity risk Premium 및 Risk-free rate)와의 일관성 유지에 어려움이 있다. 이러한 이유로 오랜 기간 체계적으로 관리되어 왔으며 시장포트폴리오의 특성을 잘 반영하고 있는 S&P 500 지수가 시장지수(market index)로 가장 널리 이용되는 것이다.

(2) 기간(time period)의 결정

회귀분석모형에 의해 베타를 측정하려면 과연 얼마나 긴 기간 동안의 시장수익률자료와 개별 주식의 수익률 자료를 이용할지 결정해야 한다. 과거기간을 많이 반영할수록 회귀분석을 위한 기초자료가 풍부해져 보다 나은 베타를 구할 수 있을 것이다. 시장위험프리미엄이나 무위험수익률은 장기간의 자료를 이용하므로 베타 추정을 위한 데이터도 많은 과거자료가 포함되는 것이 유리하다. 그러나 통계적으로 보면 데이터가 무한정 많다고 정확한 베타가 도출되는 것은 아니다. 단지 1년 정도의 통계 데이터로도 회귀분석 결과가 유의(有意)한 수준으로 나타날 수 있는 반면 30년 이상의 수익률 자료를 이용하여도 유의한 결론을 끌어내지 못할 수도 있다. 즉 베타는 통계분석에 의해 도출되는 값이므로 회귀분석 과정 중 분산분석(分散分析)에 의한 모델의 적합성 확인이 우선이다. 다른 측면에서는 장기간의 데이터를 이용하는 것이 오히려 좋지 않은 결과를 가져올 수도 있다. 개별 기업은 시간이 지남에 따라 특성이 변화하게 된다. 영업구조가 바뀔 수 있고 재무구조도 변할 수 있다. 시장의 특성을 도출해 내는 시장위험프리미엄과 달리 개별 기업의 추가적인 위험을 측정하는 베타의 경우 오히려 1~3년의 단기 실적을 이용하는 것이 바람직할 수 있다.

(3) 수익률 기간(return interval)의 결정

베타를 추정함에 있어 또 하나 고려하여야 할 것은 수익률 측정기간(return interval)이다. 수익률은 매일 집계되기도 하며, 매주 또는 매월 혹은 연간으로 측정될 수 있다. 짧은 기간 간격으로 수익률을 측정할 경우 회귀분석을 위한 보다 많은 원시자료를 제공할 수 있다. 반면, 짧은 간격으로 수익률을 측정할 경우 시장수익률은 지속적으로 변화하는 데 비해 개별 주식은 거래가 없는 시간(non-trading time)이 포함될 수 있다. 예를 들어 측정기간을 매일 집계한다면 어떤 주식은 거래가 별로 없거나(illiquid firm) 어떤 특정한 문제, 예를 들어 감독기관의 관리 · 통제 등으로 인해 거래가 일정기간 없더라도 시장수익률은 계속해서 변화하므로 특정주식과 시장지수와의 상관관계가 제대로 측정되지 않을 수 있다. 이러한 문제를 해결하기 위해 보다 긴 시간간격을 이용하기도 한다. 예를 들어 일일, 주간 수익률 변동보다는 매월, 매분기 또는 연간자료를 이용한다. 실증연구결과(Estimating Systematic Risk, The Choic of Return Interval and Estimation Period, Phillip R Daves 외)에서는 베타측정을 위한 수익률 기간을 적용함에 있어 일일(daily) 단위로 베타를 측정한 것이 주간(weekly), 2주간(two-weekly) 또는 월간(monthly) 단위로 측정하는 경우에 비하여 표준오차가 월등히 낮으므로 베타의 측정에 있어 일일(daily) 단위를 적용해야 한다고 주장하고 있으며, 가치평가 실무에서도 일일 단위로 측정된 베타를 사용하는 것이 일반적이다.

(4) 베타조정

위에서 살펴본 시장지수(market index), 측정기간(time period) 및 수익률 기간(return interval)에 따라 동일한 기업에 대한 베타추정결과가 달라진다. 그런데 실제 베타추정치는 가치평가 기관별로 조정된 베타(adjusted beta)를 사용하기 때문에 더 큰 차이를 발생시킨다. 예를 들어 Bloomberg는 다음과 같은 조정된 베타를 사용한다.

$$\text{Adjusted Beta} = \text{Regression beta} \times 2/3 + 1.00 \times 1/3$$

상기의 조정베타 공식을 보면 알 수 있듯이 회귀분석에 의한 베타추정치를 보다 1에 가깝게 조정하는 작업을 하게 된다. 평가대상회사별로 가중치는 동일한 비율을 사용한다.

베타를 1에 가깝도록 조정하는 이유는 무엇인가? 이는 모든 기업들이 시간이 경과함에 따라 베타가 1에 가까운 방향으로 이동하는 경향이 있기 때문이다. 시장에서 생존하고자 하는 기업은 규모를 키우려고 한다. 또한 사업부를 다각화하고 보다 많은 자산을 보유하고자 한다. 이러한 기업의 의도는 특정기업의 베타를 1에 가까운 방향으로 유도하는 효과가 있다. 우리나라의 경우도 예외는 아니다. 일반적으로 시장지수에 많이 편입되어 있는 대형주의 베타는 1에 가깝다. 반면, 소형주는 1에서 먼 경우가 많다. 현재 기업규모가 작은 기업들은 비록 규모를 크게 가져가지 못하더라도 사업다각화 등을 통해 시장의 추세에서 소외되지 않으려 노력한다.

그러나 Bloomberg 경우와 같이 베타를 조정하기 위한 가중치로 모든 기업에 동일한 상수를 적용하는 것은 문제가 있다. 모든 기업이 베타가 1에 가까운 방향으로 가기 위해 노력한다 하더라도 그 정도는 기업별로 차이가 있을 수밖에 없기 때문이다. 그래서 어떤 경우에는 보다 복잡한 방법으로 조정된 베타를 산출하는 경우가 있다. 포괄손익계산서와 재무상태표의 각 항목들은 베타를 추정함에 있어 중요한 단서를 제공하는 경우가 있다. 일반적으로 고배당(high payout)은 낮은 베타로 추정되며 이익의 가변성(variability of earnings)이 큰 기업은 베타가 높을 것으로 예상할 수 있다. 실제 몇몇 연구자들은 베타와 여러 변수들(배당, 자산성장률, 레버리지, 유동성, 자산규모, 이익변동성 및 회계적 베타 등)과의 상관관계를 연구한 결과를 발표하였다(Beaver, Kettler and Scholes, 1970). 다만, 실무적으로 이러한 임의적인 베타조정이 일반화되어 있지는 않다.

(5) 회귀분석에 의한 베타추정의 실무적 적용

회귀분석 모형에 의해 베타를 추정하는 경우에는 회귀분석 기간 동안의 기업의 평균 재무레버지리가 반영되어 있다. 기업의 재무구조는 계속 변화하며 향후의 가치평가대상기간에는 또 다른 재무구조를 가지게 될 것이다. 베타를 추정하기 위해 회귀분석모형을 이용한다면 과거의 수익률 자료를 이용하여 주식베타(Levered beta)를 먼저 도출하고 그 기간의 평균 부채비율(D/E)을 이용, 무부채기업의 베타(Unlevered beta)를 계산한다. 이어 무부채기업의 베타와 현재의 자본구조 또는 목표자본구조를 이용하여 가치평가에 적용할 주식베타(Levered beta)를 다시 도출할 수 있다. 주식베타(또는 부채베타)를 무부채베타(Unlevered beta)로 변환하고, 이를 다시 목표자본구조를 이용하여 주식베타(또는 부채베타, Levered beta)로 추정하는 방식은 하마다(Hamada) 모형이라고 한다. 이에 대해서는 'Bottom Up 방식에 의한 베타의 추정'에서 자세히 설명하겠다.

① **무부채베타**(Unlevered beta)

$$\beta_u = \frac{\beta_L}{[1+(1-t)\times \frac{D}{E}]}$$

β_L = 재무레버리지가 반영된 베타(Levered beta), 즉 주식베타(equity beta)
β_u = 재무레버리지가 반영되지 않은 베타(Unlevered beta),
즉 무부채기업의 베타(beta without any beta)
t = 한계세율(marginal tax rate)
D/E = 현재시점의 부채비율(Debt/Equity)

② **주식베타**(부채베타, Levered beta)

$$\beta_L = \beta_u \times [1+(1-t)\times \frac{D^*}{E^*}]$$

D*/E* = 목표부채비율(Target Debt/Equity)

- 무부채기업베타(Unlevered beta) : 영업위험(사업의 유형 · 영업레버리지 효과)이 반영된 베타
- 주식베타(Levered beta) : 영업위험과 재무위험이 모두 반영된 베타

(6) 회귀분석에 의한 베타추정의 한계

과거 일정기간의 수익률 자료를 이용한 회귀분석방식으로 추정된 베타는 몇 가지 적용상의 한계를 보인다. 시장지표의 선정, 기간의 결정 및 수익률 간격의 결정 등에 따라 분석결과가 달라짐은 이미 설명하였다. 회귀분석방식은 통계적으로 산출되므로 통계적으로 유의한 분석결과가 나오면 그에 따른 베타는 신뢰성이 높다고 할 수 있겠다. 그러나 실제 회귀분석을 위한 통계분석을 하게 되면 자료의 불완전성 등의 이유로 표준오차(standard error)가 크게 나타나는 경우가 있다. 회귀분석식은 도출되었으나 모형의 설명력(결정계수, R_2)이 떨어지는 경우에도 회귀분석모형을 이용하기 어렵다. 분산분석결과 모형의 적합성이 떨어지는 경우도 있다. 회귀

분석에 의한 베타추정은 이러한 통계적 오류(statistical noise) 가능성이 높다.

또한 회귀분석모형은 시장에서 거래되고 있는 주식의 과거 수익률 자료를 이용하게 되므로 상장되어 있지 않거나 상장된 지 얼마 되지 않아 자료가 축적되지 않은 경우에는 이용하기 어렵다. 이러한 경우에는 다음에 설명하는 Bottom−up방식에 의한 베타 추정이 필요하다.

예제 3-45 회귀분석에 의한 베타추정−EXCEL 프로그램의 활용

유가증권상장법인인 EY Corp의 최근 1년간 수익률과 종합주가지수의 수익률 자료는 다음과 같다. EY Corp의 주식수익률의 상대적인 변동성, 즉 베타를 회귀분석에 의해 산출해 보자.

구 분	주가지수 수익률	개별주식 수익률	구 분	주가지수 수익률	개별주식 수익률
20×4.05	(−)12%	(−)5%	20×4.12	1%	4%
20×4.06	(−)3%	2%	20×5.01	3%	4%
20×4.07	(−)3%	(−)5%	20×5.02	7%	10%
20×4.08	3%	5%	20×5.03	2%	8%
20×4.09	9%	6%	20×5.04	(−)3%	(−)6%
20×4.10	2%	4%	20×5.05	(−)2%	(−)4%
20×4.11	2%	(−)4%	20×5.06	6%	1%

각 데이터를 EXCEL 프로그램에 입력하고 '회귀분석'을 실시하면 다음과 같이 도출된다(회귀분석에 대한 이론 및 EXCEL 활용방법은 '3절 재무성과분석'을 참고하기 바람).

2	요약 출력								
3									
4	회귀분석 통계량								
5	다중 상관계수	0.717809							
6	결정계수	0.515249							
7	조정된 결정계수	0.474853							
8	표준 오차	0.038526							
9	관측수	14							
10									
11	분산 분석								
12		자유도	제곱합	제곱 평균	F 비	유의한 F			
13	회귀	1	0.018932	0.018932	12.75499	0.003842			
14	잔차	12	0.017811	0.001484					
15	계	13	0.036743						
16									
17		계수	표준 오차	t통계량	P-값	하위 95%	상위 95%	하위 95.0%	상위 95.0%
18	Y절편	0.008697	0.010415	0.835045	0.420007	-0.014	0.031389	-0.014	0.031389
19	X1	0.729655	0.204304	3.571413	0.003842	0.284514	1.174796	0.284514	1.174796

EXCEL 프로그램에 의한 회귀분석 결과 EY Corp의 베타는 0.7296으로 나타났다. 이는 독립변수인 X의 기울기에 해당하는 값이다. 베타가 0.7296으로 1보다 작기 때문에 EY Corp는 시장수익률 변동에 비해 변동성이 작다는 것을 의미한다. 즉 EY Corp는 방어적 주식으로 볼 수 있다.

8.2 Bottom Up 방식에 의한 베타의 추정

회귀분석에 의해 추정된 베타가 많이 이용되고 있지만 이 베타는 유가증권시장에서 거래되지 않는 비상장기업에는 적용할 수 없고, 상장기업이라 하더라도 과거의 수익률 자료에 근거한 통계적 결과에만 주목할 뿐 기업의 근본적인 의사결정과 그에 따른 영업 및 재무상의 위험에 대해서는 고려하지 않는다. 기업의 최고경영자는 어디에 투자할지 원가구조는 어떻게 구성할지 부채는 얼마나 조달할지에 대해 고민한다. 이러한 기업의 근본적인 의사결정행위가 기업의 위험수준을 결정하게 되므로 이러한 근본변수(fundamental determinants)를 분석하여 추정함으로써 베타를 추정하는 방법을 Bottom−Up 방식이라 한다. Bottom−Up 방식은 베타를 결정하는 변수를 세 가지로 나누고 이 세 가지 변수를 고려한 베타를 추정하는 방식이다.

(1) 베타의 결정변수

기업의 베타에 영향을 미치게 되는 결정변수로는 세 가지가 있다. 베타에 영향을 미치는 세 가지 변수는 사업의 유형(type of business), 영업레버리지의 정도(degree of operating leverage) 및 재무레버리지의 정도(degree of financial leverage)이다. 각 기업들은 영업위험과 재무위험의 특성에 따라 각기 다른 베타를 보이게 된다.

① **사업의 유형**(type of business)

베타는 시장지수에 대한 상대적인 기업의 위험으로 측정되므로 각 기업의 사업여건이 시장상황에 보다 민감한 경우에는 베타가 높게 나타난다. 일반적으로 호황과 불황을 되풀이하는 경기순환회사(cyclical firm)는 그렇지 않은 회사보다 베타가 높다. 건설회사나 금융회사는 경기에 민감하므로 식품업이나 일반소비재 사업보다 높은 베타를 보이게 되는 것이다.

② **영업레버리지의 정도**(degree of operating leverage)

영업레버리지의 정도는 기업의 비용구조(cost structure), 즉 총비용대비(total cost) 대비 고정비의 비율(fixed cost)과 관련이 있다. 고정비 부담이 커서 높은 영업레버리지를 지닌 기업은 비슷한 제품을 생산하더라도 낮은 고정비 비율을 가진 기업보다 영업이익의 변동성이 크게 마련이다. 다른 조건이 동일하다면 영업레버리지가 큰 기업의 베타는 이익의 변동성이 크므로 베타가 커진다. 이러한 사실은 기업의 전략적 방향에 따라 베타가 변동될 수 있음을 의미한다. 즉 기존 시설의 확장이나 최신 기술의 도입을 꾀하는 기업은 경기 하락기에는 보다 큰 위험을 안게 되는 것이다.

영업레버리지가 베타에 영향을 미치지만 영업레버리지를 측정하는 것은 쉽지 않다. 대개의 경우 공표되는 포괄손익계산서만으로는 변동비와 고정비의 구분이 어렵기 때문이다. 이런 경우에는 매출액 변화에 대비한 영업이익의 변동 정도를 측정함으로써 개략적으로 파악할 수 있다.

$$\text{Degree of Operating Leverage} = \frac{\text{\% Change in Operating Profit}}{\text{\% Change in Sales}}$$

현실적으로 영업레버리지 자체의 측정이 어려운 경우가 많으므로 사업유형에 따라 영업레버리지가 높은지 또는 낮은지를 판단하게 된다.

③ **재무레버리지의 정도**(degree of financial leverage)

동일한 사업유형 및 동일한 영업레버리지하에서도 재무레버리지가 큰 기업의 베타는 크게 나타난다. 부채에 대한 지불부담이 큰 경우에는 순이익의 변동성이 커지므로 경기 하락기에는 이익의 하락폭이 커지게 된다. 모든 기업의 위험을 주주가 부담한다면, 즉 부채의 베타가 0이라면 재무레버리지가 반영된 베타는 다음과 같다.

$$\beta_L = \beta_u \times \left[1 + (1-t) \times \frac{D}{E}\right]$$

β_L=재무레버리지가 반영된 베타(Levered beta), 즉 주식베타(equity beta)
β_u=재무레버리지가 반영되지 않은 베타(Unlevered beta), 즉 무부채기업의 베타(beta without any debt)
t=한계세율(marginal tax rate)
D/E=부채비율(Debt/Equity)

무부채기업의 베타는 사업의 유형과 영업레버리지 효과가 반영된 베타이다. 즉 주식베타 β_L은 기업의 영업위험과 재무위험이 모두 반영된 베타이다.

한편, 위의 주식베타 도출공식은 부채의 베타(β_D)가 0인 것으로 하여 도출하였다. 그러나 실제 높은 부채비율을 가진 기업은 자체적인 시장위험을 가지게 된다. 이런 경우 위의 주식베타 공식을 그대로 이용하게 되면 주식베타를 과대평가하게 되는 결론을 낳게 된다. 만일 부채에도 시장위험이 있다면 확장된 베타 산출공식을 이용해야 한다.

$$\beta_L = \beta_u \times \left[1 + (1-t) \times \frac{D}{E}\right] - \beta_D \times (1-t) \times \frac{D}{E}$$

β_D=부채의 베타

(2) 가치평가실무에서 베타의 적용 : Bottom-Up 방식

베타를 사업의 유형(type of business), 영업레버리지(operating leverage) 및 재무레버리지

(financial leverage)로 쪼개어 분석함으로써 베타를 추정하는 방법은 비상장기업이나 상장된 지 얼마 되지 않아 수익률 자료가 부족한 경우 회귀분석모형이 적합하지 아니한 상장회사에 적용할 수 있다. 또한 프로젝트 단위에 대한 할인율 산정시에도 이용할 수 있다.

베타를 추정하는 단계에 들어가기에 앞서 가중평균베타(weighted average beta)에 대한 이해가 필요하다. 하나의 기업이 두 개 이상의 다른 종류의 사업을 하는 경우 베타 추정의 첫 단추인 사업의 유형(type of business)이 두 개 이상이 되므로 이때에는 사업 또는 자산의 시장가치에 따라 가중평균한 베타를 계산해야 한다.

Bottom－Up 방식에 의한 베타의 추정은 다음의 단계로 이루어진다.

① 1단계 : 기업의 사업의 유형에 대해 정의한다

현재 평가대상기업의 비즈니스는 무엇이며 어떤 비즈니스로 구성되었는지 파악하는 것이 중요하다. 평가대상기업의 주된 수익구조가 특정사업을 중심으로 구성되어 있는 경우가 일반적이지만, 전혀 다른 몇 개의 사업부문으로 구성된 기업들도 있다. 이러한 경우에는 각 사업부문별로 별도의 비즈니스로 고려해야 한다.

② 2단계 : 기업이 속한 사업의 무부채기업베타(Unlevered beta)를 추정한다

미국 주식시장의 경우 산업별로 세분화하여 평균 베타(levered beta), 시장가치기준 부채비율(market debt ratio)을 이용하여 무부채기업베타(Unlevered beta)를 제공하는 자료가 많이 있다. 국내 주식시장의 경우에도 증권사 및 신용평가회사에서 상장사별 · 업종별 주식베타 자료를 제공하고 있다.

무부채기업베타는 반드시 업종평균을 사용하는 것은 아니다. 오히려 동일업종이더라도 평가대상기업의 영업위험과 전혀 다른 영업위험을 가진 기업들이 있을 수 있다. 이러한 경우에는 평가대상기업과 영업위험이 가장 유사하리라고 판단되는 '비교대상기업'을 선정하여 비교대상기업의 (평균)베타에 의해 무부채베타를 추정할 수 있다. 이때 각 비교대상기업별로 재무위험이 다를 수 있으므로 비교대상기업 각각의 무부채베타를 추정하는 것이 합리적이다. 비교대상기업의 선정방법은 '제6장 상대가치 평가방법'의 '4절 비교대상기업의 선정'에서 설명하는 방법을 활용할 수 있다. 다만, 개별기업이 가지는 재무위험은 별도로 반영할 수 있으므로 '영업위험이 유사한 기업'을 선정하는 방법을 중점적으로 검토하여 비교대상기업을 선정할 수 있다. 즉 동일업종에 속한 기업으로 영업위험이 유사하리라고 판단되는 기업이 비교대상기업이 된다. 이때에는 재무위험이 차이가 나는 기업들도 비교대상기업으로 선정될 수 있다.

가령 비상장기업인 평가대상기업과 '유사한 영업위험'을 가지고 있는 두 개의 비교대상기업을 선정하였다고 하면, 두 기업의 각각의 주식베타(Levered beta)를 각각의 부채비율을 이용해 무부채베타를 계산하고 이를 평균하여 평가대상기업의 무부채베타 추정치로 사용하는 것이다.

주식베타값을 무부채베타로 전환하는 것은 하마다 모형(Hamada model)을 이용할 수 있다. 이는 위에서 설명한 주식베타를 산출하는 공식을 이용한 것이다.

$$\beta_u = \frac{\beta_L}{\left[1+(1-t)\times\frac{D}{E}\right]}$$

β_L=재무레버리지가 반영된 베타(Levered beta), 즉 주식베타(equity beta)
β_u=재무레버리지가 반영되지 않은 베타(Unlevered beta), 즉 무부채기업의 베타(beta without any debt)
t=한계세율(marginal tax rate)
D/E=현재시점의 부채비율(Debt/Equity)

Hamada 모형에서 주의할 것은 부채비율은 반드시 시장가치기준에 의해 계산된 부채비율을 이용해야 한다는 점이다. 따라서 재무회계에 의해 산출된 부채비율을 이용해서는 안되며, 평가자가 별도로 시가총액과 타인자본총액을 계산하여 부채비율을 산출해야 한다.

업종별 무부채베타 또는 평가대상기업의 무부채베타를 이용한다는 것은 동일한 사업부문(business sector)에 속한 기업들은 동일한 영업레버리지를 가진다는 것을 가정한다. 따라서 베타의 세 가지 특성 중 2가지를 동시에 충족함을 전제하는 것이다. 때로는 이러한 가정이 불합리할 수 있다. 동일업종에 속하더라도 영업레버리지에 따라 무부채기업 베타추정치가 달라질 필요가 있다고 판단되면 무부채기업의 베타를 조정해 주어야 한다. 먼저 평가대상기업 또는 사업부문의 분석을 통해 영업레버리지 수준을 분석하고 비교가능한 기업의 영업레버리지와 비교한다. 만일 평가대상기업의 총비용 대비 고정비 부담이 비교대상기업보다 크다면 무부채기업의 베타는 상향조정되어야 한다. 반대로 평가대상기업의 고정비 부담이 작으면(즉 영업레버리지가 작으면) 무부채기업의 베타는 하향조정되어야 한다.

③ 3단계 : 가중평균 베타를 계산해 기업 전체의 무부채기업 베타를 도출한다

평가대상기업의 사업이 여러 개의 다른 사업으로 나뉘어져 있다면 사업의 시장가치비율로 가중평균한 베타를 구하여야 한다. 각 사업의 시장가치는 시장가치비교법에 의해 각 사업부문의 가치를 산정하거나 사업부문의 시장가치를 추정하는 것이 어려울 때에는 대체적인 방법으로 사업별 자산총액이나 매출액을 가중치로 하여 가중평균할 수도 있다.

$$\beta_u^* = \beta_u^1 \times w_1 + \beta_u^2 \times w_2 + \beta_u^3 \times w_3$$

β_u^* : 가중평균 무부채베타
β_u^i : i사업부 무부채베타
w_i : i사업부 가중치(시장가치, 매출액 또는 자산총액기준)

④ 4단계 : 레버리지 베타를 계산한다

무부채기업 베타에 목표자본구조(또는 시장가치기준 부채비율 · 산업평균 부채비율)를 이용해 재무레버리지가 반영된 베타를 도출한다. 레버리지베타는 다음의 식에 의해 계산한다.

$$\beta_L = \beta_u \times [1 + (1 - t) \times \frac{D^*}{E^*}]$$

β_L = 재무레버리지가 반영된 베타(Levered beta), 즉 주식베타(equity beta)
β_u = 재무레버리지가 반영되지 않은 베타(Unlevered beta), 즉 무부채기업의 베타(beta without any debt)
t = 한계세율(marginal rate)
D^*/E^* = 목표부채비율(Debt/Equity)

예제 3-46 Bottom-Up 방식에 의한 베타의 계산

EY Corp는 건설업을 영위하고 있는 비상장기업이다. 비교대상기업의 주식베타(Levered beta)를 이용하여 EY Corp의 베타를 추정하고자 한다. EY Corp와 영업위험이 유사한 비교대상기업을 선정하였으며, 동 기업들에 대한 재무정보는 다음과 같다.

구 분	EY Corp	A	B	C
주식베타(Levered beta)	–	0.8	0.9	1.0
시가총액(최근 3개월)	–	355,617	1,134,725	215,436
자기자본장부가액	25,667	197,565	453,890	89,765
타인자본총액	25,000	56,400	124,000	3,780
부채총액	32,500	78,960	161,200	7,560
적용법인세율	30.8%	25.0%	30.8%	25.0%
PBR	–	1.8	2.5	2.4

■ **무부채베타(Unlevered beta)의 계산**

EY Corp와 비교대상기업들의 재무정보를 이용하여 EY Corp의 무부채베타(Unlevered beta)를 계산한 결과는 다음과 같다.

구 분	EY Corp	A	B	C
주식베타(Levered beta)		0.8	0.9	1.0
재무회계부채비율	127%	40%	36%	8%
가치평가에서의 부채비율		16%	11%	2%
무부채베타(Unlevered beta)	0.85	0.71	0.84	0.99

A기업의 무부채베타 = 주식베타(0.8)/(1 + (1 − 25%) × 16%) = 0.71
B기업의 무부채베타 = 주식베타(0.9)/(1 + (1 − 30.8%) × 11%) = 0.84
C기업의 무부채베타 = 주식베타(1.0)/(1 + (1 − 25.0%) × 2%) = 0.99

상기 EY Corp의 무부채베타 추정결과의 도출과정을 살펴보고 EY Corp의 부채베타(주식베타) 도출과정을 단계적으로 살펴보자.

■ **단계1 : 비교대상기업의 부채비율의 계산**

비교대상기업의 부채비율은 시장가치에 의해 측정되어야 한다. 또한 가치평가에서의 부채의 범위에는 매입채무와 같은 운전자본항목은 제외되며, 타인자본만 해당된다. A기업의 경우 재무회계에 의한 부채비율은 40%인 데 비해 가치평가에서의 부채비율은 16%이다.

• A기업의 재무회계에서의 부채비율=부채총액(78,960)/자기자본장부가액(197,565)
=40%

• A기업의 가치평가에서의 부채비율=타인자본총액(56,400)/시가총액(355,617)=16%

같은 방식으로 B기업과 C기업의 부채비율을 계산한다.

■ **단계2 : 비교대상기업의 무부채베타(Unlevered beta)의 계산**

비교대상기업들의 부채비율이 도출되면 이를 이용하여 무부채베타(Unlevered beta)를 계산한다. 시장수익률 대비 개별주식수의 수익률 변동치를 측정한 주식베타(Levered beta)에는 부채비율로 인한 효과, 즉 재무위험이 반영되어 있기 때문이다.

• A기업의 무부채베타(β_U)=β_L/[1+(1−t)×(D/E)]=0.8/[1+(1−25.0%)×16%]=0.71

같은 방식으로 B기업과 C기업의 무부채베타를 계산한다.

■ **단계3 : 평가대상기업의 무부채베타(Unlevered beta)를 추정**

평가대상기업인 EY Corp의 무부채베타는 비교대상기업의 평균값으로 할 수 있다. 이때 평균값은 단순산술평균을 이용할 수도 있고, 비교대상기업의 시가총액 등을 이용한 가중치로 가중평균값을 이용할 수도 있다. 비교대상기업인 A, B, C기업의 단순산술평균을 이용할 경우 EY Corp의 무부채베타(Unlevered beta)는 0.85로 계산된다. 참고로 시가총액을 가중치로 한 가중평균값을 이용할 경우 EY Corp의 무부채베타(Unlevered beta)는 0.83으로 약간 낮아진다. 이는 시가총액이 큰 A, B기업의 낮은 무부채베타의 영향이다.

■ **단계4 : 평가대상기업의 부채베타(Levered beta)를 추정**

평가대상기업의 부채베타(주식베타)를 추정하기 위해서 먼저 평가대상기업의 목표자본구조를 추정하여야 한다. 목표자본구조는 이미 설명한 대로 비교대상기업들의 평균부채비율이나 시장가치비교법에 의해 측정된 부채비율을 이용할 수 있다. 여기서는 시장가치비교법에 의해 추정된 부채비율을 이용하고자 한다.

장부가치에 의한 부채비율을 비교해 보면 평가대상기업인 EY Corp의 장부가치기준 부채비율(127%)과 비교대상기업들의 장부가치기준 부채비율(8~40%)은 차이가 있으며, EY Corp의 부채비율이 비교대상기업들의 부채비율 수준으로 낮아지리라는 가정은 비합리적인 것으로 보았기 때문이다.

① EY Corp의 목표자본구조

EY Corp의 시장가치비교법에 의한 추정시가총액은 비교대상기업들의 PBR을 이용하였다. 비교대상기업들의 평균 PBR은 2.33으로 측정된다. 비상장기업인 EY Corp의 상황을 감안하여 EY Corp의 추정 PBR은 유동성할인 40%를 고려, 1.34(=2.33×(1−40%))로 계산되었다. 이를 이용하여 EY Corp의 시가총액 및 부채비율을 추정하면

• 추정시가총액=적용PBR(1.34)×자기자본장부가액(25,667)=34,394

• 추정부채비율=타인자본총액(25,000)/추정시가총액(34,394)=73%

EY Corp의 추정부채비율은 비교대상기업의 평균 부채비율보다는 높고, EY Corp의 장부가치기준 부채비율보다는 낮은 것으로 계산되었다.

② EY Corp의 부채베타

EY Corp의 부채베타(Levered beta)는 Hamada모형에 의해 무부채베타(Unlevered beta)와 부채비율 그리고 적용법인세율에 의해 계산될 수 있다.

- EY Corp의 부채베타(β_L)$=\beta_u \times [1+(1-t)\times(D/E)]=0.85\times[1+(1-30.8\%)\times73\%]$
  $=1.27$

예제 3-47 Bottom-Up 방식에 의한 베타의 계산 : 여러 사업부문으로 구성된 경우

EY Corp는 '자동차부품의 제조 · 판매사업부'와 '건설사업부문'으로 구분되어 있으며, 두 사업부문의 과거 3개년 매출액 기준 상대비율은 40%(자동차부품) 대 60%(건설사업부문)로 계산되었다. EY Corp의 목표자본구조는 비교대상기업의 부채비율과 사업부문별 비중 등을 고려하여 50% 수준으로 추정된다. EY Corp의 가중평균베타를 매출액 비율에 의해 안분하는 것으로 할 때 비교대상기업의 베타를 이용한 EY Corp의 가중평균베타를 추정해 보자. EY Corp 및 비교대상기업 모두 적용법인세율은 30%이다.

구 분	자동차부품Div. 비교대상회사			건설사업Div. 비교대상회사		
	A	B	C	D	E	F
주식베타(Levered beta)	0.8	0.9	1.0	1.4	1.8	1.7
부채비율(D/E)	16%	11%	2%	80%	75%	110%

■ **가중평균베타의 추정**

EY Corp의 가중평균베타를 구하는 과정은 먼저 각 사업부문의 무부채베타(Unlevered beta)를 추정하고 이를 사업부문별 시장가치 등의 비율로 가중평균한 무부채베타를 도출하고, EY Corp의 목표부채비율을 이용하여 최종적인 주식베타(Levered beta)를 계산한다.

구 분	A	B	C	D	E	F
주식베타(Levered beta)	0.8	0.9	1.0	1.4	1.8	1.7
부채비율(D/E)	16%	11%	2%	80%	75%	110%
무부채베타(Unlevered beta)	0.7194	0.8357	0.9862	0.8974	1.1803	0.9605
평균	0.8471			1.0127		
가중치(매출액)	40%			60%		
가중평균 무부채베타	0.9465					
목표부채비율	50%					
주식베타(Levered beta)	1.2777					

자동차사업부문의 비교대상기업인 A, B, C기업의 무부채베타를 계산한 후 이를 평균한 값과 같은 방식으로 건설사업부문의 비교대상기업인 D, E, F기업의 무부채베타의 평균값을 EY Corp의 매출액을 가중치로 하여 계산한 가중평균무부채베타를 계산하였다. 이에 Hamada 모형에 목표부채비율을 사용하여 주식베타를 산출하였다. 예를 들어 건설사업부문의 무부채베타는 D기업의 무부채베타(β_u)$=\beta_L/[1+(1-t)\times(D/E)]=1.4/[1+(1-30.0\%)\times80\%]=0.8974$같은 방법으로 E기업과 F기업의 무부채베타를 계산한다.

• 건설사업부문 비교대상기업의 무부채베타값의 평균=(0.8974+1.1803+0.9605)/3
=1.0127

• 가중평균 무부채베타=자동차부문 무부채베타(0.8471)×40%+건설부문 무부채베타
(1.0127)×60%=0.9465

• EY Corp의 주식베타(Levered beta)=0.9465×[1+(1−30%)×50%]=1.2777

8.3 베타의 한계

베타는 잘 분산된 투자를 통해서도 제거할 수 없는 체계적 위험이라고 정의하였다. 제거할 수 없는 체계적 위험이란 개별 주식이 가지는 고유한 위험이 아닌 동일사업을 영위하는 기업이 공통적으로 부담하는(각각의 위험의 크기는 다르지만) 위험의 의미를 가진다. 베타는 여러 가지 제거할 수 없는 위험요인들의 집합체라 할 수 있다. 가령 국내 자동차회사들은 환율변동에 위험이 노출되어 있다. 환율변동은 자동차회사의 수익성에 직접적인 영향을 미치게 되며 개별 자동차회사는 환율변동을 통제할 수 없는 위치에 있다. 투자자들이 아무리 분산투자하더라도 환율변동의 위험은 제거될 수 없는 것이다. 동시에 환율변동이 미치는 영향은 자동차회사와 다른 산업 가령, 유통회사에 있어 차이가 있다. 이로 인해 환율변동과 같이 분산제거되지 않는 위험이 시장포트폴리오(가령 종합주가지수)에 분산투자하는 경우와 자동차회사에 투자하는 경우에 있어 차이가 발생한다. 또한 같은 자동차회사라 하더라도 시장의 변동성에 대한 개별 주식의 변동성에는 차이가 있으므로 서로 다른 베타값이 측정된다.

여기서 한 가지 의문점은 '과연 개별주식의 주가수익률 변동성과 시장포트폴리오수익률 변동성을 이용하여 측정된 베타값이 개별 기업의 현금흐름 변동성을 충분히 설명하고 있는가' 하는 것이다. 할인율의 기초개념을 기억해 보자. 할인율, 즉 투자자의 요구수익률은 투자자산의 현금흐름의 변동성의 크기를 고려하여 결정한다고 하였다. 정기예금에 투자하는 투자자보다 주식에 투자하는 투자자의 요구수익률이 필연적으로 높은 것은 정기예금의 예상 현금흐름의 실현가능성이 기업의 예상 현금흐름의 실현가능성보다 월등히 높기 때문이다. 주식투자자가 국채나 정기예금보다 높은 요구수익률을 기대하는 것이 시장위험프리미엄(Market Risk Premium)으로 표현된다. 반면, 모든 주식에 분산투자된 시장포트폴리오에 투자하지 않고 개별 주식에 투자하는 투자자는 시장포트폴리오와 다른 현금흐름의 변동성에 직면하게 된다. 탄탄한 사업을 영위하는 기업의 미래현금흐름 예상치와 사업이 불투명한 기업의 미래현금흐름 예상치의 '변동성'은 큰 차이가 있게 마련이다. 시장포트폴리오 대비 각 기업이 가지는 변동성의 정도를 나타내는 유일한 지표가 바로 베타이다. CAPM의 산식을 되돌아보면 무위험수익률과 시장위험프리미엄은 개별 기업의 특성과 무관하게 모든 투자자에게 동일하게 적용되는 항

목이며, 베타만이 개별 기업의 현금흐름의 변동성을 설명해 주고 있는 것이다. 따라서 베타가 자기자본비용의 추정에 있어 의미를 부여받기 위해서는 베타 측정치가 현금흐름의 변동성을 일정 부분 설명할 수 있어야 한다. 베타는 개별 기업의 주가와 시장포트폴리오 수익률 간의 회귀분석을 통해 도출되었으므로 결과적으로 개별 기업의 주가는 개별 기업의 현금흐름의 변동성을 적절히 반영하고 있어야 한다. 즉 베타가 개별 기업의 현금흐름의 변동성과 무관하게 각종 비시장요인에 의해 영향을 받는 상황하에서는 추정치로 적절하지 않다는 것이다.

베타는 완전자본시장 가정하에 도출된 개념으로 현실자본시장에서는 왜곡된 주가변동에 많은 영향을 받게 되므로 한계를 지니게 된다. 그럼에도 우리는 베타를 측정하여 사용하는 방법보다 더 적절한 방법을 제시하지 못하고 있다. 베타의 사용은 불가피하므로 베타를 활용함에 있어 실무적으로 몇 가지 고려해야 할 듯하다. 베타는 개별 기업의 잉여현금흐름의 변동성을 대변하므로 일시적인 주가 급등락으로 왜곡된 베타는 사용하지 않는 것이 바람직하다. 왜곡된 베타는 비상장기업의 평가를 위해 활용하는 경우는 물론이고 평가대상기업이 상장기업일 때에도 마찬가지이다. 반대로 과거 잉여현금흐름의 변동은 크나 주식시장에서 투자자로부터 외면받아 낮은 베타를 보이는 기업의 베타도 적절치 않은 것도 마찬가지로 해석된다.

9. 비상장기업에 대한 유동성프리미엄(Liquidity Premium)

자기자본비용 계산을 위해 가장 일반적으로 사용되고 있는 CAPM의 이론적 토대는 시장에서 공개적으로 거래되고 있는(publicly traded) 회사를 기반으로 하고 있다. 따라서 CAPM 이론에 따라 산출되는 자기자본비용은 시장에서 거래되고 있지 아니한 주식(Private firm)의 할인율로 사용하는 데에는 한계가 있다.

현금흐름할인모형에서 추정되는 미래잉여현금흐름(FCF)은 평가대상기업의 지배적인 이해관계자(Controlling interest)에 의해 산출된다. 지배적인 이해관계자는 경영정책에 관여할 수 있으므로 향후 투자계획의 변경 등을 통해 미래현금흐름의 변화를 꾀할 수 있는 위치에 있다. 이는 달리 말해 가치평가시에 현재가치를 창출하기 위해 사용되는 미래현금흐름을 CAPM에 의해 산출된 자본비용으로 할인된 현재가치는 경영권을 통제할 수 있는 지배주주에 의한 유동적인 자산(liquid investment by a majority shareholder)의 가치를 계산해 내는 과정이라는 것이다. 이 가치는 시장에서 거래되고 있는 주식을 소유한 지배주주가 자신의 자산을 적시에 최소의 비용으로 매각할 수 있는 주식가격이 된다.

가치평가는 시장에서 거래되고 있지 않거나 시장에서 거래되더라도 지배적인 이해관계자의 위치에 있지 아니한 경우에 이루어진다. 이러한 경우에 가치평가에서는 두 가지 사항을 생각해 볼 수 있다. 첫째, 가치평가에 있어 소수지분(Minority share-holders)의 통제불가능성(lack of control)을 반영하는 것이다. 이는 추정된 현금흐름을 통제할 수 없는 투자자의 관점에서 추가적인 위험을 반영하는 것이다. 둘째, 보유하고 있는 주식을 쉽게 매각할 수 없는 위험(lack of liquidity)을 반영하는 것이다. 위의 두 가지 사항을 별도의 추가위험으로 인식하여 각각 조정할 수 있으며, 지배적인 이해관계자로부터 창출된 공개가치(public value)에 대비하여 하나의 항목으로 보고 조정할 수도 있다. 가치평가에 있어서는 보유하고 있는 주식을 쉽게 매각할 수 없는 위험에 중점을 둔다. 소수주주의 통제불가능성은 경영권프리미엄(또는 소수지분할인)의 개념에 해당하므로 가치평가에 반영하는 것은 현실적으로 어렵다. 경영권프리미엄에 대한 고려는 '제6장 상대가치 평가방법'에서 경험적으로 파악된 내용에 대해 설명하겠다.

[그림 3-30] 비상장기업에 대한 경영권프리미엄과 소수주주에 대한 할인

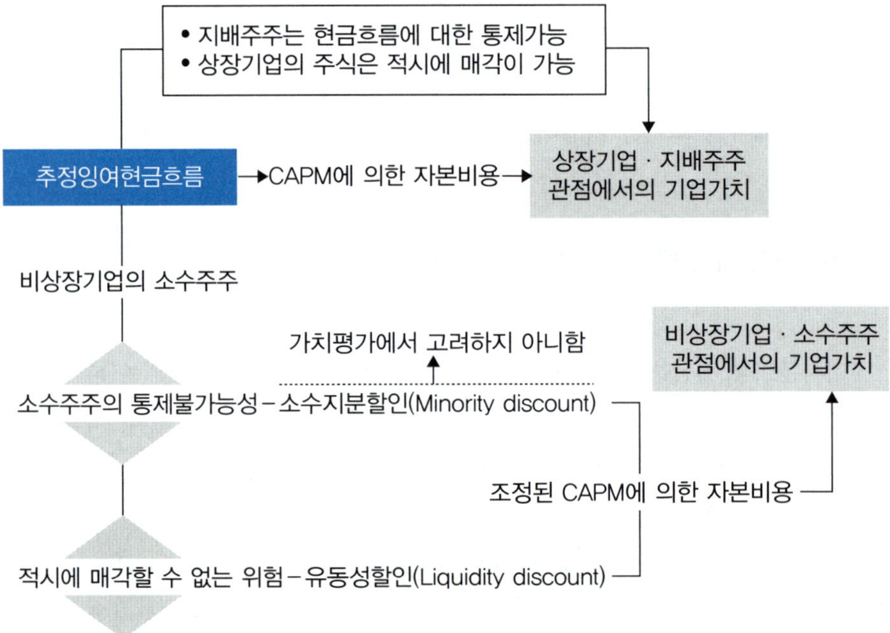

비상장기업의 주주입장에서 상장기업주주의 경우보다 추가적으로 부담하는 위험을 통칭하여 유동성프리미엄으로 정의된다. 유동성프리미엄에는 보유하고 있는 비상장기업의 주식을 쉽게 매각할 수 없는 위험에 중점을 두는 것이다. 충분히 분산되지 아니한(undiversified) 비상장기업의 평가시에는 유동성프리미엄의 처리와 관련하여 일반적으로 네 가지 접근방법을 생각할 수 있다.

9.1 비상장기업의 프리미엄을 고려하지 않는다

평가대상기업이 가까운 시일 내에 이미 상장된 기업에 매각되거나 기업공개(IPO; Initial Public Offering)를 통해 상장이 이루어질 것으로 가정하는 것이다. 이러한 경우에는 비상장기업에 대한 추가적인 위험프리미엄을 고려할 필요가 없다. 평가시점에 매각 또는 기업공개의 정보가 반영된 가치를 측정하기 위해서는 CAPM에 의한 가정에 따른 자본비용만으로도 충분하다.

9.2 총위험이 반영된 조정베타를 사용한다

자본비용 추정시 사용하는 베타를 조정한다. 베타(beta)는 잘 분산된 포트폴리오에 대한 투자시 발생할 수 있는 시장위험을 측정한다. 상장기업의 투자자들은 한계투자자(marginal investor)의 입장에서 다양한 주식에 분산투자함으로써 위험을 관리할 수 있는 반면, 비상장기업의 주주는 시장위험뿐 아니라 해당 사업에서 발생하는 모든 위험을 부담하게 된다. 즉 비상장기업의 주주는 시장위험(market risk)보다 큰 총위험(total risk)을 부담하게 되는 것이다.

비상장기업 주주가 부담하는 총위험을 측정하는 것을 총베타(total beta)라고 할 때 총베타는 다음과 같이 정의할 수 있다. 아래의 식은 앞선 '6절 8. 베타'에서 추정된 시장베타(market beta)를 분산투자에 의해 위험이 제거되지 아니한 총베타(Total beta)로 조정하는 과정으로 풀이된다.

$$\text{Total Beta} = \frac{\text{Market Beta}}{\rho_{i,m}} = \frac{\text{Market Beta}}{\sqrt{R^2}}$$

$\rho_{i,m}$: 개별 주식 i와 시장포트폴리오와의 상관계수

R^2 : 회귀분석에 의한 결정계수

총베타의 도출과정은 다음과 같다. 우선 평가대상기업이 시장포트폴리오에 대한 상대적인 총위험(Total Risk)의 크기는 개별주식(i), 수익률의 표준편차(σ_i)를 시장포트폴리오(m)의 표준편차(σ_m)를 나눈 값이다. 즉

$$\text{총위험(Total Risk)} = \frac{\sigma_i[\text{개별주식(i)수익률의 표준편차}]}{\sigma_m[\text{시장포트폴리오수익률(m)의 표준편차}]}$$

이때 시장베타(market beta)는

$$시장베타(\beta_m) = \frac{COV(i,m)}{\sigma_m^2} = \frac{\rho_{i,m} \times \sigma_i \times \sigma_m}{\sigma_m^2} = \rho_{i,m} \times \frac{\sigma_i}{\sigma_m}$$

* $\rho_{i,m} = COV(i,m)/\sigma_i \times \sigma_m$

우변의 $\rho_{i,m}$을 시장베타로 옮기면 앞에서 정의한 총위험인 σ_i/σ_m만이 우변에 남게 된다. 이를 정리하면

$$총베타(\beta_T) = \frac{시장베타(market\ beta,\ \beta_m)}{상관계수(\rho_{i,m})}$$

총베타값은 시장베타(market beta)보다 높다. 상관계수는 1보다 클 수 없기 때문이다. 비상장기업은 시장에서 거래되지 않으므로 시장베타와 개별 주식의 수익률과 시장포트폴리오수익률 간의 상관계수를 계산하는 것이 불가능하다. 따라서 Bottom-Up beta 추정시 사용한 방법을 이용한다. 평가대상 기업이 속한 사업과 같은 사업영역에 속한 기업들의 시장베타와 개별주식과 시장포트폴리오와의 상관계수를 구하여 대용으로 사용할 수 있다.

총베타를 이용하는 방법은 하나의 대안이 될 수 있으나 모든 비상장기업의 가치평가시 일괄적으로 적용하는 것은 무리가 있다. 시장베타에서 총베타로의 조정이 필요한 경우는 비상장기업의 가치평가의 목적이 무엇인가에 따라 달리 적용되어야 한다.

예를 들어 벤처투자자의 입장에서 비상장기업을 평가하여야 한다면 벤처투자자가 보유하고 있는 자산포트폴리오의 구성이 다양하게 구성되어 있어 분산투자에 의한 위험감소효과를 어느 정도 얻을 수 있으므로 아마도 평가대상 비상장기업의 조정된 베타는 시장베타와 총베타의 사이에 해당하는 값이 될 것이다. 분산투자효과를 얻을 수 있으므로 총베타는 감소하나 분산투자효과가 상장주식 투자에 비해 충분하지 않고 비유동성 위험은 여전히 상존하기 때문이다. 일반적인 비상장주식의 매각과 관련된 평가라면 매수자 입장에서 잘 분산된 투자포트폴리오를 갖고 있는 것으로 가정하기는 어려울 것이다. 이러한 경우에는 시장베타보다 총베타에 가까운 위험을 부담한다고 볼 수 있다.

시장베타를 총베타로 조정하는 과정에 있어 가치평가의 목적에 따라 달라질 수 있다는 것은 당황스러운 일이다. 잘 분산되지 아니한 포트폴리오를 가지고 있는 잠정적인 매수자의 경우에도 총위험을 전혀 분산할 수 없는 것으로 가정하는 것도 어렵다. 이로 인해 가치평가실무에 있어 시장베타를 총베타로 조정하는 방법은 일반적으로 사용되는 방법이 아니다.

9.3 시장가격을 할인하는 방법

비상장기업의 주주가 추가적으로 부담하게 되는 위험을 할인율에 반영하지 않고 상장기업과 동일한 방법으로 추정된 할인율을 이용하여 산출된 가치를 할인하는 방법이 사용되기도 한다. 시장가격을 할인하는 방법에 의한 가치평가는 아래에서 설명할 자기자본비용 계산시 유동성할인을 감안하는 방법과 함께 실무적으로 가장 많이 활용되는 방법이다. 가치평가를 수행하는 과정에서 비상장기업의 추가적인 위험을 계량화하여 반영하는 것은 매우 어려운 작업이며 왜곡된 측정치를 가져올 위험도 있다. 이에 따라 기업공개예정기업에 대한 가치평가시 상장된 유사기업의 시장가격을 일정 부분 할인하여 비상장기업의 주식가격을 추정하는 방법이 이용되어 왔다.

시장가격을 할인하는 방법을 채택한다면 과연 어느 정도 할인할 것인가 하는 고민이 발생한다. 시장가격 할인의 주요인이 '비유동성'이라는 측면에 있다고 보면 대상기업의 유동자산비율, 재무건전도, 현금흐름에 따라 할인규모는 달라져야 할 것이다. 또한 비상장주식의 매수자가 누구인가에 따라 달라질 수도 있다. 상황에 따라 다르지만 상장주식의 평가금액의 30~50% 내외를 할인한 가격으로 평가하는 것이 일반적이다. 유동성할인을 시장가격에 반영하는 방법에 대한 이론적인 검토와 실증적인 분석결과에 대해서는 '제6장 상대가치 평가방법'의 '9절 상대가치 평가방법 적용시 추가고려사항'을 참고하기 바란다.

예제 3-48 시장가격 할인에 의한 유동성프리미엄 반영

EY Corp의 1차연도말 추정 잉여현금흐름(FCF_1)은 100억원으로 동 현금흐름이 2%의 성장률로 영구히 발생할 것으로 예상된다. EY Corp는 무부채기업으로 자기자본비용을 계산하기 위한 정보는 다음과 같다. 비상장기업인 EY Corp의 추정시장가치에 유동성할인을 반영하는 방법으로 가치평가를 수행하라.

- 무위험수익률 = 5%
- 시장위험프리미엄 = 5.5%
- 비교대상기업을 이용한 EY Corp의 주식베타(Levered beta) = 1.2
- 유동성할인의 반영 : 추정가치에 40%의 할인율 반영

■ **가중평균자본비용의 계산**

EY Corp는 무부채기업이므로 자기자본비용 = 가중평균자본비용이다.

가중평균자본비용(WACC) = 자기자본비용(K_e) = $R_f + [E(R_m) - R_f] \times beta = 5\% + 5.5\% \times 1.2$

$= 11.6\%$

■ **가치평가**

기업가치 = (FCF_1)/(WACC − g) = 100/(11.6% − 2%) = 1,042억원

유동성할인을 반영한 가치평가 = 1,042억원 × (1 − 40%) = 625억원

9.4 자기자본비용에 위험프리미엄 가산

비상장주식의 주주가 분산투자를 할 수 없는 것으로 인한 추가적인 위험을 자본비용 계산시 직접 고려하여 프리미엄을 가산한다. 이 방법은 시장베타를 총베타로 조정하는 번거로운 작업을 피할 수 있으나 비상장주식의 위험프리미엄을 어느 정도 가산할 것인가에 대한 체계적인 개념이 아직 부족하다. '제6장 상대가치 평가방법'의 '9절 상대가치 평가방법 적용시 추가고려사항'에서 자세히 설명하겠지만 비상장기업의 유동성할인에 대한 실증분석결과는 시장가치를 일정비율로 할인하는 방법에 대한 연구가 대부분이다. 따라서 자기자본비용에 유동성부족에 대한 추가적인 요구수익률이 어느 정도인가에 대한 체계적인 연구는 다소 부족하다고 볼 수 있다. 그럼에도 현금흐름할인모형을 적용할 경우에는 자기자본비용에 위험프리미엄을 가산하는 방식이 선호된다. 왜냐하면 가치평가의 목적이 최종적인 가치측정 자체에도 있지만 투자자가 분석대상기업에 대한 요구수익률이 어느 정도인가에 대한 측정도 중요하기 때문이다. 따라서 투자자의 요구수익률을 합리적으로 추정하는 과정이 필요할 때에는 유동성프리미엄을 자기자본비용에 가산하는 방식이 필요하다. [표 3-10]은 추정가치에 유동성 할인하는 방법과 비교해 볼 때 어느 정도 수준의 유동성프리미엄이 적절한지에 대해 보여준다.

[표 3-10] 유동성프리미엄 적용결과 추정가치의 할인 정도

자기자본비용	유동성프리미엄					
	0%	1%	2%	3%	4%	5%
8%	0%	11%	20%	27%	33%	38%
9%	0%	10%	18%	25%	31%	36%
10%	0%	9%	17%	23%	29%	33%
11%	0%	8%	15%	21%	27%	31%
12%	0%	8%	14%	20%	25%	29%
13%	0%	7%	13%	19%	24%	28%
14%	0%	7%	13%	18%	22%	26%
15%	0%	6%	12%	17%	21%	25%
16%	0%	6%	11%	16%	20%	24%
17%	0%	6%	11%	15%	19%	23%
18%	0%	5%	10%	14%	18%	22%
19%	0%	5%	10%	14%	17%	21%
20%	0%	5%	9%	13%	17%	20%

자기자본비용은 유동성프리미엄을 반영하기 전 요구수익률임.
[계산의 가정]
FCF_1 = 1,000이며 영구성장률 0%로 영구히 발생함.
무부채기업으로 자기자본비용 = 가중평균자본비용

[표 3-10]은 일정한 가정(무부채기업, 영구성장률 0%로 FCF_1이 영구히 발생 등)하에 계산된 것이다. 따라서 [표 3-10]에서 제시된 수치는 절대적인 수치가 아닌 하나의 예시일 뿐이다. 예를 들어 유동성프리미엄을 반영하기 전 자기자본비용이 14%일 때 유동성프리미엄을 3% 적용하면 추정가치는 유동성프리미엄을 반영하기 전보다 18% 감소함을 보여준다.

9.5 가치평가실무시의 적용

비상장기업의 주주는 상장기업 주주에 비해 추가적인 위험을 부담하는 것은 명백한 사실이다. 그러나 앞에서 살펴보았듯이 비상장기업의 주주가 추가적으로 부담하는 위험의 크기를 추정하는 것은 쉽지 않은 부분이다. 따라서 일부 가치평가자는 비상장기업의 주주라 하더라도 장기적으로는 비상장 위험이 제거될 것이므로 비상장위험프리미엄을 적용하지 않는 것이 바람직하다고 주장하기도 한다.

할인율은 미래현금흐름의 위험을 적절히 반영할 수 있는 방향으로 조정되는 것이 바람직하다. 그러나 비상장기업의 주주가 부담하는 추가적인 위험을 실증적으로 확인하는 연구가 시도되고 있으나 일반화된 모델은 없는 형편이다. 만일 평가대상 비상장기업이 기업공개를 앞두고 있거나 투자의 분산 정도가 높고 주식매각에 어려움이 없는 경우라면 굳이 비상장주식 위험프리미엄을 고려할 필요가 없을 것이다. 반대로 투자의 분산 정도가 낮고 주식매각이 여의치 않아 비유동성 위험이 높다고 판단되면 유동성프리미엄을 적절히 고려하여야 하며, 실증적 연구결과를 참고할 때 유동성 할인은 추정가치에 30~50% 수준이 될 것으로 예상되며, 유동성 프리미엄 기준으로는 3~6% 수준을 반영하는 것이 일반적이다. 유동성 할인 또는 유동성프리미엄에 대한 추가적인 연구가 진행되면 보다 합리적인 방법으로 비상장주식의 위험프리미엄을 계산할 수 있을 것으로 기대된다.

10. 중소규모기업에 대한 위험프리미엄(Size Premium)

동일한 경영환경에 있는 경우라 하더라도 소형기업은 대형기업에 비해 보다 많은 위험에 노출되어 있어 소형주의 주주는 대형주의 주주보다 높은 수익률을 요구할 것이므로 위험에 상응하는 추가적인 보상수익, 즉 중소기업 프리미엄(Size Premium)을 지불해야 한다는 주장이 있다. 중소기업 프리미엄(Size Premium)의 존재를 인정하는 것은 가치평가에 있어 중요하다. 중소기업 프리미엄(Size Premium)은 할인율에 가산되므로 그 크기에 따라 평가대상기업의 현재가치에 직접적인 영향을 주기 때문이다. 즉 중소기업 프리미엄(Size Premium)을 고려할 경우 자기자본비용은 다음과 같이 수정된다.

자기자본비용(K_e) = R_f + 시장위험프리미엄(Market Risk Premium) × beta + 중소기업 프리미엄(size premium)

미국주식시장에서는 최근 몇 년간 소형주가 대형주에 비해 낮은 투자성과(under performing)를 보이고 있는 것으로 나타났다. 이러한 결과는 소형주에 대한 추가적인 위험프리미엄은 없다고 주장할 수 있는 근거가 될 수 있다. 그러나 좀 더 긴 기간에 대한 분석결과는 다른 의견을 낼 수 있다. 몇 가지 실증분석결과 소형주는 대형주와 달리 기간 상관성(serial correlation)이 존재하기 때문에 특정기간의 낮은 투자성과는 보다 긴 기간의 연장선상에 놓고 보면 당연한 결과라는 의미이다. 특정기간 동안 소형주의 낮은 투자성과가 흥미로운 논란거리를 제공하는 것은 사실이나 중소기업 프리미엄(Size Premium)에 대한 시장의 근본적인 변화가 일어났다고 볼 수 없다는 것이다.

미국주식시장에서 거래되는 주식에 대한 좀 더 긴 기간의 실증적 분석결과 시장규모가 작은 기업의 주식은 대형주에 비해 높은 위험과 수익을 가져오는 것으로 나타났다. 다시 말해 자본투자라는 측면에서 볼 때 소형주는 대형주보다 위험하지만 높은 수익을 제공할 가능성이 있다는 의미이다. 투자자는 소형주에 투자함으로써 추가적인 위험을 부담한 대가로 그에 상응하는 보상을 기대하는 것이다.

명확한 것은 소형주든 대형주든 그 변동성이 과거에 비해 감소하는 추세이다. 동시에 소형주의 표준편차가 대형주보다 크게 나타나는 것도 일정한 패턴을 유지한다. 특히 시장이 안정적일 때보다 시장에 충격이 있을 때에(긍정적이든 부정적이든) 소형주는 상대적으로 더 민감하다. 최근의 낮은 수익에 불구하고 소형주는 대형주보다 위험하다는 것이다.

Ibbotson Associate에서는 미국의 3대 주식시장인 뉴욕증권거래소(NYSE), AMEX 및 나스닥시장(NASDAQ)에 상장된 주식을 주식시가 총액기준으로 10개 그룹으로 구분하고 이 중 하위 20%의 작은 기업을 소형주로 하여 성과를 측정한 결과 1926년에서 2000년까지 75년간 나머지 80% 주식에 비해 평균 5.4%의 초과수익(excess return)을 보인 것으로 조사되었다. 이러한 결과는 소형주는 대형주에 비해 장기간을 놓고 보면 평균적으로 높은 수익을 기록한다는 것을 의미한다.

보다 긴 기간 동안을 놓고 보면 소형주가 대형주에 비해 보다 높은 성과를 나타내고 있는 것이 실증적으로 나타나고 있지만 중소기업 프리미엄(Size Premium)의 존재에 대한 학계와 가치평가실무자 간의 논란은 지금도 계속되고 있다. 여기서는 Ibbotson Associate에서 주장하는 중소기업 프리미엄(Size Premium)에 대한 개념적 설명과 측정방법을 소개하고자 한다.

10.1 중소기업 프리미엄(Size Premium) 적용대상이 되는 소형주는 무엇인가?

중소기업 프리미엄(Size Premium)을 적용하려면 소형주에 대한 개념정의가 우선되어야 한다. 소형주를 판단하기 위한 일차적인 정의는 시가총액 개념으로 볼 수 있다. 시가총액은 주가를 발행주식수로 곱해서 계산한다. 가장 간단한 방법은 시가총액을 기준으로 두 개의 그룹으로 나누어 하나의 그룹은 대형주, 나머지 그룹을 소형주로 나눌 수 있겠다. 보다 개선된 방법은 시가총액을 기준으로 주식시장의 모든 주식을 10개의 그룹으로 나누는 것이다. 이는 미국의 시장분석기관인 CRSP(Center for Research in Security Price)에서 제시하는 방식이다. PwC의 분석가들은 한 걸음 더 나아가 25개의 그룹으로 세분화하기도 한다. Ibbotson Associate에서는 CRSP의 방식에 따라 10개의 그룹 중 하위 2개 그룹, 즉 하위 20%를 Size Premium 적용대상인 Small company로 정의하고 실증 분석하였다. Ibbotson Associate은 2001년 발행한 연감(SBBI : Stocks, Bonds, Bills and Inflation 2001)을 통해 과거 75년간의 시장자료를 기초로 뉴욕증권거래소에 상장된 소형주(하위 20%)의 중소기업 프리미엄은 대형주로 구성된 S&P500 지수에 비해 3.47%인 것으로 발표하였다(아래에서 설명하겠지만 모집단을 NYSE뿐 아니라 AMEX와 NASDAQ으로 확대하면 이보다는 작은 숫자로 나타남). 또한 하위 10%의 소형주는 5.78%로 크게 증가하는 것으로 나타났다.

중소기업 프리미엄을 적용할 때 한 가지 주의할 점이 있다. 중소기업 프리미엄이 과거 시장자료를 통해 확인되었기 때문에 가치평가를 위한 할인율 계산시에 가산해 주는 것은 타당하다고 볼 수 있다. 그러나 평가대상기업이 중소기업 프리미엄이 적용될 대상이 되기 위해서는 현재뿐 아니라 미래에도 그러한 가정이 유지되어야 한다는 것이다.

10.2 중소기업 프리미엄(Size Premium)과 소형주 프리미엄(Small Stock Premium)의 구분

중소기업 프리미엄(Size Premium)을 이해하기 위해서는 추가적인 개념정리가 필요하다. 중소기업 프리미엄과 소형주 프리미엄(Small Stock Premium)은 모두 소형주 효과(Size effect)라는 면에서는 동일한 선상에 있다. 그러나 이들은 각각 다른 가정과 접근에 의해 도출된다.

먼저 소형주 프리미엄(Small Stock Premium)은 대형주에 비한 소형주의 총초과수익력(excess return)에 해당한다. 예를 들어 대형주로 구성된 S&P 500에 대해 투자한 투자자에 비해 하위 20%의 소형주에 투자한 투자자가 추가적으로 얻게 되는 수익력을 뜻한다. 소형주 프리미엄을 측정하는 목적은 소형주에 대해 중소기업 프리미엄을 적용하는 것이 타당한가에 대한 실증적 뒷받침을 하기 위한 것이다.

반면, 중소기업 프리미엄(Size Premium)은 미래현금흐름을 할인하기 위해 사용할 적절한 할인율을 도출하기 위한 것이다. 현금흐름할인모형은 자본의 원천별로 자본비용을 계산하므로 소형주의 총초과수익률은 유용한 정보가 아니다. 할인율을 계산하려면 자기자본투자자가 소형주에 대해 추가적으로 기대하는 요구수익률을 계산해야 한다. 이를 위해서는 베타를 조정한 중소기업 프리미엄을 계산해야 한다.

이해를 돕기 위해 미국의 3대 주식시장인 NYSE, AMEX 그리고 NASDAQ에 상장된 주식을 시가총액 기준으로 하위 20%의 소형주에 대한 소형주 프리미엄과 중소기업 프리미엄 계산결과를 보이면 다음과 같다.

[표 3-11] 소형주 프리미엄(Small Stock Premium) 계산결과

구 분	Small Stock Return (①)	Large Stock Return (②)	Small Stock Premium (=①-②)
하위 20% 소형주	18.41%	12.98%	5.43%

* 자료 : Ibbotson Associate, Technical Analysis of the Size Premium, Michael W Barad

[표 3-11]에서 1926년에서 2000년까지 75년간 미국의 3대 주식시장의 하위 20% 소형주에 투자한 투자자는 상위 80% 주식에 투자하는 것에 비해 5.43%의 초과수익을 보이는 것으로 나타났다(AMEX와 NASDAQ은 개장일 이후 기준임). 이러한 결과는 뉴욕증권거래소(NYSE)만 보았을 때 소형주의 소형주 프리미엄(Small Stock Premium)이 4.3%로 나타나는 것에 비해 약간 높은 수치이다. 어쨌든 통계결과는 시장참여자들은 소형주에 대한 초과수익률을 감안하는 것으로 나타난다.

[표 3-12] 중소기업 프리미엄(Size Premium) 계산결과

구 분	(1) Beta	(2) Arithmetic Mean Return	(3) Actual Return In Excess of Riskless Rate	(4) CAPM Return In Excess of Riskless Rate	(5) Size Premium (Return in Excess of CAPM)
하위 20% 소형주	1.36	18.41%	13.18%	10.56%	2.62%

* 자료 : Ibbotson Associate, Technical Analysis of the Size Premium, Michael W Barad

미국의 3대 주식시장에서 거래되고 있는 소형주의 1926년에서 2000년까지 75년간 시장자료를 바탕으로 계산된 시가총액기준 하위 20%에 속하는 소형주의 중소기업 프리미엄은 2.62%인 것으로 나타났다(AMEX와 NASDAQ은 개장일 이후 기준임). 중소기업 프리미엄(Size Premium)이 소형주 프리미엄(Small Stock Premium)보다 낮게 나타나는 것은 중소형 기업들로 구성된 포트폴리오에 의해 비체계적 위험(non-systematic risk)이 제거되기 때문이다.

참고

[표 3-11] Size Premium의 계산방식에 대한 설명

(1) Beta는 하위 20% 소형주의 총수익률이 대형주로 구성된 S&P 500의 총수익률에 대한 상대적인 변화 정도로 측정되었다.

(2) Arithmetic Mean Return은 동일기간 동안의 소형주의 총수익률의 평균치로 측정되었다. Ibbotson Associate은 수익률 측정을 산술평균으로 계산하므로 만일 기하평균을 이용한다면 이보다 작은 수익률이 측정되었을 것이다.

(3) Actual Return in Excess of Riskless Rate은 단순히 (2)에서 무위험수익률을 차감한 값이다. 무위험수익률은 20년물 T-Bond 수익률(5.22%)을 이용하였다.

(4) CAPM Return in Excess of Riskless Rate은 1926년에서 2000년까지 시장 전체의 시장위험프리미엄(Equity Risk Premium)인 7.76%에 소형주의 베타를 곱하여 산출하였다. 즉 7.76%×1.36=10.56%로 계산되었다. 이 값은 소형주에 대해 주어진 체계적 위험(베타=1.36)하에 무위험수익률을 초과할 것으로 예상되는 수익률이다. 소형주 그룹을 하나의 기업으로 볼 때 이 기업의 베타는 1.36이므로 CAPM하에서 무위험수익률을 초과하는 기대수익률(즉 Equity Risk Premium×beta에 해당)이다. 만일 (4)의 값과 (3)의 값이 차이가 없거나 작다면 Size Premium은 없는 것으로 실증되는 것이다.

(5) '(3)'에서 '(4)'를 차감한 결과, 즉 Size Premium이다.

위의 계산결과에서 보듯이 중소형기업의 중소기업 프리미엄은 2.62% 정도 수준인 것으로 나타났다. 이는 CAPM의 산식에 추가로 고려되어야 할 추가 기대수익률로 반영된다. Ibbotson Associate은 수익률 계산시 산술평균값을 사용하므로 만일 기하평균을 이용하게 된다면 중소기업 프리미엄 계산결과는 2.62%보다 약간 낮을 것이다. Ibbotson Associate은 연감(SBBI)을 통해 매년 베타에 의해 조정된(Beta-adjusted) 중소기업 프리미엄 계산결과를 내놓고 있다. 물론 그 값은 오랜 기간의 값을 이용해 계산하므로 위에서 제시한 결과에 크게 벗어나지 않는 것이 일반적이다.

예제 3-49 Size Premium을 추가한 할인율 계산

EY Corp는 중소규모의 기업으로 무부채기업이다. CAPM에 의해 산출된 자기자본비용은 16%로 측정되었다. EY Corp의 1차연도말 잉여현금흐름(FCF_1)은 1,000백만원으로 매년 3%씩 증가한 금액이 영구히 발생할 것으로 가정한다. EY Corp의 자본비용 계산시 중소기업 프리미엄(Size-Premium)을 적용한 경우와 적용하지 않은 경우로 나누어 가치를 평가해 보자. EY Corp에 적용할 중소기업 프리미엄은 2.5%를 적용하기로 한다.

■ **중소기업 프리미엄(Size Premium)을 적용하지 아니할 경우**

자기자본비용(K_e)=가중평균자본비용(WACC)=16%

기업가치=FCF_1/(WACC−g)=1,000/(16%−3%)=7,692백만원

■ **중소기업 프리미엄(Size Premium)을 적용할 경우**

자기자본비용(K_e)=가중평균자본비용(WACC)=CAPM(16%)+Size Premium(2.5%)=18.5%

기업가치=FCF_1/(WACC−g)=1,000/(18.5%−3%)=6,452백만원

10.3 중소기업 프리미엄(Size Premium)의 가치평가시의 적용

평가대상 기업이 위에서 제시한 시가총액기준 하위 20% 정도의 기업에 속한다면 중소기업 프리미엄(Size Premium)을 고려할 수 있다. 아래의 그래프는 미국의 3대 주식시장의 상장주식을 10개의 그룹으로 나누어 각 그룹의 소형주 프리미엄(Small Stock Premium)과 베타 조정된 중소기업 프리미엄(Beta-adjusted Size Premium)을 보여주고 있다. 아래의 그래프에서 보듯이 중소기업 프리미엄은 하위 9~10위 두 그룹 정도가 의미있는 수치를 보여준다. 나머지 그룹은 중소기업 프리미엄이 1% 미만으로 중요하지 않다고 보아 자본비용 계산시 고려하지 않아도 될 것이다.

[그림 3-31] 그룹별 규모효과

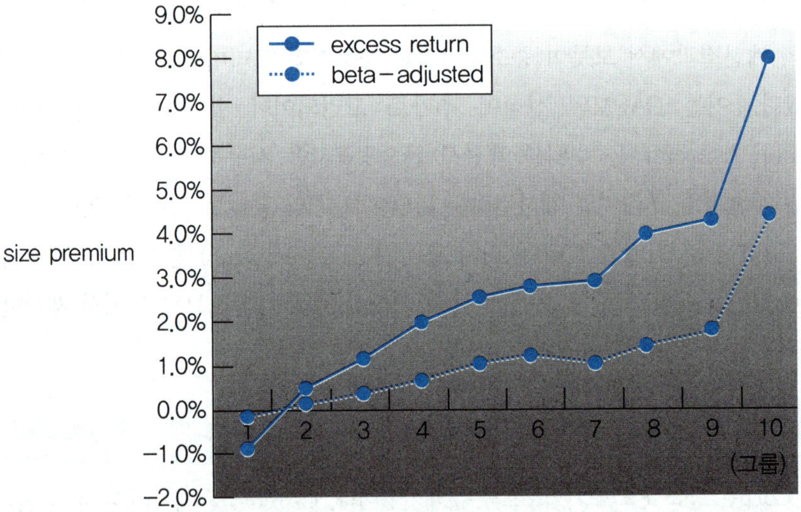

* 자료 : Ibbotson Associate, Technical Analysis of the Size Premium, Michael W Barad

11. 한국기업의 자기자본비용

가치평가 이론서는 대부분 미국의 주식시장을 중심으로 설명된다. 이는 주식시장이 가장 발달한 곳이 미국시장이며 주식 관련 자료가 가장 많이 축적되어 있는 데다 많은 연구결과가

미국 주식시장에 대한 분석에 기초하기 때문이다. 한국기업의 가치평가에 있어 할인율 산정은 어떤 방법으로 해야 할지에 대해 살펴보자.

한국기업의 자기자본비용을 계산하는 방법에 대해서는 실무적으로 두 가지의 방식이 이용되고 있다. 첫째는 시장위험프리미엄에 대한 기대치만을 성숙시장(Mature Market)의 실적자료를 이용한 추정치를 사용하고, 무위험수익률 및 베타추정은 한국기업의 주식시장의 베타값을 이용하는 방법이다. 둘째는 성숙시장의 시장위험프리미엄에 한국의 국가위험을 반영한 조정시장위험프리미엄(Modified Market Risk Premium)을 이용하는 방법이다.

① 국가위험을 반영하지 않고 자기자본비용을 추정하는 경우

$$K_e = R_f + [E(R_m) - R_f] \times beta$$

- 무위험수익률(Rf)=국고채 5년물(또는 3년물)
- 시장위험프리미엄[$E(R_m)-R_f$]=성숙시장(Mature Market)의 실적자료를 이용한 추정치
- 베타(beta)=한국주식시장의 주식베타

② 국가위험을 반영하여 자기자본비용을 추정하는 경우

$$K_e = R_f + [(E(R_m) - R_f) + CRP] \times beta$$

- 무위험수익률(Rf)=국고채수익률 또는 성숙시장의 장기국채수익률
- 시장위험프리미엄[$E(R_m)-R_f$]=성숙시장(Mature Market)의 실적자료를 이용한 추정치
- 국가위험프리미엄(CRP; Country Risk Premium)=개별국가의 위험을 반영
- 베타(beta)=한국주식시장의 주식베타

국가위험을 반영하지 않고 자기자본비용을 추정하는 방법은 무위험수익률과 베타에 대해서는 한국시장의 자료를 그대로 이용하고 기대 시장위험프리미엄(Expected Market Risk Premium)에 대해서만 성숙시장의 자료를 이용한다. 실무적으로 한국기업의 자기자본비용 추정시 국가위험프리미엄을 고려하지 않는 방법도 많이 이용되는데 이러한 주장의 근거는 국내투자자가 활용할 수 있는 무위험수익률과 베타에 대한 정보는 한국시장에서 찾아야 한다는 것이다. 비록 한국정부의 국고채수익률이 무위험수익률의 요건을 갖추지는 못하였더라도 최근의 수익률 자료에서 볼 수 있듯이 국고채수익률과 미국 정부의 장기재정증권의 수익률 간의 차이가 거의 없으며, 한국의 투자자가 미국재정증권을 무위험의 척도로 판단하지는 않는다는 것이다.

최근 들어 한국기업의 가치평가를 위해 실무적으로 주로 사용되는 방법은 블룸버그(bloomberg)가 제공하는 한국주식시장의 위험프리미엄 정보를 그대로 인용하는 것이다. 블룸버그는 한국뿐 아니라 전 세계 각국 증권시장의 다양한 재무정보를 제공하고 있는데 이중 시장위험프리미엄과 개별 종목의 베타에 관한 정보가 주로 활용되고 있다.

11.1 한국기업의 자기자본비용 계산시 조정항목

한국기업의 자기자본비용 계산시 조정되는 항목은 궁극적으로 '시장위험프리미엄(Market Risk Premium)'이다. 한국의 주식시장의 짧은 역사와 낮은 성숙도로 인해 위험프리미엄의 실적치를 그대로 이용할 경우 투자자의 요구수익률을 적절히 반영할 수 없는 문제가 제기되곤 한다. 따라서 한국기업의 자기자본비용 계산시 조정이 필요한 부분은 시장위험프리미엄이다. 이때 성숙시장의 시장위험프리미엄에 국가위험프리미엄을 반영할 것인가의 여부는 별도로 고려해야 한다. 국가위험프리미엄을 고려하지 않는다면 시장위험프리미엄을 성숙시장의 실적자료를 이용한다는 점 외에는 기존의 CAPM에 의한 자본비용 계산방식과 다를 것이 없다.

한국기업의 자기자본비용 계산시 국가위험프리미엄을 감안하지 않고 미국 주식시장의 시장위험프리미엄을 그대로 이용해야 한다는 주장도 있는데, 한국주식시장은 최근 들어 외국인 투자자들에게 완전 개방되었으며, 시장참여자들의 투자의식도 상당히 높아졌으므로 성숙시장의 투자자들의 위험에 대한 요구수익률과 한국주식시장의 투자자들의 위험에 대한 대가가 차이가 날 필요가 없다는 것이다. 그럼에도 불구하고 아직까지 한국기업의 자기자본비용 계산시에는 국가위험프리미엄을 고려하는 경우가 일반적이다. 국제적인 투자자들은 한국기업에 투자하는 것과 미국기업에 투자하는 것에는 위험에 있어 엄연히 차이가 있다고 보는 것이다. 국가위험프리미엄의 적용은 각국의 주식시장의 투자자들의 투자성향, 위험에 대한 태도 및 주식시장간 위험수준의 차이 등을 감안하여 조정된 시장위험 프리미엄을 적용하게 된다.

11.2 조정된 시장위험프리미엄(Modified Equity Risk Premium)

조정된 시장위험프리미엄(Modified Equity Risk Premium)은 성숙된 주식시장의 시장위험프리미엄을 기초로 하여 각국의 고유한 위험을 추가로 고려하는 방식이다. 조정된 시장위험프리미엄은 다음과 같이 정의될 수 있다.

Equity Risk Premium = 기본시장위험프리미엄(Base Premium for Mature Equity Market)
+ 국가위험프리미엄(Country Risk Premium)

기초가 되는 성숙된 주식시장(Base Premium for Mature Equity Market)은 일반적으로 미국 주식시장을 뜻한다. 미국 주식시장을 성숙된 시장으로 보는 이유는 오랜 주식시장의 역사에 기초한다. 미국 주식시장은 1900년대초부터 경제공황, 제1 · 2차 세계대전, 한국전쟁, 베트남 전쟁, 오일쇼크 등 주식시장에 미치는 다양한 경제적 사건을 겪어 왔으며 잘 정리된 통계적 자료를 가지고 있다. 이러한 사실은 미국 주식시장의 시장위험프리미엄을 합리적이고 체계적으로 추정하는 데 중요한 기초가 된다.

국가위험프리미엄(Country Risk Premium)은 성숙된 주식시장의 투자자들이 기대하는 시장위험프리미엄에 더해 주는 개별국가 주식시장의 추가적인 위험을 말한다. 조정된 시장위험프리미엄 산출이라는 논리에 동의한다면 국가위험을 어떻게 계산해 낼 것인가가 논란이 된다. 어떤 이들은 국제화된 자본시장하에서 국제적 분산투자에 의해 개별 국가의 고유위험은 상당부분 제거될 것이므로 원칙적으로 국가위험프리미엄은 없는 것으로 보아야 한다는 주장을 한다. 각국의 주식시장 간의 상관관계가 없다면(uncorrelated) 분산투자에 의해 개별 위험은 제거될 수 있다. 그러나 실제 세계시장은 동조화되는 경향이 나타나고 있다. 한국의 펀드매니저들은 개장하기 전 뉴욕, 도쿄, 홍콩 등의 지수변화를 관찰한다. 투자자들이 미국 등 다른 국가의 주식시장의 상황을 체크하고 이를 투자의사결정에 반영하는 것은 시장 간 상관관계(cross-market correlation)가 존재한다는 의미이다. 국가위험은 분산투자에 의해 제거될 수 없는 체계적 위험이라는 의미이다. 체계적 위험은 국제적 분산투자를 시도하더라도 제거될 수 없는 위험이다. 국가위험이 존재하는 것을 인정한다면 국가위험(Country Risk)을 어떻게 측정하고 국가위험을 어떻게 국가위험프리미엄(Country Risk Premium)으로 전환할 것인가의 문제가 남는다.

(1) 국가위험의 측정(Measuring Country Risk)

세계 3대 신용평가기관인 Standards & Poor's, Moody's와 Fitch사는 전 세계 국가의 위험을 등급으로 평가하여 고시하고 있다. 신용평가기관이 발표하는 국가위험등급은 국가위험을 측정하는 가장 손쉽고 확실한 자료로 활용할 수 있다. 신용평가기관이 발표하는 국가위험등급은 국가의 채무불이행 위험(default risk)을 뜻한다. 따라서 신용평가기관의 국가위험등급은 각국 주식시장의 고유위험과는 다르다. 국가위험등급은 한 국가의 주식시장, 부동산시장, 기타 실물시장 등에서 파생되는 다양한 요소들의 영향을 받는다. 주식시장은 동시에 나머지 시장에 의해 유기적인 영향을 받기도 한다. 주식시장은 경제전체의 정보 집합체적 성격을 지니므로 경제 전체에 미치는 영향을 수용한다. 주식시장은 통화량, 물가, 국가예산, 정치적 안정성 등 국가위험등급에 영향을 미치는 대부분의 요소들과 밀접한 관련을 지닌다. 이러한 점에서 국가위험등급은 주식시장 입장에서의 국가위험 측정의 좋은 지표가 될 수 있다. 또한 시장위험프리미엄이 미국 시장을 기초로 하여 상대적인 각국의 위험 정도를 측정하듯이 국가위험도 상대적이어야 한다. 미국 장기 국채(T-Bond)와 각국의 위험등급을 반영한 스프레드를 이용하여 상대적인 위험의 정도를 측정할 수 있다.

일반적으로 국채 스프레드(Country Bond Spread)를 국가위험의 측정치로 활용하는 것이 적당하다는 주장이 많다. 반면, 일부 전문가들은 국채 스프레드(Country Bond Spread)는 국채(Country Bond)가 거래되는 시장의 참가자들이 너무 적으며, 보다 많은 정보를 포함하지 못한다고 하여 기준이 되는 채권으로 국채(Country Bond) 대신 회사채(Corporate Bond)를 사용하는 것이 더 타당하다는 주장도 있다.

(2) 국가위험프리미엄(Country Risk Premium)의 추정

국가위험의 개념을 바탕으로 각 국가별 주식시장의 고유한 위험을 어떻게 계량화할 것인가에 대한 연구가 필요하다. 국가위험등급에 따른 스프레드 수치는 국가위험프리미엄 추정의 중요한 단서가 되지만 전부는 아니다. 국가위험등급은 지급불능위험(default risk)만을 포함하기 때문이다. 따라서 국가위험프리미엄은 지급불능위험보다는 크다고 유추할 수 있겠다. 일반적으로 주식시장의 변동성(volatility)은 국채시장의 변동성보다 크다. 위험의 상대적인 크기, 즉 변동성의 문제는 두 수익률 간의 표준편차로 측정될 수 있다. 이는 앞에서 총베타를 구하기 위해 개별 주식의 표준편차와 시장포트폴리오의 표준편차를 나누어 계산하여 위험의 상대적인 크기를 측정한 것과 동일한 원리이다. 국가위험프리미엄의 측정은 지급불능위험(Default Risk)이라는 국가위험(Country Risk)을 먼저 측정한 뒤 국가위험의 측정치가 된 국채(또는 회사채) 수익률의 표준편차와 주식시장 수익률의 표준편차의 상대적인 비율을 곱하여 산출할 수 있다.

$$\text{국가위험 프리미엄(Country Risk Premium)} = \text{Default Spread} \times \frac{\sigma_{Equity}}{\sigma_{country\ bond}}$$

한국의 국가위험프리미엄(Country Risk Premium)을 구해 보자. 예를 들어 2006년말 현재 Moody's사가 평가한 한국의 국가신용등급은 A2인데, 등급별 스프레드에서 신용등급이 A2인 경우의 스프레드는 80bp이다. 2006년말 현재 과거 10년간의 주식시장 수익률의 표준편차는 37.41%로 계산되며, 국내에서 가장 일반적인 국채인 3년물 국고채의 과거 10년간 수익률 변화의 표준편차는 18.71%로 계산되었다. 한국의 경우 국고채 수익률 변동성 대비 주식시장 수익률의 변동 정도는 200%(=37.41%÷18.71%)인 것이다. 이러한 자료를 기초로 한국주식시장의 국가위험프리미엄(Country Risk Premium)을 계산하면

$$\text{한국의 국가위험프리미엄(Country Risk Premium Korea)} = 0.80\% \times 200\% = 1.60\%$$

한편 뉴욕주립대의 Damodaran 교수는 국채시장 대비 주식시장 수익률의 변동성의 세계평균치는 약 150% 수준인 것으로 추산하고 있다. 만일 국채시장 대비 주식시장 수익률 변동성의 세계평균추정치인 150%를 사용할 경우 한국의 국가위험프리미엄(Country Risk Premium)은 대략 1.20%(=0.8%×150%)로 계산된다.

(3) 베타의 조정이 필요한가?

한국기업의 가치평가시 사용하는 베타는 무엇을 사용할 것인가? 국가위험프리미엄(Country Risk Premium)을 성숙시장의 위험프리미엄에 가산하여 산출된 조정된 시장위험프리미엄(Modified Equity Risk Premium)을 사용한다면 베타는 한국시장의 베타를 그대로 사용할 수 있다. 왜냐하면 조정된 시장위험프리미엄은 한국의 주식시장에 투자하고자 하는 투자자가 요구하는 위험프리미엄이 계산된 것이기 때문이다.

외국인 투자자들은 이러한 접근방법에 전적으로 동의하지는 않는다. 모형의 적합성에 대한 반대보다는 한국 주식시장의 성숙도가 낮아 한국 주식시장의 역사적 자료를 바탕으로 계산된 베타에 대한 신뢰도가 낮다는 것이다. 이러한 이유로 외국인 투자자가 국내 기업에 대한 평가를 할 때에는 한국 주식시장의 베타를 사용하지 않고 성숙시장의 베타에 양국의 주식시장의 변동성을 반영하여 조정된 베타(Adjusted Beta)를 사용하기도 한다.

$$\text{Adjusted Beta} = \text{Base Beta for Mature Equity Market} \times \frac{\sigma_{\text{Korea Equity Market}}}{\sigma_{\text{US Equity Market}}}$$

이러한 조정방법은 국가위험프리미엄(Country Risk Premium)을 조정할 때의 방법과 동일하다. 즉 두 주식시장의 변동성의 정도는 결국 시장의 위험을 반영하는 것이므로 각 주식시장의 과거 수익률의 표준편차를 이용해 조정하는 것이다.

그러나 이러한 접근방법에 대해 저자는 동의하지 않는다. 이러한 접근법은 한국주식시장의 베타측정치를 원천적으로 인정하지 않는 것으로 오히려 평가대상기업이 속한 시장의 특성을 무시함으로써 베타추정치를 왜곡시킬 수 있다.

예를 들어, 2003년부터 2007년까지 한국주식시장의 연평균수익률의 변동성(표준편차)은 대략 19.72% 계산되며, S&P 500 지수의 연평균수익률의 변동성(표준편차)은 약 9.95%로 계산되었다. 따라서 두 주식시장 간의 변동성의 상대적인 크기는 204.33%로 계산된다. 이는 한국주식시장의 연평균수익률의 변동성이 미국 주식시장의 연평균수익률의 변동보다 2.04배 크다는 의미이다. 조정된 베타를 사용할 경우 한국시장의 대부분의 기업이 높은 베타로 측정될 것이다. 이러한 결과가 발생한 이유는 각 주식시장에 상장된 기업의 현금흐름의 변동성이 베타 조정계수만큼 차이가 날 것으로 보기 때문이다. 그러나 특정 산업의 경우 한국기업의 현금흐름의 안정성이 미국기업의 안정성보다 높을 수 있다. 반대로 한국 주식시장에서는 높은 베타를 보이는 산업군이 미국에서는 매우 낮은 베타를 보이는 경우도 있을 수 있다. 이는 양국의 주식시장에 속한 각 기업들의 영업위험 및 재무위험이 다르기 때문이다. 각국의 산업구조와 현금흐름의 유형이 일괄적으로 규정될 수 없으므로 베타의 조정은 무의미한 것으로 보인다.

또한 두 시장의 변동성 차이는 국가위험프리미엄 계산시 일정 부분 반영되어 있으므로 이중계산(double counting)된다. 따라서 한국기업의 평가에 있어서는 한국주식시장에서 도출된 베타를 사용하는 것이 바람직한 것으로 판단된다.

(4) 국가위험프리미엄(Country Risk Premium)을 자기자본비용에 직접 가산하는 방법

지금까지 설명된 것은 국가위험프리미엄(Country Risk Premium)을 기본시장위험프리미엄에 가산하여 계산하는 방법을 설명하였다. 이러한 경우 자기자본비용은 다음과 같이 계산된다.

$$K_e = R_f + \text{조정시장위험프리미엄(Modified Market Risk Premium)} \times \text{beta}$$

* 조정시장위험프리미엄(Modified Market Risk Premium)=기본시장위험프리미엄(Base Risk Premium)+국가위험 프리미엄(Country Risk Premium)

몇몇 가치평가전문가들은 국가위험프리미엄(Country Risk Premium)을 시장위험프리미엄에 가산하지 않고 자기자본비용에 직접 가산하는 방법을 사용하기도 한다.

$$K_e = R_f + \text{시장위험프리미엄(Market Risk Premium)} \times \text{beta} + \text{국가위험프리미엄(Country Risk Premium)}$$

* 시장위험프리미엄(Market Risk Premium)=Base Risk Premium

이는 Build-up Method에 따라 계산하는 방법으로 국가위험프리미엄(Country Risk Premium)을 자본비용을 구성하는 별개의 요소(factor)로 인식한다. 즉

$$K_e = R_f + \lambda_1 F_1 + \lambda_2 F_2 \cdots \lambda_n F_n$$

에서 $\lambda_1 F_1$=시장위험프리미엄(Market Risk Premium)×beta로, $\lambda_2 F_2 = \lambda_2$×국가위험프리미엄(Country Risk Premium)으로 보되 λ_2를 1로 간주하는 방식이다.

두 방법 간의 차이는 베타값에 의해 달라진다. 베타가 1보다 큰 경우에는 승수효과가 커지며 반대로 베타가 1보다 작은 경우에는 승수효과가 작아진다. 두 방법 간에 수치상의 차이는 발생하나 논리적으로는 두 방법 모두 타당하다. 앞의 방식은 단일변수 모형으로 두번째 방법은 다변수모형이라는 모형의 차이이기 때문이다.

11.3 한국기업의 자기자본비용의 계산

지금까지 설명한 방법에 따라 한국기업의 자기자본비용 추정산식을 정리하였다. 한국기업의 자기자본비용의 계산공식을 요약해 보면 다음과 같다.

① 국가위험을 반영하지 않고 자기자본비용을 추정하는 경우

$$K_e = R_f + [E(R_m) - R_f] \times beta$$

- 무위험수익률(R_f)=국고채 10년물(또는 5년물)
- 시장위험프리미엄[$E(R_m) - R_f$]=성숙시장(Mature Market)의 실적자료를 이용한 추정치
- 베타(beta)=한국주식시장의 주식베타

② 국가위험을 반영하여 자기자본비용을 추정하는 경우

$$K_e = R_f + [(E(R_m) - R_f) + CRP] \times beta$$

- 무위험수익률(R_f)=국고채 수익률 또는 성숙시장의 장기국채수익률
- 시장위험프리미엄[$E(R_m) - R_f$]=성숙시장(Mature Market)의 실적자료를 이용한 추정치
- 국가위험프리미엄(CRP; Country Risk Premium)=한국의 위험을 반영
- 베타(beta)=한국주식시장의 주식베타

예제 3-50 한국기업의 자기자본비용 계산

상장기업인 EY Corp의 자기자본비용을 계산하고자 한다. EY Corp의 자기자본비용 계산을 위한 자료는 다음과 같다.

① 10년물 국고채수익률 : 5.1%
② 기본시장위험프리미엄(Base Risk Premium) : 6.42%
  * 기본시장위험프리미엄(Base Risk Premium)은 1928년에서 최근까지의 S&P 500 지수와 미국국채(Treasury Bond) 차이의 산술평균임.
③ 한국 국가위험프리미엄(Country Risk Premium) : 1.6%
④ 베타 : 1.2

상장기업인 EY Corp의 자기자본비용을 계산해 보자. 단, 국가위험프리미엄(Country Risk Premium)을 고려하는 경우와 그렇지 않은 경우로 나누어 계산한다.

■ **국가위험프리미엄(Country Risk Premium)을 고려하지 않는 경우**

시장위험프리미엄(Market Risk Premium)=Mature Market Risk Premium=6.42%
Cost of Equity=국고채 10년물 수익률(5.1%)+시장위험프리미엄(6.42%)×베타(1.2)
=12.80%

■ **국가위험프리미엄(Country Risk Premium)을 고려하는 경우**

수정된 시장위험프리미엄(Modified Market Risk Premium)=6.42%+1.6%=8.02%
Cost of Equity=국고채 10년물 수익률(5.1%)+시장위험프리미엄(8.02%)×베타(1.2)
=14.72%

12. 한국공인회계사의 MRP 가이던스 및 SRP 연구결과

한국공인회계사회에서는 2022년 6월 28일에 한국의 시장위험 프리미엄 가이던스와 한국의 기업규모위험 프리미엄 연구결과를 발표하였다. 이에 따라 자본비용을 구성하는 프리미엄에 대해 국내 독자적인 견해(View)를 갖게 되었으며, 실무적으로는 가치평가 관련 업무를 수행하면서 해당 발표자료를 많이 참고할 것으로 예상되므로 이에 대한 내용을 살펴볼 필요가 있다.

12.1 시장위험 프리미엄 가이던스

한국공인회계사회의 가치평가위원회는 외부 연구결과, 가치평가 실무현황, 한국과 해외 자본시장의 추세, 글로벌 경제상황 및 실무 전문가와 학계의 의견 등을 종합적으로 고려하여 한국의 시장위험 프리미엄을 검토하였으며, 이러한 검토결과를 토대로 유럽 국가의 공인회계사 단체에서 시장위험 프리미엄에 대한 권고안을 발표한 사례를 참고하여 '한국의 시장위험 프리미엄 가이던스'를 발표하였다.

(1) 배경

한국공인회계사회 가치평가위원회는 가치평가 전문가로 활동하는 학계와 실무 전문가로 구성되어 있으며 가치평가와 관련된 이슈에 대하여 연구 및 심의를 하고 있다. 가치평가위원회는 가치평가와 관련된 여러 이슈 중 실무적으로 가장 큰 영향을 미치는 요소 중 하나인 할인율에 대한 연구가 필요하며, 할인율에 영향을 미치는 여러 요소 중 위험 프리미엄(Risk Premium)에 대한 연구가 필요하다고 결정하였다. 이에 따라 위원회는 여러 위험 프리미엄 중 시장위험 프리미엄에 대한 연구를 우선적으로 수행하였다.

한편 유럽 국가의 공인회계사단체에서 시장위험 프리미엄에 대한 권고안을 발표한 사례를 참고하여 한국의 시장위험 프리미엄에 대한 한국공인회계사회의 입장을 나타낼 필요가 있다고 보았다.

위원회는 한국의 경제상황과 자본시장을 고려하여 시장위험 프리미엄 연구를 수행하였으며, 시장 및 경제상황의 변화에 따라 시장참여자의 견해가 시장위험 프리미엄에 반영되도록 지속적인 모니터링을 하고 있다. 또한 위원회는 외부에 의뢰한 연구결과, 가치평가 실무 현황, 한국과 해외 자본시장의 추세, 글로벌 경제상황 및 실무 전문가와 학계의 의견 등을 종합적으로 고려하는 총체적 접근 방식(look-at-everything approach)을 채택하고 있다.

(2) 한국의 시장위험 프리미엄

시장위험 프리미엄(Market Risk Premium, 이하 'MRP')은 위험투자에 대한 대가로 무위험수익률을 초과하는 주식시장의 기대수익률을 의미한다. MRP는 자본자산가격결정모형(Capital Asset Pricing Model, 이하 'CAPM')과 같은 자본비용을 추정하는 모형의 필수적인 구성요소이며 forward-looking 개념에 기반하므로 위험 프리미엄에 대한 시장참여자의 기대를 반영한다.

① MRP의 정의

현금흐름할인모형을 이용하여 기업가치를 평가하기 위해서는 (잉여)현금흐름을 가중평균자본비용으로 할인한다. 가중평균자본비용을 결정하기 위해서는 자기자본비용, 세후 타인자본비용, 회사의 목표자본구조 등의 구성요소를 먼저 산출해야 한다. 이러한 변수는 모두 직접적으로 관측할 수 없으므로 각 구성요소들을 산출하기 위하여 다양한 모형, 가정 및 추정이 사용된다. 가중평균자본비용을 계산하는 가장 단순한 방법은 세후 타인자본비용과 자기자본비용을 시장 가치로 가중평균하는 것이다.

이 중 자기자본비용은 주식의 기대수익률로 결정된다. 기대수익률은 관찰이 어려운 항목이기 때문에 위험을 기대수익률로 전환하는 CAPM을 많이 사용한다. CAPM은 자기자본비용을 산출하기 위하여 무위험이자율, 시장위험프리미엄, 주식베타 등 세 가지 투입변수를 사용한다.

$$E(R_i) = r_f + \beta_i[E(R_m) - r_f]$$

$E(R_i)$ = 주식의 기대수익률
r_f = 무위험이자율
β_i = 시장에 대한 주식의 민감도
$E(R_m)$ = 시장의 기대수익률

MRP는 시장에 존재하는 모든 위험자산을 포함하고 있으며, 완전히 분산 투자되어 비체계적 위험이 제거된 시장 포트폴리오의 기대수익률과 무위험이자율의 차이로 계산된다.

② MRP의 측정방법

MRP는 직접 관찰이 불가능하기 때문에 다양한 방법과 표본을 이용하여 산출된다. MRP 추정에 사용되는 대표적인 접근방법은 다음과 같다.

㉠ 역사적 MRP

MRP는 미래현금흐름에 대응되는 할인율을 계산하기 위한 것이므로 기대치라는 특징을 가진다. MRP는 미래의 기대치를 추정하는 것이지만, 이러한 추정에 사용되는 데이터는 대부분 과거자료이다. 역사적 MRP는 과거 자료를 이용하여 장기간의 주식시장의 초과수익률을 계산한 후, 무위험이자율을 차감하여 MRP를 추정하는 방식이다.

역사적 MRP 추정을 위하여 과거 자료를 언제까지 거슬러 올라가야 하는지에 대해서는 여러 의견이 있을 수 있다. 주가 자료가 존재하는 최초 일자까지 거슬러 올라가지 않고 이보다 짧은 추정기간을 사용하기도 하는데 그 이유는 평균적 투자자의 위험회피성향이 시간이 흐르면서 변화할 가능성이 있고, 더 최근 데이터를 사용하면 더 최근 값을 제공할 수 있기 때문이다. 그러나 추정기간이 짧아지면 표본 수의 감소로 표본오차가 증가하여 추정의 정확도가 떨어질 우려가 있다.

ⓒ 내재적 MRP

역사적 MRP는 과거 데이터에 기반하여 소급적으로 MRP를 추정하는 것이므로, 미래 지향적 MRP 추정이 목표라면 평균회귀와 과거 데이터에 의존한 역사적 MRP는 한계가 있다. 이러한 한계를 극복하기 위하여 내재적 MRP를 적용하는데 이는 현금흐름할인(DCF) 모형에 기반한 MRP, 디폴트 스프레드에 기반한 MRP 등이 있다.

ⓒ 성숙시장의 MRP에 스프레드를 가산하는 방식

역사적 MRP를 계산하기 위해서는 장기간의 데이터가 필요한데 주식시장의 이력이 짧거나 데이터를 신뢰하기 어려운 신흥시장의 경우 MRP 추정이 쉽지 않을 수 있다. 선행연구 등에 따르면 일반적으로 신흥시장이 성숙시장에 비하여 평균수익률과 변동성이 더 높은 것으로 나타나고 있다. 그러므로 주식시장의 역사가 상대적으로 짧을 때 성숙시장의 MRP에 국가위험 프리미엄(Country Risk Premium) 등을 가산하는 방식을 적용할 수 있다.

③ 한국의 MRP 추정 결과

위원회는 외부에 의뢰한 연구 결과, 가치평가 실무 현황, 한국과 해외 자본시장의 추세, 글로벌 경제상황 및 기타 관련 요소 등을 종합적으로 면밀히 분석한 결과 이 자료 발표일 현재의 한국의 시장위험 프리미엄을 7~9%로 제시한다.

(3) 한국의 시장위험 프리미엄 가이던스 FAQ

> 이 FAQ는 한국의 시장위험 프리미엄 가이던스를 이해하고 실무에 적용하는 데 도움을 주기 위하여 작성하였다. 이 FAQ에 포함된 내용은 가이던스의 일부가 아니므로 가이던스를 인용하거나 사용함에 있어서 이 FAQ를 참고 목적으로 사용하는 것이 바람직하다.

① 이 가이던스의 시장위험 프리미엄을 반드시 준수하여야 하는가?

이 가이던스는 한국공인회계사회의 입장을 기술하고 있으므로 가이던스의 시장위험 프리미엄 추정결과를 반드시 그대로 사용해야 할 의무가 있는 것은 아니다.

② 위원회가 채택한 총체적 접근방식이란 무엇인가?

위원회가 채택한 총체적 접근방식이란 특정 접근방법에 국한한 분석이 아니라, 외부에 의뢰하여 다양한 방법론을 적용한 연구결과, 통계자료 및 이를 가공한 지표, 가치평가 실무 현황, 한국과 해외 자본시장의 추세, 글로벌 경제상황 및 기타 관련 요소 등을 학계와 실무 전문가들이 종합적으로 면밀히 분석하는 방식을 말한다. 한국은행 금융통화위원회가 총체적 접근 방식을 채택하고 있으며, 유럽국가의 공인회계사 단체도 유사한 접근방식을 채택하고 있다.

③ 재무정보제공업체에서 제공하는 시장위험 프리미엄과 이 가이던스의 시장위험 프리미엄이 차이가 나는 경우 이를 어떻게 반영하여야 하는가?

이용자가 재무정보제공업체의 자료를 사용하는 것이 더 적절한 상황이 있을 수 있으며 그러한 경우 특정 사실과 상황에 따라 해당 재무정보제공업체의 자료를 사용할 수 있다.

④ 시장위험 프리미엄은 매년 변경되어 발표되는가?

위원회는 매년 시장위험 프리미엄에 대해서 검토를 수행하여 시장위험 프리미엄의 중요한 변동이 있는 경우 이를 반영하여 가이던스를 변경할 수 있다. 다만 시장위험 프리미엄의 중요한 변동이 없는 경우에는 그러하지 아니하다.

12.2 기업규모위험 프리미엄 연구결과

한국공인회계사회의 가치평가위원회는 가치평가와 관련된 여러 요소 중 하나인 할인율에 영향을 미치는 위험 프리미엄(Risk Premium) 중 기업규모위험 프리미엄에 대한 연구를 외부에 의뢰하였으며 이의 결과인 "한국의 기업규모위험 프리미엄 연구결과"를 발표하였다.

> 이 자료는 한국공인회계사회가 외부에 의뢰한 연구결과를 참고목적으로 제공하는 것으로 한국공인회계사회의 입장을 기술한 것이 아니다.

여러 위험 프리미엄 중 자본시장 전체와 관련된 시장위험 프리미엄 외에 개별 기업에 적용되는 기업특유위험 프리미엄(Firm Specific Risk Premium)은 다양하게 존재한다. 기업의 규모위험 프리미엄(Size Risk Premium, 이하 SRP라 한다)은 기업특유위험 프리미엄 중 하나이며 실무적으로 상황에 따라 고려되기도 한다.

SRP는 여러 가지 방법론을 사용하여 구할 수 있는데, 실무적으로는 기업의 시가총액 규모 분위수별(3분위, 5분위, 10분위 등)로 수익률 스프레드를 나타내는 방법을 많이 사용한다.

한국공인회계사회 가치평가위원회는 실무에서 한국의 SRP를 고려할 경우에 참고할 수 있도록 외부에 의뢰한 한국의 SRP 연구결과를 다음과 같이 보여주기로 하였다.

[표 3-13] 규모위험 프리미엄 : 3분위수

규 모	주1)평 균	시가총액(단위 : 백만원)			
		Min	Max	Median	Mean
Mid	-0.26%	922,834	544,116,848	11,103,155	2,238,130
Low	0.60%	336,121	859,621	556,629	543,750
Micro	3.35%	63,685	333,630	212,443	216,340

규 모	주2)순자산 장부금액(단위 : 백만원)					
	Min	Max	Median	Mean	Q1(1분위)	Q3(3분위)
Mid	123,757	275,948,016	1,074,278	주3)7,170,951	551,593	주3)3,712,136
Low	53,082	3,454,653	337,508	512,961	188,064	589,531
Micro	28,757	1,243,463	137,782	203,946	75,267	241,805

주1) 여러 방법론에 따라 산출된 평균값을 단순 평균한 것임
주2) 규모분위수별 순자산 장부금액 관련 내용은 실무적용시 참고목적으로 보여주는 것이며 주재무제표(연결재무제표)를 기준으로 함
주3) 특정 기업의 순자산 장부금액이 예외적으로 커서 3분위보다 평균이 더 크게 나옴

[표 3-14] 규모위험 프리미엄 : 5분위수

규 모	주1)평 균	시가총액(단위 : 백만원)			
		Min	Max	Median	Mean
1분위	-0.25%	1,851,312	544,116,848	4,187,573	17,793,014
2분위	0.00%	721,685	1,824,793	1,067,545	1,127,037
3분위	0.44%	402,051	718,622	543,751	546,965
4분위	1.82%	236,816	401,845	305,786	314,292
5분위	4.16%	63,685	234,320	162,566	163,406

규 모	주2)순자산 장부금액(단위 : 백만원)					
	Min	Max	Median	Mean	Q1(1분위)	Q3(3분위)
1분위	197,605	275,948,016	1,846,502	주3)11,419,987	831,889	주3)6,859,108
2분위	61,252	5,032,291	641,216	1,050,385	270,464	1,295,141
3분위	53,081	2,617,104	337,012	426,536	187,750	499,074
4분위	43,622	1,243,462	203,695	292,375	125,056	460,925
5분위	28,757	760,165	120,254	157,634	69,299	189,056

주1) 여러 방법론에 따라 산출된 평균값을 단순 평균한 것임
주2) 규모분위수별 순자산 장부금액 관련 내용은 실무적용시 참고목적으로 보여주는 것이며 주재무제표(연결재무제표)를 기준으로 함
주3) 특정 기업의 순자산 장부금액이 예외적으로 커서 3분위보다 평균이 더 크게 나옴

Section 7

주식가치평가

미래현금흐름과 자본비용의 추정결과를 이용하여 현금흐름할인모형(Discounted Cash Flow Method)에 의한 기업가치를 계산한다. 미래현금흐름은 전체 기업에 귀속되는 현금흐름이므로 현금흐름할인모형에 의한 기업가치에서 부채가치를 차감하여 주식가치를 도출할 수 있다. 기업가치 평가의 과정을 다시 한 번 정리해 보자.

[그림 3-32] 가치추정의 과정

Step 1 영업가치 (Operating Value)	**잉여현금흐름(FCF)의 현재가치, 즉** $\Sigma \frac{FCF}{(1+WACC)}$ • 미래현금흐름의 추정 • 가중평균자본비용의 추정 • 예측기간의 정의 및 영구성장률의 추정
+	
Step 2 비영업용 자산 (non-Operating Asset)의 가치	**비영업용 자산의 시장가치 또는 미래현금흐름의 현재가치** • 비영업용 자산의 구분 • 비영업용 자산의 가치추정
=	
Step 3 전체기업가치 (Firm Value)	**영업가치와 비영업용 자산의 가치의 합**
−	
Step 4 부채가치 (Debt Value)	**부채의 시장가치(미래현금흐름의 현가)**
=	
Step 5 자기자본가치 (Equity Value)	**전체 기업가치에서 부채가치를 차감**

우리는 영업가치를 계산하기 위해 잉여현금흐름(Free Cash Flow)의 추정('5절 미래현금흐름의 추정' 참고)과 가중평균자본비용의 추정('6절 자본비용의 계산' 참고)방법에 대해 살펴보았다. 영업가치를 추정하기 위해서 한 가지 더 고려해야 할 것은 추정기간에 대한 가정이다.

1. 예측기간가치와 영구기업가치

우리는 기업가치평가시의 주요한 가정의 하나로 계속기업(Going Concern)을 가정하고 있다. 따라서 미래현금흐름의 추정은 이론적으로는 무한기간 동안 이루어져야 한다. 그러나 현실적으로 무한기간의 현금흐름을 개별적으로 추정하는 것은 불가능하며 장기간 이후의 현금흐름의 현재가치는 무시할 수 있는 작은 금액이 되므로 '현금흐름예측기간'과 '현금흐름예측기간 이후의 기간'으로 나눠 미래현금흐름을 추정한다. 이에 따라 영업가치는 다음과 같이 재정의될 수 있다.

> 영업가치(Operating Value) = 예측기간(explicit forecast period)의 가치 + 영구기업의 가치 (CV; Continuing value)

예측기간의 가치는 예측기간 내 잉여현금흐름(FCF)을 가중평균자본비용으로 할인하여 계산한다. 예측기간의 가치는 다음의 공식에 따라 계산한다.

$$\text{예측기간의 가치} = \sum_{i=1}^{n} \frac{FCF_n}{(1+WACC)^n}$$

1.1 현가계수를 이용한 예측기간가치의 계산

예측기간의 가치는 각 기간별 현금흐름에 대해 가중평균자본비용으로 할인하는데 각 기간별 현금흐름에 대응되는 할인율은 현가계수를 이용하는 것이 편리하다. 예를 들어 제1기말의 잉여현금흐름(FCF1)에 대한 할인율은 $(1+WACC)^1$인데 WACC = 10%일 때의 현가계수는 1/(1.1) = 0.9090이 된다. 즉 n기말 현금흐름의 현재가치는 'FCF_n×n시점의 현가계수'로 WACC = 10%일 때의 FCF_1에 대한 현가계수를 곱하여 현재가치를 계산할 수 있다. 같은 방법으로 WACC = 10%일 때 2기말의 현가계수는 $1/(1.1)^2 = 0.8264$로 계산된다. 2기말의 현재가치는 FCF_2×0.8264가 된다. 현금흐름예측기간 내의 현금흐름이 100으로 동일하고 WACC = 10%

인 경우 예측기간의 가치는 다음과 같이 계산된다.

구 분	t=1	t=2	t=3	t=4	t=5
FCF	100	100	100	100	100
현가계수	0.9091	0.8264	0.7513	0.6830	0.6209
(현가계수계산식)	$=1/(1+10\%)$	$=1/(1+11\%)^{2}$	$=1/(1+12\%)^{3}$	$=1/(1+13\%)^{4}$	$=1/(1+14\%)^{5}$
현재가치	90.91	82.64	75.13	68.30	62.09

1.2 기중현금흐름에 대한 가정

현가계수를 이용한 예측기간의 가치는 예측기간 내의 각 연도별 현금흐름에 기말시점의 할인율을 적용하는 것을 전제하여 계산되었다. 원칙적으로 각 현금흐름의 발생시점별로 현금흐름을 추적하여 그에 맞는 할인율을 적용하는 것이 타당하겠으나, 실무적인 어려움을 감안하여 연말에 일괄적으로 발생한 것으로 가정하는 것이다. 기업의 현금흐름은 연중 고르게 발생하기도 하며 현금흐름의 유형에 따라 연초에 발생하거나 연말에 발생할 수도 있다. 그럼에도 예측기간의 가치를 연말에 발생하는 현금흐름에 맞추어 현재가치로 계산하는 것은 비현실적이라는 지적이 있다.

이러한 문제점을 해소하고자 최근의 가치평가에서는 대부분 기중현금흐름을 가정하고 있다. 기중 현금흐름을 가정할 경우에는 연간 잉여현금흐름이 100으로 동일한 경우의 예측기간의 가치는 다음과 같이 수정되어야 한다.

구 분	t=1	t=2	t=3	t=4	t=5
FCF	100	100	100	100	100
현가계수계산식	$=1/(1+10\%)^{0.5}$	$=1/(1+11\%)^{1.5}$	$=1/(1+12\%)^{2.5}$	$=1/(1+13\%)^{3.5}$	$=1/(1+14\%)^{4.5}$
현재가치	95.35	86.68	78.80	71.64	65.12

1.3 평가기준일이 기중(期中)인 경우

평가기준일이 기말 또는 기초시점이 아닌 기중시점이 되기도 한다. 평가기준일이 기중인 경우, 예를 들어 20×1년 5월 31일이 평가기준일이 된다면 20×1년의 추정기간은 6월부터 12월까지 7개월이 될 것이다. 이런 경우 20×1년의 현가계수는 7개월의 기간을 할인한다. 즉 상기 예의 경우 20×1년 현가계수는 $1/(1+10\%)^{(7/12)}=0.9459$로 계산된다. 평가기준일이 기중이고, 기중현금흐름을 가정한다면 20×1년 현가계수는 $1/(1+10\%)^{[(7/12)\times 0.5]}=0.9726$으로 계산된다. 할인율이 10%일 때 각 연도별로 현가계수를 계산한 내용은 다음과 같다.

	t=1	t=2	t=3	t=4
기말현금흐름가정	$=1/(1+10\%)^{(7/12)}$	$=1/(1+10\%)^{(1+(7/12))}$	$=1/(1+10\%)^{(2+(7/12))}$	$=1/(1+10\%)^{(3+(7/12))}$
기중현금흐름가정	$=1/(1+10\%)^{(7/12\times0.5)}$	$=1/(1+10\%)^{((7/12)+1\times0.5)}$	$=1/(1+10\%)^{((7/12)+1+1\times0.5)}$	$=1/(1+10\%)^{((7/12)+2+1\times0.5)}$

1.4 영구기업가치(Continuous Value)

영구기업의 가치는 현금흐름예측기간 이후의 현금흐름의 현재가치이다. 현금흐름예측기간 이후의 현금흐름은 영구적으로 동일한 현금흐름이 발생하는 것으로 가정할 수도 있고, 일정한 성장률에 따라 현금흐름이 지속적으로 증가하는 것으로 가정할 수도 있다.

$$\text{영구기업의 가치} = \frac{(FCF_{n+1})/(WACC-g)}{(1+WACC)^n}$$

FCF_{n+1} : 현금흐름예측기간 마지막 기간(n)의 다음 기간(n+1)의 잉여현금흐름
g : 영구성장률

현금흐름의 추정은 현금흐름예측기간말의 현금흐름 FCF_n에 대해서만 이루어지므로 영구기업가치 추정기간 첫해의 현금흐름인 FCF_{n+1}은 영구성장률(g)에 의해 계산된다. 영구기업가치 추정기간 첫해의 현금흐름을 (WACC−g)에 의해 계산된 가치는 영구기업의 가치이나 이는 현금흐름예측기간말 시점의 현재가치로 계산된 값이므로 평가기준시점에 맞추어 현재가치를 계산하기 위해서는 $(1+WACC)^n$으로 나누어 주어야 한다. 예를 들어 가중평균자본비용(WACC)이 10%이고, 영구성장률이 2%이며, 현금흐름 예측기간말의 현금흐름이 120이라면 영구기업의 가치는 다음의 순서에 의해 계산한다.

① 영구기업가치 추정기간 첫해의 현금흐름(FCF_{n+1})의 추정 : $FCF_n+1=FCF_n(120)\times(1+2\%)=122.4$

② 예측기간말 시점의 영구기업가치의 추정 : $(FCF_{n+1})/(WACC-g)=122.4/(10\%-2\%)=1{,}530.0$

③ 영구기업의 가치추정 : $\{(FCF_{n+1})/(WACC-g)\}/(1+WACC)^n=1{,}530.0/(1+10\%)^5=1{,}530.0\times0.6209=949.98$

2. 안정성장률(Stable growth rate)

영업가치를 예측기간가치와 영구기업가치로 구분하여 추정함에 있어 영구기업가치의 추정은 영구성장률에 대한 추정을 필요로 한다. 영구성장률의 추정은 자본비용의 추정만큼이나 중요하다. 영구기업의 가치(CV)는 예측기간 이후 현금흐름의 첫해의 현금흐름이 영구성장률의 가정에 따라 지속적으로 증가하므로 성장률의 크기가 현재가치에 미치는 영향은 중대하다.

예측기간 내의 현금흐름이 동일한 두 기업에 대해 다른 성장률을 적용할 경우 기업가치에 미치는 영향을 보자.

예제 3-51 영구성장률이 현재가치에 미치는 영향

추정기간 1기의 잉여현금흐름(FCF_1)이 10억원으로 동일한 JH Corp와 EY Corp의 가중평균자본비용(WACC)도 10%로 동일하다. 현금흐름 추정기간은 5년이며 추정기간 동안 매년 현금흐름이 평균 5%씩 성장할 것으로 예상된다.

JH Corp는 추정기간 이후의 성장률에 대한 예측이 어려워 성장이 없는 것으로 추정하였으며, EY Corp는 예측기간 이후에도 지속적으로 5%씩 성장할 것으로 예상하였다.

즉 추정기간 이후 첫해인 FCF_{n+1}의 현금흐름은

JH Corp : $FCF_6 = FCF_5 = 10억원 \times (1+5\%)^5 = 12.16억원$

EY Corp : $FCF_6 = FCF_5 \times (1+g\%) = 10억원 \times (1+5\%)^6 = 12.76억원$

JH Corp과 EY Corp의 기업가치는 다음과 같이 계산된다.

구분	회사	1차년	2차년	3차년	4차년	5차년	6차년	7차년
현금흐름 (FCF)	JH Corp.	10.00	10.50	11.03	11.58	12.16	12.16	12.16
	EY Corp.	10.00	10.50	11.03	11.58	12.16	12.76	13.40
	현가계수	0.9091	0.8264	0.7513	0.6830	0.6209	0.5645	0.5132
현재가치	JH Corp.	9.09	8.68	8.28	7.91	7.55	6.86	6.24
	EY Corp.	9.09	8.68	8.28	7.91	7.55	7.20	6.88

구 분	예측기간의 가치	영구기업의 가치	기업가치
JH Corp.	41.50	75.47	116.98
EY Corp.	41.50	158.49	199.99

예측기간의 가치는 각 기간별 현금흐름에 현가계수를 곱하여 계산된 현재가치의 합이다.

－JH Corp의 예측기간의 가치＝(9.09＋8.68＋8.28＋7.91＋7.55)＝41.50

－EY Corp의 예측기간의 가치＝JH Corp의 예측기간의 가치

영구기업의 가치는 다음과 같이 계산되었다.

－JH Corp의 영구기업가치＝{12.16/10%}×0.6209＝75.47

－EY Corp의 영구기업가치＝{12.76/(10%－5%)}×0.6209＝158.49

다른 모든 조건이 동일함에도 영구성장률에 대한 가정을 달리함에 따라 영구성장을 가정한 EY Corp의 기업가치는 예측기간 이후 성장이 없을 것으로 예측한 JH Corp에 비해 약 1.7배 크게 추정되었다. 영구성장률은 할인율에 직접적인 영향을 미치며 장기간의 현금흐름에 영향을 미치므로 추정방식에 따라 기업가치에 중대한 영향을 주는 것이다.

가치평가과정에서 영구성장률을 0%로 가정하는 경우가 종종 있다. 영구성장률이 기업가치 전체에 미치는 영향이 크지만 영구성장률에 대한 합리적인 추정이 쉽지 않으며, 예측기간 이후의 현금흐름은 장기적으로 '0'에 수렴할 것으로 가정하는 경우이다. 그러나 예측기간에는 현금흐름의 성장을 예측하고 이후에는 더 이상의 성장이 없을 것으로 예측하는 것은 지나치게 강한 가정으로 볼 수 있다.

잉여현금흐름의 구성을 보면 영구성장률을 합리적으로 예측하는 것이 더욱 어려움을 알 수 있다. 잉여현금흐름의 구성을 다시 살펴보자.

잉여현금흐름(FCF) = 세후EBIT + 비현금비용 − 운전자본 순증가액 − 투자소요금액(CAPEX)

이 중 세후EBIT, 비현금비용, 운전자본투자는 일반적인 영업활동 현금흐름이며, 투자소요금액(CAPEX)은 투자활동이다. 따라서 잉여현금흐름을 활동별로 구분하여 재구성하면

잉여현금흐름(FCF) = 영업활동현금흐름 − 투자활동현금흐름

으로 정리할 수 있다.

영업활동현금흐름은 현금흐름예측기간의 추정을 바탕으로 장기간의 성장률을 예측할 수 있으나, 투자활동현금흐름은 투자시점별로 결정되므로 일정한 성장률로 일원화하기 어렵다.

예제 3-52 영구성장률 적용시 발생될 수 있는 추정의 오류

JH Corp은 추정기간 1기의 영업활동현금흐름(세후EBIT + 비현금비용 − 운전자본투자)이 10억원으로 예측되었다. 또한 추정기간 동안 매년 5%의 성장이 예상되며 이러한 성장률은 매우 긴 기간 지속될 수 있을 것으로 예측된다. JH Corp은 추정기간 1기에 20억원의 시설투자를 계획하고 있으며 영업활동현금흐름의 증가는 이러한 투자계획에 근거하여 예측되었다. JH Corp의 영업가치를 '추정기간가치'와 '영구기업가치'로 구분하여 계산하라.

■ **예측기간가치의 추정**

구 분	1차년	2차년	3차년	4차년	5차년	6차년
영업활동현금	10.00	10.50	11.03	11.58	12.16	12.76
투자활동현금	−20.00	0.00	0.00	0.00	0.00	

구 분	1차년	2차년	3차년	4차년	5차년	6차년
잉여현금흐름	-10.00	10.50	11.03	11.58	12.16	12.76
현재가치계수	0.9091	0.8264	0.7513	0.6830	0.6209	0.5645
현재가치	-9.09	8.68	8.28	7.91	7.55	7.20

■ **영구기업의 가치 및 영업가치의 추정**

구 분	예측기간의 가치	영구기업의 가치	영업가치
영구성장률=5%	23.32	89.47	112.79

■ **발생가능한 추정의 오류**

영구기업의 가치는 6차년의 현금흐름이 매년 5%씩 성장하는 것으로 계산하였다. 이러한 계산결과는 왜곡현상을 가져올 수 있다. 1차년의 시설투자로 추정기간의 영업활동현금흐름을 창출하고 있다. 추정기간 이후에 다시 한 번 투자가 필요한지, 어느 시점에 필요한지 알 수 없는 상황에서 추정기간의 영업현금흐름의 성장률이 영구기업가치 추정시에 그대로 사용됨에 따라 추정기간 이후에는 투자가 불필요한 것처럼 계산되었다. 이는 실제 영구기업의 가치보다 과대평가되는 결과를 가져온다. 추정기간 이후 언제가 될지는 알 수 없으나 재투자가 필요할 것이기 때문이다.

[예제 3-52]에서 JH Corp의 기업가치추정과정에 두 가지 문제점을 발견할 수 있었다. 현금흐름예측기간의 성장률 5%가 이후에도 높은 성장률이 지속적으로 유지되는 것으로 가정한 것과 현금흐름예측기간 이후의 재투자에 대한 고려가 없는 것이다. 영구성장률 추정시에 해당되는 이러한 문제점을 해결하기 위해 우리는 고성장기간과 안정성장기간의 개념을 도입한다.

2.1 안정성장률(Stable Growth rate)

고(高)성장기간과 안정성장기간을 구분하여 가치를 추정하는 방법에 대해 살펴보자. 항상 그런 것은 아니지만 현금흐름예측기간의 성장률은 현금흐름예측기간 이후의 성장률에 비해 높은 것이 일반적이다. 현금흐름예측기간을 고성장기간(high growth period)으로 보면 현금흐름예측기간 이후의 기간은 안정성장기간(stable growth period)으로 구분할 수 있다. 고성장기간에는 재투자율도 높으며 이에 대한 현금흐름의 성장률도 높다. 반면, 안정성장기간에는 재투자율이 낮으며 현금흐름의 성장률도 낮다.

[그림 3-33] 추정기간별 잉여현금흐름의 추정

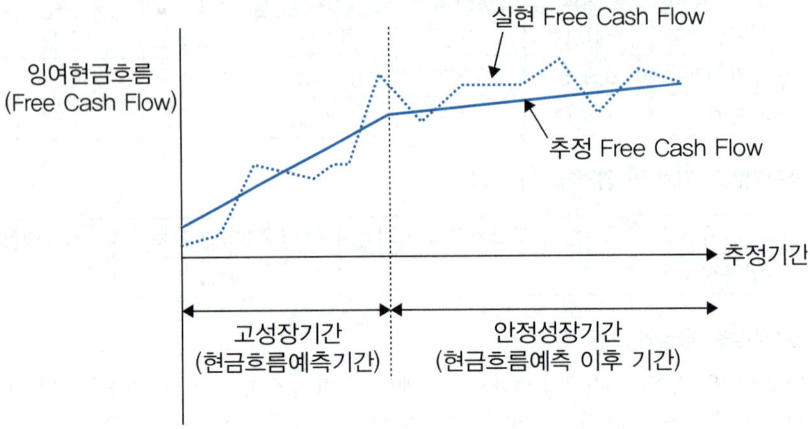

기업의 경영과정에서 잉여현금흐름(FCF)이 증가하는 시기도 있으나, 경영환경의 악화 또는 투자비 지출 등으로 인해 잉여현금흐름이 감소하는 시점도 있다. 이러한 현금흐름의 변동을 일일이 추적하는 것은 어려우므로 일정비율로 영구히 성장하는 것으로 가정하게 되는 것이다.

영구기업의 가치추정시에는 안정성장기간의 성장률을 이용한다. 이를 위해서는 현금흐름예측기간의 설정은 고성장기간에 맞추어져야 할 것이다.

초일류기업이라 하더라도 3~5% 이상의 성장률을 30년 이상 지속한다는 것은 쉽게 상상하기 어려운 일이다. 일부 가치평가자들은 현금흐름의 변동성을 감안할 때 장기간의 영구성장률은 0%로 하는 것이 오히려 합리적이라는 주장을 펴기도 한다. 이는 장기적으로 볼 때 잉여현금흐름의 형태는 양의 값과 음의 값을 번갈아 가지게 되며 이러한 현금흐름의 평균은 장기적으로 0에 수렴하게 된다는 것이다.

[그림 3-34] 1차 금속업의 잉여현금흐름 추세

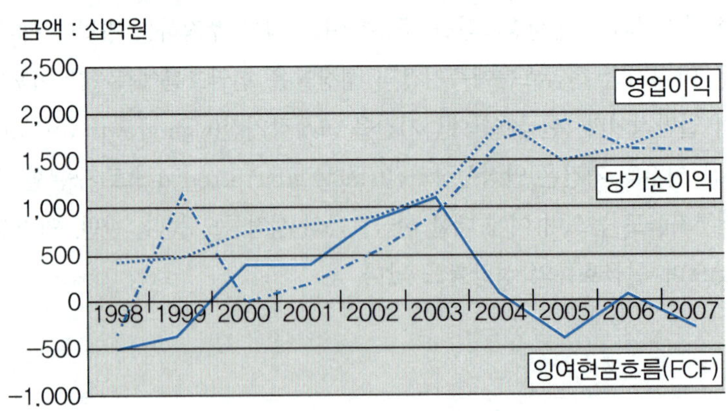

* 1차 금속업종 상장 13개 기업의 연도별 잉여현금흐름(FCF)과 영업이익 추세(규모의 차이가 큰 POSCO 제외)

유가증권시장에 상장되어 있는 1차 금속산업 13개 기업의 과거 10년간의 잉여현금흐름의 추세를 살펴보면 외형이 큰 상장기업이라 하더라도 잉여현금흐름의 변동이 심하다는 것을 알 수 있다. 반면, 외환위기 직후인 1998년을 제외하고는 영업이익과 당기순이익은 안정적인 상승세를 꾸준히 유지하고 있음을 확인할 수 있다. 업종에 따라 잉여현금흐름의 변동 정도는 차이가 있을 수 있으나 대체적으로 영업환경의 변화, 일시적인 투자비 지출 등의 영향으로 현금의 변동성은 이익의 변동성에 비해 큰 경우가 많다.

잉여현금흐름의 변동성은 성장률의 등락이 아니라 잉여현금흐름 창출과 부의 잉여현금흐름 창출이 반복되는 구조로 나타나므로 장기적인 잉여현금흐름은 낮은 성장률을 적용하는 것이 타당하다는 주장이다. 또한 현실적으로 '영원히' 존재하는 기업은 없으므로 장기 성장률을 낮게 추정해야 한다는 주장도 제기되는 것이다.

안정성장률에 대한 다소 보수적인 입장을 배제하더라도 안정성장률은 3% 이상으로 추정하지 않는 것이 실무적인 관행이다(실무적으로는 대개 0~2% 수준의 안정성장률을 사용하고 있음). 현금흐름예측기간 내의 잉여현금흐름에 대해서는 10~20%의 높은 잉여현금흐름 증가율을 추정하더라도 이후에도 '영속적으로' 높은 현금흐름을 창출하는 것은 불가능하기 때문이다.

2.2 안정성장률 추정의 실무적인 접근

안정성장률을 추정하는 방법으로 실무적으로 다음의 방법들이 사용되고 있다.

① 비교대상기업의 과거 일정기간의 잉여현금흐름(FCF) 또는 세후EBIT(NOPLAT)에 대한 분석을 통해 평가대상기업의 장기적인 안정성장률을 추정하는 방법

평가대상기업이 속한 동일업종 또는 영업위험 및 재무위험이 유사하리라 판단되는 비교대상기업들의 평균 잉여현금흐름(FCF)의 증가율은 장기적으로 평가대상기업이 도달할 안정성장형태에 근접해 있을 것이란 가정이다. 비교대상기업의 평균 잉여현금흐름의 성장률을 평가대상기업의 장기적인 안정성장률로 추정한다.

때로는 비교대상기업의 과거 일정기간의 잉여현금흐름을 집계하는 것이 쉽지 않을 수 있다. 잉여현금흐름을 집계하기 위해서는 비교대상기업의 포괄손익계산서만으로는 파악하기 어렵다. 잉여현금흐름을 집계하기 위해서는 현금흐름표상의 운전자본의 변동, 비현금비용 및 투자활동현금흐름 중 영업용 자산과 비영업용 자산의 구분 등의 추가적인 작업을 필요로 한다. 최근 들어 각 증권회사의 리서치센터에서는 상장기업의 실현잉여현금흐름(Realized FCF)과 추정잉여현금흐름(Projected FCF)에 대한 정보를 제공하고 있으므로 데이터 수집의 시간과 노력이 많이 절감될 수 있다.

비교대상기업의 잉여현금흐름(FCF)의 집계 대신 세후EBIT(NOPLAT)의 성장률을 이용할 수도 있다. 세후EBIT는 운전자본의 변동과 투자소요금액 등의 현금흐름효과는 반영되지 않으나, 일정기간의 세후EBIT의 성장률은 기업의 장기적인 성장률 측정지표로 이용하는 데에는 유용한 지표가 될 수 있다.

② 안정성장률은 향후 거시경제의 성장률을 앞지르지 않을 것이란 가정하에 장기 소비자물가상승률등을 감안하여 2~3% 내외로 설정하는 방법

개별기업의 20~30년 후의 잉여현금흐름의 성장률을 예측하는 것은 현실적으로 불가능하다. 따라서 기업이 생존하는 기간 내에는 장기적으로 거시경제지표 수준의 상승률 달성을 가장 현실적인 가정으로 보는 것이다.

③ 안정성장률을 0%로 가정하는 방법

실현 잉여현금흐름을 분석해 보면 대부분의 기업이 일정하게 성장하는 경우는 찾기 어렵다. 오히려 거시경제상황의 악화나 경영환경의 변화, 기업내부역량의 감퇴 등으로 인해 부(negative)의 현금흐름을 지속적으로 창출하는 경우도 있다. 따라서 20~30년 이상의 기간 동안 꾸준히 현금흐름이 증가할 것으로 보는 것 자체가 비현실적이며, 장기적으로 현금흐름은 0에 수렴할 것이라는 주장이다.

예제 3-53 안정성장률의 추정

EY Corp의 향후 5년간 잉여현금흐름을 추정한 결과는 다음과 같다. EY Corp의 가중평균자본비용은 12%로 계산되었다. EY Corp의 영구기업가치 계산을 위한 안정성장률을 다음의 각각의 경우를 가정하여 EY Corp의 기업가치를 계산해 보자.

■ **EY Corp의 향후 5년간 잉여현금흐름(FCF) 추정결과**

구 분	1차년도	2차년도	3차년도	4차년도	5차년도
FCF	23,789	26,644	30,374	33,411	37,086

■ **안정성장률에 대한 가정**

① 안정성장률을 0%로 가정
② 안정성장률을 장기소비자물가상승률 추정치(2.5%)로 가정
③ 안정성장률을 비교대상기업의 과거 5년간 잉여현금흐름(FCF) 증가율로 가정
비교대상기업으로 선정된 3개사의 과거 5년간 잉여현금흐름의 증가율 평균은 1%로 계산되었다.

■ **현금흐름예측기간의 가치**

현금흐름예측기간인 1차년도에서 5차년도까지의 잉여현금흐름(FCF)을 각 시점의 현가계수를 곱하여 현재가치를 계산한다.

구 분	1차년도	2차년도	3차년도	4차년도	5차년도	합계
FCF	23,789	26,644	30,374	33,411	37,086	

구 분	1차년도	2차년도	3차년도	4차년도	5차년도	합계
현가계수	0.8929	0.7972	0.7118	0.6355	0.5674	
현재가치	21,240	21,240	21,619	21,233	21,044	106,377

■ **안정성장률이 0%인 경우 기업가치의 추정**

- 영구기업의 가치 = $\{(FCF_{n+1})/(WACC-g)\}/(1+WACC)^n$
 = $\{(37,086)/(12\%-0\%)\}/(1+12\%)^5$ = 175,365
- 기업가치의 추정 = 예측기간가치 + 영구기업가치 = 106,377 + 175,365 = 281,742

■ **안정성장률이 2.5%인 경우 기업가치의 추정**

- 영구기업의 가치 = $\{(FCF_{n+1})/(WACC-g)\}/(1+WACC)^n$
 = $\{(37,086\times(1+2.5\%))/(12\%-2.5\%)\}/(1+12\%)^5$ = 232,728
- 기업가치의 추정 = 예측기간가치 + 영구기업가치 = 106,377 + 232,728 = 339,105

■ **안정성장률이 1%인 경우 기업가치의 추정**

- 영구기업의 가치 = $\{(FCF_{n+1})/(WACC-g)\}/(1+WACC)^n$
 = $\{(37,086\times(1+1\%))/(12\%-1\%)\}/(1+12\%)^5$ = 195,153
- 기업가치의 추정 = 예측기간가치 + 영구기업가치 = 106,377 + 284,512 = 301,530

3. 기업가치 및 주당가치의 계산

영업가치(Operating Value)와 비영업용 자산의 가치를 더하여 계산된 전체기업가치(Firm Value)에서 우선 청구권이 있는 타인자본가치(Debt Value)를 차감하면 자기자본가치(Equity Value), 주주가치가 계산된다. 이를 다시 발행주식수(outstanding shares)로 나누면 1주당 가치가 산출된다.

비영업용 자산은 영업가치창출활동에 기여하지 못하는 자산을 통틀어 말한다. 유형자산과 매출채권, 재고자산과 같은 운전자본을 영업자산 또는 핵심자산으로 지칭하는데, 이들을 제외한 자산을 비영업용 자산이라 하며 비핵심자산으로도 불린다. 비영업용 자산에 대한 개념과 비영업용 자산의 예에 대해서는 '2절 현금흐름할인모형에 의한 기업가치평가구조'에서 설명하였다.

부채가치는 평가시점 현재의 이자발생 부채만이 포함된다. 미래에 추가적으로 발생할 차입금이 있다 하더라도 고려할 필요가 없다. 미래에 발생할 차입금은 순현금유입(자금의 조달)과 순현금유출(자금의 상환 및 이자지급)의 순현재가치가 0이기 때문이다.

예제 3-54 주당가치의 계산

EY Corp의 잉여현금흐름(FCF)의 추정결과는 다음과 같다. EY Corp의 가치평가를 위한 추가정보를 참고하여 EY Corp의 1주당 가치를 추정하라.

① 잉여현금흐름 추정결과 (단위 : 백만원)

구 분	20×1A	20×2F	20×3F	20×4F	20×5F	20×6F
EBIT	24,861	25,037	32,806	37,904	39,470	42,712
EBIT에 대한 법인세	6,791	6,885	9,022	10,424	10,854	11,746
세후EBIT(NOPLAT)	18,070	18,152	23,784	27,480	28,616	30,966
비현금비용(Depreciation)	3,578	4,608	8,821	7,887	7,139	6,340
순운전자본 증가액	7,298	−3,387	−9,446	−3,371	−681	−1,005
투자소요금액(CAPEX)	−36,409	−43,956	−3,000	−4,000	−4,000	−3,000
Free Cash Flow	−7,463	−24,583	20,159	27,996	31,074	33,301

② 가치평가를 위한 추가정보

- 가중평균자본비용(WACC) = 12%
- 영구기업가치평가를 위한 안정성장률(Stable Growth rate) = 1%
- 비영업용 자산(유가증권)의 가치추정결과 = 39,475백만원
- 부채가치 = 89,754백만원
- 총발행주식수 = 16,000천주

■ **현금흐름예측기간의 가치의 추정결과 = 52,692백만원**

구 분	20×1A	20×2F	20×3F	20×4F	20×5F	20×6F	total
Free Cash Flow	−7,463	−24,583	20,159	27,996	31,074	33,301	
Discount Factor		0.8929	0.7972	0.7118	0.6355	0.5674	
PV of FCF		−21,949	16,071	19,927	19,748	18,896	52,692

■ **영구기업 가치의 추정결과 = 173,499백만원**

영구기업의 가치 = $\{(FCF_{n+1})/(WACC-g)\}/(1+WACC)^n$

$= \{(33,301 \times (1+1\%))/(12\%-1\%)\}/(1+12\%)^5 = 173,499$

■ **영업가치(Operating Value)의 추정결과 = 268,945백만원**

영업가치 = 현금흐름예측기간 가치(52,692) + 영구기업의 가치(173,499) = 226,191

■ **기업가치(Enterprise Value)의 추정결과 = 308,420백만원**

전체기업가치 = 영업가치(226,191) + 비영업용 자산의 가치(39,475) = 265,666

■ **자기자본가치(Equity Value)의 추정결과 = 218,666백만원**

자기자본가치 = 기업가치(265,666) − 부채가치(89,754) = 175,912

■ **1주당 가치의 추정결과 = 10,995원**

1주당 가치 = 자기자본가치(175,912)/발행주식수(16,000천주) = 10,995원/주

4. 종합예제

JH Crop는 주택건설업을 영위하는 비상장기업이다. JH Corp의 가치평가자는 JH Corp의 경영성과분석을 통해 파악된 정보와 건설산업 전반에 관한 경영환경분석을 통해 재무제표를 추정하였다. 주어진 자료를 이용하여 20×1년말 현재 시점을 기준일로 하여 JH Corp의 주당 가치를 추정해 보자.

[자료 1] JH Corp의 추정포괄손익계산서 (단위 : 십억원)

구 분	20×0A	20×1A	20×2F	20×3F	20×4F	20×5F	20×6F
매출액	579	482	519	551	592	622	653
매출원가	406	382	403	417	437	459	482
매출총이익	173	100	116	134	155	163	171
판매비와관리비	91	91	89	93	97	102	107
영업이익	82	9	27	41	58	61	64
영업외수익	15	6	6	5	5	5	5
이자수익	1	0	0	1	1	1	1
외화관련 이익	7	2	2	1	1	1	1
기타	7	4	4	3	3	3	3
영업외비용	35	33	27	25	22	23	23
이자비용	25	23	22	21	20	20	20
기타	10	10	5	4	2	3	3
세전이익	62	−18	6	21	41	43	46
법인세	18	−5	1	6	10	11	11
당기순이익	44	−13	5	15	31	32	34

- 영업외수익 및 영업외비용에 포함된 '기타' 항목은 한국채택국제회계기준(K−IFRS)에 의해 영업외손익으로 구분되었으나 비영업용 자산과 관련된 손익이 아니며, JH Corp의 영업과정에서 불가피하게 발생하는 경상항목에 해당함.
- 20×2년과 20×3년의 법인세는 단기적으로 실제 부담할 것으로 예상되는 법인세를 추정하였으며, 20×4년 이후에는 JH Corp가 부담하게 될 유효법인세 추정치인 25%로 법인세부담액을 추정함.

[자료 2] JH Corp의 추정재무상태표 (단위 : 십억원)

구 분	20×0A	20×1A	20×2F	20×3F	20×4F	20×5F	20×6F
유동자산	129	154	163	172	182	190	198
현금및현금등가물	1	1	1	1	1	1	1
매출채권	63	69	74	79	85	89	93
재고자산	47	57	61	65	70	73	77
기타	18	27	27	27	27	27	27
비유동자산	967	975	983	983	995	1,008	1,023
투자자산	58	80	80	80	80	80	80
유형자산	874	863	871	871	885	898	912
무형자산	35	32	32	32	30	30	31
자산총계	1,096	1,129	1,146	1,155	1,177	1,198	1,221
유동부채	249	289	327	370	302	341	380
매입채무	102	77	82	87	94	99	104
단기차입금	12	117	100	138	73	97	131
유동성장기부채	120	80	130	130	120	130	130
기타	15	15	15	15	15	15	15
비유동부채	338	344	318	268	328	278	228
장기차입금	284	280	230	180	240	190	140
기타	54	64	88	88	88	88	88
부채총계	587	633	645	638	630	619	608
자본금	104	104	104	104	104	104	104
자본잉여금	235	235	235	235	235	235	235
이익잉여금	172	159	164	179	210	242	277
자본조정	−2	−2	−2	−2	−2	−2	−2
자본총계	509	496	501	516	547	579	614
부채와 자본총계	1,096	1,129	1,146	1,154	1,177	1,198	1,221

- 추정재무상태표의 각 항목은 아래의 순운전자본 추정결과 등을 반영하여 작성되었으며, 자금의 과부족은 단기차입금에서 조정 반영됨.
- JH Corp는 최근까지 배당을 실시하지 아니하였으며, 향후에도 배당계획이 없으므로 배당에 의한 이익잉여금 처분은 없음.

[자료 3] JH Corp의 추정현금흐름표 (단위 : 십억원)

구 분	20×0A	20×1A	20×2F	20×3F	20×4F	20×5F
영업활동현금흐름	−6	72	58	74	77	80
당기순이익	−13	5	15	31	32	34
감가상각비	43	44	44	44	45	46
무형자산상각비	4	3	3	3	3	3
순운전자본감소(증가)	−40	20	−3	−4	−3	−3
투자활동현금흐름	−55	−55	−47	−59	−61	−64
유형자산투자	32	52	44	58	58	60
무형자산투자	1	3	3	1	3	4
투자자산의 증가(감소)	22	0	0	0	0	0
재무활동현금흐름	61	−17	−12	−15	−16	−16
단기차입금의 증감	105	−17	38	−65	24	34
장기차입금의 증감	−4	−50	−50	60	−50	−50
유동성장기부채의 증감	−40	50	0	−10	10	0
기초현금	1	1	1	1	1	1
기말현금	1	1	1	1	1	1
현금의 증감	0	0	0	0	0	0

[자료 4] 순운전자본(Net Working Capital) 추정

구 분	20×0A	20×1A	20×2F	20×3F	20×4F	20×5F	20×6F
매출채권	63	69	74	79	85	89	93
재고자산	47	57	61	65	70	73	77
기타유동자산	18	27	27	27	27	27	27
매입채무	102	77	82	87	94	99	104
기타고정부채	54	64	88	88	88	88	88
순운전자본	−28	12	−8	−5	−1	2	5
순운전자본의 증감		40	−20	3	4	3	3

[자료 5] 투자소요(CAPEX) 계획 및 감가상각비 추정

(유형자산)

구 분	20×0A	20×1A	20×2F	20×3F	20×4F	20×5F	20×6F
기초유형자산	852	874	863	871	871	885	898
당기 취득	66	32	52	44	58	58	60
감가상각비	44	43	44	44	44	45	46
기말유형자산	874	863	871	871	885	898	912

(무형자산)

구 분	20×0A	20×1A	20×2F	20×3F	20×4F	20×5F	20×6F
기초무형자산	36	35	32	32	32	30	30
당기 취득	2	1	3	3	1	3	4
무형자산상각비	3	4	3	3	3	3	3
기말무형자산	35	32	32	32	30	30	31

(투자자산)

구 분	20×0A	20×1A	20×2F	20×3F	20×4F	20×5F	20×6F
기초투자자산	58	58	80	80	80	80	80
당기 증가		22					
당기 감소		0					
기말투자자산	58	80	80	80	80	80	80

[자료 6] 자금소요계획

(장기차입금)

구 분	20×0A	20×1A	20×2F	20×3F	20×4F	20×5F	20×6F
기초잔액	229	284	280	230	180	240	190
당기 차입	55	76			100		0
당기 대체	0	80	50	50	40	50	50
기말잔액	284	280	230	180	240	190	140

(유동성장기부채)

구 분	20×0A	20×1A	20×2F	20×3F	20×4F	20×5F	20×6F
기초잔액		120	80	130	130	120	130
당기 대체		80	50	50	40	50	50
당기 상환		120		50	50	40	50
기말잔액	120	80	130	130	120	130	130

(단기차입금)

구 분	20×0A	20×1A	20×2F	20×3F	20×4F	20×5F	20×6F
기초잔액		12	117	100	138	73	97
당기 차입		105		38		24	34
당기 상환			17		65		
기말잔액	12	117	100	138	73	97	131

[자료 7] 투자지표

- JH Corp의 20×1년말 현재 타인자본비용 (단위 : 십억원)

구 분	단기차입금	유동성장기부채	장기차입금
차입금잔액	117	80	280
약정이자율	7%	5%	5%

- JH Corp의 장기 유효법인세율 : 25%
- JH Corp의 20×1년말 현재 비영업용 자산 (단위 : 십억원)

계정과목	금 액	내 용
투자자산	80	유가증권공정가액

- 무위험수익률 관련 지표

  국고채 : 4.52% 평가기준일 현재

- 성숙시장위험프리미엄(Market Risk Premium) : 4.80%
- 국가위험프리미엄(Country Risk Premium) : 2.94%
- 중소기업 프리미엄(size premium)=2% 적용, 비상장기업에 대한 유동성프리미엄=3% 적용
- 영구기업가치 추정에 사용할 안정성장률 : 1%
- 비교대상기업 관련 정보 : JH Corp와 영업위험 및 규모가 유사한 유가증권 상장기업을 비교대상기업으로 선정

구 분	상장사1	상장사2	상장사3	상장사4
시가총액	543	452	349	329
매출액	649	1,371	1,059	674
영업이익	22	36	116	66
베타(Levered beta)	1.0	1.7	1.4	0.4
타인자본(interest bearing)	359	479	104	471
PBR(2012F)	1.0	0.9	1.2	0.8
부채비율(D/E)	66%	106%	30%	143%
유효법인세율	25%	25%	25%	25%
무부채베타(Unlevered beta)	0.7	0.9	1.1	0.2

〈JH Corp의 주당가치 계산과정〉

경영환경분석 및 재무성과분석과 재무제표 구성항목에 대한 추정작업의 결과 재무상태표, 포괄손익계산서 및 현금흐름표가 완성되면 잉여현금흐름(FCF)의 추정이 가능하다. 주어진 정보를 이용하여 다음의 순서에 의해 JH Corp의 주당가치를 추정한다.

추정절차 : 잉여현금흐름(FCF)의 추정 → 자본비용의 추정 → 예측기간가치 및 영구기업가치의 추정 → 영업가치(Operating Value)의 추정 → 기업가치의 추정 → 자기자본가치의 추정 → 1주당 가치의 추정

단계 1 : 잉여현금흐름(Free Cash Flow)의 추정

(단위 : 십억원)

구 분	20×1A	20×2F	20×3F	20×4F	20×5F	20×6F
EBIT	3.0	26.0	40.0	59.0	60.9	63.9
EBIT에 대한 법인세	0.8	7.0	10.0	14.8	15.2	16.0
세후EBIT(NOPLAT)	2.2	19.0	30.0	44.3	45.7	48.0
비현금비용	46.7	46.8	46.8	47.5	47.9	48.6
감가상각비	43.2	43.6	43.6	44.3	44.9	45.6
무형자산상각비	3.5	3.2	3.2	3.2	3.0	3.0
순운전자본증가액	−40.1	20.2	−3.3	−4.2	−3.0	−3.2
투자소요금액(CAPEX)	−32.7	−54.8	−46.8	−59.5	−60.9	−63.6
유형자산(Tangible Asset)	32.2	51.6	43.6	58.3	57.9	59.6
무형자산(Intangible Asset)	0.5	3.2	3.2	1.2	3.0	4.0
Free Cash Flow	−23.9	31.2	26.7	28.1	29.7	29.8

- EBIT는 포괄손익계산서상의 '영업이익'에 영업외손익에 포함된 비영업용 자산과 관계 없는 경상항목인 '기타 영업외손익'을 가감한 금액임.
- EBIT에 대한 법인세는 JH Corp에 적용되는 유효법인세율에 의해 계산됨.
- NOPLAT=EBIT−EBIT에 대한 법인세
- 비현금비용(non−Cash expense)은 NOPLAT에 가산하고, 순운전자본 증감액(Changes in Working Capital) 및 투자소요금액(CAPEX)은 차감하여 잉여현금흐름(Free Cash Flow)을 추정함.

단계 2 : 가중평균자본비용(WACC)의 추정

(단위 : 십억원)

(1) 목표자본구조 : 98%

JH Corp의 20×1년말 현재 장부금액 기준 부채비율은 96%(타인자본총액/장부금액자기자본)이며, 비교대상기업의 시장가치기준 평균 부채비율은 86%임. 비교대상기업의 시장가치기준 부채비율은 30~140%로 다양하게 분포되어 있으므로 비교대상기업의 자본구조를 목표자본구조로 사용하기보다는 시장가치비교법에 의해 추정된 자기자본의 시장가치에 의해 목표자본구조를 추정함.

- 비교대상기업의 평균PBR=0.98
- JH Corp의 추정시가총액=501×0.98=488
- 시장가치 부채비율=477/488=98%

(2) 세후타인자본비용 : 4.88%

JH Corp의 타인자본은 모두 차입금으로 적용금리는 5~7% 수준임. 한계차입이자율인 7%를 타인자본비용으로 추정함. 이에 유효법인세율인 25%를 반영하여 세후타인자본비용을 4.88%[=7%×(1−25%)]로 추정함.

(3) 무위험수익률(Risk Free Rate)

무위험수익률은 국고채 이자율인 4.52%를 적용

(4) 시장위험프리미엄(Market Risk Premium)

① 국가위험프리미엄을 고려하지 않는 경우 : 성숙시장위험프리미엄 4.80%를 적용

② 국가위험프리미엄을 고려하는 경우 : 성숙시장위험프리미엄에 국가위험프리미엄(country risk premium)을 더한 7.74%를 적용

(5) 부채베타(Levered beta)의 추정

비교대상기업의 무부채베타의 평균인 0.9(Outlier인 '상장사4'(0.2)는 제외)에 목표부채비율 98%와 유효법인세율 25%를 이용하여 부채베타(Levered beta)를 추정함.

부채베타=무부채베타×[1+(1−t)×D/E]=0.9×[1+(1−25%)×98%]=1.59

(6) 자기자본비용의 추정

① 국가위험프리미엄을 고려하지 않는 경우 :

자기자본비용=무위험수익률(4.52%)+시장위험프리미엄(4.80%)×부채베타(1.59)+size premium(2%)+유동성프리미엄(3%)=17.17%

② 국가위험프리미엄을 고려하는 경우 :

자기자본비용=무위험수익률(4.52%)+시장위험프리미엄(7.74%)×부채베타(1.59)+size premium(2%)+유동성프리미엄(3%)=21.86%

(7) 가중평균자본비용(WACC)의 추정

	국가위험 미고려	국가위험 고려
타인자본비용	4.88%	4.88%
D/V	49.49%	49.49%
자기자본비용	17.17%	21.86%
E/V	50.51%	50.51%
가중평균자본비용	11.08%	13.45%

단계 3 : 기업가치 및 주당가치의 추정

(단위 : 십억원)

(이하에서는 가중평균자본비용을 국가위험을 고려한 13.45%로 하여 계산함)

(1) 예측기간가치의 추정

구 분	2012F	2013F	2014F	2015F	2016F
Free Cash Flow	31.2	26.7	28.1	29.7	29.8
현가계수	0.8814	0.7769	0.6848	0.6036	0.5321
현재가치	27.5	20.8	19.2	17.9	15.9
현금흐름예측기간가치					101.3

현재가치=Free Cash Flow×현가계수

(2) 영구기업가치(Continuous Value)의 추정

영구기간 1기의 현금흐름(FCF_{n+1}=FCF_6)=FCF_n×(1+stable growth rate) =29.8×(1+1%)
=30.1

영구현금흐름의 5기말 현재 현재가치=FCF_{n+1}/(WACC−g)=30.1/(13.45%−1%)
=241.8

영구현금흐름의 현재가치(영구기업가치)=FCF_{n+1}/(WACC−g)×현가계수
=241.8×0.5321=128.6

- 영업가치(Operating Value)=예측기간가치+영구기업가치=101.3+128.6=229.9
- 비영업용 자산의 가치(non−Operating Asset Value)=80(유가증권의 공정가액)
- 전체기업가치=영업가치+비영업용 자산의 가치=229.9+80=309.9
- 부채가치=이자발생부채(interest bearing debt)의 시장가치
  =단기차입금(117)+유동성장기부채(80)+장기차입금(280)
  =477
- 자기자본가치=전체기업가치−부채가치=309.9−477=(−)167.1

전체기업가치가 부채가치에 미치지 못함에 따라 자기자본가치가 부(negative)의 금액이 발생하였다. 주주는 유한책임을 부담하므로 기업가치를 초과하는 부채가치에 대해서는 책임이 없다. 따라서 자기자본가치는 0이다.

5. 가치평가사례

창해에탄올은 2016년 5월 24일 주정사업 경쟁력강화를 위해 하이트진로에탄올 주식 100%(75만주)를 인수한다고 공시했다. 인수금액은 735억원이며, 주당인수가격은 98,000원이다. 7월 29일 인수가 마무리될 예정이며, 3분기부터 연결실적으로 반영될 전망이다. 지난 4월 20일 인수가격에 대한 견해차이로 협상이 종결됨에 따라 인수가 어려울 것으로 봤지만 가격에 대한 입장차가 좁혀지며 인수에 성공하게 되었다.

현재 창해에탄올의 주정 M/S는 14.3%이며 하이트진로에탄올의 M/S는 5.7%이다. 주정시장 1위인 진로발효의 M/S가 16.4%이기 때문에 이번 인수로 창해에탄올은 주정시장 M/S 20%의 1위 업체로 도약하게 된다. 하이트진로에탄올의 2015년 실적은 매출 279억원, 영업이익 30억원, 순이익 24억원이었으며, 하반기부터 실적이 연결로 반영되면 창해에탄올의 밸류에이션 매력도 커질 전망이다.

하이트진로에탄올 인수가격의 적정성에 대해 현금흐름할인모형에 의해 평가한 외부평가기관의 의견서를 살펴본다.

* 지면관계상 외부평가기관 평가의견서의 상당부분을 생략하였으므로 전체보고서를 확인하려면 전자공시시스템을 활용하기 바란다.

(1) 매출추정

* 체계적인 매출추정을 위해서는 평가대상회사가 속한 산업에 대한 충분한 이해와 분석이 전제되어야 하나 지면관계상 하이트진로에탄올의 핵심사업인 주정산업에 대한 분석자료는 생략한다.

회사의 매출은 주정매출과 부산물매각대로 구성되며 향후 5개년 추정결과는 다음과 같다.

(단위 : 백만원)

구 분	2016년(E)	2017년(E)	2018년(E)	2019년(E)	2020년(E)
주정매출액	28,996	30,371	33,452	35,040	36,703
부산물매각대	44	46	48	50	52
총매출액	29,040	30,417	33,499	35,089	36,755
증감률	4.7%	4.7%	10.1%	4.7%	4.7%

* 출처 : 평가대상회사 제시자료, 삼일PWC Analysis

① 주정매출액 추정

회사의 향후 5개년 주정매출액 추정결과는 다음과 같다.

(단위 : 백만원)

구 분	2016년(E)	2017년(E)	2018년(E)	2019년(E)	2020년(E)
발효주정 매출액	12,208	12,758	13,805	14,427	15,077
증감률	4.5%	4.5%	8.2%	4.5%	4.5%
정제주정 매출액	16,788	17,613	19,646	20,612	21,626
증감률	4.9%	4.9%	11.5%	4.9%	4.9%

* 출처 : 평가대상회사 제시자료, 삼일PWC Analysis

주정매출액을 추정하기 위해 주정판매수량(Q)과 공급단가(P)를 각각 추정하였다.

㉠ 주정판매수량 추정

주정의 추정판매량은 업체별 면허기준 생산능력을 기준으로 매년도 초에 한국주류산업협회와 대한주정판매가 주정소요량을 예측, 협의하여 배정량을 각 업체에 지정해주므로 최근 주정배정량의 연평균 증가율을 적용하여 다음과 같이 추정하였다.

(단위 : D/M)

구 분	2016년(E)	2017년(E)	2018년(E)	2019년(E)	2020년(E)
발효주정 판매량	35,861	37,476	39,165	40,929	42,773
증감률	4.5%	4.5%	4.5%	4.5%	4.5%
정제주정 판매량	62,083	65,136	68,338	71,698	75,223
증감률	4.9%	4.9%	4.9%	4.9%	4.9%

* 출처 : 평가대상회사 제시자료, 삼일PWC Analysis

최근의 주정배정량은 다음과 같이 집계되었다.

(단위 : D/M)

구 분	2012년	2013년	2014년	2015년	CAGR
발효주정 배정량	30,325	29,468	30,789	34,611	4.5%
정제주정 배정량	51,891	56,753	57,313	59,927	4.9%

* 출처 : 평가대상회사 제시자료, 삼일PWC Analysis

㉡ 주정공급단가 추정

주정공급단가는 2012년 7월 인상 이후, 현재까지 유지되고 있으나, 장기적으로 주정공급단가는 인상될 수 있으며, 향후 추정시에 주정공급단가는 1회 증가하는 것으로 가정하였다.

(단위 : 원/DM)

구 분	2016년(E)	2017년(E)	2018년(E)	2019년(E)	2020년(E)
발효주정 공급단가	340,435	352,435	352,492	352,492	352,492
증감률	0.0%	0.0%	3.5%	0.0%	0.0%
정제주정 공급단가	270,409	270,409	287,490	287,490	287,490
증감률	0.0%	0.0%	6.3%	0.0%	0.0%

* 출처 : 평가대상회사 제시자료, 삼일PWC Analysis

② 부산물매각대 추정

부산물매각대는 발효주정 제조과정에서 발생한 폐기물 처리시 생성되는 주정박(곡물찌꺼기를 분리해서 말린 것)의 판매수익으로 발효주정의 추정판매량 증가율인 연평균 4.5%를 반영하여 추정하였다.

(단위 : 백만원)

구 분	2016년(E)	2017년(E)	2018년(E)	2019년(E)	2020년(E)
부산물매각대	44	46	48	50	52
증감률	4.5%	4.5%	4.5%	4.5%	4.5%

* 출처 : 평가대상회사 제시자료, 삼일PWC Analysis

(2) 매출원가 추정

회사의 매출원가는 재료비, 노무비, 제조경비 및 감가상각비로 구성되며, 향후 5개년 매출원가 추정결과는 다음과 같다.

(단위 : 백만원)

구 분	2016년(E)	2017년(E)	2018년(E)	2019년(E)	2020년(E)
재료비	16,666	17,330	18,023	18,743	19,494
노무비	2,427	2,461	2,494	2,526	2,559
제조경비(*1)	4,992	5,210	5,437	5,676	5,925
감가상각비	299	284	273	277	281
재고자산변동 등(*2)	(−)379	(−)379	(−)379	(−)379	(−)379
합계	24,004	24,906	25,848	26,844	27,881

(*1) 특수관계자 UTILITY 비용은 제조경비에서 차감반영하여 추정

(*2) 기초/기말재고자산 변동액 및 특수관계자 폐수처리비용으로 구성됨. 평가대상기간에는 배정량 기준으로 매출원가를 추정하여 재고자산변동은 없는 것으로 가정하였으며, 폐수처리비용은 2015년 폐수처리량이 유지되는 가정하에 최근 계약단가를 적용하여 추정

* 출처 : 평가대상회사 제시자료, 삼일PWC Analysis

① 재료비 추정

회사의 향후 5개년 재료비 추정결과는 다음과 같다.

(단위 : 백만원)

구 분	2016년(E)	2017년(E)	2018년(E)	2019년(E)	2020년(E)
원재료	16,479	17,129	17,805	18,508	19,240
부재료	186	201	217	235	254
합계	16,666	17,330	18,023	18,743	19,494

* 출처 : 평가대상회사 제시자료, 삼일PWC Analysis

회사의 재료비추정은 원재료 등의 수율과 매입단가가 중요한 영향을 미치므로 이를 구분하여 추정하였다.

㉠ 원/부재료수율 추정

평가대상기간 동안 원재료수율은 최근 분쇄 미분화장비의 시설투자 완료 및 지속적인 시설투자로 생산효율성이 상승하여 2020년까지 현재의 업계평균 원재료별 수율에 단계적으로 도달하는 것으로 가정하였다. 부재료수율 또한 발효주정 원재료 평균수율 증가율에 비례하여 상승하는 것으로 가정하였다.

구 분		2016년(E)	2017년(E)	2018년(E)	2019년(E)	2020년(E)
원재료수율	발효주정(ℓ/톤)	451	454	457	459	462
	정제주정(ℓ/톤)	990	991	992	993	993
부재료수율	액화효소(ℓ/톤)	1,037	1,044	1,050	1,057	1,064
	조효소(ℓ/병)	120	120	121	122	123
	당화효소(ℓ/TB)	6,053	6,092	6,130	6,169	6,209

* 출처 : 평가대상회사 제시자료, 삼일PWC Analysis

㉡ 원부재료 매입단가 추정

평가대상기간 동안 원재료 단가는 타피오카 및 조주정 등 주요 원재료에 대해 인수대상회사와의 공동구매를 통한 대량 및 적시 구매로 2020년까지 인수대상회사 구매단가에 단계적으로 도달하는 것으로 가정하였다. 부재료 단가는 최근 2개년 연평균 매입단가 상승률을 반영하였다.

(단위 : 천원/톤)

구 분		2016년(E)	2017년(E)	2018년(E)	2019년(E)	2020년(E)
원재료단가	발효주정	418	416	415	414	412
	정제주정	784	780	775	771	767
부재료단가	액화효소	5.8	5.8	5.8	5.8	5.8
	조효소	2.3	2.4	2.5	2.7	2.8
	당화효소	7.5	7.5	7.5	7.5	7.5

* 출처 : 평가대상회사 제시자료, 삼일PWC Analysis

㉢ 원재료비 추정결과

평가대상기간 동안 발효주정 및 정제주정 판매량에 원재료수율을 적용하여 필요원재료량을 추정하고 매입단가를 적용하여 다음과 같이 원재료비를 추정하였다. (단위 : 백만원)

구 분		2016년(E)	2017년(E)	2018년(E)	2019년(E)	2020년(E)
발효주정	생산량(kℓ)	7,172	7,495	7,833	8,186	8,555
	투입원재료(톤)	15,909	16,521	17,156	17,816	18,501
	원재료비	6,647	6,879	7,119	7,367	7,625
정제주정	생산량(kℓ)	12,417	13,027	13,668	14,340	15,045
	투입원재료(톤)	12,540	13,146	13,781	14,447	15,146
	원재료비	9,832	10,250	10,686	11,141	11,615
합계		16,479	17,129	17,805	18,508	19,240

* 출처 : 평가대상회사 제시자료, 삼일PWC Analysis

㉣ 부재료비 추정

부재료는 발효주정 생산에만 투입되는 재료로 평가대상기간 동안 발효주정 판매량에 부재료수율을 적용하여 필요 부재료량을 추정하고 매입단가를 적용하여 부재료비를 추정하였다.

(단위 : 백만원)

구 분		2016년(E)	2017년(E)	2018년(E)	2019년(E)	2020년(E)
필요부재료	액화효소(kg)	6,915	7,181	7,457	7,744	8,041
	조효소(병)	59,983	62,290	64,685	67,173	69,756
	당화효소(TB)	1,185	1,230	1,278	1,327	1,378
부재료비	액화효소	40	42	43	45	47
	조효소	137	150	165	180	197
	당화효소	9	9	10	10	10
합계		186	201	217	235	254

* 출처 : 평가대상회사 제시자료, 삼일PWC Analysis

② 노무비 추정

㉠ 급료 및 상여금 추정

급료 및 상여금은 평가대상기간 동안 각 부문의 연평균인원수를 산출하고, 연평균인원수에 회사의 임금지급계획에 의한 1인당 평균급료 및 상여금을 적용하여 추정하였다.

(단위 : 백만원)

구 분	2016년(E)	2017년(E)	2018년(E)	2019년(E)	2020년(E)
연평균인원(명)(*1)	35	35	35	35	35
인당 평균급료 및 상여금(*2)	49	50	50	51	52
급료 및 상여금 합계	1,719	1,743	1,766	1,789	1,813

* 출처 : 평가대상회사 제시자료, 삼일PWC Analysis

(*1) 평가대상회사의 인력운영계획에 의한 직원수로 추정

(*2) 2016~2018년까지는 평가대상회사의 통상임금 기준 변경에 의한 1인당 평균 급료 및 상여금으로 추정하되, 2015년과 2016년 통상임금소급분 대체보상금 지급 예정액을 조정 반영하였으며, 2019~2020년은 EIU 예측 소비자물가 상승율만큼 증가한다고 가정

㉡ 복리후생비 및 퇴직급여 추정

복리후생비 및 퇴직급여는 급여체계 변경을 고려하여, 2015년 급료 및 상여금 대비 비율이 평가대상기간 동안 유지되는 것으로 가정하여 다음과 같이 추정하였다.

(단위 : 백만원)

구 분	2016년(E)	2017년(E)	2018년(E)	2019년(E)	2020년(E)
급료 및 상여금	1,719	1,743	1,766	1,789	1,813
복리후생비	452	459	465	471	477
퇴직급여	256	259	263	266	270
노무비 합계	2,427	2,461	2,494	2,526	2,559
복리후생비비율	26.3%	26.3%	26.3%	26.3%	26.3%
퇴직급여비율	14.9%	14.9%	14.9%	14.9%	14.9%

* 출처 : 평가대상회사 제시자료, 삼일PWC Analysis

③ 제조경비 추정

제조경비는 변동비성 경비, 고정비성 경비 및 감가상각비로 나누어 추정하였다.

㉠ 변동비성 경비

변동비성 경비는 전력비, 용수비 및 연료비 등 Utility 비용과 공해방지비로 구성되며 Utility 비용은 2015년 생산 단위당 Utility 사용량을 적용하여 필요 Utility 량을 산정하고 평가대상기간 추정 매입단가를 반영하여 추정하였다. 공해방지비는 발효주정 제조시 발생하는 폐기물 처리비용으로 타피오카 외 투입 곡물량에 단위당 처리비용을 적용하여 추정하였다.

* 지면관계상 각 항목별 세부추정내용은 생략함.

(단위 : 백만원)

구 분	2016년(E)	2017년(E)	2018년(E)	2019년(E)	2020년(E)
전력비	356	377	399	423	448
용수비	113	120	127	135	143
연료비	3,775	3,951	4,134	4,327	4,528
공해방지비	172	179	186	193	200
합계	4,416	4,626	4,846	5,077	5,319

* 출처 : 평가대상회사 제시자료, 삼일PWC Analysis

㉡ 고정비성 경비

고정비성 경비는 수선비, 세금과공과, 소모품비 및 기타로 평가대상기간 동안 2015년 발생비용이 EIU 예측 소비자물가상승률만큼 증가할 것으로 추정하였다. 회사의 향후 5개년 추정결과는 다음과 같다.

* 지면관계상 각 항목별 세부추정내용은 생략함.

(단위 : 백만원)

구 분	2016년(E)	2017년(E)	2018년(E)	2019년(E)	2020년(E)
보험료	10	10	10	11	11
수선비	241	244	247	250	254
소모품비	103	104	105	107	108
여비교통비	7	7	7	7	7
지급수수료	55	55	56	57	58
세금과공과	160	162	164	166	169
차량유지비	1	1	1	1	1
교육훈련비	1	1	1	1	1
합계	576	583	591	598	606

* 출처 : 평가대상회사 제시자료, EIU 및 삼일PWC Analysis

(3) 판매비와 관리비 추정

판매비와관리비는 비용성격에 따라 인건비성 판관비, 변동비성 판관비, 고정비성 판관비 및 감가상각비로 분류하였다.

* 지면관계상 판매비와 관리비의 항목별 세부추정내용은 생략함.

(단위 : 백만원)

구 분	2016년(E)	2017년(E)	2018년(E)	2019년(E)	2020년(E)
인건비성 판관비	944	958	971	984	997
변동비성 판관비	27	29	32	33	35
고정비성 판관비	358	363	368	373	378
감가상각비	23	22	21	21	21
합계	1,352	1,371	1,391	1,411	1,430

* 출처 : 평가대상회사 제시자료, EIU 및 삼일PWC Analysis

(4) 자본적지출액 추정

회사는 2012년 7월 회생정리절차 종료 이후 최근 3년간 생산효율성 증대를 위해 대규모 시설투자가 이루어졌으며, 향후 신규 투자에 대해서는 회사 사업계획에 따라 시설투자가 발생한다고 가정하였다. 시설 투자액에 대한 회사의 향후 5개년 추정결과는 다음과 같다.

(단위 : 백만원)

구 분	2016년(E)	2017년(E)	2018년(E)	2019년(E)	2020년(E)
시설투자액	783	504	504	504	504

* 출처 : 평가대상회사 제시자료, 삼일PWC Analysis

시설투자추정결과와 회사의 감가상각정책, 제조원가 및 판관비의 과거원가 배분비율을 감안하여 감가상각비를 추정하였다.

(단위 : 백만원)

구 분	2016년(E)	2017년(E)	2018년(E)	2019년(E)	2020년(E)
매출원가	299	284	273	277	281
판매비와 관리비	23	22	21	21	21
합계	321	306	294	298	303

* 출처 : 평가대상회사 제시자료, 삼일PWC Analysis

(5) 순운전자본 추정

순운전자본 산정을 위한 주요 가정은 다음과 같다.

구분	주요 가정
영업자산 및 부채	영업자산은 매출채권, 재고자산으로, 영업부채는 매입채무, 미지급금 및 기타유동부채로 가정
회전기일	운전자본은 2015년 평균 회전기일를 적용하여 추정하였으며, 매출연동, 매출원가연동, 급여에 연동하는 항목으로 구분하여 회전기일 산출

위의 가정에 따른 순운전자본 추정결과와 연도별 순운전자본 증감액은 다음과 같다.

* 지면관계상 운전자본별 회전기일을 이용한 운전자본 세부추정내용은 생략함.

(단위 : 백만원)

구 분		2016년(E)	2017년(E)	2018년(E)	2019년(E)	2020년(E)
A. 운전자산	매출채권	5,536	5,799	6,387	6,690	7,008
	재고자산	3,066	3,211	3,537	3,705	3,881
	운전자산 계	8,602	9,010	9,924	10,395	10,888
B. 운전부채	매입채무	376	394	434	454	476
	미지급금	1,572	1,631	1,693	1,758	1,826
	예수금	43	44	44	45	46
	부가세예수금	236	248	273	286	299

구 분		2016년(E)	2017년(E)	2018년(E)	2019년(E)	2020년(E)
	미지급비용	125	127	129	130	132
	운전부채 계	2,353	2,443	2,572	2,673	2,779
C. 순운전자본(B－A)		(6,249)	(6,567)	(7,351)	(7,721)	(8,110)
D. 순운전자본 증감		(1,287)	(317)	(785)	(370)	(388)

* 출처 : 평가대상회사 제시자료, 삼일PWC Analysis

(6) 비영업용자산의 가치

회사의 비영업자산은 금융기관 정기예금(단기금융상품), 동종업계 서안주정주식회사 매도가능증권(장기투자자산) 및 아파트임차보증금으로 구성된다.

(단위 : 백만원)

구 분	금 액
단기금융상품	5,000
장기투자자산	1,608
보증금	150
합계	6,758

* 출처 : 평가대상회사 제시자료, 삼일PWC Analysis

상기 비영업용자산 중 장기투자자산 평가금액 산정내역은 다음과 같다.

구 분	금 액
서안주정 투자주식수(주)	27,967
최근 주당취득가액(원)	57,480
평가액(백만원)	1,608

* 출처 : 평가대상회사 제시자료, 삼일PWC Analysis

(7) 가중평균자본비용의 산정

가중평균자본비용(WACC)은 CAPM(Capital Asset Pricing Model)을 이용하여 자기자본비용을 구하고 외부차입 조달비용을 이용하여 타인자본비용을 산출한 후, 이를 각각 자기자본과 타인자본의 비율에 따라 가중평균하여 WACC를 산출하였다. 상기 방식을 적용하여 산출한 할인율은 9.41%이며, 구체적인 산정내역은 다음과 같다.

(단위 : 백만원)

구 분	적용비율	내 용
가. 무위험이자율(R_f)	2.09%	평가기준일 현재(출처 : Bloomberg)
나. 시장위험프리미엄($E(R_m)-R_f$)	9.61%	평가기준일 1년 평균(출처 : Bloomberg)
다. Levered Beta	0.602	유사동종기업의 Unlevered Beta 평균을 평가대상회사의 목표자본구조에 적용한 레버리지베타
라. 자기자본비용(가+나×다)	7.87%	$K_e=R_f+\beta[E(R_m)-R_f]$
마. 타인자본비용	0.00%	$K_i=K_d\times(1-t)$
바. 자기자본비율	100.00%	
사. 타인자본비율	0.00%	무부채기업
아. Tax Rate	22.00%	한계법인 세율적용(과세표준 2억원 초과 200억원 이하)
자. 가중평균자본비용(라×바+사×(1−아)×사)	7.87%	$WACC=K_e\times[E/(E+D)]+K_d\times[D/(E+D)]$

* 출처 : 평가대상회사 제시자료, Bloomberg 및 삼일PWC Analysis

본 평가에서는 유사 동종기업의 Levered Beta와 Hamada Model을 통하여 평가대상회사의 자기자본비용을 산정하였으며, 동종기업은 발효 및 정제 주정 제품 매출비중이 높은 한국에 상장한 주정 제조업 3개사를 선정하였다. 유사 동종기업 3개사의 평균 영업Beta(Unlevered Beta)는 0.602이며, 세부적인 산정내역은 다음과 같다.

(단위 : 백만원)

회사명	구 분	Levered Beta(*1)	Market Cap	Debt	Tax Rate	Unlevered Beta(*2)	부채비율
MH에탄올	대한민국	0.814	63,760	23,120	22.0%	0.666	29.2%
진로발효	대한민국	0.534	256,888	2,351	22.0%	0.525	2.3%
풍국주정	대한민국	0.670	88,200	7,620	22.0%	0.621	10.4%
평균						0.602	14.0%

* 출처 : 평가대상회사 제시자료, 삼일PWC Analysis

(*1) 유사동종기업의 Levered Beta

(*2) 유사동종기업의 Levered Beta와 자본구조에 따라 산정

Unlevered Beta=Levered Beta/[1+(1−Tax Rate)×(타인자본/자기자본)]

(8) 가치평가결과

2016년부터 2020년까지의 추정 현금흐름 및 가중평균자본비용(WACC) 7.87%와 영구성장률 1.00%를 적용한 하이트진로에탄올의 가치는 다음과 같다.

(단위 : 백만원)

구 분	2016년(E)	2017년(E)	2018년(E)	2019년(E)	2020년(E)
Ⅰ. 매출액	29,040	30,417	33,499	35,089	36,755
Ⅱ. 매출원가	24,004	24,906	25,848	26,844	27,881
Ⅲ. 매출총이익	5,036	5,511	7,652	8,246	8,874
Ⅳ. 판매관리비	1,352	1,371	1,391	1,411	1,430
Ⅴ. 세전영업이익(EBIT)	3,683	4,139	6,260	6,835	7,444
Ⅵ. 법인세비용	788	889	1,355	1,482	1,616
Ⅶ. 세후영업이익(NOPLAT)	2,895	3,251	4,905	5,353	5,829
(+) 감가상각비	321	306	294	298	303
(−) CAPEX	783	504	504	504	504
(−) NWC 증감	1,287	317	785	370	388
Ⅷ. Free Cash Flow(FCFF)	1,146	2,735	3,910	4,778	5,239
Discount period	0.5	1.5	2.5	3.5	4.5
Discount factor	0.9628	0.8926	0.8275	0.7671	0.7111
Ⅸ. Discounted FCFF	1,103	2,441	3,235	3,665	3,726
추정기간 동안의 현재가치(A)					14,170
영구현금흐름의 현재가치(B)					57,231
영업관련 현금흐름의 현재가치 (C=A+B)					71,401
비영업용자산의 가치(D)					6,758
Ⅹ. 기업가치(E=C+D)					78,159
이자부부채의 가치(F)					2,370
Ⅺ. 자기자본의 가치(G=E−F)					75,789
양수대상주식 지분율					100.00%
Ⅻ. 양수대상주식 가치					75,789

(*1) Normalization 후 실적

한편, 영구현금흐름의 현재가치는 2021년의 FCFF가 향후 영구성장률로 지속성장한다는 추정방법인 영구성장모형을 적용하여 추정하였으며, 세부산정내역은 다음과 같다.

(단위 : 백만원)

구 분	금 액
가. 2020년 세후영업이익(NOPLAT)	5,829
나. 영구성장률	1.00%
다. 2021년 이후 세후영업이익(다=가×(1+나))	5,887
라. 2021년 이후 감가상각비	285
마. 2021년 이후 CAPEX	560
바. 2021년 이후 순운전자본의 변동	83
사. 2021년 이후 FCFF(사=다+라−마−바)	5,529
아. 할인율	7.87%
자. Discount Factor	0.711
차. 영구현금흐름의 현재가치[차=사/(아−나)×자]	57,231

* 출처 : 평가대상회사 제시자료, Bloomberg 및 삼일PWC Analysis

* 자료 : SK증권 및 신영증권 기업분석보고서 및 삼일회계법인 외부평가기관 평가의견서 일부 편집인용

Chapter

4

초과이익모형(RIM)

Section 1

초과이익모형(RIM) 개요

초과이익모형(RIM, Residual Income Model)은 주주입장에서 현재시점의 자기자본에 자기자본을 초과하는 이익인 초과이익의 현재가치를 합한 금액을 적정한 주주지분가치(Equity Value)로 산출하는 방법이다. 여기서 가치창출요소인 초과이익(RI, Residual Income)은 자기자본비용을 초과하는 이익으로서 자기자본이익률(ROE, Return on Equity)에서 자기자본비용(re, COE, Cost of Equity)을 차감하여 산출한 미래의 예측정보이다. 초과이익모형은 현금흐름할인모형(DCF Model), 배당할인모형(DDM), 경제적 부가가치모형(EVA Model)과 이론적으로 동일한 결과가 산출되면서도 다른 가치평가방법에 비하여 상대적으로 주관성을 최소화시킨 내재가치평가방법(Intrinsic Value Method)이다.

주주지분가치(Equity Value) = 자기자본(BV_{t-1}) + 미래 초과이익(RI_t) 현재가치 합
초과이익(RIt) = 당기순이익$_t$ − 자기자본$_{t-1}$ × 자기자본비용$_t$ = 자기자본$_{t-1}$ × (ROE_t − COE_t)

초과이익모형(RIM)의 특징을 살펴보면 다음과 같다. 첫째, 주주지분가치(Equity Value)는 기업의 수익성(ROE)과 투자규모(BV)에 의해 결정이 되며 기업가치의 증가를 가져오는 직접적 요인(driver)을 명시화하였다. 즉, 미래초과이익은 기업의 미래 수익성(ROE)과 성장(g)에 달려 있다.

둘째, 가치평가에 있어서 자기자본, 당기순이익 등 회계변수의 역할을 분명히 제시하여 회계학에서 실증연구(Empirical Study)의 방법론 발전에 커다란 공헌을 하였다.

셋째, 초과이익모형은 가치창출(Value Added) 요소를 반영한 모형이다. 배당할인모형 및 현금흐름할인모형에서 배당이나 잉여현금흐름(FCF, Free Cash Flow)이 가치창출요소를 구체적으로 포착하고 있지 못하거나 일부 배제시키는 것과 차이가 있다.

배당할인모형의 경우 가치의 창출(creation) 측면보다는 창출된 가치의 분배(distribution) 측면에 초점을 맞추고 있다. 배당할인모형은 가치창출요인에 대한 정보를 제공하는데 불충분하며, 배당정책은 기업가치의 창출과 관련이 없고 무배당기업의 경우 미래배당 예측의 어려움이 존재한다.

현금흐름할인모형의 경우 당해 기간 중 창출된 가치(Value Added)를 반영하지 못하고 있다. 잉여현금흐름은 영업활동 현금흐름에서 자본적 지출액을 차감한 결과이므로 자본적 지출액인

투자액이 커질수록 잉여현금흐름이 감소하며 최종적인 기업가치는 창출된 가치와 투자를 적절히 구분하지 못하는 한계점을 안고 있다.

넷째, 미래 예측치에 의존하는 정도가 작아 가치추정의 오차를 최소화시켰으며 가치평가 작업을 단순화 시켰다. 재무제표 상 자기자본의 장부가액을 활용함으로써 추정에 따른 주관성을 최소화시켰으며 잔여가치(잔존가치, 영구가치, Terminal Value, Continuing Value)에 대한 영향력이 축소되었다.

순자산가액인 자기자본은 관찰 가능한 변수이며 미래초과이익만이 추정의 대상이 된다. 순자산가액을 이용하여 주식가치의 상당부분을 바로 추정할 수 있으며 국내 상장기업의 평균 PBR(주가대비 주당순자산배수)이 2보다 훨씬 작아 자기자본이 주주지분가치에서 차지하는 비중은 평균적으로 50%가 넘게 된다. 이에 비해 배당할인모형 및 현금흐름할인모형은 미래의 배당, 잉여현금흐름 모두를 추정해야 한다.

다섯째. 이론적으로 배당할인모형 및 현금흐름할인모형과 동일한 결과값을 도출하지만 배당정책의 예측이 어렵거나 잉여현금흐름이 음(−)인 경우에도 적용이 가능하다.

현금흐름할인모형의 경우 예측기간 중에 상당 규모의 투자가 예상되는 경우에는 잉여현금흐름 예측치가 음(−)의 값이 될 수 있으며, 투자의 효과를 반영하기 위해서는 매우 긴 기간의 잉여현금흐름을 예측해야 하므로 예측 추정의 오차가 커지게 된다.

여섯째, 이론적으로 초과이익은 미래로 갈수록 0에 가까워질 것이므로 예측기간을 길게 가져갈 필요가 없거나 잔여가치(Terminal Value)를 산출할 필요가 없을 수 있다. 따라서 배당할인모형, 현금흐름할인모형의 단점인 개별추정기간 이후의 잔여가치(Terminal Value) 추정 시 분석자의 자의성을 최소화한 객관적인 방법이다.

모든 수익가치모형(Income Value Mode)은 실무적으로 미래수익을 무한정 예측할 수는 없으므로 일반적으로 향후 T시점까지만 예측하고 그 이후는 잔여가치를 계산하게 되는데 배당할인모형, 현금흐름할인모형의 경우 잔여가치 비중이 매우 크고 사용된 가정에 따라 결과의 차이가 크게 발생한다.

미래 초과이익은 기업 간 경쟁에 의해 점차 소멸하게 될 것이며 평균회귀현상(mean reversion effect)에 의해 자기자본이익률(ROE)은 자기자본비용(re, COE)에 수렴하게 될 것이다. 보수적 회계를 가정할 경우 자기자본(BV)이 과소계상 되어 초과이익(RI)이 크게 측정되면 0에 근접하지 않을 수 있으나, 0에 근접하지 않더라도 일정기간 이후 주주지분가치에서 차지하는 비중은 매우 작을 것이다.

일곱째, 초과이익모형은 기업 간 회계방법의 차이에 관계없이 자기자본, 순이익, 배당 간에 순증관계(CSR, Clean Surplus Relation)가 성립하는 한 모든 기업에 대해 적용이 가능하다. 또한 회계방법을 변경하는 경우에도 원칙적으로 영향을 받지 않는다. 회계변경으로 이익이 증가할 경우 자기자본이 증가하여 미래초과이익이 감소함으로써 두 효과가 상쇄하게 된다.

여덟째, 초과이익모형은 PBR(주가대비 주당순자산배수)의 의미를 명확히 전달하며 기업의 경영능력에 따라 주주의 투자자원은 증가 또는 감소 할 수 있음을 의미한다. PBR이 1보다 크다는 것은 투자자원으로부터 초과이익을 획득한다는 것을 의미하며, PBR이 1보다 작다는 것은 투자자원으로부터 음(-)의 초과이익을 획득한다는 것을 의미한다. 회계 상의 이익인 당기순이익이 주주들이 요구하는 최저필수수익률인 자기자본비용을 초과하느냐 여부, 즉 자기자본이익률(ROE)과 자기자본비용(re, COE)의 크기에 따라 PBR의 수준이 결정된다.

초과이익모형에 의해 산출된 주주지분가치(Equity Value)는 아래에서 보듯 성격이 상이한 세 가지 유형의 가치로 구성되어 있다. 자기자본이익률(ROE)과 자기자본비용(COE)에 따른 초과이익의 지속성 여부에 따라 개별 추정기간의 초과이익과 잔여기간의 잔여가치가 결정되므로, 두 부분의 추정이 매우 중요하다고 볼 수 있다.

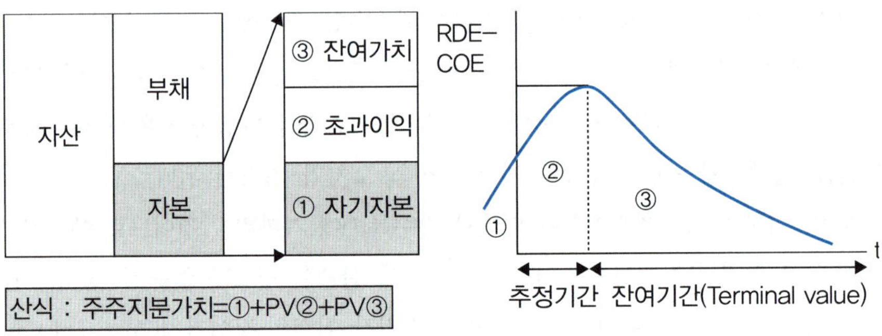

* ROE(Return on Equity) : 자기자본이익률, COE(Cost of Equity) : 자기자본비용

Section 2 초과이익모형(RIM) 산정

초과이익모형(RIM)에서 주주지분가치(Equity Value)의 산식을 유도하기 위해서는 순증관계 회계원칙(Principle of Clean Surplus Relation Accounting)을 이해해야 한다. 아래와 같이 자기자본, 순이익, 배당 간에는 일정한 관계가 성립한다는 것을 순증관계(CSR, Clean Surplus Relation)라고 한다.

$$BV_t = BV_{t-1} + NI_t - D_t$$

BV_t : t시점 자기자본, NI_t : t기간 순이익
D_t : t기간 순배당(현금배당+자기주식 취득액−유상증자 납입액)

초과이익모형(RIM)에 의한 주주지분가치는 배당할인모형(DDM)으로부터 시작되며 배당할인모형에 의한 주주지분가치는 다음과 같이 표현할 수 있다.

$$\text{주주지분가치(V)} = \frac{D_1}{(1+r_e)^1} + \frac{D_2}{(1+r_e)^2} + \frac{D_3}{(1+r_e)^3} + \dots = \sum_{t=1}^{\infty} \frac{D_t}{(1+r_e)^t} \quad \cdots\cdots\cdots\cdots\cdots\cdots \text{1)}$$

1)식 분자의 배당(D)은 순증관계를 이용하면 다음과 같이 표현할 수 있다.

$$\text{주주지분가치(V)} = \frac{NI_1 + BV_0 - BV_1}{(1+r_e)^1} + \frac{NI_2 + BV_1 - BV_2}{(1+r_e)^2} + \frac{NI_3 + BV_2 - BV_3}{(1+r_e)^3} + \dots\cdots \quad \text{2)}$$

2)식 첫째항 분자에 $r_e \times B_0$를 가감(±), 둘째항 분자에 $r_e \times B_1$을 가감(±), 같은 방식으로 셋째항 이후의 분자에도 '$r_e \times B_2$, $r_e \times B_3$, …'를 계속 가감(±)하여 정리하면 아래 3)식의 초과이익모형(RIM)을 도출해 낼 수 있다.

$$\text{주주지분가치(V)} = BV_0 + \frac{NI_1 - r_e \times BV_0}{(1+r_e)^1} + \frac{NI_2 - r_e \times BV_1}{(1+r_e)^2} + \frac{NI_3 - r_e \times BV_2}{(1+r_e)^3} + \dots$$

$$= BV_0 + \frac{(ROE_1 - r_e) \times BV_0}{(1+r_e)^1} + \frac{(ROE_2 - r_e) \times BV_1}{(1+r_e)^2} + \frac{(ROE_3 - r_e) \times BV_2}{(1+r_e)^3} + \dots$$

$$= BV_0 + \frac{RI_1}{(1+r_e)^1} + \frac{RI_2}{(1+r_e)^2} + \frac{RI_3}{(1+r_e)^3} + \dots$$

$$= BV_0 + \sum_{t=1}^{\infty} \frac{RI_t}{(1+r_e)^t} \quad \cdots\cdots \quad 3)$$

단, $ROE_t = \frac{NI_t}{BV_{t-1}}$, $RI_t = (ROE - r_e) \times BV_{t-1}$

식3)을 T시점까지만 개별적으로 추정하고 그 이후는 잔여가치(Terminal Value)를 계산하는 식으로 나타내면 다음과 같다.

주주지분가치(V)

$$= B_0 + \frac{RI_1}{(1+r_e)^1} + \frac{RI_2}{(1+r_e)^2} + \dots + \frac{RI_T}{(1+r_e)^T} + \frac{1}{(1+r_e)^T} \times \frac{RI_T \times (1+g)}{r_e - g} \quad \cdots\cdots \quad 4)$$

단, $\frac{RI_T \times (1+g)}{r_e - g}$: T시점 이후의 잔여가치, g : T시점 이후 초과이익의 성장률

4)식을 통해 초과이익모형(RIM)의 주주지분가치(V)는 재무정보의 불확실성 정도에 따라 세 가지 유형의 가치로 구분할 수 있음을 알 수 있다.

자기자본	기존 재무정보	B_0
초과이익	단기전망 가치	$B_0 + \frac{RI_1}{(1+r_e)^1} + \frac{RI_2}{(1+r_e)^2} + \dots + \frac{RI_T}{(1+r_e)^T}$
잔여가치	장기전망 가치	$\frac{1}{(1+r_e)^T} \times \frac{RI_T \times (1+g)}{r_e - g}$

Section 3

초과이익모형(RIM) 잔여가치

초과이익모형(RIM)에서 주주지분가치를 산출하기 위한 중요한 이슈는 초과이익의 추정기간(T)과 잔여가치 계산을 위한 초과이익의 성장률(g)을 어떻게 결정할 것인가이다.

초과이익의 추정기간을 길게 잡을수록 초과이익의 많은 부분을 주관적 판단에 의존할 수밖에 없고 가치평가의 신뢰성 문제가 발생될 수밖에 없다.

초과이익 추정기간 이후의 성장률(감소율)을 고려한 잔여가치는 아래 4가지 경우를 고려해 볼 수 있다.

(1) T기간 중에 초과이익이 점차 감소하여 0에 수렴하는 경우

아래와 같이 추정기간 동안 초과이익이 점차 감소하여 0에 수렴할 경우 잔여가치 추정치를 0으로 가정한다.

구분	추정기간(T=5)					잔여가치		
	1년	2년	3년	4년	5년	6년	7년	…
초과이익	70	65	45	38	10	0		

(2) T기간 중에 초과이익이 일정률로 감소하는 경우

아래와 같이 추정기간 동안 초과이익이 일정률로 감소하는 경우 초과이익의 지속성 계수(persistence parameter, ω)가 0과 1사이이므로 등비급수 산식 $RI_5 \times \omega / (1+K_e-\omega)$에 의해 추정한다.

구분	추정기간(T=5)					잔여가치		
	1년	2년	3년	4년	5년	6년	7년	…
초과이익	30	55	50	45	40	$RI_5 \times \omega / (1+K_e-\omega)$		

(3) T기간 중에 초과이익이 일정 수준으로 유지되고 있는 경우

아래와 같이 추정기간 동안 초과이익이 일정 수준으로 유지되고 있는 경우 무한등비급수 산식 RI_5 / K_e에 의해 추정한다.

구분	추정기간(T=5)					잔여가치		
	1년	2년	3년	4년	5년	6년	7년	…
초과이익	15	25	20	23	20	RI_5 / K_e		

(4) T기간 중에 초과이익이 일정률로 성장하는 경우

아래와 같이 추정기간 동안 초과이익이 일정률로 성장하는 경우 초과이익의 증가추세를 잔여가치 추정에 반영시키기 위해 무한등비급수 산식 $RI_5(1+g) / (K_e - g)$에 의해 추정한다.

구분	추정기간(T=5)					잔여가치		
	1년	2년	3년	4년	5년	6년	7년	…
초과이익	25	30	30	35	40	$RI_5(1+g) / (K_e - g)$		

위에서 설명한 잔여가치 산출방법 4가지 경우를 정리하면 다음과 같다.

T년 말 이후 초과이익의 예상치	잔여가치
"0"에 가까운 초과이익	0
일정한 초과이익이 지속	RI_t / K_e
일정률로 감소하는 경우	$RI_t \times \omega / (1 + K_e - \omega)$
일정률로 성장하는 경우	$RI_t \times (1+g) / (K_e - g)$

초과이익의 지속성 계수(persistence parameter, ω)는 초과이익이 소멸되는 속도를 의미하며, 아래와 같이 자기회귀모형을 통해 구한다. 이러한 회귀식을 추정하기 위해서는 초과이익에 대한 시계열 자료가 충분해야 한다.

$$RI_{t+1} = w \times RI_t + \varepsilon_{t+1}$$

RI_{t+1} : t+1기의 초과이익, w : 초과이익의 지속성 계수
ε_{t+1} : 기대치가 0인 오차항

상기 4가지 경우 중에서 가장 합리적이고 현실적인 경우는 초과이익이 일정률로 감소하는 경우이다. 초과이익의 지속성계수(ω)가 0에서 1사이라는 것($0 \le \omega < 1$)은 기업 간 경쟁에 의해 초과이익이 점차 소멸되어 갈 것이라는 경제적 논리가 내포되어 있으며 지속성계수(ω)의 장기

적인 기대치는 0이다.

그러나 연구개발비를 무형자산보다는 비용 처리, 유형자산 취득일 이후에 추가적인 지출이 발생하였을 때 자본적 지출인지 수익적 지출인지 애매할 때 수익적 지출로 처리하는 등 보수적 회계처리(conservative accounting)에 의해 순자산가액의 과소계상으로 인한 초과이익의 과대계상화로 미래초과이익이 장기적으로 0에 접근하지 않을 수 있다.

예를 들어, 초과이익의 지속성계수(ω)가 0.5라면 약 5년 정도 후면 $0.5^5=0.031250$가 되어 초과이익이 거의 소멸하는 평균회귀현상(mean reversion effect)을 나타낸다. 예를 들어, 어떤 기업이 특정 분야에서 뛰어난 경영성과를 통해 초과이익을 창출하고 있다면, 해당 분야에 다른 기업이 진출하여 경쟁이 심화되어 약 5년 정도 지나면 초과이익 이 소멸한다는 것이다. 따라서 미래 초과이익을 무한정 예측할 필요가 없이 5년까지의 초과이익의 현재가치의 합을 기업가치 요소에 포함시키면 된다는 것을 의미한다.

Section 4

초과이익모형(RIM) 사례분석

아래의 초과이익모형(RIM)의 구체적인 사례를 위한 주요 가정은 다음과 같다.

- 현재 시점에서의 자기자본금액에 추정기간(10년)의 예상 실적을 반영한 초과이익과 추정기간 이후의 잔여가치를 합산하여 주주지분가치를 산출함.
- 필수수익률인 자기자본비용(Cost Of Equity)은 리스크를 부담하는 주주입장에서의 기대수익률로 CAPM(Capital Asset Pricing Model)을 통하여 산출함.
- 자기자본비용＝무위험이자율(R_f)＋베타* 시장위험프리미엄(MRP)
- 무위험이자율은 미래 장기현금흐름에 대한 가치평가를 위해 5년 만기 국고채수익률에 준하여 반영
- 시장위험프리미엄은 시장포트폴리오 기대수익률과 무위험이자율과의 차이로서 일반적으로 6~8% 수준에서 반영되어 왔으나, 최근 저성장 국면에서의 낮아진 기대치를 반영하여 3~5% 수준에서 반영함.
- 영구성장률(g)은 추정기간(10년) 이후 잔여이익의 영구적인 성장률을 의미하며, 성장은 없다는 가정 하에 0%를 반영함.

(단위 : 십억원, 원,%)

구분	1년	2년	3년	4년	5년	6년	7년	8년	9년	10년
Ⅰ. 순이익t	550	690	730	740	770	820	880	930	990	1,040
Ⅱ. 자기자본t－1	4,720	5,360	6,040	6,730	7,450	7,700	7,910	8,070	8,180	8,250
ROE(%)	11.7	12.9	12.1	11.0	10.3	10.6	11.1	11.5	12.1	12.6
Ⅲ. COE(%)										6.0
R_f(%)										2.0
MRP(%)										4.0
베타										1.0
Ⅳ. ROE－COE	5.7	6.9	6.1	5.0	4.3	4.6	5.1	5.5	6.1	6.6
Ⅴ. 최소이익	283	322	362	404	447	462	475	484	491	495

구분	1년	2년	3년	4년	5년	6년	7년	8년	9년	10년
Ⅵ. 잔여이익	267	368	368	336	323	358	405	446	499	545
현가계수	0.94	0.89	0.84	0.79	0.75	0.70	0.67	0.63	0.59	0.56
잔여이익 현가	252	328	309	266	241	252	270	280	295	304
Ⅶ. 잔여이익 합계										2,797
Ⅷ. 잔여가치 현가										5,072
Ⅸ. 자기자본										4,720
Ⅹ. 주주지분가치										12,589
주식수(천주)										75,000
Ⅺ. 적정주당가치										167,859

기업가치평가실무

세무 · 회계 지식서비스 분야의 선두주자 조세통람
국내 재경실무분야를 선도하는 No 1. Knowledge Provider

Chapter

5

경제적 부가가치모형

Section 1

경제적 부가가치(EVA) 산출

1. 경제적 부가가치(EVA) 산출

경제적 부가가치(EVA; Economic Value Added)는 세후영업이익(NOPAT; Net Operating Profit After Taxes 또는 NOPLAT; Net Operating Profit Less Adjusted Taxes)에서 영업에 투하된 자본에 대한 최소한의 기대수익을 차감한 초과영업이익의 개념이다.

> EVA = 세후영업이익(NOPAT) − 자본비용(Capital Cost)
> = 세후영업이익(NOPAT) − 가중평균자본비용(WACC) × 투하자본(IC)
> = 투하자본(IC) × {투하자본이익률(ROIC) − 가중평균자본비용(WACC)}

경제적 부가가치(EVA)는 아래와 같이 ROIC에서 WACC을 차감하여 비율(%)로 산정할 수 있으며, 여기에 영업에 투하된 자본인 투하자본(IC)을 곱하여 금액(amount)으로 산정할 수 있다.

> EVA(%) = 투하자본이익률(ROIC) − 가중평균자본비용(WACC)
> EVA(금액) = 투하자본(IC) × {투하자본이익률(ROIC) − 가중평균자본비용(WACC)}

투하자본이익률(ROIC)은 세후영업이익을 투하자본으로 나누어 산정하며 아래와 같은 특징을 가지고 있다.

> **투하자본이익률(ROIC : Return On Invested Capital)**
> = 당기 세후영업이익 / 연평균 투하자본{=(기초IC+기말IC)/2}
> = {당기 영업이익 / 연평균 투하자본} × (1−법인세율)
> * (영업이익 /IC) = (영업이익 / 매출) × (매출 / IC) = 영업이익률 × 투하자본회전율

- 생산 및 영업활동에 투자한 자본으로 어느 정도 이익을 거두었는지를 나타내는 지표이다.
- 총자산이익률(ROA), 자기자본이익률(ROE)과 같은 수익률 지표보다 기업의 수익성을 평가하는 데 유용한 지표로 평가됨에 따라 최근 들어 활용이 증가되고 있다.
- 영업에 사용된 자산으로부터 영업에서 순수하게 발생된 이익을 측정하고 있다.

- 가중평균자본비용(WACC)과 비교하여 재무구조의 건전성과 수익성을 판단할 수 있다.
- 투하자본이익률이 가중평균자본비용보다 높다는 것은 저렴한 자본비용으로 투자재원을 조달해 전략적 투자, 효율적 생산 및 높은 매출의 영업활동이 이뤄지고 있다는 것을 의미한다.
- 이 기법은 재원 조달 시에는 재무자원 포트폴리오를 활용해 필요한 자금의 용도 및 허용 가능한 자본비용에 따라서 전체 자본비용을 관리하도록 한다.
- 투하자본이익률은 영업이익률과 투하자본회전율로 구성된다. 영업이익률은 매출을 이익으로 실현시키는 효율성을 측정하며, 투하자본회전율은 투하자본 사용의 효율성을 측정한다.

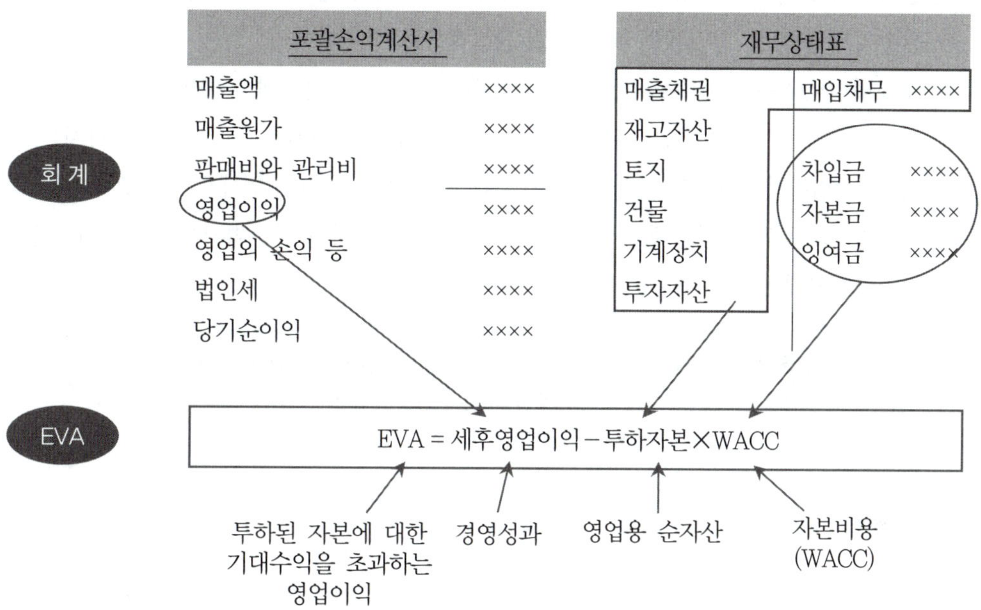

2. 세후영업이익 산출

세후영업이익은 영업이익에서 영업관련 법인세를 차감하여 산출하며 법인세를 산출하는 방법에 따라 다음 2가지 방법에 의해서 산출할 수 있다.

첫 번째 방법은 영업관련 법인세를 직접 산출하는 방식이다. 이 방법에 의하면 영업이익에 한계법인세율 또는 유효법인세율을 곱하여 영업관련 법인세를 직접적으로 산출한다. 주로 미래의 추정 세후영업이익을 산출할 때 적용하는 방법이다. 미래 추정의 경우 영업외수익 · 비용 및 이연법인세 등을 추정하지 않기 때문에 추정 영업이익을 대상으로 직접적으로 산출한다.

세후영업이익(NOPAT; Net Oeprating Profit After Taxex)
= 영업관련 수익 − 영업관련 비용 − 영업법인세*
* 영업법인세 = 영업이익 x 한계법인세율(또는 유효법인세율)

두 번째 방법은 포괄손익계산서 상 법인세에서 비영업활동으로 인한 법인세 효과를 제거하고 이연법인세 증감을 조정하여 현금기준 순수영업활동 법인세를 산출하는 방식이다.

이 방법에 의하면 포괄손익계산서 상 법인세를 조정하여 영업관련 법인세를 간접적으로 산출한다. 주로 과거의 추정 세후영업이익을 산출할 때 적용하는 방법이다. 과거 실적의 경우 법인세에 영업외수익 · 비용의 효과가 반영되어 있으며 실제 납부한 법인세와 차이가 있으므로 포괄손익계산서 상 법인세를 대상으로 간접적으로 산출한다.

조정법인세(Adjusted Taxes)는 포괄손익계산서 상의 법인세에서 출발하여 아래와 같은 두 가지 조정을 통하여 영업 관련된 현금기준의 법인세를 산출한다. ① 조정1 : 이자비용, 이자수입 등 비영업활동으로부터의 세금효과를 제거하여 영업 관련 법인세로 조정한다. ② 조정2 : 이연법인세의 증감 조정을 통해 현금기준 법인세로 조정하며 이연법인세차의 증가분은 더해주고, 이연법인세대의 증가분은 차감해 준다.

세후영업이익(NOPLAT; Net Oeprating Profit Less Adjusted Taxex)
= 영업관련 수익 − 영업관련 비용 − 조정법인세*
* 조정법인세 : 비영업활동의 세금효과와 이연법인세 증감 조정

3. 투하자본 산출

투하자본(IC; Invested Capital)은 기업이 본원적인 영업활동을 위해 투하된 모든 자본을 의미하며, 투하자본은 자금조달과 관련한 부채 · 자본계정을 이용해서 산정하는 방법과 자금운영과 관련하여 자산계정을 이용해 산정하는 방법이 있으나 투하자본(IC)은 부채 · 자본계정의 운영 내역을 파악하기 어렵기 때문에 자금운영과 관련된 자산계정을 이용하여 산정한다. 투하자본은 수익창출이 가능한 자산을 의미하며 영업과 관련이 없다고 판단되는 자산은 투하자본에 포함시키지 않는다.

투하자본(IC)
= 순운전자본 + 영업용 비유동자산(= 순유형자산 + 영업용 기타자산 − 영업용 기타부채)

Section 2

경제적 부가가치(EVA) 의의

① EVA 값의 의미

EVA가 양(+)의 값을 갖는다는 것은 기업이 비즈니스 활동을 위해 투자된 자본비용보다 수익을 더 많이 창출한 것을 의미하고, 음(−)의 값을 갖는다는 것은 투하된 자본 비용이 더 많이 사용된 것으로서 기업의 가치가 파괴된 것을 의미한다.

② 기업의 실질 수익창출 지표

EVA는 영업활동으로부터 발생한 수익을 산정하므로 기업의 실질 수익성을 파악할 수 있다. 즉, 비영업활동으로부터 발생한 수익은 제외된다.

③ 주주가치의 올바른 반영

EVA는 정부에 대한 법인세, 타인자본에 대한 조달비용은 물론 주주들에게 돌아가야 할 적정수준의 기대수익인 자기자본(조달)비용까지 차감함으로써 주주가치를 실질적으로 적정하게 평가할 수 있다.

④ 기존 이익개념의 한계성을 극복

영업이익, 당기순이익 등 기존의 이익개념이 주로 포괄손익계산서를 다루고 있는 반면에 EVA는 포괄손익계산서와 재무상태표를 동시에 고려하기 때문에 수익 · 비용 개념과 자산을 동시에 고려하여 이익을 계산하고 있다. 따라서 기존의 이익개념이 자산의 활용성을 파악할 수 없는 한계성을 극복하는 중요한 성과평가 지표이다.

Section 3 성과평가지표와 비교기준

투자에 대한 성과평가는 주주 중심의 ROE와 전체 투자자 중심의 ROA로 구분할 수 있으며, 주주 기준의 당기순이익대신 전체 투자자 기준의 영업이익으로 대체한 수정ROA를 사용할 수 있다. 또한 순수영업과 관련된 성과평가를 위해 ROIC를 사용할 수 있다. 성과평가지표의 비교기준으로 주주 중심의 자기자본(조달)비용(K_e)과 전체 투자자 중심의 가중평균자본(조달)비용(WACC)이 적용된다. 이 중 ROIC와 WACC를 비교한 것이 EVA에 해당한다.

성과평가지표	비교기준
• ROE＝당기순이익 / 연평균자기자본	• 자기자본비용(K_e)
• ROA＝당기순이익 / 연평균총자산 • 수정ROA＝영업이익 / 연평균총자산	• 가중평균자본비용(WACC)
• ROIC＝세후영업이익 / 영업용 투하자본	• 가중평균자본비용(WACC)

Section 4

경제적 부가가치모형(EVA Model) 가치평가

현금흐름할인모형은 오로지 현금흐름만 집중하면 되기 때문에 복잡한 회계이슈도 간단히 해결할 수도 있다는 장점이 있다. 하지만 각 연도의 현금흐름이 회사 성과에 대한 그릇된 오해를 제공할 수 있다는 단점이 있다. 예를 들어, 어느 해의 현금흐름이 부(-)인 경우 두 가지 해석이 가능할 수 있다. 기업의 당해 실적이 실제 좋지 않거나 미래 성과를 위해 투자를 하고 있는 경우이다. 하지만 경제적 부가가치모형은 기업이 어느 해에 가치를 창출하는지 또는 어느 해에 가치를 파괴하는지 구체적으로 제시한다. 한편 현금흐름할인모형이나 경제적 부가가치모형은 모두 장래의 경제적 가치를 가중평균자본비용(WACC)으로 할인한다는 공통점을 지니고 있다.

현금흐름할인모형과 경제적 부가가치모형을 정확하게 적용한다면 어느 방법을 사용하든 동일한 결과가 나와야 하겠지만, 실제 적용과정은 차이가 있다. 현금흐름할인모형은 회계기준에 따라 상이할 수 있는 회계적 이익에 기초하지 않고, 기업의 현금흐름만을 가지고 가치를 평가하기 때문에 실무자와 학계가 가장 선호하는 방법론이다. 한편 경제적 부가가치모형은 자본비용 이상의 이익을 창출하였는지 여부가 중요하다.

경제적 부가가치모형에 따르면 기업의 영업가치(OV; Operating Value)는 투하자본(IC; Invested Capitla)의 현재 장부가액과 미래에 창출될 부가가치의 현재가치를 합산한 것과 같다.

$$\text{영업가치}_0(OV_0) = \text{투하자본}_0 + \sum_{t=1}^{\infty} \frac{\text{경제적부가가치}_t(EVA_t)}{(1+WACC)^t}$$

$$\text{영업가치}_0(OV_0) = \text{투하자본}_0 + MVA(Market\,Value\,Added)$$

한편 미래 EVA 현재가치의 합을 시장부가가치(MVA; Market Value Added)라고 한다. 위 수식에 따르면, 미래 경제적 부가가치가 0이면 영업가치는 투하자본과 같아진다. 회사의 영업가치가 투하자본을 능가하는 경우에는, 회사가 우수한 재무 실적을 유지할 수 있게 하는 경쟁력이 어디에서 나오는 를 찾아내야 한다.

위에서 산출한 영업가치(OV)에 비영업용 자산(NOA; Non-Operating Assets)의 가치를 합쳐 기업가치(EV; Enterprise Value)를 구하며, 마지막으로 기업가치(EV)에서 타인자본가치(Debt Value)를 차감하여 자기자본가치(Equity Value)를 도출하게 된다.

Section 5

경제적 부가가치모형(EVA Model) 사례분석

아래의 경제적 부가가치모형(EVA Model)의 구체적인 사례를 위한 주요 가정은 다음과 같다.

- 20X1년 기초시점에서의 투하자본금액에 추정기간(10년)의 예상 실적을 반영한 초과이익과 추정 기간 이후의 영구가치를 합산하여 자기자본 가치를 산출함
- 투하자본은 매년 기초시점에 측정함
- 필수수익률인 가중평균자본비용(WACC)은 리스크를 부담하는 채권자와 주주 입장에서의 기대수익률을 가중평균하여 산출함
- 영구성장률(g)은 추정기간(10년) 이후 경제적 부가가치의 영구적인 성장률을 의미하며, 성장은 없다는 가정 하에 0%를 반영함

연도	투하자본	ROIC	WACC	EVA	할인율	EVA 현재가치
	백만원	%	%	백만원	8%	백만원
20X1	24,000	10.00%	8.00%	480	0.9259	444
20X2	26,000	10.50%	8.00%	650	0.8573	557
20X3	28,000	11.00%	8.00%	840	0.7938	667
20X4	30,000	12.00%	8.00%	1,200	0.7350	882
20X5	31,000	12.00%	8.00%	1,240	0.6806	844
20X6	33,000	12.00%	8.00%	1,320	0.6302	832
20X7	35,000	12.00%	8.00%	1,400	0.5835	817
20X8	37,000	12.00%	8.00%	1,480	0.5403	800
20X9	39,000	12.00%	8.00%	1,560	0.5002	780
2X10	41,000	12.00%	8.00%	1,640	0.4632	760
영구가치				20,500	0.4632	9,495
EVA 현재가치						16,878
투하자본, 20X1년						24,000
(조정전) 영업가치(OV)						40,878
기중 할인조정계수						1.0392
(조정후) 영업가치(OV)						42,482
비영업용 자산의 가치						4,000
기업가치(EV)						46,482
차감 : 차입금(Debt)						1,000
자기자본 가치(Equity Value)						45,482

Section 6

경제적 부가가치모형(EVA Model)과 초과이익모형(RIM) 비교

초과이익 개념의 성과지표로 주주 관점의 RIM(Residual Income Model)과 전체 투자자 관점의 EVA Model(Economic Value Added Model)이 있다.

RIM (Residual Income Model)	EVA Model (Economic Value Added Model)
• 관점 : 주주	• 관점 : 채권자 및 주주
• RI = 당기순이익 − 자기자본 × 자기자본비용(K_e)	• EVA = 세후영업이익 − 영업용 투하자본 × 가중평균자본비용(WACC)
• RI = 자기자본 × (ROE − K_e)	• EVA = 영업용 투하자본 × (ROIC − WACC)
• Equity Value = 자기자본 + 미래 RI 현재가치의 합	• Operating Value(OV) = 투하자본 + MVA(미래 EVA 현재가치의 합) • Enterprise Value(EV) = 영업가치(OV) + 비영업용 자산 가치 • Equity Value = EV − Debt

기업가치평가실무

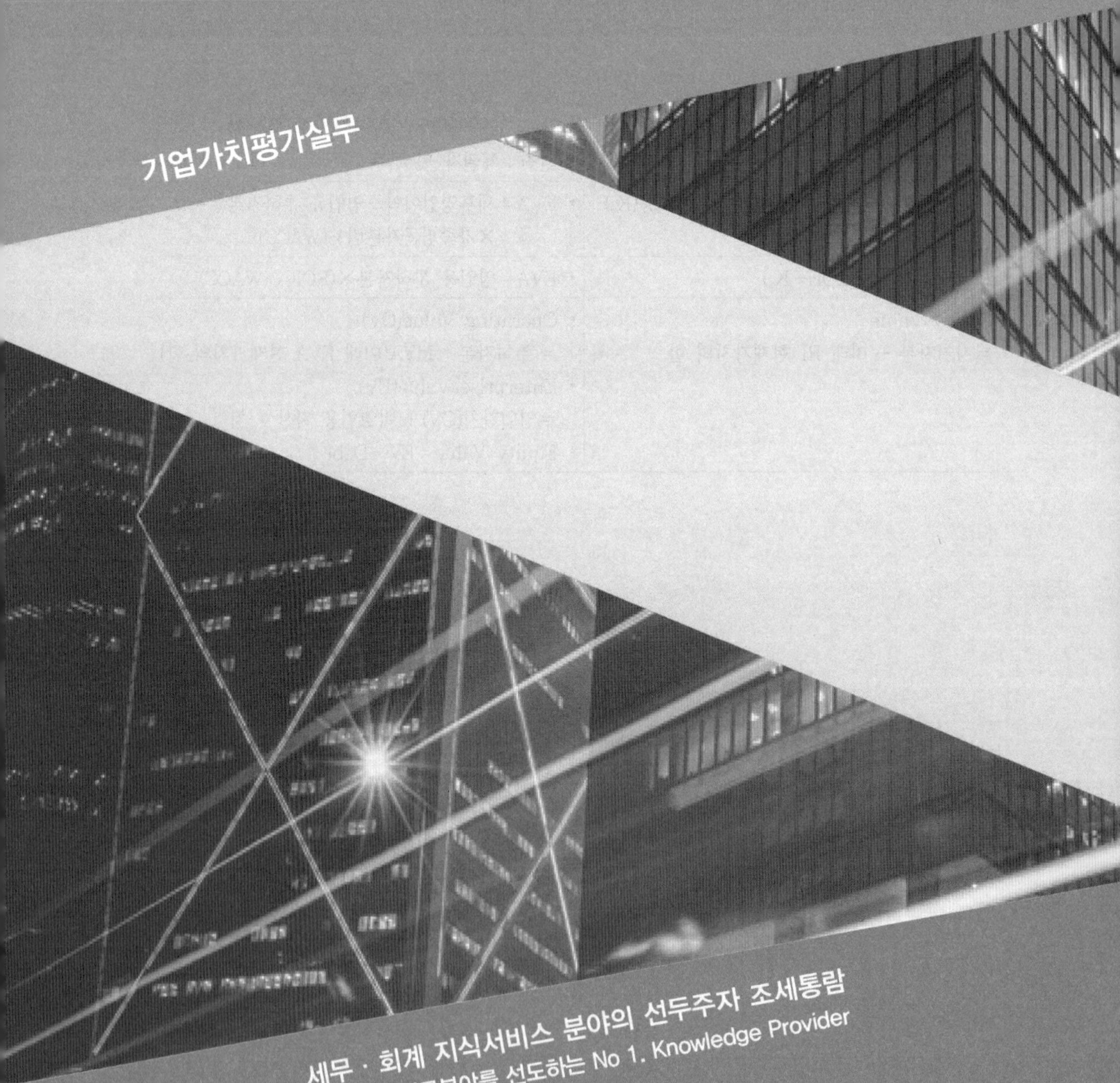

Chapter

6

상대가치 평가방법

Section 1 상대가치 평가방법

상대가치 평가방법(Relative Valuation Method) 또는 시장가치비교법(Market Multiple Method)은 평가대상회사의 재무상황 및 영업환경이 유사한 상장회사의 주가를 이용하여 평가대상회사의 주식가치를 평가하는 방법을 말한다. 평가대상회사와 재무 및 영업환경이 유사한 회사를 합리적으로 선정할 수 있다면 주식가치평가결과의 신뢰성을 높일 수 있고 다양한 방법으로 평가가 가능하다. 상대가치 평가방법은 적용하기가 쉽고 단순하나 평가과정에서 오류의 발생 가능성이 높으므로 주의를 필요로 한다.

상대가치 평가방법에 따라 가치평가를 할 경우에는 두 가지의 핵심 구성요소에 대한 이해가 필요하다. 첫 번째 요소는 가치평가를 위해 비교가능하고 표준화된 가격(또는 비율)(Comparable and Standardized Price or Ratio)이 있어야 한다. 표준화된 가격 또는 비율로는 순이익(earnings), 순자산 장부가(Net asset book value) 또는 매출액(sales) 등이 있다. 두 번째 요소는 유사회사(similar firm) 또는 비교대상회사(comparable company)를 찾는 것이나 이것은 매우 어려운 작업이다. 왜냐하면 어떤 회사도 완전히 동일한 성격의 비교대상회사가 존재할 수 없으며 동일한 사업영역에 속해 있더라도 각자 부담하는 위험(risk)이 다르며, 잠재적 성장률(potential growth rate)과 미래현금흐름(projected cash flow)도 다를 수밖에 없기 때문이다. 상대가치 평가방법에 의한 가치평가가 훌륭히 수행되기 위해서는 이 두 가지 핵심요소가 잘 다루어져야 한다.

상대가치 평가방법의 핵심구성요소

- 비교가능하고 표준화된 가격(또는 비율)이 있어야 한다. 표준화된 가격 또는 비율로 활용되는 것이 순이익(earnings), 순자산 장부가(Net asset book value) 또는 매출액(sales) 등이 있다.
- 유사회사 또는 비교대상회사를 선정한다. 유사회사는 동일한 사업영역에 속해 있으면서 유사한 위험을 부담하며, 잠재적 성장률이 유사한 회사를 선정한다.

가치평가실무에서 시장가치 비교법의 활용도는 매우 높다. 대부분의 주식가치평가보고서에서뿐만 아니라 인수합병(M&A) 거래가격의 산정, 신규기업공개시의 주식가치평가 및 상장기업의 목표주가 산정을 위한 가치평가시에도 상대가치 평가방법은 많이 이용된다.

참고 **기업공개(IPO)시 공모주식의 평가**

증권회사 등이 유가증권의 인수업무를 수행함에 있어 필요한 사항을 정한 「증권 인수업무에 관한 규정」(舊 유가증권의 인수업무에 관한 규칙)에서는 기업공개시의 공모가격을 수요예측을 감안하여 인수회사(주관회사)와 발행회사가 협의하여 결정하도록 하고 있다. 공모가격을 산정하기 위한 기초자료로 유가증권에 대한 인수인(평가기관)의 평가의견이 사업설명서에 포함되는데 이 평가의견에서 가장 일반적으로 사용되는 주식가치평가방법이 상대가치, 즉 시장가치비교법이다. 종전에는 「유가증권의 인수업무에 관한 규정」에 의해 공모가격의 결정을 위한 주식가치평가는 본질가치(자산가치와 수익가치를 가중평균한 가치)와 상대가치를 평균한 가치로 하도록 되어 있었으나 「유가증권의 인수업무에 관한 규정」은 「증권의 발행 및 공시 등에 관한 규정」에 통합 · 폐지되고 공모가격의 결정에 있어서는 사실상 자율화되면서 대부분의 인수회사와 발행회사가 상대가치에 의한 평가방법을 선호하고 있다. 공모가격의 평가와 관련한 설명은 '제6장 공모가 산정'에서 상세히 다루겠다.

상대가치 평가방법은 몇 가지 가정을 만족하면 쉽고 빠르게 적용 가능하다. 또한 현금흐름할인모형(Discounted Cash Flow Method)에 비해 미래성과 추정이 간략하며, 평가결과에 대한 이해 · 분석이 쉽다. 또한 상대가치 평가방법은 평가시점의 시장분위기가 반영된다는 특징이 있다.

1. 상대가치 평가방법의 한계

상대가치 평가방법의 장점은 단점이기도 하다. 비교대상기업이 잘못 선정되거나 선정된 비교대상기업의 특성이 평가대상기업의 특성을 충분히 설명하지 못하는 경우에는 가치평가가 왜곡된다. 몇 개의 변수에 의해 가치평가가 이뤄지므로 가치평가의 핵심요소인 위험, 성장 그리고 현금흐름에 대한 고려는 생략되기도 한다. 또한 현재의 시장상황을 그대로 반영하기 때문에 시장이 일시적인 과대평가(over valuing) 또는 과소평가(under valuing)된 상황에서는 평가대상기업의 가치도 과대 또는 과소평가되는 것이다. 마지막으로 상대가치 평가방법은 가치평가자가 그 결과를 왜곡하는 것이 쉽다. 비교대상회사를 선정하는 기준, 재무자료의 활용방법에 따라 단순한 조작에 의해서도 가치평가 결과는 바뀔 수 있다.

2. 상대가치 평가방법의 적용단계

상대가치 평가방법은 적용할 표준화된 가격의 결정, 즉 상대가치 평가방법 중 어떤 방법을 적용할 것인가를 결정하고 비교대상회사를 조사선정한 후 선정된 비교대상회사의 시장배수(Market Multiple)를 계산한다. 그리고 평가대상회사의 표준화된 가격(비율)과 비교대상회사의 Market Multiple을 이용하여 주식가치를 추정한다.

[그림 6-1] 상대가치 평가방법의 적용단계

Step 1 **적용할 표준화된 가격(비율)의 결정**

상대가치 평가방법 중 적용할 방법을 결정(PER · PBR · PSR · EV/EBITDA 등)

Step 2 **비교대상회사의 조사 및 선정**

평가대상회사와 유사한 조건을 갖춘 비교대상회사를 선정

Step 3 **비교대상회사의 Market Multiple 계산**

적용할 표준화된 가격(비율)에 따라 비교대상회사의 Market Multiple 계산

Step 4 **평가대상회사의 추정주가 계산**

평가대상회사의 표준화된 가격(비율)과 비교대상회사의 Market Multiple을 이용하여 평가대상회사의 추정주가를 계산

상대가치 평가방법의 적용단계에서 '단계 1'과 '단계 2'의 순서를 바꾸어서 적용할 수도 있다. 예를 들어 PER를 이용하여 가치를 추정하고자 하였으나 비교대상회사의 주당순이익이 부(negative)의 값을 가지게 되면 PER가 아닌 PBR이나 EV/EBITDA를 적용해야 하는 상황이 올 수 있기 때문이다.

Section 2 상대가치 평가방법의 종류

주식가격인 주가(Stock Price)는 기업의 시가총액인 자기자본가치를 발행주식수로 나눈 값이다. 자기자본가치가 동일하더라도 발행주식수는 서로 다르므로 1주당 가격을 비교대상기업의 주식가격과 직접 비교하는 것은 의미가 없다. 평가대상기업과 상장된 비교대상기업의 가치를 비교하기 위해서는 어떤 방식을 통해 가치를 표준화할 필요가 있다. 가치비교를 위해 표준화된 것이 바로 PER 등으로 대표되는 P-Multiple, EV/EBITDA 등으로 대표되는 EV-Multiple이다.

- Earning Multiple : PER(Price Earning Ratio)
- Book Value Multiple : PBR(Price Book-value Ratio)
- Revenue Multiple : PSR(Price Sales Ratio)
- EBIT Multiple : EV/EBIT
- EBITDA Multiple : EV/EBITDA
- EBITA Multiple : EV/EBITA

예전에는 P-Multiple방식(PER, PBR 등)을 이용한 방법이 선호되었다. 대표적인 P-Multiple인 PER의 경우 비교대상기업의 PER 또는 비교대상기업군의 평균PER를 알면 평가대상기업의 주당순이익(EPS)을 이용하여 주식가격을 쉽게 산출할 수 있다. 그러나 P-Multiple에 따라 평가한 결과는 이상치(outlier)가 나타날 경우가 많으며 적자기업인 경우에는 사용할 수 없는 단점이 있다.

실무에서 EV-Multiple(EV/EBITDA 등)방식도 많이 선호되고 있다. EV-Multiple은 P-Multiple에 비해 고려해야 할 변수가 몇 가지 더 있지만 기업가치접근법을 사용하고 있다는 점과 회계처리방법의 차이로 인한 왜곡가능성을 일정 부분 제거할 수 있다는 점 등으로 각광받고 있다. 또한 EV-Multiple의 대표적인 방법인 EV/EBITDA 비율에서 EBITDA값이 당기순이익(Net Income)보다 부(negative)의 값이 나올 확률이 적기 때문에 적용가능한 기업수가 PER방식보다 늘어난다는 장점이 있다. 여기서는 상대가치 평가방법의 종류를 소개하고 구체적인 평가방법은 별도로 설명한다.

1. 주가배수법(P–Multiple Method)

주가배수법은 주가, 즉 주주의 관점에서 상대가치를 평가하는 방법이며 주가를 설명하는 주요변수로 순이익, 순자산, 매출액이 이용된다. 통상 한 주당 주가가 주당순이익(earning multiple), 주당순자산(book value multiple), 주당매출액(revenue multiple)의 몇 배인지로 표현된다.

1.1 PER(주가대비 주당순이익배수)

주식가치평가방법으로 가장 널리 이용되어 온 방법 중의 하나가 주당순이익배율법(PER)이다. 비교대상기업의 주당순이익, 주당경상이익 또는 주당영업이익과 같은 이익자료를 활용하여 평가하는 방법을 통틀어 Earning Multiple이라 한다. 유가증권시장에서 거래되는 주식을 사고 팔고자 하는 일반투자자가 가장 자주 접하는 것이 Earning Multiple이다. PER는 비교적 쉽고 간단하게 적용될 수 있어 신속한 정보를 필요로 하는 상황에 적합하기 때문이다. Price/Earning ratio에서 사용되는 이익은 과거의 실적주당이익(past earning per share)이 사용될 수 있고, 미래의 추정주당이익(expected earning per share)이 사용될 수도 있다. 현재 주가에 과거의 실적주당이익을 이용하는 것을 trailing PER(실적 PER)라 하고, 미래의 추정주당이익을 이용하는 것을 forward PER(추정 PER)라 한다.

때로는 이자비용 등의 영업외손익이 모두 반영된 주당이익보다는 영업이익이 유용할 때가 있다. 특히 인수합병(M&A)이나 자산양수도의 경우에는 단기적인 가치변화보다는 장기적인 가치증대를 원하므로 영업이익이 중요한 의사결정의 변수가 된다. 이러한 경우에는 순이익 대신 EBITDA(Earning Before Interest, Taxes, Depreciation and Amortization)를 사용하기도 한다. 하지만, 이 경우 EBITDA는 전체 투자자의 관점이므로 주가배수법(P–Multiple Method)이 아닌 전체기업가치 접근법인 기업가치배수법(EV–Multiple Method)을 적용해야 한다.

1.2 PBR(주가대비 주당순자산배수)

매년 변동되는 이익에 비해 장부가치는 안정된 가치를 보이는 경우가 많다. 전기에 비해 당기의 주당순이익이 두 배로 상승하였으며 시장의 평균 PER가 동일하다면 당기의 주가는 두 배로 높아지는 것이 합리적인가? 그럴 수도 있고 아닐 수도 있지만 주당순이익에 의한 주식가격 추정은 널뛰기 형태를 보이는 것은 사실이다. 반면, 장부가치는 순이익이 누적된 가치를 반영하므로 장부가치를 이용한 주가추정은 상대적으로 안정적인 경향이 있다.

그러나 장부가치는 회계기준(Accounting Principle)에 의해 결정되므로 회계기준이 변경되면 동일한 경제적 사건에 대해서도 장부가치가 바뀌기도 하고 동일사업에 대해 서로 다른 회계원칙을 적용할 경우 장부가치에 의한 주가추정은 왜곡될 수 있다. 회계기준에 따라 가치평가가 달라질 수 있다는 문제는 PBR뿐 아니라 PER에도 마찬가지이다. 그러나 PBR의 적용에 있어 조금 더 고민스러운 부분은 회계기준에 따라 작성된 자기자본은 많은 경우 발생시점별로 측정된 역사적 원가(historical cost)라는 점이다. 한국채택국제회계기준(K-IFRS)의 도입으로 공정가치(fair value) 평가가 확대되었지만 여전히 많은 자산이 공정가치모형(fair value model)이 아닌 원가모형(cost model)인 역사적 원가주의를 적용하고 있어 자산의 가치변화를 제대로 반영하지 못할 뿐 아니라 자산의 가치가 올랐음에도 오히려 감가상각(depreciation)을 통해 사용기간 동안 원가를 배분하는 작업을 하므로 장부가치는 하락하게 된다. 회계처리방법에 따라 기업별 가치가 달라질 수 있는 위험은 PER나 PSR 등에도 동일하게 나타나지만 PBR은 그 영향이 누적적으로 나타날 수 있다는 차이가 있다. 장부가치의 단점에도 불구하고 투자자는 장부가치에 의한 평가방법을 소홀히 하지 않는다. 순자산이 해당기업의 주가와 가치관련성이 높다는 실증결과를 제공하는 다수의 논문이 발표되었다.[6)]

1.3 PSR(주가대비 주당매출액배수)

주당이익을 이용한 가치평가방법과 주당 장부가치를 이용한 가치평가방법은 회계측정결과에 따른다. 따라서 두 방법 모두 채택된 회계처리기준이 무엇인가에 의해 영향을 받게 된다. 이에 반해 Revenue Multiple은 회계처리기준의 영향이 상대적으로 덜하다. 물론 회계처리방법의 영향을 완전히 벗어나는 것은 아니지만 PER나 PBR에 비해 회계처리기준으로부터 상대적으로 독립적이다.

그럼에도 Revenue Multiple의 활용도는 높지 않다. 이유는 Revenue가 유사한 기업이라도 이익률의 차이가 크다면 Revenue Multiple의 적용이 어려우며, 이익률이 유사한 경우에는 Earning Multiple과 근본적인 차이가 없기 때문이다. 다만, PER가 적자기업에는 사용할 수 없으나 PSR은 적자기업에도 적용할 수 있다는 장점이 있다. 단기적으로 이익을 기대하기 힘든 벤처기업의 경우 PSR을 이용하여 평가하는 경우가 많으나 최근에는 실무적으로 거의 사용되지 않는 방법이다.

6) 기업수명주기에 따른 회계이익과 순자산의 가치관련성(박원, 박상규, 경영학연구 제39권 제6호, 2010.12, pg1,451-pg1,476)

2. 기업가치배수법(EV−Multiple Method)

대표적인 EV−Multiple인 EV/EBITDA에서 결정변수가 EBITDA이기 때문에 EV−Multiple도 PER와 같은 Earning Multiple의 한 종류이다. 그럼에도 우리는 EV−Multiple은 독립적으로 다루기로 한다. 왜냐하면 또 다른 변수인 EV(Enterprise Value)의 측정은 전체기업가치 접근을 시도하는 것으로 PER와는 차이가 있기 때문이다.

실무에서 가치평가전문가들 사이에 EV−Multiple이 대표적인 상대가치 평가방법으로 채택되고 있는데 그 이유는 다음과 같다. 첫째, EBITDA는 세전영업이익에 감가상각비 등을 가산하기 때문에 당기순이익보다 부(negative)의 값을 가질 확률이 많이 줄어든다. 이는 이 방법으로 분석가능한 기업의 수가 증가함을 의미한다. 둘째, 기업들의 감가상각방법의 차이로 인한 가치왜곡효과를 줄일 수 있다. 어떤 기업은 모든 자산에 대해 정액법으로 감가상각하는가 하면 어떤 기업은 건물에 대해서는 정액법, 기타 자산에 대해서는 정률법을 적용한다. 이러한 감가상각방법의 차이는 실제 현금흐름에 영향을 미치지 아니함에도 가치의 왜곡을 가져올 수 있다. EBITDA는 이러한 감가상각방법의 차이를 상쇄한다. 셋째, EV와 EBITDA 모두 기업 전체의 가치 또는 이익과 관련이 있다. 당기순이익은 이자비용, 즉 부채의 자본비용이 차감된 값이므로 주주에게 귀속되는 이익임에 비해 EBITDA는 자본의 구성요소별로 이익청구권이 차감되지 아니한 상태이다. 재무구조가 다른 기업 간에도 비교가능성을 높일 수 있는 것이다.

3. 특정산업배수법

특정산업배수법(Sector−specific Multiples, Industry−specific Multiples)이란 특정한 산업(industry) 또는 사업(business)에 있어 산업의 고유 특성에 따라 재무실적에 기초한 상대가치 평가방법 이외에 핵심가치창출요소(key−vlaue driver)를 이용하여 비교대상회사와 비교하여 평가대상회사의 주가를 추정하는 방법이다. 산업 또는 사업별로 예를 들어보자.

- 호텔 등 숙박 : 유효객실수(EV/Valid Rooms)
- Cable TV(SO, MSO 등), 위송방송(DTH; Direct−to−Home) : 가입자수(EV/Subscriber)
- 인터넷 포털 : Web Page 조회수(EV/Web Page Hits), 방문자수(EV/Web Page Visitors), 가입자수(EV/Members)
- 정유 : 생산(production) 또는 정제(refining) 배럴(EV/Barrel)
- 농작물 : 생산 에이커(EV/Acre)
- 전력 : 생산 메가와트(EV/MW)

• 오일, 가스 : 매장량(EV/Reserves)
• 바이오 CMO(Contract Manufacturing Organization) : 생산능력(EV/Capacity)
• 바이오시밀러(Biosimilar) : 보유 파이프라인(EV/Pipeline)
• 제네릭 의약품(generic medicine) : 보유 파이프라인(EV/Pipeline)
• 오리지널 바이오 의약품(Original Bio Medicine) : 보유 파이프라인(EV/Pipeline)
• 전자 OEM(Original Equipment Manufacturing) : 생산능력(EV/Capacity)
• 반도체 파운드리(foundry) : 생산능력(EV/Capacity)
• 물류 : 운송능력(EV/Ton)
• 항공사 : 여객수(EV/Passenger)

삼성바이오로직스㈜가 2016년 상장하는 과정에서 공모가액 산출을 위해 특정산업배수법을 적용하였다. 삼성바이오로직스㈜는 바이오의약품 위탁생산 사업(CMO 사업)을 영위하고 있으며, 주요 자회사인 삼성바이오에피스㈜는 바이오시밀러(Biosimilar) 개발 및 상업화 사업을 영위하고 있다. 이에 따라 기업가치 산출을 위해 삼성바이오로직스㈜는 EV/Capacity, 삼성바이오에피스㈜는 EV/Pipeline를 적용하였다.

특정산업배수법 사례

적용 투자지표	삼성바이오로직스(주)
EV/Capacity	동사가 영위하는 바이오 CMO 사업에 있어서도, 생산능력이 가장 중요한 척도로서 EV/Capacity 방식의 상대가치평가법이 동사의 기업가치 산출에 적합하다고 판단하였습니다. 또한, 증권신고서 제출일 현재 삼성바이오로직스㈜는 본격적인 이익을 창출하기 이전 단계이므로, 현재 시점의 재무수치에 기초한 상대가치 평가법보다는 관측가능하고 비교가능성이 높은 생산능력을 활용한 상대가치 평가를 수행하는 것이 기업가치 산출에 적합하다고 판단하였습니다.
적용 투자지표	**삼성바이오에피스(주)**
EV/Pipeline	바이오시밀러 사업의 경우, 일반적으로 현재 개발 및 판매 중인 바이오시밀러 제품의 오리지널 의약품 시장규모, 바이오시밀러 제품 파이프라인의 진행단계 및 성공가능성 등에 따라 일반적으로 기업가치평가가 이루어지며, 삼성바이오에피스㈜의 기업가치 산출을 위해서 비교 유사기업들의 바이오시밀러 파이프라인 대비 기업가치의 상대가치평가법이 가장 적합하다고 판단하였습니다. 또한, 증권신고서 제출일 현재 삼성바이오에피스㈜는 본격적인 이익을 창출하기 이전 단계이므로, 현재 시점의 재무수치에 기초한 상대가치 평가법보다는 관측가능하고 비교가능성이 높은 파이프라인 비교를 활용한 상대가치 평가를 수행하는 것이 기업가치 산출에 적합하다고 판단하였습니다.

다만, 특정 산업에만 적용됨으로써 다른 산업과 비교가 어렵다. 또한, 기업가치와 직접적으로 연결되는 핵심변수를 찾기가 쉽지 않다는 단점이 있다. 예를 들어, 인터넷관련 기업의 경우 조회수가 어떠한 프로세스와 방식으로 미래의 현금흐름창출능력과 관계가 있는지를 밝히기는 용이하지 않다.

Section 3 상대가치 평가방법의 적용시 고려사항

상대가치 평가방법은 쉽게 적용할 수 있으나 상대가치 평가방법의 적용과정에서 오히려 잘못 이용되는 경우가 많다. 이는 상대가치 평가방법의 결정변수가 단순하기 때문이다. 단순한 접근법에는 암묵적인 가정을 많이 내재하므로 가정들을 무시하고 적용할 때에는 오류가 발생할 가능성이 높아진다.

1. 개념의 정의

PER와 같이 단순한 평가방법의 경우에도 평가자별로 전혀 다른 결과를 보일 수 있다. PER는 주식의 시장가격을 주당순이익(EPS; Earning Per Share)으로 나눈 값이다.

$$PER = \frac{Stock\ \ Price}{EPS}$$

이러한 단순한 산식에서도 많은 변수들이 존재한다. 비교대상기업의 PER를 이용하므로 먼저 비교대상기업의 PER를 구해야 한다. 비교대상기업의 PER 계산을 위해 주식의 시장가격을 알아야 하는데, 이때 사용될 주가는 어느 시점의 주가를 이용할 것인가? 평가기준일 현재시점 아니면, 일정기간의 평균주가 등 선택해야 할 정보는 많다. 또한 비교대상기업과 평가대상기업의 주당순이익을 확인해야 하는데 이때의 주당순이익은 과거의 주당순이익을 이용할 것인가, 아니면 추정주당순이익을 이용하는 것이 바람직한가? 또한 확정된 주당순이익을 사용할 것인가? 희석주당순이익(diluted EPS)을 사용할 것인가 등의 판단이 필요하다.

개념 정의의 문제는 다른 평가방법에서도 마찬가지이다. PBR, PSR, EV-Multiple에서 사용할 주식가격과 장부가격, 매출액, EBITDA값도 어느 시점을 이용할 것인가에 대한 정의가 필요하다. 그러나 이에 대한 일반적인 방법은 없다. 가치평가자의 판단에 의해 변수들이 정의되고 선택될 수밖에 없다. 가치평가의 목적이 단기추정인가, 장기추정인가에 따라 달리 적용될 수도 있다. 변수인 이익에 예외항목이 포함되어 있는가도 고려해야 할 부분이다.

2. 일관성(consistency)의 유지

상대가치 평가방법에서는 가치와 변수간의 일관성이 요구된다. P－Multiple에서의 가치는 자기자본가치(equity value)가 되며, EV－Multiple에서는 기업가치(firm value)가 된다. 이에 대비한 변수는 주당순이익(EPS), 매출(Sales), 영업이익, 경상이익, 장부가치(Book value) 또는 EBITDA가 된다. 일관성의 유지는 비교되는 가치가 주식가치인 경우 변수의 귀속주체도 자기자본이 되는 것이 바람직하다는 것이다. 예를 들어 PER는 일관성이 유지되는 경우이다. PER는 주식가격 대비 주당순이익이므로 가치와 변수 모두 자기자본과 관련된 항목이다. EV/EBITDA도 일관성이 유지되는 경우이다. EV는 전체기업의 가치이며, EBITDA도 전체기업에 귀속되는 이익이다. 반면, PSR이나 Price－to－EBITDA의 경우 가치는 주주가치이나 변수는 전체기업에 해당하므로 일관성이 결여된 경우이다.

[그림 6－2] 상대가치 평가방법에서의 일관성의 유지

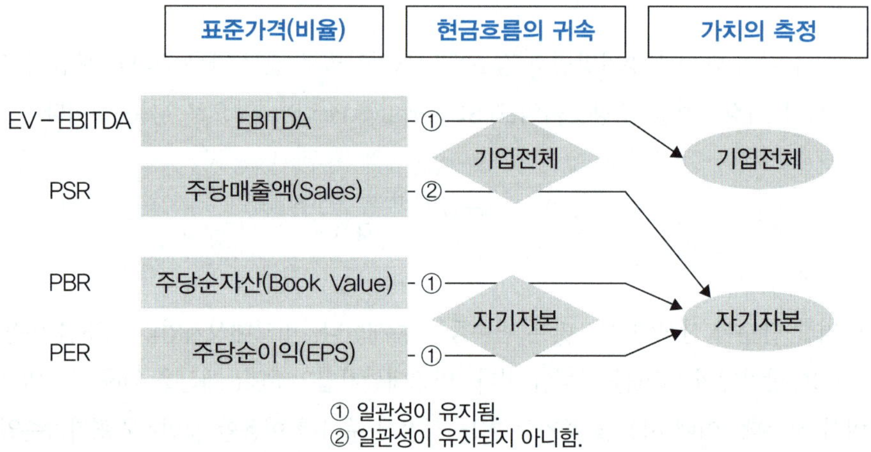

비교대상기업의 선정

상대가치 평가방법은 비교대상기업(comparable firm)의 주가를 이용하여 평가대상회사의 주가를 예측하는 방법이므로 비교대상기업의 선정은 상대가치 평가방법의 첫걸음이자 핵심이라고 할 수 있다. 그렇다면 비교대상기업은 어떻게 선정할 것인가? 전통적인 방법은 동일한 산업 또는 동일한 사업구조를 가진 회사를 비교대상회사로 선정하는 것이다. 예를 들어 화장품 및 생활용품 전문기업인 LG생활건강을 상대가치 평가방법으로 평가한다면 가치평가자들은 동일업종에 속한 유사한 사업구조를 가진 아모레퍼시픽, 한국화장품, 코리아나 등을 비교대상기업군(comparable company group)으로 설정할 것이다. 또는 비교대상회사를 확대하여 LG생활건강이 속한 산업 전체를 비교대상기업군으로 설정할 수도 있다. 그러나 동일업종의 기업을 일괄적으로 비교대상회사로 선정하는 방식이 최선의 방법인가에 대한 의문이 있다. 비교대상기업으로 선정하기 위한 일반적인 조건을 만족하는지를 검토하는 과정이 필요하기 때문이다.

비교대상기업으로 선정되기 위해서는 평가대상기업과 영업 및 재무위험(operating and financial risk), 잠재적 성장률(potential growth)이 유사하여야 한다. 따라서 비교대상기업 선정의 핵심은 위험, 성장 그리고 궁극적으로는 현금흐름 측면에서 선정된 비교대상기업이 얼마나 유사한가에 달려 있다. 그러나 비교대상기업 선정에 아무리 주의를 기울인다 하더라도 비교대상기업과 평가대상기업 간에는 반드시 차이가 존재하기 마련이다. 따라서 비교대상기업을 선정한 후에 평가대상기업과의 근본적인 차이를 조정해 주는 작업이 필요하다.

1. 비교대상기업 선정기준에 대한 연구결과

비교대상기업을 선정하기 위한 일반적인 기준에 대한 국내외 연구는 다양하게 이루어져 왔다. 전통적으로는 동일업종에 속한 기업을 비교대상기업으로 선정하는 방법에 대한 연구가 있었으며, 주당순이익 또는 주당경상이익의 이익구조가 유사한 기업을 선정하는 것이 예측력을 높인다는 주장도 있다. 주당순자산과 같이 기업의 누적실적이 반영된 결과가 비교대상기업의 선정에 가장 효과적이라는 연구결과도 발표되었다.

1.1 업종기준

비교대상기업을 업종기준, 즉 동일한 산업 또는 사업영역에 속한 기업으로 선택하는 것은 같은 업종에 속할 경우 영업위험, 자본구조, 산업성장성 및 회계처리관행이 유사할 가능성이 높다는 가정에 근거한다. Alford는 미국의 상장기업에 대하여 PER방식으로 주가를 추정하는 데 있어 비교대상기업을 업종기준에 의해 선정하는 것이 예측력을 높인다고 주장하였다(1992). 비교대상기업 선정시 업종기준만을 적용하는 것이 위험이나 성장률만 고려하거나 위험이나 성장률을 업종과 동시에 고려해서 비교대상기업을 구성하는 경우보다 더 효과적이라는 것이다. 업종기준을 적용함에 있어 대분류, 중분류 및 소분류 등 분류범위를 어떻게 설정하는가에 따라 비교대상기업의 선정이 달라진다. 이때 소분류에 의해 범위를 좁히게 되면 영업위험의 비교가능성은 높아지나 비교대상기업의 다른 선정기준, 즉 기업규모, 잠재적 성장률, 재무위험이 유사한 기업을 찾기가 어려워진다. 미국의 경우 SIC코드에 의한 업종분류를 참고할 수 있으며 국내의 경우 표준산업분류표[7]의 업종별 구분을 따를 수 있다.

1.2 주당순이익, 주당경상이익 및 ROE기준

업종기준에 따라 유사기업을 선정하는 것은 업종에 속한 기업들이 영업 및 재무환경이 유사할 것이라는 전제를 담고 있다. 국내기업에 업종기준을 적용하려면 표준산업분류표에 따른 분류방법이 동일업종에 속한 기업들이 이러한 유사성을 얼마나 잘 대변해 줄 것인가가 전제되어야 한다. 국내의 한 연구결과는 표준산업분류에 따라 유사기업을 선정하는 것보다 주당순이익이나 주당경상이익을 기준으로 하는 것이 주가예측력을 높인다고 주장한다(장범식 · 이재경, 1998). 연구에서는 신규상장기업의 주가를 예측하기 위해서 신규상장기업의 주당경상이익이 가장 근사한 기업들로 유사기업을 구성한 후 유사기업의 평균 PER에 신규상장기업의 주당경상이익을 곱해 주가를 추정했을 때 예측오차가 최소화된다고 결론내렸다. 주당순이익과 주당경상이익은 주주에게 귀속될 몫이므로 업종에 관계없이 주당경상이익이 유사한 기업의 미래가치는 유사할 것이라는 가정이다. 그러나 실제로 업종별로 수익성, 성장성 및 안정성에 큰 차이가 있으므로 주당순이익만으로 예측력을 높이는 데에는 한계가 있을 것으로 보인다. ROE(자기자본이익률)가 미래이익의 성장성을 대변한다는 주장도 있다. Freeman, Ohlson과 Pennman은 ROE 기준으로 비교대상기업을 선정하는 것이 업종과 기업재무변수를 조합해서 선정기준으로 하는 것보다 예측능력이 뛰어나다고 설명한다(1982).

7) 표준산업분류표에 대한 자세한 설명은 통계청 홈페이지(kostat.go.kr)를 참고하기 바란다.

1.3 주당순자산기준

강효석과 조장연은 주당순자산기준이 유사기업을 선정하는 데 있어 가장 뛰어난 기준임을 발표하였다(1996). 연구에서 업종기준은 주당순자산 기준 또는 주당순자산과 주당경상이익을 조합한 기준보다 예측오차가 크게 발생하는 것으로 나타났다. 업종과 ROE를 결합해서 유사기업을 선정하더라도 주당순자산이나 주당경상이익을 단일기준으로 적용할 때보다 예측오차가 큰 것으로 주장했다. 주당순자산기준이 여러 면에서 뛰어난 것으로 실증 분석되고 있으나, 실제 주식시장에서는 업종별로 주당순자산이 크게 차이가 나는 사실을 무시할 수 없다. 성장가치가 큰 기업은 상대적으로 주당순자산이 낮게 나타날 수 있으며, 자산가치가 큰 기업의 주당순자산이 높게 나타남을 고려할 때 주당순자산이 유사기업 선정에 절대기준으로 보기에는 어려움이 있다.

2. 비교대상기업 선정기준에 대한 이론적 검토

연구결과들은 단일의 지표를 이용해 적절한 비교대상기업을 선정하는 방법을 제시하고 있다. 각 연구결과들은 비교대상기업을 선정하는 데 예측력이 높은 적용기준으로 각기 다르게 제시하고 있다. 비교대상기업은 평가대상회사와 영업환경에 있어서도 유사하여야 할 뿐 아니라 재무적 상황도 유사하여야 평가결과의 신뢰성이 높아진다는 것이 일반적인 연구결과이다.

이론적으로 볼 때 비교대상기업의 선택은 평가대상기업과 영업 및 재무위험(operating and financial risk) 그리고 잠재적 성장률(potential growth)을 감안하여 결정하여야 한다. 또한 기업규모(firm size)가 유사하면 비교가능성은 높아진다. 비교대상기업 선정시 이러한 요소들을 고려해야 하는 이유를 PER의 결정변수를 통해 살펴보자.

PER는 주가(P)/주당순이익(EPS)으로 정의된다. 상대가치 평가방법에 따라 주식가치를 추정하려면 비교대상기업의 적정PER를 구해 평가대상기업의 주당순이익(EPS)을 곱해 계산하게 된다. 이때 이론적인 적정PER는 자기자본비용(K_e)과 성장률(g)에 의해 결정된다.

$$\text{적정PER} = \frac{1}{K_e - g}$$

적정PER가 도출된 내용을 살펴보자. 1차년에 100원의 주당순이익을 실현하는 기업이 있다. 발생한 순이익 전체를 배당하며 관련 세금도 없다고 가정한다. 이 회사의 주주는 매년 이익 전체를 배당으로 받게 될 것이다. 이 회사의 주식 1주를 가진 주주에 귀속되는 현금흐름과 현재가치는 다음과 같다.

Yr.	1년	2년	3년	4년	…
배당금	100	100	100	100	100
현재가치	$100/(1+K_e)$	$100/(1+K_e)^2$	$100/(1+K_e)^3$	$100/(1+K_e)^4$	$100/(1+K_e)^n$

영구기업을 가정할 때 영구연금공식에 따라 주주에게 귀속되는 현금흐름의 현재가치는 $100/K_e$가 된다. 즉 주식가치(P)는 EPS_1/K_e이다. 이때 양변을 EPS_1로 나누어 주면 $P/EPS_1 = 1/K_e$가 된다. 좌변의 P/EPS가 PER이므로

$$적정PER = \frac{1}{K_e}$$

위의 식은 적정PER의 결정변수가 자기자본비용(K_e)임을 설명해 주고 있다. 즉 자기자본비용의 결정변수에 의해 PER가 달리 측정될 수 있다. 자기자본비용을 추정하는 여러 방법 중 대표적인 자본자산결정모형(CAPM)은 자기자본비용의 결정요소로 영업위험(Operational risk)과 재무위험(Financial risk)을 함께 고려하도록 하고 있다. 따라서 PER의 방식으로 가치평가를 하고자 할 때에는 비교대상기업과 평가대상기업의 영업위험과 재무위험을 함께 고려해야 한다는 의미이다. 두 기업의 주당순이익이 같다고 하더라도 자기자본비용이 높을수록 적정 PER는 낮아지므로 주당순이익이 같은 기업이라도 영업위험과 재무구조가 현저히 다른 회사를 비교대상회사로 선정할 경우 예측오류가 발생할 가능성이 높아진다.

한편, 적정PER의 구성요소인 자기자본비용을 CAPM에 따라 산출된 공식을 보자.

$$K_e = R_f + [E(R_m) - R_f] \times beta$$

자기자본비용은 무위험수익률(R_f)과 시장위험프리미엄$[E(R_m) - R_f]$, 그리고 베타(beta)로 구성된다. 이 중 개별기업의 특성이 반영되는 것은 시장위험프리미엄에 대한 변동성의 정도를 나타내는 베타(beta)이다. 베타는 영업위험과 재무위험이 모두 반영되어 있다. 따라서 영업위험과 재무위험을 동시에 고려하는 결정변수로 베타(beta)를 사용할 수 있다.

앞의 예제에서는 발생한 순이익을 모두 배당한다고 가정하였으나 실제로는 발생한 이익 전체를 배당하지 않고 일부를 유보하였다가 재투자에 사용한다. 기업이 미래의 성장을 위하여 유보하는 이익을 유보이익(retained earning)이라 하며, 외부로부터 자금조달이 없다면 성장에 필요한 투자자금은 모두 유보이익으로 조달된다. 유보이익이 총이익에서 차지하는 비율을 유보율(retention ratio)이라고 한다. 유보율의 반대되는 개념은 배당성향(payout ratio)이다. 유보율을 b로 규정하고 이러한 이익유보에 의한 재투자수익률이 과거의 투자성과와 동일하다면 유보이익의 재투자수익률을 자기자본이익률(ROE)로 볼 수 있다. 이때 유보이익의 재투자결과

는 향후 배당수익의 성장을 가져올 것이다. 따라서 유보이익의 재투자는 배당가능한 이익의 성장률로 볼 수 있다. 유보율 b는 '1－배당성향(payout ratio)'이다.

성장률(g)＝유보율(b)×ROE

성장률을 고려할 경우 적정PER는 아래의 산식과 같이 자기자본비용과 성장률의 함수로 표시할 수 있다. 따라서 비교대상기업을 선정할 때 고려해야 할 변수는 영업위험과 재무위험을 고려하는 자기자본비용과 ROE 등을 고려하는 성장률이다. 여기에 추가하여 회사의 규모(firm size)를 고려해야 한다. 자기자본비용의 계산시에 설명되었듯이 규모가 작은 회사는 대형기업보다 수익률의 변동성이 크며 이에 따른 size premium이 있다. 이러한 size premium은 자기자본비용 계산시 고려된다. 따라서 비교대상기업과 평가대상회사 간의 규모의 차이가 중요하다면 비교대상회사로 선정할 것인지에 대해 다시 생각해야 할 것이다.

[그림 6-3] PER의 결정요소

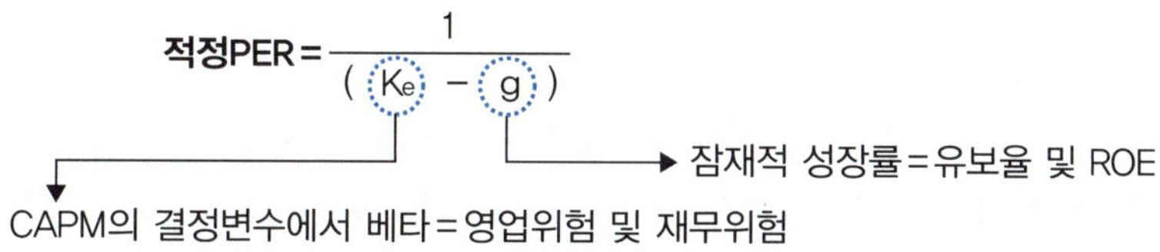

3. 비교대상기업 선정의 일반기준

상대가치 평가방법을 이용해 가치평가를 할 경우 실제 적용가능한 방법은 무엇인가? 우리는 앞서 비교대상회사가 되기 위해서는 영업위험(Business risk or Operating risk) 및 재무위험(Financial risk) 그리고 잠재적 성장률(Potential Growth)이 유사하여야 함을 설명하였다. 여기에 기업규모(firm size)가 비슷하면 더욱 좋다.

[그림 6-4] 비교대상회사 선정기준 요약

1 영업위험(Operating Risk)

동일산업에 속한 경우 유사한 영업위험을 안고 있는 것으로 볼 수 있다. 동일산업에 속한 회사 중 유사한 제품 및 원재료 구성을 보이는 기업은 영업위험이 유사한 것으로 추정한다.

2 재무위험(financial Risk)

부채비율(Debt ratio) 또는 이자보상비율(interest coverage ratio)이 유사한 기업은 재무위험이 유사한 것으로 추정한다.

3 잠재적 성장률(Potential Growth Rate)

잠재적 성장률은 이익의 유보율과 ROE에 의해 측정될 수 있다. ROE는 유보이익의 재 투자에 의한 수익률을 의미하므로 장기적인 성장률의 지표로 이용될 수 있다.

4 회사규모(firm size) : 선택적 적용사항

회사규모는 현금흐름의 크기에 영향을 미친다. 규모의 선정척도는 총자산(Total Asset) 또는 순자산(Net Asset)규모나 총매출(Sales), 주식의 시가총액 등에 의해 측정할 수 있다.

일반기준을 모두 만족하는 비교대상기업을 찾기란 쉽지 않다. 그러나 일반기준을 만족하지 못하는 비교대상기업은 평가대상기업의 주가예측력을 높여주지 못한다. 여기서는 비교대상회사 선정시 고려되어야 할 각 변수들을 만족할 수 있는 일반기준을 제시하고자 한다.

3.1 영업위험(Operating Risk)

영업위험은 동일 산업에 속한 경우 유사한 영업위험을 안고 있는 것으로 볼 수 있다. 일반적인 산업분류에 따라 동일산업으로 범위를 정할 경우 다른 제품을 생산, 판매하는 회사가 포함될 가능성이 높아진다. 그럼에도 불구하고 동일산업의 분류를 너무 좁게 규정하는 것은 바람직하지 않다. 비교대상기업의 선정기준으로 영업위험에만 중심을 두는 오류를 막기 위해서이다. 때로는 동일한 화학산업 계열에 속하더라도 소비재를 생산하는 회사와 산업재를 생산하는 회사가 비교대상기업으로 선정될 수도 있다. 그러나 이러한 선정을 오류로 단정할 필요는 없다. 소비재를 생산하는 회사와 생산재를 생산하는 회사 각각의 판매시장의 구체적인 영업위험은 다르나 투자자가 생각하는 영업위험은 비슷한 것으로 볼 수 있으며 원재료 시장 등 기타 영업환경은 유사할 수 있다. 예를 들어 같은 화학산업에 속한 회사들은 화학 관련 제품 시장의 전반적인 변화에 비슷하게 반응할 수 있다. 일부 전문가들은 실증적 분석을 통해 비교대상기업 선정시 영업위험은 완전히 배제될 수 있다고 주장하기도 한다.

반면, 영업위험이 완전히 동일한 두 개의 회사가 비교대상기업으로 선정되지 않을 수 있는데 이는 선정기준의 다른 결정변수들(부채비율의 차이, 규모의 차이 등) 때문이다.

3.2 재무위험(Financial Risk)

재무위험은 부채비율(Debt ratio) 또는 이자보상비율(interest coverage ratio)을 이용할 수 있다. 한편, 주당순이익과 주당순자산은 영업위험과 재무위험이 함께 반영되어 있는 지표로 산업 내에 유사한 주당순이익과 주당순자산을 가진 비교대상기업을 선정할 수도 있다.

3.3 잠재적 성장률(Potential Growth Rate)

잠재적 성장률은 ROE에 의해 측정될 수 있다. ROE는 유보이익의 재투자에 의한 수익률을 의미하므로 장기적인 성장률의 지표로 이용될 수 있다. 여기서 ROE는 과거 수익률이므로 실적수익률과 예상수익률 간의 차이가 있다고 판단시에는 예상수익률을 사용하는 것이 타당하다 (잠재적 성장률에 대해서 '제3장 현금흐름할인모형'의 설명을 참고하기 바람).

3.4 회사규모(Firm Size)

회사규모는 현금흐름의 크기에 영향을 미친다. 현금흐름할인모형에서 살펴보았듯이 중소규모 기업의 Size Premium이 있음을 확인하였다. 따라서 영업위험이나 재무위험이 유사하더라도 회사규모에 큰 차이가 있는 경우에는 비교대상기업으로 볼 수 있는지 고려해야 한다. 규모의 선정척도는 총자산(Total Asset) 또는 순자산(Net Asset)규모나 총매출(Sales), 주식의 시가총액 등에 의해 측정할 수 있다. 회사규모를 비계량적으로 측정할 수도 있다. 예를 들어 동일산업 내의 1, 2위의 비교가능성은 높은 반면, 1위와 시장점유율이 극히 미미한 기업 간의 비교가능성은 떨어진다고 볼 수 있다.

회사규모는 비교대상기업의 절대기준은 아닌 것으로 여겨진다. 이는 Size Premium에 대한 견해차이일 수도 있는데 회사규모가 시장가치에 절대적인 영향을 미치는 것은 아니다. 실무적으로는 비교대상기업 선정에 있어 규모의 차이를 중시하는 추세이다.

[표 6-1] 비교대상기업의 선정기준

<table>
<tr><th>결정변수</th><th colspan="2">비교대상기업의 선정기준</th></tr>
<tr><td>영업위험</td><td>업종, 제품구성, 무부채베타(unlevered beta)</td><td rowspan="2">주당순이익, 주당순자산</td></tr>
<tr><td>재무위험</td><td>부채비율, 이자보상비율 등</td></tr>
<tr><td>회사규모</td><td colspan="2">매출액, 총자산, 총자본, 시가총액</td></tr>
<tr><td>잠재적 성장률</td><td colspan="2">자기자본이익률(ROE), 예상성장률</td></tr>
</table>

4. 비교대상기업의 선정

각 요건을 모두 만족하는 기업을 비교대상기업으로 선정하는 것은 사실상 불가능하다. 요건을 엄격히 적용할수록 선정될 기업의 수는 줄어들게 된다. 추정의 오류를 줄이기 위해 일반기준을 만족하지 못하는 경우에는 상대가치 평가방법을 이용해 평가하는 작업을 중단하는 것이 원칙이나, 결정변수 중 가치평가의 목적을 고려하여 주요 핵심항목의 요건을 만족할 경우 비교대상기업으로 선정하기도 한다. 동일업종 내에 비교대상기업을 찾지 못한 경우에는 영업위험과 재무위험을 함께 고려하는 주당순이익 또는 주당순자산을 이용해 선정할 수 있다. 다만, 이 경우 위험의 측정이 개별적으로 이루어지지 않았기 때문에 오류의 발생가능성이 높아짐에 유의해야 한다. 실무적으로도 주당순이익 또는 주당순자산만이 유사한 기업을 비교대상기업으로 선정하는 예는 드물다.

여기서는 평가대상기업과 비교대상기업의 영업위험, 재무위험 등을 비교하여 단계적으로 비교대상기업을 선정하는 방식에 대해 소개한다.

비교대상기업을 단계적으로 선정하는 방법은 비교대상회사의 선정요건을 나열하고 해당 사항이 없는 기업들을 하나씩 제거해 나감으로써 평가대상회사와 가장 유사한 비교대상회사를 선정하는 방법이다. 비교대상회사의 단계적 선정은 대개 ① 영업위험이 유사한 기업을 선정하고 이 기업 중 ② 재무위험이 유사한 기업을 재차 선정한 후 ③ 규모와 성장률이 유사한 기업을 선정하는 방식을 취한다. 이때 ③ 규모와 성장률이 유사한 기업을 선정하는 단계는 생략되고 조정된 표준가격(비율)을 반영하기도 한다('9절. 상대가치 평가방법 적용시 추가고려사항' 참고).

① 영업위험이 유사한 기업으로는 동일업종 또는 주력제품의 성격이나 비중을 고려하여 비교대상회사와 평가대상회사가 유사한 영업위험을 가지고 있는지 평가한다. 영업위험이 유사한 기업의 선정은 이와 같이 다소 주관적인 판단을 필요로 한다. 영업위험이 유사한 기업을 선정할 때에는 최근에 합병이나 영업양수도 등 중요한 경영환경의 변화가 있었던 기업은 가급적 배제하는 것이 좋다.

② 재무위험이 유사한 기업은 평가대상회사와 부채비율 또는 이자보상배율과 같이 재무레버리지를 나타내는 척도가 비슷한 기업으로 비교대상회사를 선정하는 단계이다. 단, 상대가치 평가방법 중 EV/EBITDA를 이용할 경우에는 비교대상기업과 평가대상기업 간에 재무구조의 차이가 있더라도 적용이 가능하다.

③ 규모가 비슷한 기업은 매출액, 총자산, 순자산 등 전체적인 규모가 유사한 기업을 비교대상기업으로 선정하며, 마지막으로 이익증가율이나 ROE 등 성장성 관련 지표가 유사한 기업을 선정하게 된다.

비교대상기업을 선정하는 과정을 정리하면 다음과 같다.

[그림 6-5] 비교대상기업의 선정과정

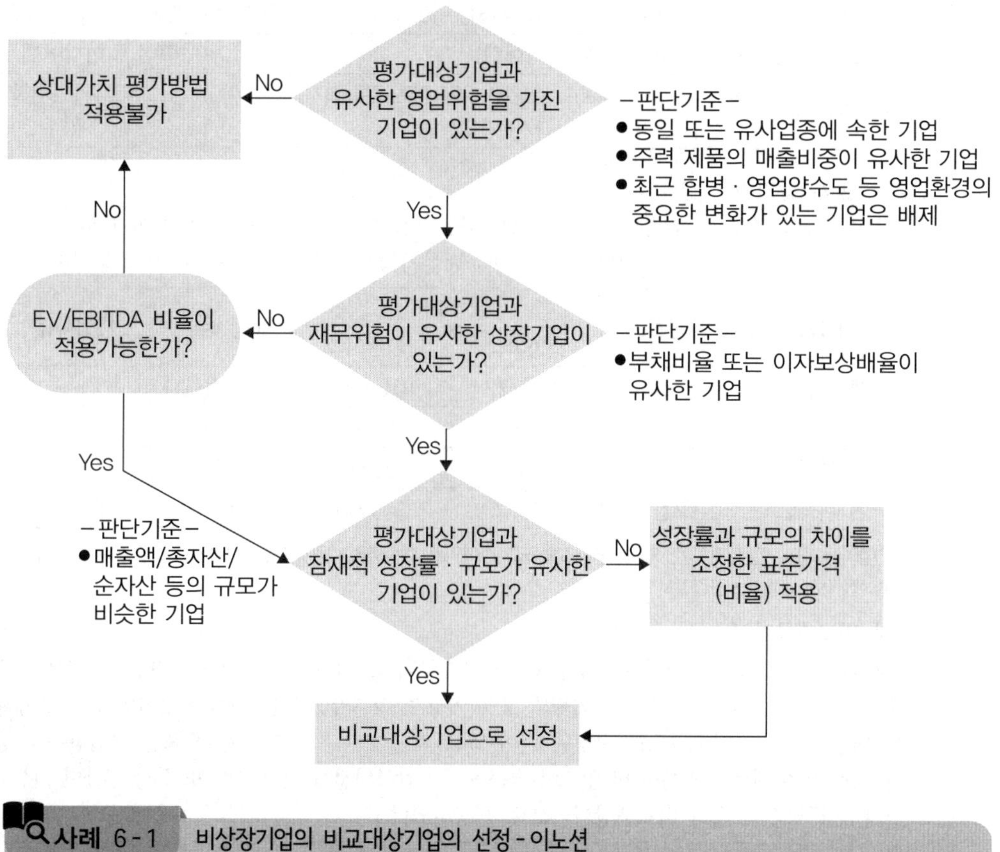

사례 6-1 비상장기업의 비교대상기업의 선정 - 이노션

유가증권시장 상장을 앞둔 주식회사 이노션은 광고대행업을 주된 영업으로 하고 있으며, 한국표준산업분류 세세분류상 광고대행업(M71310)에 속한다. 동사가 속해 있는 산업분류와 실질적인 사업내용의 유사성을 고려하여 다음과 같은 세부적인 선정기준을 적용하여 최종적으로 국내 비교대상기업으로 제일기획 1개사를, 해외 비교대상기업으로 WPP PLC를 비롯한 8개사를 선정하였다. 다만, 동 회사들은 이노션과 주력제품, 영업환경, 성장성 등의 차이가 존재할 수 있는 점을 유의하여야 한다.

(1) 국내 비교대상기업 선정과정

① 1차 비교대상기업 선정

한국표준산업분류상 광고업(소분류 M713000)을 영위하는 상장회사와 이노션과 동일산업분류는 아니나 2014년 국내 취급액 기준 10대 광고대행회사 중 하나인 HS애드와 엘베스트를 100% 보유한 지주회사인 지투알을 추가하여 모집단으로 선정하고, 이중 이노션과 동일한 종합광고대행사업을 영위하는 4개 회사를 1차 비교대상기업으로 선정하였다.

회사명	주요 사업	선정 여부	제외사유
제일기획	종합광고대행	선정	-
오리콤	종합광고대행	선정	-
지투알	종합광고대행(자회사가 영위)	선정	-
와이지플러스	종합광고대행, 화장품판매	선정	-
이엠넷	온라인 광고집행 및 성과관리, 광고분석 솔루션 제공 등	제외	온라인 위주
나스미디어	광고매체판매대행(미디어렙)	제외	미디어렙
제이콘텐트리	출판, 광고, 방송프로그램 제작(주요 종속회사가 영위), 극장업(주요 종속회사가 영위) 등	제외	콘텐츠제작 위주

② 2차 비교대상기업 선정

1차 비교대상기업으로 선정된 4개사 중 2014년 영업이익 및 당기순이익을 시현한 3개 회사를 2차 비교대상기업으로 선정하였다. 1차 비교대상기업의 결산월은 모두 12월로 동일하다.

회사명	결산월	2014년		선정 여부	제외사유
		영업이익	당기순이익		
제일기획	12월	126,772	101,605	선정	-
오리콤	12월	3,189	2,503	선정	-
지투알	12월	12,839	9,671	선정	-
와이지플러스	12월	(1,629)	(860)	제외	순손실

* 연결재무제표 기준실적이며, 와이지플러스의 당기순이익은 계속영업부문에 대한 지배기업 소유주 귀속분임.

* 출처 : 각사 2014년 연결감사보고서

③ 3차 비교대상기업 선정

2차 비교대상기업으로 선정된 3개사 중 2014년 국내 및 해외 총취급액 규모기준으로 이노션과 유사(이노션 총취급액인 3조 6천억원의 50% 이상)한 회사인 제일기획을 선정하였다. 제일기획은 최근 2년간 관리종목으로 지정된 적이 없고 최근 2년간 합병 또는 중요한 영업양수도 등 경영상 주요이벤트가 발생한 바 없으며 최근 2개년 감사의견이 적정이다. 또 상장 후 1년 이상이 경과하여 최종 국내의 비교대상기업으로 선정하였다.

회사명	2014년 총취급액	선정 여부	제외사유
제일기획	4,923,104	선정	-
오리콤	154,249	제외	이노션 취급액의 50% 미만
지투알	1,164,738	제외	이노션 취급액의 50% 미만

* 지투알의 총취급액 규모는 HS애드 및 엘베스트 취급액의 합계치임.

* 출처 : 한국광고총연합회

(2) 해외 비교대상기업 선정과정

① 1차 비교대상기업 선정

글로벌 마케팅 컨설팅 업체인 R3 Worldwide의 2015 Global AD Agency Tree Top 10에 속한 글로벌 광고그룹을 모집단으로 하여, 이중 증권시장에 상장된 회사를 1차 비교대상기업으로 선정하였다. 다만, 국내 비교대상기업으로 이미 선정한 제일기획은 제외하였다.

회사명	본사소재지	상장시장	상장 여부	선정 여부	제외사유
WPP PLC	영국	London	상장	선정	−
Omnicom Group	미국	NewYork	상장	선정	−
Publicis Groupe	프랑스	ENParis	상장	선정	−
Interpublic Group	미국	NewYork	상장	선정	−
Dentsu	일본	Tokyo	상장	선정	−
Hakuhodo DY	일본	Tokyo	상장	선정	−
Havas SA	프랑스	ENParis	상장	선정	−
MDC Partners	미국	NewYork	상장	선정	−
Cheil	대한민국	Korea SE	상장	제외	기선정
Bluefocus	중국	Shenzhen	상장	선정	−

* 출처 : Bloomberg

② 2차 비교대상기업 선정

1차 비교대상기업으로 선정된 9개사 중 광고대행사업 매출이 50% 이상인 회사를 2차 비교대상기업으로 선정하였다.

회사명	주요 사업부문 및 매출구성	선정 여부	제외사유
WPP PLC	−Advertising and Media Investment Management(44.5%) −Branding & Identity, Healthcare and Specialist Communications(26.7%)	선정	−
Omnicom Group	−Traditional Media Advertising(49.6%) −CRM(34.3%)	선정	−
Publicis Groupe	−Digital(42%) −Advertising(28%) −Media(15%)	선정	−
Interpublic Group	−Integrated Agency Networks(80.9%)	선정	−
Dentsu	−Advertising(90.4%)	선정	−
Hakuhodo DY	−Advertising(99.9%)	선정	−
Havas SA	−Advertising & Media Consulting(100%)	선정	−
Bluefocus	−Advertising(52.8%) −Public relations Service(47.2%)	선정	−
MDC Partners	−Strategic Marketing Services(70.1%)	선정	−

* 각사의 주요사업부문별 매출구성은 FY2014 기준임.

* 출처 : Bloomberg, 각사 Annual Report 등

③ 3차 비교대상기업 선정

2차 비교대상기업으로 선정된 9개사 중 2014년 기준으로 영업이익과 당기순이익을 모두 시현한 8개 회사를 3차 비교대상기업으로 선정하였다.

회사명	결산월	2014년		제외사유
		영업이익	당기순이익	
WPP PLC	12월	2,397,662	1,818,206	–
Omnicom Group	12월	2,130,223	1,204,243	–
Publicis Groupe	12월	1,354,531	862,301	–
Interpublic Group	12월	860,314	520,421	–
Dentsu	3월	652,372	411,175	–
Hakuhodo DY	3월	330,435	178,396	–
Havas SA	12월	343,723	167,670	–
Bluefocus	12월	140,370	125,209	–
MDC Partners	12월	95,663	−26,288	순손실

* 출처 : Bloomberg, 영업이익 및 당기순이익은 해당 통화로 표시된 각사 결산 재무수치를 2015년 5월 26일 서울외국환중개 고시 매매기준율로 환산한 것임.

(3) 비교대상기업 선정결과

주관회사는 이노션의 비교가치 산정을 하기 위해 사업의 유사성, 재무성과 등의 선정기준을 일정수준 이상 충족하는 제일기획, WPP PLC, Omnicom Group, Publicis Groupe, Interpublic Group, Dentsu, Hakuhodo DY, Havas SA, Bluefocus 등 9개사를 최종 비교대상기업으로 선정하였다. 그러나 상기 선정된 비교대상기업이 평가대상기업인 이노션과 사업의 연관성이 존재하고, 매출구성 측면에서 비교가능성이 일정수준 존재하여도 시장가치비교 평가방법의 특성상 적합한 비교대상기업 선정과정 및 결과에 대한 완전성을 보장할 수는 없으며, 사업구조, 시장점유율, 인력수준, 재무안정성, 소속기업집단 내 지배구조차이, 경영진, 경영전략 등 주식가치에 영향을 미칠 수 있는 사항들에 차이점이 존재함을 유의하여야 한다.

* 자료 : 이노션 예비투자설명서 편집인용

PER(주가대비 주당순이익배수)

PER는 전통적으로 가장 많이 이용되어 온 상대가치 평가방법이다. 평가대상회사의 주당순이익과 비교대상회사 또는 비교대상 회사군의 평균PER를 이용하여 주식가치를 평가할 수 있다.

$$PER = \frac{Stock\ Price}{EPS}$$

Expected Price(예상주가) = 비교대상기업 PER × EPS

* EPS(주당순이익) = Earning Per Share

PER계산시 사용되는 주당순이익(EPS)은 당기순이익을 발행주식수로 나눈 값이다. 당기순이익은 영업이익에서 이자비용 등 영업외손익을 모두 가감한 값이므로 재무비용이 이미 고려되어 있다. 따라서 영업환경이 동일하더라도 재무환경이 상이한 기업 간에는 주당순이익값이 차이가 난다.

1. 비교대상기업 PER의 계산

PER는 부(negative)의 값을 가질 수 없다. 따라서 주당순손실을 기록한 기업의 PER는 평가대상기업과 비교대상기업 모두 계산이 불가능하다. 비교대상기업군 평균PER를 이용할 때 기업군 중 손실을 기록한 기업은 어떻게 할 것인가? 손실을 기록한 회사의 PER를 제외하고 평균PER를 계산한다면 실제보다 높게 나타날 것이다. 이런 경우 평균PER를 계산하는 몇 가지 방법을 알아보자.

첫 번째 방법은 손실을 기록한 회사를 제외하고 PER를 계산하되 상향편의(upward bias)된 PER를 임의로 하향조정하는 방법이다. 두 번째 방법은 비교대상기업군 전체의 주식시가총액의 합과 당기순이익(손실)의 합을 구하여 기업군을 하나의 기업으로 보고 aggregated PER를 계산하는 방법이다. 그러나 아래의 예를 보듯이 손실을 기록한 회사의 주가가 높다면(일시적인 손실일 경우 이러한 현상의 발생가능성은 높음) 손실을 기록한 회사의 PER가 항상 상향편의되는 것이 아니므로 첫 번 째 방법은 오류의 가능성이 높아진다. 따라서 평균PER를 계산시에는 비교대상기업군의 시가총액을 가중치로 한 가중평균 PER로 계산하거나 전체누적 PER(aggregated

PER)를 계산하는 것이 바람직하다. 다만, 실무적으로는 손실을 기록한 회사를 제외한 PER가 상향편의되지 않는 것으로 가정하여 당기순이익을 기록한 경우에만 비교대상기업으로 선정하기도 한다.

예제 6-1 비교대상기업군 평균PER의 계산

EY Corp는 비교대상기업군으로 5개 기업을 선정하였다. 비교대상기업군의 평균PER를 계산하라.

비교대상기업의 재무정보

구 분	A	B	C	D	E
평균주가	10,000	4,000	5,000	8,000	6,000
주당순이익(원)	200	150	−50	100	50
PER	50	27	n/a	80	120
발행주식수(천주)	1,000	1,000	1,000	1,000	1,000
시가총액(백만)	10,000	4,000	5,000	8,000	6,000
순이익(백만)	200	150	−50	100	50
가중치	30%	12%	15%	24%	18%
가중치2	36%	14%	−	29%	21%

[보충설명] 비교대상기업 PER의 계산

비교대상기업의 PER는 비교대상기업의 1주당 가격을 주당순이익(EPS)으로 나누어 계산한다. 즉 A기업의 PER는 10,000원÷200원=50으로 계산된다. 반면, C기업과 같이 주당순이익이 부(negative)의 값을 가지면 PER는 계산할 수 없다.

① 단순평균 PER(simple average PER) : 손실을 기록한 C사를 제외한 나머지 4개사의 PER의 단순평균 : PER=69(=average(50+27+80+120))

② 가중평균 PER(weighted average PER) : 손실을 기록한 C사를 제외한 나머지 4개사의 PER를 시가총액 비율에 따라 가중평균 : PER=70(=(50×36%+27×14%+80×29%+120×21%)

③ 전체누적 PER(aggregated PER) : 손실을 기록한 C사를 포함, 전체기업의 시가총액을 전체 순이익의 합으로 나눈 값 : PER=73

시가총액=10,000+4,000+5,000+8,000+6,000=33,000백만원

전체순이익=200+150+(−)50+100+50=450백만원

Aggregated PER=33,000백만원÷450백만원=73

2. 실적PER(Trailing PER)와 추정PER(Forward PER)

비교대상회사의 PER를 계산할 때 비교대상회사의 주식가격은 평가시점 현재의 주가를 이용할 수도 있고, 과거 일정기간의 평균주가(예를 들어 3개월 평균주가)를 이용할 수도 있다. 평가시점 현재의 주가는 일시적으로 급등하거나 급락할 수 있기 때문에 실무적으로 잘 사용되지

않는다. 대신 평가기준일로부터 1~3개월가량의 기간을 설정하여 매일의 주가평균으로 PER를 계산하는 것이 일반적이다. 이때 주가평균의 계산은 매일의 종가를 단순평균하기도 하고, 매일의 거래량을 기준으로 가중평균하기도 하는데, 거래량을 가중치로 하여 계산된 주가의 신뢰성이 높다.

이에 더하여 PER의 분모에 해당하는 주당순이익을 과거 실적주당순이익으로 할 것인가 아니면 미래 추정주당순이익으로 할 것인가를 결정해야 한다. 비교대상기업의 PER 계산시 추정주당순이익(Projected EPS)을 이용한다면 평가대상회사의 주식가치평가시에도 추정주당순이익(Projected EPS)을 이용하는 것이 논리적이다. 실적주당순이익에 의해 계산된 PER를 실적PER(Trailing PER, 선행PER)라 하고 추정주당순이익에 따라 계산된 PER를 추정PER(Forward PER, 후행PER)라 하며, 이는 정보효과에 대한 가정과 관련된다.

이론적으로 볼 때 주가는 미래의 현금흐름을 반영한 가치이다. 즉 시장에서 거래되는 주식의 가격은 미래의 예상이익을 반영하여 형성되는 가격이므로 추정주당순이익을 반영하는 것이 옳다. 그러나 현실시장에서 정보는 불안정하고 효율적이지 못하다. 확실한 정보는 실적주당순이익이다. 이익의 정보효과는 실적이익에 한한다고 보면 이러한 접근도 타당하다. 최근의 증권회사 리서치본부에서 발표하는 기업분석정보는 대부분 추정이익에 의한 PER를 적용하는 추세이다. 이러한 접근은 매우 합리적인 것이다. 이익의 정보효과가 실적이익에 바탕을 두고 있으나 결국 주식가격은 미래의 현금창출능력에 의해 결정되기 때문이다.

예제 6-2 실적PER와 추정PER

비상장기업인 JH Corp의 주식가격을 예측하기 위해 비교대상회사로 회사와 동일한 사업영역내의 상장회사인 EY Corp을 선정하였다. 양사의 재무현황은 다음과 같다.

비교대상회사와 평가대상회사의 재무정보

구 분	EY Corp : 비교대상기업	JH Corp : 평가대상기업
주가	259,500원	-원
Realized EPS	17,758원	2,242원
Projected EPS	18,200원	3,258원
Current PER	14.61	-
시가총액	2,206십억원	-
매출액	1,105억원	953억원
주요제품	화장품/비누치약 등	화장품/비누치약 등
총자산	1,194십억원	601십억원
ROE	16.97%	12.64%
베타	0.54	-

구 분	EY Corp : 비교대상기업	JH Corp : 평가대상기업
무 부 채 베 타	0.46	-
부 채 비 율	26.26%	37.92%

비교대상기업인 EY Corp는 영업위험(동일업종, 주요 제품), 재무위험(부채비율), 규모(매출액, 총자산) 및 성장률(ROE)면에서 평가대상기업인 JH Corp과 유사하다.

① 실적PER에 의한 예상주가
EY Corp을 JH Corp의 비교대상기업으로 선정한 경우 실적주당순이익에 의한 예상주가는 2,242원×14.61=32,763원이다.

② 추정PER에 의한 예상주가
비교대상기업의 PER를 추정손익에 근거하여 재계산하면
EY Corp의 Forward PER=259,500/18,200=14.26
JH Corp의 추정주당순이익에 의한 예상주가는
주식가치평가=3,258×14.26=46,459원

예제에서 알 수 있듯이 실적주당순이익으로 할 것인가 아니면 추정주당순이익으로 할 것인가에 따라 가치평가결과는 크게 차이가 나는 것을 볼 수 있다. 예상주당순이익의 예측이 가능한 경우 실적PER보다 추정PER가 나은 추정지표이다. 경기에 민감하지 않고 안정적인 이익을 실현하는 회사는 과거의 주당순이익을 이용하여도 예측오류가 크지 않을 것이나, 경기민감도가 큰 기업은 매년 발생하는 이익의 변동성이 클 수밖에 없으므로 과거의 주당순이익을 이용하는 데에 어려움이 있다. 이러한 회사의 주식가치평가시에는 과거 1년간의 주당순이익을 이용하기보다 경기순환주기를 고려하여 과거 몇 년분의 평균치를 사용하는 등 조정이 필요할 수 있다.

3. 예외항목(extraordinary items)의 조정

실적주당순이익을 이용할 경우 주당순이익에 포함된 예외적인 항목이 있다면 이를 조정할 필요가 있다. 또한 영업외손익항목에 포함된 예외항목이 있을 경우에는 향후 반복적 발생가능성을 고려하여 조정이 필요하다. 주당순이익을 추정치로 하여 추정PER(Forward PER)에 의해 주식가치를 평가하는 경우 추정주당순이익을 계산하는 시점에 과거에 발생한 예외항목을 배제하기 때문에 예외항목에 대한 조정작업은 불필요하다.

4. 이상치(exceptional item or outlier)의 처리

PER는 상한값이나 하한값이 없다. 따라서 PER를 계산하다 보면 터무니없이 큰 PER 값, 예를 들어 1,000이나 10,000이 나올 수도 있다. 이렇게 높은 PER가 나오는 경우는 주당순이익 대비 주식가격이 높기 때문일 수도 있으나, 일시적인 주당순이익의 등락에 기인하는 경우가 많다. 주식가격은 장기적인 미래현금흐름을 고려하여 형성되는 데 반해 주당순이익은 1기간의 순이익을 나타내는 지표이기 때문이다.

이러한 이상치는 평균PER를 왜곡할 가능성이 높기 때문에 제외된다. 문제는 어느 정도의 값이면 이상치로 분류하고 평균계산에서 제외할 것인가 하는 것이다. 일반적인 가이드라인은 이상치를 제외한 평균PER에서 크게 벗어난 PER값은 제외하는 것이다.

5. 주당순이익의 질(質)

PER를 이용할 때 또 한 가지 주의할 점은 주당순이익(EPS)의 질(質)이다. 우리나라는 「주식회사 등의 외부감사에 관한 법률」에 따라 일정 요건[8]에 해당하는 주식회사 및 유한회사는 외부감사인(independent auditor)에 의한 회계감사를 받아야 한다. 외부감사대상인 회사의 평가시에는 주당순이익에 대한 검증이 이루어졌으므로 그 신뢰성이 확보된다. 외부감사대상이 아닌 회사는 주당순이익에 대한 외부검증이 없어 왜곡되어 있는 경우가 많다. 이런 경우에는 경영자의 의도에 따라 주당순이익이 과대 혹은 과소계상되어 있을 수 있으므로 이용시 주의를 요한다.

외부감사를 받는 회사라 하더라도 주당순이익의 질에 차이가 있을 수 있다. 재무제표는 일반적으로 인정된 회계원칙(GAAP; Generally Accepted Accounting Principle)인 '한국채택국제회계기준(K-IFRS)'에 따라 작성되는데 재무제표 작성과정에서는 재무적 추정이나 판단이 불가피하다. 경영자의 재무추정 및 판단에 따른 회계처리방법에 의해 주당순이익은 변경될 수 있다. 예를 들어 회사가 보유한 부실채권에 대한 대손가능성을 어느 정도로 보느냐에 따라 대손

---

8) 외부감사대상(외감법 제4조 ①, 동법시행령 제5조 ①)
- 주권상장법인 및 해당 또는 다음 사업연도에 주권상장법인이 되려는 주식회사
- 직전 사업연도 말의 자산총액이 500억원 이상인 회사
- 직전 사업연도 말의 매출액이 500억원 이상인 회사
- 다음의 사항 중 3개 이상에 해당하지 아니하는 회사
  ① 직전 사업연도 말의 자산총액이 120억원 미만
  ② 직전 사업연도 말의 부채총액이 70억원 미만
  ③ 직전 사업연도의 매출액이 100억원 미만
  ④ 직전 사업연도 말의 종업원이 100명 미만
  ⑤ 사원 수가 50인 미만(유한회사에 한정)

충당금 설정액이 바뀔 것이며, 이는 주당순이익에 직접적인 영향을 미치게 되는 것이다. PER 방식에 따라 주식가치를 추정하는 경우에는 이러한 이익의 질에 대한 조정작업을 필요로 한다. 과거 주당순이익을 이용할 경우에 가급적 평균치를 사용하고 일시적이고 비경상적인 항목이 포함된 경우 향후 발생가능성 등을 고려하여 조정하여야 한다.

사례 6-2 PER에 의한 목표주가 산정 - 해태제과식품

해태제과식품은 표준산업분류상 '코코아제품 및 과자류제조업(C10713)'을 영위하는 사업자로서, 2001년 설립 이후 현재까지 과자 및 아이스크림의 생산, 판매 및 유통을 주요사업으로 영위하고 있다. 주관회사는 해태제과식품의 적정한 기업가치 산정과정으로, 동사와 유사한 사업영역을 영위하고 있는 비교대상회사 선정을 위하여 해태제과식품이 속해있는 'C10700/기타 식품 제조업' 및 비교가능성이 상대적으로 높은 표준산업분류인 'C10500/낙농제품 및 식용아이스크림류 제조업'을 비교대상 산업군으로 선정하였으며, 동사가 속해 있는 한국표준산업분류와 주요 제품 등 실질적인 사업내용 및 기술 등을 고려하여 세부적인 선정과정을 거쳐 최종적으로 5개 회사(롯데푸드, 빙그레, 오리온, 롯데제과, 농심)를 비교대상회사로 선정하였다. 다만, 비교대상회사들은 해태제과식품과 주력제품, 영업환경, 성장성 등의 차이가 존재할 수 있음을 유의하여야 한다. (이하 비교대상기업 선정과정 생략)

(1) 비교대상기업의 기준주가

기준주가는 시장상황의 일시적인 급변등의 단기변동성을 배제하기 위해 비교대상회사의 보통주를 기준으로 i) 평가기준일(최근일)의 종가, ii) 평가기준일로부터 소급하여 1주일간의 종가평균, iii) 1개월간의 종가평균 중 가장 작은 값을 기준주가로 산정하였다.

- 기준주가=Min[1개월 평균종가, 1주일 평균종가, 기준일종가]
  (이하 기준주가 계산과정 생략)

(2) 비교대상기업의 평균PER

해태제과식품의 공모희망가액을 결정함에 있어, 적용 PER 배수는 2015년 실적을 기준으로 산출한 값을 활용하였다. 이는 최근까지 집계된 해태제과식품의 실적까지 반영하기 위함이다. 비교대상기업 5개 회사의 평균PER는 29.55로 측정되었다.

(단위 : 원/주/배)

구 분	롯데푸드㈜	㈜빙그레	㈜농심	㈜오리온	롯데제과㈜
2015년 순이익	50,274,049,652	24,743,183,365	117,337,766,806	162,318,225,631	75,231,078,560
발행주식수	1,369,436	9,851,241	6,082,642	5,976,091	1,421,400
주당순이익	36,711	2,512	19,291	27,161	52,927
기준주가	870,000	65,900	379,000	904,000	2,376,000
주가수익비율	23.70	26.24	19.65	33.28	44.89
평균PER	29.55				

(3) 비교대상기업 평균PER를 이용한 해태제과식품의 비교가치 추정

비교대상기업의 평균PER를 이용하여 2015년 해태제과식품의 실적 주당순이익을 적용하여 추정한 해태제과식품의 비교가치는 17,117원으로 추정하였다.

(단위 : 원/주/배)

구 분	2015년 3분기	비고
2015년 당기순이익(원)	16,865,427,645	–
적용주식수(주)	29,116,822	주1)
EPS(원)	579	–
적용PER(배)	29.55	–
PER비교가치(원)	17,117	–

주1) 적용주식수=현재 보통주식수 15,504,900주+신주모집주식수 3,704,840주+전환상환우선주 9,907,082주

* 자료 : 해태제과식품 예비투자설명서 편집인용

사례 6-3 해외 비교대상기업 PER 이용 - NAVER

NAVER의 목표가격을 110만원으로 제시한다. 목표가격 110만원은 시총 36.3조원에 해당하는데 이는 NAVER 본사 가치 22.2조원, 라인(LINE)가치 기여액 11.5조원, 스노우(SNOW) 가치 2.6조원으로 배분한 것이다.

NAVER 본사가치는 PC검색광고 및 디스플레이광고 부진을 모바일 검색광고 고성장이 극복하며 전체적으로 견조한 성장이 유지되는 가운데 컨텐츠 부문 잠재력을 보유하고 있어 가치 재평가는 지속될 것으로 기대한다. 라인 가치 또한 지속적 우상향 추이를 기대한다. 광고부문 중심의 매출고성장, 마케팅비 컨트롤, 2017년 2월부터 월 70~80억원의 스톡옵션 관련 주식보상비용 Drop 등 감안시 한동안 영업레버리지가 지속될 것으로 전망한다. 그리고 스노우는 2015년 9월 론칭 후 11개월만인 8월초 누적가입자 6천만명을 달성했으며 가파른 가입자 증가추이 감안시 올해말 누적가입자 1억명 돌파가 예상된다. 라인이 누적가입자 1억명 돌파 시점부터 강한 주가모멘텀으로 작용했고 본격적 가치평가가 단행되었다는 점을 기억할 필요가 있다. 스냅챗은 2011년 9월 론칭 후 5년만에 가입자 6억명 이상, MAU 2억명 이상을 달성했으며 올해 매출이 전년대비 4배 이상 증가한 2.5~3억달러로 예상될 정도로 급성장해 현재 시장평가가치는 21조원에 달한다. 스노우는 론칭 11개월만인 8월초 누적가입자 6,000만명, MAU 2,500만명을 달성하는 등 가파른 성장세를 시현하고 있다. 아직은 MAU도 스냅챗의 1/9에 불과하고 본격적인 Monetization도 단행되기 전이지만 향후 성장잠재력은 매우 크다고 판단한다. 스노우의 궁극적인 MAU는 최소 1억명 내외로서 스냅챗의 궁극적 MAU(4억명 가정)대비 1/4수준까지는 격차를 좁힐 것으로 예상한다. 스노우 또한 광고, 컨텐츠 등 스냅챗과 동일한 형태의 BM이 접목될 것으로 기대한다. 스노우 시뮬레이션 가치 2.6조원은 스냅챗 현재 시장평가가치 21조원에 궁극적 MAU 비중 25%를 적용한 후 50%를 추가 할인한 것인데 충분히 유의한 수준이라 판단된다.

목표주가 110만원은 2017년 예상주당순이익(EPS) 대비 PER 33.4배를 적용한 것으로 이는 Global Peer 평균대비 9.6% 디스카운트 수준인데 Global Peer 대비 펀드멘털 수준(매출성장성 열위, 수익성 우위, 전체적으로 비슷) 감안시 유의한 수준이라 판단된다. (단위 : 원/주/배)

(각국통화, 배, %)	현재가	목표가	2017E			2018E		
			EPS	PER (현재가)	PER (목표가)	EPS	PER (현재가)	PER (목표가)
Facebook	126.51	155.38	5.07	25.0	30.7	6.31	20.1	24.6

(각국통화, 배, %)	현재가	목표가	2017E			2018E		
			EPS	PER (현재가)	PER (목표가)	EPS	PER (현재가)	PER (목표가)
Twitter	19.55	16.58	0.56	34.7	29.4	0.73	26.6	22.6
Google	771.46	931.00	40.26	19.2	23.1	46.89	16.5	19.9
Yahoo	43.28	42.55	0.55	78.5	77.2	0.59	73.2	72.0
Baidu	177.78	180.62	6.46	27.5	28.0	9.12	19.5	19.8
Sina	81.88	77.73	1.82	44.9	42.6	3.17	25.8	24.5
Tencent	201.80	231.27	6.07	33.3	38.1	8.91	22.6	25.9
Alibaba	99.25	110.12	4.15	23.9	26.6	5.25	18.9	21.0
average				35.9	37.0		27.9	28.8
NAVER (연결)								
종전		950,000	29,695		32.0	34,523		27.5
신규	843,000	1,100,000	32,923	25.6	33.4	38,170	22.1	28.8
변경율(%)		15.8	10.9		4.4	10.6		4.7
Global Peer 대비(%)				-28.6	-9.6		-20.9	0.1

* 자료 : Bloomberg, 이베스트투자증권 리서치센터

* 자료 : 이베스트투자증권 기업분석보고서 편집인용

6. 적정PER를 이용한 가치추정

우리는 앞에서 PER를 결정짓는 요소들을 살펴보면서 적정PER의 도출과정을 검토하였다.

$$적정PER = \frac{1}{K_e - g}$$

적정PER의 공식을 이용하면 평가대상기업의 목표PER 또는 장기추정PER를 도출해 낼 수 있는 것이다. 평가대상회사의 자기자본비용과 성장률을 추정함으로써 적정PER를 계산하고 이를 이용하여 평가대상기업의 가치를 평가할 수 있다. 이러한 방법은 상장회사의 경우는 물론이고 비상장법인의 가치평가에도 유용하다. 적정PER의 도출은 현금흐름할인모형에서 설명한 자기자본비용과 안정성장률을 이용할 수 있다. 또한 비교대상기업의 PER를 산출할 필요가 없으므로 비교대상기업에 적자기업이 있는 경우에도 적용가능하다. 다만, 적정PER 계산에 적용하는 안정성장률(Stable Growth rate)은 단기적인 이익성장률(예를 들어 g=ROE×b의 산식

에 의해 계산된 성장률)을 사용해서는 안 된다. 어떤 기업도 수십 년간 꾸준히 10~20%의 높은 성장률을 유지하는 회사는 없기 때문이다. 안정성장률은 오랜 기간 달성될 평균성장률을 의미한다.

예제 6-3 적정PER를 이용한 가치평가

다음의 정보를 이용하여 EY Corp가 상장기업인 경우와 비상장기업인 경우를 나누어 적정 PER를 이용하여 주식가치를 평가하라.

① 1차 정보
무위험수익률(R_f)=5%
시장위험프리미엄(MRP; Market Risk Premium)=5.5%
추정EPS=3,000원
목표자본구조(D/E)=150%
적용법인세율(t)=30%

② EY Corp가 상장기업인 경우 추가정보
시장베타=1.1
안정성장률(stable growth rate)=2%

③ EY Corp가 비상장기업인 경우 추가정보
비교대상기업의 무부채베타(Unlevered beta)=0.7
EY Corp의 비유동성과 규모를 고려한 고유위험(specific risk)=3%
안정성장률(stable growth rate)=2%

■ **풀이**

적정PER에 의한 가치추정은 자기자본비용을 추정하여 적정PER 비율을 도출하고, 여기에 추정EPS를 이용하여 주식가치를 추정한다.

① EY Corp가 상장기업인 경우

- 자기자본비용=R_f+MRP×beta=5%+5.5%×1.1=11.05%
- 적정PER=1÷(11.05%−2%)=11.05
- 추정주식가치=3,000원×11.05=33,150원

여기서는 EY Corp의 시장베타 측정치가 적정수준임을 전제하고 있다. 그러나 EY Corp의 베타수준이 적정치 않다고 판단되면 비교대상기업의 베타를 이용하여 적정베타를 도출하여 적용해야 한다. EY Corp의 시장베타가 적정베타임을 가정한다면 현재 EY Corp의 시장가격이 투자자의 요구수익률이 적정하게 반영되었는가 여부만 판단하는 것이며, EY Corp의 영업위험과 재무위험에 대한 재평가는 수행되지 않은 것이다.

② EY Corp가 비상장기업인 경우

EY Corp가 비상장기업인 경우 먼저 비교대상기업의 무부채베타(Unlevered beta)와 EY Corp의 목표자본구조를 이용하여 부채베타(Levered beta)를 계산한다.

- EY Corp의 베타(Levered beta)=Unlevered beta×{1+(1−t)×D/E}
=0.7×{1+(1−30%)×150%}=1.435

- 자기자본비용 = R_f + MRP × beta + specific risk premium = 5% + 5.5% × 1.435 + 3%
  = 15.89%
- 적정 PER = 1 ÷ (15.89% − 2%) = 7.20
- 추정주식가치 = 3,000원 × 7.20 = 21,600원

추정주식가치 21,600원에는 이미 비상장기업의 유동성할인 등이 반영되어 있으므로 추정주식가치에 추가적으로 유동성할인을 고려할 필요는 없다. 유동성할인을 가치에서 직접 반영할 수도 있다. 이때에는 자기자본비용 계산시 유동성프리미엄을 가산하지 않고 계산된 가치에 직접할인하는 방법이다. 유동성할인에 대해서는 본 장 후반부에서 다시 설명하도록 한다.

PBR(주가대비 주당순자산배수)

P-Multiple의 여러 방법 중 PER 다음으로 많이 활용되는 방법이다. 손실을 기록한 회사에 대해서도 적용할 수 있으며, 특히 자산가치가 중요한 회사에 적용되는 경우가 많다.

$$PBR = \frac{\text{Stock Price}}{\text{BPS}}$$

Expected Price(예상주가)=PBR×BPS

* BPS(Book Value per share, 주당순자산)=자기자본/발행주식수

PBR에 의한 주식가치는 장부가치(Book Value)가 시장가치를 반영하고 있다는 가정에 근거한다. 자산 및 부채가 시장가치에 따라 평가되는 비율이 높은 금융기관의 경우에는 장부가치가 시장가치에 근접하는 것으로 볼 수 있다. 반면, 장부가치가 높다 하더라도 자산에 의한 투자효율이 낮거나 부실자산을 많이 보유하고 있는 경우에는 PBR의 예측력은 감소한다. PBR의 장부가치(Book value)도 예상장부가치를 적용하는 것이 타당하나, 주당순이익(EPS)과 달리 현재값과 추정값의 차이가 크지 않은 것이 일반적이므로 현재의 장부가치를 이용할 수 있다.

사례 6-4 PBR에 의한 주가추정 - 한화생명

한화생명의 2016년 2분기 순이익은 1,167억원으로 시장전망치 및 KB투자증권 추정치를 각각 17.0%, 20.5% 하회하였다. 실적이 추정치를 하회한 주된 원인은 예상 대비 낮은 수준의 수입보험료 및 신계약 증가율인 것으로 판단된다. 한화생명의 2016년 2분기 수입보험료는 3조 3,655억원, 연납화 보험료(APE)는 4,198억원을 기록하여 전기동기간 대비 감소하였다. 특히 보장성 APE가 2,398억원으로 증가율 둔화를 보였는데, 2016년 2분기 중 일시납 신계약이 감소한 데 주로 기인한 것으로 판단된다. 2분기 위험손해율은 79.8%로 전년 동기의 메르스로 인한 기저효과를 감안하면 80%를 하회하는 양호한 수준인 것으로 판단된다. 2분기 투자수익률은 3.9%로 89bp 하락했으나, 이는 2015년에 적극 실현한 채권 매각익에 따른 영향으로 역시 양호한 수익률 방어를 기록한 것으로 판단된다. 한화생명은 5개 분기 연속 80%를 하회하는 위험손해율을 유지 중이며, 사업비율은 6개 분기 연속 하락을 기록하였다. 안정적인 사차이익 실현과 비차이익 증가를 지속하는 가운데, 투자수익률은 최근 4개 분기 연속 3.9~4.0%를 기록해 경쟁사 대비 양호한 수준을 보였다. 한편 한화생명이 적극적으로 채권 매각익을 실현했던 2014년말~2015년초 이후 금리부자산 이자율의 하락 속도가 부채이율 하락 속도 대비 가파르게 나타나는 점은 이익창출력의 안정성에 부담이 될

수 있는 것으로 판단되나, 최근 진행되는 외화채권 투자 확대 등을 통해 금리부자산의 수익률 방어도 유효하게 이루어질 필요가 있을 것으로 보인다.

한화생명의 2016년 순이익 전망치를 4,410억원으로 6.7% 하향 조정한다. 기존 예상을 하회하는 2016년 2분기 순이익과 더불어 Brexit 이후 추가 하락한 금리 수준에 의해 연말 보증준비금 전입액 추정치를 상향 조정한 것이 이익 전망치 하향의 주요 근거이다. 한화생명에 대한 투자의견 BUY를 유지하나, 향후 3개년 평균 ROE 전망 하락 및 베타 상승에 따른 COE 상승에 따라 목표주가를 7,400원으로 하향 조정한다.

항 목	단위	한화생명	비 고
자기자본비용(CoE)	%	8.4	(a) : (b)+(c)×(d)
무위험수익률	%	1.3	(b) : 국고채 3년물 3개월 평균금리
Risk Premium	%	8.7	(c)
Beta		0.8	(d) : 한화생명의 1년 기준 beta
Average ROE	%	5.0	(e) : 한화생명의 2016년~2016년 기대ROE평균
영구성장률	%	0.0	(f)
이론적 PBR		0.59	(g) : (e−f) / (a−f)
할증률(할인률)	%	(8.0)	(h) : valuation premium (discount) 부여
목표 PBR		0.54	(i) : (g)×(h)
수정 BPS	원	13,609	(j) : 한화생명의 12월 forward BPS
목표주가	원	7,400	(k) : (i)×(j)

* 자료 : KB투자증권 기업분석보고서 편집인용

Section 7 PSR(주가대비 주당매출액배수)

손실로 인해 PER산출이 불가능하거나 벤처기업 등 단기간에 급격한 변동이 예상되고 자산가치도 중요치 않은 경우에는 PSR방법을 활용하는 경우가 있다. PSR은 IT 붐이 한창일 때 단기수익성은 좋지 않지만 성장성이 기대되는 신흥 IT기업의 평가방법으로 활용되었다.

$$PSR = \frac{\text{Stock Price}}{\text{Sale per share}}$$

Expected Price(예상주가)=유사기업 PSR×Sale per share

* Sale per share(주당매출액)=총매출액/발행주식수

개념적으로 보면 장기적으로 이익이 나지 않는 기업의 가치는 Zero이다. 이익이 나지 않는 것은 미래현금흐름이 마이너스이므로 주주에 귀속될 몫이 없기 때문이다. 따라서 P-Multiple이 미래의 주당이익과 주당매출액을 근거로 하는 기본개념에 충실하다면 PER와 PSR의 평가결과는 동일해야 하므로 굳이 PSR 방법을 사용할 필요는 없다. PSR 방식도 장기적으로 이익이 발생한다는 가정, 즉 장기적으로 매출액 대비 이익률이 일정하다는 전제하에 분석이 되는 것이다. 동일업종의 두 기업의 매출액이 비슷하더라도 이익률은 완전히 다르게 나타날 수 있다. 주주에게 귀속되는 현금흐름은 매출액이 아니라 이익이므로 매출액이 비슷한 두 기업의 주주가치를 동일하게 평가하는 것은 바람직하지 않다. PSR방식이 제한적으로 사용되는 이유이다. 2000년 초반 IT기업, 특히 단기적인 손실을 기록하는 인터넷기업에 PSR방식으로 주식가치평가를 사용하여 과대평가하는 오류가 많이 발생한 것을 보면 문제점이 명확해진다. 이익을 내지 못하는 기업에 대해서는 PSR을 사용하기보다는 현금흐름할인모형 등 보다 정교한 평가방법을 사용하는 것이 효과적이다.

Section 8 EV - Multiple Method

EV－Multiple은 기업의 전체 사업가치를 계산하고 이 중 타인자본의 몫을 차감하여 주주가치를 구하는 방식이다. 이런 점에서 주주가치를 직접 구하는 P－Multiple과는 비교된다. EV－Multiple은 자기자본과 타인자본을 함께 고려하기 때문에 전체기업성과 측정을 바탕으로 하며 자본비율에 따른 기업 간 차이 비교에 효과적이다. EV－Multiple에서 일반적으로 사용되는 방법은 EBIT(Earning Before Interest and Tax)을 이용하는 EV/EBIT 비율과 EBIT에 감가상각비와 무형자산상각비 등 비현금비용을 가산한 EBITDA를 이용하는 EV/EBITDA 비율이 있다.

아래에는 EV－Multiple 중 가장 많이 사용되는 EV/EBITDA 비율 산출공식이다. EV/EBIT 비율은 EBITDA 대신에 EBIT를 바꿔 사용가능하다.

EV/EVITDA ratio＝EV/EBITDA

 * EV(사업가치, Enterprise Value)＝주식의 시가총액(Stock Value)＋순차입금－비영업용 자산
 * EBITDA＝Earning Before Interest, Tax, Depreciation and Amortization

예상사업가치(Expected Enterprise Value)＝유사기업 EV/EBITDA×평가대상기업 EBITDA

예상주가총액(Expected Stock Value)＝예상사업가치(Expected EV)－평가대상기업 순차입금
＋비영업용 자산

예상주가(Expected Stock Price)＝예상주가총액/발행주식수

1. 사업가치(EV; Enterprise Value)

비교대상기업의 사업가치(EV)는 상장주식의 시가총액에 순차입금을 가산하고 비영업용 자산을 차감하여 계산한다. 즉 자기자본가치(주식의 시가총액)와 타인자본가치(순차입금)의 합에서 비영업용 자산을 차감한 영업가치(Operating Value)를 말한다. P－Multiple과 달리 자기자본뿐 아니라 타인자본가치를 별도로 고려하는 것은 기업의 미래영업현금흐름에 대한 자금조달은 자기자본뿐 아니라 타인자본에 의해서도 이루어지며 자기자본과 타인자본의 구성방법에 따라 기업 전체의 가치도 달라지기 때문이다. EV－Multiple에서 사용하는 순차입금(Net Debt)은

이자를 지급하는 부채, 즉 이자지급성 부채(interest bearing debt)만을 의미하며, 일반 상거래에 따른 채무, 예를 들어 매입채무나 미지급금, 예수금 등은 해당하지 않는다. 또한 순차입금은 이자지급성 부채에서 현금예금 및 시장성 유가증권(Marketable securities)을 차감한 금액으로 정의된다. 기업의 투자 및 재무활동과정에서 여유자금으로 현금이나 예금 또는 즉시 현금화할 수 있는 유가증권은 차입금 상환에 이용할 수 있기 때문이다. 따라서 순차입금 계산을 위해 차입금에서 차감하는 현금예금은 회사의 현금예금 총액이 아닌 초과보유현금(excess cash)이 되는 것이 논리적이다. 보유하고 있는 현금예금 중 일부는 운전자금 상환을 위해 일시적으로 보유하고 있을 수 있기 때문이다. 그러나 실무에서는 회사가 보유하고 있는 현금예금 총액을 차입금 총액에서 차감하여 순차입금을 계산하는 경우가 많다. 비교대상회사와 평가대상회사가 보유하고 있는 현금예금 총액 중 어느 정도가 적정현금이며, 어느 정도가 초과보유현금인지 구분이 모호하기 때문이다.

한편, 사업가치에 비영업용 자산은 포함되지 않으므로 순차입금에서 이미 차감된 시장성유가증권은 비영업용 자산에 포함하지 않는다. 순차입금에서 이미 차감하였으므로 시장성유가증권을 비영업용 자산으로 분류하여 차감하면 이중으로 차감되기 때문이다. 비영업용 자산에 대해서는 '9절 상대가치 평가방법 적용시 추가고려사항'에서 좀 더 구체적으로 설명하기로 한다.

순차입금(Net Debt) = 이자지급성 부채(interest bearing debt) − 현금 · 예금(cash and deposit)
− 시장성유가증권(marketable securities)

예제 6-4 사업가치(EV) 계산

상장기업인 EY Corp의 재무정보는 다음과 같다. 20×1년말 현재 회사의 사업가치를 계산하라.

① 주가정보
20×1년말 종가 : 23,200원, 발행주식수 : 15,203,348주
EY Corp의 시가총액 = 23,200원×15,203,348 = 3,527억원

② 재무정보(20×1년말 현재)
현금 및 예금 : 25억원, 시장성유가증권 : 12억원
매입채무 : 116억원, 미지급금 : 445억원, 선수금 : 75억원
단기차입금 : 40억원, 유동성장기부채 : 45억원
사채 : 948억원, 장기차입금 : 94억원
20×1년말 기준 순차입금(Net Debt) = 단기차입금(40) + 유동성장기부채(45) + 사채(948)
+ 장기차입금(94) − 현금(25) − 시장성유가증권(12)
= 1,090억원
EV(Enterprise Value) = 주식의 시가총액(Stock Value) + 순차입금 + 비영업용 자산이므로
EV = 시가총액(3,527) + 순차입금(1,090) + 비영업용 자산(0) = 4,617억원

2. EBIT와 EBITDA

EBIT(Earning Before Interest and Tax)는 이자와 세금을 공제하기 전 이익이라고 해석되며, '영업이익'으로 번역하기도 한다. 그러나 EBIT는 포괄손익계산서상의 영업이익과는 차이가 있다. EBIT는 부채가 없었을 때의 세전이익을 뜻한다. EBIT에 포함되지 않는 것은 이자비용 등 금융비용, 이자수익, 외화환산손익, 영업의 중단(discontinued operation)으로부터 발생한 손익, 비영업용 자산의 투자(non-operating invest-ments)로부터의 투자손익 등이다. 포괄손익계산서상의 영업외수익과 비용에 금융비용 또는 비영업용 자산관련 손익이 아닌 기타 손익(예를 들면 매출채권관련 외환차손익)의 금액이 큰 경우에는 EBIT와 영업이익은 차이가 발생한다.

한국채택국제회계기준(K-IFRS)에 의한 포괄손익계산서상의 영업외손익항목의 대부분은 이자비용, 이자수익과 같은 금융비용(수익)이거나 외화환산손익 그리고 영업활동과 관련없는 투자자산의 처분 또는 평가관련 손익과 같은 비영업용 자산관련 손익이다. 따라서 영업외손익에서 영업활동과 관련된 손익의 금액이 큰 경우를 제외하고는 포괄손익계산서에서의 영업이익을 EBIT로 볼 수도 있다. 가치평가실무에서는 영업외손익에 포함되는 영업활동관련 손익을 추정하는 것이 불가능할 경우가 많아 영업이익을 EBIT로 하는 경우가 일반적이다.

EV-Multiple에서 가장 많이 사용하는 방법은 EV/EBITDA ratio이다. EBITDA는 EBIT에 감가상각비와 무형자산상각비를 가산한 금액이다. 이는 EBIT 중 비현금비용을 제외(즉 EBIT에 비현금비용을 가산)함으로써 현금흐름추정의 효과를 꾀하는 방식으로 볼 수 있다. EBITDA는 기업의 가치에 실질적으로 기여하는 부분은 EBIT가 아니라 영업으로 인한 현금흐름이라는 데에 초점을 맞추고 있는 것이다. EBITDA에 의한 시장가치비교는 대상회사 간의 회계처리방법에 있어 차이를 일정 부분 해소할 수 있는 장점이 있다. 비교대상기업과 평가대상기업의 감가상각방법, 내용연수 등 비현금비용이 서로 다르다고 해서 가치가 달라서는 안된다는 것이다. 비교대상기업 및 평가대상기업의 EBIT와 EBITDA는 PER의 경우와 마찬가지로 추정EBIT 또는 EBITDA를 사용하는 것이 원칙이다. 실적EBIT 또는 EBITDA를 이용하는 경우는 실적EBIT(또는 EBITDA)가 추정EBIT(또는 EBITDA)와 큰 차이가 없을 것으로 예상되는 경우에 한하여 사용할 수 있다.

비교대상기업과 평가대상기업의 EBIT 또는 EBITDA만으로 가치평가를 하는 데에는 한계가 있음에 주의해야 한다. 즉 두 기업의 투자활동으로 인한 현금흐름은 제대로 반영하기 어렵다는 점이다. EBIT 또는 EBITDA를 미래영업현금흐름으로 보고 이에 대비한 EV를 추정하는 데에는 투자로 인한 효과가 개입될 여지가 없다. 평가대상기업은 향후 1~2년간 막대한 투자를 필요로 하고 비교대상으로 선정된 유사기업은 최근 투자를 마무리했다고 가정하자. 투자한 자산의 내용연수가 길면 길수록 연간 감가상각비 효과는 작아지므로 향후 EBIT는 유사하게 측정될 것이다. 그렇다면 두 기업의 가치도 유사하게 측정하는 것이 옳을까? EV-Multiple방식이 투자의 효과를 제대로 반영하지 못하므로 평가대상기업의 가치는 미래의 투자에 따른 (-)현금흐름을 반영하지 못해 과대평가될 가능성이 높아진다.

한편, EBIT에 감가상각비를 제외한 무형자산상각비만 가산한 이익이 EBITA이다. 평가대상기업이 계속기업(going concern)을 유지하기 위해서는 해마다 감가상각비만큼 자본적 지출이 이루어진다고 가정한 것이며, 기업들의 이익에서 감가상각비를 제외해야 미래현금흐름, 궁극적으로 기업의 가치를 더 잘 나타낼 수 있다고 본 이익지표가 바로 EBITA이다.

참고 **보충설명**

감가상각비를 유형자산에 대한 평가과정으로 보거나 재투자소요금액으로 간주하는 경우가 많은데 이는 감가상각비에 대한 잘못된 이해이다. 감가상각비는 해당 유형자산을 사용함으로써 효익을 얻을 수 있을 것으로 예상되는 기간을 추정하고 그 기간 동안 최초의 자산으로 인식한 취득원가를 배분하는 과정이다. 예를 들어 기계장치를 1백만원에 구입한 후 잔존가액 없이 4년의 내용연수 동안 감가상각한다면 첫 해 감가상각비는 25만원이 될 것이다. 첫 해가 경과하였다고 25만원의 재투자비용이 발생하는 것은 아니며 실제 재투자는 4년의 내용연수가 경과한 후 발생한다. 또한 구입한 유형자산의 유지보수를 위한 비용은 수익적지출로 분류되어 수선비 등으로 하여 영업이익에 직접 차감된다. 또한 1년이 경과한 기계장치의 평가금액이 감가상각비를 차감한 75만원으로 평가하는 것은 더욱 우스운 일이다. 따라서 감가상각비를 이용해 예상투자금액을 추정하기보다는 실제 유형자산 투자계획에 따라 투자액을 예측하는 것이 바람직하다. 물론 EV-Multiple에서는 유형자산투자는 고려하지는 않는다.

3. EV-Multiple의 결정요인

만일 평가대상기업의 미래현금흐름이 EBITDA와 동일하고 현금흐름의 성장없이 영구히 동일한 현금흐름이 발생하는 것으로 가정하여 현금흐름할인모형에 따라 기업가치(EV)를 구하면 영구연금공식에 의해 다음과 같이 계산된다.

$$EV = \frac{EBITDA}{WACC}$$

EBITDA는 주주에게만 귀속되는 것이 아닌 기업전체에 귀속되는 현금흐름이다. 따라서 PER의 경우와 달리 EBITDA의 할인율은 가중평균자본비용(WACC; Weighted Average Cost of Capital)이 되어야 한다. 한편, 상기의 식에 양변을 EBITDA로 나누면 EV/EBITDA ratio는 가중평균자본비용의 역수가 된다.

$$EV/EBITDA = \frac{1}{WACC}$$

상기의 식에서 보는 것처럼 EV/EBITDA 비율은 가중평균자본비용(WACC)의 역수가 된다. 따라서 EV/EBITDA 비율은 가중평균자본비용이 높을수록 낮아진다. 동일한 현금흐름하에서는 가중평균자본비용이 높을수록 기업가치가 감소하는 현금흐름할인모형과 동일한 결론이 도출되는 것이다.

EV/EBITDA비율이 가중평균자본비용의 역수라는 산식은 가중평균자본비용이 내재하고 있는 의미를 모두 가져온다는 뜻이다. 가중평균자본비용은 자기자본과 타인자본을 부채비율에 따라 가중평균한 값이므로 EV/EBITDA비율은 자기자본비용, 타인자본비용, 부채비율 모두의 영향을 받는다는 의미가 된다. 즉 EV－Multiple은 P－Multiple과 달리 자본구조에 의한 기업가치효과를 반영하는 것이다.

예제 6-5 EV/EBITDA를 이용한 주가추정

EY Corp은 인터넷 포털기업으로 광고 및 인터넷쇼핑을 주요 서비스로 하고 있는 비상장기업이다. EY Corp의 재무 및 투자지표를 참고하여 EV/EBITDA에 따른 자기자본가치를 추정해 보자.

① EY Corp의 재무현황

(단위 : 억원)

추정EBITDA	84.75	비영업용 자산	5.00
순차입금	102.00	발행주식수	10,000천주

② 비교대상기업군의 선정

(단위 : 억원)

구 분	EV	EBITDA	EV/EBITDA	beta
A사	1,889.89	−18.18	−103.95	1.74
B사	12,840.98	833.02	15.41	1.47
C사	1,555.57	183.87	8.46	1.80
D사	4,179.74	183.24	22.81	1.35
E사	140.02	−53.98	−2.59	1.19
F사	324.71	−46.92	−6.92	1.76
G사	156.33	−99.55	−1.57	0.82
H사	84.70	−77.54	−1.09	0.94
I사	578.97	−38.20	−15.16	1.54

인터넷 기업의 특성상 EBITDA가 부(negative)의 값을 가지는 경우가 많다. 따라서 베타가 유사한 기업군을 형성하여 Aggregate EV/EBITDA를 이용하기로 한다. 이는 EY Corp는 인터넷

기업의 평균적인 베타수준을 보일 것으로 가정하는 것이다. 따라서 EY Corp의 현금흐름이 인터넷 기업의 평균적인 형태가 아니라면 이러한 접근은 합리적인 추정이 될 수 없다. 비교대상인 상장인터넷 기업 중 평균베타에서 크게 벗어나지 않는 A사, B사, C사, D사, F사, I사를 비교대상기업군으로 재선정하고 이들의 Aggregate EV/EBITDA 비율을 계산한다.

③ 비교대상기업군의 재선정 및 Aggregate EV/EBITDA의 계산

구 분	EV	EBITDA	EV/EBITDA	beta
A사	1,889.89	−18.18	−103.95	1.74
B사	12,840.98	833.02	15.41	1.47
C사	1,555.57	183.87	8.46	1.80
D사	4,179.74	183.24	22.81	1.35
F사	324.71	−46.92	−6.92	1.76
I사	578.97	−38.20	−15.16	1.54
합계	21,369.86	1,096.83	19.48	

Aggregate EV/EBITDA를 구하게 되면 EBITDA가 부(−)의 값을 가지는 A사, F사, I사 등 3개 회사의 EBITDA값도 이용가능하다. 비교대상기업의 평균 Aggregate EV/EBIITDA는 19.48로 구해졌다.

④ EV/EBITDA를 이용한 예상주가의 추정

추정 EV = 비교대상기업의 EV/EBITDA(19.48)×EY Corp의 EBITDA(84.75)
= 1,651.21억원

추정시가총액 = 추정 EV(1,651.21) − 순차입금(102.00) + 비영업용 자산(5.00)
= 1,554.21억원

추정주가 = 추정시가총액(1,554.21억원)/발행주식수(10,000천주) = 15,542원

예제의 경우는 비교대상기업군의 EV/EBITDA 비율이 기업마다 크게 차이가 나며 EV/EBITDA 비율이 부(negative)의 값을 가지는 기업이 높은 비율을 차지하고 있는데 이러한 경우에는 EV/EBITDA에 의한 예측결과는 변동성이 높다. 비교대상기업군의 Multiple이 차이가 큰 경우에는 현금흐름할인모형에 의한 추가적인 분석작업이 이루어져야 한다.

사례 6-5 EV/EBITDA에 의한 주식가치평가 - BGF리테일

BGF리테일은 편의점 체인화사업을 주요 사업으로 하고 있다. 편의점은 시간 및 지리적 접근성, 생활필수재 위주의 상품 취급, 택배 및 공과금 수납, CD기, 티켓판매 등 부가적인 생활서비스 제공 등 소비자에게 다양한 편리함을 제공하는 것을 개념으로 도입된 소규모 소매점이다. 이러한 편리함을 제공하기 위해 대부분 편의점은 연중무휴, 24시간 영업시간 운영되고 있고, 교통요충지, 주거지 등 이용이 편리한 지역에 위치하고 있으며, 식료품과 잡화 위주로 약 2,000개의 품목을 취급하고 있다. BGF리테일이 영위하고 있는 편의점 체인화사업은 타프랜차이즈사업과 유사하게 가맹본부가 가맹점사업자로 하여금 자신의 상표, 서비스표, 상호, 간판 그 밖의 영업표지를 사용하여 일정한

품질기준이나 영업방식에 따라 상품을 판매하는 방식으로 운영된다. 구체적으로 BGF리테일은 가맹점사업자에 씨유(CU)표장과 인테리어, 설비, 집기 등을 중심으로 하는 동일성의 표시 및 외관을 바탕으로 상품, 서비스 등에 대한 생산, 발주, 공급(배송), 판매시스템, POS시스템 및 일매출송금 금액을 전제로 하는 지급대행시스템, 정산보고서 작성 제공시스템, 경영지도 및 경영노하우 제공 등 운영시스템을 제공하고, 가맹점사업자는 BGF리테일이 제공하는 경영, 기술지도 등을 바탕으로 영업활동을 영위하여 발생하는 매출총이익의 일정비율을 가맹수수료로 지급한다. 수익구조 측면에서 편의점 체인화사업은 다른 프랜차이즈 사업과 달리 가맹점에 상품을 공급하면서 유통 마진을 수취하지 않고, 상품을 판매하여 발생하는 매출이익에서 일정비율을 가맹수수료로 지급받는다.

(1) 비교대상기업 선정

비지에프리테일은 편의점 체인화사업을 주된 영업으로 하고 있으며, 한국산업분류 세세분류상 체인화편의점(G47122)에 속해 있다. 동사가 속해 있는 한국표준산업분류와 주요 상품 등 실질적인 사업내용의 유사성을 고려하여, 세부적인 선정기준에 따라 최종적으로 3개 회사(GS리테일, 롯데쇼핑, 이마트)를 비교대상회사로 선정하였다.
(비교대상회사의 구체적 선정과정 생략)

(2) 비교대상기업의 EV/EBITDA 도출

EV/EBITDA는 비교대상기업의 기준주가를 이용하여 사업가치(EV)를 계산하고 각사의 실적 EBITDA를 기준으로 EV/EBITDA를 도출하였다. 이때 시가총액은 기준주가를 산정하여 발행주식수를 곱하여 계산하는데 기준주가는 시장상황의 일시적인 급변 등의 단기변동성을 배제하기 위해 비교대상기업의 보통주를 기준으로 평가기준일로부터 소급하여 1개월간의 산술평균종가, 1주일간의 산술평균종가와 평가기준일 전일의 종가와 비교하여, 이중 가장 낮은 주가를 기준주가로 사용하였다.

① 비교대상기업의 EV계산

(단위 : 백만원)

<table>
<tr><th colspan="3">구 분</th><th>GS리테일</th><th>롯데쇼핑</th><th>이마트</th><th>비고</th></tr>
<tr><td colspan="3">시가총액</td><td>2,094,400</td><td>10,089,682</td><td>6,692,984</td><td>A</td></tr>
<tr><td rowspan="7">순부채</td><td rowspan="3">이자지급성 부채</td><td>차입금 및 사채(유동)</td><td>60,000</td><td>4,773,933</td><td>1,451,743</td><td>-</td></tr>
<tr><td>차입금 및 사채(비유동)</td><td>538,068</td><td>7,901,064</td><td>2,033,048</td><td>-</td></tr>
<tr><td>소계</td><td>598,068</td><td>12,674,997</td><td>3,484,791</td><td>B</td></tr>
<tr><td rowspan="3">현금성 자산 등</td><td>현금및현금성자산</td><td>44,400</td><td>1,309,484</td><td>70,083</td><td>-</td></tr>
<tr><td>단기금융상품</td><td>325,499</td><td>708,350</td><td>109,254</td><td>-</td></tr>
<tr><td>소계</td><td>369,899</td><td>2,017,834</td><td>179,337</td><td>C</td></tr>
<tr><td colspan="2">순부채</td><td>228,169</td><td>10,657,163</td><td>3,305,454</td><td>D=B-C</td></tr>
<tr><td colspan="3">EV</td><td>2,322,569</td><td>20,746,845</td><td>9,998,438</td><td>A+D</td></tr>
</table>

*출처 : 각사 2013년 연결감사보고서

② 비교대상기업의 EV/EBITDA 계산

비교대상회사인 GS리테일, 롯데쇼핑 및 이마트의 EV/EBITDA 비율 계산결과 비교대상기업 3개사의 평균 EV/EBITDA 비율은 8.32배로 계산되었다.

(단위 : 백만원/배)

구 분	GS리테일	롯데쇼핑	이마트	비고
영업이익	155,050	1,485,261	735,103	A
감가상각비	141,087	713,159	375,995	B
무형상각상각비	30,848	107,731	18,252	C
EBITDA	326,985	2,306,151	1,129,350	D=A+B+C
EV/EBITDA	7.10	9.00	8.85	–
평균	8.32			

*출처 : 각사 2013년 연결감사보고서

(3) EV/EBITDA비율을 이용한 가치평가결과

BGF리테일의 실적 EBITDA와 비교대상기업의 평균EV/EBITDA비율을 이용해 BGF리테일의 주식가치를 평가한 결과 BGF리테일의 비교가치는 주당 68,410원으로 산정되었다.

구 분	비지에프리테일	비고
영업이익	105,033	A
감가상각비	92,094	B
무형자산상각비	16,267	C
EBITDA	213,394	D=A+B+C
적용EV/EBITDA	8.32	E
EV	1,775,438	F=D×E
순부채(주1)	89,812	G
시가총액	1,685,626	H=F−G
적용주식수	24,640,080	–
EV/EBITDA비교가치(원)	68,410	–

주1) 일본훼미리마트와의 계약에 따라 2013년말 현재 비지에프리테일이 인식한 기타금융부채
*출처 : 비지에프리테일 2013년 연결감사보고서
*자료 : BGF리테일 예비투자설명서 편집인용

4. 적정EV/EBITDA에 의한 주식가치추정

우리는 적정PER에 의한 주식가치추정에 대해 살펴본 바 있다. 마찬가지의 방법으로 적정 EV/EBITDA에 의해 주식가치를 추정할 수 있다. 적정EV/EBITDA는

$$EV/EBITDA = \frac{1}{WACC - g}$$

이다. 따라서 가중평균자본비용을 합리적으로 추정할 수 있다면 적정EV/EBITDA 비율에 의해서도 주식가치를 추정할 수 있다. 다만, 이때 안정성장률 g는 EBITDA의 장기성장률이다. 왜냐하면 적정EV/EBITDA비율의 도출시 적용한 가정이 EBITDA만큼의 현금흐름이 영구히 발생할 것으로 가정하였기 때문이다.

예제 6-6 적정EV/EBITDA를 이용한 주가추정

다음의 정보를 이용하여 EY Corp가 상장기업인 경우와 비상장기업인 경우를 나누어 적정EV/EBITDA를 이용하여 주식가치를 평가하라.

① 1차 정보
무위험수익률(R_f)=5%
시장위험프리미엄(MRP; Market Risk Premium)=5.5%
추정 EBITDA=2,000억원
목표자본구조(D/E)=40%
적용법인세율(t)=30%
순차입금=5,400억원
비영업용 자산=20억원
발행주식수=100,000주
타인자본비용=8%

② EY Corp가 상장기업인 경우 추가정보
시장베타=1.1
안정성장률(stable growth rate)=2%

③ EY Corp가 비상장기업인 경우 추가정보
비교대상기업의 무부채베타(Unlevered beta)=0.7
EY Corp의 비유동성과 규모를 고려한 고유위험(specific risk)=3%
안정성장률(stable growth rate)=2%

■ **풀이**

적정EV/EBITDA에 의한 가치추정은 가중평균자본비용을 추정하여 적정EV/EBITDA 비율을 도출하고, 여기에 추정EBITDA를 이용하여 가치를 평가할 수 있다.

① EY Corp가 상장기업인 경우

- 자기자본비용=R_f+MRP×beta=5%+5.5%×1.1=11.05%
- 가중평균자본비용=11.05%×0.7143+8%×(1−30%)×0.2857=9.49%
  0.7143(자기자본비율)=S/V=1/(1+0.4)
  0.2857(타인자본비율)=D/V=1−0.7143
- 적정EV/EBITDA=1/(9.49%−2%)=13.35
- 추정EV=적정EV/EBITDA(13.35)×추정EBITDA(2,000억원)=26,700억원
- 추정시가총액=추정EV(26,700억원)−순차입금(5,400억원)+비영업용 자산(20억원)
  =21,320억원
- 1주당 가치=21,320억원÷100,000주=21,320원/주

여기서는 EY Corp의 시장베타 측정치가 적정수준임을 전제하고 있다. EY Corp의 베타수준이 적정수준이 아니라고 판단되면, 비교대상기업의 베타를 이용하여 적정베타를 도출하여 적용한다. EY Corp의 시장베타가 적정베타임을 가정한다면 현재 EY Corp의 시장가격이 투자자(주주 및 채권자)의 요구수익률이 적정하게 반영되었는가 여부만 판단하는 것이며, EY Corp의 영업위험과 재무위험에 대한 재평가는 수행되지 않은 것이다.

② EY Corp가 비상장기업인 경우

EY Corp가 비상장기업인 경우 먼저 비교대상기업의 무부채베타(Unlevered beta)와 EY Corp의 목표자본구조를 이용하여 부채베타(Levered beta)를 계산한다.

- EY Corp의 베타(Levered beta) = 0.7×(1+(1−30%)×40%) = 0.896
- 자기자본비용 = R_f + MRP×beta + specific risk premium = 5% + 5.5%×0.896 + 3% = 12.93%
- 적정EV/EBITDA = 1/(12.93% − 2%) = 11.33
- 추정EV = 적정EV/EBITDA(11.33)×추정EBITDA(2,000억원) = 22,660억
- 추정시가총액 = 추정EV(22,660억원) − 순차입금(5,400억원) + 비영업용 자산(20억원) = 17,280억원
- 1주당 가치 = 17,280억÷100,000주 = 17,280원/주

Section 9 상대가치 평가방법 적용시 추가고려사항

1. 대상회사 간의 차이조정

지금까지는 비교대상회사를 선정하고 표준가격(비율)에 따라 비교대상회사와 평가대상회사의 가치를 직접 반영하는 부분을 살펴보았다. 그러나 영업위험, 재무위험, 잠재적 성장률 및 회사의 규모 등을 감안하여 비교대상회사를 적절히 선택하였다 하더라도 비교대상회사와 평가대상회사 간에는 중요한 차이가 남아 있을 수 있다. 만일 비교대상회사에 중요한 비영업용 자산(non-Operating Asset)이 있고, 이러한 비영업용 자산으로 인해 비교대상회사의 주식가격이 높게 형성되어 있을 때 비교대상회사의 시장배수(Market Multiple)를 평가대상회사에 조정없이 반영할 경우 평가대상회사의 가치는 고평가되는 문제가 발생한다. 비교대상회사와 평가대상회사 간의 중요한 차이는 비영업용 자산 외에도 규모 및 성장률의 차이, 비경상적 항목(non-recurring item)의 유무 및 중요한 회계처리방법에 의한 차이 등이 있다.

1.1 비영업용 자산의 고려

비영업용 자산(non-Operating Asset)이란 현재의 영업활동에 기여하지 못하는 자산, 예를 들어 투자유가증권, 투자목적의 부동산, 초과보유현금 등을 말한다. 이들 자산의 운영 또는 매각을 통해 벌어들여지는 수익은 영업활동 현금흐름이 아니므로 통상적으로 EBIT에 포함되지 못한다. 그럼에도 불구하고 이들 자산은 기업의 미래현금흐름에 기여하므로 비영업용 자산의 가치는 별도로 고려하여야 한다.

합리적인 투자자는 기업의 영업현금흐름의 현재가치뿐 아니라 비영업용 자산의 가치도 인정하므로 주식가격총액에는 비영업용 자산의 가치도 포함되어 있다. 향후 동일한 영업현금흐름이 예상되는 두 기업 중 현금을 많이 보유하고 있거나 투자자산을 다수 보유하고 있는 기업의 가치가 그렇지 못한 기업보다 높을 수밖에 없기 때문이다. 비교대상기업의 비영업용 자산의 규모가 중요하고 평가대상기업에는 비영업용 자산이 없는 경우에는 비교대상기업 market multiple 계산시 비영업용 자산가치만큼 차감하여 계산해야 한다. 반대로 비교대상기업에는 비영업용 자산이 없으나 평가대상기업에는 비영업용 자산이 중요한 경우에는 평가대상기업의 비영업용 자산가치를 더해 주어야 한다. 어느 경우이든 비영업용 자산이 전체 자산에서 차지하는 비중이 작은 경우에는 이를 별도로 고려할 필요가 없다.

[그림 6-6] 비영업용 자산을 고려한 가치평가

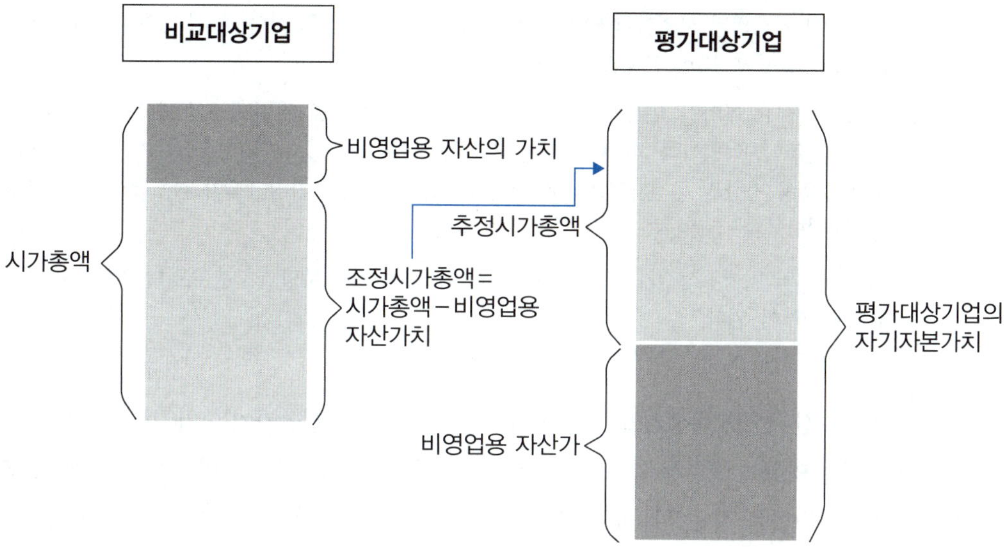

예제 6-7 비영업용 자산을 고려한 가치추정

상장법인으로 비교대상기업인 EY Corp의 발행주식수는 총 100,000주이며 평가시점의 평균주가는 50,000원이다. 따라서 EY Corp의 시가총액은 50억원(50,000원×100,000주)이다. 또한 EY Corp에는 영업활동에 투입되지 아니하는 부동산이 있으며 동 비영업용 자산의 공정가액은 20억원가량 되는 것으로 추정된다. EY Corp의 순차입금은 10억원이며, EBITDA는 20억원이다.

한편, 평가대상기업인 JH Corp의 발행주식수는 50,000주이며, 평가시점의 순차입금과 EBITDA는 각각 5억원과 10억원이다. 또한 JH Corp는 10여 개의 자회사를 보유하고 있으며 자회사 보유지분에 대한 가치평가결과 총 50억원에 달하는 것으로 추정된다. 두 회사의 정보를 정리하면 다음과 같다.

EY Corp(비교대상기업)		JH Corp(평가대상기업)	
발행주식수	100,000주	발행주식수	50,000주
평균주가	50,000원	비영업용 자산	50억원
시가총액	50억원	순차입금	5억원
비영업용 자산의 시가	20억원	EBITDA	10억원
순차입금	10억원		
EBITDA	20억원		

■ 풀이

① 비교대상기업인 EY Corp의 전체 기업가치는 60억원[50억원(시가총액)+10억원(순차입금)]으로 계산되었다. EY Corp의 전체 기업가치에는 비영업용 자산의 시가가 포함되어 있으므로 (즉 투자자는 EY Corp의 비영업용 자산의 가치를 인식하고 있으므로) EY Corp의 비영업용 자산가치가 제외된 사업가치(EV)는 40억원(60억원-20억원)이다. 사업가치에 따라 계산된 EV/EBITDA Multiple은 2.0(40억원÷20억원)으로 계산된다.

② 한편, 평가대상기업인 JH Corp의 EBITDA는 10억원이므로 JH Corp의 예상사업가치는 10억원×2.0=20억원이다. JH Corp에는 자회사 주식이라는 중요한 비영업용 자산이 존재하고 이 비영업용 자산의 공정가액은 50억원이다. JH Corp의 순차입금 5억원을 고려한 예상시가총액은 20억원+50억원-5억원=65억원이다.

③ JH Corp의 발행주식수가 50,000주이므로 JH Corp의 1주당가치는 65억원÷50,000주=130,000원이 된다.

비영업용 자산이 비교대상기업 또는 평가대상기업에서 중요한 가치를 차지하고 있다면 기업가치에 미치는 영향이 크다는 것을 예를 통해서도 확인하였다. 이러한 비영업용 자산의 효과는 상대가치 평가방법을 적용하는 모든 경우에 동일하게 적용해야 한다. 즉 EV-Multiple을 사용하든, P-Multiple을 사용하든 비영업용 자산의 고려는 반드시 필요하며, 이는 현금흐름할인모형에서도 마찬가지로 적용된다.

사례 6-6 비영업용자산을 고려한 주식가치평가 - KCC

KCC는 국내 최대의 건축, 산업자재 및 도료 생산업체로 건자재부문, 도료부문, 기타부문으로 사업이 구분되고 이중 건자재부문 사업은 건축자재, 유리, PVC 등이 있으며, 도료부문 사업은 자동차용 도료, 선박용 도료 등이 있다. 기타부문 사업은 유기실리콘, 홈씨씨 등 유통사업으로 구성된다.

KCC의 가장 큰 특징 중 하나는 실적에 '최적화'된 사업구조와 안정성이다. 총자산회전율은 2011년부터 현재까지 0.4~0.5배에서, 재고자산회전율은 4.7~5.3배 안에서, 매출채권 회전율도 3.8~4.1배 안에서 지속되고 현금회수주기 역시 102~110일 이내에서 5년 이상 유지되고 있어 부침이 적다. 이러한 과정 속에서도 매출/영업이익은 지속 성장 중인데, 이는 과점적 지위를 갖는 국내 건자재 실적개선과 함께 나타난 부분이고, 입주량 증가로 B2B 업황개선이 나타날 올 하반기 이후부터는 실적성장의 속도가 더 가팔라질 전망이다.

KCC 목표주가를 기존 57만원에서 51만원으로 10.5% 하향조정한다. 목표가 하향은 도료부문 역성장을 고려하여 전사 영업가치를 기존 3.6조원에서 3.0조원으로 낮추었다. 영업가치는 2016년 세후 영업이익(NOPLAT) 기준 11.5배에 해당한다. 비영업용자산은 투자부동산(수원부지 1조원)과 매도가능금융자산 3.2조원으로 순차입금 1.0조원 고려해도 상승여력 34.9%로 높다. 물론 비영업부문의 가치가 상반기 중 부진하며 주가흐름도 나빴으나, 영업이익 개선으로 극복 가능한 수준까지 주가가 낮아진 상태로 저평가되었다고 판단된다.

구 분	항 목	2016F
영업가치	NOPLAT	257.2
	Target Multiple	11.5
	소계	2,957.8
비영업가치	투자부동산(수원부지 포함)	1,031.1
	매도가능금융자산(삼물 등)	3,187.2
	자사주	273.3
	NAV 할인적용	3,332.8
영업+비영업소계		6,290.6
순차입금		986.5
Equity Value		5,304.0
12M TP		510,000

* 자료 : 하나금융투자 기업분석보고서 편집인용

사례 6-7 비영업용 자산(부동산)을 고려한 주식가치의 평가

평가대상회사 : 풍산

① 재무성과분석 및 추정손익 (단위 : 십억원)

구 분	2004A	2005A	2006F	2007F	2008F
매출액	1,173	1,358	1,534	1,555	1,589
영업이익	89	91	86	95	97
당기순이익	91	49	65	75	74
EBITDA	183	143	155	164	158
EPS	3,208	1,753	2,302	2,635	2,608
EV/EBITDA	3.9	5.4	–	–	–
PER	3.5	7.3	–	–	–
순차입금	376	361	295	206	126

* 자료 : 한국투자증권 추정

② 주식가치평가

풍산의 사업가치는 비교대상기업의 평균 시장배수와 회사의 향후 현금흐름을 고려하여 추정한 추정PER(5.0)와 추정EV/EBITDA(5.4)를 이용한 가치의 평균을 적용하였다. 또한 회사는 부산 동래공장과 부평공장의 부지가 최근 개발됨에 따라 가치가 상승하였으며, 회사가 보유한 부지는 향후 개발에 의한 이익을 실현하게 될 것으로 예상하고 있다. 즉 회사부지는 생산에 이용되고 있으나 장래 개발계획에 의해 공장시설은 이전하고 현재의 부지는 재개발될 것으로 보아 비영업용 자산의 가치가 추가되어야 할 것으로 추정하였다.

■ **비영업용 자산을 고려하기 전 자기자본가치의 추정**

비영업용 자산을 고려하기 전 자기자본은 추정PER와 추정EV/EBITDA에 의해 추정된 가치를 50%씩 평균하는 것으로 계산하였다.

① PER에 의한 가치추정

주당 자기자본가치 = 추정PER(5.0) × 추정EPS(2,302) = 11,510원

② EV/EBITDA에 의한 가치추정

사업가치(EV) = 추정EV/EBITDA(5.4) × 추정EBITDA(155십억원) = 837십억원

자기자본가치 = 사업가치(837십억원) − 순차입금(295십억원) = 542십억원

주당 자기자본가치 = 자기자본가치(542십억원) ÷ 32,200,000주 = 16,832원

③ 주당자기자본가치 추정결과

주당자기자본가치 = (11,510원 + 16,832원) ÷ 2 = 14,171원

■ **비영업용 자산의 가치**

풍산의 국내생산공장은 본사를 포함 5개 공장이 있으며 이 중 개발이 예상됨에 따라 별도의 자산가치가 추가될 부평공장과 동래공장의 내역 및 자산가치의 추정결과는 다음과 같다.

구 분	넓이(㎡)	장부가치	공시지가	자산가치*	주당가치
부평공장	79,445	48,747	57,915	120,000	3,727
동래공장	1,411,076	178,419	138,741	420,000	13,043
합계		227,166	196,656	540,000	16,770

* 자료 : 풍산, 한국투자증권 및 저자추정
* 자산가치는 공장부지의 개발에 의한 증분가치만을 반영하였다. 현재의 수익을 창출하기 위해서는 부평공장과 동래공장의 대체부지가 필요하기 때문이다.

■ **비영업용 자산의 가치를 고려한 주식가치는 다음과 같다.**

주식가치평가액 = 사업가치만을 고려한 주당가치(14,171원) + 비영업용 자산의 주당가치 (16,770원) = 30,941원

주식가치평가결과 사업가치만을 고려한 주당가치는 가치평가액 중 46%만을 차지하며, 비영업용 자산의 가치가 54%를 차지하는 것으로 나타났다. 부동산 개발 등의 이유로 주가가 크게 오르는 기업은 사업가치에 의한 효과가 아닌 비영업용 자산의 가치상승에 기인하므로 비영업용 자산의 가치가 중요한 경우에는 평가과정의 주의가 필요하다.

1.2 회계처리방법의 차이조정

비교대상회사와 평가대상회사 간의 회계처리방법에 있어 중요한 차이가 있는 경우 시장배수(Market Multiple)의 값이 왜곡될 수 있다. 예를 들어 비교대상회사는 재고자산을 선입선출법(FIFO; First In First Out Method)으로 회계처리하는 데 반해, 평가대상회사는 후입선출법(LIFO; Last In Last Out Method)에 의해 회계처리하고 있다면 이러한 회계처리방법의 차이로

인해 동일한 영업실적을 기록하였음에도 기간손익에는 차이가 있을 수 있다. 회계처리정책의 차이로 인한 효과는 유형자산의 경우 크게 나타날 수 있다. 유형자산의 취득 초기에는 정액법에 의한 회계처리와 정률법에 의한 회계처리 간에는 손익의 기간 귀속 효과가 크다.

예제 6-8 감가상각방법에 따른 가치평가결과차이

비교대상기업인 EY Corp의 재무정보 및 주가정보는 다음과 같다.

- 당기순이익 : 10억원
- 발행주식수 : 100,000주
- 주당순이익 : 10,000원(=1,000,000,000원÷100,000주)
- 평균주가 : 50,000원
- 평균PER=50,000원÷10,000원=5

평가대상기업인 JH Corp의 재무정보는 다음과 같다.

- 당기순이익 : 10억원
- 발행주식수 : 100,000주
- 주당순이익 : 10,000원

한편, 비교대상기업인 EY Corp의 중요한 유형자산으로 기초장부가액 30억원(정률법상각, 상각률 0.451)이 있으며, 동 유형자산의 당기 감가상각비는 13.53억원(30억원×0.451)이다. 평가대상기업인 JH Corp는 정액법에 의해 감가상각한다.

① 만일 비교대상회사와 평가대상회사 간의 회계처리방법의 차이를 조정해 주지 않으면, JH Corp의 예상주가는 50,000원이 된다.
JH Corp의 예상주가=10,000원(JH Corp 주당순이익)×5(EY Corp의 평균PER)
=50,000원

② 그러나 비교대상회사와 평가대상회사 간의 회계처리방법의 차이를 조정해 준다면 JH Corp의 예상주가는 36,955원으로 하락한다. 비교대상회사인 EY Corp의 회계처리방법(정률법)을 JH Corp의 방법(정액법)과 일치시켜 주당순이익과 평균PER를 재계산한다.
정액법에 의한 감가상각비=30억원÷3년(잔존내용연수)=10억원
조정당기순이익=10억원−(10억원−13.53억원)=13.53억원
조정주당순이익=13.53억원÷100,000주=13,530원
조정PER=50,000원÷13,530원=3.70
JH Corp의 예상주가=10,000원×3.70=36,955원

비교대상회사와 평가대상회사 간의 회계처리방법의 차이를 조정하는 것은 실무에 적용하기 어려운 것이 사실이다. 예를 들어 비교대상회사와 평가대상회사와 감가상각방법이 다르다고 하여 비교대상회사의 모든 자산(또는 중요자산)에 대해 감가상각비를 재계산하여 조정된 PER를 계산한다는 것은 대단히 어려운 일이다. 비교대상회사와 평가대상회사 간의 회계처리방법에 있어 차이가 많거나 그 효과가 큰 것으로 보일 때에는 차이를 조정해 주기보다는 비교대상회사에서 제외하거나 PER가 아닌 EV/EBITDA Multiple을 이용하는 것이 방법이 될 수 있다.

EV/EBITDA Multiple을 이용하는 경우에도 감가상각비나 무형자산상각비가 아닌 다른 부문의 회계처리방법에 중요한 차이가 있다면 적용하기 어렵다.

1.3 성장률의 차이조정

우리는 앞에서 비교대상기업을 선정할 때 기업규모, 영업위험, 재무위험 그리고 잠재적 성장률을 고려하여 선정한다는 것을 파악하였다. 이의 근거로 PER의 결정변수가 자기자본비용과 잠재적 성장률이기 때문인 것도 설명하였다. 투자자 입장에서 볼 때 동일한 시장에서 경쟁하는 비슷한 규모의 기업들은 장기적으로 유사한 영업위험과 재무위험을 가지게 될 것으로 예상할 수 있다. 또한 성장률이 유사한 기업이 비교대상기업이 될 수 있다. 그러나 현실적으로 성장률이 유사한 기업을 찾아내기 쉽지 않을 뿐 아니라 다른 요소들을 함께 고려해야 하므로 비교대상기업 선택의 폭이 좁아진다. 비교대상기업과 평가대상기업 간의 성장률의 차이가 중요한데, 성장률까지 고려할 경우 비교대상기업의 범위가 축소되어 상대가치 평가방법을 적용할 수 없을 때에는 비교대상기업군 사이의 성장률 차이를 이용하여 조정된 시장배율(Adjusted Market Multiple)을 이용할 수 있다.

조정시장배율(Adjusted Market Multiple)을 사용하는 경우는 비교대상기업군의 영업 및 재무위험이 유사하나 예상성장률에 있어 차이가 있을 때이다. 조정시장배율을 사용하기 위해서는 예상성장률을 체계적으로 추정하여야 하지만 성장률의 추정은 매우 어려운 작업이다. 따라서 예상성장률을 체계적이고 합리적으로 추정하기 어려운 경우에는 조정시장배율에 의한 추정결과는 왜곡될 수 있음에 주의해야 한다.

(1) 성장률 차이를 고려한 조정 Multiple의 도출

비교대상회사의 선정기준으로 우리는 영업위험, 재무위험, 잠재적 성장률을 핵심고려요소로 정의하였다. 비교대상회사를 선정하는 과정에서 영업위험과 재무위험이 유사한 회사가 선정되었으나 성장률에 있어서는 유사하지 않은 경우가 자주 발견된다. 원칙적으로 영업위험과 재무위험이 유사하더라도 성장률에 있어 큰 차이가 있다면 미래현금흐름에 따라 결정되는 기업의 가치는 다를 수밖에 없다. 비교대상회사 간의 다른 조건은 유사하나 성장률만 다르다고 한다면 성장률 차이를 조정함으로써 비교대상회사의 범위를 확대할 수 있다. 성장률의 차이를 조정하는 방법은 다음의 식에 의해 조정된 시장배율을 적용하는 것이다. 비교대상기업의 조정 전 Multiple과 비교대상회사 그리고 평가대상회사의 성장률 추정치가 있으면 다음과 같은 조정 후 Multiple을 이용할 수 있다.

$$\text{Adjusted Multiple} = \frac{1}{\frac{1}{\text{조정 전 Multiple}} + \{\text{growth rate(비교대상)} - \text{growth rate(평가대상)}\}}$$

예를 들어 비교대상기업의 평균PER가 15이고, 비교대상기업의 예상성장률은 3%이며, 평가대상회사의 예상성장률은 4%라고 가정하면 조정 후 PER(Adjusted Multiple)은 1 ÷ {(1/15) + (3% − 4%)} = 17.65로 계산된다. 성장률을 고려한 조정 후 Multiple의 계산식을 적정PER를 도출한 공식에서 설명해 보자. 우리는 앞에서 적정PER의 계산은 자기자본비용과 성장률의 함수로 표현하였다.

성장률을 고려하지 않은 적정PER	성장률을 고려한 적정PER
$\text{적정PER} = \frac{1}{K_e}$	$\text{적정PER} = \frac{1}{K_e - \text{growth rate}}$

비교대상기업의 성장률을 G*라 하고 평가대상기업의 성장률을 G**라 할 때, 적정 PER 공식을 이용한 조정 Multiple의 도출과정은 다음과 같다.

$$\text{조정 전 PER} = \frac{1}{K_e - G^*} \quad \cdots\cdots\cdots\cdots\cdots\; ①$$

$$K_e - G^* = \frac{1}{\text{조정 전 PER}} \quad \cdots\cdots\cdots\cdots\cdots\; ②$$

② : ①의 산식에서 좌변과 우변의 분모를 교환한다.

$$K_e - G^* - G^{**} = \frac{1}{\text{조정 전 PER}} - G^{**} \quad \cdots\cdots\; ③$$

③ : ②의 산식에서 좌우변에 각각 평가대상회사의 성장률(G**)을 빼준다.

$$K_e - G^{**} = \frac{1}{\text{조정 전 PER}} + G^* - G^{**} \quad \cdots\cdots\; ④$$

④ : ③의 산식에서 비교대상회사의 성장률(G*)을 우변으로 이동한다.

$$\frac{1}{K_e - G^{**}} = \frac{1}{\frac{1}{\text{조정 전 PER}} + (G^* - G^{**})} \quad \cdots\; ⑤$$

⑤ : ④의 산식에서 양변의 역수를 취한다.

$$\text{조정 후 PER} = \frac{1}{\frac{1}{\text{조정 전 PER}} + (G^* - G^{**})} \quad \cdots\; ⑥$$

⑥ : ⑤의 산식에서 좌변은 적정PER함수이다.

(2) 성장률을 고려한 조정시장배율(Adjusted Market Multiple) 적용시 주의사항

조정 후 Multiple 산식을 이용하는 경우는 비교대상회사와 평가대상회사 간의 성장률에 있어 차이가 있을 때이다. 비교대상회사의 성장률보다 평가대상회사의 성장률이 큰 경우 성장률

차이를 반영하게 되면 조정 Multiple이 높아지게 된다. 특히 조정 전 Multiple의 수준이 높을수록 성장률 차이의 반영효과가 커지게 된다. 조정 전 Multiple이 높은 것은 비교대상회사의 성장률이 높은 것으로 투자자가 평가한 것이므로 조정 전 Multiple이 높은 상황에서 평가대상회사의 성장률이 더 높을 것으로 가정하는 것은 합리적이지 않을 수 있다.

[표 6-2] PER의 수준별 성장률차이 반영한 조정 Multiple

조정 전 PER	성장률차이 : G* - G**(비교대상성장률 - 평가대상성장률)				
	2%	1%	0%	-1%	-2%
5	4.5	4.8	5.0	5.3	5.6
10	8.3	9.1	10.0	11.1	12.5
15	11.5	13.0	15.0	17.6	21.4
20	14.3	16.7	20.0	25.0	33.3
25	16.7	20.0	25.0	33.3	50.0
30	18.8	23.1	30.0	42.9	75.0
35	20.6	25.9	35.0	53.8	116.7
40	22.2	28.6	40.0	66.7	200.0
45	23.7	31.0	45.0	81.8	450.0
50	25.0	33.3	50.0	100.0	n/c

표에서 알 수 있듯이 조정 전 PER의 수준이 낮은 경우에는 성장률의 차이 반영효과가 크지 않다. 반면, 조정 전 PER의 수준이 높을수록 성장률의 차이반영효과는 크게 나타난다.

성장률의 개념 정의도 필요하다. 성장률은 영구히 성장하는 것을 가정하므로 단기성장률이 아닌 안정성장률(Stable growth rate)을 이용해야 한다. 또한 조정PER를 적용할 경우의 성장률은 자기자본에 귀속될 현금흐름의 성장률인 데 비해 조정EV/EBITDA를 적용할 경우의 성장률은 자기자본을 포함한 기업 전체에 귀속될 현금흐름의 성장률이어야 한다. 이를 이론적으로 구분하기는 쉬우나 실제 측정은 쉽지 않은 문제가 있다. 이러한 성장률의 측정문제로 인해 실무적으로 성장률차이의 조정은 조정 Multiple방식이 아닌 PEG방식을 이용한다.

(3) 성장률을 반영한 조정 Multiple의 실무적용 : PEG

Peter Lynch에 의해 대중화 되어 널리 보급되었으며 적정한 성장률에 맞는 적정한 가격이 형성된 기업을 발굴해 투자하는 방법이다.

$$PEGR = \frac{PER}{EPS\ 성장률 \times 100}$$

성장과 가치라는 두 화두를 놓고 최적의 비율을 찾아내겠다는 의도이다. 과도한 성장률에 치우지지 않으면서 순이익 대비 적정한 가치를 찾겠다는 의미이며, 성장률에 비해서 순이익대비 주식가격이 저렴해야 한다는 의미이기도 하다. 가치를 성장으로 나누어 1.0 이하의 값이 나올 때 성장률에 비해 주가가 저평가 상태라는 의미이다.

구 분	A기업	B기업
PER	15배	10배
EPS 성장률	5.0%	2.5%
PEGR	3	4

동일 산업에서 이익 측면에서 B기업이 저평가되었으나 성장률 측면에서 A기업이 우수하다. 종합적으로 보면 이익과 성장률 측면에서 A기업이 저평가되었다고 볼 수 있다.

성장률을 반영한 조정 Multiple을 계산하는 데 발생하는 문제는 '절대적인 성장률의 측정이 가능한 것인가?'라는 것이다. 우리는 앞에서 비교대상기업과 평가대상기업 간의 성장률이 1%만 차이가 있더라도 높은 수준의 PER에는 그 영향이 크게 나타남을 확인하였다. 따라서 실무적으로는 절대적인 수준의 성장률을 반영한 조정 Multiple을 사용하기보다 상대적인 수준의 이익성장률(earning growth rate)이 반영된 Market Multiple을 사용한다. 이를 이익성장률이 반영된 가격이라는 의미에서 PEG(Price to Earning Growth)라고 한다. PEG는 다음의 식에 의해 계산한다.

$$PEG = \frac{Market\ Multiple}{`(Growth\ rate \times 100)}$$

Growth rate=ROE or ROE×(1−배당률)

PEG에서의 성장률은 이익의 성장(Earning Growth)률을 의미한다. PEG의 성장률 계산은 ROE에 의하거나 배당성향을 함께 고려한 성장률, 즉 ROE×(1−배당률)을 이용할 수 있다. PEG는 상대적인 성장률을 반영한 것이므로 비교대상기업과 평가대상기업의 성장률은 같은 방식으로 계산한 값을 이용해야 한다. PEG는 모든 시장배수(Market Multiple)에서 적용가능하며, PER 또는 PBR의 계산에 있어서도 활용될 수 있다.

예제 6-9 PER/PEG를 이용한 주식가치평가

이익성장률을 감안한 PEG를 이용해 EY Corp의 주식가치를 평가해 보자.

① EY Corp의 재무정보
추정EPS=2,000원
ROE=30%
배당성향=20%

② 비교대상기업의 투자정보

회사명	PER	Beta	ROE	배당성향	성장률	PEG
A사	14.61	0.54	16.97%	15.90%	14.27%	1.02
B사	12.24	0.53	12.64%	36.50%	8.03%	1.53
평균	13.42					1.27

PEG의 계산 : (예) A사 PEG=PER(14.61)/성장률(14.27%×100)=1.02

■ **성장률 차이를 고려하지 않는 경우 EY Corp의 주식가치평가**

성장률차이를 고려하지 않는 경우에는 추정EPS에 평균PER를 적용하여 주식가치를 평가한다.
주식가치추정=추정EPS(2,000원)×평균PER(13.42)=26,840원

■ **성장률 차이를 고려하는 경우 EY Corp의 주식가치평가**

EY Corp는 비교대상회사에 비해 상대적으로 높은 ROE를 기록하였을 뿐 아니라 배당성향도 낮다. 이는 EY Corp는 향후 투자기회를 가지고 있으며 이를 통해 높은 성장을 꾀하고 있음을 알 수 있다. 이는 비교대상회사와 EY Corp 간에는 성장률에 있어 중요한 차이가 있음을 뜻한다.
EY Corp의 성장률=ROE(30%)×유보율(80%=1−20%)=24%

EY Corp의 성장률은 비교대상기업에 비해 높은 이익성장을 기대할 수 있다. 따라서 EY Corp의 주식가치평가는 단순PER보다는 성장률 차이가 반영된 PEG를 이용하는 것이 바람직하다.
EY Corp에 적용될 조정PER=비교대상기업 평균PEG(1.27)×평가대상기업 성장률(24%×100)=30.48

성장률을 감안한 조정PER에 의해 계산한 EY Corp의 추정주식가치는
=조정PER(30.48)×추정EPS(2,000원)=60,960원

예제에서 성장률을 고려하지 않은 경우 EY Corp의 주당가치는 26,840원인 데 비해 성장률을 감안하여 PEG를 적용한 경우에는 60,960원으로 크게 차이가 발생하였다. 이는 EY Corp가 비교대상기업에 비해 향후에도 장기적으로 높은 이익성장률을 보일 것이라는 가정이다. PEG에 의한 추정은 성장률의 정의에 의해 크게 영향을 받는다. PEG의 계산식을 보면 주가는 성장률에 완전 정비례하기 때문이다. EY Corp는 비교대상기업에 대해 2~3배의 성장률을 보일 것으로 보았다. 그러나 이러한 높은 성장률이 계속해서 유지될지에 대해서는 의문이다. 예상성장률을 체계적이고 합리적으로 추정하기 어려운 경우에는 PEG를 이용한 적정PER의

추정결과는 왜곡될 수 있음에 주의해야 한다. 예제에서와 같이 높은 성장률차이가 지속적으로 유지될 것으로 가정하는 것은 많은 위험요소를 안고 있다. 따라서 PEG를 이용하는 경우에도 성장률은 안정성장률(Stable Growth rate)을 이용해야 한다. 예제에서 EY Corp의 장기추정 ROE 수준이 20%라고 가정하면 EY Corp의 주가추정결과는 다음과 같다.

EY Corp의 성장률=장기추정ROE(20%)×유보율(80%=1−20%)=16%

EY Corp에 적용될 조정PER=비교대상기업 평균PEG(1.27)×평가대상기업 성장률 (16%×100)=20.32

장기성장률을 감안한 조정PER에 의해 계산한 EY Corp의 추정주식가치는
=조정PER(20.32)×추정EPS(2,000원)=40,640원

예제 6-10 PBR/PEG를 이용한 가치추정

비교대상 상장기업의 주식가격과 재무지표를 이용하여 평가대상기업인 EY Corp의 주식가치를 평가하였다. 상장기업 중 EY Corp와 유사한 제품을 생산하는 기업을 비교대상기업으로 선정하였다.

① 비교대상기업의 재무정보 및 투자지표

구 분	주당순자산	베타	주식가격	PBR	ROE
A사	13,874	0.52	7,500	0.54	16.2%
B사	61,327	0.46	24,200	0.39	11.2%
C사	23,302	0.38	3,985	0.17	2.8%
D사	12,314	0.61	3,270	0.27	−1.8%
E사	10,369	0.42	2,215	0.21	14.1%
평 균	24,237			0.3171	8.5%

② EY Corp의 재무정보
추정주당순자산(BPS)=18,000원
추정ROE=15%

■ **풀이**

비교대상기업 평균PBR을 이용한 EY Corp의 예상주가는
예상주가=추정주당순자산(18,000원)×평균PBR(0.3171)=5,708원
EY Corp의 성장률은 비교대상기업군(8.5%)보다 높으므로 PEG를 이용해 추정해 보자. 성장률의 지표는 ROE를 사용하였다.

구 분	주당순자산	베타	주식가격	PBR	ROE	PEG
A사	13,874	0.52	7,500	0.54	16.2%	3.35
B사	61,327	0.46	24,200	0.39	11.2%	3.52
C사	23,302	0.38	3,985	0.17	2.8%	6.06
D사	12,314	0.61	3,270	0.27	−1.8%	

구 분	주당순자산	베타	주식가격	PBR	ROE	PEG
E사	10,369	0.42	2,215	0.21	14.1%	1.51
평 균						3.61

비교대상기업의 평균PEG를 이용한 EY Corp의 예상주가는
예상주가=평균PEG(3.61)×예상성장률(15%)×주당순자산(18,000원)=9,747원

1.4 기업 간 규모의 차이조정

현금흐름할인모형에서 규모가 작은 기업은 규모가 큰 기업에 비해 현금흐름의 불확실성이 높다는 점을 확인하였다. 규모가 작은 기업에 대한 불확실성을 현금흐름할인모형에서는 중소기업 프리미엄(Size Premium)에 의해 반영하였다. 상대가치 평가방법에서도 기업의 규모는 현금흐름의 크기와 현금흐름에 대한 통제효과가 있기 때문에 비교대상기업의 선정시점에 평가대상기업과 규모가 유사한 기업을 선택하여야 함을 설명한 바 있다. 그러나 기업 간 성장률의 차이가 있는 것과 마찬가지로 규모에 있어서도 큰 차이를 보이기 마련이므로 성장률 및 규모의 차이를 모두 고려한 기업을 비교대상기업으로 선정하는 것은 어려운 작업이다. 기업 간 규모가 유사하다면 비교대상기업으로 더할 나위 없이 좋을 것이나, 비교대상기업의 대상범위가 축소되어 상대가치 평가방법을 사용할 수 없는 상황이 되기도 한다. 이러한 경우에는 규모의 차이를 조정하는 방법을 통해 비교가능성을 높이는 방법을 고려해 볼 수 있다.

비교대상기업은 규모가 큰 회사이나 평가대상기업은 중소규모의 회사로 중소기업 프리미엄(Size Premium)을 적용하는 것이 적절한 가치평가과정이라면 평가대상회사의 중소기업 프리미엄(Size Premium)을 감안한 조정된 시장배수(Adjusted Market Multiple)는 다음과 같이 계산된다. 중소기업 프리미엄(Size Premium)에 대해서는 현금흐름할인모형의 '자본비용'에서 설명하였다.

$$\text{Adjusted Multiple} = \frac{1}{\dfrac{1}{\text{조정 전 Multiple}} + S}$$

S : 평가대상기업에 대한 Size Premium

조정된 시장배수(Adjusted Market Multiple)의 도출과정은 성장률 차이를 조정한 방법과 동일한 방식으로 가능하다. 적정PER는 자기자본비용(K_e)과 성장률(g)의 역함수라 정의하였는데, 자기자본비용(K_e)은 현금흐름할인모형에서 설명되었듯이 소규모 회사에 대한 중소기업 프리미엄(Size Premium)을 반영하는 방식으로 조정된다. 비교대상기업과 평가대상기업의 규모의 차

이를 반영한 조정시장배수의 도출과정은 다음과 같다.

(1) 규모의 차이를 반영한 조정 Multiple 도출과정

$$\text{조정 전 PER} = \frac{1}{K_e^* - G} \quad \cdots\cdots\cdots \text{①}$$

$$K_e^* - G = \frac{1}{\text{조정 전 PER}} \quad \cdots\cdots\cdots \text{②}$$: ①의 산식에서 좌변과 우변의 분모를 교환한다.

$$K_e^* - G + S = \frac{1}{\text{조정 전 PER}} + S \quad \cdots\cdots \text{③}$$: ②의 산식에서 좌우변에 각각 평가대상회사의 Size Premium(S)을 더해 준다.

$$K_e^{**} - G = \frac{1}{\text{조정 전 PER}} + S \quad \cdots\cdots \text{④}$$: ③산식 좌변의 K_e^*+S은 비교대상기업의 조정 후 할인율 K**로 표시한다.

$$\frac{1}{K_e^{**} - G} = \frac{1}{\frac{1}{\text{조정 전 PER}} + S} \quad \cdots\cdots \text{⑤}$$: ④의 산식에서 양변의 역수를 취한다.

$$\text{조정 후 PER} = \frac{1}{\frac{1}{\text{조정 전 PER}} + S} \quad \cdots \text{⑥}$$: ⑤의 산식에서 좌변은 적정PER함수이다.

예제 6-11 중소기업 프리미엄(Size Premium)을 반영한 조정 Multiple의 활용

EY Corp는 자동차부품을 제조 · 생산 · 판매하는 업체로서 비상장기업이다. EY Corp의 당기 주당순이익은 18,200원이나 내년에는 20,000원 가량이 될 것으로 예상하였다. 한편, EY Corp가 속한 자동차부품제조업체의 평균PER는 10.8로 추정된다. EY Corp의 매출규모, 자산규모 및 자본규모를 고려할 때 비교대상기업과는 현격한 차이를 보인다.

EY Corp의 주식가치를 평가하는 데에는 비교대상회사와 평가대상회사 간의 '규모의 차이'로 인해 비교대상회사의 정보를 그대로 이용하는 데 어려움이 있다. 또한 규모가 비슷한 비교대상회사를 찾는 것은 현실적으로 불가능한 경우가 많다. 이러한 경우 중소기업 프리미엄(Size Premium, 여기서는 2%로 가정)이 반영된 조정 Multiple을 이용한다.

① 조정 Multiple의 계산

조정 Multiple=1/{1/조정 전 Multiple(10.8)+size premium(2%)}=8.9

② 조정 Multiple에 의한 주식가치평가

예상주가=조정 Multiple(8.9)×예상 EPS(20,000원)=178,000원

만일 size premium을 반영하지 않은 PER를 사용하였다면 예상주가는

예상주가=Multiple(10.8)×예상 EPS(20,000원)=216,000원

(2) 규모의 차이를 반영한 조정 Multiple의 실무적용

규모의 차이를 반영한 조정 Multiple은 실무에서는 많이 사용되지는 않는데 그 이유는 첫째, 규모의 차이를 반영할 객관적 기준이 없기 때문이다. 규모의 차이가 있다면 어느 정도 차이를 규모의 차이로 볼 것인가, 그리고 규모의 차이를 인정한다면 조정 Multiple에서 중소기업 프리미엄(Size Premium)으로 얼마나 반영할 것인지를 결정하기가 어렵다. 참고로 공모주식을 상대가치 평가방법으로 평가할 때 일반적으로 매출액과 자본금의 5배 이내이면 규모의 차이가 현격하지 않은 것으로 보아 유사기업(비교대상기업)으로 선정된다. 둘째, 규모의 차이를 반영한 조정 Multiple의 계산은 P-Multiple에서만 가능하다. 조정 Multiple의 계산은 P-Multiple에서는 가능하나 EV-Multiple에서는 현실적으로 어렵다.

개념적으로는 규모의 차이를 반영한 조정 Multiple을 적용하는 것이 타당하나 실무적으로 규모의 차이는 고려하지 않은 것이 일반적이다. 따라서 실무적으로는 비교대상기업을 선정하는 시점에서 규모가 유사한 기업을 선택하되, 규모의 차이가 크고 상대가치 평가방법을 적용할 수밖에 없는 상황에 한해 조정 Multiple을 사용한다.

2. 유동성할인(Liquidity Discount) 또는 시장성할인(Marketability Discount)

유동성(Liquidity) 또는 시장성(marketability)이란 자산을 최소의 비용으로 빠르게 현금화할 수 있는 능력을 말한다(The American Society of Appraisers Business Valuation Standards, 2002). 유동성은 투자자로 하여금 가치를 높게 평가하게 만드는 것이며 상대적으로 유동성이 부족한 경우에는 자산의 가치를 감소시킨다고 할 수 있다. 가치평가에 있어서도 비상장주식과 같이 자산을 처분하여 현금화하는 데 비용과 시간이 소요되는 경우에는 유가증권시장에서 언제든지 최소의 비용으로 현금화할 수 있는 상장주식에 비해 낮게 평가될 수밖에 없다. 그만큼 비상장주식은 투자자에게 매력도가 떨어지기 때문이다. 기업의 가치를 평가함에 있어 다른 모든 요소가 동일하더라도 비상장주식의 가치는 상장주식의 가치에 일정부분 할인하여 평가하고 있는데 이를 유동성할인(Liquidity discount) 또는 시장성할인(marketability discount)이라 한다.

2.1 유동성할인율의 측정

유동성할인율에 대한 측정방법은 대략 두 가지로 이루어진다. 첫 번째 방법은 기업공개(IPO; Initial Public Offering) 전 · 후의 가격을 비교하여 유동성할인 정도를 파악하는 방법이다. Emory Business Valuation에서는 시장성 부족에 따른 할인율을 측정하기 위해 1980년부터 2000년까지 기업공개 전 5개월 이내에 거래된 주식가격과 기업공개 후 형성된 주식가격을 비교한 결과를 발표하였다. 543개 기업을 대상으로 한 Emory의 연구결과 유동성할인율은 46%(평균값) 또는 47%(중간값)인 것으로 분석되었다.

[표 6-3] 유동성할인율

구 분	All Transactions	Sale Transactions	Option Transaction
Mean	46%	50%	43%
Median	47%	52%	42%
Count	543	282	261

* 자료 : Discounts for Lack of Marketability, John D. Emory 외, 2002

한편, [표 6-3]에서 보듯이 유동성할인율은 거래일과 기업공개 사이의 시간에 따라 일정한 관계가 있는 것으로 파악되었는데 기업공개에 가까운 시간에 거래될수록 할인 정도가 낮았다. 기업공개에 가까운 시점에는 유동성문제가 해소될 것으로 예상되기 때문에 할인율이 낮아질 것이라는 일반적인 예상이 반영된 결과이다.

[표 6-4] 거래일별 유동성할인율 측정결과

Discounts versus Time Between Transaction and IPO

Days	Mean(%)	Median(%)	Count
0~30	30	25	18
30~60	40	38	72
60~90	42	43	162
90~120	49	50	161
120~153	55	54	130
Total			543

* 자료 : Discounts for Lack of Marketability, John D. Emory 외, 2002

또한 A Robert W. Baird & Co.는 1980년과 1997년 사이에 기업공개한 1,500여 개 기업의 거래를 분석한 결과 기업공개 전 5개월 이내의 거래가격은 기업공개 후 거래가격보다 약 40% 가량 할인된 가격으로 거래되는 것으로 분석하였다. 상기의 분석결과와 비교해 볼 때 분석대상은 유사하나 그 대상회사의 수로 볼 때 많은 수의 기업이 조사대상에 포함되었다는 것이 특징이다.

[표 6-5] 연도별 유동성할인율 측정결과

Period	Mean(%)	Median(%)
1980~1981	60	66
1985~1986	43	43
1987~1989	45	45
1989~1990	45	40
1990~1991	42	40
1992~1993	45	44
1994~1995	45	45
1995~1997	43	42

* 자료 : John D Emory, "The Value of Marketability as illustrated in Initial Public Offerings of common stock, Nov. 1995-Apr. 1997", Business Valuation Review

Baird의 분석결과를 보면 1980년의 유동성할인이 60% 수준인 점을 제외하면 대부분 기간의 유동성할인은 40%대가 적용되었음을 알 수 있다. 또한 분석대상을 2000년까지 확장한 연구결과에서도 Baird는 약 40%의 할인율이 적용되는 것으로 발표하였다. 그밖에 다른 연구보고서인 Valuation Advisors' Lack of Marketability Discount Study에서도 2003년의 할인율 중간값(median discount)은 약 40.1%인 것으로 발표하였다.

유동성할인을 측정하는 또 다른 방법으로 시장성이 낮은 시장에서 거래되는 주식(restricted stock)과 거래소에서 자유로이 거래되는(freely tradable) 주식가격을 비교하여 유동성할인을 측정하는 방법이 있다. 미국의 경우 장외시장(OTC Market)에서 거래되는 경우와 뉴욕거래소(NYSE; New York Stock Exchange)에서 거래되는 경우를 비교해 그 할인율을 측정하는 연구가 수행되었으며, 제한된 주식(restricted stock)의 유동성할인은 대략 30% 정도인 것으로 나타났다.

[표 6-6] 제한된 주식분석에 의한 유동성할인 측정결과

Researcher	Period	Counts	Discount(%)
Williamette	1981~84	33	33.0
Siber	1981~88	69	33.8
FMV Opinion	1979~92	n/a	23.0
Management Planning	1980~96	n/a	27.0

* 자료 : The Handbook of Advanced Business Valuation, Reilly and Schweihs, Irwin, 2000

Pre-IPO study와 달리 제한된 주식분석에 의한 방법은 일정부분 거래가 이루어지고 있는 주식을 대상으로 하기 때문에 할인율이 약간 낮게 나타나는 것으로 파악된다.

2.2 유동성할인의 실무적용

비상장기업주식의 시장성 부족을 가치에 반영할 할인율에 대한 연구는 국내에서는 아직 미흡하다. 가치평가에 있어 시장성이 가지는 의미는 매우 중요하다. 내재가치 자체의 측정은 의사결정의 수단으로 사용될 수 있으나 교환가치를 표현하지는 않는다. 따라서 유동성이 부족한 비상장기업의 가치평가에 있어서는 유동성할인을 고려해야 한다. 해외의 연구결과를 참고할 때 비상장기업의 유동성할인은 40% 수준을 유지하고 있는 것으로 보인다. 단, 제한된 주식시장의 거래분석결과와 기업공개시점에 임박한 경우의 할인율에서 알 수 있듯이 비상장주식이라 하더라도 일정부분 거래가 이루어지거나 기업공개시점이 임박한 경우에는 유동성할인율은 다소 낮게 적용하여야 할 것이다. 상장기업과 합병하는 비상장기업의 주식가치평가방법을 규정하고 있는 「증권의 발행 및 공시 등에 관한 규정」에 따른 상대가치 평가시에도 비상장주식의 유동성할인을 고려하여 계산된 가치의 30% 이상을 할인하도록 하고 있다. 실무적으로 비상장기업을 상대가치 평가방법에 의해 평가할 때에는 비교대상기업의 표준가격(비율)에 의해 측정된 가치에 30~40%가량 할인하는 경우가 많다.

예제 6-12 유동성할인을 반영한 평가

EY Corp의 재무팀장은 상대가치 평가방법에 의해 EY Corp의 주식가치를 평가하고자 한다. EY Corp의 재무성과와 예상손익추정결과 그리고 비교대상기업의 시장배수 정보는 다음과 같다. 재무팀장은 PER에 의해 예상주가를 산정하기로 하였다. 한편, EY Corp는 비상장기업이므로 유동성할인을 반영하기로 하였으며 유동성할인은 상대가치 평가방법에 의해 산출된 가치에 40%를 할인하기로 한다.

① EY Corp의 재무성과 및 추정손익

구 분	20×1A	20×2A	20×3A	20×4F	20×5F	20×6F
매출액	243	317	376	432	501	571
영업이익	24	34	47	66	77	95
당기순이익	16	30	42	80	66	83
EPS	206	321	531	695	850	920

[추가가정]
EY Corp의 자산 중에는 비영업용 자산으로 분류될 항목은 없는 것으로 하며, 비교대상기업과 EY Corp 간의 성장률과 규모의 차이는 고려하지 않는다.
PER의 적용에 있어서는 향후 3개년의 추정EPS의 평균치를 이용한다.

② 비교대상기업의 투자지표
평균PER=20

③ 주식가치평가
EY Corp의 추정EPS=20×4년~20×6년 3년간의 추정EPS의 평균=(695+850+920)/3
=822원

PER에 의한 추정가치 = 822원×20 = 16,440원
④ 유동성할인을 반영한 주식가치평가
EY Corp의 예상주가 = 16,440원×(1 − 40%) = 9,864원

3. 경영권프리미엄

경영권(經營權, Right of Management)은 기업경영의 책임자로서 사용자가 가지는 권리로 대내적으로는 생산방법과 생산계획의 결정이나, 경영간부의 인사 및 재무에 관계되는 사항의 결정권 등을 포함하고, 대외적으로는 주주 · 노동조합 · 금융기관 · 정부 · 고객 · 지역사회 등의 이해관계집단과의 관계에서 경영과 관련하여 독립적으로 행사할 수 있는 권리를 말한다.

엄밀한 의미에서 경영권 자체는 소유지분의 평가와는 무관하다고 할 수 있다. 만일 소유와 경영이 완전히 분리되어 있다면 소유권이 변동되더라도 경영권이 위협받지 않기 때문이다. 이때의 소유는 순수히 재무적 투자가 되는 것이다. 그러나 현실에서는 소유권의 변동이 일어나면 경영권이 위협받게 된다. 즉 소유자인 주주의 의사결정이 경영자의 의사결정에 영향을 미치게 되는 것이다. 현실 경제사회에서는 소유와 경영이 완전히 분리되어 있지 않으며 주주는 재무적 목적 외에 전략적 목적으로 투자하는 경우가 많다. 전략적 목적으로 투자하는 투자자는 기업의 정상적인 가치에 더하여 경영에 대한 권리를 얻고 싶어 하기 때문에 보다 높은 가격을 지불하게 되는데, 이것이 경영권프리미엄(Control Premium)이다. 상장법인의 경우에도 경영권을 수반한 지분의 인수는 장내에서 이루어지지 않고 장외매매방식에 의해 이루어진다.

경영권프리미엄을 수반한 지분의 이동이 있을 경우의 주식가치평가는 복잡한 요소를 고려해야 한다. 경영권프리미엄을 고려해야 할지에 대해서는 평가대상기업의 지분구조나 기타 필요한 사항에 대한 이해가 필요하다. 예를 들어 총발행주식수의 30%를 취득하는 경우라면 중요한 의사결정에 영향을 미치는 지분으로 보아 경영권프리미엄을 고려해야 할 것으로 볼 수 있으나, 나머지 지분인 70%를 주주 1인이 보유하고 있다면 30% 지분의 취득은 경영권 프리미엄을 고려할 필요가 없는 것이다. 따라서 경영권프리미엄은 평가대상주식의 지분율만을 고려할 것은 아니며 평가대상기업의 주주구성 현황, 주주 간의 관계, 관련 법규에서 정한 주식소유비율 한도 등을 함께 고려해야 한다.

3.1 경영권프리미엄의 측정

경영권프리미엄(Control Premium)을 어떻게 추정할 것인가 하는 것에 대해서는 결론적으로

말하자면 개별적인 사안으로 일괄적으로 정하는 것은 어렵다. 경영권프리미엄의 추정은 지분율만이 아닌 복합적인 관계를 고려해야 하기 때문이다. 즉 경영권프리미엄은 가치평가이론에 근거하기보다 거래당사자 간의 협상능력과 거래상황에 따라 달라질 수 있다는 것이다. 경영권프리미엄을 그나마 효과적으로 분석할 수 있는 방법은 실증적으로 확인하는 방법이다. 예를 들어 상장기업들의 장외거래금액에는 일반적으로 경영권프리미엄을 수반한 거래가 있는 것으로 볼 때 장내 거래금액 대비 거래가격을 분석한 결과를 통해 경험적으로 산출하거나 경영권프리미엄이 포함된 인수합병거래금액과 일반금액을 비교하여 측정할 수 있다. 해외의 경우에는 경영권프리미엄의 측정에 관한 연구가 활발한 편인데 과거의 경험자료를 토대로 볼 때 미국기업의 경영권프리미엄은 30~40% 수준으로 측정되고 있다.

[표 6-7] 미국 기업의 인수합병거래를 이용한 경영권프리미엄의 측정

Year	Number of Transaction	Historical Control Premiums		Implied Minority Interest Discounts	
		Averages(%)	Medians(%)	Averages(%)	Medians(%)
1989	303	41.0	29.0	29	22
1990	175	42.0	32.0	30	24
1991	137	35.1	29.4	26	23
1992	142	41.0	34.7	29	26
1993	173	38.7	33.0	28	25
1994	260	41.9	35.0	30	26
1995	324	44.7	29.2	31	23
1996	381	36.6	27.3	27	21
1997	487	35.7	27.5	26	22
1998	512	40.7	30.1	29	23

* 자료 : Mergerstat Review, 1999, 상기의 경영권프리미엄의 계산은 공개적인 인수합병의 형식으로 거래된 미국기업의 거래가격을 이용하여 계산하였다. 인수합병 거래 중 거래단위로 1백만달러 이상의 거래를 10% 이상의 지분이 거래된 경우에 한한다.

3.2 국내기업의 경영권프리미엄 적용사례

국내에서는 경영권프리미엄을 측정하기 위한 체계적인 연구가 부족한 상황이다. 국내의 인수합병시장이 아직 성숙단계에 이르지 않아 경영권프리미엄 측정에 필요한 자료들이 충분치 아니한 것도 그 이유가 될 수 있겠다. 국내의 인수합병거래를 통해 파악된 경영권프리미엄의 정도는 인수합병시장 및 인수합병대상기업의 상황에 따라 크게 차이가 나타났는데 시장가격보다 2~3배 높은 가격에 거래되는 경우가 있는가 하면 오히려 할인거래되는 사례도 있었다.

외국의 경우 시장상황에 따라 변동이 있으나 대략 20~40% 사이에서 평균적으로 30% 수준에서 경영권프리미엄이 형성되는 것과 달리 시장상황에 따라 즉흥적으로 경영권프리미엄이 형성되는 것이 한국시장의 특징으로 보인다.

사례 6-8 유통업 경영권프리미엄 측정

본 평가에서는 인수회사가 평가대상회사의 보통주식 21,879,304주(지분율 28.37%)를 경영권을 포함하여 양수도된다는 점을 감안하여 경영권 프리미엄을 추가로 검토하였다. 경영권이 포함된 지분거래의 경우 해당 주식의 거래가액은 시장에서 형성되는 주가와는 다르게 형성되는 것이 일반적이다. 시장에서 형성되는 주가는 주로 소액주주 간의 거래를 통해서 형성이 되는 가격이므로 경영권이 수반되어 있지 않는 거래가격이라고 할 수 있다. 따라서 경영권이 수반되는 본 거래의 경우에는 시장에서 형성되는 주가에 추가로 경영권프리미엄을 반영한 가격을 적정한 주식가격으로 산정하였다.

경영권프리미엄 측정을 위해 평가기준일 전 과거 3년간 도소매업 유가증권시장 상장회사 등 최대주주의 변경을 수반하는 지분 양수도 거래사례 중 제3자 배정 유상증자, 신주인수권 행사 등 신주발행에 의한 최대주주 변경, 관계회사 간 거래로 인한 최대주주 변경, 상속을 원인으로 한 최대주주 변경, 모회사 분할로 인한 형식적인 최대주주 변경 등 경영권프리미엄의 거래사례로 삼기에 부적당한 거래를 제외한 다음의 6개 회사의 최대주주변경거래 사례를 유사사례로 표본 추출하여 경영권프리미엄의 범위를 산정하였다. 선정된 표본내역은 다음과 같다.

(단위 : 원/주)

일 자	발행회사명	양수도 주식수	양수도가액 (백만원)	양수도 지분율	주당 양수도 가액	기준 주가	주당 경영권 프리미엄	프리미엄 비율
2012/07/06	하이마트	15,403,274	1,248,068	65.25%	81,026	58,300	22,726	38.98%
2012/01/13	한섬	8,532,763	420,000	34.65%	49,222	29,250	19,972	68.28%
2011/10/28	아이마켓코리아	13,355,670	321,872	37.15%	24,100	20,150	3,950	19.60%
2010/12/27	SK가스	3,928,537	184,052	20.39%	46,850	42,500	4,350	10.24%
2010/08/30	대우인터내셔널	68,681,566	3,372,369	68.15%	49,102	32,000	17,102	53.44%
2009/12/01	현대종합상사	4,912,558	103,441	22.00%	21,057	19,400	1,657	8.54%

* 각 거래별 이사회결의일 전일을 평가기준일로 하여 기준주가를 산정함.

상기 지분양수도 거래사례를 기준으로 경영권프리미엄을 분석한 결과, 경영권프리미엄의 비율의 단순평균값은 33.18%이고 주가대비 경영권프리미엄의 비율은 8.54%(최소값)에서 68.28%(최대값)까지의 범위로 산정되었다.

* 자료 : 딜로이트안진회계법인 외부평가기관 평가의견서 편집인용

3.3 경영권프리미엄의 실무적용

주식가치평가에 있어 경영권프리미엄을 적용할지에 대한 결정은 지분율 수준에 의해서만 판단할 수는 없다. 경영권프리미엄이 적용되기 위해서는 경영권에 영향을 줄 수 있는 상대적인 지분관계에 따라 판단해야 한다. 궁극적으로 주식의 거래에 있어 매수자 입장에서 지분취득을 통해 경영에 중대한 영향을 미칠 수 있는 위치에 오를 수 있는가에 따라 판단해야 할 것이다. 따라서 총발행주식수의 50% 이상을 취득해야 하는 경우가 있는가 하면, 단 10%의 지분취득만으로 경영권을 확보할 수 있다면 그 주식에는 경영권프리미엄이 포함되어야 할 것이다. 실무적으로 경영권프리미엄을 반영하여 주식가치를 평가하는 경우에는 평균적인 경영권프리미엄 할증률인 20~30%를 적용하는 것이 일반적이다.

한편, 상속세및증여세법에서는 최대주주와 그 특수관계자가 보유한 주식에 대해서는 20%(중소기업은 10%)를 할증하도록 하고 있으며, 최대주주와 그 특수관계자가 보유한 지분이 50%를 넘을 경우에는 30%(중소기업은 15%)를 할증하도록 하고 있어 경영권 프리미엄을 주식가치평가에 반영하도록 하고 있다.

예제 6-13 경영권프리미엄을 반영한 주식가치평가

EY Corp의 대표이사는 최근 모투자회사로부터 경영권을 수반한 지분양도를 제안받고 적절한 양도가격수준에 대해 고민 중이다. EY Corp는 선박건조에 들어갈 부품을 생산하는 업체로 상장회사가 아니므로 시장에서 거래되는 가격이 없다. EY Corp의 재무팀장은 회사의 주식가치를 EV/ EBITDA 배율에 의해 산정된 가치에 근거해 지분을 양도할 것을 건의하였다. EY Corp의 재무팀장은 이를 위해 비교대상회사의 투자지표 정보를 모으고, 가치평가에 필요한 자사의 손익정보를 집계추정하였다. 한편, EY Corp의 주식가치평가에 있어 비상장에 따른 유동성할인율을 30% 적용하고 경영권을 수반한 지분양도이므로 별도로 경영권프리미엄을 고려하여 20%를 할증하기로 하였다.

① EY Corp의 재무정보 (단위 : 백만원)

구 분	20×1A	20×2A	20×3A	20×4F	20×5F
매출액	1,203	1,431	1,885	2,256	2,592
영업이익	68	130	131	212	299
당기순이익	33	106	114	174	241
EBITDA	102	166	173	202	212
순차입금	144	125	113	110	110
주식수(천주)	146	200	200	200	200

[추가정보]

EY Corp의 자산 중에는 비영업용 자산으로 분류되는 투자자산 500백만원이 있으며, 비교대상기업과 EY Corp 간의 성장률과 규모의 차이는 고려하지 않는다. EV/EBITDA의 적용에 있어서는 향후 2개년의 추정 EBITDA의 평균치를 이용한다.

② 비교대상기업 투자지표

구 분	A사	B사	C사	D사	E사
EV/EBITDA	3.8	11.4	108.0	14.7	12.5
ROE	22.4	6.1	1.7	3.7	3.4
PER	10.3	26.7	174.0	44.9	40.7

비교대상기업의 EV/EBITDA 배율의 평균치는 30.8이다. 이에는 타사에 비해 상대적으로 높은 EV/EBITDA 배율을 기록한 C사와 상대적으로 낮은 A사의 배율이 포함되었기 때문에 평균치가 중간값(12.5)보다 크게 높은 것으로 기록되었다. 따라서 A사와 C사의 EV/EBITDA 배율은 이상치(outlier)로 분류하고 나머지 3개사의 평균치를 이용하기로 한다.

비교대상기업 평균EV/EBITDA 배율=(11.4+14.7+12.5)/3=12.9

③ EY Corp의 주식가치평가

향후 2개년 추정EBITDA의 평균=(202+212)/2=207백만원

추정 사업가치(EV)=비교대상기업 평균EV/EBITDA(12.9)×추정EBITDA(207)
=2,670백만원

추정 자기자본가치=추정사업가치(2,670)−추정순차입금(110)+비영업용 자산(500)
=3,060백만원

주당가치=자기자본가치(3,060백만원)÷200,000주=15,300원

④ 유동성 할인과 경영권프리미엄을 반영한 EY Corp의 주당가치

유동성할인을 반영한 주당가치=15,300원×(1−30%)=10,710원

경영권프리미엄을 반영한 주당가치=10,710원×(1+20%)=12,852원

Section 10

종합예제

지금까지 살펴본 상대가치 평가방법을 종합적으로 반영한 종합사례를 통해 상대가치 평가방법에 의한 가치평가방법을 정리해 본다.

사례 6-9 PER에 의한 시장비교가치 추정 - 한국자산신탁

(1) 비교대상기업의 선정

한국자산신탁은 금융투자업상 신탁업을 영위하는 부동산신탁회사로서 한국표준산업분류표상 그외 기타 분류안된 금융업(K64999)에 속한다. 한국자산신탁과 같이 부동산신탁업 인가를 통해 부동산신탁업을 영위하는 상장회사는 한국토지신탁 1개사이므로 국내외 부동산업을 영위하는 상장회사 중 실질적인 사업내용의 유사성 등을 고려하여 최종적으로 국내 비교기업으로는 한국토지신탁 1개사를, 해외 유사회사로는 KENEDIX INC, TOC CO LTD, HULIC CO LTD, DAIBIRU CORP를 비교기업으로 선정하였다. 그러나 상기 회사들은 한국자산신탁과 주력제품, 영업환경, 성장성 등의 차이가 존재할 수 있는 점을 참고하여야 한다.

① 국내 비교대상기업 선정

구분	내 용	비교기업
모집단 선정 (업종의 유사성)	부동산신탁업은 금융회사로서의 속성과 부동산서비스업의 속성을 지닌 업종으로 '(K64999) 그 외 기타 분류 안된 금융업' 및 '(L68000)부동산업'에 속하는 상장사 중 특수목적회사를 제외한 6개사	한국토지신탁 이스타코 에스케이디앤디 솔본해성산업 신라섬유 (총 6개사)
1차 선정 (사업의 유사성)	금융 및 부동산업 관련 매출이 50% 이상	한국토지신탁 에스케이디앤디 해성산업 신라섬유 (총 4개사)
2차 선정 (재무적 기준)	• 최근 사업연도의 연결재무제표기준 −총자산 및 매출액규모가 한국자산신탁기준 50% 이상일 것 −영업이익을 시현하였을 것 • 최근 분기 연결재무제표기준 −순이익이 전년동기대비 성장하였을 것	한국토지신탁 (총 1개사)

구분	내 용	비교기업
3차 선정 (비재무적 기준)	• 합병, 중요한 영업양수도 등이 발생하지 않았을 것 • 최근 사업연도 감사의견이 적정일 것	한국토지신탁 (총 1개사)

1차 비교기업선정은 모집단으로부터 사업의 유사성을 기준으로 선정하였는데 모집단에 속한 총 6개 비교기업 중 부동산서비스 및 금융관련 매출비중이 50% 이상인 업체 4개사를 비교기업으로 선정하였다.

2차 비교기업 선정은 1차 비교기업 중 다음의 재무적 기준을 바탕으로 선정하였다.

- 최근 사업연도말 총자산 및 매출규모가 한국자산신탁의 50% 이상일 것
- 최근 사업연도말 영업이익을 시현하였을 것
- 최근 분기 순이익이 전년 대비 성장하였을 것

3차 비교기업 선정은 2차 비교기업 중 다음의 비재무적 기준을 바탕으로 선정하였다.

- 합병, 중요한 영업양수도 등이 발생하지 않았을 것
- 최근 사업연도의 감사의견이 적정일 것

상기의 세부기준을 만족한 국내 비교대상기업으로 한국토지신탁 1개사를 선정하였다.

② 해외 비교대상기업 선정

㉠ 모집단 선정

글로벌 표준산업분류인 GICS(Global Industry Classification Standard)의 '금융' 섹터의 '부동산' 산업그룹 내 '부동산 관리&개발' 사업을 영위하는 일본 소재 회사 중 JT 거래소 상장종목 중 영업이익률 상위 10개사를 모집단으로 하였다.

㉡ 1차 비교대상기업 선정

모집단으로 선정된 비교기업 10개사 중 주요업종이 부동산 관련 개발/관리/투자인 8개사를 1차 비교대상기업으로 선정하였다.

회사명	업 종	선정 여부
KENEDIX INC	Invest Mgmnt/Advis Service	선정
JAPAN ASSET MARKETING CO. LTD	Commercial Services	제외
KEIHANSHIN BUILDING CO. LTD	Real Estate Mgmnt/Service	선정
NIPPON COMMERCIAL DEVELOPMEN	Real Estate Oper/Develop	선정
UNIZO HOLDINGS CO. LTD	Real Estate Oper/Develop	선정
CENTURY21 REALESTATE-JAPAN	Commercial Services	제외
TOCCO LTD	Real Estate Mgmnt/Service	선정
RISE INC	Real Estate Mgmnt/Service	선정
HULIC CO. LTD	Real Estate Oper/Develop	선정
DAIBIRU CORP	Real Estate Mgmnt/Service	선정

* 출처 : Bloomberg

㉢ 2차 비교대상기업 선정

2차 비교기업은 1차 비교기업으로 선정된 8개 비교기업 중 시가총액이 유가증권시장 상장규

정 제29조(형식적 심사요건) 중 '4. 경영성과'의 요건으로서 평가회사가 적용한 '라. 신규상장 신청일 현재의 기준시가총액이 6,000억원 이상이고 자기자본이 2,000억원 이상일 것'의 기준시가총액 6,000억원을 초과하는 비교기업 5개사를 선정하였다.

구 분	시가총액 (백만엔)	시가총액 (백만원)	선정 여부
KENEDIX INC	120,554	1,293,678	선정
KEIHANSHIN BUILDING CO. LTD	32,516	348,936	제외
NIPPON COMMERCIAL DEVELOPMEN	33,029	354,433	제외
UNIZO HOLDINGS CO. LTD	91,092	977,515	선정
TOCCO LTD	125,553	1,347,325	선정
RISE INC	4,491	48,196	제외
HULIC CO. LTD	687,453	7,377,124	선정
DAIBIRU CORP	110,887	1,189,937	선정

* 출처 : Bloomberg

시가총액은 현재 상장주식수에 최근 1년 평균가격을 적용하였으며, 적용환율은 평가기준일의 매매기준율을 적용하였다.

㉣ 3차 비교대상기업 선정

3차 비교대상기업은 2차 비교기업으로 선정된 5개사 중 다음의 기준을 바탕으로 선정하였다.

- 부채비율이 300% 미만일 것
- 2015년 순이익을 시현하였을 것

구 분	부채비율	순이익(백만엔)	선정 여부
KENEDIX INC	85.8%	9,807	선정
UNIZO HOLDINGS CO. LTD	757.2%	6,593	제외
TOCCO LTD	68.4%	4,171	선정
HULIC CO. LTD	244.2%	33,628	선정
DAIBIRU CORP	143.8%	5,276	선정

* 출처 : Bloomberg

③ 비교대상기업 선정결과

한국자산신탁의 지분증권 평가를 위한 비교가치 산정을 하기 위하여 업종의 유사성, 상장시장, 사업의 유사성, 비재무적 기준을 일정 수준 이상 충족하는 한국토지신탁, KENEDIX INC, TOCCO LTD, HULIC CO LTD, DAIBIRU CORP의 5개사를 최종 비교기업으로 선정하였다.

(2) 비교대상기업의 기준주가

기준주가는 시장상황의 일시적인 변동 요인을 배제하고, 일정 기간 이상의 추세를 반영하기 위해 비교대상기업의 보통주를 기준으로 평가기준일 종가, 평가기준일 전 1주일간의 종가 평균, 1개월간의 종가 평균 중 가장 작은 값을 기준주가로 산정하였다.

• 기준주가=Min[평가기준일 종가, 1주일 평균종가, 1개월 평균종가]

구 분	한국토지신탁	KENEDIX INC	TOC CO. LTD	HULIC CO. LTD	DAIBIRU CORP
단위	KRW	JPY	JPY	JPY	JPY
1개월 평균주가(A)	3,501	455	918	1,101	1,016
1주일 평균주가(B)	3,611	426	952	1,094	1,037
최근일 종가(C)	3,695	420	949	1,082	1,034
기준주가=Min[A, B, C]	3,501	420	918	1,082	1,016

상기 비교기업의 기준주가에 대한 표시통화는 해당 종목의 상장국가 기준통화를 사용하였다.

(3) 비교대상기업의 PER계산

구 분		국내비교기업	해외비교기업			
		한국토지신탁	KENEDIX INC	TOC CO. LTD	HULIC CO. LTD	DAIBIRU CORP
상장시장		Korea	Japan	Japan	Japan	Japan
결산월		12월	12월	3월	3월	3월
2015년	적용순이익(백만)	68,178	9,807	3,813	33,628	4,375
	적용주식수(천주)	252,489	265,658	136,879	662,661	116,851
	EPS	270	37	28	51	37
	기준주가	3,501	420	918	1,082	1,016
	PER(배)	12.96	11.38	32.97	21.32	27.15
	평균PER(배)	21.16				
2016년 1분기	적용순이익(백만)	85,544	10,088	4,420	40,076	5,600
	적용주식수(천주)	252,489	265,658	136,879	662,661	116,851
	EPS	339	38	32	60	48
	기준주가	3,501	420	918	1,082	1,016
	PER(배)	10.33	11.06	28.44	17.89	21.21
	평균PER(배)	17.79				

주1) 재무자료 등은 금융감독원 전자공시시스템, Bloomberg 및 각사 공시자료를 참조하였다.
주2) 적용순이익은 IFRS 기준 결산법인의 연결재무제표상 당기순이익 중 지배기업 소유주지분 귀속분이다.
주3) 해외 비교기업의 재무자료는 해당 종목의 상장국가 기준통화를 사용하였다.
주4) 적용주식수는 2016년 1분기말 대상회사의 상장주식수를 사용하였다.

(4) 한국자산신탁의 비교가치 추정결과

구 분	2015년	2016년 1분기
순이익(백만원)	47,918	14,318
적용순이익(백만원)	47,918	57,271
적용주식수(주)	85,000,000	85,000,000

구 분	2015년	2016년 1분기
EPS(원)	558	674
적용PER(배)	21.16	17.79
PER비교가치(원)	11,926	11,984

* 자료 : 한국자산신탁 예비투자설명서 편집인용

기업가치평가실무

Chapter

7

공모가 산정

Section 1 기업공개란?

1. 기업공개의 정의

상장(going public, listing)이란 한국거래소가 정한 상장규정에 따른 요건을 충족한 기업이 발행한 주권을 증권시장에서 거래할 수 있도록 허용하는 것을 말한다. 즉, 상장이란 당해 주권이 증권시장을 통해 자유롭게 거래될 수 있도록 허용 받는 것을 의미할 뿐이며, 당해 주권의 가치를 보증 받는 것은 아니다. 이를 위해 한국거래소는 원활한 유동성을 유지하고 공정한 가격을 형성할 수 있도록 매매거래대상인 주권에 대하여 일정한 기준에 따라 심사하여 기업의 자금조달과 투자자의 보호를 도모하고 있다.[9)]

한편, 기업공개(IPO; Initial Public Offering)란 기업 설립 후 처음으로 법적인 절차와 방법에 따라 불특정다수의 외부투자자에게 주식을 공개하고 이를 매도하는 업무를 의미한다. 대개 비상장기업이 유가증권시장이나 코스닥시장에 상장하기 위해 상장규정에 따른 주식분산 요건(floating stock requirement)을 충족하기 위해 이루어지기 때문에 기업공개는 상장의 선행 요건에 해당한다.

여기서 주식의 분산요건이란 소액주주 등 일반주주에 대해 최소 주식수, 주주수, 지분비율에 대해 규정한 것으로 지분의 일정비율이 소액주주 등에게 분할되어야 한다는 것이다. 이를 위해 실시하는 것이 공모(public offering)이다.

2. 기업공개의 효과

첫째, 발행사 측면의 기업공개 효과는 아래와 같이 재무구조 건실화 및 자금조달 용이성을 들 수 있다.

- 신규 상장시 공모를 통한 자금조달
- 상장 후 공모증자 용이

---

9) 한국거래소 홈페이지(http : //krx.co.kr) 내용 일부 수정

• 일반 공모증자 가능
• 신종사채(CB, BW, EB)발행가능
• 각종 세제혜택

둘째, 종업원 측면의 기업공개 효과는 아래와 같이 주인의식을 바탕으로 한 근로의욕 고취를 들 수 있다.

• 회사의 대외인지도 개선으로 사기증대
• 우리사주 제도를 통한 복지증대
• Stock Option 시행으로 인한 의욕고취
• 회사와 Vision 공유로 인한 애사심증대

셋째, 기타 기업공개 효과는 아래와 같이 기업 PR 및 경영합리화 도모를 들 수 있다.

• 기업홍보효과 및 공신력 제고
• 자기주식 취득방법 확대
• 주식배당한도 확대
• 경영합리화 도모

3. 기업공개의 혜택

기업공개의 혜택이란 곧 상장의 혜택을 의미하며, 세제 측면에서는 주식양도소득세 비과세, 상속 및 증여재산 시가평가, 배당소득세 특례, 증권거래세 탄력세율 적용을 들 수 있다. 법적 측면에서는 신주 모집의 간소화, 주주총회 소집절차의 간소화를 들 수 있으며, 경제적 측면에서는 자금조달의 다양성, 구조조정 촉진, 기업홍보, 종업원 사기진작, 주주의 용이한 이익실현의 혜택이 있다.

다음과 같이 세법, 상법, 자본시장법 등에 주주 및 기업 측면에서 기업공개의 혜택이 다양하게 규정되어 있다.

(1) 주식양도소득에 대한 비과세(소득세법 제94조, 동법시행령 제157조 제4항)

구분	내용
상장주식	소액주주는 비과세 (대주주는 과세)
비상장주식	–양도차익의 10% (중소기업주식) 납부 –양도차익의 20% (대기업 소액주주 및 대주주 1년 이상) –양도차익의 30% (대기업 대주주 1년 미만)

구 분		상 장	비상장
중소기업	소액주주	장내거래 : 비과세 장외거래 : 10%	10%
	대주주	10%	10%
대 기 업	소액주주	장내거래 : 비과세 장외거래 : 20%	20%
	대주주	1년 이상 보유 : 20% 1년 미만 보유 : 30%	1년 이상 보유 : 20% 1년 미만 보유 : 30%

(2) 증권거래세 탄력세율 적용(증권거래세법 제8조, 동법시행령 제5조)

상장주식	증권거래세(코스피 : 0.15% → 농어촌특별세 0.15%는 추가부담, 코스닥 : 0.3%) 적용
비상장주식	증권거래세 0.5% 적용

구 분	세 율
코스피시장	0.3% (증권거래세 0.15%, 농특세 0.15%)
코스닥시장	0.3%
비상장	0.5%

(3) 상속 및 증여재산 시가평가(상속 및 증여세법 제63조, 동법시행령 제53조)

상장주식	평가기준일 이전, 이후 2개월(총 4개월)의 종가 평균
비상장주식	상속세 및 증여세법에서 정한 산식으로 평가

(4) 주주총회 소집절차의 간소화(상법 제542조의 4)

비상장법인의 주주총회의 소집통지는 각 주주에게 서면으로 하게 되어 있으나, 상장법인의 주주총회 소집통지는 의결권 있는 발행주식총수의 1% 이하를 소유하는 주주에 대하여 정관이 정하는 바에 따라 주주총회일 2주전에 2개 이상의 일간신문에 각각 2회 이상 공고함으로써 이를 갈음할 수 있다.

(5) 일반공모증자의 용이(자본시장법 제165조의 6)

정관에 의해 이사회결의로써 주주의 신주인수권을 배제하고 불특정 다수인을 상대로 신주모집이 가능하다.

(6) 주식배당의 특례(자본시장법 제165조의 13)

- 주권상장법인은 이익의 배당을 이익배당액에 상당하는 금액까지 새로이 발행하는 주식으로 할 수 있다.
- 비상장법인은 이익배당액의 1/2까지 가능하다.

(7) 의결권이 없는 주식의 발행한도 특례(자본시장법 제165조의 15)

상법상 의결권이 없는 주식은 발행주식총수의 25%까지 발행가능하나 상장 법인이 외국에서 주식을 발행하거나 발행한 해외 CB, BW, 기타 주식관련 증서의 권리행사로 발행하는 주식은 계산에 불산입이 가능하다.

4. 기업공개의 단계

IPO는 준비단계, 실사단계, 심사단계, 청약단계의 4단계로 구분할 수 있으며, 각 단계에서 발행회사를 중심으로 다양한 이해관계자가 개입을 하게 된다.

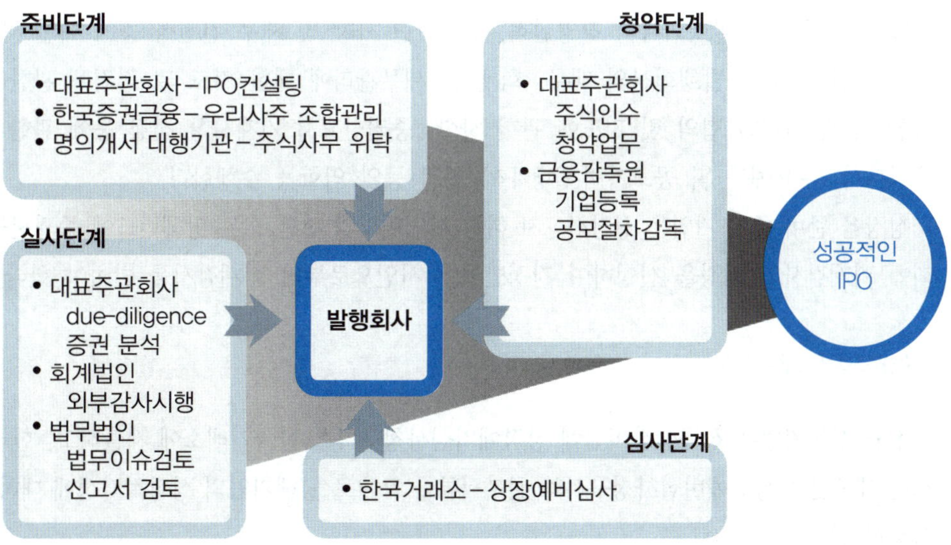

(1) 준비단계

기업공개나 상장은 해당 기업을 일반인에게 처음으로 알리는 일이기 때문에 기업공개 및 상장의 목적, 자본조달 규모 및 시설투자 계획, 동종업계의 증시 동향과 향후 전망, 기업공개 및 상장으로 얻는 손익을 고려하여 그 준비와 시기를 결정한다. 또한, 거래소의 상장예비심사 결과 상장적격 통보를 받은 경우, 6개월 이내에 상장을 신청할 수 있도록 정하고 있으므로, 자금 조달 계획 및 증권시장의 동향을 충분히 고려하여 공모 및 상장 시기를 조절할 수 있다.

기업공개 및 상장을 추진하기 위해서는 경영관리조직 및 내부규정 정비와 상장예비심사청구서 등 관련 서류 작성 및 제출 등의 많은 준비가 필요하다. 일반적으로 상장추진업무를 전담할 프로젝트 팀을 구성하게 되며, 해당 팀은 회사를 위하여 대표 주관회사, 회계법인, 법무법인, 기타 관련기관 등과의 교섭창구 역할을 하게 된다.

상장 신청인은 발행주식을 인수하고, 상장에 관련된 제반업무를 원활하게 진행할 수 있도록 도움을 주는 대표주관회사를 선정하여 대표주관계약을 상장예비심사청구일 2개월 전에 체결해야 한다.

한국증권금융이 주관하는 우리사주제도는 근로자의 경제적, 사회적 지위 향상과 노사협력 증진을 도모하기 위하여 근로자로 하여금 자사주를 취득, 보유하게 하는 제도이다.

상장 신청에 앞서 기업은 주식사무를 전문적으로 대행하는 명의개서대행회사를 선정하고 계약을 체결해야하며, 국민은행, 하나은행, 한국예탁결제원이 명의개서대행업무를 취급하고 있다.

(2) 실사단계

대표주관회사는 발행회사의 경영실적, 영업관련 사항 및 재무 건전성 등에 대한 확인 및 조사에 관한 사항, 발행회사의 재무, 회계 및 세무관리에 대한 지도 및 점검에 관한 사항, 상장요건과 관련한 협의 및 지도에 관한 사항, 증권신고서 기재사항 점검 등에 관한 사항, 주식분석, 수요예측 및 공모가격(발행가격) 협의 등의 역할을 수행한다.

상장을 준비 중인 기업은 상장하고자 하는 사업연도의 전년 또는 당해년도에 증권선물위원회에 회계감사인 지정을 신청하여 지정받은 감사인으로부터 회계감사를 받아야 한다.

(3) 심사단계

신규 상장기업은 신규상장이전에 상장예비심사청구서를 한국거래소에 제출하고, 한국거래소는 제출받은 상장예비심사청구서와 첨부서류를 토대로 당해기업의 상장적격성에 대하여 심사하게 된다.

(4) 청약단계

한국거래소로부터 상장적격의 통지를 받은 상장신청인은 증권신고서를 금융위원회에 제출한다. 증권신고서는 발행회사가 유가증권의 모집 또는 매출의 내용과 유가증권의 발행인에 관한 사항을 일정한 형식에 따라 작성한 서류로써 모든 청약권유의 근간이 되는 공시서류이다. 한편 대표주관회사는 공모 및 청약사무를 주관하게 된다.

Section 2

공모가 결정요소

시장상황, 이익창출능력, 유사회사 선정, 가치산정 방법 등 공모가를 결정하는 다양한 요소가 있다. 결국 공모가는 기업공개 대상기업인 발행사가 주식시장에서 투자자에게 얼마만큼 경쟁력과 매력도를 부각하느냐에 달려 있다.

공모가는 시장상황에 따라 영향을 크게 받기 때문에 정확한 시장상황 파악과 예측을 통한 최적의 공모시기를 결정해야 한다.

실무적으로 공모가는 현금흐름 보다는 회계상의 이익에 의해서 결정되기 때문에 해당기업의 이익창출능력이 중요하다. 또한 내재가치(intrinsic value) 평가방법보다는 상대가치(relative value) 평가방법에 의해서 공모가 산정이 이루어지므로 유사회사의 선정 또한 중요하다.

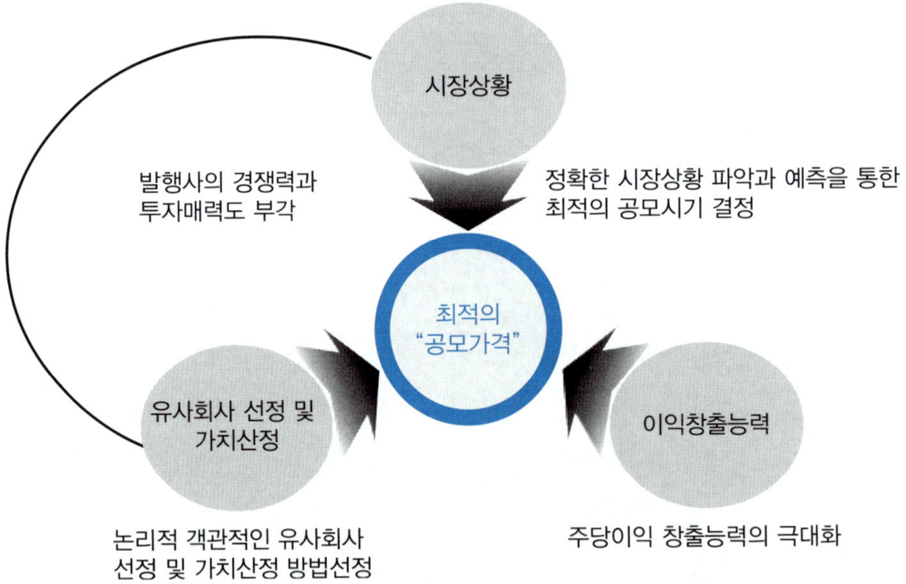

Section 3 공모가 산정흐름

공모가 산정은 아래와 같이 상장시 적정주가 산정, 적정 할인율 적용, 공모가 밴드 제시, IR 활동, 수요예측 실시, 최종 공모가격 결정 등 크게 6단계로 구분할 수 있다.

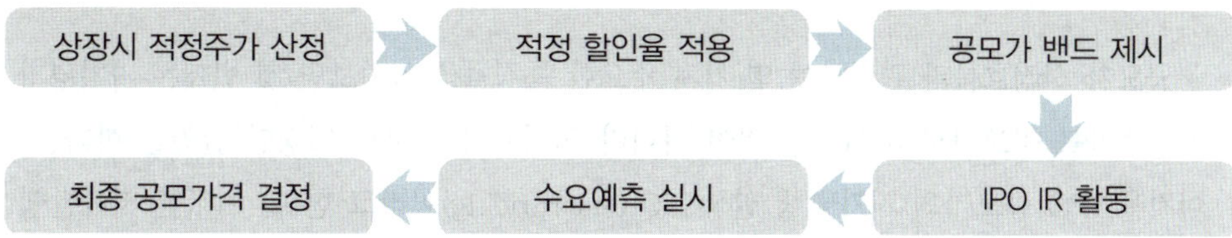

(1) 상장시 적정주가 산정

해당기업에 적절한 주가분석방법을 적용하여 적정주가를 산정하며, PER, PBR, EV/EBITDA, DCF 등 다양한 방법이 적용된다.

(2) 적정 할인율 적용

산출된 적정주가에 적절한 할인율을 적용하며 투자자의 상장 후 기대수익을 고려하여 결정한다.

(3) 공모가 밴드 제시

적절한 분석방법을 적용하여 산출한 적정주가에 할인율을 적용한 기준주가를 기준으로 희망공모가격범위를 제시한다.

(4) IPO IR 활동

기관방문, 소그룹 미팅, 대규모 투자설명회 등 다양한 기업설명회(IR, Investor Relations) 활동을 수행하며, 대표주관회사의 마케팅 능력이 중요하다.

(5) 수요예측 실시

기관 투자자를 대상으로 희망수량 및 희망가격을 접수하여 수요상황을 파악하는 것으로 수요예측 참여자들의 운용규모, 과거 참여내역, 투자성향 등을 종합적으로 고려하여 공모물량을 배정한다.

(6) 최종 공모가격 결정

수요예측 결과 집계 후 수요상황 및 시장상황 등을 고려하여 발행회사와 대표주관회사가 협의하여 자율적으로 최종 공모가격을 결정한다.

공모가 산정흐름과 관련하여 몇 가지 주요한 특징들을 살펴보면 첫 번째는 가치평가 결과인 적정주가를 공모가로 제시하는 것이 아니라 적정주가 이하로 일정한 할인을 한다는 것이다. 이것을 IPO 공모가의 저가발행 현상(IPO underpricing)이라고 한다. 이러한 저가발행 현상은 상장사대비 비상장사의 정보비대칭(information asymmetry), 투자자에 대한 수익률 제고 등으로 설명한다.

두 번째는 특정가격이 아니라 밴드인 가격범위로 제시한다는 것이다. 최종 공모가를 결정하기 위해서는 희망공모가액을 산정하는 과정이 선행되어야 한다. 희망공모가액이란 희망공모상한가와 하한가의 범위를 제시하는 것을 의미하는데, 이를 통상 공모가 밴드라고 한다. 한다. 즉, 공모가 밴드는 희망공모하한가와 희망공모상한가 사이의 폭을 의미한다. 2002년 8월까지는 적정주가에 할인율을 적용한 기준주가의 +/−25% 이내에서 밴드 상한이 하한의 150%를 넘지 않도록 희망공모가 밴드를 설정하도록 규정화되었으나 이후 자율화가 되었다.

세 번째는 정보우위의 투자자로부터 정보를 취득하는 과정인 수요예측(book−building)을 실시하는 것이다. 주식을 공모함에 있어 최종 공모가를 결정하기 위하여 대표주관회사가 당해 기업의 희망공모가격을 기관 투자자에게 제시하고, 그에 대한 수요상황(가격 및 수량)을 파악하는 것이다.

Section 4 공모가 산정방법과 비교회사 선정

내재평가(intrinsic value)의 주관성으로 인하여 비교 상장기업이 없는 특수한 경우를 제외하고, IPO Valuation에서는 상대가치 평가가 보편적으로 활용된다. 현재 PER가 가장 많이 이용되고 있으며, 화학, 석유정제 등 장치산업 등 업종에 따라서는 EV/EBITDA가 이용된다. 실제 실무적으로는 상대가치 평가가 일부 변형되어 적용되며, 해외 유사상장기업을 적용하는 경우도 다수이다.

사실 실전에서 가장 어려운 부분 중의 하나는 비교회사(peer)인 유사상장기업을 선정하는 것이다. 글로벌 경제시대를 맞이하여 국내뿐만 아니라 해외까지 확대하여 해외 유사상장기업을 이용하는 사례가 일반화 되어가고 있다. 현재 실무적으로는 비교회사 선정을 위한 과거 금융감독원의 Guide-line을 참고하여 비교회사를 선정하고 있다.

구 분		선정기준
사업내용	업종 분류	표준산업분류표상 중분류 이내
	매출비중 및 주력상품	주력 상품 및 매출 비중이 유사
재무사항	자기자본	발행사의 5배 이하
	매출액	발행사의 5배 이하
일반기준	소속시장	유가증권시장/코스닥시장이 동일
	결산월 및 상장후 경과기간	결산월이 동일, 3개월 이상 경과
	감사의견	최근 2년간 적정
	기업구조의 변화	최근 1년간 중대한 합병, 영업양수도 등이 없을 것
	건전성	최근 2년간 투자유의종목, 관리종목, 행정기관으로부터 법령위반조치 등을 받은 사실이 없을 것

Section 5 희망공모가격 범위결정과 수요예측

PER, EV/EBITDA와 같은 주가분석방법을 적용하여 적정주가를 산정하며, 산출된 적정주가에 적절한 할인율을 적용하여 희망공모가격을 산출한다.

> 주당 공모가격=상장시 적정주가×(1−할인율)
> 공모금액=주당 공모가격×공모주식수

Valuation을 통해 산출된 적정 주당가격을 시장상황, 산업의 성장성, 해당기업의 산업 내 Position 등을 감안하여 할인율 및 가격범위를 결정해 희망공모가격범위가 결정된다. 현재 통상적으로 적정가치(적정주가) 대비 10~30%의 할인율을 적용하며, 할인한 결과인 기준주가의 +/−8% 정도에서 가격범위가 결정된다.

상기의 할인율이 적용된 희망공모가격범위를 제시하고 수요예측을 실시한 후 수요예측 결과를 감안하여 대표주관회사와 발행회사가 협의하여 최종 공모가격이 결정된다.

공모주식수는 상장시점 기준의 총발행주식수의 최소 5~25%에서 계산이 이루어지며, 주식의 분산정도, 자기자본 규모 등에 따라 최소공모비율을 산출한다. 기타 자금수요, 주식분포상황 등을 고려하여 최종 결정하게 된다.

수요예측(book building)이란 주식을 공모함에 있어 공모가격을 결정하기 위하여 대표주관회사가 공모예정기업의 희망공모가격을 제시하고, 그에 대한 수요상황(가격 및 수량 등)을 파악하는 것을 말한다.

수요예측 참가자가 제시한 인수 희망주식수와 가격을 감안하여 발행회사와 대표주관회사가 협의하여 최종공모가격을 결정하며, 대표주관회사가 수요예측 참가자에게 자율적으로 공모물량을 배정한다.

Section 6

공모가 사례분석

(1) Valuation 방법

적용방법 : PER, EV/EBITDA
기초자료 : 20×2년 예상 실적

(2) 공모주식수 산정

구 분		공모전	신주모집
30% 공모	주식수	1,400,000주	600,000주
	자본금	70억(70%)	30억(30%)

(3) 적용PER 산정

기 업	기준주가(원)	발행주식수(천주)	20×1년		
			순이익(억원)	EPS(원)	PER(배)
A사	144,000	32,200	2,259.52	7,017	20.52
B사	53,500	3,900	217.29	5,572	9.60
C사	17,500	6,807	48.82	717	24.40
D사	77,000	49,003	851.46	1,738	44.32
Average					24.71

(4) 적용 EV/EBITDA 산정

기 업	시가총액(억원)	순차입금(억원)	EV(억원)	20×1년	
				EBITDA(억원)	EV/EBITDA(배)
A사	46,368	8,163	54,531	1,940	28.11
B사	2,087	1,113	3,200	397	8.05
C사	1,191	42	1,233	105	11.72
D사	37,733	1,447	39,180	597	65.67
Average					28.39

(5) PER 및 EV/EBITDA를 이용한 비교가치(적정주가) 산정

(단위 : 백만원, 주, 원, 배)

PER 비교가치	20×2년(E)
순이익	7,000
발행주식수(공모 후)	2,000,000
EPS	3,500
PER	24.71
산출가액	86,485

(단위 : 백만원, 주, 원, 배)

EV/EBITDA 비교가치	20×2년(E)
EBITDA	10,000
EV/EBITDA	28.39
Enterprise Value	283,900
순차입금	3,900
Mkt. Value	280,000
주식수(공모후)	2,000,000
산출가액	140,000

(6) 공모금액 산정

구 분	내 용	비 고
비교가치	113,243원	PER, EV/EBITDA의 평균
공모기준가	90,600원	비교가치 고려하여 산정
공모가 밴드	81,600원~100,000원	공모기준가의 90~110%
예상 공모금액	490억원~600억원	수요예측 후 공모가 결정
시가총액	2,265억원	상장시점의 시가총액

사례 7-1 공모주식의 가치평가 - 미디어플렉스

미디어플렉스는 영화투자 및 배급사업을 하는 오리온그룹 계열기업으로 2006년 7월 7일 코스닥시장에 상장했다. 미디어플렉스의 기업공개를 위한 대표주관회사인 한국투자증권은 시장가치비교법을 이용하여 주식가치를 평가하였으며, 이를 근거로 수요예측을 실시하였다. 발행회사인 미디어플렉스측과 최종협상을 통해 공모가격을 결정하였다. 공모가격의 결정과정은 다음과 같다.

주식가치평가
주당 29,664원 — 수요예측결과
주당 23,162원 — 최종공모가격
주당 24,000원

미디어플렉스의 대표주관회사인 한국투자증권은 시장가치비교법을 이용하여 주식가치를 평가하였으며, 평가내용을 요약하면 다음과 같다.

■ **유사회사의 선정기준**

대표주관회사인 한국투자증권㈜와 공동주관회사인 동양종합금융증권㈜는 ㈜미디어플렉스의 유사회사를 선정하기 위하여 유가증권시장 및 코스닥시장에 상장되어 있는 회사를 대상으로 사업내용의 유사성, 재무내용의 유사성, 기타 질적 기준에 대한 비교를 실시하였으며 총 3차의 선정기준에 따라 유사회사를 선정하였다. 유사회사의 선정기준은 앞에서 설명한 금융감독원의 유사회사 선정 Guide Line에 따르되, 주관회사가 추가적인 기준을 마련하여 선정하게 된다.

유사회사 선정기준

구 분	선 정 기 준	비 고
사업내용의 유사성	① 한국표준산업분류표 중분류상 동일한 업종(Q87)에 속할 것 ② 영화와 관련한 사업을 주된 사업으로 영위할 것	8개사
재무내용의 유사성	① 12월 결산법인일 것 ② 평가대상기간인 2004년도 및 2005년도 기말 현재 자본잠식이 각각 없을 것 ③ 평가대상기간인 2004년도 및 2005년도 기말 현재 지분법적용투자주식을 자산으로 보유할 것 ④ 평가기준일 현재 자본금이 발행회사 공모 후 자본금의 5배 이내에 해당할 것 ⑤ 평가대상기간인 2004년도 및 2005년도 매출액이 발행회사 매출액의 5배 이내에 해당할 것	3개사
질적 기준	① 평가기준일 현재 상장 후 3개월이 경과할 것 ② 최근 2년간 감사의견이 적정일 것 ③ 최근 2년간 경영에 중대한 영향을 미칠 수 있는 합병, 영업양수도 및 분할 등이 없을 것 ④ 최근 2년간 투자유의종목, 관리종목으로 지정되지 않았으며, 행정기관으로부터 법령위반조치 등을 받은 사실이 없을 것	2개사

■ 1차 유사회사의 선정-사업내용의 유사성

상기의 유사회사 선정기준에 의해 유사회사를 선정하였으며, 1차로 사업내용의 유사성에 따라 한국표준사업분류표상 중분류기준에 속한 회사들을 대상회사기업군으로 선정하였다. 미디어플렉스는 영화투자 및 배급업을 주요 사업으로 영위하고 있으며 한국표준산업분류표상 다음과 같은 업종에 해당한다.

산업분류	산업코드	업 종
대 분 류	Q	오락, 문화 및 운동 관련 서비스업
중 분 류	Q87	영화, 방송 및 공연산업
소 분 류	Q871	영화산업
세 분 류	Q8713	영화배급업
세 세 분 류	Q87130	영화배급업

미디어플렉스는 한국표준산업분류상 '영화배급업(Q87130)'에 속한다. 미디어플렉스의 사업과 유사성이 있는 중분류(Q87; 영화, 방송 및 공연산업)에 포함되는 유가증권 및 코스닥시장 상장회사 총 19개사를 대상으로 사업의 유사성을 검토하여 미디어플렉스와 같이 영화와 관련한 사업을 주력으로 영위하는 회사들을 유사성이 높다고 판단하여 1차 유사회사로서 선정하였다. 동일업종에 속한 기업 중 미디어플렉스와 같이 영화배급사업을 영위하는 기업이나 애니메이션 제작과 같이 미디어플렉스와 동일사업은 아니지만 연관산업에 속한 기업은 1차 유사회사로 선정되지만, 업종분류만 동일하고 사실상 경영환경이 상이한 케이블 TV회사나 ERP솔루션 회사, 전기시설구축회사 등은 유사회사로 선정되기에 부적합한 것으로 판단하였다.

순번	회사명	소속시장	산업분류	주요 사업	적합 여부
-	미디어플렉스	-	Q87130	영화 배급	-
1	MK픽처스	유가증권	Q87111	수공구 제조/영화배급	적합
2	엔터원	코스닥	Q87130	홈비디오 제작	적합
3	씨제이씨지브이	유가증권	Q87141	영화 상영	적합
4	세기상사	유가증권	Q87141	영화 상영	적합
5	코코엔터프라이즈	코스닥	Q87112	애니메이션 제작	적합
6	대원씨앤에이홀딩스	코스닥	Q87112	애니메이션 제작	적합
7	선우엔터테인먼트	코스닥	Q87112	애니메이션 제작	적합
8	태원엔터테인먼트	코스닥	Q87120	DVD타이틀 제작	적합
9	세종로봇	코스닥	Q87120	ERP솔루션 제작	부적합
10	SBS	유가증권	Q87212	TV 방송	부적합
11	한국경제티브이	코스닥	Q87221	케이블TV 방송	부적합
12	와이티엔	코스닥	Q87221	케이블TV 방송	부적합
13	디씨씨	코스닥	Q87222	케이블TV 방송	부적합
14	씨제이홈쇼핑	코스닥	Q87222	방송 판매	부적합
15	지에스홈쇼핑	코스닥	Q87222	방송 판매	부적합
16	씨씨에스	코스닥	Q87222	케이블TV 방송	부적합

순번	회사명	소속시장	산업분류	주요 사업	적합 여부
17	큐릭스	코스닥	Q87222	케이블TV 방송	부적합
18	티브로드한빛방송	코스닥	Q87222	케이블TV 방송	부적합
19	시공테크	코스닥	Q87349	전시시설 구축	부적합

2차 유사회사 선정(재무내용의 유사성)

미디어플렉스와 재무구조가 유사한 회사를 선정하기 위해 금융감독원의 Guide Line을 포함하여 주관회사가 추가로 설정한 기준(예를 들어 '지분법적용투자주식을 보유할 것'과 같은 조건, 상기의 유사회사선정기준 참고)을 이용하였다.

- 1단계 – 결산월 및 자본잠식 관련

순번	회사명	결산월		자본잠식				
		결산월	적합 여부	2004년말 자본금	2004년말 자본총계	2005년말 자본금	2005년말 자본총계	적합 여부
–	미디어플렉스	12월	–	214	395	219	484	–
1	MK픽처스	12월	적합	223	260	223	127	부적합
2	엔터원	12월	적합	82	44	134	59	부적합
3	씨제이씨지브이	12월	적합	286	1,614	286	1,615	적합
4	세기상사	12월	적합	18	127	18	138	적합
5	코코엔터프라이즈	12월	적합	34	25	64	49	부적합
6	대원씨앤에이홀딩스	12월	적합	29	381	29	241	적합
7	선우엔터테인먼트	12월	적합	37	130	47	112	적합
8	태원엔터테인먼트	12월	적합	29	170	62	266	적합

- 2단계 – 지분법적용투자주식보유 여부 및 자본금 관련

순번	회사명	지분법적용투자주식			자본금		
		2004년말	2005년말	적합 여부	기준일 현재 자본금	비율 (%)	적합 여부
–	미디어플렉스	462	447	–	313	100.0	–
1	MK픽처스	46	32	적합	223	71.2	적합
2	엔터원	34	43	적합	134	42.9	적합
3	씨제이씨지브이	115	474	적합	286	91.4	적합
4	세기상사	–	–	부적합	18	5.9	적합
5	코코엔터프라이즈	43	34	적합	64	20.4	적합
6	대원씨앤에이홀딩스	92	78	적합	29	9.1	적합
7	선우엔터테인먼트	19	20	적합	47	14.9	적합
8	태원엔터테인먼트	–	–	부적합	62	19.7	적합

미디어플렉스의 기준일 현재 자본금은 공모 후 예상자본금임.

• 3단계-매출액기준 및 최종 유사회사의 선정

순번	회사명	매출액					최종선정
		FY 2004		FY 2005		적합 여부	적합 여부 (모두 만족)
		금액	비율	금액	비율		
–	미디어플렉스	558	100.0	921	100.0	–	–
1	MK픽처스	620	111.1	390	42.4	적합	부적합
2	엔터원	22	3.9	122	13.2	적합	부적합
3	씨제이씨지브이	2,169	388.8	2,390	259.4	적합	적합
4	세기상사	153	27.4	135	14.6	적합	부적합
5	코코엔터프라이즈	118	21.1	65	7.0	적합	부적합
6	대원씨앤에이홀딩스	255	45.8	244	26.5	적합	적합
7	선우엔터테인먼트	112	20.0	85	9.2	적합	적합
8	태원엔터테인먼트	165	29.6	104	11.3	적합	부적합

상기와 같이 5개 항목의 선정기준에 모두 적합한 3개사(씨제이씨지브이, 대원씨앤에이홀딩스, 선우엔터테인먼트)를 2차 유사회사로 선정하였다.

■ 3차 유사회사 선정(질적기준)

2차 유사회사로 선정된 3개사 중 위에서 제시한 유사회사의 질적기준을 만족하는 2개사를 최종적으로 유사회사로 선정하였다.

순번	회사명	상장시기	2004년/2005년 감사의견	합병 등	관리종목 등	적합 여부
–	미디어플렉스	–	적정/적정	없음	없음	–
1	씨제이씨지브이	2004년 12월	적정/적정	없음	없음	적합
2	대원씨앤에이홀딩스	2001년 7월	적정/적정	없음	없음	적합
3	선우엔터테인먼트	2002년 12월	적정/적정	자산양수도	없음	부적합

선우엔터테인먼트는 신규사업 진출을 위해 2006년 4월 두 차례의 자산양수도 거래가 있었다. 자산양수 규모는 각각 330억원 및 33억원으로서 회사의 자산에 대비하여 규모가 크고, 양수도 목적이 영화산업과 무관하다는 점에서 유사회사로서 선정하기에 부적합한 것으로 보아 제외하였다.

■ 유사회사 선정의 한계

미디어플렉스는 영화산업에서 영화의 판권을 소유하고 영화로부터 발생하는 수익과 비용의 활동주체가 되는 판권소유투자회사로 볼 수 있는데, 선정된 2개사 모두 영화산업에 속한 업종을 영위하고 있어 비슷한 경영환경에 놓여 있다고 볼 수 있다. 그러나 씨제이씨지브이는 주력사업이 미디어플렉스와 달리 영화 상영업이라는 점에서 주력사업분야가 다르다고 볼 수 있다. 또한 대원씨앤에이홀딩스의 경우 애니메이션 제작 및 배급업을 영위하고 있지만 미디어플렉스가 여러 장르의 영화를 배급하는 것과 달리 애니메이션 한 분야에 특화되었다는 점에서 차이점이 존재한다. 유사회사로 선정된 기업은 유사한 경영환경에 놓여 있기 때문에 투자자의 영업환경에 대한 의사결정에 심각한 영향을 준다고 볼 수는 없지만, 구체적인 경영환경의 차이로 인해 유사회사의 선정에 따른 가치평가결과가 적절하지 않을 수도 있다.

■ **주식가치의 평가**

주관회사는 미디어플렉스의 공모희망가액을 산정함에 있어서 회사 및 유사회사 2개사의 2004년 및 2005년 실적을 기준으로 PBR 평가방법을 적용하여 비교가치를 산정하였다. 주당 평가가액은 2004년 및 2005년 실적을 기준으로 유사회사와의 PBR을 적용하여 각각 평가한 후 2004년과 2005년 실적기준 비교가치는 각각 1 : 2로 가중평균하여 평가가액을 29,664원으로 산정하였다.

- PBR을 적용한 이유
  미디어플렉스의 주식가치를 평가함에 있어 시장가치비교법에서 가장 일반적으로 사용되는 PER 또는 EV/EBITDA를 이용하지 않고 PBR을 적용하였다. 미디어플렉스 및 유사회사의 경우 보유하고 있는 영화판권 자산 및 지분법적용주식 등의 자산의 규모가 매출 및 이익의 규모수준이거나 그 이상이며, 당기순이익 등의 수익지표보다 변동성이 작고 안정적인 성장을 보이고 있어서 주당순이익(EPS)을 지표로 하는 PER보다 적합한 평가방법으로 판단하였기 때문이다. 또한 유사회사인 대원씨앤에이홀딩스가 영업손실을 시현하여 부(-)의 EBITDA가 계산됨에 따라 유사회사의 평균 EV/EBITDA가 산출될 수 없다. 따라서 유사회사의 과거 실적을 기준으로 한 EV/EBITDA 산출이 불가능함에 따라 동 평가방법을 적용할 수 없었다.

- 유사회사 PBR 산정결과
  유사회사의 주가는 주식시장 상황의 일시적인 급변동으로 인한 단기변동성을 배제하기 위하여 비교회사의 보통주식을 기준으로 평가기준일 전일부터 소급하여 1개월간의 종가를 산술평균하여 산정한 가액과 분석기준일 전일의 종가 중 낮은 가액으로 하였다. 유사회사 PBR은 평균 2.33으로 계산되었다.

- 미디어플렉스의 주식가치평가
  유사회사의 PBR과 미디어플렉스의 주당순자산을 이용한 주식가치평가결과는 다음과 같다.

구 분	FY 2004 실적기준	FY 2005 실적기준
자본총계	39,515,426	48,403,656
무형자산(-)	173,277	205,448
공모자금 순유입분(+)	-	42,173,148
순자산가액	39,342,149	90,371,357
총발행주식수	4,277,360	6,260,000
주당순자산(BPS)(원)	9,198	14,436
유사회사의 평균PBR(원)	2.33	2.33
기간별 비교가치(원)	21,432	33,780
PBR을 적용한 비교가치(원)	29,664	

(舊)유가증권인수업무에관한규정에 따른 상대가치 계산에 있어서는 유사회사의 시장배율(market multiple)을 이용한 추정가치에 30% 이상의 할인을 한 금액으로 하도록 하고 있었으나(증권의 발행 및 공시 등에 관한 규정에서도 30% 이상 할인규정이 유지됨) 공모가액 산정실무에서는 할인을 하지 않는 경우가 많다. 왜냐하면 공개예정기업의 경우 가까운 시일 내에 상장될 것이므로 유동성할인을 고려할 필요가 없으며, 투자자의 투자유인을 제공하기 위한 부분은 수요예측시에 감안하면 되기 때문이다.

기업가치평가실무

세무 · 회계 지식서비스 분야의 선두주자 조세통람
국내 재경실무분야를 선도하는 No 1. Knowledge Provider

Chapter

8

자본시장법에 의한 주식가치평가

Section 1 개요

자본시장과 금융투자업에 관한 법률(이하 본서에서 “자본시장법”이라 함)은 자본시장에서의 금융혁신과 공정한 경쟁을 촉진하고 투자자를 보호하며 금융투자업을 건전하게 육성함으로써 자본시장의 공정성, 신뢰성 및 효율성을 높여 국민경제에 이바지함을 목적으로 제정되었고, 금융위원회는 기존의 증권거래법, 선물거래법, 간접투자자산운용업법 등의 법률을 자본시장법으로 통합하여, 2009년 2월부터 본격적으로 시행되었다.

자본시장법 ‘제3편 증권의 발행 및 유통’편에서는 기존의 증권거래법의 내용 중 증권신고서, 기업의 인수합병 관련 내용을 규정하고 있는데 이 중 제3장의 2에서 주권상장법인에 대한 특례를 두고 있다. 주권상장법인에는 유가증권시장과 코스닥시장에 상장된 법인뿐 아니라 코넥스시장에 상장된 기업 모두를 일컫는다. 다만, 코넥스시장에 상장된 기업에 대해서는 코넥스상장법인과 비상장법인 간 합병의 경우 본 장에서 기술되고 있는 합병가액 산정규정이 적용되지 아니하며 외부기관 평가 및 상장법인과 비상장법인의 합병시 적용되고 있는 우회상장 규제 또한 적용되지 않는 등 상장법인에 적용되는 특례규정이 완화되어 적용된다.

자본시장법의 증권의 발행 및 유통에 대해서는 주로 주권상장법인에 대한 관계 법령을 규정하고 있으나 비상장법인인 경우에도 다수의 이해관계자가 관여된 경우, 예를 들어 주권상장법인이 포함된 합병이나 중요한 영업의 양수도, 포괄적 주식교환이 있는 경우 그리고 주권상장법인이 일정규모 이상의 주권상장 또는 주권비상장법인의 주식을 양수 및 양도하는 경우에는 주권상장법인과 비상장법인의 주주 간 이해관계 상충의 문제가 발생할 수 있다. 합병 등의 경우와 같이 주권상장법인과 비상장법인이 함께 관여되는 경우에는 자본시장법의 규정을 따라야 하므로 자본시장법의 규정은 주권상장법인에만 국한되는 것은 아니다. 자본시장법에 따른 평가는 합병 외에도 영업의 양수도, 주식교환, 기업공개시 공모주식의 평가 등 여러 경우에 적용된다. 본 장에서는 합병의 경우를 중심으로 설명하고 주식교환시의 가치평가, 주요사항보고서의 제출대상이 되는 주식의 평가 및 공모주식의 평가 등에 대해서도 추가로 설명하도록 하겠다.

참고 주권상장법인

증권거래법이 자본시장법에 통합되는 과정에서 주권상장법인에 대한 용어 정의가 변경되었다. 기존 증권거래법에서는 유가증권시장에 상장된 법인을 '주권상장법인'으로 코스닥시장에 상장된 법인을 '코스닥상장법인'으로 구분하였으나 자본시장법에서는 유가증권시장과 코스닥시장, 코넥스시장에 상장된 법인을 모두 '주권상장법인'으로 규정하고 거래시장만 유가증권시장과 코스닥시장, 코넥스시장으로 구분하고 있다. 다만, 코넥스시장의 경우 합병 등 특례규정이 완화되어 적용되므로 본서에서는 별도의 언급이 없는 한 '주권상장법인'은 유가증권시장과 코스닥시장에 상장된 기업을 의미하는 점에 주의하기 바란다.

1. 합병의 구조와 합병비율의 결정

기업 간 합병이 이루어지면 피합병법인의 주주는 자신이 보유한 주식을 반납하고 그 대가로 합병교부금이나 합병법인의 주식을 교부받게 된다.

[그림 8-1] 합병의 구조와 합병비율

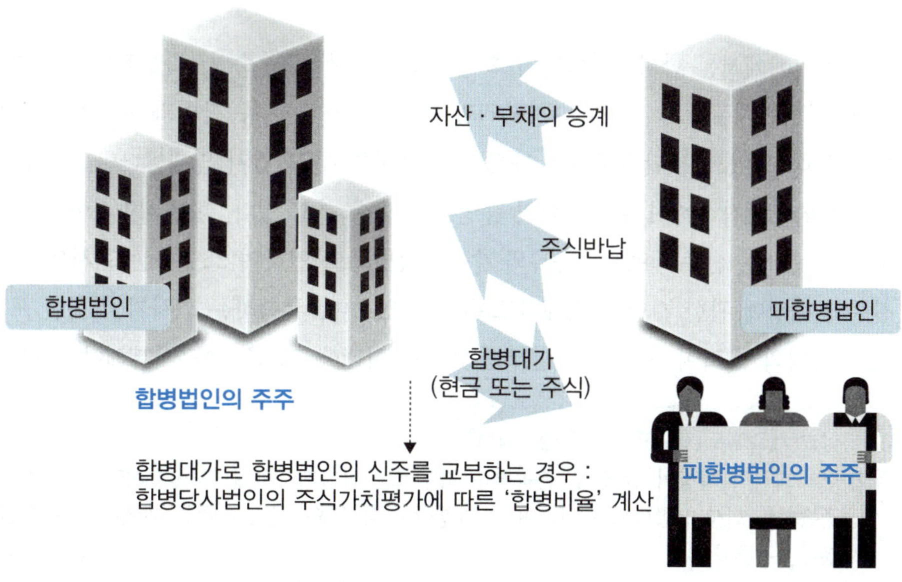

피합병법인의 주주가 자신이 보유하고 있던 피합병법인의 주식을 반납하고 합병대가로 합병법인의 주식을 교부받을 때 반납한 피합병법인의 주식수 대비 교부받는 합병법인의 주식에 대한 교환비율, 즉 합병비율의 문제가 발생한다.

합병비율은 양 당사법인의 주식가치평가결과에 의해 결정된다. 예를 들어 합병법인의 1주당 가치가 40,000원이며, 피합병법인의 1주당 가치는 20,000원이라면 합병비율은 '1 : 0.5'가된다. 이때 피합병법인의 총발행주식수가 100,000주이면 합병으로 인해 교부되는 합병법인의 신주는 피합병법인 기존발행주식수(100,000주)×합병비율(0.5)=50,000주가 된다. 합병교부금 없이 합병법인이 신주만 교부하였다면 합병대가는 합병법인의 주식가치(40,000원)×신규교부주식수(50,000주)=20억원이 된다. 합병비율과 합병법인이 교부해야 할 주식수 그리고 합병대가까지 모두가 합병당사법인의 1주당 주식가치 산출결과에 의해 결정됨을 알 수 있다.

[그림 8-2] 합병대가의 계산

합병비율	합병법인 1주당 가치 : 피합병법인 1주당 가치
교부주식수	피합병법인 기존발행주식수×합병비율
합병대가	합병법인 1주당 가치×교부주식수

2. 상법

상법(商法)에서는 합병당사법인이 합병계약서의 작성 및 승인, 특별결의에 의한 주주총회 승인, 합병반대주주의 주식매수청구권과 채권자보호절차 등 합병과정에서 지켜야 할 절차를 규정하고 있으나 합병비율에 대해서는 규정을 두고 있지 않다. 다만, 합병당사법인은 합병계약서를 작성하여 주주총회의 승인을 받도록 하고 있다. 합병계약서에는 합병으로 인하여 발행하는 신주의 총수, 종류와 수 및 합병으로 인하여 소멸하는 회사의 주주에 대한 신주의 배정에 관한 사항을 기재하도록 하고 있으며, 존속하는 회사가 취득한 모회사의 주식은 합병의 효력이 발생하는 날부터 6개월 이내에 그 주식을 처분해야 한다.

● 상법 제523조【흡수합병의 합병계약서】

합병할 회사의 일방이 합병 후 존속하는 경우에는 합병계약서에 다음의 사항을 적어야 한다.

1. 존속하는 회사가 합병으로 인하여 그 발행할 주식의 총수를 증가하는 때에는 그 증가할 주식의 총수, 종류와 수
2. 존속하는 회사의 자본금 또는 준비금이 증가하는 경우에는 증가할 자본금 또는 준비금에 관한 사항
3. 존속하는 회사가 합병을 하면서 신주를 발행하거나 자기주식을 이전하는 경우에는 발행하는 신주 또는 이전하는 자기주식의 총수, 종류와 수 및 합병으로 인하여 소멸하는 회사의 주주에 대한 신주의 배정 또는 자기주식의 이전에 관한 사항
4. 존속하는 회사가 합병으로 인하여 소멸하는 회사의 주주에게 제3호에도 불구하고 그 대가의

전부 또는 일부로서 금전이나 그 밖의 재산을 제공하는 경우에는 그 내용 및 배정에 관한 사항
5. 각 회사에서 합병의 승인결의를 할 사원 또는 주주의 총회의 기일
6. 합병을 할 날
7. 존속하는 회사가 합병으로 인하여 정관을 변경하기로 정한 때에는 그 규정
8. 각 회사가 합병으로 인하여 이익배당을 할 때에는 그 한도액
9. 합병으로 인하여 존속하는 회사에 취임할 이사와 감사 또는 감사위원회의 위원을 정한 때에는 그 성명 및 주민등록번호

● **상법 제523조의 2【합병대가가 모회사주식인 경우의 특칙】**

① 제342조의 2에도 불구하고 제523조 제4호에 따라 소멸하는 회사의 주주에게 제공하는 재산이 존속하는 회사의 모회사주식을 포함하는 경우에는 존속하는 회사는 그 지급을 위하여 모회사주식을 취득할 수 있다.

② 존속하는 회사는 제1항에 따라 취득한 모회사의 주식을 합병 후에도 계속 보유하고 있는 경우 합병의 효력이 발생하는 날부터 6개월 이내에 그 주식을 처분하여야 한다.

상법은 합병에 반대하는 주주에 대해서는 일정한 절차를 밟아 회사로 하여금 주식의 매수를 청구할 수 있도록 하고 있다. 주식매수청구권을 행사하는 주주에 대한 주식의 매수가격에 대해서도 상법은 특별한 규정을 두고 있지 아니하며 주주와 회사 간의 협의에 의하여 결정하도록 하고 있다. 협의가 원활히 이루어지지 않는 경우에는 법원에 그 매수가액의 결정을 청구할 수 있다(주권상장법인의 주주가 행사하는 주식매수청구권과 관련된 주식매수가격 산정방식은 자본시장법에 규정되어 있으며, 산정방법은 주권상장법인의 가치평가 부분 참조). 따라서 상법에서는 합병비율 산정 및 주식매수청구권의 매수가격에 대한 평가규정이 없으므로 (자본시장법의 적용대상이 아닌) 비상장법인 간의 합병의 경우 합병당사법인의 주식가치평가에 대한 제약은 없는 셈이다. 다만, 특수관계에 있는 비상장법인 간의 합병의 경우 법인세법상 부당행위계산의 부인이나 상속세및증여세법상 합병에 따른 이익의 증여규정은 별도로 검토하여야 할 것이다.

● **상법 제522조의 3【합병반대주주의 주식매수청구권】**

① 제522조 제1항의 규정에 의한 결의사항에 관하여 이사회의 결의가 있는 때에는 그 결의에 반대하는 주주(의결권이 없거나 제한되는 주주를 포함한다. 이하 이 조에서 같다)는 주주총회 전에 회사에 대하여 서면으로 그 결의에 반대하는 의사를 통지한 경우에는 그 총회의 결의일로부터 20일 이내에 주식의 종류와 수를 기재한 서면으로 회사에 대하여 자기가 소유하고 있는 주식의 매수를 청구할 수 있다.

② 제527조의 2 제2항의 공고 또는 통지를 한 날로부터 2주 내에 회사에 대하여 서면으로 합병에 반대하는 의사를 통지한 주주는 그 기간이 경과한 날부터 20일 이내에 주식의 종류와 수를 기재한 서면으로 회사에 대하여 자기가 소유하고 있는 주식의 매수를 청구할 수 있다.

● **상법 제374조의 2【반대주주의 주식매수청구권】**

① 제374조에 따른 결의사항에 반대하는 주주(의결권이 없거나 제한되는 주주를 포함한다. 이하

이 조에서 같다)는 주주총회 전에 회사에 대하여 서면으로 그 결의에 반대하는 의사를 통지한 경우에는 그 총회의 결의일부터 20일 이내에 주식의 종류와 수를 기재한 서면으로 회사에 대하여 자기가 소유하고 있는 주식의 매수를 청구할 수 있다.
② 제1항의 청구를 받으면 해당 회사는 같은 항의 매수 청구 기간(이하 이 조에서 "매수청구기간"이라 한다)이 종료하는 날부터 2개월 이내에 그 주식을 매수하여야 한다.
③ 제2항의 규정에 의한 주식의 매수가액은 주주와 회사 간의 협의에 의하여 결정한다.
④ 매수청구기간이 종료하는 날부터 30일 이내에 제3항의 규정에 의한 협의가 이루어지지 아니한 경우에는 회사 또는 주식의 매수를 청구한 주주는 법원에 대하여 매수가액의 결정을 청구할 수 있다.
⑤ 법원이 제4항의 규정에 의하여 주식의 매수가액을 결정하는 경우에는 회사의 재산상태 그밖의 사정을 참작하여 공정한 가액으로 이를 산정하여야 한다.

〈참고〉 상법 제374조의 2는 영업양수도에 대한 반대주주의 주식매수청구권 조항으로 합병시에도 이를 준용하도록 하고 있다(상법 제522조의 3).

3. 자본시장법 개요

상법이 합병의 절차에 대한 규정을 두고 있는 반면 자본시장법은 상장법인 간 또는 상장법인이 비상장법인과 합병하고자 할 때 상장법인과 비상장법인 각각의 주식가치평가방법을 규정하고 있다. 또한 상장법인이 유가증권을 포함한 일정규모 이상의 자산을 양수 또는 양도할 경우에도 적절한 방법에 의해 주식가치평가를 하도록 하고 있다.

상장법인은 유가증권시장에서 거래되는 가격이 있으므로 평가기간에 대한 기준에 따라 시장가격을 측정할 수 있다. 반면, 비상장법인은 유가증권시장에서 거래되지 않아 시장가격을 측정하는 데 어려움이 있고 일정한 기준에 따라 산정된 가치라 하더라도 가치측정결과를 신뢰하기 어려운 경우가 많다.

상장법인과 합병하는 비상장법인에 대해 가치측정을 임의의 방법으로 할 수 있도록 무제한 허용한다면 합병당사법인의 이해관계에 따라 주식가치를 부풀리거나 축소하여 합병비율이 왜곡되어 합병당사법인의 중요한 의사결정과정에서 소외된 일반투자자의 손해가 생길 수 있다. 이에 따라 자본시장법에서는 투자자 보호를 위하여 상장법인 간 합병시와 상장법인과 비상장법인 간의 합병시의 가치평가방법을 법정(法定)함으로써 합병당사법인이 임의의 방법으로 합병비율을 결정하지 못하도록 하고 있다. 즉 합병의 요건 및 절차에 대해 자본시장법에 의하도록 하고 있으며 합병당사법인, 특히 상장법인과 합병하는 비상장법인의 주식가치평가에 대해서는 금융위원회(舊 금융감독위원회)에 그 세부규정을 위임하고 있다.

금융위원회는 증권의 발행 및 공시 등에 관한 규정(舊 유가증권의 발행 및 공시 등에 관한 규정)

을 제정하여 비상장법인의 가치평가방법에 대해 구체적으로 정하고 있다. 즉 증권의 발행 및 공시 등에 관한 규정은 자본시장법의 하위규정이므로 동 규정에 따른 주식가치평가는 자본시장법상 평가방법이라고 할 수 있다.

또한 상장법인이 다른 상장법인이나 비상장법인의 주식을 인수하거나 보유하고 있는 주식을 매각할 경우에도 소액주주의 이익을 보호하기 위해 일정요건에 따른 주식가치평가를 받도록 하고 있다. 특히 최근에는 우회상장의 형식으로 합병이나 주식교환의 방식보다는 유상증자를 통한 자산양수도 방식이 선호되고 있어 주식가치평가에 관심이 높아지고 있으며, 감독기능도 강화되고 있는 상황이다.

[그림 8-3] 자본시장법과 증권의 발행 및 공시 등에 관한 규정

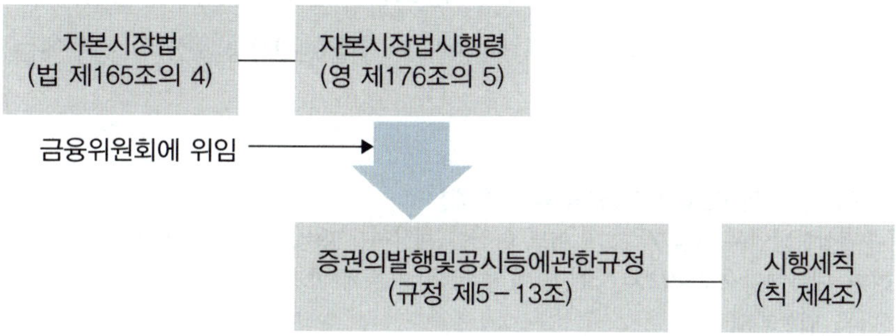

Section 2

자본시장과 금융투자업에 관한 법률

자본시장과 금융투자업에 관한 법률(자본시장법) '제3장의 2 주권상장법인에 대한 특례'편에서는 상장법인이 준수해야 할 여러 규정을 설명하고 있다. 자본시장법 제165조의 4의 규정에 의해 주권상장법인이 다른 법인과 합병 등을 하고자 하는 경우에는 법령이 정하는 바에 의해 정해진 요건, 방법 등의 기준에 따라야 한다. 또한 주권상장법인은 합병 이외에도 중요한 영업 또는 자산의 양수도, 주식의 포괄적 이전 또는 분할(분할합병 포함)의 경우에는 동법 규정을 준수하도록 하고 있다.

● **자본시장법 제165조의 4【합병 등의 특례】**

① 주권상장법인은 다음 각 호의 어느 하나에 해당하는 행위(이하 이 조에서 "합병 등"이라 한다)를 하려면 대통령령으로 정하는 요건, 방법 등의 기준에 따라야 한다.

1. 다른 법인과의 합병
2. 대통령령으로 정하는 중요한 영업 또는 자산의 양수 또는 양도
3. 주식의 포괄적 교환 또는 포괄적 이전
4. 분할 또는 분할합병

② 주권상장법인은 합병 등을 하는 경우 투자자 보호 및 건전한 거래질서를 위하여 대통령령으로 정하는 바에 따라 외부의 전문평가기관(이하 이 조 및 제165조의 18에서 "외부평가기관"이라 한다)으로부터 합병 등의 가액, 그 밖에 대통령령으로 정하는 사항에 관한 평가를 받아야 한다.

③ 금융위원회는 외부평가기관의 합병 등에 관한 평가가 현저히 부실한 경우, 그 밖에 투자자 보호 또는 건전한 거래질서를 해할 우려가 있는 경우로서 대통령령으로 정하는 경우에는 제2항에 따른 평가 업무를 제한할 수 있다.

④ 외부평가기관의 범위, 제3항에 따른 평가 업무 제한의 방법 등에 대하여는 대통령령으로 정한다.

또, 합병 등에 대해 외부의 전문평가기관의 평가보고서를 받도록 하여 합병 등의 가액이 적정한지에 대해 확인하는 과정을 거침으로서 투자자 보호 및 건전한 거래질서를 유지하는 보완수단을 마련하고 있다.

1. 합병의 요건 및 방법규정

자본시장법 시행령에서는 합병 등의 경우에 대한 요건 및 방법을 구체적으로 규정하고 있으며, 주권상장법인은 물론이고 주권상장법인과 합병하고자 하는 비상장법인에 대해서도 그 평가방법을 규정하고 있다.

법령에서는 주권상장법인 간 또는 비상장법인과 합병하는 상장법인의 주식가치는 최근 유가증권시장, 코스닥시장 및 코넥스시장에서의 거래가격을 기준으로 산정한 가격(이하 본서에서는 "기준시가"라 함)으로 평가하도록 하고 있다. 다만, 상장법인(코넥스시장 상장법인 제외)이 비상장법인과 합병시에는 자산가치로 할 수 있다. 또한 동법 규정에서 상장법인과 비상장법인 간의 합병시 비상장법인의 주식가치는 자산가치 · 수익가치를 기준으로 산정한 가격으로 하도록 규정되어 있으나, 주권상장법인 중 기업인수목적회사는 금융위원회가 정하여 고시하는 요건을 갖추어 그 사업목적에 따라 다른 법인과 합병하는 경우 비상장법인의 주식가치는 기업인수목적회사와 협의하여 정하는 가액으로 산정할 수 있도록 하였는바, 이는 기업인수목적회사의 회사 설립목적이 기업인수로 합병비율 산정시 비상장법인의 주식가치를 자산가치 · 수익가치를 기준으로 규정에 따라 산정한 가격으로 하도록 강제할 경우 보수적인 평가결과로 인해 기업인수활동 등에 제약이 발생할 것을 우려한 해당업계의 요구를 시행령에 반영한 것으로 판단된다.

● **시행령 제176조의 5【합병의 요건 · 방법 등】**

① 주권상장법인이 다른 법인과 합병하려는 경우에는 다음 각 호의 방법에 따라 산정한 합병가액에 따라야 한다. 이 경우 주권상장법인이 제1호 또는 제2호 가목 본문에 따른 가격을 산정할 수 없는 경우에는 제2호 나목에 따른 가격으로 하여야 한다.

1. 주권상장법인 간 합병의 경우에는 합병을 위한 이사회 결의일과 합병계약을 체결한 날 중 앞서는 날의 전일을 기산일로 한 다음 각 목의 종가(증권시장에서 성립된 최종가격을 말한다. 이하 이 항에서 같다)를 산술평균한 가액(이하 이 조에서 "기준시가"라 한다)을 기준으로 100분의 30(계열회사 간 합병의 경우에는 100분의 10)의 범위에서 할인 또는 할증한 가액. 이 경우 가목 및 나목의 평균종가는 종가를 거래량으로 가중산술평균하여 산정한다.
   가. 최근 1개월간 평균종가. 다만, 산정기간 중에 배당락 또는 권리락이 있는 경우로서 배당락 또는 권리락이 있은 날로부터 기산일까지의 기간이 7일 이상인 경우에는 그 기간의 평균종가로 한다.
   나. 최근 1주일간 평균종가
   다. 최근일의 종가
2. 주권상장법인(코넥스시장에 주권이 상장된 법인은 제외한다. 이하 이 호 및 제4항에서 같다)과 주권비상장법인 간 합병의 경우에는 다음 각 목의 기준에 따른 가격
   가. 주권상장법인의 경우에는 제1호의 가격. 다만, 제1호의 가격이 자산가치에 미달할 경우에는 자산가치로 할 수 있다.
   나. 주권비상장법인의 경우에는 자산가치와 수익가치를 가중산술평균한 가액

> ② 제1항 제2호 나목에 따른 가격으로 산정하는 경우에는 금융위원회가 정하여 고시하는 방법에 따라 산정한 유사한 업종을 영위하는 법인의 가치(이하 이 항에서 "상대가치"라 한다)를 비교하여 공시하여야 하며, 같은 호 각 목에 따른 자산가치 · 수익가치 및 그 가중산술평균방법과 상대가치의 공시방법은 금융위원회가 정하여 고시한다.
> ③ 제1항에도 불구하고 주권상장법인인 기업인수목적회사가 투자자 보호와 건전한 거래질서를 위하여 금융위원회가 정하여 고시하는 요건을 갖추어 그 사업목적에 따라 다른 법인과 합병하여 그 합병법인이 주권상장법인이 되려는 경우에는 다음 각 목의 기준에 따른 가액으로 합병가액을 산정할 수 있다.
> 1. 주권상장법인인 기업인수목적회사의 경우 : 제1항 제1호에 따른 가액
> 2. 기업인수목적회사와 합병하는 다른 법인의 경우 : 다음 각 목의 구분에 따른 가액
>   가. 다른 법인이 주권상장법인인 경우 : 제1항 제1호에 따른 가격. 다만, 이를 산정할 수 없는 경우에는 제1항 각 호 외의 부분 후단을 준용한다.
>   나. 다른 법인이 주권비상장법인인 경우 : 기업인수목적회사와 협의하여 정하는 가액

[그림 8-4]는 자본시장법에 따라 합병당사법인의 상황에 따른 주식가치평가규정을 보여주고 있다.

[그림 8-4] 합병당사법인에 따른 합병비율(주식가치) 계산

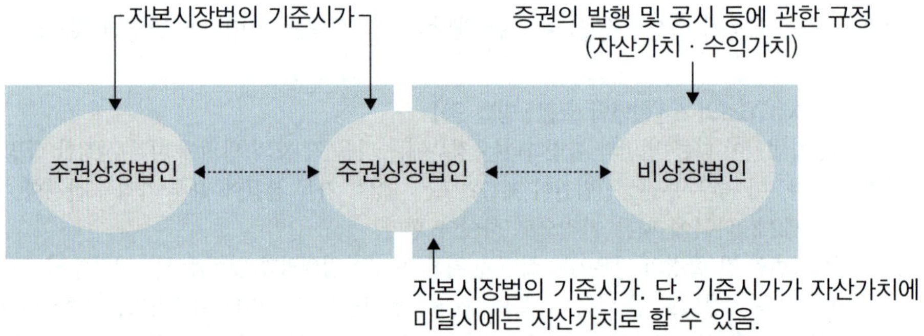

* 비상장법인 간의 합병시에는 평가방법의 제약 없음.

합병비율 결정을 위한 1주당 가치의 계산방법은 법에서 정한 바에 따라 산정하도록 하고 있으나 그 계산과정에 있어 평가자의 주관이나 편의가 개입될 여지는 많다. 따라서 자본시장법에서는 투자자 보호를 위하여 상장법인과 비상장법인이 합병하는 경우에는 합병비율의 적정성에 대하여 외부평가기관에서 평가를 받도록 의무화하고 있다. 다만, 모회사와 100%지분보유 자회사 간 합병시 신주를 발행하지 않은 합병(합병비율 1 : 0)의 경우 평가와 관련된 실익이 없으므로 외부평가기관의 평가를 면제하였으며, 주권상장법인 간 합병시 합병요건을 충족하고 기준시가를 토대로 합병비율을 산정하는 경우에도 외부평가기관의 평가를 면제하였다. 외부평가기관에 대해서는 '9. 외부평가기관'에서 구체적으로 살펴본다.

● 시행령 제176조의 5【합병의 요건·방법 등】

④ 주권상장법인이 주권비상장법인과 합병하여 주권상장법인이 되는 경우에는 다음 각 호의 요건을 충족하여야 한다.

1. 삭제(2013.8.27.)
2. 합병의 당사자가 되는 주권상장법인이 법 제161조 제1항에 따라 주요사항보고서를 제출하는 날이 속하는 사업연도의 직전사업연도의 재무제표를 기준으로 자산총액·자본금 및 매출액 중 두 가지 이상이 그 주권상장법인보다 더 큰 주권비상장법인이 다음 각 목의 요건을 충족할 것
   가. 법 제390조에 따른 증권상장규정(이하 이 호에서 "상장규정"이라 한다)에서 정하는 재무 등의 요건
   나. 감사의견, 소송계류 그 밖에 공정한 합병을 위하여 필요한 사항에 관하여 상장규정에서 정하는 요건

⑤ 특정 증권시장에 주권이 상장된 법인이 다른 증권시장에 주권이 상장된 법인과 합병하여 특정 증권시장에 상장된 법인 또는 다른 증권시장에 상장된 법인이 되는 경우에는 제4항을 준용한다. 이 경우 "주권상장법인"은 "합병에도 불구하고 같은 증권시장에 상장되는 법인"으로, "주권비상장법인"은 "합병에 따라 다른 증권시장에 상장되는 법인"으로 본다.

⑥ 삭제(2013.8.27.)

⑦ 법 제165조의 4 제2항에 따라 주권상장법인이 다른 법인과 합병하는 경우 다음 각 호의 구분에 따라 합병가액의 적정성에 대하여 외부평가기관의 평가를 받아야 한다.

1. 주권상장법인(기업인수목적회사는 제외한다. 이하 이 호 및 제2호에서 같다)이 주권상장법인과 합병하는 경우로서 다음 각 목의 어느 하나에 해당하는 경우
   가. 주권상장법인이 제1항 제1호에 따라 합병가액을 산정하면서 기준시가의 100분의 10을 초과하여 할인 또는 할증된 가액으로 산정하는 경우
   나. 주권상장법인이 제1항 제2호 나목에 따라 산정된 합병가액에 따르는 경우
   다. 주권상장법인이 주권상장법인과 합병하여 주권비상장법인이 되는 경우. 다만, 제1항 제1호에 따라 산정된 합병가액에 따르는 경우 또는 다른 회사의 발행주식 총수를 소유하고 있는 회사가 그 다른 회사를 합병하면서 신주를 발행하지 아니하는 경우는 제외한다.
2. 주권상장법인이 주권비상장법인과 합병하는 경우로서 다음 각 목의 어느 하나에 해당하는 경우
   가. 주권상장법인이 제1항 제2호 나목에 따라 산정된 합병가액에 따르는 경우
   나. 제4항에 따른 합병의 경우. 다만, 다른 회사의 발행주식 총수를 소유하고 있는 회사가 그 다른 회사를 합병하면서 신주를 발행하지 아니하는 경우는 제외한다.
   다. 주권상장법인(코넥스시장에 주권이 상장된 법인은 제외한다)이 주권비상장법인과 합병하여 주권비상장법인이 되는 경우. 다만, 합병의 당사자가 모두 제1항 제1호에 따라 산정된 합병가액에 따르는 경우 또는 다른 회사의 발행주식 총수를 소유하고 있는 회사가 그 다른 회사를 합병하면서 신주를 발행하지 아니하는 경우는 제외한다.
3. 기업인수목적회사가 다른 주권상장법인과 합병하는 경우로서 그 주권상장법인이 제1항 제2호 나목에 따라 산정된 합병가액에 따르는 경우

2. 합병의 요건 및 방법을 준용하는 경우

자본시장법은 주식의 포괄적 교환 또는 포괄적 이전과 분할합병에 관해서는 합병의 경우와 동일한 요건 및 방법을 준용하도록 하고 있다. 따라서 주식의 포괄적 교환 등의 경우에는 자본시장법 시행령 제176조의 5 제1항에서 규정한 주식가치평가방법을 준용하여 평가하여야 한다. 즉 주식의 포괄적 교환 · 포괄적 이전 또는 분할합병의 당사법인이 상장법인인 경우 자본시장법상의 기준시가로 평가하며, 비상장법인인 경우에는 자산가치 · 수익가치를 이용한 평가방법에 따라 평가해야 한다.

반면, 중요한 영업 또는 자산의 양수 또는 양도(이하 "자산양수도 등")의 경우에는 가치평가방법의 특별한 제약조건이 없다. 이는 자본시장법 시행령 제176조의 6에서는 합병가액의 산정방법의 준용은 주식의 포괄적 교환 등에 대해서만 적용한다고 명시되어 있기 때문이다. 그러나 주식의 포괄적 교환 등의 경우와 동일하게 자산양수도 등의 경우에도 외부평가기관의 평가를 의무적으로 받도록 하고 있다.

● 시행령 제176조의 6【영업양수 · 양도 등의 요건 · 방법 등】

② 법 제165조의 4 제1항 제3호에 따른 주식의 포괄적 교환 또는 포괄적 이전과 같은 항 제4호에 따른 분할합병에 관하여는 제176조의 5 제1항(분할되는 법인의 합병대상이 되는 부분의 합병가액 산정에 관하여는 같은 항 제2호 나목)을 준용한다. 다만, 주식의 포괄적 이전으로서 그 주권상장법인이 단독으로 완전자회사가 되는 경우에는 그러하지 아니하다.

③ 법 제165조의 4 제1항 제2호에 따른 중요한 영업 또는 자산의 양수 · 양도, 같은 항 제3호에 따른 주식의 포괄적 교환, 포괄적 이전(「상법」 제360조의 2 및 제360조의 15에 따른 완전자회사가 되는 법인 중 주권비상장법인이 포함되는 경우와 완전모회사가 주권비상장법인으로 되는 경우만 해당한다) 또는 법 제165조의 4 제1항 제4호에 따른 분할합병을 하려는 경우에는 각각 영업 또는 자산의 양수 · 양도 가액, 주식의 포괄적 교환 비율, 포괄적 이전 비율 또는 분할합병 비율의 적정성에 대하여 외부평가기관(제176조의 5 제9항 · 제10항에 따라 합병에 대한 평가를 할 수 없는 외부평가기관은 제외한다)의 평가를 받아야 한다. 다만, 다음 각 호의 어느 하나에 해당하는 경우에는 외부평가기관의 평가를 받지 아니할 수 있다.

1. 중요한 자산의 양수 · 양도 중 증권시장을 통한 증권의 매매, 자산의 경매 등 외부평가기관의 평가 필요성이 적은 자산의 양수 · 양도로서 금융위원회가 정하여 고시하는 경우
2. 코넥스시장에 상장된 법인과 주권비상장법인 간의 중요한 영업 또는 자산의 양수 · 양도, 주식의 포괄적 교환 및 포괄적 이전 또는 분할합병의 경우

④ 법 제165조의 4 제1항 제2호에 따른 중요한 영업 또는 자산의 양수 · 양도, 같은 항 제3호에 따른 주식의 포괄적 교환, 포괄적 이전 및 같은 항 제4호에 따른 분할 · 분할합병에 관하여는 제176조의 5 제11항부터 제13항까지를 준용한다.

주요사항보고서 대상이 되는 '중요한' 영업 또는 자산의 양수도란 다음의 하나에 해당되는 경우를 말한다(시행령 제176조의 6 ① 및 제171조 ② 각 호).

① 양수 · 양도하려는 영업부문의 자산액(장부가액과 거래금액 중 큰 금액을 말함)이 최근 사업연도말 현재 자산총액(한국채택국제회계기준을 적용하는 연결재무제표 작성대상법인인 경우에는 연결재무제표의 자산총액을 말함)의 100분의 10 이상인 양수 · 양도

② 양수 · 양도하려는 영업부문의 매출액이 최근 사업연도말 현재 매출액(한국채택국제회계기준을 적용하는 연결재무제표 작성대상법인인 경우에는 연결재무제표의 매출액을 말함)의 100분의 10 이상인 양수 · 양도

③ 영업의 양수로 인하여 인수할 부채액이 최근 사업연도말 현재 부채총액(한국채택국제회계기준을 적용하는 연결재무제표 작성대상법인인 경우에는 연결재무제표의 부채총액을 말함)의 100분의 10 이상인 양수

④ 삭 제(2016.6.28.)

⑤ 양수 · 양도하려는 자산액(장부가액과 거래금액 중 큰 금액을 말함)이 최근 사업연도말 현재 자산총액(한국채택국제회계기준을 적용하는 연결재무제표 작성대상법인인 경우에는 연결재무제표의 자산총액을 말함)의 100분의 10 이상인 양수 · 양도. 다만, 일상적인 영업활동으로서 상품 · 제품 · 원재료를 매매하는 행위 등 금융위원회가 정하여 고시하는 자산의 양수 · 양도는 제외한다.

여기에서 영업양수도란 일정한 영업목적에 의하여 조직화된 총체, 즉 인적 · 물적 조직을 동일성을 유지하면서 일체로서 이전하는 것(대법원 96다2644, 1997.6.24.)을 의미(예 : 특정사업부 전체의 자산 · 부채, 해당 사업, 인적조직의 포괄적 양수)하며 자산양수도란 토지 · 건물, 주식 등 유 · 무형 재산의 매매, 교환 등으로 소유권 이전의 법률효과가 발생하는 거래로 영업양수도와 자산양수도의 차이점은 절차상의 차이, 고용관계의 승계 여부 등이 있으나 가장 큰 차이는 주요한 영업양수도의 경우 상법상 주주총회 특별결의에 의한 승인을 받아야 한다는 점이다. 시행령 개정 전에는 중요한 영업양수도의 범위에 '영업전부의 양수'가 포함되어 있었으나, 이는 영업양수도 규모나 중요성을 고려하지 않은 실무상 많은 다툼이 있었던 규정으로 2016년도 중 시행령 개정시 삭제되었다.

자본시장법에 따라 유가증권을 평가해야 하는 경우를 아래와 같이 정리할 수 있다.

[표 8-1] 자본시장법에 따른 주식가치평가방법

구 분	당사법인	평가방법
합병	합병당사법인 중 1이 주권상장법인인 경우	상장법인은 기준시가로 평가(단, 기준시가가 자산가치에 미달할 경우 자산가치로 평가가능)하고 비상장법인은 자산가치 · 수익가치를 이용한 평가
	합병당사법인이 모두 비상장주식인 경우	평가방법에 제약이 없으나, 특수관계에 있는 비상장법인 간의 합병의 경우 법인세법상 부당행위계산의 부인이나 상속세및증여세법상 합병에 따른 이익의 증여규정을 검토할 필요가 있음.
	합병당사법인이 모두 주권상장법인인 경우	기준시가 평가. 단, 기준시가가 자산가치에 미달할 경우 자산가치로 평가가능
주식의 포괄적 교환 등	당사법인 중 1이 주권상장법인인 경우	상장법인(코넥스상장법인 제외)은 기준시가로 평가하고 비상장법인은 자산가치 · 수익가치를 이용한 평가. 단, 주식의 포괄적 이전으로 상장법인이 단독으로 완전자회사가 되는 경우 제외
자산 양수도 등	주권상장법인이 중요한 영업 또는 자산의 양수도에 해당하는 경우	양수도 대상이 되는 상장법인 또는 비상장법인의 주식가치평가방법에 대한 별도의 규정이 없음.

주권상장법인의 가치평가

1. 합병가액

주권상장법인 간 합병 또는 비상장법인과 합병하는 상장법인의 주식가치는 유가증권시장에서 거래되는 가격이 있으므로 가치평가가 비교적 용이하다. 그러나 거래소에서 거래되는 가치는 매일 등락하고 단 몇 개월만에 두 배로 상승하거나 절반으로 하락하기도 한다. 따라서 특정 시점을 기준으로 주식가치를 평가한다면 가격의 등락으로 인해 가격이 왜곡될 수 있으며, 심지어는 시세조작 등을 통해 유리한 가격대를 일시적으로 형성하도록 할 수 있다. 따라서 자본시장법은 합병비율을 산정하는 상장법인의 주식가치에 대한 구체적인 기준을 제시하고 있다.

1.1 상장주식의 기준시가 계산

앞서 살펴보았듯이 자본시장법 시행령 제176조의 5에서는 주권상장법인 간 또는 비상장법인과 합병하는 상장법인의 기준시가를 계산하는 방식을 구체적으로 규정하고 있다.

자본시장법에 따른 상장법인의 주식가치평가구조를 정리하면 다음과 같다.

주식가치=Average{(①, ②, ③)를 기준으로 30%(계열사 간 합병의 경우 100분의 10)의 범위 내에서 할인 또는 할증한 가액}

① 최근 1개월의 평균종가*
② 최근 1주일간의 평균종가*
③ 최근일의 종가

* 거래량을 기준으로 가중산술평균한 종가

자본시장법에 따른 상장법인의 주식가치평가, 즉 기준시가의 계산의 기준일은 합병을 위한 '이사회결의일'과 '합병계약을 체결한 날' 중 앞서는 날의 전일을 기산일로 한다. 이 날을 기산일로 하여 최근 1개월의 평균종가, 최근 1주일간의 평균종가와 최근일의 종가를 거래량으로 가중산술평균한 가액(기준시가)을 기준으로 100분의 30(계열사 간 합병의 경우 100분의 10)의 범위에서 할인 또는 할증한 가액으로 평가하는 것이다. 거래량으로 가중평균하므로 최소거래를 통해 주가를 관리하더라도 주식가치평가에 결정적인 영향을 미치지 아니한다. 최근 1개월의 평균종가를 계산할 때 기간 중에 배당락 또는 권리락이 있는 경우로서 배당락 또는 권리락이 있은 날로부터 기산일까지의 기간이 7일 이상이 되는 경우에는 그 기간의 평균종가로 한다.

상장법인의 주식가치평가시 주의할 것은 상장법인 간(코넥스 상장법인 포함)의 합병시에는 반드시 기준시가 계산방식으로 하여야 하나, 비상장법인과 합병하는 상장법인(코넥스 상장법인 제외) 주식가치평가시에는 기준시가 계산방법을 원칙으로 하되, 상기의 주식가치가 증권의 발행 및 공시 등에 관한 규정에 따른 '자산가치'에 미달하는 경우에는 자산가치로 할 수 있다는 것이다. 코넥스 상장법인의 경우 주권상장법인과 합병의 경우 기준시가 방식으로 합병가액을 산정하도록 되어 있으나, 코넥스 상장법인과 비상장법인의 합병의 경우에는 합병가액 산정방식에서 제외되어 있다.

[그림 8-5] 상장법인 간의 합병시 주식가치평가규정

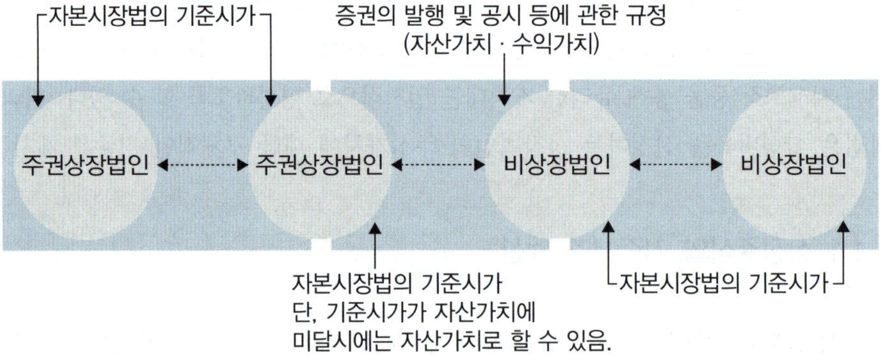

사례 8-1 주권상장법인의 기준시가 계산

상장법인인 주식회사 신세계푸드는 비상장법인인 주식회사 신세계에스브이엔을 흡수합병하였다. 상장법인인 주식회사 신세계푸드는 자본시장법에 의한 기준시가에 의해 주식가치를 평가하며, 비상장법인인 주식회사 신세계에스브이엔은 증권의 발행 및 공시 등에 관한 규정에 의해 평가한다. 상장법인인 주식회사 신세계푸드의 주식가치평가 내용을 살펴보자.

■ **개요**

합병당사법인은 2014년 8월 18일 이사회 결의를 거쳐 금융위원회에 합병신고서를 제출하였다. 합병계약은 2014년 8월 18일 체결되었다.

■ **기준시가 분석방법**

상장법인의 기준시가는 합병을 위한 이사회결의일과 합병계약을 체결한 날 중 앞서는 날의 전일을 기산일로 한 최근 1개월간의 거래량 가중산술평균종가, 최근 1주일간의 거래량 가중산술평균종가 및 최근일의 종가를 산술평균한 가액을 기준으로 100분의 10의 범위에서 할인 또는 할증한 가액으로 한다.

■ **기준시가 및 주식평가액의 산정**

합병을 위한 이사회 결의일은 2014년 8월 18일이고, 동일자에 합병계약을 체결하였으므로, 이사회결의일과 합병계약을 체결한 날 중 앞서는 날의 전일인 2014년 8월 17일이 기산일이 된다. 다만, 8월 17일은 일요일로 8월 14일 금요일에 형성된 종가를 사용한다. 외부평가인은 기산일로부터 소급하여 1개월 가중평균종가, 1주일 가중평균종가 및 최근일 종가의 산술평균종가인 기준시가를 기준으로 별도의 할인 또는 할증 없이 주식평가액을 산정하였다.

구 분	기 간	금 액
A. 1개월 가중평균종가	2014.7.18.~2014.8.17.	92,280원
B. 1주일 가중평균종가	2014.8.11.~2014.8.17.	88,425원
C. 최근일 종가	2014.8.17.	87,100원
D. 기준시가(=(A+B+C)÷3)		89,268원
E. 주식평가액(=D)		89,268원

한편, 상기 기준시가 산정을 위해 이용한 2014년 8월 17일을 기산일로 하여 소급한 1개월의 주가 및 거래량현황 그리고 가중평균종가 계산결과는 다음과 같다.

일 자	종가(원)	거래량(주)	종가×거래량(원)	일 자	종가(원)	거래량(주)	종가×거래량(원)
2014. 7. 18.	93,800	23,777	2,230,282,600	2014. 8. 1.	89,500	14,683	1,314,128,500
2014. 7. 21.	92,100	17,269	1,590,474,900	2014. 8. 4.	94,400	26,775	2,527,560,000
2014. 7. 22.	96,300	23,407	2,254,094,100	2014. 8. 5.	91,200	11,131	1,015,147,200
2014. 7. 23.	95,900	30,877	2,961,104,300	2014. 8. 6.	93,500	17,160	1,604,460,000
2014. 7. 24.	93,800	13,217	1,239,754,600	2014. 8. 7.	92,900	8,700	808,230,000
2014. 7. 25.	94,000	5,524	519,256,000	2014. 8. 8.	94,100	10,056	946,269,600
2014. 7. 28.	90,000	17,521	1,576,890,000	2014. 8. 11.	92,100	10,636	979,575,600
2014. 7. 29.	91,200	12,405	1,131,336,000	2014. 8. 12.	88,100	15,466	1,362,554,600
2014. 7. 30.	90,300	3,967	358,220,100	2014. 8. 13.	87,600	24,097	2,110,897,200
2014. 7. 31.	89,500	7,580	678,410,000	2014. 8. 14.	87,100	10,725	934,147,500
1개월 총계		304,973	28,142,792,800	92,280			
1주일 총계		60,924	5,387,174,900	88,425			

* 자료 : 주식회사 신세계푸드 주요사항보고서

사례 8-2 유가증권시장 상장법인 간의 합병

유가증권시장 상장법인인 삼성SDI 주식회사는 2014년 3월 31일 이사회 결의 및 합병계약을 통해 유가증권시장 상장법인인 제일모직 주식회사를 흡수합병하기로 하고 합병당사회사에 대한 주식가치를 평가하였다.

■ **평가내용**

유가증권시장 상장법인 간의 합병이므로 합병회사와 피합병회사는 모두 기준시가 계산방식에 의해 합병가액을 산출한다. 상장법인 간 합병으로 자산가치는 고려하지 않는다. 합병당사회사의 기준시가 계산결과는 다음과 같다.

삼성SDI 주식회사 (단위 : 원)

구 분	기 간	금 액
최근 1개월 가중평균(A)	2014.3.1.~2014.3.30.	151,885
최근 1주일 가중평균(B)	2014.3.24.~2014.3.30.	152,401
최근일 종가(C)	2014.3.28.	151,000
기준시가[(A+B+C)/3]		151,762
주식평가액		151,762

제일모직 주식회사 (단위 : 원)

구 분	기 간	금 액
최근 1개월 가중평균(A)	2014.3.1.~2014.3.30.	66,079
최근 1주일 가중평균(B)	2014.3.24.~2014.3.30.	67,607
최근일 종가(C)	2014.3.28.	67,800
기준시가[(A+B+C)/3]		67,162
주식평가액		67,162

양사 모두 3월 30일(일요일)이 기산일로 최종 거래일인 3월 28일(금요일) 종가를 기준으로 최근일 종가를 산정하였으며, 기준시가에 10% 범위 내에서 할증 또는 할인을 적용하지 않고 주식평가액을 산정하였다.

■ **평가기관의 평가의견**

유가증권시장 상장법인 간의 합병이므로 외부평가기관의 평가의견서는 불필요하다.

* 자료 : 삼성SDI 주식회사 주요사항보고서

사례 8-3 유가증권시장 상장법인과 코넥스시장 상장법인 간의 합병

유가증권시장 상장법인인 주식회사 두산은 2014년 7월 10일 코넥스시장 상장법인인 주식회사 퓨얼셀파워와 흡수합병계약서를 체결하고 합병당사회사에 대한 주식가치를 아래와 같이 평가하였다.

■ **평가내용**

상장법인 간의 합병이므로 합병회사와 피합병회사는 모두 기준시가 계산방식에 의해 합병가액을 산출한다. 상장법인 간 합병으로 자산가치는 고려하지 않는다. 합병당사회사의 기준시가 및 주식평가액 계산결과는 다음과 같다.

주식회사 두산 (단위 : 원)

구 분	기 간	금 액
최근 1개월 가중평균(A)	2014.6.10.~2014.7.9.	123,272
최근 1주일 가중평균(B)	2014.7.3.~ 2014.7.9.	119,766
최근일 종가(C)	2014.7.9.	118,500

구 분	기 간	금 액
기준시가[(A+B+C)/3]		120,513
주식평가액		120,513

주식회사 퓨얼셀파워 (단위 : 원)

구 분	기 간	금 액
최근 1개월 가중평균(A)	2014.6.10.~2014.7.9.	14,533
최근 1주일 가중평균(B)	2014.7.3.~ 2014.7.9.	13,460
최근일 종가(C)	2014.7.9.	13,750
기준시가[(A+B+C)/3]		13,914
주식평가액		13,914

양사 모두 7월 9일이 기산일로 최종 거래일인 7월 9일 종가를 기준으로 최근일 종가를 산정하였으며, 기준시가에 30% 범위 내에서 할증 또는 할인을 적용하지 않고 주식평가액을 산정하였다.

■ **평가기관의 평가의견**

상장법인 간의 합병이므로 외부평가기관의 평가의견서는 불필요하다.

*자료 : 주식회사 두산 주요사항보고서

2. 주요사항보고서 제출대상 상장회사의 평가

상장법인이 일정규모 이상의 다른 상장법인을 인수(양수)하거나 보유하고 있는 다른 상장법인을 매각(양도)하는 경우에도 합병의 경우에 준하여 요건 및 방법 등을 신고하도록 하고 있다. 상장법인이 다른 상장법인 주식을 양수도하는 경우에는 주요사항보고서를 작성, 공시해야 함을 의미한다. 이때 양수도 대상이 되는 상장법인의 주식가치평가에 대해서는 별도의 규정이 없다. 합병에 준하는 사유, 즉 영업 또는 자산 양수도, 주식의 포괄적 교환 및 이전 그리고 분할 및 분할합병의 경우 중 영업 또는 자산 양수도에 대해서는 합병의 요건 및 절차 중 주식가치 평가규정을 따르지 않아도 되기 때문이다.

자산양수도 대상이 되는 상장법인의 주식가치평가에 대해 합병에서 규정한 주식가치평가방법을 따를 필요가 없다는 것은 양수도 대상 상장법인의 기준시가에 기초하지 않고 다른 방법, 예를 들어 현금흐름할인모형이나 시장가치비교법 등의 방법으로 평가할 수 있다는 의미이다. 사례를 보면, 자산양수도 대상이 되는 상장법인의 주식가치 평가방법으로 상장회사 경영권 프리미엄의 최근 거래사례를 분석하여 양수도 대상이 되는 지분가치(다수의 사례에서 종가를 기준으로 평가하기도 하고, 자본시장법에 의한 기준시가에 의해 평가하기도 한다)에 가산하여 평가하는 방식을 이용하거나 현금흐름할인모형 등의 방법을 적용하기도 한다.

양수도 대상이 되는 상장법인의 시가는 일반적인 교환가치로 볼 수 있는데 경영권이 이전되는 경우라면 매도자 입장에서 경영권프리미엄을 요구하게 되며, 매수자 입장에서는 대상회사에 대한 적절한 현금흐름의 통제가 가능하게 되므로 내재가치로 평가한 가치가 교환가치보다 높거나 낮을 수 있다. 따라서 자산양수도 대상 상장법인의 주식가치를 자본시장법상의 기준시가로 거래하도록 강제한다면 현실적으로 상장법인 인수에 상당한 어려움이 있을 것이다. 현행 규정은 원활한 인수합병을 유도하기에 적절한 것으로 볼 수 있겠다. 다만, 합병 등의 경우와 마찬가지로 의사결정권자가 상장법인의 소액주주의 이익을 침해하는 것을 막기 위해 중요한 자산을 양수하거나 양도할 경우 상장법인의 주요사항보고서에는 외부평가기관의 평가의견이 반드시 첨부되도록 하고 있다.

3. 주식매수청구권 매수가격

3.1 상장법인의 합병 등에 대한 주식매수청구권

주권상장법인이 합병 등에 대한 이사회 결의가 있는 때에는 그 결의에 반대하는 주주(의결권 없는 주주 포함)는 주주총회 전에 당해 법인에 대하여 서면으로 그 결의에 반대하는 의사를 통지한 경우에 한하여 주주총회의 결의일로부터 20일 이내에 주식의 종류와 수를 기재한 서면으로 매수를 청구할 수 있다. 합병 등에 반대하는 주주의 매수청구권 행사절차는 상법 규정과 자본시장법 규정에서 큰 차이를 보이지 않으나, 상법에서는 주식매수청구권을 행사한 주주에 대하여 매수의 청구를 받은 날로부터 2월 이내에 주식을 매수해야 하는 데 반해 자본시장법에서는 매수의 청구기간이 종료하는 날부터 1월 이내 당해 주식을 매수해야 한다는 점이 다르다.

한편, 주주의 주식매수청구권은 합병 외에 포괄적 주식교환, 간이주식교환, 주식의 포괄적 이전, 영업양도 · 양수 및 임대, 간이합병 및 분할합병의 경우에도 적용된다. 간이주식교환과 간이합병은 주주총회의 승인절차 없이 이사회 결의에 갈음하므로 간이주식교환 등에 반대하는 주주는 그 공고 또는 통지를 한 날로부터 2주 이내에 해당 법인에 대하여 서면으로 그 결의에 반대하는 의사를 통지한 경우에 한하여 그 공고 또는 통지를 한 날부터 2주가 경과한 날부터 20일 이내에 주식의 종류와 서면으로 매수를 청구할 수 있다.

● **자본시장법 제165조의 5【주식매수청구권의 특례】**

① 주권상장법인이 「상법」 제360조의 3 · 제360조의 9 · 제360조의 16 · 제374조 · 제522조 · 제527조의 2 및 제530조의 3(같은 법 제530조의 2에 따른 분할합병 및 같은 조에 따른 분할로서 대통령령으로 정하는 경우만 해당한다)에서 규정하는 의결사항에 관한 이사회 결의에 반대하는

주주(「상법」 제344조의 3 제1항에 따른 의결권이 없거나 제한되는 종류주식의 주주를 포함한다. 이하 이 조에서 같다)는 주주총회 전(「상법」 제360조의 9에 따른 완전자회사가 되는 회사의 주주와 같은 법 제527조의 2에 따른 소멸하는 회사의 주주의 경우에는 같은 법 제360조의 9 제2항 및 제527조의 2 제2항에 따른 공고 또는 통지를 한 날부터 2주 이내)에 해당 법인에 대하여 서면으로 그 결의에 반대하는 의사를 통지한 경우에만 자기가 소유하고 있는 주식(반대 의사를 통지한 주주가 제391조에 따라 이사회 결의 사실이 공시되기 이전에 취득하였음을 증명한 주식과, 이사회 결의 사실이 공시된 이후에 취득하였지만 대통령령으로 정하는 경우에 해당함을 증명한 주식만 해당한다)을 매수하여 줄 것을 해당 법인에 대하여 주주총회의 결의일(「상법」 제360조의 9에 따른 완전자회사가 되는 회사의 주주와 같은 법 제527조의 2에 따른 소멸하는 회사의 주주의 경우에는 같은 법 제360조의 9 제2항 및 제527조의 2 제2항에 따른 공고 또는 통지를 한 날부터 2주가 경과한 날)부터 20일 이내에 주식의 종류와 수를 기재한 서면으로 청구할 수 있다.
② 제1항의 청구를 받으면 해당 법인은 매수청구기간이 종료하는 날부터 1개월 이내에 해당 주식을 매수하여야 한다.

참고

포괄적 주식교환 · 간이주식교환 · 주식의 포괄적 이전 · 영업양수도 · 간이합병

포괄적 주식교환 등에 대한 상법 규정은 다음과 같다.

① 포괄적 주식교환

주식이전제도와 함께 2001년 개정된 상법에서 신설된 제도이다. 주식의 포괄적 교환에 의하여 다른 회사의 발행주식의 총수를 소유하는 회사를 완전모회사(完全母會社), 다른 회사를 완전자회사(完全子會社)라고 한다.

[그림 8-6] 포괄적 주식교환의 구조

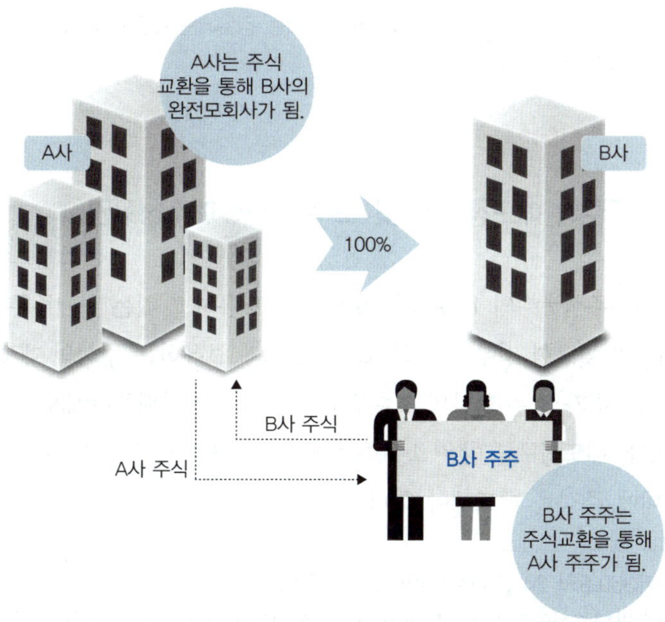

주식교환의 방식은 완전자회사가 되는 회사(B회사)의 주주가 가진 주식을 완전모회사가 되는 회사(A회사)에 이전하고, B회사의 주주는 A회사가 주식교환을 위하여 발행하는 신주를 배정받음으로써 A회사의 주주가

된다. 이 경우 A회사는 신주발행에 갈음하여 자기주식을 B회사의 주주에게 이전할 수 있다. 주식교환을 하고자 하는 회사는 주식교환계약서를 작성하여 주주총회의 승인을 얻어야 한다. 주식교환 승인결의에 반대하는 주주는 회사에 대하여 자신이 소유한 주식을 매수하도록 청구할 권리가 있다. 주식교환의 무효에 대해서는 각 회사의 주주 · 이사 · 감사 · 감사위원회의 위원 또는 청산인에 한하여 주식교환이 이루어진 날로부터 6개월 안에 소(訴)만으로 이를 주장할 수 있다. 무효판결이 확정되면 A회사는 주식교환을 위하여 발행한 신주 또는 이전한 주식의 주주에 대하여 그가 소유하였던 B회사의 주식을 이전해야 한다.

② 간이주식교환 및 소규모주식교환

주식교환을 통해 완전자회사가 될 B회사의 총주주가 동의하거나 그 회사의 발행주식총수의 90% 이상을 완전모회사가 될 A회사가 소유하고 있는 때에는 B회사의 주주총회의 승인을 이사회의 승인으로 갈음할 수 있다. 이를 간이주식교환이라고 한다. 이 경우 B회사는 총주주의 동의가 있는 경우를 제외하고는 주식교환계약서를 작성한 날부터 2주 안에 주주총회의 승인을 얻지 않고 주식교환을 한다는 뜻을 공고하거나 주주에게 통지해야 한다. 소규모주식교환, 즉 B회사의 규모가 A회사의 규모에 비하여 소규모인 경우에도 주주총회의 승인을 이사회의 승인으로 갈음할 수 있다. 이는 A회사가 주식교환을 위하여 발행하는 신주의 총수가 A회사의 발행주식 총수의 5%를 넘지 않는 경우에 해당된다.

③ 주식의 포괄적 이전

주식의 포괄적 이전은 주식교환과 유사한 개념이다. 주식의 포괄적 이전은 완전자회사가 되는 회사의 주주가 소유하고 있는 주식을 주식이전에 의하여 설립하는 완전모회사에 이전하고 완전모회사가 발행하는 주식의 배정을 받음으로써 완전모회사의 주주가 된다. 따라서 기본적인 구조는 주식교환과 다를 바 없으나 주식교환은 기존에 존재하는 두 회사 간에 완전자회사와 완전모회사의 관계가 형성되는 주식교환이 이루어지는 데 반해 주식의 포괄적 이전은 완전모회사를 설립하고 완전모회사에 주식을 이전함으로써 주식을 배정받는다는 점에서 다르다.

④ 간이합병

간이합병이란 소멸회사의 총주주의 동의가 있거나 소멸회사의 발행주식의 90% 이상을 존속회사 소유하고 있는 경우의 합병을 말한다. 간이합병에 해당하는 경우에는 소멸하는 회사의 주주총회의 승인을 이사회 승인으로 갈음할 수 있다.

3.2 지배주주의 매도청구권 및 소수주주의 매수청구권

회사의 발행주식총수의 100분의 95 이상을 보유하고 있는 지배주주는 경영상의 목적을 달성하기 위하여 필요한 경우 회사의 소수주주에게 보유하는 주식의 매도를 청구할 수 있으며, 반대로 지배주주가 있는 회사의 소수주주는 언제든지 지배주주에게 그 보유주식의 매수를 청구할 수 있다. 매도청구를 받은 소수주주나 매수청구를 받은 지배주주는 청구를 받은 날로부터 2개월 이내에 주식을 매도해야 한다.

● **상법 제360조의 24【지배주주의 매도청구권】**

① 회사의 발행주식총수의 100분의 95 이상을 자기의 계산으로 보유하고 있는 주주(이하 이 관에서 "지배주주"라 한다)는 회사의 경영상 목적을 달성하기 위하여 필요한 경우에는 회사의 다른 주주(이하 이 관에서 "소수주주"라 한다)에게 그 보유하는 주식의 매도를 청구할 수 있다.

② 제1항의 보유주식의 수를 산정할 때에는 모회사와 자회사가 보유한 주식을 합산한다. 이 경우 회사가 아닌 주주가 발행주식총수의 100분의 50을 초과하는 주식을 가진 회사가 보유하는 주식도 그 주주가 보유하는 주식과 합산한다.
③ 제1항의 매도청구를 할 때에는 미리 주주총회의 승인을 받아야 한다.

● 상법 제360조의 25【소수주주의 매수청구권】
① 지배주주가 있는 회사의 소수주주는 언제든지 지배주주에게 그 보유주식의 매수를 청구할 수 있다.
② 제1항의 매수청구를 받은 지배주주는 매수를 청구한 날을 기준으로 2개월 내에 매수를 청구한 주주로부터 그 주식을 매수하여야 한다.

3.3 주식매수청구권 매수가격

상법상의 규정과 마찬가지로 자본시장법에서도 주식매수청구권의 매수가격은 주주와 해당 법인 간의 협의에 의해 결정하는 것이 원칙이다. 상법에서는 매수가격에 대한 협의가 원활히 이루어지지 않을 경우에는 법원에 매수가격의 결정을 요청할 수 있도록 하고 있다. 그러나 이해관계자가 많고 복잡한 주권상장법인의 경우 매수가격의 협의가 쉽지 않고 협의가 순조롭지 못할 경우 법원에 매수가격의 결정을 요청하는 것도 현실적으로 불가능하다. 따라서 주권상장법인에 대해서는 주식매수청구권의 매수가격을 산정하는 방법을 규정하고 있다.

● 자본시장법 제165조의 5【주식매수청구권의 특례】
③ 제2항에 따른 주식의 매수가격은 주주와 해당 법인 간의 협의로 결정한다. 다만, 협의가 이루어지지 아니하는 경우의 매수가격은 이사회 결의일 이전에 증권시장에서 거래된 해당 주식의 거래가격을 기준으로 하여 대통령령으로 정하는 방법에 따라 산정된 금액으로 하며, 해당 법인이나 매수를 청구한 주주가 그 매수가격에 대하여도 반대하면 법원에 매수가격의 결정을 청구할 수 있다.

자본시장법에서는 매수가격의 결정을 협의에 의해 결정하되, 협의가 이루어지지 않는 경우에는 자본시장법 시행령(제176조의 7)에서 주식매수가격을 산정하는 방법을 규정하고 있어 그 가격이 일반적으로 주식매수예정가격이 된다. 주식매수예정가격은 이사회 결의일 전일을 기준일로 하여 과거 2개월과 과거 1개월 그리고 과거 1주간의 공표된 매일의 최종시세가격을 거래량을 가중치로 하여 가중산술평균가격을 구하고, 세 가지 가중산술평균가격을 단순평균한 가액이 된다. 자본시장법 시행령 제176조의 7에서 설명하고 있는 주식매수청구권에 대한 매수예정가격을 산출하는 방법을 정리하면 다음과 같다.

[그림 7-7] 주식매수예정가격 계산방법

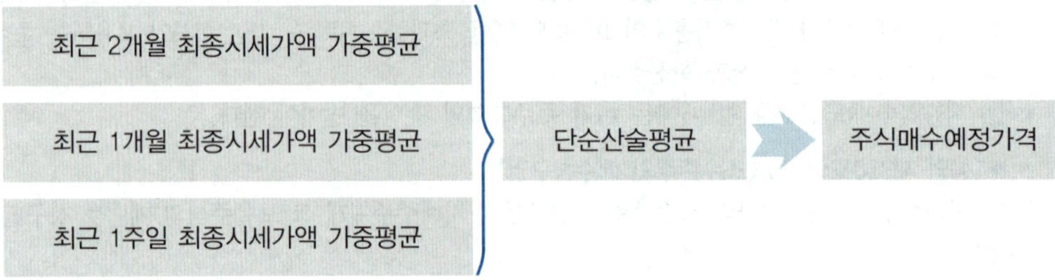

● **시행령 제176조의 7【주주의 주식매수청구권】**

③ 법 제165조의 5 제3항 단서에서 "대통령령으로 정하는 방법에 따라 산정된 금액"이란 다음 각 호의 금액을 말한다.

1. 증권시장에서 거래가 형성된 주식은 다음 각 목의 방법에 따라 산정된 가격의 산술평균가격
   가. 이사회 결의일 전일부터 과거 2개월(같은 기간 중 배당락 또는 권리락으로 인하여 매매기준가격의 조정이 있는 경우로서 배당락 또는 권리락이 있은 날부터 이사회 결의일 전일까지의 기간이 7일 이상인 경우에는 그 기간)간 공표된 매일의 증권시장에서 거래된 최종시세가격을 실물거래에 의한 거래량을 가중치로 하여 가중산술평균한 가격
   나. 이사회 결의일 전일부터 과거 1개월(같은 기간 중 배당락 또는 권리락으로 인하여 매매기준가격의 조정이 있는 경우로서 배당락 또는 권리락이 있은 날부터 이사회 결의일 전일까지의 기간이 7일 이상인 경우에는 그 기간)간 공표된 매일의 증권시장에서 거래된 최종시세가격을 실물거래에 의한 거래량을 가중치로 하여 가중산술평균한 가격
   다. 이사회 결의일 전일부터 과거 1주일간 공표된 매일의 증권시장에서 거래된 최종시세가격을 실물거래에 의한 거래량을 가중치로 하여 가중산술평균한 가격
2. 증권시장에서 거래가 형성되지 아니한 주식은 제176조의 5 제1항 제2호 나목에 따른 가격

사례 8-4 합병에 반대하는 주주의 주식매수청구권

주권상장법인인 주식회사 다음커뮤니케이션과 비상장회사인 주식회사 카카오는 각 회사가 보유한 전문역량을 상호 활용하여 모바일 및 인터넷 시장 환경 변화에 대응할 수 있는 사업경쟁력을 강화하기 위해 합병하기로 하고, 합병비율을 1 : 1.5555137(주당평가액 각각 72,910원 및 113,412원)로 결정한 후 주식회사 카카오의 주주에게 1주당 주식회사 다음커뮤니케이션의 기명식 보통주 1.5555137주를 교부하기로 하였다.

■ **상장법인인 (주)다음커뮤니케이션 주주의 주식매수청구권**

① 주식매수청구권의 내용 및 행사에 관한 사항

합병에 관한 이사회 결의에 반대하는 주주는 주주총회 전까지 그 결의에 반대하는 의사를 회사에 통지한 경우에 한하여 소유하고 있는 주식을 주주총회 결의일(2014년 8월 27일 예정)로부터 20일 이내(2014년 9월 16일 예정)에 주식의 종류와 수를 기재한 서면으로 매수를 청구할 수 있다. 회사는 주식매수의 청구기간이 종료하는 날(2014년 9월 16일 예정)부터 1월 이내에 그 주식을 매수하여야 한다. 주식매수청구권은 합병에 대한 합병 당사회사의 이사

회결의 공시일의 다음 영업일(2014년 5월 27일)로부터 주식매수청구권 행사일까지 계속 보유한 주주에 한하여 부여된다. 동 기간 내에 매각 후 재취득한 주식에 대해서는 매수청구권이 상실된다. 주식매수청구권을 행사한 이후에는 취소할 수 없다.

② 주식매수예정가격

주식매수가격은 주주와 회사 간의 협의에 의하여 결정한다. 이에 회사는 규정에 의해 산출된 아래의 기준매수가격을 협의를 위한 주식매수가격으로 제시하였다.

주식매수예정가격

구 분	금액(단위 : 원)
주식매수예정가격	73,424

주식매수예정가격의 산출내역

구 분	금액(단위 : 원)
① 최근 2개월 거래량 가중평균 종가	74,744
② 최근 1개월 거래량 가중평균 종가	73,260
③ 최근 1주일 거래량 가중평균 종가	72,269
④ 기준매수가격[=average(①, ②, ③)]	73,424

■ **비상장법인 ㈜카카오 주주의 주식매수청구권**

주식매수가격은 주식매수를 청구한 주주와 회사 간의 협의에 의하여 결정한다. 다만, 주식매수를 청구받은 날로부터 30일 이내에 협의가 이루어지지 않을 경우에 회사 또는 주식의 매수를 청구한 주주는 법원에 매수가격의 결정을 청구할 수 있다. 한편, 비상장법인의 주식매수가격을 합리적으로 결정하는 방법이 정해지지 않았으므로 회사는 증권의 발행 및 공시 등에 관한 규정에 의한 본질가치(자산가치와 수익가치를 가중평균한 가치)를 협의를 위한 주식매수가격으로 제시하였다.

*자료 : 주식회사 다음커뮤니케이션 주요사항보고서

Section 4

비상장법인의 주식가치평가

비상장법인 간의 합병에 대해서는 자본시장법에서 합병비율 산정을 위한 주식가치평가방법을 별도로 규정하고 있지 않다. 따라서 비상장법인 간의 합병시에는 법에서 정해진 평가방법이 없어 양자 간의 합의에 의해 합병비율이 결정된다. 다만, 특수관계에 있는 합병당사법인은 세부담의 문제 등으로 인해 상속세및증여세법에 의한 비상장주식 평가방법을 따르는 것이 일반적이다. 반면, 비상장법인인 경우에도 주주가 다양하게 분산되어 있거나 채권자와 관계 등 복잡한 이해관계가 있는 경우에는 합병비율의 결정에 있어 상속세및증여세법상의 평가방법뿐 아니라 자본시장법에 의한 주식가치평가규정, 현금흐름할인모형 또는 시장가치비교법 등 다양한 방법으로 주식가치를 평가하기도 한다.

1. 상장법인과 합병하는 비상장법인의 주식가치평가

1.1 개요

비상장법인 간의 합병 또는 주식의 교환 등에 대해서는 별도의 규정이 없으나 상장법인과 합병하는 비상장법인은 투자자 보호를 위해 자본시장법과 그 위임규정인 증권의 발행 및 공시 등에 관한 규정에 따라 평가해야 함은 설명하였다. 자본시장법 시행령 제176조의 5의 위임을 받은 증권의 발행 및 공시 등에 관한 규정 제5-13조 및 동 규정 시행세칙 제4조~제7조에 구체적인 계산방법을 설명하고 있다.

● 증권의 발행 및 공시 등에 관한 규정 제5-13조【합병가액산정기준】

① 영 제176조의 5 제2항에 따른 자산가치 · 수익가치 및 그 가중산술평균방법과 상대가치의 산출방법 · 공시방법에 대하여 이 조에서 달리 정하지 않는 사항은 감독원장이 정한다.

● 증권의 발행 및 공시 등에 관한 규정 시행세칙 제4조【합병가액의 산정방법】

규정 제5-13조에 따른 자산가치 · 수익가치의 가중산술평균방법은 자산가치와 수익가치를 각각 1과 1.5로 가중산술평균하는 것을 말한다.

증권의 발행 및 공시 등에 관한 규정 시행세칙에서 정하는 방법에 따른 주식가치 평가식을 정리하면 다음과 같다.

$$\text{증권의 발행 및 공시 등에 관한 규정의 주식가치평가방법} = \frac{(\text{자산가치} \times 1 + \text{수익가치} \times 1.5)}{2.5}$$

상장법인과 합병하는 비상장법인의 주식가치평가는 자산가치와 수익가치를 1과 1.5의 비율로 가중평균(이하 '본질가치')하여 산정한다. 한편, 자본시장법 시행령 제176조의 5에 의하면 본질가치에 따른 가격으로 합병비율을 산정하는 경우에는 금융위원회가 정하여 고시하는 방법에 따라 산정한 유사한 업종을 영위하는 법인의 가치('상대가치')를 비교공시하여야 한다. 상대가치는 3개 이상의 상장법인을 유사회사로 선정하여야 하는데 유사회사가 3사 미만인 경우에는 유사회사별 비교가치를 산출하지 아니한다. 상대가치 산정방법에 대해서는 후술하는 상대가치 부분에서 상세히 설명하겠다. 자산가치와 수익가치를 가중평균한 가치를 실무에서는 '본질가치'라는 표현을 사용하는데, 이는 舊유가증권인수업무에 관한 규정에서 사용한 용어로 증권의 발행 및 공시 등에 관한 규정에서는 공식용어는 아니나, 실무적으로 본질가치로 표현하고 있으므로 본서에서도 본질가치로 표현하기로 한다.

예제 8-1 상장법인과 합병하는 비상장법인의 주식가치평가

상장회사인 EY Corp는 비상장회사 이정 Corp를 2016년 9월 30일 합병하기로 결정하고 자본시장법에 따른 합병비율을 계산하기 위해 이정 Corp의 주식가치를 평가하기로 하였다. 이정 Corp의 자산가치, 수익가치, 상대가치의 계산결과는 다음과 같을 때 이정 Corp의 본질가치를 계산해 보자.

- 자산가치=3,255원
- 수익가치=11,449원
- 상대가치=7,270원

■ **자산가치와 수익가치를 1과 1.5로 하여 가중산술평균하여 산정하며, 상대가치는 비교하여 공시되는 대상으로 본질가치 산정시에는 고려되지 않음**

본질가치=(3,255원×1+11,449원×1.5)÷2.5=8,171원

다만, 주권상장법인인 기업인수목적회사가 투자자보호와 건전한 거래질서를 위하여 금융위원회가 정한 요건을 갖추어 그 사업목적에 따라 다른 법인과 합병하여 그 합병법인이 주권상장법인이 되려는 경우 주권비상장법인의 합병가액은 기업인수목적회사와 협의하여 정할 수 있도록 되어 있는데 이는 기업인수목적회사가 비상장법인과 합병시 자본시장법에 의한 비상장법인 평가액이 보수적으로 평가됨으로서 M&A활성화에 제약이 되지 않도록 하는 것으로 판단된다.

● **증권의 발행 및 공시 등에 관한 규정 제5-13조【합병가액산정기준】**

④ 영 제176조의 5 제3항 각 호 외의 부분에서 "금융위원회가 정하여 고시하는 요건"이란 다음 각 호의 요건을 말한다.

1. 기업인수목적회사가 법 제165조의 5 제2항에 따라 매수하는 주식을 공모가격 이상으로 매수할 것
2. 영 제6조 제4항 제14호 다목에 따른 투자매매업자가 소유하는 증권(기업인수목적회사가 발행한 영 제139조 제1호 각 목의 증권으로 의결권 없는 주식에 관계된 증권을 포함한다)을 합병기일 이후 1년간 계속 소유할 것
3. 주권비상장법인과 합병하는 경우 영 제176조의 5 제3항 제2호 나목에 따라 협의하여 정한 가격을 영 제176조의 5 제2항에 따라 산출한 합병가액 및 상대가치와 비교하여 공시할 것

1.2 분석기준일

상장법인과 합병하는 비상장법인의 주식가치를 평가하기 위한 가치의 측정기준일, 즉 분석기준일은 '합병신고서 등 주요사항 보고서를 제출하는 날의 5 영업일 전일'로 한다. 단, 분석기준일 이후에 분석에 중대한 영향을 줄 수 있는 사항이 발생한 경우에는 그 사항이 발생한 날로 한다. 상장법인과 합병하는 비상장법인의 분석기준일은 합병신고서를 제출하는 날의 5 영업일 전일로 하나, 상장법인의 기준주가 계산을 위한 기준일은 합병을 위한 이사회결의일과 합병계약을 체결한 날 중 앞서는 날의 전일을 기산일로 한다는 점에 주의해야 한다.

● **증권의 발행 및 공시 등에 관한 규정 시행세칙 제8조【분석기준일】**

제5조부터 제7조까지의 규정에 따른 분석기준일은 주요사항 보고서를 제출하는 날의 5 영업일 전일로 한다. 다만, 분석기준일 이후에 분석에 중대한 영향을 줄 수 있는 사항이 발생한 경우에는 그 사항이 발생한 날로 한다.

예제 8-2 분석기준일

상장회사인 EY Corp는 비상장회사인 이정 Corp를 합병하기로 이사회에서 결의하고 합병신고서를 제출하고자 한다. 합병의 진행일정과 관련한 정보가 다음과 같을 때 상장회사인 EY Corp의 기준시가 계산 기준일과 비상장장회사인 이정 Corp의 주식가치를 산정하기 위한 분석기준일은 언제인가?

- 합병이사회 결의일 : 2014년 9월 25일
- 합병계약서 체결일 : 2014년 9월 25일
- 합병기준일(합병기일) : 2015년 1월 25일
- 합병신고서 제출일 : 2014년 9월 25일
- 합병결의를 위한 주주총회일 : 2014년 11월 17일
- 주주의 매수청구권 행사가능일 : 2014년 11월 18일 이후
- EY Corp의 회계연도는 2014년 1월 1일부터 2014년 12월 31일까지이다.

합병비율 산정을 위한 비상장법인(이정 Corp)의 분석기준일은 합병신고서를 제출하는 날의 5영업일 전일로 한다. 따라서 합병신고서 제출일인 2014년 9월 25일(목요일)의 5영업일 전일인 2014년 9월 18일(이전주 목요일)이 분석기준일이 된다. 단, 자산가치의 산정은 분석기준일이 속하는 사업연도의 직전 사업연도말(즉 2013년 12월 31일) 재무상태표의 자본총계에서 계산하되 분석기준일인 2014년 9월 18일까지 규정에서 정하고 있는 조정사항을 반영한다. 상장법인인 EY Corp의 기준시가 기산일은 합병계약승인이사회 결의일(2014년 9월 25일)과 합병계약서 체결일(2014년 9월 25일) 중 앞서는 날(2014년 9월 25일)의 전일인 2014년 9월 24일이 된다.

1.3 자산가치, 수익가치가 0에 미달하는 경우

자산가치 및 수익가치가 부수(-)인 경우가 발생할 수 있다. 증권의 발행 및 공시 등에 관한 규정과 동 규정 시행세칙에서는 자산가치 등이 부수(-)인 경우에 대한 특별한 언급이 없으므로 자산가치가 부수(-)이더라도 그대로 반영하여야 할 것이다. 주주는 유한책임만을 부담하므로 자산가치와 수익가치를 가중평균한 전체가치가 부수(-)라면 주식가치는 0이 된다.

사례 8-5 자산가치와 수익가치가 0에 미달하는 경우

① 합병가액 평가의 기준

주권상장법인인 아남반도체가 비상장법인인 동부전자를 흡수합병함에 있어 합병비율 산정을 위한 합병당사법인의 주식가치를 평가하였다. 아남반도체의 주식가치는 기준시가를 원칙으로 하되, 기준시가가 자산가치에 미달하는 경우에는 자산가치를 합병가액으로 평가할 수 있다. 주권비상장법인인 동부전자는 본질가치로 평가한다.

② 합병가액 평가결과

구 분	아남반도체(상장)			동부전자(비상장)	
	보통주	우선주	우선주2B	보통주	우선주
기준시가	3,291원	2,491원	5,723원	-	-
본질가치	-	-	-	(-)17,292원	(-)17,292원
-자산가치	4,741원	4,741원	4,741원	1,083원	1,083원
-수익가치	-	-	-	(-)29,542원	(-)29,542원
상대가치	-	-	-	-	-
합병가액	3,291원	2,491원	5,723원	(-)17,292원	(-)17,292원

동부전자의 주당 평가액이 부(-)의 금액으로 산정되었으므로 동부전자의 주식가치는 0으로 보아 합병비율을 '1 : 0'으로 하였다.

* 자료 : 동부일레트로닉스 합병신고서

2. 자산양수도 대상 비상장법인의 평가

상장법인이 일정규모 이상의 다른 비상장법인을 인수(양수)하거나 보유하고 있는 다른 비상장법인을 매각(양도)하는 경우에도 합병의 경우에 준하여 주요사항보고서를 작성, 공시해야 한다.

양수도 대상이 되는 비상장법인의 주식가치평가에 대해서는 별도의 규정이 없다. 자산의 양수도에 대해서는 합병의 요건 및 절차 중 주식가치평가규정을 따르지 않아도 되기 때문이다. 주식가치평가방법에 대한 별도의 규정이 없기 때문에 주요사항보고서에 첨부되는 외부평가기관의 평가보고서에서는 상장법인이 양수도하는 비상장법인에 대한 다양한 평가방법이 적용되고 있다.

최근 전자공시시스템에 공시된 주요사항보고서를 살펴보면, 비상장법인의 평가방법으로 현금흐름할인모형이 적용된 경우가 대부분을 차지하고, 상장법인을 인수하는 경우 그 상장법인의 가치평가는 현금흐름할인모형 또는 시장가치법(기준시가에 경영권프리미엄을 반영하여 평가하는 방식)을 많이 활용하고 있는 것으로 파악된다.

상장법인이 비상장법인주식을 양수도할 때에는 합병 등의 경우와 마찬가지로 의사결정권자가 상장법인의 소액주주의 이익을 침해하는 것을 막기 위해 상장법인의 주요사항보고서에 외부평가기관의 평가의견이 반드시 첨부되도록 하고 있다.

자산양수도 과정에서 외부평가보고서의 부실평가문제, 상장법인 주주 및 임원의 배임, 횡령 등의 우려가 있어 감독당국은 상장법인과 외부평가기관의 책임을 강화하고 있다. 비상장법인을 양수도하는 상장법인은 해당 비상장법인의 최근 2년간의 재무현황을 기재하고, 최근 2년 이내에 취득한 비상장주식에 대해 외부평가과정에서 추정된 재무현황과 현재시점의 재무현황을 비교하여 사업보고서에 기재하도록 하였다. 당해 연도 취득한 비상장주식에 대해 같은 해에 감액처리를 하게 되는 경우에는 부실평가에 기초한 것은 아닌지 의문이 생길 수 있으므로 감액손실이 발생한 사유를 구체적으로 기술하도록 하고 있다. 외부평가기관은 선택된 평가방법의 적용 이유를 설명하고 회사가 제시한 자료를 그대로 인용할 것이 아니라 객관적이고 공정한 입장에서 상당한 주의의무를 다하도록 하고 있다. 추정자료에 대한 충분한 검토 없이 평가의견을 제출할 경우 부실평가로 보아 제재한다는 내용이다. 독립적이고 객관적인 외부평가기관이라 하더라도 추정이 정확한지에 대해 확신하는 것은 불가능하지만 제시하는 자료에 대해 충분한 검토가 요구된다.

Section 5 자산가치

합병가액 산정의 기초가 되는 증권의 발행 및 공시 등에 관한 규정에 따른 자산가치는 분석기준일 현재의 평가대상회사의 주당순자산가액으로 순자산을 발행주식의 총수로 나누어 계산한다. 발행주식의 총수는 분석기준일 현재의 총발행주식수로 한다.

● **증권의 발행 및 공시 등에 관한 규정 시행세칙 제5조【자산가치】**

① 규정 제5－13조에 따른 자산가치는 분석기준일 현재의 평가대상회사의 주당순자산가액으로서 다음 산식에 의하여 산정한다. 이 경우에 발행주식의 총수는 분석기준일 현재의 총 발행주식수로 한다.

$$\text{자산가치} = \frac{\text{순자산}}{\text{발행주식의 총수}}$$

② 제1항의 순자산은 법 제161조 제1항에 따라 제출하는 주요사항보고서(이하 이 장에서 "주요사항보고서"라 한다)를 제출하는 날이 속하는 사업연도의 직전 사업연도(직전 사업연도가 없는 경우에는 최근 감사보고서 작성대상시점으로 한다. 이하 "최근 사업연도"라 한다)말의 재무상태표상의 자본총계에서 다음 각호의 방법에 따라 산정한다.

1. 분석기준일 현재 실질가치가 없는 무형자산 및 회수가능성이 없는 채권을 차감한다.
2. 분석기준일 현재 투자주식 중 취득원가로 평가하는 시장성 없는 주식의 순자산가액이 취득원가보다 낮은 경우에는 순자산가액과 취득원가와의 차이를 차감한다.
3. 분석기준일 현재 퇴직급여채무 또는 퇴직급여충당부채의 잔액이 회계처리기준에 따라 계상하여야 할 금액보다 적을 때에는 그 차감액을 차감한다.
4. 최근 사업연도말 이후부터 분석기준일 현재까지 손상차손이 발생한 자산의 경우 동 손상차손을 차감한다.
5. 분석기준일 현재 자기주식은 가산한다.
6. 최근 사업연도말 이후부터 분석기준일 현재까지 유상증자, 전환사채의 전환권행사 및 신주인수권부사채의 신주인수권 행사에 의하여 증가한 자본금을 가산하고, 유상감자에 의하여 감소한 자본금 등을 차감한다.
7. 최근 사업연도말 이후부터 분석기준일 현재까지 발생한 주식발행초과금 등 자본잉여금 및 재평가잉여금을 가산한다.
8. 최근 사업연도말 이후부터 분석기준일 현재까지 발생한 배당금 지급, 전기오류수정손실 등을 차감한다.
9. 기타 최근 사업연도말 이후부터 분석기준일 현재까지 발생한 거래 중 이익잉여금이 증감을 수반하지 않고 자본총계를 변동시킨 거래로 인한 중요한 순자산 증감액을 가감한다.

합병법인과 피합병법인 합병비율을 산정하기 위해서 주의할 점은 증권의 발행 및 공시 등에 관한 규정 제5-13조 2항에 의해 합병가액은 주권상장법인이 가장 최근 제출한 사업보고서에서 채택하고 있는 회계기준을 기준으로 산정하도록 하고 있는데, 주권상장법인은 한국채택국제회계기준을 적용하여 회계처리가 이루어지므로 피합병법인도 한국채택국제회계기준에 의해 작성된 재무제표를 기준으로 산정되어야 하는 것이며, 외부주주지분이 포함되지 않은 개별회사의 별도재무제표를 기준으로 산정해야 한다는 것이다. 따라서 피합병회사(비상장회사)가 한국채택국제회계기준에 의해 감사받은 재무제표가 없는 경우 합병가액 산정을 위해서는 한국채택국제회계기준에 의한 별도재무상태표가 사전에 준비되고 작성되어야 할 것이다.

자산가치 계산에 있어 분석기준일(주요사항보고서를 제출하는 날의 5 영업일 전일) 현재의 재무제표를 기초로 하는 것이 원칙인데 이 경우 결산일 이후 분석기준일까지 추가결산이 필요하므로 실무상 어려움이 있다. 따라서 자산가치 계산은 분석기준일이 속하는 사업연도의 직전 사업연도말(최근 사업연도)을 기준으로 한다. 예를 들어 분석기준일이 2014년 3월 30일이라면 2013년 12월 31일 현재의 재무제표를 이용한다는 뜻이다. 만일 직전 사업연도가 없는 경우에는 최근 감사보고서 작성대상시점으로 한다. 따라서 당해 1기인 회사의 경우 별도의 외부감사를 통해 특정시점에 대한 감사보고서를 작성하는 경우 감사보고서 작성대상시점으로 할 수 있다.

한편, 세칙 5조에서는 자산가치 계산에 있어 발행주식의 총수를 분석기준일 현재의 총발행주식수로 정하고 있다. 이 경우 신주인수권부사채나 전환사채를 발행한 비상장회사(피합병법인)가 신주인수권이나 전환권이 행사되지 않은 채 합병된다면 희석화 효과가 발생하게 된다. 그러나 세칙은 이러한 행사 또는 전환되지 않은 신주인수권이나 전환권을 고려하지 않으므로 신주인수권 및 전환권 행사에 따른 희석화 효과가 반영되지 않는다. 신주인수권 또는 전환권의 행사가액이 합병가액보다 낮을 경우에는 희석화를 고려하여 합병가액을 평가하는 것이 타당할 것으로 판단된다. 즉 희석화를 고려하지 않을 경우 비상장회사의 주당평가액이 상대적으로 높아지며, 합병 후 신주인수권이나 전환권(합병비율에 따라 신주인수권이나 전환권의 전환조건이 변경됨)이 행사될 경우 총발행주식수가 늘어나 상장회사 주주가 보호받지 못할 수 있다. 향후 시행세칙 개정시 이 부분에 대한 면밀한 검토가 있기를 기대한다.

1. 순자산가액의 계산

순자산가액은 한국채택국제회계기준에 의한 별도재무상태표에 의한 자본총계를 기초로 하되 일부 항목에 대해서는 조정하는 과정을 거친다. 자본총계는 합병신고서 등 주요사항보고서를 제출하는 날이 속하는 사업연도의 직전 사업연도(직전 사업연도가 없는 경우에는 최근 감사보고서 작성대상시점으로 함)말의 별도재무상태표상 자본총계에서 다음 각 호의 내용에 따라 가감하여 산정한다.

① 분석기준일 현재 실질가치가 없는 무형자산 및 회수가능성이 없는 채권을 차감한다.

- 실질가치가 없는 무형자산은 차감한다. 한국채택국제회계기준(K-IFRS)에서 예시된 무형자산은 산업재산권, 라이선스와 프랜차이즈, 저작권, 컴퓨터 소프트웨어, 개발비, 임차권리금, 광업권 및 어업권, 합병시 발생한 영업권 등이 있다.
- 무형자산이 실질적인 가치를 지니는지 여부는 실질에 따라 판단해야 한다. 법적인 보호기간이 만료된 산업재산권이나 재산가치가 없는 프랜차이즈권리 등은 잔여사용가능기간에 관계없이 차감한다.
- 또한 개발비 등 발생비용의 성격이 강한 무형자산은 무형자산으로부터 미래의 효익이 기대될 것으로 확신되지 않는 한 순자산에서 차감하는 것이 일반적이다.
- 회수가능성이 없는 채권의 범위는 일반적인 상거래상의 매출채권뿐 아니라 대여금, 미수금 등 기타 채권도 해당된다. 매출채권에 대한 회수가능성 평가를 통해 순자산에서 차감할지 여부를 결정해야 한다.
- 회수가능성에 의문이 있는 채권은 대손충당금을 적립한다.

② 분석기준일 현재 투자주식 중 취득원가로 평가하는 시장성 없는 주식의 순자산가액이 취득원가보다 낮은 경우에는 순자산가액과 취득원가와의 차이를 차감한다.

- 유가증권(주식 및 채권 포함)은 시장성과 보유의도에 따라 단기매매증권, 매도가능증권 및 만기보유증권으로 분류한다. 만기보유증권은 채권에 해당하므로 주식은 단기매매증권 또는 매도가능증권으로 구분된다.
- 단기매매증권과 매도가능증권은 공정가액으로 평가하는 것이 원칙이다. 다만, 매도가능증권 중 시장성이 없는 지분증권의 공정가액을 신뢰성 있게 측정할 수 없는 경우에는 취득원가로 평가한다. 따라서 '투자주식 중 취득원가로 평가하는 시장성 없는 주식'은 매도가능증권에 포함된 시장성 없는 주식을 뜻한다. 만일 중요성이 높지 않아 단기매매증권을 취득원가로 평가하고 있다면 해당 단기매매증권에 대해서도 순자산가액과 취득원가와의 차이금액에 대해서는 평가감해야 한다.
- 시장성 없는 주식에 대해서는 순자산가액과 취득원가와의 차이를 비교하여 취득원가가 순자산가액보다 낮은 경우 그 차이를 차감한다. 반면, 순자산가액이 취득원가보다 높다 하더라도 이를 가산하여 조정하지는 않는다.

③ 분석기준일 현재 퇴직급여채무 또는 퇴직급여충당부채의 잔액이 회계기준에 따라 계상하여야 할 금액보다 적을 때에는 그 차감액을 차감한다.

- 한국채택국제회계기준(K-IFRS)에서는 회계연도말 현재 전임직원이 일시에 퇴직할 경우 지급하여야 할 퇴직금에 상당하는 금액(퇴직금추계액)을 퇴직급여충당부채로 하여 적립하도록 하고 있다.

④ 최근 사업연도말 이후부터 분석기준일 현재까지 손상차손이 발생한 자산의 경우 동 손상차손을 차감한다.

- 시행세칙에서 별도로 정의한 무형자산, 투자주식 중 취득원가로 평가하는 시장성 없는 투자주식, 회수가능성이 없는 채권 이외에도 기타자산에서 발생하는 손상차손을 차감하라는 의미이다.
- 일반적으로 재고자산, 기계장치 등 유형자산, 회원권 등을 포함한 보증금 등으로부터 손상차손이 발생할 수 있다.

⑤ 분석기준일 현재 자기주식은 가산한다.

- 자기주식이란 회사가 자신이 발행한 주식을 보유하고 있는 것으로 한국채택국제회계기준(K-IFRS)상 자기주식은 그 취득원가를 자본의 차감계정으로 표시한다. 그러나 자기주식은 향후 처분 시 현금의 유입이 이루어져 현금유입액 만큼 자본이 증가하게 되므로 자산가치 산정시 이를 가산해주는 것이다. 다만, 자식주식은 최근사업연도말 재무상태표상의 자본총계에서 출발하여 분석기준일 현재의 자기주식을 기준으로 가산해 주도록 규정되어 있어 최근사업연도말 이후 자기주식에 변동이 있는 경우에는 이를 조정하는 과정이 필요할 것이다. 따라서 최근 사업연도말 이후 자기주식을 처분한 경우에는 이익잉여금을 수반하지 않고 자본총계를 변동시킨 순자산 증가액에 가산하고, 반대로 최근 사업연도말 이후 자기주식을 취득한 경우에는 이익잉여금 증감을 수반하지 않고 자본총계를 변동시킨 순자산 감소액에서 이를 차감한다.

⑥ 최근 사업연도말 이후부터 분석기준일 현재까지 유상증자, 전환사채의 전환권행사 및 신주인수권부사채의 신주인수권 행사에 의하여 증가한 자본금을 가산하고, 유상감자에 의하여 감소한 자본금 등을 차감한다.

- 최근 사업연도말 이후부터 분석기준일 현재까지 유상증자가 있다면 그러한 효과는 최근 사업연도말 재무상태표에 반영되지 않았으므로 분석기준일까지 증가된 자본금은 별도로 계산하여 반영한다.
- 증가된 자본금만을 가산하므로 할증발행된 경우 주식발행초과금이 발생하는데 이는 '⑦'에서 가산한다.

⑦ 최근 사업연도말 이후부터 분석기준일 현재까지 발생한 주식발행초과금 등 자본잉여금 및 재평가잉여금을 가산한다.

- 최근 사업연도말 이후 분석기준일 현재까지 유상증자 등이 있는 경우에는 그로 인한 자본증가 효과를 모두 반영해야 하므로 자본금과 할증발행에 따른 주식발행초과금을 모두 가산해야 한다. '⑥'에서 가산한 항목은 유상증자에 따른 자본금만을 가산하는 것으로 설명하고 있으므로 이 항에서는 추가로 주식발행초과금을 가산한다.
- 한국채택국제회계기준(K-IFRS)에 따라 유형자산의 재평가가 가능하며 이는 기타포괄손익누계액이라는 과목으로 처리하도록 하고 있다. 증권의 발행 및 공시 등에 관한 규정에서는 자산재평가에 따른 자본잉여금의 증가를 반영하도록 하고 있는데 결산일 현재 기타포괄손익누계액에 이미 계상된 자산재평가차액과 결산일 이후 분석기준일 현재까지 추가로 발생한 자산재평가차액에 대한 처리방법이 차이가 발생해서는 안될 것이므로 결산일 이후 분석기준일까지 한국채택국제회계기준(K-IFRS)에 따른 자산재평가가 있을 경우에는 기타포괄손익누계액으로 기표되더라도 가산하는 것이 타당하리라 판단된다.

⑧ 최근 사업연도말 이후부터 분석기준일 현재까지 발생한 배당금 지급, 전기오류수정손실 등을 차감한다.

⑨ 기타 최근 연도말 이후부터 분석기준일 현재까지 발생한 거래 중 이익잉여금의 증감을 수반하지 않는 자본총계를 변동시킨 거래로 인한 중요한 순자산 증감액을 가감한다.

- 자산가치 계산의 기준이 되는 시점은 분석기준일 현재시점까지의 결산의 어려움으로 인해 분석기준일이 속하는 사업연도의 직전 사업연도말로 시행세칙에서 정하였으므로 이익잉여금의 증감은 고려할 필요가 없으나 자본총계를 변동시킨 거래로 인한 중요한 순자산증감액은 반영한다.

자산가치는 재무상태표상의 자본총계에서 각 조정항목을 가감하여 산출하는 것으로 설명하였다. 자산가치의 계산은 자산가치계산표를 참고하면 유용하다.

[표 8-2] 자산가치계산표

(단위 : 천원)

과 목	금 액
① 자산총계	×××
② 부채총계	×××
③ 최근 사업연도말 자본총계(①-②)	×××

과 목	금 액
④ 차감항목계	
(1) 실질가치가 없는 무형자산	×××
(2) 회수가능성이 없는 채권	×××
(3) 시장성이 없는 투자주식평가손실	×××
(4) 퇴직급여충당부채 과소설정액	×××
(5) 최근 사업연도말 이후 자산손상차손	×××
(6) 최근 사업연도말 이후 자본금감소액	×××
(7) 최근 사업연도말 이후 배당금지급, 전기오류수정손실	×××
(8) 최근 사업연도말 이후 이익잉여금의 증감을 수반하지 않고 자본총계를 변동시킨 중요한 순자산감소액	×××
⑤ 가산항목계	
(1) 자기주식(분석기준일 현재)	×××
(2) 최근 사업연도말 이후 자본금 증가액	×××
(3) 최근 사업연도말 이후 자본잉여금 증가액	×××
(4) 최근 사업연도말 이후 재평가잉여금 증가액	×××
(5) 최근 사업연도말 이후 이익잉여금의 증감을 수반하지 않고 자본총계를 변동시킨 중요한 순자산 증가액	×××
⑥ 조정된 순자산가액(③－④＋⑤)	×××
⑦ 발행주식총수	×××
(1) 기발행주식수	×××
(2) 유상증자 등	×××
(3) 무상증자	×××
⑧ 1주당 액면금액	×××
⑨ 자산가치(⑥/⑦)	×××

예제 8-3 자산가치의 계산

상장회사인 EY Corp는 비상장회사 이정 Corp를 2016년 9월 30일 합병하기로 하고 자본시장법에 따른 합병비율을 계산하고자 한다. 이정 Corp의 사업연도는 1월 1일부터 12월 31일까지이다. 또한 총발행주식수는 1,000,000주이며 주당액면가액은 5,000원이다. 이정 Corp의 외부회계감사는 S회계법인이 담당하고 있으며 최근 3년간 적정의견을 받았다. 아래의 정보를 이용하여 이정 Corp의 증권의 발행 및 공시 등에 관한 규정에 의한 '자산가치'를 산출하라.

① 이정 Corp의 2015년 12월 31일 별도재무상태표

(단위 : 백만원)

구 분	금 액	구 분	금 액
자 산		부채 및 자본	
매출채권	300	매입채무	220
대여금	600	기타부채	1,000

구 분	금 액	구 분	금 액
매도가능증권	200	전환사채	300
지분법적용투자주식	400	신주인수권부사채	600
영업권	320	퇴직급여충당부채	800
유형자산	2,000	부채합계	2,920
기타자산	2,600	자본금	5,000
		이익잉여금	(−)1,300
		자기주식	(−)200
		자본합계	3,500
자산합계	6,420	부채와 자본합계	6,420

② 이정 Corp의 추가 재무정보

- 매출채권 및 대여금의 건전성 : 이정 Corp는 매출채권 및 대여금에 대한 대손충당금을 별도로 설정하지 아니하였다. 매출채권의 회수가능성은 특별한 문제가 없을 것으로 예상되나 대여금은 부도가 발생한 관계회사인 Y사에 대한 대여금으로 회수가능성이 매우 낮은 것으로 추정된다.
- 매도가능증권은 Z사에 대한 투자주식으로 시장성 없는 주식이다. 이정 Corp는 이를 취득원가로 표시하였다. Z사의 2015년 12월 31일 현재의 순자산가액에 이정 Corp가 보유한 지분율을 감안한 순자산가액은 150백만원이다.
- 지분법적용투자주식은 M사에 대한 투자주식으로 한국채택국제회계기준(K−IFRS)에 따라 평가하였다. 동 주식의 취득원가는 500백만원이며, 직전 사업연도말 현재 순자산가액은 380백만원이다.
- 분석기준일까지 자기주식은 변동없다.
- 직전 사업연도말(2015년 12월 31일) 이후 분석기준일 현재까지 전환사채의 전환권이 행사되어 자본으로 전입되었다(1주당 전환가액은 5,000원 가정).
- 이정 Corp는 2016년 3월 31일 총 1,000백만원의 유상증자를 실시하였다. 유상증자시 발행주식수는 100,000주(액면가액 5,000원)이다.

■ **풀이**

이정 Corp의 자산가치 계산결과 (단위 : 백만원)

과 목	금 액
① 자산총계	6,420
② 부채총계	2,920
③ 최근 사업연도말 자본총계(①−②)	3,500
④ 차감항목계	970
(1) 실질가치가 없는 무형자산	320
(2) 회수가능성이 없는 채권(부도어음 등)	600
(3) 시장성 없는 투자주식 평가손실	50
(4) 퇴직급여충당부채 설정부족액	−
(5) 최근 사업연도말 이후 자산손상차손	−
(6) 최근 사업연도말 이후 자본금 감소액	−

과 목	금 액
(7) 최근 사업연도말 이후 배당 및 전기오류수정손실	–
(8) 최근 사업연도말 이후 중요한 순자산감소액	–
⑤ 가산항목계	1,500
(1) 자기주식(분석기준일 현재)	200
(2) 최근 사업연도말 이후 자본금 증가액	800
(3) 최근 사업연도말 이후 자본잉여금 증가액	500
(4) 최근 사업연도말 이후 재평가잉여금 증가액	–
(5) 최근 사업연도말 이후 중요한 순자산증가액	–
⑥ 조정된 순자산가액(③－④＋⑤)	4,030
⑦ 발행주식총수	1,160,000
(1) 기발행주식수	1,000,000
(2) 유상증자 등 주식수	160,000
(3) 무상증자 주식수	–
⑧ 1주당 액면금액(원)	5,000
⑨ 자산가치(⑥/⑦)(원)	3,474

자산가치 계산과정에서 주어진 재무정보를 다음과 같이 이용하였다.

- 무형자산인 영업권은 실질가치가 없는 자산으로 보아 차감하였다. 대개의 무형자산의 경우 법적 보호 등의 객관적인 장치가 되어 있지 않는 개발비, 영업권 등은 실질가치가 없는 것으로 보아 차감한다.
- 부도가 발생한 관계사대여금은 실질적인 회수가능성이 없는 채권으로 보아 차감하였다.
- 취득원가로 평가한 매도가능증권은 취득원가보다 하락한 순자산장부가액만큼(50백만원) 차감한다. 만일 취득원가보다 순자산장부가액보다 크더라도 가산하지 않는다.
- 지분법적용투자주식은 취득원가로 평가하는 투자주식이 아니므로 취득원가와 순자산가액과의 차이를 조정할 필요는 없다. 지분법에 따라 평가하는 경우 피투자회사의 순자산가액과 취득가액의 차이를 일정기간 투자제거차액상각으로 조정하며 투자제가차액 상각후 장부가액을 공정가치로 보는 것이나, 한국채택국제회계기준(K－IFRS)에 따라 공정가치에 손상징후가 있는 경우 추가적으로 손상차손을 인식해야 한다.
- 분석기준일 현재 자기주식을 가산하였다. 만일 분석기준일 현재 자기주식과 직전 사업연도말 자기주식에 변동이 있을 경우 변동금액은 이익잉여금 증감을 수반하지 않은 중요한 순자산 증감액에서 추가로 조정한다.
- 최근 사업연도말 이후 유상증자금액을 가산한다. 유상증자금액 중 자본금에 해당하는 부분(500백만원)과 자본잉여금에 해당하는 부분(주식발행초과금 500백만원)을 구분하여 반영하였다.
- 최근 사업연도말 이후 전환사채의 전환으로 인한 자본금 증가 300백만원을 가산하였다.
- 발행주식총수의 계산은 최근 사업연도말 이후 유상증자 및 전환사채 전환 등으로 인한 주식수 변동을 고려하여 계산한다.

2. 상장법인의 자산가치

상장법인 간의 합병은 기준시가에 의해 계산한 방법에 의해서만 합병비율을 산정한다. 반면, 비상장법인과 합병하는 상장법인에 있어서는 기준시가에 의한 금액을 원칙으로 하되, 기준시가가 자산가치에 미달하는 경우에는 자산가치로 할 수 있도록 하고 있다. 상장회사의 경우 시장가격이 자산가치보다 낮은 가액으로 거래되는 경우에도 자산가치를 시장가격으로 볼 수 있다는 의미이다. 상장법인 중 일부가 PBR이 1 이하인 점을 감안하면 자산가치보다 낮게 시장가격이 형성되어 있는 상장회사의 투자자를 보호하는 측면에서 규정을 둔 것으로 파악된다. 기준시가가 자산가치에 미달하는 경우 반드시 자산가치로 상장법인을 평가하는 것은 아니나 자산가치가 기준시가보다 크다면 자산가치로 평가할지의 여부를 고려한다.

● **자본시장법 시행령 제176조의 5 ① 【합병의 요건 · 방법 등】**

2. 주권상장법인(코넥스시장에 주권이 상장된 법인은 제외한다. 이하 이 호 및 제4항에서 같다)과 주권비상장법인 간 합병의 경우에는 다음 각 목의 기준에 따른 가격
   가. 주권상장법인의 경우에는 제1호의 가격(기준시가를 말함). 다만, 제1호의 가격이 자산가치에 미달하는 경우에는 자산가치로 할 수 있다.

사례 8-6 상장법인의 자산가치

사례 1. 주권비상장법인인 주식회사 우리은행과 주권상장법인인 우리금융지주 주식회사는 2014년 7월 28일 이사회결의 및 합병계약을 체결하고 주식회사 우리은행을 존속법인으로 하여 합병을 진행하였다.

■ **합병비율 계산결과**

합병당사법인의 합병비율 계산을 위한 1주당 가치를 평가한 결과는 다음과 같다.

구 분	우리은행	우리금융지주
기준시가	–	12,656
본질가치	17,076	–
–자산가치	23,924	17,076
–수익가치	12,511	–
합병가액/1주	17,076	17,076
합병비율	1	1

우리금융지주의 기준주가는 12,656원이나 자산가치가 17,076원으로 기준시가보다 높은 것으로 계산되었다. 이에 따라 상장회사인 우리금융지주의 1주당 합병가액은 자산가치인 17,076으로 평가하였다.

사례 2. 주권상장법인인 주식회사 삼양사와 주권비상장법인인 주식회사 삼양밀맥스는 2014년 8월 12일 이사회결의에 따라 주식회사 삼양사를 존속법인으로 하여 합병을 진행하였다.

■ **합병비율 계산결과**

합병당사법인의 합병비율 계산을 위한 1주당 가치를 평가한 결과는 다음과 같다.

구 분	삼양사	삼양밀맥스
기준시가	57,227	–
본질가치	–	15,229
–자산가치	91,397	15,068
–수익가치	–	15,453
합병가액/1주	57,227	15,229
합병비율	1	0.2673388

삼양사의 기준시가는 57,227원, 자산가치는 91,397원으로 자산가치가 기준시가보다 높은 것으로 계산되었다. 그러나 상장회사인 삼양사의 1주당 합병가액은 기준시가인 57,227원으로 평가하였다. 자본시장법 시행령에 따라 자산가치가 기준시가보다 높을 경우 1주당 합병가액은 선택적으로 적용할 수 있음을 기억하자.

Section 6 수익가치

합병가액 산정의 기초가 되는 증권의 발행 및 공시 등에 관한 규정에 따른 수익가치는 현금흐름할인모형, 배당할인모형 등 미래의 수익가치 산정에 관하여 일반적으로 공정하고 타당한 것으로 인정되는 모형을 적용하여 합리적으로 산정하며, 현재 대부분의 외부평가기관의 외부평가보고서를 살펴보면 현금흐름할인모형을 이용하여 수익가치를 산정하고 있는 추세로 분석된다. 2012년 12월 5일 시행세칙 개정 이전에는 향후 2개 사업연도의 손익을 추정하고 주당추정이익을 자본환원율로 나눈 값으로 수익가치를 산정하도록 하였으나, 수익가치 산정을 위한 시행세칙 개정으로 수익가치 산정방법은 일반적으로 공정하고 타당한 것으로 인정되는 모형을 적용하여 합리적으로 산정할 경우 평가방법에는 제약이 없다. 수익가치 산정을 위해 가장 많이 사용되고 있는 현금흐름할인모형에 의한 수익가치는 다음과 같은 과정을 통해 산정된다.

구 분	내 역
가. 추정기간 동안의 현재가치	추정기간 동안의 잉여현금흐름의 현재가치로 실무적으로 5년 추정
나. 영구현금흐름의 현재가치	추정기간 이후 잉여현금흐름의 현재가치
다. 영업가치(가+나)	잉여현금흐름의 총 현재가치
라. 비영업자산의 가치	영업가치창출활동에 직접적으로 기여하지 못하는 투자자산 등을 가산
마. 기업가치(다+라)	영업가치와 비영업자산가치의 합계
바. 이자부부채의 가치	차입금 등 이자부부채
사. 수익가치(마−바)	자기자본가치
아. 발행주식수	분석기준일 현재 발행주식수
자. 1주당 수익가치	1주당 자기자본가치

현금흐름할인모형에 대한 자세한 내용은 본서의 '제3장 현금흐름할인모형'에서 세부적으로 다루고 있으니 참고하기 바란다.

예제 8-4 수익가치의 계산

상장회사인 EY Corp는 비상장회사 이정 Corp를 2016년 9월 30일 합병하기로 하고 자본시장법에 따른 합병비율을 계산하고자 한다. 아래의 정보를 이용하여 이정 Corp의 수익가치를 계산하라.

발행주식수는 1,000,000주이다.

■ **이정 Corp의 수익가치 관련 정보**

① 이정 Corp의 외부평가인은 이정 Corp의 수익가치 평가방법으로 현금흐름할인모형을 사용하여 평가하였으며, 평가기준일은 2016년 6월 30일이다. 외부평가인은 5년을 추정기간으로 하여 다음과 같이 잉여현금흐름의 현재가치를 산정하였다.

(단위 : 백만원)

구 분	추정기간(5년)	영구현금흐름	합 계
현재가치	10,000	12,500	22,500

② 별도재무상태표에 의한 비영업자산 및 이자부부채의 가액은 다음과 같다.

(단위 : 백만원)

구 분	장부가액	공정가치
비영업자산	2,000	2,500
이자부부채	5,000	5,000

■ **풀이**

현금흐름할인모형에 의한 수익가치 산정내역은 다음과 같이 산정된다.

구 분	금 액
가. 추정기간 동안의 현재가치	10,000백만원
나. 영구현금흐름의 현재가치	12,500백만원
다. 영업가치(가+나)	22,500백만원
라. 비영업자산의 가치	2,500백만원
마. 기업가치(다+라)	25,000백만원
바. 이자부부채의 가치	5,000백만원
사. 수익가치(마−바)	20,000백만원
아. 발행주식수	1,000,000주
자. 1주당 수익가치	20,000원

Section 7

상대가치

자본시장법 시행령 제176조의 5는 주권상장법인(코넥스시장 상장법인 제외)과 합병하는 비상장법인의 합병가액 산정시 주권상장법인 중 유사회사를 선정하여 유사회사의 주가를 기준으로 한 비교가치인 상대가치를 비교하여 공시하도록 하고 있다. 증권의 발행 및 공시 등에 관한 규정 시행세칙 제7조에 따른 상대가치는 평가대상회사(비상장회사)와 한국거래소 업종분류에 따른 소분류 업종이 동일한 주권상장법인 중 매출액에서 차지하는 비중이 가장 큰 제품 또는 용역의 종류가 유사한 법인으로서 최근 사업연도말 주당법인세비용차감전계속사업이익과 주당순자산을 비교하여 각각 100분의 30 이내의 범위에 있는 3사 이상의 법인을 '유사회사'로 정하고 유사회사의 주가를 기준으로 상대가치를 산정하는 것으로, 유사회사가 3개사 미만인 경우 상대가치는 산정하지 아니한다. 한편, 상대가치는 '비교가치'를 30% 이상 할인한 금액과 '거래가액'을 10% 이내로 할인 또는 할증한 금액을 산술평균하여 산정하되, '비교가치'를 30% 이상 할인한 금액이 '거래가액'을 10% 이내로 할인 또는 할증한 금액보다 작거나 '거래가액'이 존재하지 않는 경우 '비교가치'를 30% 이상 할인한 금액을 상대가치로 한다.

'비교가치'는 평가대상회사(비상장회사)와 유사회사(상장회사)의 주당 법인세비용차감전 계속사업이익과 주당순자산을 산술평균하여 산출한 후 유사회사별 비교가치를 평균한 가액을 의미하며, '거래가액'은 분석기준일 이전 1년 이내에 평가대상회사에 유상증자나 전환사채 또는 신주인수권부사채의 발행사실이 있는 경우 주당발행가액과 그 행사가액을 가중산술평균한 가액을 의미한다.

상대가치 계산시에 '비교가치'를 30% 이상 할인하는 이유는 비상장법인의 경우 상장법인과 달리 시장에서 거래가 되지 않으므로 환금성이 낮기 때문이다. 즉 비상장법인 주식에 대한 할인은 유동성 위험을 반영한 할인으로 볼 수 있다. 다만, 현실적으로 국내 상장법인의 상황을 볼 때 평가대상회사와 한국거래소 업종분류에 따른 소분류 업종이 동일한 주권상장법인 중 매출액에서 차지하는 비중이 가장 큰 제품 또는 용역의 종류가 유사한 법인으로서 최근 사업연도말 주당 법인세 비용 차감전 계속사업이익과 주당순자산을 비교하여 각각 100분의 30 이내의 범위에 있는 유사회사는 3개사 미만인 경우가 대부분이다. 유사회사가 3사 이상인 경우에만 상대가치가 산정되므로 실무적으로 상대가치가 산정 · 공시되는 경우는 사례는 찾아보기 힘들다. 다만, 유사회사가 3사 미만으로 상대가치가 산정되는 않는 경우에도 유사회사가 3사

미만으로 분석되었다는 세부 검토과정이 분석기관 평가의견서에 언급되지 않을 경우 정정공시의 대상이 되는 경우가 있으니 유의하기 바란다.

$$\text{유사회사별 비교가치} = \text{유사회사의 주가} \times \left\{ \frac{\text{평가대상회사의 주당법인세비용차감전계속사업이익}}{\text{유사회사의 주당법인세비용차감전계속사업이익}} + \frac{\text{평가대상회사의 주당순자산}}{\text{유사회사의 주당순자산}} \right\} \div 2$$

한편, 평가대상회사 및 유사회사의 주당법인세비용차감전계속사업이익과 주당순자산을 비교함에 있어 평가대상회사 및 유사회사의 주당 액면금액이 다른 경우에 이를 일치시켜 비교하는 것이 합리적인 방법으로 판단되나, 현행 시행세칙에 따르면 액면가액이 다르더라도 별도의 조정 없이 단순 비교하여 비교가치를 산정한다는 것이다. 향후 시행세칙 개정시 평가대상회사와 유사회사의 주당액면금액이 다른 경우 주당 액면금액을 일치시키도록 명문화할 필요가 있어 보인다.

상대가치 =

- ① 유사회사별 '비교가치'를 평균한 가액을 30% 이상 할인한 가액과 유상증자 등 '거래가액'을 10% 이내 할인 혹은 할증하여 산정한 가액을 가중산술평균한 가액
- ② 유상증자 등 '거래가액'을 10% 이내 할인 혹은 할증하여 산정한 가액을 가중산술평균한 가액이 '비교가치'를 평균한 가액을 30% 이상 할인한 가액보다 크거나 존재하지 않는 경우, 유사회사별 '비교가치'를 평균한 가액을 30% 이상 할인한 가액

1. 유사회사의 선정

유사회사는 평가대상회사와 한국거래소 업종분류에 따른 소분류 업종이 동일한 주권상장법인 중 매출액에서 차지하는 비중이 가장 큰 제품 또는 용역의 종류가 유사한 법인으로서 다음 각호의 요건을 구비하는 3개사 이상의 법인으로 한다.

① 주당법인세비용차감전계속사업이익이 액면가액의 10% 이상일 것
② 주당순자산이 액면가액 이상일 것
③ 상장일이 속하는 사업연도의 결산을 종료하였을 것
④ 최근 사업연도의 재무제표에 대한 감사인의 감사의견이 적정 또는 한정일 것

위의 '①·②'는 유사회사에 건실하지 못한 회사가 속할 가능성을 배제하고자 하는 취지이

며, '③ · ④'는 유사회사의 재무상황에 대한 객관적 검증이 이루어진 경우에만 유사회사로 선정한다는 의미로 현행 규정상 소분류업종이 동일한 주권상장법인으로 상기 각호의 요건을 구비하는 법인을 유사회사로 선정하는 것이며, 유사회사가 3개사 미만인 경우에는 상대가치를 산정하지 않는다.

[표 8-3] 유사회사의 선정기준

1차 선정기준	2차 선정기준	3차 선정기준
• 한국거래소 업종분류에 따른 소분류 업종이 동일한 주권상장법인 중 매출액에서 차지하는 비중이 가장 큰 제품 또는 용역의 종류가 유사한 법인	• 주당 법인세비용차감전 계속사업이익이 액면가액의 10% 이상일 것 • 주당순자산이 액면가액 이상일 것 • 상장일이 속하는 사업연도의 결산을 종료하였을 것 • 최근 사업연도의 재무제표에 대한 감사인의 감사의견이 적정 또는 한정일 것	• 주권상장법인의 주당 법인세비용차감전계속사업이익과 주당순자산이 평가대상회사의 주당법인세비용차감전계속사업이익과 주당순자산 100분의 30 이내의 범위에 있을 것

2. 유사회사의 주가

유사회사의 주가는 보통주를 기준으로 분석기준일의 전일부터 소급하여 1월간의 종가를 산술평균하여 산정하되, 그 산정가액이 분석기준일의 전일종가를 상회하는 경우에는 분석기준일의 전일종가로 한다. 이 경우 계산기간 내에 배당락 또는 권리락이 있을 때에는 그 후의 가액으로 산정한다.

3. 유상증자 등 거래가액 할인 또는 할증

평가대상회사가 분석기준일 이전 1년 이내에 유상증자가 있었던 경우 최근 주당 발행가액을, 전환사채 또는 신주인수권부사채의 발행사실이 있는 경우 주당 행사가액('거래가액')을 가중산술평균하여 100분의 10 이내로 할인 또는 할증하여 산정한다.

4. 주당 법인세비용차감전 계속사업이익

평가대상회사와 유사회사의 주당 법인세비용차감전 계속사업이익은 최근 2개 사업연도의 주당 법인세비용차감전 계속사업이익을 산술평균하여 계산한다. 발행주식의 총수는 분석기준일 현재 발행주식총수로 한다. 따라서 각 사업연도별로 유·무상증자 및 감자 등으로 분석기준일 현재의 발행주식총수와 일치하지 않더라도 분석기준일 현재의 발행주식총수를 사용해야 함에 유의한다.

$$\text{주당 법인세비용차감전 계속사업이익} = \left\{ \frac{\text{최근 사업연도의 법인세비용차감전계속사업이익}}{\text{발행주식의 총수}} + \frac{\text{직전 사업연도의 법인세비용차감전계속사업이익}}{\text{발행주식의 총수}} \right\} \div 2$$

5. 주당순자산

평가대상회사와 유사회사의 주당순자산은 자산가치 계산시 사용한 방식을 사용하는 것이 원칙이다. 따라서 평가대상회사의 주당순자산은 자산가치시 계산한 금액을 그대로 이용한다. 단, 유사회사의 주당순자산은 분석기준일 또는 최근 분기말을 기준으로 산출하되, 정보의 이용에 한계가 있으므로 최근 사업연도말 이후부터 분석기준일 현재까지 발생한 전기오류수정손실 및 이익잉여금의 증감을 수반하지 않고 자본총계를 변동시킨 거래로 인한 중요한 순자산 증감액을 차감(가산)하는 규정은 적용하지 않는다. 유사회사의 주당순자산 계산시에는 유사회사의 주당순자산을 계산하기 위해 직전 사업연도 말의 감사보고서뿐 아니라 분기보고서, 분석기준일까지 공시된 유사회사의 증자현황, 전환사채 또는 신주인수권 행사현황, 주식발행초과금 등의 정보를 이용하여야 한다.

예제 8-5 상대가치의 계산

주권상장법인 ㈜EY는 2016년 9월 30일 비상장법인 ㈜이정을 흡수합병하기로 하였다. ㈜이정의 주당순자산가액은 3,000원, 주당 법인세차감전 계속사업이익은 600원이며, 액면금액은 500원이다.

■ **유사회사의 선정**

주식회사 이정과 한국거래소 업종분류에 따른 소분류업종 분류상 동일한 업종의 주권상장법인은 총 10개사로 유사회사 선정요건을 충족하는 주권상장법인은 아래와 같이 3개사로 파악되었다. 유사회사 2차 선정요건은 다음과 같다.

요건 1 : 주당법인세비용차감전계속사업이익이 액면가의 10% 이상일 것
요건 2 : 주당순자산이 액면가액 이상일 것
요건 3 : 상장일이 속하는 사업연도의 결산을 종료하였을 것
요건 4 : 최근 사업연도의 재무제표에 대한 외부감사인의 감사의견이 적정 또는 한정일 것

유사회사	요건 1(주1)			요건 2(주2)			요건 3		요건 4	
	주당법인세비용차감전계속사업이익	액면가의 10%	충족여부	주당순자산	액면가액	충족여부	상장연도	충족여부	감사의견	충족여부
A	969	500	충족	3,752	5,000	불충족	2000	충족	적정	충족
B	13,221	500	충족	52,720	5,000	충족	2004	충족	적정	충족
C	1,533	100	충족	10,528	1,000	충족	2008	충족	적정	충족
D	430	50	충족	2,350	500	충족	2003	충족	적정	충족
E	(-)172	50	불충족	272	500	불충족	2002	충족	적정	충족
F	(-)362	50	불충족	1,147	500	충족	1993	충족	적정	충족
G	490	50	충족	3,800	500	충족	2000	충족	적정	충족
H	46	50	불충족	2,500	500	충족	2001	충족	적정	충족
I	620	100	충족	3,900	1,000	충족	2012	충족	적정	충족
J	4,900	500	충족	39,000	5,000	충족	2008	충족	적정	충족

(주1) 유사회사의 주당법인세비용차감전계속사업이익은 다음 산식에 의하여 산정한다.
주당법인세비용차감전계속사업이익={(최근 사업연도의 법인세비용차감전계속사업이익÷발행주식의 총수)
+(최근 사업연도의 직전사업연도의 법인세비용차감전계속사업이익
÷발행주식의 총수)}÷2

(주2) 증권의 발행 및 공시 등에 관한 규정 시행세칙 제7조 제4항에 따라 유사회사의 주당순자산은 분석기준일 또는 최근 분기말을 기준으로 증권의 발행 및 공시 등에 관한 규정 시행세칙 제5조 제1항에 따라 산출하되, 동 시행세칙 제5조 제2항 제8호 내지 제9호의 규정은 적용하지 않는다.

■ 상대가치 산정

유사회사의 2차 선정기준을 만족하는 회사는 10개사 중 B, C, D, G, I, J 6개 회사다. 이 중 주권상장법인의 주당 법인세비용차감전 계속사업이익과 주당순자산이 평가대상회사의 주당 법인세비용차감전 계속사업이익과 주당순자산 100분의 30 이내의 범위(주당 법인세비용차감전계속사업이익은 420원~780원, 주당순자산은 2,100원~3,900원)에 있는 3차선정기준을 동시에 만족하는 회사는 D, G, I 3개 회사다. 유의할 점은 J사의 경우 액면금액 5,000원으로 ㈜이정의 액면금액인 500원으로 환산할 경우 주당 법인세비용차감전 계속사업이익은 490원, 주당 순자산은 3,900원으로 3차 선정기준을 동시에 만족하나 현행규정에 따르면 액면금액을 조정하여 비교하지는 않는다.

유사회사의 상대가치는 증권의 발행 및 공시 등에 관한 규정 시행세칙 제7조에 따라 유사회사별 비교가치를 평균한 가액의 30% 이상을 할인한 가액과 분석기준일 이전 1년 이내에 유상증자를 하거나 전환사채 또는 신주인수권부사채를 발행한 사실이 있는 경우 주당 발행가액 또는 주당행사가액 등 거래가액을 가중산술평균한 가액을 100분의 10 이내로 할인 또는 할증한 가액을 산술평균한 가액으로 산정하되, 가중산술평균한 거래가액을 10% 이내로 할인/할증된 가액이 30%

할인된 비교가치의 평균치를 초과하거나 거래가액이 존재하지 않는 경우에는 최근 거래가액을 적용하지 않고, 비교가치의 평균가액의 30% 이상을 할인한 가액을 상대가치로 산정한다.

구 분	금 액
A. 비교가치 평균을 할인한 가액(c)과 거래가액(d)의 산술평균	6,073
a. 유사회사별 비교가치 평균	8,675
b. 할인율(주1)	30%
c. 유사회사별 비교가치 평균을 할인한 가액(c=a×(1−b))	6,073
d. 최근 거래가액(주2)	−
B. 상대가치[=A]	6,073

(주1) 증권의 발행 및 공시 등에 관한 규정 시행세칙 제7조 제1항 제1호에 따라 유사회사별 비교가치를 평균한 가액의 30%를 할인하였다.

(주2) 분석기준일 이전 1년 이내 가장 최근 유상증자 및 전환사채 또는 신주인수권부사채를 발행 거래는 없는 것으로 가정하였다.

유사회사별 비교가치 평균가액 산정내역은 다음과 같다.

유사회사명	최근 1개월 산술평균 주가(A)	2016년 9월 22일 종가(B)	유사회사의 주가(Min [A, B])(주1)	주당법인세 비용차감전 계속사업이익	주당순자산	유사회사별 비교가치 (주2)
D	5,860	5,850	5,850	430	2,350	7,815
G	6,870	7,200	6,870	490	3,800	6,918
I	13,250	13,000	13,000	620	3,900	11,290
평 균			8,573			8,675

(주1) 유사회사의 주가는 증권의 발행 및 공시 등에 관한 규정 시행세칙 제7조 제2항에 따라 유사회사의 보통주를 기준으로 분석기준일의 전일부터 소급하여 1월간의 종가를 산술평균하여 산정하되, 그 산정가액이 분석기준일의 전일종가를 상회하는 경우에는 분석기준일의 전일종가로 산정하였으며, 계산기간 내에 배당락 또는 권리락이 있을 때에는 그 후의 가액으로 산정한다.

(주2) 유사회사별 비교가치는 증권의 발행 및 공시 등에 관한 규정 시행세칙 제7조 제1항 제1호에 따라 다음의 산식에 의하여 산출하였다.

유사회사별 비교가치=유사회사의 주가×{(피합병법인의 주당법인세비용차감전계속사업이익 ÷유사회사의 주당법인세비용차감전계속사업이익)+(피합병법인의 주당순자산 ÷유사회사의 주당순자산)}÷2

참고로 ㈜이정의 주당법인세비용차감전계속사업이익 산정내역은 다음과 같다.

(단위 : 천원)

구 분	법인세비용차감전계속사업이익
2014년도	4,500,000
2015년도	6,000,000
평균	5,250,000
분석기준일 현재 발행주식총수	8,750,000
주당법인세비용차감전계속사업이익(단위 : 원)	600원

주당법인세비용차감전계속사업이익 산정시 최근 사업연도와 최근 사업연도의 직전사업연도의 법인세비용차감전계속사업이익의 평균액을 발행주식 총수로 나누어 산정하는 바, 발행주식 총수는 최근 사업연도와 최근 사업연도의 직전사업연도의 발행주식수가 아닌 분석기준일 현재의 발행주식수로 나누어 산정하는 것에 유의해야 한다.

유사회사별 비교가치는 다음과 같이 산정된다.

유사회사명	유사회사의 주가 (A)	주당 법인세비용차감전 계속사업이익		주당순자산		유사회사별 비교가치 (F)
		피합병법인 (B)	유사회사 (C)	피합병법인 (D)	유사회사 (E)	
D	5,850	600	430	3,000	2,350	7,815
G	6,870	600	490	3,000	3,800	6,918
I	13,000	600	620	3,000	3,900	11,290
평 균						8,675

유사회사별 비교가치(F) = 유사회사의 주가(A) × {(피합병법인의 주당법인세비용차감전계속사업이익(B) ÷ 유사회사의 주당법인세비용차감전계속사업이익(C)) + (피합병법인의 주당순자산(D) ÷ 유사회사의 주당순자산(E))} ÷ 2

Section 8 비상장법인의 주식가치의 평가종합

증권의 발행 및 공시 등에 관한 규정에 따른 비상장법인의 주식가치의 평가는 다음의 산식에 의한다.

$$\text{증권의 발행 및 공시 등에 관한 규정의 주식가치평가방법} = \frac{(\text{자산가치} \times 1 + \text{수익가치} \times 1.5)}{2.5}$$

상대가치를 산정할 수 있는 경우 비교하여 공시한다.

지금까지 자본시장법에 의한 상장법인의 합병가액 평가와 상장법인과 합병하는 비상장법인의 합병가액을 평가하는 것에 대해 살펴보았다. 합병비율 결정을 위한 주식가치평가와 주식교환비율 결정을 위한 주식가치평가 사례를 통해 평가과정을 되짚어 보자.

사례 8-7 합병가액의 산정

1. 합병개요

주식회사 다음커뮤니케이션은 주식회사 카카오와 합병하고자 한다. 코스닥 상장법인인 주식회사 다음커뮤니케이션은 비상장법인인 주식회사 카카오를 흡수합병하며, 합병 후 주식회사 다음커뮤니케이션은 존속하고 주식회사 카카오는 소멸하며, 존속회사의 사명은 주식회사 다음카카오라고 정할 예정이다. 합병과 관련된 일정은 다음과 같다.

- 이사회 결의일 : 2014년 5월 23일
- 합병계약일 : 2014년 5월 23일
- 합병주주총회를 위한 주주확정일 : 2014년 7월 17일
- 합병승인을 위한 주주총회일 : 2014년 8월 27일
- 주식매수청구권 행사기간 : 2014년 8월 27일~2014년 9월 16일
- 합병기일 : 2014년 10월 1일
- 합병등기일 : 2014년 10월 1일
- 합병주식 교부예정일 : 2014년 10월 13일
- 합병주식 상장예정일 : 2014년 10월 14일

2. 합병대가

합병기일(2014년 10월 1일 예정) 현재 주식회사 카카오의 주주명부에 등재되어 있는 주주에 대하

여 기명식 보통주식 1주당 1.5555137주의 비율로 주식회사 다음커뮤니케이션의 기명식 보통주식을 배정한다.

3. 합병비율

피합병회사인 주식회사 카카오의 보통주식 1주당 주식회사 다음커뮤니케이션의 보통주식 1주당 1.5555137주를 배정하며, 합병회사와 피합병회사의 1주당 액면가액은 500원이다.

합병비율의 계산은 상장법인인 ㈜다음커뮤니케이션은 기준주가로 산정하였으며, 비상장법인인 주식회사 카카오는 본질가치(자산가치와 수익가치를 1과 1.5의 비율로 가중산술평균한 가액)을 합병가액으로 하여 합병비율을 산출하였다.

4. 합병당사법인의 주식가치평가

① 평가의 개요

- 주식회사 다음커뮤니케이션
  자본시장과 금융투자업에 관한 법률 시행령 제176조의 5 제1항에 따라 합병을 위한 이사회결의일과 합병계약을 체결한 날 중 앞서는 날의 전일(2014년 5월 22일)을 기산일로 최근 1개월간의 거래량 가중산술평균종가, 최근 1주일간의 거래량 가중산술평균종가, 최근일의 종가를 산술평균한 가액으로 기준주가를 산정하였다.
- 주식회사 카카오
  분석기준일 현재 주식회사 카카오의 1주당 액면가액은 500원이며, 발행주식수는 27,643,880주이다. 주식회사 카카오의 주식가치는 자산가치와 수익가치를 1과 1.5의 비율로 가중산술평균한 본질가치로 합병가액을 산정하였다.

② 평가결과

주식회사 다음커뮤니케이션과 주식회사 카카오가 합병함에 있어 합병비율의 기준이 되는 합병당사회사의 주당평가액은 각각 72,910원과 113,412원으로 평가되었다. 따라서 합병비율은 1 : 1.5555137로 산정된다.

구 분	주식회사 다음커뮤니케이션	주식회사 카카오
기준시가	72,910원	해당 사항 없음
본질가치	해당 사항 없음	113,412원
－자산가치	35,147원	6,472원
－수익가치	해당 사항 없음	184,706원
상대가치	해당 사항 없음	해당 사항 없음
합병가액	72,910원	113,412원

③ 기준시가 계산

기준시가는 자본시장과 금융투자업에 관한 법률 시행령 제176조의 5 제1항에 따라 합병을 위한 이사회결의일과 합병계약을 체결한 날 중 앞서는 날의 전일(2014년 5월 22일)을 기산일로 최근 1개월간의 거래량 가중산술평균종가, 최근 1주일간의 거래량 가중산술평균종가, 최근일의 종가를 산술평균한 가액으로 산정하였다.

[기준시가의 요약]

구 분	기 간	금 액
A. 1개월 가중평균 주가	2014년 4월 23일부터 2014년 5월 22일까지	73,260원
B. 1주일 가중평균 주가	2014년 5월 16일부터 2014년 5월 22일까지	72,269원
C. 최근일 종가	2014년 7월 22일	73,200원
D. 기준시가[(A+B+C)/3]		72,910원
E. 주당평가액(=D)		72,910원

한편, 상기 기준주가 산정을 위해 2014년 5월 22일을 기산일로 하여 소급한 1개월 주가 및 거래량 현황은 다음과 같다.

일 자	종 가	거래량	종가×거래량
2014-04-23	73,300	61,139	4,481,488,700
2014-04-24	72,000	65,483	4,714,776,000
2014-04-25	72,300	76,046	5,498,125,800
2014-04-28	74,100	191,976	14,225,421,600
2014-04-29	74,900	83,148	6,227,785,200
2014-04-30	74,900	74,965	5,614,878,500
2014-05-02	74,800	76,566	5,727,136,800
2014-05-07	74,000	78,998	5,845,852,000
2014-05-08	73,200	31,290	2,290,428,000
2014-05-09	72,900	26,575	1,937,317,500
2014-05-12	72,600	69,086	5,015,643,600
2014-05-13	72,800	112,750	8,208,200,000
2014-05-14	72,800	86,351	6,286,352,800
2014-05-15	73,000	59,422	4,337,806,000
2014-05-16	72,500	87,198	6,321,855,000
2014-05-19	71,800	46,998	3,374,456,400
2014-05-20	71,700	57,662	4,134,365,400
2014-05-21	71,600	30,891	2,211,795,600
2014-05-22	73,200	59,556	4,359,499,200
1개월 가중평균 종가		73,260	
1주일 가중평균 종가		72,269	

④ 자산가치 산정

- 주식회사 다음커뮤니케이션

  주식회사 다음커뮤니케이션의 1주당 자산가치는 증권의 발행 및 공시 등에 관한 규정 시행세칙 제5조에 따라, 주요사항보고서를 제출하는 날이 속하는 사업연도의 직전 사업연도말 현재 한국채택국제회계기준에 의한 별도재무상태표상의 자본총계에 일부 조정항목을 가감하여 산정된 순자산 총액을 분석기준일 현재의 발행주식 총수(13,560,229주)로 나누어 산정하였다. 합병회사의 1주당 자산가치 산정내역은 다음과 같다.

(단위 : 원)

구 분	금 액
A. 최근 사업연도말 별도재무제표 자본총계	508,016,196,936
B. 조정항목(a－b)	(－)31,418,877,514
a. 가산항목	28,504,276,405
(1) 자기주식 가산(분석기준일 현재)	27,449,514,805
(2) 최근 사업연도말 이후 자본금 증가액	－
(3) 최근 사업연도말 이후 자본잉여금 등 증가액	－
(4) 이익잉여금의 증감을 수반하지 않는 자본총계의 변동거래로 인한 중요한 순자산 증가액(자기주식 처분 등)	1,054,761,600
b. 차감항목	59,923,153,919
(1) 실질가치 없는 무형자산(영업권 등 차감)	1,266,735,558
(2) 회수가능성 없는 채권	－
(3) 취득원가 평가 투자주식의 평가감	43,316,211,397
(4) 퇴직급여충당부채 과소 설정액	－
(5) 손상차손 발생 자산의 감소액	1,350,357,507
(6) 최근 사업연도말 이후 자본금 감소액	－
(7) 최근 사업연도말 이후 자본잉여금 등 감소액	－
(8) 배당금 지급 및 전기오류수정손실	14,989,849,457
(9) 이익잉여금의 증감을 수반하지 않는 자본총계의 변동거래로 인한 중요한 순자산 감소액	－
C. 조정된 순자산가액(C=A+B)	476,597,319,422
D. 발행주식총수	13,560,229
E. 주당자산가치(E=C÷D)	35,147

• 주식회사 카카오

주식회사 카카오의 1주당 자산가치는 2013년 12월 31일 현재의 한국채택국제회계기준에 의한 별도재무상태표의 자본총계에서 일부 조정항목을 가감하여 산정하였다.

(단위 : 원)

구 분	금 액
A. 최근 사업연도말 자본총계	178,535,047,634
B. 조정항목(a－b)	373,258,962
a. 가산항목	2,685,973,300
(1) 자기주식 가산(분석기준일 현재)	－
(2) 최근 사업연도말 이후 자본금 증가액	323,650,000
(3) 최근 사업연도말 이후 자본잉여금 등 증가액	2,362,323,300
(4) 이익잉여금의 증감을 수반하지 않는 자본총계의 변동거래로 인한 중요한 순자산 증가액	－

구 분	금 액
b. 차감항목	2,312,714,338
(1) 실질가치 없는 무형자산	–
(2) 회수가능성 없는 채권	–
(3) 취득원가 평가 투자주식평가감	1,765,561,038
(4) 퇴직급여충당부채 과소 설정액	–
(5) 손상차손 발생 자산의 감소액	–
(6) 최근 사업연도말 이후 자본금 감소액	–
(7) 최근 사업연도말 이후 자본잉여금 등 감소액	–
(8) 배당금 및 전기오류수정손실	–
(9) 이익잉여금의 증감을 수반하지 않는 자본총계의 변동 거래로 인한 중요한 순자산 감소액	547,153,300
C. 조정된 순자산총액(C=A+B)	178,908,306,596
D. 발행주식총수	27,643,880
E. 주당 자산가치(E=C÷D)	6,472

⑤ 수익가치 산정

• 주식회사 카카오

주권비상장법인인 주식회사 카카오의 1주당 수익가치는 증권의 발행 및 공시 등에 관한 규정 시행세칙 제6조에 따라 미래의 수익가치 산정에 관하여 일반적으로 공정하고 타당한 것으로 인정되는 모형 중에서 현금흐름할인모형을 적용하여 산정하였다.

(단위 : 백만원)

구 분	금 액
가. 추정기간 동안의 현재가치	1,202,999
나. 영구현금흐름의 현재가치	3,783,416
다. 영업가치(가+나)	4,986,415
라. 비영업자산의 가치	119,566
마. 기업가치(다+라)	5,105,981
바. 이자부부채의 가치	–
사. 수익가치(마–바)	5,105,981
아. 발행주식수	27,643,880주
자. 1주당 수익가치(원)	184,706

⑥ 상대가치 산정

• 주식회사 카카오

자본시장과 금융투자업에 관한 법률 시행령 제176조의 5에 의하면 주권상장법인과 주권비상장법인 합병의 경우 비상장법인의 합병가액 산정시 주권상장법인 중 유사회사를 선정하여 유사회사의 주가를 기준으로 한 비교가치인 상대가치를 비교하여 공시하도록 하고 있는 바, 상대가치 산정 검토결과는 다음과 같다.

가. 유사회사의 선정요건

증권의 발행 및 공시 등에 관한 규정 시행세칙 제7조에 의하면, 상대가치를 산출하기 위해서는 주권비상장법인인 주식회사 카카오와 한국거래소 업종분류에 따른 소분류 업종("자료처리, 호스팅, 포털 및 기타 인터넷 정보매개 서비스업")이 동일한 주권상장법인 중 매출액에서 차지하는 비중이 가장 큰 제품 또는 용역의 종류가 유사한 법인으로서, 최근 사업연도말 주당법인세비용차감전계속사업이익과 주당순자산을 비교하여 각각 100분의 30 이내에 있는 법인으로서, 다음 각호의 요건을 구비하는 3사 이상의 주권상장법인으로 해야 한다.

요건 1. 주당법인세비용차감전계속사업이익이 액면가액의 10% 이상일 것

요건 2. 주당순자산이 액면가액 이상일 것

요건 3. 상장일이 속하는 사업연도의 결산을 종료하였을 것

요건 4. 최근 사업연도의 재무제표에 대한 감사인의 감사의견이 적정 또는 한정일 것

나. 유사회사의 검토결과

피합병법인과 한국거래소의 업종 분류상 동일한 소분류 업종에 속한 주권상장법인인 유사회사의 검토결과는 다음과 같다.

상대가치 요건 : 증권의 발행 및 공시에 관한 규정 시행세칙 제7조 제5항										
회사명	액면가액	요건 1		요건 2		요건 3		요건 4		유사회사 여부
		주당법인세차감전계속사업이익	충족여부 (주1)	주당순자산	충족여부 (주2)	상장일	충족여부 (주3)	감사의견	충족여부 (주4)	
사람인에이치알	500	537	충족	5,225	충족	2012.2.21.	충족	적정	충족	충족
케이아이엔엑스	500	902	충족	7,784	충족	2011.2.8.	충족	적정	충족	충족
네이버	500	16,611	충족	52,116	충족	2008.11.28.	충족	적정	충족	충족
신세계아이앤씨	5,000	10,347	충족	89,840	충족	2006.5.18.	충족	적정	충족	충족
한일네트웍스	500	189	충족	2,842	충족	2006.1.20.	충족	적정	충족	충족
아이엠비씨	500	185	충족	2,109	충족	2005.1.21.	충족	적정	충족	충족
텔코웨어	500	1,041	충족	13,329	충족	2004.7.20.	충족	적정	충족	충족
에스케이커뮤니케이션즈	500	−914	불충족	3,112	충족	2003.11.7.	충족	적정	충족	불충족
유엔젤	500	−645	불충족	5,667	충족	2003.7.1.	충족	적정	충족	불충족
엔씨소프트	500	6,400	충족	58,047	충족	2003.5.22.	충족	적정	충족	충족
소리바다	500	−104	불충족	686	충족	2001.10.9.	충족	적정	충족	불충족
케이티뮤직	500	−89	불충족	1,466	충족	2000.7.20.	충족	적정	충족	불충족
다음커뮤니케이션	500	6,649	충족	39,269	충족	1999.11.11.	충족	적정	충족	충족
다우기술	500	577	충족	10,217	충족	1997.8.27.	충족	적정	충족	충족
디지틀조선일보	500	165	충족	1,502	충족	1997.8.6.	충족	적정	충족	충족
아이디엔	500	−623	불충족	916	충족	1996.9.24.	충족	적정	충족	불충족

상기 회사 중 주식회사 카카오의 각각 주당법인세비용차감전계속사업이익 1,078원의 100분의 30 이내(755원~1,402원의 범위) 및 주당순자산 6,472원의 100분의 30 이내(4,530원~8,413원의 범위)에 있는 회사는 케이아이엔엑스(주당법인세비용차감전계속사업이익 902원, 주당순자산 7,784원) 1개사 이외에는 존재하지 않는다.

다. 상대가치 산정

유사회사 요건을 충족하는 법인이 3사 미만이므로, 비교목적으로 공시되는 피합병법인의 상대가치는 산정하지 않는다.

⑦ 합병가액 산정

• 주식회사 카카오

비상장법인인 주식회사 카카오의 1주당(액면가액 500원) 합병가액을 산정한 결과는 다음과 같다.

구 분	금 액	비 고
자산가치(A)	6,472원	
수익가치(B)	184,706원	
본질가치(C)	113,412원	[A+(B×1.5)]/2.5
상대가치(D)	해당사항 없음	
합병가액	113,412원	

*자료 : 주식회사 다음커뮤니케이션 주요사항보고서

Section
9
외부평가기관

상장법인과 비상장법인이 합병하는 경우에는 그 합병비율의 적정성에 대하여 법령에서 정한 외부평가기관의 평가를 받아야 한다(자본시장법 시행령 제176조의 5 제4항). 상속세및증여세법에서 순손익가치를 추정손익으로 할 경우 2개 이상의 회계법인 등의 평가를 받아야 하는 것과 달리 자본시장법에서는 한 군데의 외부평가기관 보고서만으로도 충분하다.

● **자본시장법 시행령 제176조의 5**

⑧ 외부평가기관은 다음 각호의 어느 하나에 해당하는 자로 한다.

1. 법 제68조 제2항 제1호 및 제2호의 영업을 허가받은 회사
2. 신용평가회사
3. 공인회계사법에 따른 회계법인

참고

상속세및증여세법상의 외부평가기관의 평가

주권상장법인과 비상장법인이 합병하는 경우는 자본시장법에 따라 합병비율에 대한 외부평가기관의 평가를 받도록 하고 있으며, 상속세및증여세법에서는 순손익가치를 1주당 추정이익으로 할 경우 외부평가기관의 평가를 받도록 하고 있다. 상속세및증여세법에서는 주당추정이익에 대한 외부평가기관을 4개의 신용평가회사(한국신용평가주식회사, 한국신용정보주식회사, 한국기업평가주식회사, 서울신용평가정보주식회사) 및 공인회계사법에 의한 회계법인으로 제한하고 있는 데 반해, 자본시장법에서는 증권회사도 가능하다. 상속세및증여세법에서는 2개 이상의 외부평가기관에서 평가한 주당추정이익의 평균을 사용하도록 하고 있는 데 반해, 자본시장법에서는 1개의 외부평가기관에서만 평가보고서를 받으면 된다. 상속세및증여세법에서는 주당 추정이익을 증권 인수업무에 관한 규정에 따라 평가하도록 하고 있으므로 증권의 발행 및 공시 등에 관한 규정의 수익가치 계산방법에 따라 계산한 금액을 이용하게 된다.

1. 외부평가기관의 업무제한

외부평가기관은 증권회사, 신용평가회사 및 회계법인이다. 이는 상속세및증여세법상 추정이익을 산출할 수 있는 평가기관 중 증권회사가 추가된 것이다. 외부평가기관이 평가대상회사와 특수관계에 있거나 업무제한조치를 받고 있는 경우에는 평가를 할 수 없다.

● **자본시장법 시행령 제176조의 5**

⑨ 제8항에 따른 외부평가기관(이하 "외부평가기관"이라 한다)이 다음 각 호의 어느 하나에 해당하는 경우에는 그 기간 동안 법 제165조의 4 제2항에 따른 평가업무를 할 수 없다. 다만, 제4호의 경우에는 해당 특정회사에 대한 평가업무만 할 수 없다.

1. 제8항 제1호의 자가 금융위원회로부터 주식의 인수업무 참여제한의 조치를 받은 경우에는 그 제한기간
2. 제8항 제2호의 자가 신용평가업무와 관련하여 금융위원회로부터 신용평가업무의 정지처분을 받은 경우에는 그 업무정지기간
3. 제8항 제3호의 자가 주식회사의 외부감사에 관한 법률에 따라 업무정지조치를 받은 경우에는 그 정지기간
4. 제8항 제3호의 자가 주식회사의 외부감사에 관한 법률에 따라 특정회사에 대한 감사업무의 제한조치를 받은 경우에는 그 제한기간

⑩ 외부평가기관이 평가의 대상이 되는 회사와 금융위원회가 정하여 고시하는 특수관계에 있는 경우에는 합병에 대한 평가를 할 수 없다.

⑪ 법 제165조의 4 제3항에서 "대통령령으로 정하는 경우"란 다음 각 호의 어느 하나에 해당하는 경우를 말한다.

1. 외부평가기관이 제9항 또는 제10항을 위반한 경우
2. 외부평가기관의 임직원이 평가와 관련하여 알게 된 비밀을 누설하거나 업무 외의 목적으로 사용한 경우
3. 외부평가기관의 임직원이 합병 등에 관한 평가와 관련하여 금융위원회가 정하여 고시하는 기준을 위반하여 직접 또는 간접으로 재산상의 이익을 제공받은 경우
4. 그 밖에 투자자 보호와 외부평가기관의 평가의 공정성 · 독립성을 해칠 우려가 있는 경우로서 금융위원회가 정하여 고시하는 경우

⑫ 금융위원회는 법 제165조의 4 제3항에 따라 외부평가기관에 대하여 3년의 범위에서 일정한 기간을 정하여 같은 조 제2항에 따른 평가 업무의 전부 또는 일부를 제한할 수 있다.

보론 외부평가업무 가이드라인

상장기업이 비상장기업을 인수 또는 합병하는 과정에서 비상장기업의 내재가치보다 높게 가치를 평가하여 인수가액 또는 합병가액을 산정함으로써 인수 또는 합병 직후 해당 기업의 실적이 급격히 악화되고 심지어 인수합병을 주도한 경영진의 횡령 등과 연관되면서 M&A과정에서의 기업가치평가 문제가 크게 대두된 바 있다. 감독당국은 이와 같은 상황의 주요 배경에는 인수합병을 주도한 경영진의 도덕적 해이 외에 가치평가를 소홀히 한 외부평가기관의 방조도 한 몫한 것으로 보고 있다. 이에 따라 금융감독원은 주식가치평가 전반에 걸친 외부평가업무 가이드라인을 제정해 외부평가기관들이 동 가이드라인을 준수할 것을 촉구하고 있다.

아래에서는 금융감독원이 제시하는 외부평가업무 가이드라인에 대해 소개한다.

■ 외부평가업무가이드라인(금융감독원, 2009년 6월)

제1편 목적

1. 이 가이드라인은 외부평가기관이 「자본시장과 금융투자업에 관한 법률」(이하 "법"이라 한다) 시행령

제176조의 5 및 제176조의 6에 의한 평가업무를 수행함에 있어 준수해야 할 사항들을 정함을 목적으로 한다.

2. 외부평가기관(이하 "평가자"라 한다)은 법 시행령 제176조의 5 제6항에서 정한 자를 말한다.

제2편 외부평가기관의 적격성

3. 평가자는 평가원칙과 이론에 대한 일정 수준의 지식, 관련 자료를 파악 · 수집 · 분석할 수 있는 능력, 적절한 가치평가접근법 및 평가방법을 적용할 수 있는 기술, 가치의 추정치를 결정함에 있어 전문가적 판단을 할 수 있는 자질을 갖추어야 한다.
4. 평가자는 평가계약체결 전에 해당 평가와 관련하여 전문가적 판단을 할 수 있는 자질을 갖추었는지를 고려하여 계약체결 여부를 결정하여야 한다. 이때 고려해야 될 최소한의 사항은 다음과 같다.
   가. 평가대상 회사와 그 업종
   나. 평가대상 자산
   다. 평가기준일
   라. 평가의견서가 공시서류에 첨부된다는 점, 평가에 적용될 것으로 예상되는 가정과 제약조건, 공정가치, 공정한 시장가치 등 적용될 가치기준, 계속기업 가정 등 가치에 대하여 적용할 전제조건
5. 평가자는 평가업무를 수행함에 있어 공정하고 불편 · 부당한 자세를 유지하여야 하고 평가업무를 수행하는 과정에서 객관성을 유지해야 한다. 객관성을 유지한다함은 편파적이지 않고 이해관계에 있어 중립적이고 이해상충이 없어야 함을 의미한다.
6. 평가자는 정당한 주의의무를 가지고 성실하게 업무를 수행해야 한다.
7. 평가업무 수행과정에서 획득한 정보와 평가결과를 정당한 사유없이 누설하거나 의뢰받은 목적 이외에 사용하여서는 아니되며 성공보수 조건의 평가업무 수임은 금지되어야 한다.
8. 평가자는 관계 법규, 평가자가 속한 전문가단체 등이 제정한 윤리기준 등 평가업무와 관련된 추가적인 요구사항이 있을 경우 이를 준수하여야 한다.

제3편 외부평가업무의 수행

기본원칙

9. 평가자는 평가업무 수행시 실지조사 등에 의해 평가 대상자산을 확인하고 대상자산과 관련된 재무적 · 비재무적 자료를 수집하여 특징을 분석하여야 한다.
10. 평가자는 대상자산의 평가를 위해 수집한 기초자료의 합리성 · 타당성에 대하여 검토한 후 적정한 경우에만 수집한 기초자료를 평가에 이용하여야 한다. 평가시 가설적 상황을 설정하거나 평가방법에 적용할 변수를 추정하여 이용하는 경우 합리적인 설정근거, 추정근거를 확보하여야 한다.
11. 평가자의 평가업무범위에는 대상자산의 평가에 적용할 평가방법의 선택을 포함한다. 다만, 법 시행령 제176조의 5에 의한 합병(주식의 포괄적 교환 또는 포괄적 이전 및 분할합병 포함)비율의 적정성 평가의 경우에는 법 시행령 및 「증권의 발행 및 공시 등에 관한 규정 시행세칙」에서 이 가이드라인과 달리 정하고 있지 않은 사항은 이 가이드라인을 따라야 한다.
12. 평가자는 대상자산을 분석하여 이용가능한 평가방법 중 가장 적합한 평가접근법과 방법을 고려하여 평가방법을 선택하여야 한다.
13. 평가자의 평가 결과 산출되는 가치는 공정시장가치(Fair Market Value)를 원칙으로 한다. 공정시장가치란 대상자산에 대한 충분한 지식을 가진 자발적인 매수자와 자발적인 매도자가 합의할 수 있는 거래가격을 의미한다. 일반적인 매수자와 매도자가 아닌 특정한 투자자입장에서의 가치인 투자가치를 산출하여 평가의견을 제시하는 것은 이 가이드라인에 따른 평가로 인정되지 아니한다.

타전문가의 활용

14. 평가자는 부동산이나 지적재산권 등에 대하여 타전문가의 업무에 의존할 수 있으나 타전문가의 평가내용만을 유일한 근거로 평가의견을 도출해서는 안 된다. 타전문가의 업무를 활용할 때에는 타전문가가 적용한 가정과 방법을 이해하고, 그 적정성과 합리성을 고려하여 활용 여부를 검토하여야 한다.
15. 평가자가 타전문가의 업무를 활용하고자 하는 경우 타전문가의 능력과 객관성을 평가하여 적정한 경우에만 활용하여야 한다. 타전문가의 전문가로서의 적격성을 평가할 때에는 국가 및 전문가단체 등이 발행한 자격증 · 면허증 · 회원증, 대상자산의 평가분야의 경험이나 명성을 고려하여야 한다. 타전문가의 객관성을 평가할 때에는 재무적으로 회사(의뢰인)에의 종속 여부, 회사에의 투자 여부, 평가와 관련하여 회사와 성공보수조건의 보수지급계약체결 여부를 고려하여야 한다.
16. 평가자는 타전문가가 평가업무 수행시 준수해야 할 법률이나 규정 등을 파악하여 이에 대한 준수 여부를 확인하여야 한다.
17. 타전문가가 수행한 업무를 평가의견서에 인용하는 경우 타전문가의 동의를 받고 동의를 받았음을 함께 기재하여야 한다. 타전문가의 동의란 타전문가의 업무내용을 공시서류의 첨부서류인 평가의견서에 인용함에 대하여 동의함을 말한다.

가치평가

18. 평가자는 대상자산의 특징을 고려하여 합리적인 평가모형과 적절한 추정치를 사용하여 신뢰성 있게 평가하여야 한다.
    합리적인 평가모형과 적절한 추정치를 사용한 신뢰성 있는 평가라 함은 ① 비재무적 정보의 분석 ② 재무정보의 분석 ③ 평가방법의 선정 및 적용 ④ 최종가치 산출의 일반적인 가치평가절차에 따라 객관적으로 평가하는 것을 말한다.

평가대상자산 – 지분증권

비재무적 정보의 분석

19. "비재무적 정보의 분석"은 평가대상기업에 대한 이해를 높이고 이후의 평가절차를 수행하기 위한 기본적 평가근거자료를 마련하기 위하여 평가대상기업을 둘러싼 경제여건, 해당 산업 동향 등에 관한 정보를 수집 · 분석하는 것을 말한다. 이 경우 평가자가 수집, 분석해야 할 비재무적 정보의 유형, 이용가능성, 상대적 중요도는 평가대상에 따라 결정된다. 일반적으로 고려되는 비재무적 정보는 아래와 같다.
    가. 조직 형태(주식회사, 조합기업 등), 기업 연혁 및 사업배경
    나. 주요 제품과 서비스
    다. 경쟁사현황, 시장 및 고객현황
    라. 경영진의 경력 및 평판
    마. 경제, 산업 및 회사에 대한 전망
    바. 비상장주식의 과거 거래 내역
    사. 계절적 요인이나 경제 순환적 요인에 대한 민감도 등의 위험요인
    아. 이용정보의 출처
    자. 기타 평가대상 기업을 이해하기 위해 필요한 정보

재무정보의 분석

20. "재무정보의 분석"은 평가모형의 투입변수로서 활용되는 회계 및 재무자료의 신빙성을 확보하기 위해 재무제표를 분석하는 것을 말한다. 이 경우 다음과 같은 재무적 정보를 수집, 분석하여야 한다.
    가. 평가에 필요하다고 판단되는 충분한 과거기간의 재무정보
    나. 추정재무제표를 비롯한 예측정보
    다. 소속 산업에 대한 재무정보
    라. 과거 일정기간에 대한 세무조정계산서

21. 재무제표를 분석하는 과정에서 평가를 위하여 필요하다고 판단되면 재무제표 수치에 대한 조정을 하여야 한다. 재무제표의 조정이 필요한 상황을 예시하면 다음과 같다.
   가. 평가대상회사의 재무제표와 비교대상 재무제표 사이에 회계처리방법의 중요한 차이가 존재하는 경우
   나. 재무제표상 수치를 공정가치로 조정해야 할 필요가 있는 경우
   다. 수익과 비용항목 중 일시적인 비경상항목을 제외하거나 계속사업과 관련되는 항목만을 반영할 필요성이 있는 경우
22. 감사받지 않은 재무제표의 경우 평가자가 당해 재무제표에 대한 신뢰성을 확보할 수 있는 정도의 필요한 절차를 수행하여야 한다.
23. 일부 가치평가모형 적용시 요구되는 투입변수의 추정을 위해 추정재무제표를 작성하여 이를 사용할 수 있다. 추정재무제표의 작성을 위해 설정된 가정이나 기초변수는 합리적인 근거를 토대로 하여야 한다.
24. 평가자는 회사 등이 제시한 평가를 위한 기초자료(예측자료, 전문가의 평가자료 포함)에 대하여 객관성 · 적정성 여부를 확인하기 위하여 상당한 주의를 기울여야 하며 이러한 적정성에 대한 검토과정 없이 동 자료를 평가에 사용해서는 안된다.

평가접근법 및 평가방법의 선정 및 적용

25. "평가접근법 및 평가방법의 선정 및 적용"은 대상자산의 특성을 고려하여 평가에 사용되는 평가접근법 및 평가방법을 정하고 이를 수행하는 것을 말한다. 평가접근법[10]은 크게 이익접근법, 시장접근법, 자산접근법으로 구분할 수 있다. 평가자는 특별한 이유가 없는 한 이 세 가지 접근법을 모두 고려하여야 한다. 그 결과 평가자는 전문가적인 판단을 사용하여 평가대상 기업의 특성 등을 고려하여 가장 적합하다고 판단되는 하나 또는 둘 이상의 평가방법을 사용하여 적정가치를 계산한다.

최종가치산출

26. 평가자는 각 평가접근법 및 평가방법을 사용하여 가치추정치를 결정한 후 이들 가치추정치를 기초로 최종가치를 산출하여야 한다.
27. 평가자는 평가접근법을 선택할 때 대상자산의 특성을 분석하여 반영하여야 한다. 예를 들어, 설립된 지 5년 미만인 기업이 발행한 지분증권을 자산접근법 이외의 평가접근법을 적용하여 평가하고자 하는 경우 거래처목록, 고객 또는 공급자와의 관계, 고객충성도 등을 고려하여 자산접근법을 적용하는 경우와의 차이금액에 대한 합리적 근거를 확보하고 이를 문서화하고 평가의견서에 기재하여야 한다.
28. 각 가치추정치의 타당성 및 신뢰성을 평가하여 하나의 평가접근법과 방법의 결과만을 활용할 것인지 또는 여러 평가접근법이나 방법의 결과를 종합하여 활용할 것인지를 결정해야 한다. 최종가치를 산출함에 있어서 적절한 방법의 선택 및 각 방법에 대한 의존정도는 평가자의 전문가적 판단에 기초하여야 하며 정해진 공식 등에 의하여 기계적으로 결정하여서는 아니된다.
29. 각 평가접근법 및 평가방법을 사용하여 산정된 가치추정치를 근거로 가치의 결론을 도출함에 있어서 가치의 조정이 필요한지 여부를 신중히 고려하여야 한다. 예를 들면, 평가대상 유가증권의 유동성이 결여된 경우 이에 대한 할인의 필요성을 고려해야 한다. 또한 평가대상지분에 대한 관련사업의 영업, 매각이나 청산을 결정할 수 있는 지배력을 갖는 경우에는 이에 대한 할증을 고려할 수 있다. 또한 이익접근법에 의한 평가시 비업무용 자산가치를 고려하여야 하며 전환가능증권(CB, BW 등)이 있는 경우, 해당 증권의 전환 여부를 고려하여 주식수를 산출하고 최종 주당가치를 산출해야 한다.

10) 평가접근법은 일반적으로 이익접근법(Income Approach), 시장접근법(Market Approach), 자산접근법(Asset Approach)으로 구분할 수 있으나, 한편으로는 이익접근법은 소득접근법 또는 수익방식으로, 시장접근법은 비교방식으로, 자산접근법은 원가접근법 또는 원가방식으로 구분되어 사용되기도 한다.

30. 평가자는 대상자산의 최근 2년간 거래가격, 과거 평가실적 등이 존재하고 입수가능한 경우 이를 고려하여 최종가치산출에 반영 여부를 검토하여야 한다. 시장에서 충분한 기간 거래된 후 그 대상물건의 내용에 정통한 거래당사자 간에 성립한다고 인정되는 적정가격과 평가방법으로 구한 가치가 차이가 나는 경우 반드시 가치 조정 여부를 고려하여야 하며, 가치 조정을 하지 않는 경우 가치조정을 하지 않는 사유를 문서화하고 평가의견서에 기재하여야 한다.

31. 평가자는 향후 전망 예측치(매출액, 매출원가, 가중평균자본비용 등)를 합리적인 가정에서 설정한 시나리오에 기초하여 평가가액을 일정범위로 제시할 수 있으며, 아울러 거래상대방이 합의한 가격의 적정성에 대해서도 적정가격의 범위를 제시하는 방식으로 적정성 여부에 대한 의견을 표명할 수 있다.

후속사건

32. 평가기준일은 평가자가 대상자산의 평가에 대한 결론을 내리는 특정일이다. 평가기준일의 가치에 영향을 줄 수 있는 사건이 평가기준일 이후 발생할 수도 있는데, 이를 후속사건이라고 한다. 평가자는 평가기준일에 존재하고 있는 상황과 그때까지 발생한 사건만을 고려하여 평가하는 것이 일반적이다. 그러나 평가의견서 제출일까지 발생한 후속사건이 평가의견서 이용자에게 중요한 경우 평가자는 평가의견서의 별도 문단에 후속사건을 기술하여야 한다. 이때 후속사건과 관련된 정보는 정보목적으로만 제공되는 것일 뿐 평가기준일 현재의 가치에 반영되지 않았음을 명시하여야 한다.

문서화

33. 평가자는 가치평가에 대한 결론을 도출하는 과정에서 수행한 주요 절차를 문서화하고 3년간 보존하여야 한다. 문서화 대상에는 다음의 내용이 반드시 포함되어야 한다.
    가. 수집 · 분석한 정보
    나. 가치평가에 적용한 가정과 동 가정의 타당성 검증내용
    다. 제약조건 및 동 제약조건하에서의 가치평가 수행 타당성 검토내용
    라. 평가자의 업무범위 또는 분석에 필요한 자료입수의 제약 및 동 제약을 극복하기 위해 수행한 대체절차
    마. 가치평가에 고려한 제반 평가접근법과 방법
    바. 가치평가에 실제 적용한 평가접근법과 방법 및 그 방법의 적용타당성 검토내용
    사. 타전문가의 업무를 활용한 경우 동 내용 및 활용 여부에 대한 타당성 검토내용
    아. 후속사건과 관련하여 평가자가 고려한 정보
    자. 최종가치산출과정

평가대상자산－기타 자산

34. 지분증권을 제외한 기타 자산의 평가시에도 기본적으로 문단19. 내지 문단33.에 따라 평가하되 개별자산의 특성을 반영하여 적절히 수정 적용이 필요한 경우 수정 적용가능하며, 수정 적용에 대한 내용 및 그 판단근거를 문서화한다.

35. 평가자는 부동산에 대한 평가를 할 때에는 실지조사에 의하여 대상자산을 확인하여야 한다. 다만, 신뢰할 수 있는 자료가 있는 경우에는 실지조사를 생략할 수 있다.

36. 부동산에 대한 평가시 선순위 채권자유무, 완성된 건물인지 여부 등 대상자산의 가치에 영향을 줄 수 있는 사유가 있는지를 확인하여 평가에 반영하여야 한다.

37. 토지의 평가는 평가대상토지와 용도지역 · 이용상황 · 지목 · 주변환경 등이 동일 또는 유사한 「부동산 가격공시 및 감정평가에 관한 법률」에 의하여 공시된 인근지역 또는 동일수급권안 유사지역내 표준지의 공시지가를 이용하여 공시기준일부터 평가기준일까지의 지가변동률 · 생산자물가상승률 및 기타사항을 종합적으로 참고하여 평가하여야 한다.

38. 건물의 평가는 가치평가접근법 중 자산접근법 또는 시장접근법의 적용을 우선 고려하여야 한다. 만일 자산접근법 또는 시장접근법에 의한 평가가 적정하지 않아 이익접근법에 의해 평가하는 경우 자산접근

법 또는 시장접근법을 사용하였을 경우와 비교하여 이익접근법이 타당한 근거를 문서화하고 평가의견서에 기재하여야 한다. 다만, 임대목적의 상업용건물의 경우 이익접근법을 우선적으로 적용할 수 있다.

39. 건설중인 건물, 설치중인 기계장치 등을 대상으로 가치평가를 하는 경우 가치평가접근법 중 자산접근법의 적용을 우선 고려하여야 한다. 만일 다른 방법을 사용하는 경우 자산접근법을 사용하였을 경우와 비교하여 그 다른 가치평가접근법이 타당한 근거를 문서화하고 평가의견서에 기재하여야 한다.

40. 산림의 평가는 임지와 입목을 구분하여 평가하여야 한다. 다만, 임지와 입목을 일체로 한 가격의 산정이 가능한 경우에는 이를 일괄하여 평가할 수 있다.

41. 임지의 평가는 토지의 평가방법에 따르고 입목의 평가는 자산접근법 또는 시장접근법을 적용하여야 하며, 특히 치수림과 소경목림의 경우에는 자산접근법의 적용을 우선 고려하여야 한다. 만일 다른 방법을 사용하는 경우 자산접근법을 사용하였을 경우와 비교하여 그 다른 가치평가접근법이 타당한 근거를 문서화하고 평가의견서에 기재하여야 한다.

42. 평가자가 광산이나 유전광구 등 자원관련 자산을 평가하는 경우 관련 업계에서 일반적으로 통용되는 평가 및 보고기준에 따라 업무를 수행하여야 한다.(「유전(가스)개발사업 모범공시기준」의 '제5편 유전개발사업의 평가' 참고)

43. 평가자가 채무증권을 포함한 채권에 대한 평가를 할 때에는 연체발생 여부, 채권 발행인(채무자)의 재무상태 등을 고려한 원리금 상환가능성에 대한 부분을 고려하여야 한다.

44. 평가자가 특허를 포함한 지적재산권에 대한 평가를 할 때에는 관련 법상 인정되는 지적재산권의 존속기간 등을 고려하여야 한다. 특허 및 전용실시권 등을 이익접근법으로 평가하는 경우 평가대상으로부터 미래 효익의 기대기간이 관련 법상 인정되는 특허의 존속기간을 초과하는 것은 적정하지 않다.

제4편 외부평가의견서

45. 평가자는 평가의견서의 이용자가 가치평가의 기초가 된 자료, 분석, 추론 등 평가내용을 이해할 수 있도록 외부평가의견서에 충분한 정보를 제공하여야 한다. 이러한 목적으로 제공되는 정보에는 다음의 사항들이 포함된다.
    가. 평가기관의 명칭
    나. 평가의뢰인
    다. 평가목적(주요사항보고서 등의 작성 및 공시첨부서류로 사용)
    라. 평가에 사용된 가정과 제한 조건
    마. 평가개요 및 평가대상자산
    바. 정보의 원천
    사. 평가대상회사, 관련 비재무적 정보 및 재무정보(재무제표 포함)의 분석내용
    아. 사용가능한 가치평가접근법 및 방법
    자. 평가에 사용된 가치평가접근법 및 세부평가방법, 사용한 방법의 타당성, 가중치부여 내용
    차. 최종가치 산출시 적용된 할증이나 할인등 가치조정사항 및 논리적 근거
    카. 평가기준일과 결산일이 다를 경우 평가기준일과 결산일 사이에 발생한 중요한 거래나 사건
    타. 외부전문가를 활용한 경우 그 내용
    파. 평가가액의 산출근거
    하. 평가가액과 평가의견
    거. 평가기간, 평가기준일
    너. 평가의견서 제출일까지 발생한 중요한 후속사건

46. 외부평가의 목적이 공시서류의 작성 및 그 첨부서류에 이용하는 것이므로 이를 부정하는 어떠한 책임제한 문구도 평가의견서에 기재해서는 안 된다.

※ 붙임 1. 부적절한 평가사례
붙임 2. 가치평가접근법

(붙임 1 : 부적절한 평가사례)

1. 평가대상자산에 대한 확인 소홀
   가. 미분양아파트를 평가함에 있어 미분양된 사실을 고려하지 아니하고 실제시가보다 높게 평가
   나. 평가대상토지에 대해 공법상 제한사항이 있음에도 불구하고 공법상 제한이 없는 상태를 가정한 용도지역기준으로 비교표준지가를 그대로 적용하여 평가
   다. 평가대상토지와 용도지역 · 이용상황 등이 유사한 표준지공시지가가 인근 지역에 소재하고 있음에도 불구하고 뚜렷한 이유없이 토지특성(용도지역, 이용상황, 주변환경 등)이 크게 차이나는 표준지를 비교표준지로 선정하여 평가
   라. 평가대상토지가 북동향의 하단부 완경사, 상단부 급경사임에도 불구하고 남향으로 평가하고, 맹지임에도 현황 임도를 통하여 출입이 가능한 것으로 평가
   마. 평가대상토지가 주변토지에 비하여 급경사 임야지대로 개발이행이나 용도전환 가능성이 다소 불리하여 공시지가가 낮음에도 불구하고 주변토지의 공시지가 수준으로 하루만에 평가
2. 평가에 이용되는 자료에 대한 검토없이 사용
   가. 회사가 제시한 자료의 신뢰성이나 합리성 여부에 대한 검토없이 평가에 이용
   나. 타전문가가 수행한 업무의 적정성 및 합리성 여부에 대한 검토없이 타전문가의 의견 · 평가내용에만 의존하여 그대로 인용하여 평가
3. 평가시 설정한 가정에 대한 합리적 근거 미비
   가. 평가시 투입되는 변수에 대한 합리적 근거 없이 가정하거나 평가치를 시나리오별로 제시하면서 각 시나리오 설정기준(예 : 시장점유율, 예상 판매량 등)에 대한 합리적인 근거 부재
   나. 특허에 대한 전용실시권을 평가하면서 특허권의 법적 존속기간을 초과하여 영구 사용가능한 것으로 가정하여 평가
4. 가치평가접근법 적용 오류
   가. 신생 벤처기업이나 적자기업 등의 가치평가에 자산접근법 또는 시장접근법의 적용을 고려하지 않고 이익접근법만을 적용하여 평가
   나. 영업활동을 수행하지 않고 부동산이나 타 회사의 지분을 보유함으로써 이익을 얻는 지주회사 평가시 자산접근법 또는 시장접근법을 고려하지 않고 이익접근법만을 적용하여 평가
   다. 야산에 장뇌삼 종자 파종 및 1년생 이식을 한지 2년이 안된 장뇌삼밭을 자산접근법 또는 시장접근법을 고려하지 않고 이익접근법만을 적용하여 평가
   라. 건물(공장)건설부지를 매입함에 있어 자산접근법 또는 시장접근법이 아닌 건물(공장)을 완공했을 경우를 가정한 이익접근법으로 평가
   마. 설립된 지 5년 미만인 기업가치를 평가하면서 자산접근법 또는 시장접근법의 적용을 고려하지 않고 실현가능성이 낮은 미래추정치를 근거로 이익접근법만을 적용하여 평가
5. 공정시장가치가 아닌 투자가치로 평가
   가. 기계장치가 설치되어 있지 않은 공장부지와 공장건물을 평가함에 있어 외국 유수의 기업으로부터 정밀한 설비라인을 설치한 경우를 가정하여 평가
   나. 건설중인 건물에 대하여 완성건물을 가정하여 이익접근법으로 평가하면서 미분양위험을 고려하지 않고 평가
   다. 이익접근법을 적용하여 평가하면서 평가대상 자산을 현재 상태와 다르게 가정(예 : 토지가 현재 농지임에도 산업용지로 가정)하여 평가
   라. 현재 염전인 토지를 휴양시설 건설부지로 쓰기 위해 매입하는 거래와 관련하여 관련 인허가 등이 결정되지 않았음에도 불구하고 휴양시설건설에 따른 개발이익을 반영하여 평가

6. 이익접근법 적용시 발생되는 오류

가. 기업의 위험보다 개별 특허기술의 사업위험이 일반적으로 높음에도 불구하고 할인율 산정시 기업의 위험을 산정하는 일반적인 방법인 WACC 방법을 적용하고 별도의 위험 미조정(평가대상자산 자체의 위험 미반영)

나. 미래 효익 추정시 예측기간을 5년 이상으로 확보하여야 함에도 불구하고 5년 미만으로 추정하여 평가

다. 영구가치산출시 적용하는 영구성장률을 과거 5년치 평균성장률보다 높게 추정하여 평가

라. 전환가능증권(CB, BW 등)이 있음에도 불구하고, 해당 증권의 전환 여부를 고려하여 주식수를 산출하지 아니하고 최종 주당가치를 산출

7. 과거 거래가격을 최종가치산출에 미고려

가. 양도자의 평가대상 자산 취득원가를 고려하지 않고 평가

나. 평가대상 자산의 경매평가 및 매각가격 선례가 있음에도 이를 조사 · 수집, 참작하지 않고 평가

8. 채권 발행인의 원리금상환능력을 미고려

가. 채권을 평가함에 있어 발행인의 원리금상환능력을 고려하지 않고 권면금액으로 평가

나. 미지급되어 연체상태인 급여채권임에도 채권평가시 이러한 사실을 미반영

9. 업무정지기간 중인 외부평가기관에 의해 평가

10. 성공보수조건으로 외부평가 계약을 체결

(붙임 2 : 가치평가접근법)

시장접근법

1. 시장접근법은 유사한 유가증권과의 비교를 통하여 평가대상의 가치를 결정하는 가치평가접근법이다.
2. 시장접근법에서 가장 보편적으로 사용되는 평가방법은 유사기업이용법, 유사거래이용법, 과거거래이용법이다.
   ① 유사기업이용법은 평가대상기업과 유사한 상장회사들의 주가를 기초로 산정된 시장배수를 이용하여 평가대상의 가치를 평가하는 방법이다.
   ② 유사거래이용법은 평가대상기업과 유사한 회사들의 지분이 기업인수 및 합병거래시장에서 거래된 가격을 기초로 산정된 시장배수를 이용하여 평가대상의 가치를 평가하는 방법이다.
   ③ 과거거래이용법은 평가대상기업 지분의 과거 거래가격을 기초로 시장배수를 산정하여 평가대상의 가치를 평가하는 방법이다.
3. 유사기업이 상장회사인 경우에는 시장배수 적용시 적절한 유동성 할인을 고려하고, 유사기업이 국내에 없을 경우에는 해외사례를 조정하여 사용하는 것을 고려하여야 한다.
4. 시장접근법을 적용함에 있어 가치평가과정에서 비교기준의 역할을 충실히 할 수 있는 비교대상의 선정이 가장 핵심이다. 시장접근법을 적용함에 있어 사용되는 유사기업은 평가대상기업과 동일한 산업에 속하거나, 동일한 경제 요인에 의해 영향을 받는 산업에 속해야 한다. 유사기업의 선정을 위해서는 합리적인 기준이 설정되어야 하며 선정과정에서 고려해야 할 요소들은 다음과 같다.
   ㈎ 사업 특성상의 정성적 · 정량적 유사성
   ㈏ 유사기업에 대하여 입수 가능한 자료의 양과 검증가능성
   ㈐ 유사기업의 가격이 독립적인 거래를 반영하는지 여부
5. 가치평가에서 보편적으로 사용되는 시장배수는 주가비율로서 주가이익비율(PER), 주가장부가치비율(PBR), 주가매출액비율(PSR), 주가현금흐름비율(PCR) 등이 있으며, 기업가치비율로서 EV/EBITDA, EV/EBIT 비율이 주로 활용된다. 시장배수의 선택과 계산은 다음과 같은 사항들을 고려하여 신중하게 이루어져야 한다.
   ㈎ 시장배수는 기업 가치에 대하여 의미 있는 정보를 제공하여야 한다.

(나) 시장배수의 계산에 사용되는 유사기업의 자료는 정확해야 한다.
(다) 시장배수의 계산은 정확해야 한다.
(라) 자료에 대한 평균값이 이용되는 경우에는 평균을 산정하는 기간과 평균산정방법이 적절해야 한다.
(마) 시장배수의 계산방식은 유사기업들과 평가대상기업에 대하여 일관성 있게 적용되어야 한다.
(바) 시장배수산정에 사용된 가격자료는 가치평가일 현재 유효해야 한다.
(사) 필요하다면 유사기업들과 평가대상기업 간의 비교가능성을 제고하기 위해 비경상적 항목, 비반복적 항목 및 영업과 관련이 없는 항목 등에 대한 조정을 고려해야 한다.

6. 과거거래이용법이 사용되는 경우에 해당 과거거래가 이루어진 이후 기간에 발생한 중요한 상황 변화에 대한 조정을 고려해야 한다.

이익접근법

7. 이익접근법은 평가대상으로부터 기대되는 미래 효익을 평가하여 평가대상의 가치를 결정하는 가치평가 접근법이다. 미래 기대효익은 화폐액으로 표현되어야 하며 이익 또는 현금흐름으로 표현될 수 있다. 미래 기대효익을 추정함에 있어 평가대상기업의 특성, 비경상적 수익 · 비용항목에 대한 조정, 자본구조, 과거 성과, 당해 기업과 소속 산업의 전망, 기타 경제적 요인을 종합적으로 고려하여야 한다. 일반적으로 이익접근법을 신생 벤처기업이나 적자기업 등의 가치평가에 적용하는 것은 적절하지 못할 수 있다.
8. 이익접근법에는 이익(현금흐름)자본화법, 현금흐름할인모형(또는 배당할인법), 경제적부가가치법, 초과이익할인법, 옵션평가모형 등이 있다.

(가) 이익자본화법은 평가대상으로부터 기대되는 미래 효익을 예측하여 자본환원율로 나누거나 자본환원계수를 곱함으로써 평가대상의 가치를 산정하는 방법이다. 이론적으로 자본화 대상이 되는 미래 효익은 이익이나 현금흐름을 이용하여 다양하게 정의될 수 있으나 실무상으로는 일반적으로 이익을 사용한다.
(나) 현금흐름할인모형(또는 배당할인법)은 평가대상으로부터 기대되는 미래 현금유입액(배당액)을 측정한 후 할인율을 적용하여 현재가치를 산정하는 방법이다. 현금흐름은 다양하게 정의될 수 있으나 실무상으로는 주주에게 귀속되는 잉여현금흐름, 기업전체에 귀속되는 잉여현금흐름 또는 미래 기대배당액이 사용된다.
(다) 경제적부가가치법은 영업투하자본에 미래 경제적 부가가치의 현재가치를 합하여 기업의 가치를 계산하고 순재무부채의 시장가치를 차감하여 평가대상의 가치를 산출하는 방법이다. 여기서 미래 경제적 부가가치는 미래 t기간의 세후순영업이익에서 자본비용을 차감한 금액의 현재가치이다. 경제적부가가치법은 다각화기업의 가치평가에 유용할 수 있다.
(라) 초과이익할인법은 현재의 자기자본 장부가치에 미래초과이익의 현재가치를 더하여 평가대상의 가치를 산출하는 방법이다. 미래초과이익은 자본비용을 초과하는 회계이익이므로 미래에 기대되는 자기자본이익률이 자본비용보다 높을 것으로 기대되어 양의 초과이익이 예상되면 가치가 창출되어 주주지분가치는 자기자본 장부가치보다 크게 된다.
(마) 옵션평가모형은 이항옵션모형, 블랙－숄즈모형 등을 활용하여 평가대상의 가치를 측정하는 방법이다. 특히, 벤처기업의 경우 시장환경이 불확실하고 환경변화에 따라 후속투자의 확대, 연기, 포기 등 다양한 선택권을 보유하므로 경영자의 의사결정 여하에 따라 미래현금흐름과 투자비용이 크게 변할 수 있으며 이러한 의사결정상의 유연성의 가치를 옵션평가모형으로 평가할 수 있다.

9. 미래 효익 추정시 예측기간은 5년 이상 충분히 길게 하고 과거 장기간의 추세분석을 바탕으로 기업이 속한 산업의 경기순환주기를 결정하는 경우 경기순환주기상 중간점에서의 이익수준에 근거하여 영구가치를 산출하여야 한다. 또한 영구가치산출시 적용하는 영구성장률은 과거 5년치 평균성장률을 넘지 않도록 추정한다.
10. 자본환원율이나 할인율은 평가대상으로부터 기대되는 미래 효익이나 현금흐름이 발생되는 시점, 위험요소, 성장성 및 화폐의 시간가치 등을 종합적으로 고려하여 결정하여야 한다. 자본환원율이나 할인율

은 가치평가에 사용되는 이익 또는 현금흐름의 정의와 일관성이 있어야 한다. 예를 들어, 세전이익에는 세전 자본환원율을 적용하여야 하며 세후이익에는 세후 자본환원율을 적용하여야 한다. 또한 주주에 귀속되는 잉여현금흐름이나 배당금에는 자기자본비용을, 기업전체에 귀속되는 잉여현금흐름은 가중평균자본비용을 사용하여 할인하여야 한다.

11. 비업무용 자산가치를 고려하여야 하며 전환가능증권(CB, BW 등)이 있는 경우, 해당 증권의 전환 여부를 고려하여 주식수를 산출하고 최종 주당가치를 산출해야 한다.

자산접근법

12. 자산접근법은 자산에서 부채를 차감한 순자산의 가치를 이용하여 평가대상의 가치를 결정하는 가치평가접근법이다. 자산접근법을 적용함에 있어서 재무상태표상 자산 · 부채는 가치평가기준일의 공정가치로 측정되어야 한다. 만약 매각을 전제로 한 가치평가인 경우에는 매각과 관련된 비용이 고려되어야 한다.

13. 자산접근법을 적용하는 일반적인 절차는 다음과 같다.

(가) 한국채택국제회계기준(K-IFRS)에 따라 작성된 재무상태표를 입수한다.

(나) 취득원가로 기록된 자산과 부채의 가액을 공정가치로 조정한다.

(다) 재무상태표에 누락되어 있는 부외자산 및 부외부채의 공정가치를 측정한다.

(라) 공정가치로 측정된 개별 자산과 부채를 기초로 공정가치기준 재무상태표를 작성하고 이를 이용하여 가치평가를 수행한다.

14. 자산접근법은 평가대상기업이 영업활동을 수행하지 않고 부동산이나 타 회사의 지분을 보유함으로써 이익을 얻는 지주회사이거나 청산을 전제로 한 기업인 경우에 적절한 방법이다. 계속기업을 전제로 한 가치평가에서 자산접근법만을 유일한 방법으로 선택해서는 안 되며 만일 자산접근법만을 사용하는 경우에는 그에 대한 정당한 근거를 제시하여야 한다.

기업가치평가실무

세무 · 회계 지식서비스 분야의 선두주자 조세통람

국내 재경실무분야를 선도하는 No 1. Knowledge Provider

Chapter

9

상속세및증여세법에 의한 주식가치평가

Section 1 개요

상속세및증여세법은 피상속인의 사망 또는 재산의 증여에 있어 상속재산 또는 증여재산에 대한 과세기초를 마련하고 아울러 상속재산 또는 증여재산의 평가기준을 두고 있다.

상속이나 증여는 일반적인 매매 · 양도와 달리 상속 또는 증여재산에 대한 반대급부가 없으므로 과세의 기초가 되는 재산의 평가기준이 필요하다.

상속세및증여세법에 따른 주식가치평가방법은 상속재산 및 증여재산의 평가 외에도 널리 이용된다. 상속(증여)재산을 평가하기 위한 방식이 널리 이용되는 것은 시가보다 낮거나 높은 가격으로 매매하는 방법 등을 통해 실질적인 증여효과를 가져올 수 있으며, 이러한 실질적인 증여효과를 측정하기 위한 기준을 필요로 하기 때문이다.

또한 「법인세법」상 부당행위계산의 부인을 적용함에 있어 시가가 불분명한 경우에는 상속세및증여세법상의 주식가치평가방법을 준용(法令 §89 ②)하고 있는 점도 상속세및증여세법상의 평가방법이 중요하게 다루어지는 이유 중 하나이다.

기업경영활동 및 기업과 개인 간의 경제활동과정에서 유가증권이나 기타 재산의 매매 · 인수 · 교환 등은 쉴 새 없이 발생한다. 이때 재산의 매매 · 인수 또는 교환의 당사자가 회사의 주주, 임원이나 그의 가족, 계열사 등인 경우, 즉 「법인세법」상 특수관계인에 해당하고, 거래당사자가 거래한 매매 · 인수 · 교환가격이 정상가격(시가)을 벗어난다면 부당행위계산의 부인규정에 따라 정상가격과 실제거래가격과의 차이에 해당하는 금액에 대한 세금부담 문제가 발생한다. 부당행위계산의 부인규정에 따라 정상가격과 거래가격과의 차이금액에 대해서는 법인은 법인세를 부담할 수 있으며, 임직원이나 주주 등 거래당사자인 특수관계인은 상여 또는 배당을 받은 것으로 간주하여 소득세를 부담할 수 있다. 상속세및증여세법상의 재산평가방법이 본법의 범위를 넘어 다른 세법에서도 동 평가방법을 준용하고 있으므로 실무적으로 특수관계인 간의 거래가 있을 경우에는 상속세및증여세법에 의한 재산평가는 필수적인 절차가 되었다.

참고

본 장(章)에서는 상속세및증여세법과 법인세법 등 관련 법령과 각종 예규 · 판례 등에 대한 설명이 포함되어 있다. 본 장에서 사용하는 법령 등에 대한 표시방법은 아래에 따른다.

상증법(相續法)	상속세(相續稅)및증여세(贈與稅)법
상증령(相贈令)	상속세및증여세법시행령(施行令)
상증칙(相贈則)	상속세및증여세법시행규칙(施行規則)
통칙	상속세및증여세법기본통칙(基本通則)(通則)
예규	상속세및증여세법 등 관련 예규(例規) (예) 서면4팀-105 : (서사-105)
판례	상속세및증여세법 등 관련 판례(判例)

법인세법(法法) 및 법인세법시행령(法令)
지방세법(地法) 및 지방세법시행령(地令)
국세기본법(基法), 조세특례제한법(租特法)

1. 평가의 원칙

상속세및증여세법(相續稅및贈與稅法)은 상속재산 또는 증여재산을 상속개시일 또는 증여일(평가기준일) 현재의 시가에 따라 평가하는 것을 원칙으로 하고 있다(相贈法 §60 ①). 따라서 피상속인의 사망으로 상속을 받는 자나 증여에 의해 주식을 받는 자는 상속세및증여세법의 평가방법에 따라 주식가치를 평가하여야 한다.

상속세및증여세법에서 규정하는 '시가'란 '불특정다수인 사이에 자유로이 거래가 이루어지는 경우에 통상 성립된다고 인정되는 가액'으로 정의하고 있다(相贈法 §60 ②). 이때 시가에는 수용·공매가격 및 감정가격 등 대통령령이 정하는 바에 의하여 시가로 인정되는 것을 포함한다. 다만, 시가를 산정하기 어려운 경우에는 해당 재산의 종류·규모·거래상황 등을 감안하여 보충적 평가방법(상속세및증여세법 제61조 내지 제65조에 규정된 방법)에 의하여 평가한 가액에 의해 상속재산 및 증여재산을 평가하게 된다(相贈法 §60 ③).

「한국채택국제회계기준(K-IFRS)」에서는 시가와 유사한 개념으로 공정가액이라는 개념을 사용하고 있다. '공정가액'이란 '합리적인 판단력과 거래의사가 있는 독립된 당사자 간에 거래될 수 있는 교환가격'을 말한다. 상속세및증여세법상의 시가와 「한국채택국제회계기준(K-IFRS)」에서 정의하고 있는 공정가액의 개념이 이해관계가 없는 제3자와의 정상적인 거래가격을 전제로 한다는 점에서 유사하다고 볼 수 있다.

한편, 「법인세법」에서는 부당행위계산의 부인을 적용함에 있어 시가의 개념을 별도로 규정하고 있다. 「법인세법」에서의 '시가'는 건전한 사회통념 및 상관행과 특수관계인이 아닌 자 간의 정상적인 거래에서 적용되거나 적용될 것으로 판단되는 가격(요율·이자율·임대료 및 교환비율 기타 이에 준하는 것을 포함)으로 하고 있다(法法 §52). 시가를 적용함에 있어 해당 거래와 유사한 상황에서 해당 법인이 특수관계인 외의 불특정다수인과 계속적으로 거래한 가격 또는 특수관계인이 아닌 제3자 간에 일반적으로 거래된 가격이 있는 경우에는 그 가격에 의하도록 하고 있다.

「법인세법」상 시가를 적용함에 있어 특수관계인이 아닌 제3자 간에 거래된 가격이 없어 시가가 불분명한 때에는 (「부동산 가격공시 및 감정평가에 관한 법률」에 의한) 감정평가법인이 감정한 가액이 있는 경우 그 가액을 우선적으로 적용한다(法令 §89 ② 1호). 동일한 재산에 대하여 둘 이상의 감정기관이 평가한 가액이 있는 경우에는 그 평균액을 재산가액으로 한다. 다만, 비상장주식의 평가에 있어서는 감정평가법인의 감정가액을 시가로 인정하지 않는다. 비상장주식과 감정가액이 없는 재산에 대해서는 상속세및증여세법 제38조에서 제39조의 2에서 규정한 방법(합병에 따른 이익의 증여 · 증자에 따른 이익의 증여 · 감자에 따른 이익의 증여재산가액을 계산하기 위한 1주당 평가방법)과 동법 제61조에서 제64조의 규정(각 재산별 "보충적 평가방법")에 의한 평가방법을 준용하여 평가한 가액으로 하도록 하고 있다(法令 §89 ② 2호). 참고로, 금전의 대여 또는 차용에 있어서는 감정가액과 상속세및증여세법상의 규정을 배제하고 기획재정부령이 정하는 당좌대출이자율을 시가로 한다(法令 §89 ③)는 점에 주의할 필요가 있다.

2. 평가의 기준

상속세및증여세법상 재산의 평가는 시가에 의하며 시가는 불특정다수인 사이에 자유로이 거래가 이루어지는 경우에 통상 성립된다고 인정되는 가액을 말한다. 이 경우 주권상장법인(유가증권시장 및 코스닥시장 상장법인)의 주식가치평가방법(상속세및증여세법 제63조 제1항 제1호 가목에 규정된 상장주식 평가방법을 말하며, 기업공개준비 중인 법인 · 코스닥시장 상장준비 중인 법인 및 미상장주식에 대하여 평가한 경우는 제외)에 의하여 평가한 가액은 이를 시가로 본다(相贈法 §60 ①). 따라서 비상장법인주식도 매매가 활발하다면 그 거래가액이 우선적으로 적용된다고 할 수 있다. 그러나 불특정다수인 사이에 자유로이 거래가 이루어져야 하므로 특수관계인과의 거래 등 그 가액이 부당하다고 인정되는 경우는 제외되어야 할 것이다. 즉 매매사례가액이 있더라도 이를 모두 인정할 수 없으며 평가기간과 시가로 인정되는 매매사례가액 등이 무엇인지에 대해 파악해야 한다.

참고 「자본시장과 금융투자업에 관한 법률」 제정에 따른 용어의 변경

「자본시장과 금융투자업에 관한 법률」은 자본시장에서의 금융혁신과 공정한 경쟁을 촉진하고 투자자를 보호하며 금융투자업을 건전하게 육성함으로써 자본시장의 공정성, 신뢰성 및 효율성을 높여 국민경제에 이바지함을 목적으로 제정되었다. 금융위원회는 기존의 증권거래법, 선물거래법, 간접투자자산운용업법 등의 법률을 자본시장법으로 통합하였으며 시행시기를 미뤄오다 2009년 2월부터 본격적으로 시행되었다. 이에 따라 상속세및증여세법에 명시된 증권거래법은 「자본시장과 금융투자업에 관한 법률」로 변경되었다. 다만, 일부 법조항에서 폐지된 증권거래법이라는 법명을 그대로 사용하는 경우가 다수 있으나, 실무에서 혼란을 가져올 정도는 아니라 생각된다.

「자본시장과 금융투자업에 관한 법률」 '제3편 증권의 발행 및 유통'편에서는 기존의 증권거래법의 내용 중 증권신고서, 기업의 인수합병 관련 내용을 규정하고 있는 데 이 중 제3장의 2에서 주권상장법인에 대한 특례를 두고 있다. 주권상장법인에는 유가증권시장과 코스닥시장에 상장된 법인 모두를 일컫는 것으로 변경되었다. 이러한 용어변경도 상속세및증여세법상의 각 법조항에 혼란을 일으키고 있는 데 기존에는 주권상장법인을 유가증권시장에 상장된 법인을 일컫는 용어로 사용하였으며, 코스닥시장에 상장된 법인은 코스닥상장법인으로 구분하였기 때문이다. 유가증권시장(일명 '코스피')과 코스닥시장(일명 '코스닥')은 거래되는 시장이 다를 뿐 동일하게 '주권상장법인'으로 통합되었다는 점에 주의하기 바란다. 본서에서도 이들의 구분을 없애고 '주권상장법인'이라는 용어로 통일하였으며, 필요한 경우에 한해 '유가증권시장'과 '코스닥시장'을 구분하였다. 또한, 기존의 '주권상장법인 등'(유가증권시장과 코스닥시장의 상장법인을 아우르는 표현)은 '주권상장법인'으로 변경 표시하였다.

「자본시장과 금융투자업에 관한 법률」 제정으로 기존의 '한국증권선물거래소'도 '한국거래소(KRX)'로 명칭이 변경되었으나, 상속세및증여세법의 법조항 일부에서는 기존의 한국증권거래소(통합전 명칭) 또는 거래소로 표시된 경우가 일부 있으나, 본서에는 '한국거래소'로 표시하였다.

2.1 평가기간

객관적인 거래사실이 있는 경우에는 그 거래가액을 시가로 볼 수 있으나 자산의 가치는 시간이 지날수록 변하는 것이므로 '어느 시점까지의 거래가액을 시가로 볼 것인가' 하는 의문이 제기될 수 있다. 상속세및증여세법에서는 '평가기준일 전 · 후 6개월(증여재산의 경우에는 평가기준일 전 6개월부터 평가기준일 후 3개월)' 이내의 기간(평가기간) 중에 매매 · 감정 · 수용 · 경매 · 공매(매매 등)이 있는 경우에는 그 거래가액(매매사례가액 등)을 시가로 인정한다(相贈令 §49 ①). 따라서 매매사례가액 등이 있더라도 평가기준일 전 · 후 6개월(증여재산의 경우에는 평가기준일 전 6개월부터 평가기준일 후 3개월)보다 전(前)기간이거나 후(後)기간인 경우에는 원칙적으로는 시가로 인정되지 않는다.

다만, 평가기간에 해당하지 아니하는 기간으로서 평가기준일 전 2년 이내의 기간(평가기간은 제외함) 중에 매매 등이 있는 경우에도 평가기준일로부터 매매계약일 등에 해당하는 날까지의 기간 중에 주식발행회사의 경영상태, 시간의 경과 및 주위환경의 변화 등을 감안하여 가격변동의 특별한 사정이 없다고 인정되는 때에는 평가심의위원회의 심의를 거쳐 당해 매매 등의 가액을 매매가액 등으로 확인되는 가액에 포함할 수 있다. 평가심의는 상속세 또는 증여세 납부의무가 있는 자와 지방국세청장 및 관할세무서장이 요청할 수 있다. 또한, 평가기간이 경과한 후부터 상속세법및증여세법 시행령 제78조 제1항에 따른 법정결정기한(상속세의 경우 신고기한부터 9개월, 증여세의 경우 신고기한부터 6개월)까지의 기간 중에 매매 등이 있는 경우에도 이를 시가에 포함시킬 수 있다.

이때 매매계약일 등은 매매의 경우 매매계약일을 의미하며, 감정을 받은 경우에는 가격산정기준일과 감정가액 평가서를 작성한 날, 재산의 수용·경매·공매사실이 있는 경우에는 보상가액·경매가액 또는 공매가액이 결정된 날을 의미한다(相贈令 §49 ②).

2.2 시가로 인정되는 경우

상속세및증여세법상 시가로 인정되는 경우란 매매사실이 있는 경우, 공신력 있는 감정기관의 감정가액이 있는 경우와 재산의 수용·경매 또는 공매사실이 있는 경우를 말한다(相贈令 §49 ①). 평가기간 이내에 시가로 보는 가액이 2 이상인 경우에는 평가기준일을 전후하여 가장 가까운 날에 해당하는 가액(그 가액이 2 이상인 경우에는 그 평균액)으로 평가한다(相贈令 §49 ②).

- 당해 재산에 대한 매매사실이 있는 경우에는 그 거래가
- 공신력 있는 감정기관의 감정가액이 있는 경우에는 그 감정가액(주식등은 제외)
- 수용·공매·경매가액이 있는 경우 그 보상가액

한편, 평가기간 중 매매등으로 인해 시가로 인정되는 가액을 적용함에 있어 매매등이 있은 날이 평가기준일 전에 해당하는 경우로서 매매 등이 있은 날로부터 평가기준일까지 해당 재산에 대한 자본적 지출액이 확인되는 경우에는 그 자본적 지출액을 매매사례가액등에 더할 수 있다(相贈令 §49 ⑤).

(1) 해당 재산에 대한 매매사실이 있는 경우에는 그 거래가액

해당 재산에 대하여 평가기준일 전·후 6개월(증여재산의 경우에는 평가기준일 전 6개월부터 평가기준일 후 3개월) 이내에 매매사실이 있는 경우에는 그 거래가액을 시가로 본다. 다만, 그 거래가액이 특수관계인과의 거래 등으로 그 가액이 객관적으로 부당하다고 인정되는 경우에는 그 거래가액을 시가로 보지 않는다.

특수관계인과의 거래는 아니나 거래된 비상장주식의 가액(액면가액의 합계액을 말함)이 다음의 금액 중 적은 금액 미만인 경우에는 시가로 인정되는 매매사례가액으로 보지 않는다(相贈令 §49 ① 1호).

① 거래된 비상장주식의 액면가액의 합계액이 해당 법인의 발행주식총수 또는 출자총액의 100분의 1에 해당하는 금액

② 3억원(거래된 비상장주식의 액면가액의 합계액)

종전에는 특수관계인이 아닌 자 간의 거래라면 반복적·대량적 거래가 아닌 일회성 거래라 하더라도 동 거래가 의도적인 조작거래가 아니고, 객관적 교환가치가 반영된 것이라면 시가로 볼 수 있다고 보았으나(국심 2004구290, 2004.7.6.) 일회성 거래의 조작거래 여부를 입증하기가

쉽지 않아 시가로 인정받을 만한 유의한 거래의 기준을 재정비하였다. 이때 거래된 비상장주식의 액면가액의 합계액이 3억원을 넘도록 한 규정은 액면가액의 많고 적음으로 유의한 거래로 판단할 수 있는 지에 대한 의문이 있다. 가령, 액면금액총액은 작지만 누적이익이 많아 가치가 큰 기업의 경우 유의한 거래로서 액면가액을 기준으로 할 경우 매매사례가액으로 인정되지 않는 문제가 발생할 수 있다. 유의한 거래기준 설정에 대한 재고가 필요하리라 판단된다. 한편, 위의 거래규모에 미치지 못하더라도 평가심의위원회의 심의를 거쳐 그 거래가액이 거래의 관행상 정당한 사유가 있다고 인정되는 경우에는 그 거래가액을 인정할 수 있다.

(2) 공신력 있는 감정기관의 감정가액이 있는 경우에는 그 감정가액

해당 재산(주식 및 출자지분 제외)에 대하여 2 이상의 공신력 있는 감정기관이 평가한 감정가액이 있는 경우에는 그 감정가액의 평균액(기준시가 10억원 이하 부동산의 경우 하나의 감정가액도 가능)을 시가로 인정한다. 다만, 감정가액이 아래의 어느 하나에 해당하는 경우 적절한 시가를 반영하지 않는 것으로 보아 제외한다.

① 일정한 조건이 충족될 것을 전제로 하여 해당 재산을 평가하는 등 상속세 및 증여세의 납부 목적에 적합하지 아니한 감정가액

② 평가기준일 현재 해당 재산의 원형대로 감정하지 아니한 경우의 해당 감정가액

한편, 해당 감정가액이 보충적 평가방법(상속세및증여세법 제61조 · 제62조 · 제64조 및 제65조의 규정에 의하여 평가한 가액)에 따라 평가한 가액과 '유사재산시가'의 100분의 90에 해당하는 가액 중 적은 금액(이하 "기준금액")에 미달하는 경우에는 세무서장이 다른 감정기관에 의뢰하여 감정한 가액에 의한다. 만일 세무서장이 의뢰한 감정가액이 납세의무자가 제시한 감정가액보다 낮은 경우에는 납세의무자가 제시한 가액으로 한다. 또한 감정가액이 기준금액 이상인 경우라 하더라도 평가심의위원회의 심의를 거쳐 감정평가목적 등을 감안하여 감정가액이 부적정하다고 인정되는 경우에도 세무서장은 다른 감정기관에 감정을 의뢰한 가액으로 할 수 있다. 이때 '유사재산시가'란 당해 재산과 면적 · 위치 · 용도 · 종목 및 기준시가가 동일하거나 유사한 다른 재산에 대한 매매사례가액, 감정가액 또는 공매 · 경매가액이 있는 경우의 가액(相贈則 §15 ③)을 의미하여 이러한 '유사재산시가'는 동일하게 시가로 인정된다(相贈令 §49 ④). 다만, 유사재산시가는 시가로 인정되지만 평가기간 이내에 매매가액, 감정가액 및 수용 · 공매 · 경매가액 등 시가인정가액이 2 이상일 때 평가가기준일에서 가장 가까운 날에 해당하는 감정가액(그 가액이 2 이상인 경우에는 그 평균액)에서 유사재산시가는 제외됨에 주의한다. 즉, 유사재산시가는 평가기간 내의 매매가액 등과 비교하여 후순위로 평가된다.

납세의무자가 감정기관의 감정가액을 제시하였다 하더라도 일정한 조건이 충족될 것을 전제로 해당 재산을 평가하는 등 상속세 및 증여세의 납부목적에 부합하지 않거나 평가기준일 현재

해당 재산의 원형대로 감정하지 아니한 경우의 해당 감정가액도 시가로 인정받을 수 없다.

종전에는 공신력 있는 감정기관의 감정가액이 있다 하더라도 상속세 및 증여세 납부 외의 목적으로 평가한 감정가액만을 인정하였으나, 감정목적에 관계없이 감정가액을 인정하되 부적정하다고 인정되는 경우에는 세무서장이 재감정을 의뢰하는 방향으로 개선되었다. 동시에 해당 재산에 대한 감정가액, 보충적 평가액 및 유사재산시가를 상호 비교하여 세무서장이 재감정을 의뢰하도록 하여 감정가액의 저평가 우려를 보완하였다.

또한 공신력 있는 감정기관의 감정가액을 시가로 인정하되 감정기관의 부실감정을 막기 위해 세무서장 또는 지방국세청장은 원감정기관이 평가한 감정가액이 다른 감정기관이 평가한 감정가액의 100분의 80에 미달할 경우 1년간 시가불인정 감정기관으로 지정할 수 있으며 시가불인정 감정기관이 평가하는 감정가액은 시가로 인정되지 않는다(相贈法 §60 ⑤). 시가불인정 감정기관 지정은 세무서장의 의뢰로 평가심의위원회에서 부실감정의 고의성 및 원감정가액이 재감정가액에 미달하는 정도를 감안하여 심의하게 된다(相贈令 §49 ⑦).

주식에 있어서는 감정가액을 인정하지 않으므로 이러한 내용이 주식가치평가에 있어 직접적인 관련은 없으나 보충적 평가방법을 사용하여 비상장주식을 평가할 때 개별 자산의 평가에 의해 순자산가치를 도출하게 되므로 궁극적으로는 주식가치평가에 간접적인 영향이 있다고 하겠다. 즉, 비상장주식의 평가 자체에는 감정가액이 적용되지 않지만 비상장주식의 자산가치 산출과정에서 토지 · 건물과 같은 자산에 대해서는 감정가액이 적용될 수 있는 것이다.

● 대법원 2000두5098, 2001.8.21.

공신력 있는 감정기관이 객관적이고 합리적인 방법으로 평가한 감정가액은 시가로 볼 수 있어 '2 이상의 공신력 있는 감정기관이 상속세 및 증여세 납부 외의 목적으로 평가한 감정가액의 평균액'이 아니라는 사실만으로 보충적 평가액에 의함은 부당함.

(3) 수용 · 공매 · 경매가액이 있는 경우 그 보상가액

보상가액 · 공매가액 등이 결정된 날로부터 평가기준일 전후 6개월(증여재산의 경우에는 평가기준일 전 6개월부터 평가기준일 후 3개월) 이내에 해당 재산에 대해 수용 · 경매 또는 공매사실이 있는 경우에는 그 보상가액 · 경매가액 또는 공매가액을 시가로 인정한다.

반면, 경매 및 공매제도를 통하여 낮은 가액으로 취득한 비상장주식을 상속 · 증여하여 상속세 · 증여세를 회피하는 것을 예방하기 위해 경매 및 공매를 통해 취득한 비상장주식에 대해 다음의 경우에는 그 취득가액을 시가로 인정하지 않는다.

① 물납한 재산(상속세및증여세법 제73조에 따라 물납한 재산)을 상속인 또는 그의 특수관계인이 경매 또는 공매로 취득한 경우
② 경매 또는 공매로 취득한 비상장주식의 가액(액면가액의 합계액을 말함)이 액면가액의 합계액으로 계산한 해당 법인의 발행주식총액의 100분의 1 미만이거나 액면가액이 3억원 미만인 경우
③ 경매 또는 경매절차의 개시 후 관련 법령이 정한 바에 따라 수의계약에 의하여 취득하는 경우

(4) 기타의 경우

평가기간 내에 유상증자(또는 전환사채의 전환)가 있는 경우 그 유상증자가액(또는 전환사채의 전환가액)이 시가로 인정될 수 있는지에 대한 논란이 있을 수 있는데 유상증자가액은 적정한 시가로 판단하기가 어렵다. 기존주주를 상대로 유상증자를 하는 경우는 말할 것도 없이 제3자 배정에 의한 유상증자방식이라 하더라도 유상증자가액에는 단순한 시가 정보만 반영되어 있는 것이 아니라 유상증자에 참여한 투자자의 복합적인 이해관계가 포함되어 있는 경우가 일반적이다. 이러한 이유로 상속세및증여세법은 유상증자가액(제3자배정 유상증자 포함)을 시가로 인정되는 매매사례가액 등으로 열거하고 있지 않다.

> ● 서사-1588, 2005.9.2.
> 증여일 전후 3개월 이내에 매매사실이 있는 경우 그 거래가액이 특수관계자와의 거래 등 객관적으로 부당하다고 인정되는 경우를 제외하고는 시가로 인정될 수 있으나, 유상증자시 신주 1주당 인수가액 또는 전환사채의 전환가액은 시가로 보지 아니함.

그럼에도 불구하고 과세당국에서 유상증자가액을 시가로 보아 과세한 사례가 있는데 이는 유상증자가액이 거래의 정황을 고려할 때 시가로 볼 수 있을 만한 충분한 이유가 있는 경우에 한할 것이다. 원칙적으로 유상증자가액은 시가로 보지 않는다.

> ● 국심 2004서3921, 2005.5.16.
> ○○○㈜의 대표이사는 ○○○㈜의 등기이사인 신○○로부터 보충적 평가방법에 따라 계산한 주당 5,000원에 주식을 양수하였으며, 처분청은 주식양도일 전 3개월 이내에 주당 416,600천원에 유상증자를 실시한 금액을 시가로 보아 증여세를 과세함. 유상증자가 기존 주주들만을 대상으로 하거나 자금조달목적 이외의 다른 목적으로 유상증자를 실시하는 경우 등 신주발행가액 산정이 비합리적인 요인이 개입되었다는 이례적인 경우라면 유상증자 발행가액을 시가로 보기 어려우나, 외부투자기관이 순순하게 투자이익을 목적으로 유상증자의 방법으로 신주를 인수하는 경우에는 일반적인 매매거래와 차이가 없다고 보아 신주발행가액을 발행당시의 주식가치를 적정하게 반영하는 것으로 판단함.

2.3 매매사례로 볼 수 없는 특수관계인 간의 거래

매매사실이 있더라도 특수관계인 간의 매매가액 등 그 가액이 부당하다고 인정되면 시가에서 제외되므로 상속세및증여세법에서의 특수관계인의 범위를 파악해야 한다. 각 세법에서는 특수관계인의 범위를 달리 적용하고 있는데 「법인세법」상의 부당행위계산의 부인, 「소득세법」상의 부당행위계산의 부인 및 상속세및증여세법상의 특수관계인의 범위는 다르므로 일괄적으로 적용할 수는 없다.

상속세및증여세법에서 다루는 '특수관계인'은 친족관계, 경제적 연관관계 또는 경영지배관계 등을 고려하여 판단하는데 본인과 다음의 어느 하나에 해당하는 관계에 있는 자를 말한다(相贈令 §2의 2 ①).

① 친족관계에 해당하는 자(이하 "친족관계")

㉠ 6촌 이내의 혈족

㉡ 4촌 이내의 인척

㉢ 배우자(사실상의 혼인관계에 있는 자를 포함)

㉣ 친생자로서 다른 사람에게 친양자 입양된 자 및 그 배우자 · 직계비속

㉤ 직계비속의 배우자의 2촌 이내의 혈족과 그 배우자

상기 '친족관계' 중 ㉠~㉣의 친족관계는 「국세기본법 시행령」 제1조의 2의 친족관계를 인용한 것이고, 상속세및증여세법은 ㉤의 친족관계를 추가로 정하고 있다.

② 사용인(출자에 의하여 지배하고 있는 법인의 사용인을 포함)이나 사용인 외의 자로서 본인의 재산으로 생계를 유지하는 자. 이때 '사용인'이란 임원, 상업사용인, 그 밖에 고용계약관계에 있는 자를 말한다. 또한 '출자에 의하여 지배하고 있는 법인'이란 아래의 '⑥' 또는 '⑦'에 해당하는 법인이나 본 법령에서 규정하는 '특수관계인'이 발행주식총수의 100분의 50 이상을 출자하고 있는 법인을 말한다.

③ 다음 중 어느 하나에 해당하는 자

㉠ 본인이 개인인 경우 : 본인이 직접 또는 본인과 '친족관계'에 있는 자가 임원에 대한 임면권의 행사 및 사업방침의 결정 등을 통하여 그 경영에 관하여 사실상의 영향력을 행사하고 있는 기획재정부령으로 정하는 기업집단의 소속 기업[해당 기업의 임원(법인세법시행령 제20조 제1항 제4호에 따른 임원과 퇴직 후 5년이 지나지 아니한 그 임원이었던 사람으로서 사외이사가 아니었던 사람을 말함)을 포함]

㉡ 본인이 법인인 경우 : 본인이 속한 기획재정부령으로 정하는 기업집단의 소속 기업(해당 기업의 임원을 포함)과 해당 기업의 임원에 대한 임면권의 행사 및 사업방침의 결정 등을 통하여 그 경영에 관하여 사실상의 영향력을 행사하고 있는 자 및 그와 '친족관

계'에 있는 자

④ 본인, 위의 '①~③'까지의 자 또는 본인과 위의 '①~③'까지의 자가 공동으로 재산을 출연하여 설립하거나 이사의 과반수를 차지하는 비영리법인

⑤ 위의 '③'에 해당하는 기업의 임원이 이사장인 비영리법인

⑥ 본인, 위의 '①~⑤'까지의 자 또는 본인과 위의 '①~⑤'까지의 자가 공동으로 발행주식총수(또는 출자총액)의 100분의 30 이상을 출자하고 있는 법인

⑦ 본인, 위의 '①~⑥'까지의 자 또는 본인과 위의 '①~⑥'까지의 자가 공동으로 발행주식총수(또는 출자총액)의 100분의 50 이상을 출자하고 있는 법인

⑧ 본인, 위의 '①~⑦'까지의 자 또는 본인과 위의 '①~⑦'까지의 자가 공동으로 재산을 출연하여 설립하거나 이사의 과반수를 차지하는 비영리법인

● 통칙 35-26…2 법인의 경영에 영향력을 행사하는 자의 범위

영 제26조 제4항 제3호에서 '법인의 경영에 대하여 영향력을 행사하고 있다고 인정되는 자'라 함은 양도자 등이 법인인 경우로서 거래상대방이 직접 당해 법인의 조직변경, 이사의 임면권의 행사 또는 신규사업에의 투자 등 주요 의사결정이나 업무집행에 사실상 지배적인 영향력을 행사하고 있는 자를 말한다. (2019.12.23. 삭제)

참고 **기획재정부령이 정하는 기업집단의 소속기업(相贈則 §9)**

영 제19조 제2항 제3호 및 영 제26조 제4항 제2호에서 '기획재정부령이 정하는 기업집단의 소속기업'이라 함은 「독점규제 및 공정거래에 관한 법률 시행령」 제3조 각 호의 1에 해당하는 기업집단에 속하는 계열회사를 말한다. 국세청장은 필요한 경우에는 「독점규제 및 공정거래에 관한 법률 시행령」 제3조 제2호 라목에서 규정하고 있는 사회통념상 경제적 동일체로 인정되는 회사의 범위에 관한 기준을 정하여 고시할 수 있다.

특수관계인의 범위에 포함되는 사용인관계는 원칙적으로 법인과 사용인 간의 관계를 의미하므로 주주와 법인 소속의 임직원 간의 관계를 의미하지는 않는다. 그러나 법인의 의사결정에 중요한 영향력을 행사할 수 있는 주주는 동 법인의 사용인에 대해 사용인관계가 있는 것으로 볼 수 있다. 이때 사용인의 범위는 법인의 임원과 종업원을 포함한다(相贈則 §4). 이때 저가·고가양도에 따른 이익의 증여 등의 규정을 적용할 때 중요한 영향력을 행사할 수 있는 주주(주주 1인 및 그와 특수관계인)는 통상 30% 이상의 지분을 보유한 주주를 말한다(서사-1165, 2005.7.8.).

예제 9-1 평가기간 및 매매사례가액

비상장기업인 평가대상기업의 주식의 평가기준일은 20×1년 8월 31일이다. 평가대상기업의 주식에 대한 매매사례가액 등이 다음과 같을 때 평가대상기업에 적용될 적정한 시가는 무엇인가? 동 비상장기업에 대한 평가목적은 특수관계인과의 거래시 적정한 양수도가격을 파악하는 데 있다

① 특수관계인이 아닌 자와 거래(매매계약일 : 20×1년 2월 12일)한 1주당 가격 : 30,000원

② 제3자 배정방식에 의한 유상증자(20×1년 5월 25일)의 1주당 금액 : 45,000원

③ 특수관계인과의 거래(매매계약일 : 20×1년 4월 20일)한 1주당 가격 : 20,000원
④ 평가대상기업의 주주가 보유한 주식의 1주당 경매처분(경매처분확정일 : 20×1년 4월 3일)가격 : 15,0000원

■ **해설**

평가대상기업의 평가목적이 특수관계인과의 적정한 양수도가격을 파악하는 데 있으므로 동 거래가격이 상속세및증여세법상 평가액(시가 또는 보충적 평가액)으로 거래되지 아니하면 '저가 · 고가양도에 따른 증여의 이익'의 과세를 고려해야 한다. 증여의 경우 평가기간은 증여재산의 경우에는 평가기준일 전 6개월부터 평가기준일 후 3개월 이내의 매매사례가액이 우선적으로 적용된다.

① 특수관계인이 아닌 자와 거래(매매계약일 : 20×1년 2월 12일)한 1주당 가격 : 30,000원
평가대상기업의 주식가치 평가목적이 증여세 계산에 있으므로 평가기준일 전 6개월 이내의 기간을 벗어나서 특수관계인이 아닌 자와 거래(20×1년 2월 12일)한 가격은 원칙적으로 매매사례가액으로 인정받지 못한다.

② 제3자 배정방식에 의한 유상증자(20×1년 5월 25일)의 1주당 금액 : 45,000원
제3자 배정방식에 의한 유상증자의 시기가 평가기간 이내이나 유상증자금액은 시가로 인정될 수 있는 매매사례가액에 포함되지 아니한다.

③ 특수관계인과의 거래(매매계약일 : 20×1년 4월 20일)한 1주당 가격 : 20,000원
매매사례가액은 특수관계인과의 거래 등 시가로 인정하기에 부당한 것으로 보는 거래금액은 포함되지 않는다.

④ 평가대상기업의 주주가 보유한 주식의 1주당 경매처분(경매처분확정일 : 20×1년 4월 3일)가격 : 15,0000원
평가기간 이내에 경매처분된 평가대상기업의 주식은 매매사례가액으로 인정될 수 있다. 단, 물납한 재산을 상속인 · 증여자 · 수증자 또는 그의 특수관계인이 경매 또는 공매로 취득한 경우 등과 같이 시가로 인정되기 어려운 경우는 제외한다.

만일 경매처분가격이 없는 경우에는 본 예제에서 일반적으로 시가로 인정되는 가격이 없다고 볼 수 있다. 그러나 평가기간에 해당하지 아니하는 기간 중에 매매 등이 있는 경우에도 평가기준일로부터 매매계약일 등에 해당하는 날까지의 기간 중에 주식발행회사의 경영상태, 시간의 경과 및 주위환경의 변화 등을 감안하여 가격변동의 특별한 사정이 없다고 인정되는 때에는 평가심의위원회의 자문을 거쳐 당해 매매 등의 가액을 매매가액 등으로 확인되는 가액에 포함할 수 있다. 즉 특수관계인이 아닌 자와 거래(20×1년 2월 12일)한 가격의 경우 평가기간을 벗어나지만 가격변동의 특별한 사정이 없다고 인정되는 때에는 평가심의위원회의 심의를 거쳐 평가대상기업의 시가로 인정받을 수도 있다.

※본 예제는 일반적인 경우를 가정한 것이므로 구체적인 상황에 따라 달리 적용될 수 있음.

Section 2

주식가치평가

상속세및증여세법상 주식가치평가는 평가대상주식이 상장법인(유가증권 상장법인 및 코스닥시장 상장법인, 이하 동일)인지 또는 비상장법인인지에 따라 달라진다. 상장법인 주식은 시가평가가 원칙인데 상장법인의 평가방법에 의한 평가액(상속세및증여세법시행령 제63조 제1항 제1호 가목에 의한 평가액)은 유가증권시장에서 거래되는 가격 그 자체를 시가로 볼 수 있으므로 동 평가액은 시가로 본다. 그리고 비상장주식일 경우 평가기간(평가기준일 전후 6개월, 증여재산의 경우에는 평가기준일 전 6개월부터 평가기준일 후 3개월) 내에 특수관계 없는 제3자와 거래(매매 등) 등 시가로 인정될 수 있는 거래가 있었는가에 따라 평가방법이 달라진다.

[그림 9-1] 상속세및증여세법상 주식가치평가구조

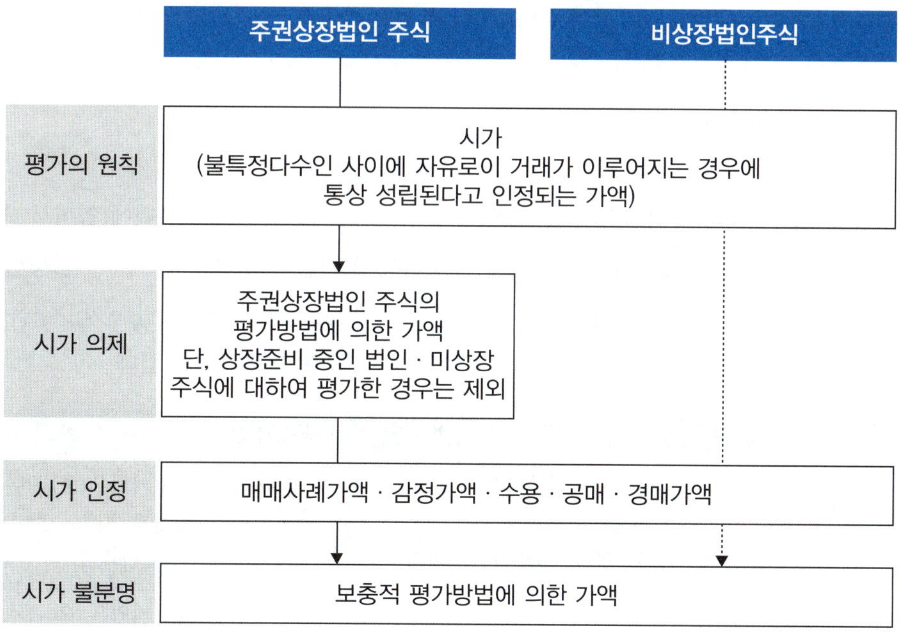

비상장주식의 평가는 시가평가를 원칙으로 하되 평가기준일을 전 · 후하여 6개월(증여재산의 경우에는 평가기준일 전 6개월부터 평가기준일 후 3개월) 이내의 기간에 매매 등이 있다면 해당 거래가격을 시가로 인정한다. 이때의 거래는 주식을 매매하는 경우뿐 아니라 감정 · 수용 · 경

매 또는 공매가 있는 경우를 포함한다. 평가기준일 전에 주식가치 평가금액을 의도적으로 왜곡할 목적으로 가공의 거래를 하는 경우가 발생할 수 있으므로 거래가 있다 하더라도 특수관계인과의 거래가액 등 객관적으로 부당하다고 인정되는 경우는 제외하도록 하고 있다. 앞에서 설명하였듯이 상속세및증여세법상의 평가는 시가에 따른 평가를 원칙으로 하므로 시가로 볼 수 있는 가액이 있는 경우에는 시가로 평가하고, 시가로 볼 수 있는 가액이 없는 경우에 한해 보충적 방법에 의해 평가하는 것이다.

1. 최대주주 보유주식에 대한 할증평가

상속세및증여세법상 재산의 평가는 시가에 의하며 시가는 불특정다수인 사이에 자유로이 거래가 이루어지는 경우에 통상 성립된다고 인정되는 가액을 말한다. 일반적인 거래와 달리 경영권의 양도를 수반한 경우에는 불특정다수인 사이에 자유로이 거래되는 가격으로 거래되지 않고 경영권 인수에 대한 프리미엄을 지불하게 된다. 상속세및증여세법에서는 이러한 경영권 프리미엄의 가치를 인정하여 최대주주가 보유하는 주식에 대해서는 할증평가하는 규정을 두고 있다. 최대주주의 할증은 비상장주식의 경우뿐 아니라 상장주식의 경우에도 동일하게 적용한다.

1.1 할증평가방법

상장법인 및 비상장법인의 주식 및 국공채 등 기타 유가증권을 평가함에 있어서 최대주주가 보유하는 주식은 2020년 1월 1일 이후 지분율과 상관없이 평가액에 20%를 할증한다. 다만, 중소기업 주식의 경우 종전에 「조세특례제한법」 제101조에서 규정하던 면제규정을 상속세및증여세법 제63조 제3항에 규정하여 영구적으로 할증평가를 면제하였다.

구 분		일반기업	중소기업	비고
2019.12.31. 이전	지분율 50% 이하	20%	10%	중소기업은 2019년 12월 31일까지 상속·증여시 할증평가를 면제함.
	지분율 50% 초과	30%	15%	
2020. 1. 1. 이후	지분율 무관	20%	0%	중소기업은 영구적으로 할증평가 면제

비상장법인의 주식평가시 보충적 평가방법에 의한 경우뿐 아니라 매매사례가액을 시가로 인정하는 경우에도 당해 주식이 최대주주 등의 주식에 해당하는 경우에는 할증평가규정을 적용해야 한다(서사-892, 2004.6.18.). 이와 관련하여 해당 법규정이 모호하다는 이유로 비상장

주식을 시가로 평가하는 경우 할증평가할 수 없다는 대법원 판결(대법원 2005두7228)에 따라 세법 개정을 통해 비상장주식을 시가로 평가하는 경우에도 할증평가하는 규정을 명문화하였다.

1.2 최대주주의 범위

할증평가대상이 되는 최대주주(또는 최대출자자 이하 "최대주주 등")는 주주 1인과 특수관계인의 보유주식 등을 합하여 그 보유주식 등의 합계가 가장 많은 경우의 당해 주주 등을 말한다(相贈令 §53 ④).

최대주주 등의 판정에 있어 주주 1인과 특수관계인의 보유주식 등을 합하여 최대주주 등에 해당하는 경우에는 주주 1인 및 그와 특수관계인 모두를 최대주주 등으로 본다. 또한 보유주식의 합계가 동일한 최대주주 등이 2 이상인 경우에는 모두를 최대주주 등으로 본다(相贈通 22-19…1).

1.3 최대주주 등이 보유하는 주식 등의 지분율

최대주주 등이 보유한 주식의 지분율에 따라 할증률이 달라진다. 최대주주 등이 보유한 주식의 지분을 계산함에 있어 평가기준일부터 소급하여 1년 이내에 양도하거나 증여한 주식 등을 최대주주 등이 보유하는 주식 등에 합산하여 계산한다(相贈令 §53 ⑤). 이때 해당 주식을 반복적으로 양도 · 양수한 경우에는 평가기준일로부터 소급하여 1년 이내의 기간 중에 최대주주 등의 주식보유비율이 가장 높은 날 이후에 양도한 주식에 대하여 양수한 주식을 차감한 주식[부수인 경우에는 '영(0)'으로 평가함]을 평가기준일 현재 보유주식에 합산한다(서일 46014-10377, 2001.10.31.).

최대주주 지분율 계산은 의결권 있는 주식수를 기준으로 한다(相贈法 §63 ③). 최대주주에 대한 할증평가는 최대주주가 경영에 중대한 영향력을 행사하는 것을 전제하므로 최대주주 등이 보유하는 주식수 및 발행주식총수를 감안한 지분율은 당해 법인이 발행한 「상법」상 의결권 있는 주식을 기초로 하여 계산한다(서일 46014-10519, 2003.4.24.; 서면4팀-3801, 2006.11.17).

1.4 할증평가 제외대상

최대주주 등이 보유한 주식에 대해서는 할증평가를 원칙으로 하고 있으나 할증평가하는 것이 가치를 적정하게 반영하고 있지 않다고 보는 다음의 경우에는 할증평가를 하지 않는다(相贈法 §63 ③, 相贈令 §53 ⑦).

① 평가기준일이 속하는 사업연도 전 3년 이내의 사업연도부터 계속하여 결손금(법인세법 제14조 제2항에 의한 결손금)이 있는 법인의 주식

② 평가기준일 전후 6개월(증여재산의 경우에는 평가기준일 전 6개월부터 평가기준일 후 3개월) 이내의 기간 중 최대주주 등이 보유하는 주식 등이 전부 매각된 경우. 단, 그 거래가액이 특수관계인과의 거래 등 그 가액이 객관적으로 부당하다고 인정되는 경우를 제외

③ 영 제28조, 제29조, 제29조의 2, 제29조의 3 및 제30조(합병 · 증자 · 감자 · 현물출자에 따른 이익 및 전환사채 주식전환 등에 따른 이익계산)의 규정에 의한 이익을 계산하는 경우

④ 평가대상인 주식 등을 발행한 법인이 다른 법인(이하 "1차 출자법인")이 발행한 주식 등을 보유하고 있고 1차 출자법인이 또 다른 법인(1차 출자법인 외의 법인에 출자한 경우의 법인을 포함하며, 이하 "2차 출자법인")이 발행한 주식 등을 보유함으로써 1차 출자법인 및 2차 출자법인이 최대주주 등에 해당하는 경우에 1차 출자법인 및 2차 출자법인의 주식 등을 평가하는 경우

⑤ 평가기준일부터 소급하여 3년 이내에 사업을 개시한 법인으로서 사업개시일이 속하는 사업연도부터 평가기준일이 속하는 사업연도의 직전 사업연도까지 각 사업연도의 한국채택국제회계기준(K-IFRS)에 의한 영업이익이 모두 '영(0)' 이하인 경우

⑥ 법 제67조 및 제68조의 규정에 의한 상속세와 증여세의 과세표준신고기한 이내에 평가대상 주식 등을 발행한 법인의 청산이 확정된 경우

⑦ 최대주주 등이 보유하고 있는 주식 등을 최대주주 등 외의 자가 법 제47조 제2항에서 규정하고 있는 기간(10년) 이내에 상속 또는 증여받은 경우로서 상속 또는 증여로 인하여 최대주주 등에 해당되지 아니하는 경우

⑧ 주식 등의 실제소유자와 명의자가 다른 경우로서 법 제45조의 2에 따라 해당 주식 등을 명의자가 실제소유자로부터 증여받은 것으로 보는 경우. 단, 이 규정은 2016년 2월 5일 이후 최초로 평가하여 결정 · 경정하는 분부터 할증평가를 면제함.

⑨ 「중소기업기본법」 제2조에 따른 중소기업이 발행한 주식

해설 할증평가의 제외대상이 되는 항목 중 ⑦의 법 제47조 제2항에서 규정하고 있는 기간이란 증여재산가액의 합산기간인 10년을 의미한다.

할증평가가 제외되는 경우 중 평가대상회사가 보유하고 있는 1차 출자법인이 보유하고 있는 2차 출자법인에 대한 할증평가 배제란 평가대상회사의 자회사(1차 출자법인)가 손자회사(2차 출자법인)에 대한 최대주주라 하더라도 할증평가하지 않는다는 의미이다. 즉 평가대상회사가 최대주주인 자회사에 대해서만 1회 할증평가하는 것이다(서사-4057, 2006.12.31.).

한편, 최대주주에 대한 할증평가는 최대주주가 보유하는 주식에 대한 것이지, 최대주주가 아닌 자가 최대주주에게 증여 등의 이유로 양도하는 주식에 대해 할증평가하는 것은 아니다(서사-1905 2004.11.25.).

1.5 중소기업 최대주주 할증평가 적용특례

2019년 12월 31일까지는 한시적으로 중소기업의 최대주주가 보유하는 해당주식을 상속받거나 증여받는 경우에는 할증평가를 면제하고 있었다(租特法 §101). 할증평가를 한시적으로 면제받는 중소기업의 적용은 「중소기업기본법」 제2조의 규정에 의한 중소기업에 해당하는 기업을 말한다(相贈令 §53 ⑦). 다만, 중소기업 주식의 경우 종전에 「조세특례제한법」 제101조에서 규정하던 것을 2020년 1월 1일 이후에는 상속세및증여세법 제63조 제3항에 규정하여 영구적으로 할증평가를 면제하였다.

1.6 최대주주가 거래한 매매가액이 시가로 인정되는 경우 할증평가

이례적인 경우로 경영권프리미엄이 가산된 최대주주가 특수관계인이 아닌 자에게 거래한 매매가액이 있다면 그 거래금액을 시가로 인정될 수 있는지 여부와 만일 시가로 인정될 수 있다면 해당 법인의 증자 · 감자 또는 합병시의 증여이익 등의 규정을 적용함에 있어 동 거래금액에서 최대주주 할증평가된 부분을 차감한 거래금액을 시가로 보아야 할지에 대한 의문이 있다.

최대주주가 특수관계인이 아닌 자에게 거래한 금액이 시가로 인정될 수 있을지에 대해서는 사실관계를 파악해야 할 것이다. 경영권을 양도하는 대량거래에 따른 여러 가지 변수를 고려할 때 동 거래금액을 시가로 인정하기가 쉽지는 않을 것이다. 만일 동 매매가액이 비상장주식 평가심의위원회의 결정 등에 의해 시가로 인정되는 경우에는 최대주주의 할증평가를 하기 전의 금액을 시가로 보는 것이 합리적인 가액이 될 것이다(서이-1781, 2005.11.4.).

예제 9-2 최대주주 할증

비상장기업인 평가대상기업(부동산과다보유법인이 아님)의 최근 매매사례가액이 없어 아래와 같이 보충적 평가방법에 의해 1주당 가치를 평가하였다.

- 1주당 순자산가치=5,000원
- 1주당 순손익가치=8,000원
- 1주당 가치=(8,000원×3+5,000원×2)÷5=6,800원

평가대상인 비상장기업주식의 평가기준일은 20×6년 6월 30일이다. 아래의 각각의 경우에 대하여 할증평가 여부를 고려하여 평가대상기업의 1주당 가치를 계산하라.

① 최대주주(49% 지분보유, 비중소기업 가정)의 지분 중 10%에 해당하는 주식을 주주가 아닌 자에게 증여하는 경우

② 최대주주(51%의 지분보유, 비중소기업 가정)의 지분 중 10%에 해당하는 주식을 주주가 아닌 자에게 증여하는 경우

■ **해설**

최대주주가 보유하는 비중소기업의 비상장주식은 2020년 1월 1일부터 지분율과 관계없이 평가액에 20%를 할증한다(相贈法 §63 ③). 최대주주 등이 보유한 주식에 대해서는 할증평가를 원칙으로 하고 있으나 할증평가하는 것이 가치를 적정하게 반영하고 있지 않다고 보는 경우에는 할증평가를 하지 않는다(相贈法 §63 ③, 相贈令 §53 ⑦). 또한 2019년 12월 31일까지 중소기업의 최대주주가 보유하는 주식을 상속받거나 증여받는 경우에는 할증평가를 면제하고 있으며(租特法 §101), 해당규정은 2020년 1월 1일부터는 상속세법 제63조 3항으로 이관되었다.

① 최대주주(49% 지분보유, 비중소기업 가정)의 지분 중 10%에 해당하는 주식을 주주가 아닌 자에게 증여하는 경우

이 경우 해당 주식이 비중소기업이기 때문에 최대주주 등의 주식할증평가 적용특례(「조세특례제한법」 제101조에 의한 할증평가 면제)의 규정은 적용되지 아니한다.

◎ 1주당 가치 = 6,800원 × (1 + 20%) = 8,160원

② 최대주주(51%의 지분보유, 비중소기업)의 지분 중 10%에 해당하는 주식을 주주가 아닌 자에게 증여하는 경우

해당 주식이 비중소기업이기 때문에 지분율과 관계없이 평가액에 20%를 할증한다.

◎ 1주당 가치 = 6,800원 × (1 + 20%) = 8,160원

※본 예제는 일반적인 경우를 가정한 것이므로 구체적인 상황에 따라 달리 적용될 수 있음.

Section
3

상장법인 주식의 평가

상장법인(유가증권시장 상장주식 및 코스닥시장 상장주식)은 거래시장이 존재하므로 시장가격에 따라 평가한다. 매매의사가 있는 다수의 시장참여자의 의사결정이 반영되는 상장주식 등의 거래가격은 시가를 잘 반영한다고 할 수 있다. 다만, 평가기준일 전후에 증자 · 합병 등의 사유가 발생할 경우에는 주식가치의 변동이 발생하므로 평가기준일 이전 · 이후 각 2개월 이내의 기간에 증자 · 합병 등의 사유가 발생한 경우에는 이를 고려하여 평가한다.

● **상속세및증여세법 제63조【유가증권 등의 평가】**

① 유가증권 등의 평가는 다음 각호의 어느 하나에서 정하는 방법으로 한다.

1. 주식등의 평가

가. 「자본시장과 금융투자업에 관한 법률」에 따른 증권시장으로서 대통령령으로 정하는 증권시장에서 거래되는 주권상장법인의 주식등 중 대통령령으로 정하는 주식등(이하 "상장주식")은 평가기준일(평가기준일이 공휴일 등 대통령령으로 정하는 매매가 없는 날인 경우에는 그 전일을 기준으로 한다) 이전 · 이후 각 2개월 동안 공표된 매일의 「자본시장과 금융투자업에 관한 법률」에 따라 거래소허가를 받은 거래소(이하 "거래소") 최종 시세가액(거래실적 유무를 따지지 아니한다)의 평균액.
(평균액을 계산할 때 평가기준일 이전 · 이후 각 2개월 동안에 증자 · 합병 등의 사유가 발생하여 그 평균액으로 하는 것이 부적당한 경우에는 평가기준일 이전 · 이후 각 2개월의 기간 중 대통령령으로 정하는 바에 따라 계산한 기간의 평균액으로 한다)
다만, 제38조에 따라 합병으로 인한 이익을 계산할 때 합병(분할합병을 포함한다)으로 소멸하거나 흡수되는 법인 또는 신설되거나 존속하는 법인이 보유한 상장주식의 시가는 평가기준일 현재의 거래소 최종 시세가액으로 한다.

나. 가목 외의 주식등은 해당 법인의 자산 및 수익 등을 고려하여 대통령령으로 정하는 방법으로 평가한다.

1. 평가원칙

상장주식은 평가기준일 이전 · 이후 각 2월간의 공표된 매일의 한국거래소 최종시세가액의 평균액으로 평가하고, 이러한 방법으로 평가된 상장주식의 평가액은 시가로 간주된다(相贈法

§60 ①). 상장주식이란 유가증권시장과 코스닥시장에 상장된 주식을 뜻한다(相贈令 §52의 2 ①). 최종시세가액은 거래실적의 유무에 무관하다. 매일의 최종시세가액이므로 월말 종가를 사용해서는 안되며 거래량에 따라 가중평균하지 않고 매일의 종가를 단순평균하여 사용한다. 평가기준일 이전 · 이후 각 2월간의 합산기간이 4월에 미달하는 경우에는 해당 합산기간을 기준으로 계산한다(相贈則 §16의 2 ①, 相贈通 63-0…1). 평가기준일이 공휴일 등인 경우에는 그 전일을 기준으로 한다. 이때 공휴일 등이라 하면 매매거래가 없는 토요일, 「관공서의 공휴일에 관한 규정」에 따른 공휴일 및 대체 공휴일을 의미한다(相贈令 §52의 2 ④). 또한, 평가기준일이 매매거래정지일 또는 납회기간 등인 경우에도 그 전일을 기준으로 한다(相贈通 63-0…1).

평가기준일 전후의 계산은 월력에 따라 계산한다. 또한 평가기준일 이전 · 이후 각 2월간의 최종시세가액을 계산함에 있어 평가기준일의 최종시세가액은 최종시세가액의 평균액에 포함된다(재삼 46014-684, 1999.4.7.). 예를 들어 평가기준일이 6월 30일이라 하면 평가기준일 전(前) 2개월간의 최종시세가액의 평균액의 계산기간은 6월 30일(기산일)부터 5월 1일(=4월 30일의 전일)까지의 기간이 되며, 평가기준일 후(後) 2개월간의 최종시세가액의 평균액의 계산기간은 6월 30일(기산일)부터 8월 30일(=8월 31일의 전일)까지의 기간이 된다.

(1) 시간외매매의 경우

상장주식 등을 장내에서 정상적으로 거래한 가액은 시가로 인정받을 수 있다. 그러나 상장주식을 장외거래를 통하여 매매한 경우라면 제3자의 거래참여를 제한한 것이므로 정상적인 시가로 보지 않는다. 단, 시간외 종가매매방법으로 매매되거나 시간외 대량매매방법으로 매매되더라도 당일종가로 매매되었다면 시가에 의한 거래로 볼 수 있다.

● **서일 46014-10880, 2002.7.5.**

상장주식을 한국증권거래소에서 불특정다수인이 제한 없이 참여하는 매매거래시간 내에 경쟁매매방식의 장내거래를 통해 매도하고 그 매도자와 특수관계에 있는 자 및 불특정다수인이 당해 상장주식을 거래 당일의 시세대로 매수한 거래에 대하여는 상속세및증여세법 제35조(저가 · 고가양도시의 증여의제)의 규정을 적용하지 아니하는 것임. 다만, 상장주식을 한국증권거래소시장 외에서 거래하거나 시간외 대량매매방식 등 제3자의 참여를 제한하는 거래를 통하여 특수관계자 간에 시가보다 높거나 낮은 가액으로 매매하는 경우에는 법 제35조 및 영 제26조의 규정에 의하여 증여세를 과세하는 것이며, 이 경우 시가는 법 제63조 제1항 제1호 가목 및 제3항의 규정에 의하여 평가한 가액을 말하는 것임.

● **서사-821, 2005.5.26.**

한국증권선물거래소가 개설한 코스닥시장에 상장된 주식을 코스닥시장 외에 거래하거나 코스닥시장업무규정에 의한 시간외시장에서 제3자의 참여를 제한하는 거래를 통하여 시가보다 높거나 낮은 가액으로 매매하는 경우에는 법 제35조(저가 · 고가양도에 따른 이익의 증여)의 규정이 적용되는

> 것이며, 이 경우 시가는 법 제63조 제1항 나목 및 제3항의 규정에 의하여 평가한 가액을 말하는 것임. 다만, 증권거래법 제94조 제1항의 규정에 의한 한국증권선물거래소의 코스닥시장업무규정에 의하여 시간외 종가매매방법으로 매매되거나 시간외 대량매매방법으로 매매된 것 중 당일종가로 매매된 것에 대하여는 그러하지 않음.

(2) 평가기간 내에 매매거래가 정지된 경우

평가기준일 전후 2개월 이내에 거래소가 정하는 기준에 따라 매매거래가 정지되거나 관리종목으로 지정된 기간의 일부 또는 전부가 포함되는 주식은 일반적인 상장주식의 평가방법을 적용할 수 없고, 비상장주식의 평가방법을 준용하여 평가하는 것이 원칙이다(相贈令 §52의 2 ③). 다만, 매매거래가 정지되거나 관리종목으로 지정되었더라도 적정하게 시가를 반영하여 정상적으로 매매거래가 이루어지는 경우는 상장주식과 동일한 방법으로 평가할 수 있다. 이러한 경우에는 공시의무위반 및 사업보고서 제출의무 위반 등으로 인하여 관리종목으로 지정 · 고시되거나 등록신청서 허위기재 등으로 인하여 일정기간 동안 매매거래가 정지된 경우로서 적정하게 시가를 반영하여 정상적으로 매매거래가 이루어지는 경우이다(相贈則 §16의 2 ②).

따라서 상장주식이 평가기준일 이전 · 이후 각 2월간에 계속하여 매매거래가 정지되어 적정하게 시가를 반영할 수 없다면 상장주식이라 할지라도 비상장주식의 평가방법을 준용하여 평가하되, 매매사례가액이 있는 경우에는 그 가액을 시가로 볼 수 있다(서사-2005, 2005.10.31.).

종전에는 상장기업이 매매거래정지 또는 관리종목으로 지정된 경우, 코스닥시장 상장기업에 한해 위의 평가방법이 적용되었으나 상장기업에 대한 차별화된 접근이 필요하지 않다는 의견에 따라 매매정지 및 관리종목 지정 상장기업의 평가방법은 유가증권시장과 코스닥시장의 구별 없이 일원화되었다.

(3) 최종시세가액으로 평가하는 경우

상장주식의 평가는 평가기준일 전후 2월간의 최종시세가액의 평균액으로 평가하는 것이 원칙이나 예외적으로 합병(분할합병 포함)으로 인한 이익을 계산할 때에는 소멸하거나 흡수되는 법인 또는 신속되거나 존속하는 법인이 보유한 상장주식의 시가는 평가기준일 현재의 거래소 최종 시세가액으로 평가한다(相贈法 §63 ①).

2. 증자 또는 합병이 있는 경우

상장주식을 평가함에 있어 평가기준일 이전·이후 각 2월의 기간 내에 증자·합병 등의 사유가 발생하여 당해 기간의 평균액에 의하는 것이 부적당한 경우에는 다음과 같이 평가한다(相贈令 §52의 2 ②). 이때 합병에는 (상법 제530조의 2의 규정에 의한) 분할·분할합병이 포함된다(서일 46014-11315, 2002.10.9.).

2.1 평가기준일 이전에 증자·합병 등의 사유가 발생한 경우

평가기준일 이전 2월의 기간 중에 증자·합병 등의 사유가 발생한 경우에는 동 사유가 발생한 날의 다음날부터 평가기준일 이후 2월이 되는 날까지의 기간을 평균한다. 증자·합병 등의 사유가 2회 이상 발생한 경우에는 평가기준일에 가장 가까운 날을 발생한 날로 보아 계산한다.

상장주식의 평가에 있어 증자·합병 등이 있는 경우의 평가기간의 계산기준이 되는 증자·합병 등이 있는 날의 다음 날을 언제로 볼 것인가의 문제가 있다. 증자·합병 등의 사유로 신주가 발행될 때에는 권리락이 생기게 되며, 권리락 전과 그 후의 주가는 달라지게 마련이다. 권리락 전·후를 기준으로 주가가 변동되는 것이 일반적이므로 증자·합병 등이 있는 날의 다음날을 '권리락 일'로 하는 것이다(相贈通 63-0…2).

2.2 평가기준일 이후에 증자·합병 등의 사유가 발생한 경우

평가기준일 이후 2월의 기간 중에 증자·합병 등의 사유가 발생한 경우에는 평가기준일 이전 2월이 되는 날부터 동 사유가 발생한 날의 전일까지의 기간을 평균한다. 이때에도 증자·합병 등의 사유가 2회 이상 발생한 경우에는 평가기준일에 가장 가까운 날을 발생한 날로 보아 계산한다.

2.3 평가기준일 이전·이후에 증자·합병 등의 사유가 발생한 경우

평가기준일 이전·이후 각 2월의 기간 중에 증자·합병 등의 사유가 발생한 경우에는 평가기준일 이전 그 사유가 발생한 날의 다음날부터 평가기준 이후 그 사유가 발생한 날의 전일까지의 기간을 평균한다.

2.4 유 · 무상증자 후 미상장된 주식

상장법인이 유 · 무상증자에 의해 발행된 새로운 주식이 평가기준일 현재 상장되지 아니한 경우에는 새로 발행된 신주에 대한 배당기산일이 구주와 다르므로 주가의 차이가 발생할 수 있다. 상장주식의 유상증자 또는 무상증자로 인하여 신규로 취득한 새로운 주식으로 평가기준일 현재 상장되지 아니한 주식은 일반적인 상장주식 평가액에서 배당차액을 뺀 가액에 의한다(相贈令 §57 ③).

배당차액은 다음의 산식에 의하여 계산한 금액이다(相贈則 §18 ②).

증자 후 미상장된 주식의 평가액 = 상장주식평가액(①) − 배당차액(②)

① 상장주식평가액 = 평가기준일 전후 2월간의 최종시세가액의 평균액

② 배당차액 = 주식 1주당 액면가액 × 직전기 배당률 × $\frac{\text{신주발행일이 속하는 사업연도개시일부터 배당기산일 전일까지의 일수}}{365}$

이때 법인의 정관에 의해 해당 법인의 증자로 인하여 취득한 새로운 주식에 대한 이익을 배당함에 있어 평가기준일 현재 상장되어 있는 해당 법인의 주식과 배당기산일을 동일하게 정하는 경우에는 배당차액을 차감하지 아니한다.

예제 9-3 상장주식의 평가

상장회사인 평가대상회사(중소기업이 아님)의 주가정보 및 평가결과는 다음과 같다.

① 평가기준일 : 20×1년 6월 30일

② 평가기준일 전후 2월간의 매일의 최종시세가액 정보

상장주식평가									
평가기준일 이전 2월					평가기준일 이후 2월				
NO	월일	종가	월일	종가	NO	월일	종가	월일	종가
1.	6.30	33,000	5.31	공휴일	1.	6.30		7.31	34,250
2.	6.29	32,000	5.30	38,450	2.	7.1	토요일	8.1	33,800
3.	6.28	32,000	5.29	38,650	3.	7.2	일요일	8.2	35,050
4.	6.27	31,600	5.28	일요일	4.	7.3	31,750	8.3	34,500
5.	6.26	31,000	5.27	토요일	5.	7.4	31,600	8.4	36,450
6.	6.25	일요일	5.26	38,100	6.	7.5	31,000	8.5	토요일
7.	6.24	토요일	5.25	38,550	7.	7.6	30,800	8.6	일요일
8.	6.23	31,500	5.24	39,300	8.	7.7	33,050	8.7	35,950
9.	6.22	33,300	5.23	39,900	9.	7.8	토요일	8.8	37,400
10.	6.21	33,900	5.22	40,500	10.	7.9	일요일	8.9	37,350

상장주식평가									
평가기준일 이전 2월					평가기준일 이후 2월				
NO	월일	종가	월일	종가	NO	월일	종가	월일	종가
11.	6.20	33,700	5.21	일요일	11.	7.10	34,350	8.10	36,650
12.	6.19	34,250	5.20	토요일	12.	7.11	34,900	8.11	36,350
13.	6.18	일요일	5.19	41,200	13.	7.12	35,000	8.12	토요일
14.	6.17	토요일	5.18	40,550	14.	7.13	35,200	8.13	일요일
15.	6.16	35,200	5.17	40,300	15.	7.14	34,650	8.14	36,850
16.	6.15	34,900	5.16	40,300	16.	7.15	토요일	8.15	공휴일
17.	6.14	35,000	5.15	40,500	17.	7.16	일요일	8.16	37,200
18.	6.13	34,700	5.14	일요일	18.	7.17	공휴일	8.17	37,300
19.	6.12	35,150	5.13	토요일	19.	7.18	34,600	8.18	37,450
20.	6.11	일요일	5.12	41,200	20.	7.19	34,050	8.19	토요일
21.	6.10	토요일	5.11	40,650	21.	7.20	34,650	8.20	일요일
22.	6.9	34,900	5.10	40,400	22.	7.21	34,300	8.21	36,500
23.	6.8	34,950	5.9	40,500	23.	7.22	토요일	8.22	37,050
24.	6.7	35,950	5.8	41,450	24.	7.23	일요일	8.23	37,250
25.	6.6	공휴일	5.7	일요일	25.	7.24	34,500	8.24	37,550
26.	6.5	37,700	5.6	토요일	26.	7.25	34,800	8.25	37,750
27.	6.4	일요일	5.5	공휴일	27.	7.26	35,150	8.26	토요일
28.	6.3	토요일	5.4	41,500	28.	7.27	35,050	8.27	일요일
29.	6.2	37,600	5.3	41,750	29.	7.28	34,400	8.28	38,150
30.	6.1	38,050	5.2	41,650	30.	7.29	토요일	8.29	38,500
31.			5.1	공휴일	31.	7.30	일요일	8.30	39,000
소계	21일	720,350	20일	805,400	소계	19일	643,800	22일	769,300
일수		82일							
종가합계		2,938,850							
종가평균		35,839							

③ 비상장기업의 보충적 평가방법을 준용하여 평가한 금액

- 1주당 순자산가치=15,000원
- 1주당 순손익가치=18,000원
- 1주당 가치=(18,000원×3+15,000원×2)÷5=16,800원

④ 경매처분(20×1년 4월 3일)된 평가대상기업의 주주가 보유한 주식의 1주당 경매처분가격 : 25,000원

상기의 자료를 이용하여 다음 각각의 경우에 대하여 상속세및증여세법상 상장법인의 주식가치를 평가하라.

① 일반적인 경우
② 평가대상법인의 최대주주(지분율 : 14%)가 특수관계인에게 매각하고자 하는 경우
③ 평가대상법인이 타법인과 합병(권리락 일 : 20×1년 6월 23일)을 한 경우
④ 평가대상법인이 일정기간(20×1년 6월 7일~6월 9일) 동안 단 1주도 거래가 되지 않은 경우
⑤ 평가대상법인이 평가기준일 전후 2월간 매매거래가 정지된 경우

■ **해설**

상장주식은 평가기준일 이전 · 이후 각 2월간의 공표된 매일의 한국거래소 최종시세가액의 평균액으로 평가한다. 최종시세가액은 거래실적의 유무에 무관하다. 매일의 최종시세가액이므로 월말 종가를 사용해서는 안되며 거래량에 따라 가중평균하지 않고 매일의 종가를 단순평균하여 사용한다.

① 일반적인 경우

일반적인 경우에는 상장주식의 평가방법(相贈法 §61 ① 1호 가목~나목)에 의해 평가한 금액을 시가로 본다. 따라서 다른 매매사례가액이 있더라도 평가기준일 전후 2월간의 최종시세가액 평균액으로 계산한 가액이 우선 적용된다.

◎ 1주당 가치 = 평가기준일 전후 2월간의 최종시세가액의 평균액 = 35,839원

평가기준일이 20×1년 6월 30일이므로 평가기준일 전 2월은 평가기준일(6월 30일)을 기산일로 하여 4월 30일의 전일, 즉 5월 1일이 말일이 된다. 또한 평가기준일 후 2월은 평가기준일(6월 30일)을 기산일로 하여 8월 31일의 전일, 즉 8월 30일이 말일이 된다. 상기의 상장주식평가내역에는 동 평가기간을 고려하여 매일의 최종시세가액의 평균액으로 계산되었으므로 동 가액으로 평가하였다. 계산에 있어 원 미만의 금액은 절사한다(相贈通 60-0…1).

② 평가대상법인의 최대주주(지분율 : 14%)가 특수관계인에게 매각하고자 하는 경우

상장법인의 경우에도 최대주주의 할증평가는 동일하게 적용된다. 따라서 상기의 평가액에 20%의 할증률을 적용하여 평가한다.

◎ 1주당 가치 = 평가기준일 전후 2월간의 최종시세가액의 평균액(35,839원)×120%
= 43,006원

③ 평가대상법인이 타법인과 합병(권리락 일 : 20×1년 6월 23일)을 한 경우

평가기준일 이전 2월의 기간 중에 증자 · 합병 등의 사유가 발생한 경우에는 동 사유가 발생한 날의 다음날부터 평가기준일 이후 2월이 되는 날까지의 기간을 평균한다. 이때 증자 · 합병 등이 있는 날의 다음날은 '권리락 일'을 말한다(相贈通 63-0…2). 즉 권리락일인 20×1년 6월 23일(=증자 · 합병 등이 있는 날의 다음날)부터 평가기준일 이후 2월이 되는 날까지의 최종시세가액의 평균액으로 평가한다. 상기의 주가정보에서 20×1년 6월 23일부터 8월 30일까지의 최종시세가액 평균액을 계산하면 34,921원이 된다.

◎ 1주당 가치 = 권리락 일로부터 평가기준일 후 2월간의 최종시세가액의 평균액
= 34,921원

④ 평가대상법인이 일정기간(20×1년 6월 7일~6월 9일) 동안 단 1주도 거래가 되지 않은 경우

상장주식은 평가기준일 이전 · 이후 각 2월간의 공표된 매일의 최종시세가액의 평균액으로 평가하며, 최종시세가액은 거래실적의 유무에 무관하다. 따라서 일정기간 단 1주도 거래가 되지 않았다 하더라도 일반적인 경우의 평가방법과 동일하다.

◎ 1주당 가치 = 평가기준일 전후 2월간의 최종시세가액의 평균액 = 35,839원

⑤ 평가대상법인이 평가기준일 전 · 후 2월간 매매거래가 정지된 경우

상장주식이 평가기준일 이전 · 이후 각 2월간에 계속하여 매매거래가 정지되었다면, 상장주식이라 할지라도 비상장주식의 평가방법을 준용하여 평가하는 것이 원칙이다. 그러나 공시의 무위반 및 사업보고서 제출의무 위반 등으로 지정 · 고시되거나 등록신청서 허위기재 등으로 인하여 일정기간 동안 매매거래가 정지된 경우로서 적정하게 시가를 반영하여 정상적으로 매매가 이루어지는 경우에는 일반적인 상장주식의 평가방법을 따른다.

만일 매매거래정지 또는 관리종목 지정된 평가대상 상장주식이 적정하게 시가를 반영하여 일반적인 상장주식 평가방법을 따를 수 없는 경우에는 비상장주식의 평가방법을 따르는 것이며, 비상장주식의 평가는 매매사례가액이 있는 경우에는 그 가액을 시가로 볼 수 있다.

따라서 평가기준일 전후 6개월(증여재산의 경우에는 평가기준일 전 6개월부터 평가기준일 후 3개월) 내에 경매처분(20×1년 4월 3일)된 평가대상기업의 주주가 보유한 주식의 경매처분가격은 매매사례가액으로 볼 수 있으므로 동 1주당 경매처분가격이 평가액이 된다.

◎ 1주당 가치＝매매사례가액(경매처분가액)＝25,000원

만일 상기의 사례에서 매매사례가액으로 볼 수 있는 경매처분가격이 없거나 동 경매가액이 물납한 재산을 상속인 · 증여자 · 수증자 또는 그의 특수관계인이 경매 또는 공매로 취득한 경우 등에 해당되어 매매사례가액으로 인정받지 못하는 경우에는 상장주식의 경우라 하더라도 비상장주식의 평가방법에 의한 가액(16,800원)으로 평가한다.

※본 예제는 일반적인 경우를 가정한 것이므로 구체적인 상황에 따라 달리 적용될 수 있음.

비상장주식의 평가

비상장주식의 평가도 시가평가가 원칙이다. 보충적 평가방법은 시가를 산정하기 어려운 경우에 한하여 사용된다. 시가는 불특정다수인 사이에 자유로이 거래가 이루어지는 경우에 통상 성립된다고 인정되는 가액으로 하고 수용 · 공매가격 및 감정가격 등 대통령령이 정하는 바에 의하여 시가로 인정되는 것을 포함한다. 따라서 평가대상기업의 주식에 대해('1절 2. 평가의 기준'에서 파악한) 매매사례가액 등이 있는 경우에는 보충적 평가방법이 아닌 매매사례가액 등에 기초하여 평가해야 한다.

매매사례가액 중 주식에 대해서는 감정평가법인의 감정가액을 인정하지 않는다. 단, 비상장주식을 보충적 평가방법으로 평가함에 있어 순자산가치를 계산하기 위한 개별자산의 평가에는 감정가액을 이용할 수 있다.

한편, 비상장주식의 매매사례가액 등이 없다면 평가기준일 현재 재무상태와 최근 3년간의 손익에 기초한 보충적 방법으로 평가하는 것이 원칙이나 보충적 방법으로 평가하는 것이 불합리하다고 인정되는 경우에는 현금흐름할인모형 등 일반적으로 공정타당하다고 인정되는 가치평가방법에 따라 평가하여 평가심의위원회에 심의를 요청할 수 있다. 평가심의위원회를 통한 비상장주식 평가 관련 세부내용은 '7절 비상장주식에 대한 평가심의위원회' 부분을 참고하기 바란다.

1. 보충적 평가방법

평가대상 비상장주식에 대해 평가기준일 전 · 후 6개월(증여재산의 경우에는 평가기준일 전 6개월부터 평가기준일 후 3개월) 이내에 매매사례가액 등이 없는 경우에는 보충적 방법에 의해 평가한 가액으로 한다. 즉 시가를 산정하기 어려운 경우에는 해당 재산의 종류 · 규모 · 거래상황 등을 감안하여 제61조 내지 제65조에 규정된 방법(보충적 평가방법)에 의하여 평가한 가액에 의한다(相贈法 §60 ③).

비상장주식에 대한 보충적 평가방법은 수차례 개정을 거듭해옴에 따라 실무적으로 혼돈이 있었으나, 2004년 1월 1일 이후 평가하는 비상장주식은 순손익가치와 순자산가치를 3과 2의 비율로 가중평균하는 것으로 정리되었다(相贈令 §54 ①).

$$1주당\ 가중평균가치 = \frac{(1주당\ 순손익가치 \times 3 + 1주당\ 순자산가치 \times 2)}{5}$$

한편, 2017년 4월 1일 이후에는 위의 1주당 가중평균가치가 1주당 순자산가치의 100분의 80에 미달하는 경우 1주당 가치는 1주당 순자산가치의 100분의 80에 해당하는 금액으로 한다. 다만, 갑작스러운 제도변경으로 인한 혼란을 줄이고자 2017년 4월1일부터 2018년 3월 31일까지의 기간에 평가기준일이 해당되는 경우에는 1주당 순자산가치의 100분의 70으로 한다.

따라서, 비상장주식의 보충적 평가방법의 산식은 다음과 같이 정리된다.

$$1주당\ 가치 = Max\{1주당\ 가중평균가치,\ 1주당\ 순자산가치 \times 80/100\}$$

1주당 가중평균가치의 계산에 있어 부동산과다법인은 자산가치에 비중을 두어 순손익가치에 2와 순자산가치에 3의 비율로 가중 평균한다.

$$부동산과다보유법인의\ 1주당\ 가중평균가치 = \frac{(1주당\ 순손익가치 \times 2 + 1주당\ 순자산가치 \times 3)}{5}$$

순자산가치에 비중을 두는 부동산과다법인은 아래의 부동산 등의 가액이 평가기준일 현재 자산총액의 50% 이상인 법인을 말한다(所法 §94 ① 4호 다목).

① 토지(「공간정보의 구축 및 관리 등에 관한 법률」에 따라 지적공부에 등록하여야 할 지목에 해당하는 것을 말함) 및 건물(건물에 부속된 시설물과 구축물을 포함)

② 부동산을 취득할 수 있는 권리(건물이 완성되는 때에 그 건물과 이에 딸린 토지를 취득할 수 있는 권리를 포함) · 지상권 · 전세권 · 등기된 부동산임차권

③ 해당 법인이 직접 또는 간접적으로 보유한 다른 법인의 주식가액에 그 다른 법인의 부동산등 보유비율을 곱하여 산출한 가액

$$다른\ 법인의\ 부동산등\ 보유비율 = \frac{A + B + C}{D}$$

A : 다른 법인이 보유하고 있는 소득세법 제94조 제1항 제1호의 재산가액
B : 다른 법인이 보유하고 있는 소득세법 제94조 제2항 제2호의 재산가액
C : 다른 법인이 보유하고 있는 「국세기본법 시행령」 제1조의 2 제3항 제2호 및 같은 조 제4항에 따른 경영지배관계에 있는 법인이 발행한 주식가액에 그 경영지배관계에 있는 법인의 부동산등 보유비율을 곱하여 산출한 재산가액 (다만, 2020년 2월 11일 이후부터 적용)

D : 다른 법인의 자산총액(다만, ① 개발비 및 사용수익기부자산, ② 평가기준일로부터 소급하여 1년이 되는 날부터 평가기준일까지의 기간 중에 차입금 또는 증가 등에 의하여 증가한 현금 · 금융자산 및 대여금의 합계액은 자산총액에서 제외)

토지 등 부동산 가액이 자산총액의 50% 이상인지에 대한 판단은 상속세및증여세법에 의해 평가한 가액을 기초로 한다(재산 46014-1465, 1998.8.4.). 부동산 가액이 자산총액의 50% 이상인지에 대해 판단하기 위해서는 순자산가치를 평가해야만 알 수 있으므로 순자산가치를 계산하고 난 후 부동산과다법인 여부를 판단하게 된다.

비상장주식을 평가함에 있어 해당 비상장기업이 다른 비상장주식을 보유하고 있다면 그 비상장주식도 시가로 인정되는 매매사례가액을 우선적용하고 매매사례가액이 없을 경우 위의 보충적 방법으로 평가하는 것이 원칙이다. 그러나 비상장기업이 보유한 다른 비상장주식을 예외 없이 보충적 방법으로 평가하는 것은 실무적으로 대단히 어려운 작업이다. 이러한 실무적 어려움을 감안하여 평가대상이 되는 비상장법인이 다른 비상장법인의 발행주식총수의 100분의 10 이하의 주식을 소유하고 있는 경우에는 그 다른 비상장주식의 평가는 취득가액에 의할 수 있다(相贈令 §54 ③). 이때 발행주식총수의 계산에 있어 그 비상장법인이 보유하고 있는 자기주식은 제외하여 보유비율을 계산한다. 이때 평가대상법인이 100분의 10 이하를 보유한 다른 비상장주식의 매매사례가액 등이 있다면 우선 그 가액을 따라야 할 것이다. 또 100분의 10 이하를 보유한 다른 비상장주식에 대한 평가 예외는 선택사항이므로 그 다른 비상장주식을 취득가액이 아닌 보충적 방법에 의해 평가하는 것도 가능하다고 하겠다.

1.1 순자산가치에 의한 평가

다음과 같은 경우에는 순자산가치와 순손익가치를 가중평균하지 않고, 순자산가치만을 적용하여 평가한다(相贈令 §54 ④). 이는 순손익가치를 계산하는 것이 곤란하거나 순손익가치와 순자산가치를 가중평균하는 통상적인 보충적 평가방법으로는 기업가치가 과소평가되는 것으로 판단되는 경우로 볼 수 있기 때문이다.

① 평가대상 법인의 청산절차가 진행 중이거나 사업자의 사망 등으로 인하여 사업의 계속이 곤란하다고 인정되는 법인의 주식

② 사업개시 전의 법인과 사업개시 후 3년 미만의 법인과 휴 · 폐업 중에 있는 법인의 주식(법인세법상 요건을 갖춘 적격분할 또는 적격물적분할로 신설된 법인의 사업기간은 분할 전 동일 사업부분의 사업개시일부터 기산)

③ 법인의 자산총액 중 부동산 등의 합계액이 차지하는 비율이 100분의 80 이상인 법인의

주식(소득세법 제94조 제1항 제4호 라목에 해당하는 주식). 이때 부동산 등이란 토지(「공간정보의 구축 및 관리 등에 관한 법률」에 따라 지적공부에 등록하여야 할 지목에 해당하는 것) 및 건물(건물에 부속된 시설물과 구축물을 포함), 부동산을 취득할 수 있는 권리(건물이 완성되는 때에 그 건물과 이에 딸린 토지를 취득할 수 있는 권리 포함) · 지상권 · 전세권 · 등기된 부동산 임차권 그리고 해당 법인이 보유한 다른 법인의 주식가액에 그 다른 법인의 부동산등 보유비율을 곱하여 산출한 가액 등을 말한다.

④ 삭제 (2018.2.13.)

⑤ 법인의 자산총액 중 주식등의 가액의 합계액이 차지하는 비율이 100분의 80 이상인 법인의 주식등

⑥ 법인의 설립 시 정관에 존속기한이 확정된 법인으로서 평가기준일 현재 잔여 존속기한이 3년 이내인 법인의 주식등

순자산가치의 계산은 후술할 영업권 평가액(상속세및증여세법시행령 제59조 제2항에 의한 영업권평가액을 말함)을 순자산가치에 가산하는 것이 원칙이다. 그러나 영업권 평가액을 추가로 고려하는 것이 불합리하다고 판단되는 경우에는 그러하지 않은데 위의 순자산가치만을 적용하여 비상장주식을 평가하는 경우 중 ①~④에 해당하는 경우에는 영업권평가액을 가산하지 않음에 주의한다(相贈令 §55 ③).

비상장주식도 상장주식과 마찬가지로 최대주주의 할증요건은 동일하다. 따라서 최대주주는 보충적 방법에 의한 평가액에 20%를 할증하되, 중소기업의 경우 할증평가를 제외한다.

1.2 순손익가치 또는 순자산가치가 부수(-)인 경우

비상장주식의 보충적 평가는 순손익가치와 순자산가치를 가중평균하여 계산한다. 이때 순손익가치가 음(-)의 값인 경우와 순자산가치가 음(-)의 값인 경우 그리고 순손익가치와 순자산가치가 모두 음(-)의 값인 경우는 다음과 같이 계산한다.

① 순손익가치가 부수(-)인 경우

최근 3년간의 1주당 순손익액을 가중평균한 금액을 상속세및증여세법에서 정한 할인율, 즉 순손익가치 환원율로 환원하여 평가한 순손익가치가 '영(0)'원 이하인 경우 순손익가치는 '영(0)'으로 한다(相贈令 §56 ①).

② 순자산가치가 부수(-)인 경우

순자산가치가 부수(-)인 경우에 대해 종전에는 상속세및증여세법상 명문규정이 없어 실무상의 혼란이 있었다. 이에 법 개정을 통해 순자산가치가 부수(-)인 경우에는 주주의 잔여재산분배청구권이라는 점과 주주의 유한책임이라는 면에서 순자산가치가 음(-)의 값인 경우에는 '영(0)'으로 보는 것으로 변경되었다(相贈令 §55 ①).

③ 순자산가치와 순손익가치 모두 부수(-)인 경우

비상장주식을 평가함에 있어 순자산가치와 순손익가치가 모두 부수인 경우 그 평가액은 영(0)으로 한다(서사-864, 2004.6.16.).

한편, 순자산가치와 순손익가치는 각각 2와 3의 비율로 가중평균해서 계산한다. 이때 순자산가치와 순손익가치 중 어느 하나의 값이 부(-)의 값에 해당되는 경우 그 가중평균비율에 대한 의문이 있을 있다. 순자산가치와 순손익가치 중 어느 하나의 값이 부(-)의 값으로 그 가액이 0원으로 평가되더라도 가중치 합계는 5로 하여 계산한다(서사-1351, 2004.8.27.).

1.3 외국법인이 발행한 비상장주식의 평가

외국법인이 발행한 비상장주식에 대한 평가는 내국법인이 발행한 비상장주식에 대한 평가방법과 기본적으로 동일하다. 즉 평가기준일 전후 6개월(증여재산의 경우에는 평가기준일 전 6개월부터 평가기준일 후 3개월) 이내의 기간 중 매매 · 감정 · 수용 · 경매 · 공매 등 매매사례가액이 있는 경우에는 그 가액으로 하되, 매매사례가액이 없는 경우에는 보충적 평가방법에 따라 평가해야 한다.

외국법인이 발행한 비상장주식에 대한 보충적 평가방법 역시 원칙적으로 국내법인의 비상장주식과 동일하다. 즉 순자산가치와 순손익가치를 가중평균해서 계산하며, 순자산가치와 순손익가치의 계산도 상속세및증여세법에서 정한 바에 따라 계산하여야 한다(서사-1862, 2005.10.12.). 다만, 외국법인의 경우 현지의 화폐에 의해 평가하고 평가기준일 현재의 기준환율 또는 재정환율에 의해 환산한 가액으로 한다(재산상속 46014-1829, 1999.10.13.). 최대주주에 대한 할증평가도 동일하게 적용된다(서사-1599, 2004.10.5.).

그러나 외국법인이 발행한 비상장주식을 내국법인과 동일하게 보충적 평가방법을 이용하여 계산하는 것은 현실적으로 어려운 점이 많다. 따라서 당해 재산이 소재한 국가에서 양도소득세, 상속 또는 증여세의 부가목적으로 평가한 가액이 있다면 그 가액으로 할 수 있다(서사-62, 2006.1.18.).

예제 9-4 보충적 평가방법에 의한 1주당 가치의 평가

비상장법인인 평가대상기업(중소기업)의 주식에 대해 1주당 순손익가치와 순자산가치를 계산한 결과는 다음과 같다. 평가기간 내에 동 평가대상기업에 대한 매매사례가액이 없으므로 보충적 평가방법을 이용하여 평가한다.

• 1주당 순손익가치 = 1,350원
• 1주당 순자산가치 = 1,800원

다음 각각의 경우에 비상장법인의 1주당 가치를 평가하라.

① 일반적인 경우
② 평가대상기업이 부동산과다법인(토지 등 부동산의 가액이 평가기준일 현재 자산총액의 50% 이상인 법인)인 경우
③ 평가기준일 현재 평가대상기업이 사업을 개시한 지 3년 미만인 경우
④ 상기의 1주당 순손익가치가 (−)300원으로 평가된 경우

■ **해설**

평가대상 비상장주식에 대해 평가기준일 전·후 6개월(증여재산의 경우에는 평가기준일 전 6개월부터 평가기준일 후 3개월) 이내에 매매사례가액 등이 없는 경우에는 보충적 방법에 의해 평가한 가액으로 한다. 즉 시가를 산정하기 어려운 경우에는 당해 재산의 종류·규모·거래상황 등을 감안하여 제61조 내지 제65조에 규정된 방법(보충적 평가방법)에 의하여 평가한 가액에 의한다.

① 일반적인 경우

일반적인 경우 비상장주식의 보충적 평가방법은 순손익가치와 순자산가치를 각각 3과 2의 비율로 가중평균한 가중평균가치와 순자산가치의 100분의 80에 해당하는 가액 중 큰 금액으로 한다.

◎ 1주당 가중평균가치 = (1,350원×3 + 1,800원×2) ÷ 5 = 1,530원
◎ 1주당 가치 = Max{가중평균가치(1,530원), 순자산가치의 80% 해당액(1,440원)}
= 1,530원

② 평가대상기업이 부동산과다법인인 경우

부동산과다법인은 부동산가치를 고려하여 자산가치에 비중을 두어 순손익가치에 2와 자산가치에 3의 비율로 가중평균가치와 순자산가치의 100분의 80에 해당하는 가액 중 큰 금액으로 한다.

◎ 1주당 가중평균가치 = (1,350원×2 + 1,800원×3) ÷ 5 = 1,620원
◎ 1주당 가치 = Max{가중평균가치(1,620원), 순자산가치의 80% 해당액(1,440원)}
= 1,620원

③ 평가기준일 현재 평가대상기업이 사업을 개시한 지 3년 미만인 경우

평가대상기업은 평가기준일 현재 사업을 개시한 지 3년 미만이므로 순손익가치와 순자산가치를 가중평균하는 통상적인 보충적 평가방법으로는 기업가치가 과소평가될 수 있어 순자산가치로만 계산한다.

◎ 1주당 가치 = 순자산가치 = 1,800원

만일 상기와 같이 평가대상기업이 평가기준일부터 소급하여 3년 이내에 사업을 개시한 법인이며, 사업개시일이 속하는 사업연도부터 평가기준일이 속하는 사업연도의 직전 사업연도까

지 각 사업연도의 한국채택국제회계기준(K-IFRS)에 의한 영업이익이 모두 '영(0)' 이하인 경우에는 평가대상 주식이 최대주주의 보유지분이라 하더라도 할증평가하지 않는다(할증평가 제외 참고).

④ 상기의 1주당 순손익가치가 (-)300원으로 평가된 경우

최근 3년간의 1주당 순손익액을 가중평균한 금액을 순손익가치 환원율로 환원하여 평가한 순손익가치가 '영(0)'원 이하인 경우 순손익가치는 '영(0)'으로 한다. 또한 비상장주식을 평가함에 있어 순자산가치와 순손익가치가 모두 부수인 경우에도 그 평가액은 영(0)으로 한다. 한편, 순자산가치와 순손익가치 중 어느 하나의 값이 부(-)의 값에 해당되는 경우에도 가중치 합계는 5로 하여 계산한다.

이때에도 1주당 가치는 순손익가치와 순자산가치를 각각 3과 2의 비율로 가중평균한 가중평균가치와 순자산가치의 100분의 80에 해당하는 가액 중 큰 금액으로 한다.

- 1주당 가중평균가치 = (0원×3 + 1,800원×2)/5 = 720원
- 1주당 가치 = Max{가중평균가치(720원), 순자산가치의 80% 해당액(1,440원)}
  = 1,440원

※본 예제는 일반적인 경우를 가정한 것이므로 구체적인 상황에 따라 달리 적용될 수 있음.

보론

2017년 2월, 상속세및증여세법시행령 개정으로 기존의 1주당 가치 산정방법과 비교하여 1주당 가치는 최소한 순자산가치의 80% 이상이 되도록 하였다. 이는 최근 3년간의 손익이 악화되더라도 주식가치는 순자산가치를 크게 하회하지 않을 것이라는 가정이 있는 듯하다. 납세자 입장에서 최근 3년간 손익이 일시적으로 좋지 않은 경우라면 그 시기에 맞춰 비상장주식을 평가하여 조세를 회피할 유인이 있을 수 있다. 이는 [예제 8-4]의 ④에서 알 수 있듯이 종전 기준에 따를 경우 가중평균값인 720원이 1주당 가치가 될 것이나 개정기준에 따를 경우 가중평균가치인 720원이 아닌 순자산가치의 80% 해당액인 1,440원으로 계산되어 두 배 가량 평가액 차이가 발생한다. 그러나 이러한 접근에는 순자산가치가 주식가치에 대한 상당한 설명력이 있다는 전제를 필요로 한다. 즉, 주식가치를 순자산가치의 80% 이하로 볼 경우 그 주식가치를 과소평가하게 된다고 보는 것이다.

그러나 2017년 국내 상장기업들을 보면, 순자산가치의 80% 이하로 거래되는 기업은 의외로 많다. 대표기업인 현대차와 기아차는 순자산가액 대비 40~50% 수준에 시가총액이 형성되어 있고, 이들 완성차에 공급하는 자동차 부품제조사의 시가총액은 순자산가액의 30~40%에 불과한 경우가 많다. 롯데쇼핑, 신세계, 이마트, 현대백화점 등 대표 유통업체들의 시가총액도 순자산가액의 40~70%에 불과하다. 이들 기업이 가진 부동산을 상속세및증여세법상에 의해 시가 평가할 경우 그 비율은 더 낮아질 것이다. 심지어 이들 기업의 주가수익배율(PER)은 대부분 10 이하에 거래되고 있는데, 이는 이들 상장기업을 상속세및증여세법의 순손익가치에 의해 평가한 결과도 시가총액에 미치지 못함을 의미한다. 반면 무형자산이 주식가치의 중요한 부분을 차지하는 기업은 순자산가치 대비 주가가 높게 형성된다. 네이버의 시가총액은 순자산가액의 7배에 이르고 바이오 기업인 셀트리온은 10배에 거래되고 있다.

자동차기업이나 유통기업의 시가총액이 순자산가치에 비해 턱없이 낮은 가격으로 거래되는 것은 투자자들이 이들 기업에 대한 미래전망을 어둡게 보기 때문이다. 즉 이들 기업에 대해 투자자들은 과거의 순자산가치가 이 기업들의 적정가치를 충분히 설명한다고 판단하지는 않는다는 의미이다. 향후 이들 기업의 순자산가치 대비 시가총액비율(PBR)은 더 낮아질 수도 있고, 전망이 좋아져서 100%를 상회할 수도 있다. 주가는 그 기업이 미래에 벌어들일 이익에 기초해 추정되는 것이지 과거 손익이나 현재시점의 자산부채가액을 기초로 추정되는 것은 아니기 때문이다.

따라서, 이익구조가 나빠지고 있는 기업의 경우 순자산가치의 80%에 해당하는 금액을 최소한도로 설정한 금번 세법개정이 불합리하다고 생각될 수 있다. 이러한 부분을 보완하고자 평가심의위원회 제도를 활성화하여 비상장주식도 미래가치를 고려할 수 있도록 제도적 보완을 마련하였다. 그러나 이러한 제도 보완 외에 비상장주식 평가방법에 대한 보다 체계적인 연구가 필요하다고 판단된다.

2. 순손익가치

순손익가치는 1주당 최근 3년간의 순손익을 가중평균한 금액을 상속세및증여세법에서 정한 할인율, 즉 순손익가치환원율로 나누어 아래와 같이 계산한다(相贈令 §56).

순손익가치환원율은 3년 만기 회사채의 유통수익률을 감안해 기획재정부령으로 정하는 이자율로서 현재 10%가 적용된다. 1주당 최근 3개년의 순손익액의 가중평균액을 할인율로 나누어 계산하는 것은 평가대상기업의 미래의 예상이익이 최근 3개년의 순손익액의 가중평균액이 할인율을 요구수익률로 하여 영구히 발생할 것으로 가정하는 것과 같다. 따라서 안정적인 이익을 실현하는 기업의 경우 순손익가치에 의해 계산된 이익으로 기업의 미래가치를 반영하는 것으로 가정하는 것은 합리적인 평가과정이라 할 수 있다. 반면, 과거의 손익실적은 미미하나 향후 큰 이익이 예상되는 성장기업의 기업가치를 과소평가하는 문제를 가져올 수 있고, 과거이익이 장기적으로 유지되기 어려운 사양기업의 기업가치는 과대평가되는 문제를 가져올 수 있다.

$$1주당\ 순손익가치 = \frac{1주당\ 최근\ 3년간의\ 순손익액의\ 가중평균액}{순손익가치환원율}$$

1주당 최근 3년간의 순손익액의 가중평균은 평가기준일 이전 1년이 되는 사업연도부터 3년이 되는 사업연도까지 각각 3~1의 가중치를 부여하여 아래와 같이 계산한다. 최근 사업연도에 보다 많은 가중치를 부여함으로써 최근의 실적을 많이 반영한다는 취지로 판단된다. 1주당 최근 3년간의 순손익액의 가중평균액이 '영(0)'원 이하인 경우에는 '영(0)'원으로 한다(相贈令 §56 ① 1호).

$$\frac{\left(\begin{array}{c}평가기준일\ 이전\ 1년이\ 되는\\ 사업연도의\ 주당순손익\end{array}\right)\times 3+\left(\begin{array}{c}평가기준일\ 이전\ 2년이\ 되는\\ 사업연도의\ 주당순손익\end{array}\right)\times 2+\left(\begin{array}{c}평가기준일\ 이전\ 3년이\ 되는\\ 사업연도의\ 주당순손익\end{array}\right)}{6}$$

'1주당 최근 3년간의 순손익액의 가중평균액'은 사업연도 중에 상속 · 증여가 있는 경우 중도

결산의 어려움을 감안하여 평가기준일(상속 · 증여일)이 속하는 사업연도 직전 3년의 사업연도를 기준으로 순손익가치를 산정하도록 하였다. 사업연도종료일이 평가기준일인 경우에는 중도결산 없이 순손익가치의 산정이 가능하므로 이러한 경우에는 평가기준일이 속한 사업연도도 평가대상기간에 포함된다. 예를 들어 평가기준일이 20×6년 5월 31일이고 1년이 1개 사업연도라고 하면 20×5년 · 20×4년 · 20×3년이 각각 평가기준일 이전 1 · 2 · 3년이 되는 사업연도가 된다.

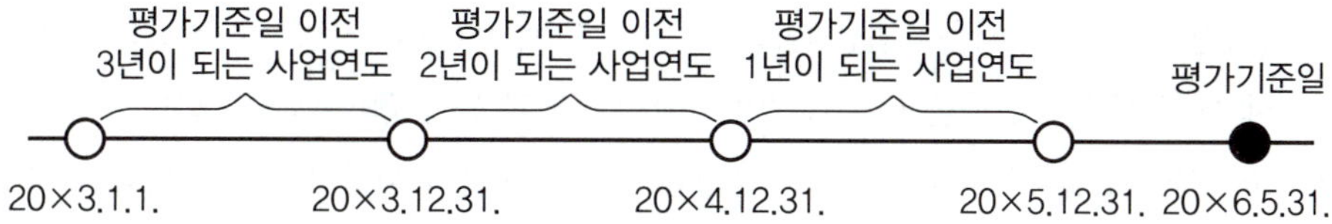

1주당 최근 3년간의 순손익액의 가중평균액 계산시 최근 3년간의 사업연도 또는 과세기간 중 1년 미만인 사업연도 또는 과세기간의 1주당 순손익액은 당해 기간의 1주당 순손익액을 연(年)으로 환산한 가액에 의한다. 또한 최근 3년간의 사업연도 또는 과세기간 중 합병이 있은 경우에는 합병 전 각 사업연도 또는 과세기간의 1주당 순손익액은 합병법인과 피합병법인의 순손익액의 합계액을 합병 후 발행주식총수로 나누어 계산한 가액에 의한다(相贈通 63-56…12).

1주당 순손익가치는 평가기준일 이전 3년간의 순손익액을 구한 후 발행주식수로 나누어 1주당 순손익액을 구하여 가중평균한 값(1주당 최근 3년간의 순손익액의 가중평균액)에 순손익가치환원율을 나누어 계산한다.

예제 9-5 1주당 순손익가치의 계산

평가대상법인의 평가기준일 이전 최근 3년간 각 사업연도의 주당순손익의 내역은 다음과 같다. 순손익가치환원율은 10%이다. 평가대상법인의 1주당 순손익가치를 계산하라.

- 평가기준일 : 20×4년 8월 31일
- 20×3년 12월 31일 주당순손익 : (−)890원
- 20×2년 12월 31일 주당순손익 : 250원
- 20×1년 12월 31일 주당순손익 : 1,250원

■ **해설**

'1주당 최근 3년간의 순손익액의 가중평균액'은 사업연도 중에 상속 · 증여가 있는 경우 중도결산의 어려움을 감안하여 평가기준일이 속하는 사업연도 직전 3년의 사업연도를 기준으로 순손익가치를 산정하도록 하였다. 따라서 1주당 가치는 20×1년~20×3년의 3개 사업연도의 주당순손익을 가중평균하여 계산한다.

1주당 최근 3년간의 순손익액의 가중평균액 = {(−)890원×3 + 250원×2 + 1,250원×1} ÷ 6
= (−)920원

1주당 최근 3년간의 순손익액의 가중평균액이 부(−)의 값이므로 영(0)으로 본다. 따라서 1주당

순손익가치는 0원÷10%=0원이 된다.
※본 예제는 일반적인 경우를 가정한 것이므로 구체적인 상황에 따라 달리 적용될 수 있음.

2.1 각 사업연도의 순손익액 계산

각 사업연도의 순손익액은 기업회계에 의한 당기순이익이 아닌 세무상의 손익을 말한다. 각 사업연도의 순손익액은 (「법인세법」 제14조의 규정에 의한) 각 사업연도소득에 국세, 지방세과 오납에 대한 환급이자 등을 더하고 법인세 총결정세액 등을 뺀 금액으로 한다. 이 경우 각사업연도소득을 계산할 때 손금에 산입된 충당금 또는 준비금이 세법의 규정에 따라 일시 환입되는 경우에는 해당 금액이 환입될 연도를 기준으로 안분한 금액을 환입된 각사업연도소득에 더한다.

● 시행령 제56조【1주당 최근 3년간의 순손익액의 계산방법】

④ 제1항에 따른 순손익액은 「법인세법」 제14조에 따른 각사업연도소득에 제1호의 금액을 더한 금액에서 제2호의 금액을 뺀 금액으로 한다. 이 경우 각사업연도소득을 계산할 때 손금에 산입된 충당금 또는 준비금이 세법의 규정에 따라 일시환입되는 경우에는 해당 금액이 환입될 연도를 기준으로 안분한 금액을 환입될 각사업연도소득에 가산한다.

1. 「법인세법」 제18조 제4호에 따른 금액, 같은 법 제18조의 2 · 제18조의 3에 따른 수입배당금액 중 익금불산입액, 같은 법 제24조 제4항, 「조세특례제한법」(법률 제10406호 「조세특례제한법」 일부 개정법률로 개정되기 전의 것을 말한다) 제73조 제4항에 따라 해당 사업연도의 손금에 산입한 금액 및 그밖에 기획재정부령이 정하는 금액
2. 다음 각목의 규정에 의한 금액
   가. 당해 사업연도의 법인세액(「법인세법」 제57조에 따른 외국법인세액으로서 손금에 산입되지 아니하는 세액을 포함한다), 법인세액의 감면액 또는 과세표준에 부과되는 농어촌특별세액 및 지방소득세
   나. 「법인세법」 제21조 제3호 및 제4호 및 동법 제27조에 규정하는 금액과 각 세법에서 규정하는 징수불이행으로 인하여 납부하였거나 납부할 세액
   다. 「법인세법」 제24조부터 제26조까지, 같은 법 제28조의 금액 및 「조세특례제한법」(법률 제10406호 「조세특례제한법」 일부 개정법률로 개정되기 전의 것을 말한다) 제73조 제1항에 따라 기부금 손금산입 한도를 넘어 손금에 산입하지 아니한 금액, 같은 법 제136조의 금액, 그밖에 기획재정부령으로 정하는 금액
   라. 「법인세법 시행령」 제32조 제1항에 따른 시인부족액에서 같은 조에 따른 상각부인액을 손금으로 추인한 금액을 뺀 금액

각사업연도소득에서 순손익가치를 계산하기 위해 가산할 항목과 차감할 항목은 [그림 9-2]와 같이 정리할 수 있다.

[그림 9-2] 각 사업연도 순손익액의 계산구조

각사업연도소득금액

구분	항목	근거
가산	• 국세 및 지방세 과오납 환급금이자	법인세법 제18조 제4호
	• 수입배당금 중 익금불산입액	법인세법 제18조의 2 및 제18조의 3
	• 기부금한도초과액 중 이월손금산입액	법인세법 제24조 제4항
	• 외화환산이익 중 미반영금액	법인세법시행령 제76조
차감	• 벌금 · 과료 · 과태료 · 가산금 · 체납처분비	법인세법 제21조 제3호
	• 손금용인되지 않는 공과금	법인세법 제21조 제4호
	• 업무에 관련없는 지출	법인세법 제27조
	• 각 세법에 규정하는 징수불이행납부세액	법인세법 제21조 제1호
	• 기부금한도초과액	법인세법 제24조
	• 접대비손금불산입액	법인세법 제25조
	• 과다경비 등의 손금불산입액	법인세법 제26조
	• 지급이자의 손금불산입액 등	법인세법 제28조
	• 법인세 등	–
	• 감가상각비 시인부족액	법인세법시행령 제32조 제1항
	• 외화환산손실 중 미반영금액	법인세법시행령 제76조
	• 기타	조특법 제73조 제1항 및 같은 법 제136조

각 사업연도별 순손익액

(1) 각사업연도소득

각사업연도소득의 계산은 「법인세법」 제14조에서 규정한 방법에 의한다. 법인세법에서 규정하는 각사업연도소득은 그 사업연도에 속하는 익금의 총액에서 그 사업연도에 속하는 손금의 총액을 공제하여 계산한다. 각 사업연도에 속하는 익금은 자본 또는 출자의 납입 등을 제외하고 해당 법인의 순자산을 증가시키는 거래로 인하여 발생하는 수익의 금액으로 한다. 익금에서 공제하는 손금은 자본 또는 출자의 환급, 잉여금의 처분 등을 제외하고 당해 법인의 순자산을 감소시키는 거래로 인하여 발생하는 손비의 금액으로 한다. 「법인세법」상의 각사업연도소득은 「법인세법」상 익금과 손금을 직접 산출하는 직접법에 의해 계산함을 전제하고 있으나, 현실적으로는 기업회계상의 당기순이익에서 세무조정을 반영하여 계산하는 간접법에 의한 계산방식이 대부분이다. 각사업연도소득은 이월결손금을 공제하기 전의 금액을 말한다(서일 46014-262, 2001.3.14.).

순손익액을 계산하기 위한 각사업연도소득은 법인세 세무조정 계산서상의 각 사업연도 소득금액을 이용하게 된다. 단, 각사업연도소득 계산시 손금에 산입된 충당금 또는 준비금이 세법의 규정에 따라 일시환입되는 경우에는 해당 금액이 환입될 연도를 기준으로 안분한 금액을 환입된 각사업연도소득에 가산해야 한다.

(2) 각사업연도소득에 가산할 금액

순손익액 계산을 위해 각사업연도소득에 가산할 금액은 국세 및 지방세의 과오납금의 환급금이자, 기관투자자 등의 수입배당금 중 익금불산입액 등이다.

① 국세 및 지방세의 과오납금의 환급이자

각사업연도소득에 「법인세법」 제18조 제4호의 규정에 의한 금액을 가산한다. 「법인세법」 제18조 제4호에서 규정하고 있는 금액이란 국세 또는 지방세의 과오납금의 환급금에 대한 이자를 말한다. 국세 등의 과오납금의 환급이자는 「법인세법」상 익금에서 제외하였으나 그 성격은 법인의 실질적인 수익에 해당하므로 순손익액 계산시에 가산하는 것이다.

② 수입배당금 중 익금불산입한 금액

내국법인 중 「독점규제 및 공정거래에 관한 법률」에 따른 지주회사, 「금융지주회사법」에 따른 금융지주회사, 「기술의 이전 및 사업화 촉진에 관한 법률」에 따른 공공연구기관, 「첨단기술 지주회사 및 산업교육진흥 및 산학연협력촉진에 관한 법률」에 따른 산학연협력기술 지주회사가 자회사로부터 받은 이익의 배당금이나 잉여금의 분배액 중 「법인세법」 제18조의 2에 따라 계산된 수입배당금은 익금에 산입하지 않도록 하고 있으며, 내국법인이 출자한 다른 내국법인으로부터 받은 수입배당금액 중 「법인세법」 제18조의 3에 따라 계산된 수입배당금도 익금에 산입하지 않도록 하고 있다(法法 §18의 2 및 3).

그러나 지주회사 등이 수취하는 수입배당금은 법인의 실질적인 가치를 증가시키는 것으로 가치평가의 측면에서는 법인의 이익으로 보는 것이 옳다. 이에 따라 「법인세법」 제18조의 2와 3에 의해 익금불산입된 수입배당금은 순손익액 계산시 가산한다.

③ 기부금 한도초과액 중 이월손금산입액

한도초과로 인해 손금산입하지 아니한 지정기부금 및 법정기부금 한도초과액 중 다음 사업연도 개시일로부터 5년(법정기부금은 3년) 이내에 끝나는 각 사업연도에 이월하여 초과금액을 손금에 산입(法法 §24 ④)할 수 있는데 동법에 따라 손금에 산입한 금액은 가산한다. 한편, 「조세특례제한법」(법률 제10406호 「조세특례제한법」 일부개정법률로 개정되기 전의 것을 말함) 제73조 제4항에 따라 해당 사업연도의 손금에 산입한 금액도 가산하도록 하고 있는 데 동 규정은 기부금 중 종합소득금액에서 공제하지 아니하거나 손금에 산입하지 아니한 금액은 해당 과세연도의 다음 과세연도의 개시일부터 이월하여 공제하거나 손금에 산입하도록 한 금액을 다시 가산하도록 한 것으로 실질적으로 적용될 여지는 없어 보인다.

④ 외화환산이익 중 미반영액

「법인세법 시행령」 제76조 제2항에 의하여 화폐성외화자산등에 대하여 평가하여 발생한 이익이지만 미반영된 외화환산이익은 해당 사업연도 종료일에 「법인세법 시행령」 제76조 제1항에 따른 매매기준율등으로 평가한 금액과 직전 사업연도 종료일에 같은 방식에 따라 평가한 금액 간의 차액으로 가산한다(基本通則 63－56…14).

(3) 각사업연도소득에서 차감할 금액

각사업연도소득에서 차감할 금액은 조세정책적 목적에 따라 손금불산입하였으나 실질적인 기업의 비용성격에 해당하는 항목들을 각사업연도소득에서 차감하여 기업의 가치를 적절히 반영하는 데 그 목적이 있다.

① 벌금 · 과료 · 과태료 · 가산금 · 체납처분비

「법인세법」 제21조 제3호의 규정에 의한 벌금 · 과료(통고처분에 의한 벌금 또는 과료에 상당하는 금액을 포함) · 과태료(벌금과 과태금을 포함) · 가산금 · 체납처분비로서 각사업연도소득금액 계산에 있어 손금에 산입하지 아니한 금액을 말한다.

② 손금용인되지 않는 공과금

법령에 의해 의무적으로 납부한 공과금 이외의 공과금으로서 각사업연도소득금액 계산상 손금 용인되지 아니한 금액(法法 §21 4호)을 말한다.

③ 업무에 관련없는 지출

「법인세법」 제27조의 규정에 의하여 법인이 각 사업연도에 지출한 비용 중 법인의 업무와 직접 관련이 없다고 인정하는 금액으로 각사업연도소득금액 계산상 손금용인되지 아니한 금액을 말한다.

④ 각 세법에 규정하는 징수불이행납부세액

「법인세법」 제21조 제1호 및 동법 시행령 제21조의 규정에 의하여 각 세법에 규정하는 의무불이행으로 인하여 납부하였거나 납부하여야 할 세액(가산세 포함)으로 각사업연도소득금액 계산상 손금에 산입하지 아니한 금액을 말한다.

⑤ 기부금한도초과액

「법인세법」 제24조의 규정에 의한 기부금 한도초과액 및 비지정기부금으로서 당해 사업연도의 소득금액 계산에 있어서 이를 손금에 산입하지 아니한 금액을 말한다.

⑥ 접대비손금불산입액

「법인세법」 제25조 규정에 의하여 각 사업연도에 지출한 접대비 및 교제비 · 사례금 기타 명목 여하에 불구하고 이와 유사한 성질의 비용으로서 법인이 업무와 관련하여 지출한 금액으로 각 사업연도의 소득금액 계산에 있어 손금에 산입하지 아니한 금액(접대비한도초과액 및 접대비 손금부인액)을 말한다.

⑦ 과다경비 등의 손금불산입액

「법인세법」 제26조 규정에 의한 인건비 · 복리후생비 · 여비 및 교육훈련비 · 당해 법인 외의 자와 동일한 조직 또는 사업 등을 공동으로 운영하거나 영위함에 따라 발생되거나 지출된 손비 · 기타 법인의 업무와 직접 관련이 적다고 인정되는 경비로서 과다하거나 부당하다고 인정되는 금액으로 각사업연도소득금액 계산상 손금에 산입하지 아니한 금액을 말한다.

⑧ 지급이자의 손금불산입액

「법인세법」 제28조 규정에 의한 지급이자 손금불산입규정에 의하여 각 사업연도의 소득금액에 손금 산입되지 아니한 금액을 말한다.

⑨ 법인세 등

당해 사업연도의 법인세액(「법인세법」 제57조에 따른 외국법인세액으로서 손금에 산입되지 아니하는 세액을 포함)과 법인세액의 감면액 또는 과세표준에 부과되는 농어촌특별세액 및 지방소득세를 말한다.

⑩ 감가상각비 시인부족액

「법인세법 시행령」 제32조 제1항에 따른 시인부족액에서 같은 조에 따른 상각부인액을 손금으로 추인한 금액을 뺀 금액을 말한다. 이는 기업의 실질가치를 평가하기 위해 실제 감가상각비 계상 여부가 평가결과에 영향이 없도록 하기 위함이다.

⑪ 외화환산손실 중 미반영액

「법인세법 시행령」 제76조 제2항에 의하여 화폐성외화자산등에 대하여 평가하여 발생한 손실이지만 미반영된 외화환산손실은 해당 사업연도 종료일에 「법인세법 시행령」 제76조 제1항에 따른 매매기준율등으로 평가한 금액과 직전 사업연도 종료일에 같은 방식에 따라 평가한 금액 간의 차액으로 차감한다(基本通則 63－56…14).

⑫ 기타

「조세특례제한법」(법률 제10406호 「조세특례제한법」 일부개정법률로 개정되기 전의 것을 말함) 제73조 제1항에 따라 기부금 손금산입한도를 넘어 손금에 산입하지 아니한 금액과 같은법 제136조에 따라 정부출자기관이나 동 법인이 출자한 법인에 적용되는 접대비 손금불산입 특례금액 등을 말한다.

(4) 증자 또는 감자가 있는 경우의 조정

각사업연도의 순손익액을 계산함에 있어 평가기준일이 속하는 사업연도 전 3년 이내에 유상증자 또는 유상감자를 한 사실이 있는 경우에는 유상증자 또는 유상감자를 한 사업연도와 그 이전 사업연도의 순손익액은 아래의 유상증자 조정금액을 더하고 유상감자 조정금액을 뺀 금액으로 한다. 이때 유상증자 또는 유상감자를 한 사업연도의 순손익액은 사업연도 개시일부터 유상증자 또는 유상감자를 한 날까지의 기간에 대하여 월할로 계산하며, 1개월 미만은 1개월로 하여 계산한다(相贈令 §56 ⑤).

유상증자 조정금액=유상증자한 주식 1주당 납입금액×유상증자에 의하여 증가한 주식수 등×기획재정부령으로 정하는 율(10%, 순손익가치환원율)

유상감자 조정금액=유상감자한 주식 1주당 납입금액×유상감자에 의하여 감소된 주식수 등×기획재정부령으로 정하는 율(10%, 순손익가치환원율)

2.2 1주당 순손익가치의 계산

「법인세법」에 의한 각사업연도소득에 국세 · 지방세과오납에 대한 환급이자 등 가산항목을 더하고 법인세 등 차감항목을 차감하여 각 사업연도별 순손익액을 계산하였다. 각 사업연도별 순손익액에 각 사업연도말의 주식수(또는 환산주식수)를 나누어 '각 사업연도별 주당순손익액'을 구하고 이를 사업연도별 가중치를 이용하여 '가중평균액'을 구한 다음 순손익가치환원율로 나누어 '1주당 순손익가치'를 계산한다.

[그림 9-3] 1주당 순손익가치 계산과정

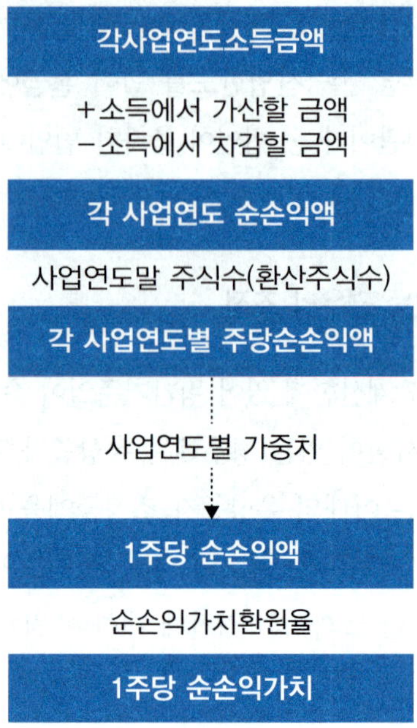

(1) 발행주식수

1주당 순손익액을 계산하기 위한 주식수는 각 사업연도 종료일 현재의 발행주식총수에 의한다. 다만, 평가기준일이 속하는 사업연도 전 3년 이내에 증자 또는 감자를 한 사실이 있는 경우에는 증자 또는 감자 전의 각 사업연도 종료일 현재의 발행주식총수는 아래의 환산주식수 계산방식에 따른다(相贈則 §17의 3 ⑤). 아래의 환산주식수 계산방식은 유상 또는 무상증자, 유상 또는 무상감자 모두에 동일하게 적용한다.

① 증자의 경우

$$\text{환산주식수} = \text{증자 전 각 사업연도말 주식수} \times \frac{(\text{증자 직전 사업연도말 주식수} + \text{증자주식수})}{\text{증자 직전 사업연도말 주식수}}$$

② 감자의 경우

$$\text{환산주식수} = \text{감자 전 각 사업연도말 주식수} \times \frac{(\text{감자 직전 사업연도말 주식수} - \text{감자주식수})}{\text{감자 직전 사업연도말 주식수}}$$

한편, 평가대상기업이 자기주식을 매입하여 보유하고 있다면 발행주식수는 변화가 없으나 유통주식수가 감소하므로 자기주식을 발행주식수에서 차감해야 할 것인지에 대한 의문이 있을 수 있다. 자기주식의 취득목적이 주식을 소각하여 자본을 감소시킬 목적이라면 자기주식을 차감하여 발행주식수를 조정하는 것이 타당하나, 일시적으로 보유하였다가 처분할 자기주식이라면 자기주식의 일시적인 취득이 가치에 영향을 주어서는 안되므로 발행주식수를 조정하지 않는다(서일 46014-10198, 2003.2.20.).

또한 최근 3년간 당해 법인의 1주당 액면가액을 변경함으로써 총발행주식수가 달라진 경우에는 최종 사업연도의 총발행주식수를 기준으로 하여 1주당 순손익액을 계산한다(재산 01254-717, 1988.3.10.). 즉 액면가액이 분할(또는 병합)되었다면 액면분할(또는 병합)의 효과를 최근 3년간 소급하여 발행주식수를 재계산해야 한다.

(2) 순손익가치환원율

순손익가치환원율은 주주이익에 대한 요구수익률 또는 기대수익률, 즉 할인율을 말한다. 2016년 법개정으로 순손익가치환원율이라는 용어를 공식적으로 사용하지는 않게 되었으나 관행적으로 사용될 것이므로 본서에서는 순손익가치환원율이라는 용어를 그대로 사용하였다. 순손익가치환원율은 3년 만기 회사채의 유통수익률을 감안하여 기획재정부령으로 정하는 이자율로 하는데(相贈令 §54 ①), 순손익가치환원율은 연 10%가 적용되고 있다(相贈則 §17).

예제 9-6 1주당 순손익가치의 계산

평가대상기업의 최근 3년간의 각사업연도소득금액과 기타자료를 이용하여 1주당 순손익가치를 계산하라.

- 평가기준일 : 20×4년 8월 31일
- 각 사업연도의 과세기간 : 1월 1일~12월 31일
- 최근 3년간의 각 사업연도소득금액 및 각 사업연도말 총발행주식수

	20×1년	20×2년	20×3년
각사업연도소득금액	200,000,000	250,000,000	180,000,000
이월결손금잔액	350,000,000	150,000,000	0
사업연도말 총발행주식수	100,000	100,000	120,000

- 최근 3년간의 각 사업연도에 조정할 항목

	20×1년	20×2년	20×3년
국세 및 지방세환급금이자	50,000,000	–	–
벌금 및 과태료	3,000,000	2,000,000	2,000,000
기부금한도초과액	–	23,000,000	–
접대비한도초과액	20,000,000	18,000,000	12,000,000
지급이자손금불산입액	–	–	24,000,000
법인세 등	–	30,000,000	50,000,000

■ 해설

각 사업연도의 순손익액은 (법인세법 제14조의 규정에 의한) 각사업연도소득에 국세, 지방세 과오납에 대한 환급이자 등을 가산하고 법인세 총결정세액 등을 차감한다. 이때 각 사업연도의 순손익액은 각 사업연도의 소득금액을 기초로 하므로 이월결손금 잔액은 고려하지 않는다. 평가기준일이 20×4년 8월 31일이므로 최근 3년간의 순손익액의 계산은 20×1년~20×3년의 각사업연도소득금액을 기초로 한다.

① 각 사업연도의 순손익액 계산

		20×1년	20×2년	20×3년
	각사업연도소득	200,000,000	250,000,000	180,000,000
(가산)	국세 및 지방세환급금이자	50,000,000	–	–
	소계(①)	250,000,000	250,000,000	180,000,000
(차감)	벌금 및 과태료	3,000,000	2,000,000	2,000,000
	기부금한도초과액	–	23,000,000	–
	접대비한도초과액	20,000,000	18,000,000	12,000,000
	지급이자손금불산입액	–	–	24,000,000
	법인세 등	–	30,000,000	50,000,000
	차감할 금액 합계(②)	23,000,000	73,000,000	88,000,000
	순손익액(=①-②)	227,000,000	177,000,000	92,000,000

② 1주당 최근 3년간 순손익액의 가중평균액의 계산

	20×1년	20×2년	20×3년
순손익액	227,000,000	177,000,000	92,000,000
사업연도말 주식수	100,000	100,000	120,000
주당순손익액	2,270	1,770	767
가중치	1	2	3
1주당 순손익액의 가중평균액		1,351	

③ 1주당 순손익가치의 계산

◎ 1주당 순손익가치=1,351원÷10%=13,510원

※본 예제는 일반적인 경우를 가정한 것이므로 구체적인 상황에 따라 달리 적용될 수 있음.

2.3 순손익가치 계산시 기타 고려사항

법인세 경정 등으로 인해 각사업연도소득이 변경될 수 있다. 이러한 경우 각 사업연도의 주당순손익액은 어떻게 반영할 것인가? 또한 합병 등 경영활동에 중요한 영향을 미칠 경제적 사건이 발생한 경우 등 순손익가치 계산과정에서 추가적으로 고려해야 할 사항을 정리하였다.

(1) 각사업연도소득금액이 변동된 경우

순손익가치는 각사업연도소득금액에 기초하여 계산되므로 각사업연도소득금액이 변동된다면 순손익가치는 그러한 손익변동효과를 반영하는 것이 타당하다. 따라서 법인세 경정 등으로 인해 각사업연도소득금액이 변경되면 보충적 평가방법에 의한 평가결과에도 영향을 미친다. 순손익액을 계산함에 있어서 당해 법인에 대한 법인세 경정으로 주식 평가액에 변동이 생긴 때에는 상속(증여)세 과세표준과 세액을 경정하여야 한다(相贈通 63－56…10). 즉 법인세 경정 등으로 각 사업연도의 소득이 변동되면 각 사업연도별 순손익액을 경정으로 인한 효과를 반영하여 수정하여야 하며, 이러한 수정은 상속세(또는 증여세)를 납부한 경우에도 경정하여야 한다.

(2) 평가대상사업연도 중에 합병이 있는 경우

1주당 최근 3년간의 순손익액의 가중평균액을 계산함에 있어 동 기간 내에 합병이 있는 경우에는 합병 이전의 합병당사법인의 각각의 순손익액을 합계하여 합병 후 발행주식총수로 나누어 계산하게 된다(相贈通 63－56…12). 즉 합병 후 3년이 경과하지 아니한 합병법인의 1주당 최근 3년간 순손익액은 평가기준일 전 1년 · 2년 · 3년이 되는 날이 속하는 사업연도별로 합병법인과 피합병법인의 순손익액을 합계하여 합병 후 발행주식총수로 나누어서 계산한다(서일 46014－10352, 2001.10.24.). 합병이 있음에도 불구하고 합병 전 합병법인만의 소득금액에 기초하여 순손익액을 계산하면 과소평가되는 문제가 발생하기 때문이다.

한편, 평가기준일 전 3년 이내에 합병 등이 있는 경우에는 1주당 추정이익을 계산하여 이용할 수 있다. 즉 최근 3년간 순손익액을 계산하는 방법과 1주당 추정이익으로 계산하는 방법은 선택적용이 가능하다.

(3) 추정이익에 의한 순손익가치

기업 손익의 발생유형은 복잡하고 기업의 중요한 영업환경의 일시적 변화에 따라 영향을 받기도 한다. 따라서 과거 일정기간의 손익에 근거하여 일괄적으로 가치를 측정하는 것은 기업의 복잡한 경영환경을 고려하지 못하고 평가결과를 왜곡하는 결과를 가져올 수 있다. 또한 기업의 가치는 과거의 경영실적이 아닌 미래의 경제적 이익(현금흐름)의 창출능력인 점을 감안하면 과거의 손익에 근거한 가치평가는 큰 위험요소를 안고 있는 것이다.

상속세및증여세법에서도 과거 손익에 의한 가치평가의 한계점을 고려하여 법에서 정한 상황에 해당할 경우 과거 손익이 아닌 추정이익으로 가치를 평가할 수 있도록 하고 있다. 그러나 추정이익은 가치평가자의 주관이 개입될 소지가 높으므로 일시적이고 우발적인 사건으로 해당 법인의 최근 3년간의 순손익액이 증가하는 등의 경우에는 2 이상의 회계법인, 세무법인 또는 신용평가전문기관이 기획재정부령이 정하는 기준에 따라 산출한 1주당 추정이익의 평균가액으로 할 수 있다(相贈令 §56 ②).

① 추정이익을 사용할 수 있는 사유

일시적이고 우발적인 사건으로 최근 3년간의 순손익액이 증가하는 것으로 판단되는 경우 1주당 추정이익의 평균가액에 의할 수 있는데 그 사유는 다음과 같다(相贈則 §17의 3 ①). 2015년 3월 이후부터는 증자 또는 감자에 대해서는 추정이익을 사용할 수 없게 된 점에 주의해야 한다.

가. 한국채택국제회계기준(K-IFRS)의 자산수증이익, 채무면제이익, 보험차익 및 재해손실(이하 "자산수증이익 등")의 합계액에 대한 최근 3년간 가중평균액이 법인세 차감전 손익에서 자산수증이익 등을 뺀 금액에 대한 최근 3년간 가중평균액의 50%를 초과하는 경우

나. 평가기준일 전 3년이 되는 날이 속하는 사업연도개시일로부터 평가기준일까지의 기간 중 합병 또는 분할을 하였거나 주요 업종이 바뀐 경우

다. 상속세및증여세법 제38조에 따라 증여받은 이익을 산정하기 위하여 합병당사법인의 주식가액을 산정하는 경우

라. 최근 3개 사업연도 중 1년 이상 휴업한 사실이 있는 경우

마. 한국채택국제회계기준(K-IFRS)상 유가증권 · 유형자산의 처분손익과 특별손익의 합계액에 대한 최근 3년간 가중평균액이 법인세차감전손익에 대한 최근 가중평균액의 50%를 초과하는 경우

바. 주요 업종에 있어서 정상적인 매출발생기간이 3년 미만인 경우. 이때 주요 업종이란 당해 법인이 영위하는 사업 중 직접 사용하는 유형고정자산의 가액이 가장 큰 업종을 말한다.

사. 상기와 유사한 경우로서 기획재정부장관이 정하여 고시하는 사유에 해당하는 경우

② 주당추정이익의 계산방법

1주당 추정이익의 계산은 상속세및증여세법에서 구체적으로 정하지 않고 「자본시장과 금융투자업에 관한 법률 시행령」 제176조의 5 제2항에 따라 금융위원회가 정한 수익가치에 순손익가치환원율(10%)을 곱한 금액으로 하고 있다(相贈則 §17의 3 ④). 이때 수익가치는 「증권의 발행 및 공시 등에 관한 규정」의 수익가치 평가방법('제5장 자본시장과 금융투자업에 관한 법률' 부분 참고)을 이용해야 함을 의미한다. 문제는 2012년 12월, 「증권의 발행 및 공시 등에 관한 규정」의 개정과정에서 종전의 구체적인 수익가치 계산방법을 안내하는 내용을 없애고 일반적인 수익가치평가모형을 자율적으로 이용하도록 함에 따라 추정이익의 인용방법이 사라져 버렸다. 이에 대해 실무적으로 추정이익의 적용은 2012년 12월 개정 전의 「증권의 발행 및 공시 등에

관한 규정」에서 정한 수익가치 계산방법을 따르도록 안내하고 있는데(서면법규과-1022, 2013.9.16.), 관련 법령을 정비하여 명확하게 하여야 할 것이다.

1주당 추정이익은 2 이상의 회계법인(공인회계사법에 의한 회계법인), 세무법인(세무사법에 따른 세무법인) 또는 신용평가전문기관(한국신용평가주식회사 · 한국신용정보주식회사 · 한국기업평가주식회사 · 서울신용평가정보주식회사)이 산출한 1주당 추정이익의 평균가액으로 계산된다.

③ 주당추정이익의 적용요건

주당추정이익에 의하여 순손익가치를 계산하기 위해서는 상속세및증여세법에서 정하는 바에 따라 신고할 것을 요건으로 한다. 즉 1주당 추정이익에 의하여 순손익가치를 계산하기 위해서는 상속세 또는 증여세 과세표준 신고기한 내에 이를 신고하여야 하며, 1주당 추정이익의 산정기준일과 평가서 작성일이 과세표준 신고기한 내에 속하여야 하고, 산정기준일과 상속개시일 또는 증여일이 동일 연도에 속하는 경우에 한하여 적용함에 유의해야 한다(相贈令 §56 ②).

일시적이고 우발적인 사건에 의하여 최근 3년간의 순손익액이 증가하는 경우로 1주당 추정이익의 평균가액에 의할 수 있는 사유에 해당되더라도 주당추정이익에 의해 순손익가치를 계산할지 혹은 최근 3년간의 순손익액의 계산방법을 이용할지는 납세자가 결정할 수 있다. 즉 주당추정이익에 의한 평가는 선택적으로 적용할 수 있다(서사-1671, 2005.9.16.; 서사-1985, 2005.10. 26.).

3. 순자산가치

3.1 순자산가치의 평가원칙

순자산가치는 순자산가액을 발행주식총수로 나누어 계산한다. 이때의 순자산가액은 자산을 상속세및증여세법에 따라 평가한 가액에서 부채를 차감하여 계산하므로 한국채택국제회계기준(K-IFRS)에 의해 작성된 재무상태표의 순자산가액과는 차이가 있다. 또한 개별자산별로 상속세및증여세법에 따라 평가한 가액이 장부가액(취득가액에서 감가상각비를 차감한 가액을 말함)보다 작으면 장부가액으로 하는 점에 유의해야 한다. 만일 평가한 가액이 장부가액보다 적은 정당한 사유가 있으면 평가액으로 할 수 있다(相贈令 §55 ①).

● **상증령 제55조【순자산가액의 계산방법】**
① 제54조 제2항의 규정에 의한 순자산가액은 평가기준일 현재 당해 법인의 자산을 법 제60조 내지 제66조의 규정에 의하여 평가한 가액에서 부채를 차감한 가액으로 하며 순자산가액이 0원

이하인 경우에는 0원으로 한다. 이 경우 당해 법인의 자산을 법 제60조 제3항 및 법 제66조의 규정에 의하여 평가한 가액이 장부가액(취득가액에서 감가상각비를 차감한 가액을 말한다. 이하 이항에서 같다)보다 적은 경우에는 장부가액으로 하되, 장부가액보다 적은 정당한 사유가 있는 경우에는 그러하지 아니하다.
② 제1항의 규정을 적용함에 있어서 기획재정부령이 정하는 무형고정자산 · 준비금 · 충당금 등 기타 자산 및 부채의 평가와 관련된 금액은 이를 자산과 부채의 가액에서 각각 차감하거나 가산한다.
③ 제1항의 규정을 적용할 때 제59조 제2항에 따른 영업권 평가액은 해당 법인의 자산가액에 이를 합산한다. 다만, 다음 각 호의 경우에는 그러하지 아니하다.
1. 제54조 제4항 제1호 · 제3호 또는 제4호에 해당하는 경우
2. 제54조 제4항 제2호에 해당하는 경우. 다만 다음 각 목에 모두 해당하는 경우는 제외한다.
  가. 개인사업자가 제59조에 따른 무체재산권을 현물출자하거나 조세특례제한법 제29조 제2항에 따른 사업 양도 · 양수의 방법에 따라 법인으로 전환하는 경우로서 그 법인이 해당 사업용 무형자산을 소유하면서 사업용으로 계속 사용하는 경우
  나. 가목에 따른 개인사업자와 법인의 사업 영위기간의 합계가 3년 이상인 경우

보충적 평가방법에 의한 1주당 순자산가치는 다음과 같이 계산한다.

$$1주당\ 순자산가치 = \frac{순자산가액}{발행주식수}$$

1주당 순자산가치는 평가기준일 현재 순자산가액에서 평가기준일 현재 발행주식총수를 나누어 계산한다. 발행주식총수를 계산함에 있어 평가대상법인이 자기주식을 보유하고 있는 경우에는 자기주식을 보유하고 있는 목적에 따라 발행주식수를 계산하여야 한다. 보유하고 있는 자기주식을 소각할 계획인 경우에는 자본이 감소될 것이므로 발행주식총수에서 차감한다. 반면, 일시적으로 보유한 후 처분할 자기주식은 자본이 감소되지 아니할 것이므로 자산으로 보아 발행주식총수에서 차감하지 않는다(서일 46014-10198, 2003.2.20.). 이하에서는 순자산가치를 계산하기 위한 순자산가액의 계산방법에 대해 살펴보겠다.

3.2 순자산가액의 계산구조

순자산가액은 상속세및증여세법상 평가한 자산총계에서 부채총계를 차감한 가액을 말한다. 그러나 실무적으로 순자산가치의 계산은 평가기준일 현재의 한국채택국제회계기준(K-IFRS)에 의해 작성된 재무상태표상의 자산 및 부채의 장부가액을 기초로 하여 평가한다. 순자산가치를 계산하는 구조는 다음과 같다.

[그림 9-4] 순자산가액 계산구조

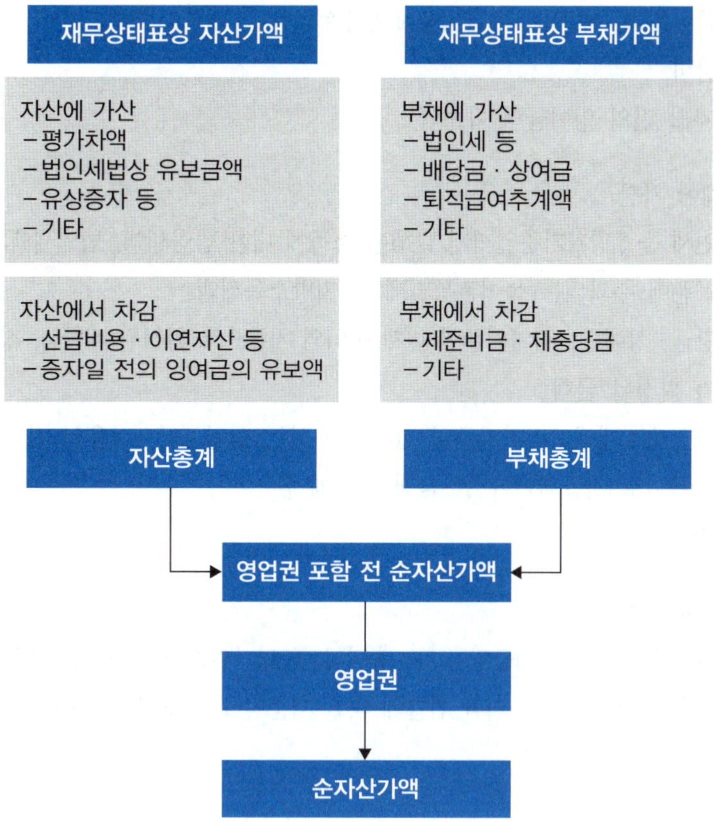

순자산가액의 계산구조에서 한국채택국제회계기준(K－IFRS)에 의해 작성된 재무상태표상의 자산과 재무상태표상 부채에 가감하는 항목의 내용을 살펴보자.

① 자산에 가산

가. 평가차액 : 한국채택국제회계기준(K－IFRS)에 의한 장부가액과 각 자산항목별로 상속세및증여세법에 의해 평가한 가액의 차이금액

나. 「법인세법」상 유보금액 : 평가차액으로 조정된 자산을 제외한 나머지 자산에 대한 「법인세법」상 유보금액(한국채택국제회계기준(K－IFRS)에 의한 장부가액을 세무상 장부가액으로 조정)

다. 유상증자 등 : 직전 사업연도말 재무상태표를 기준으로 순자산가액을 계산하는 경우 평가기준일까지의 유상증자 등의 금액(평가기준일 현재 재무상태표를 기준으로 한 경우 가산할 필요없음)

라. 기타 : 평가기준일 현재 지급받을 권리가 확정된 가액

② 자산에서 제외

가. 선급비용 및 개발비 : 선급비용(평가기준일 현재 비용으로 확정된 것에 한함)과 무형자산 중 개발비

나. 증자일 전의 잉여금의 유보액

③ 부채에 가산

가. 법인세 등 : 평가기준일까지 발생된 소득에 대한 법인세액, 법인세액의 감면액 또는 과세표준에 부과되는 농어촌특별세액, 지방소득세액

나. 배당금 · 상여금 : 평가기준일 현재 이익의 처분으로 확정된 배당금, 상여금 기타 지급의무가 확정된 금액

다. 퇴직급여추계액 : 평가기준일 현재 재직하는 임원 또는 사용인 전원이 퇴직할 경우에 퇴직급여로 지급되어야 할 금액의 추계액[11]

라. 기타

④ 부채에서 제외

가. 평가기준일 현재의 제충당금[12] : 충당금 중 평가기준일 현재 비용으로 확정된 것은 제외

나. 「조세특례제한법」 및 기타 법률에 의한 제준비금 : 「보험업법」에 의한 책임준비금과 비상위험준비금은 제외

⑤ 영업권

영업권 가산 : 자기창설에 의한 영업권평가액(相贈令 §59 ②)

재무상태표상 자산가액과 부채가액에서 자산부채가감항목을 조정 후 영업권을 가산하여 계산된 순자산가액이 부수(-)인 경우에는 '영(0)'으로 한다.

3.3 재무상태표상의 자산가액

재무상태표상의 자산가액은 평가기준일 현재 한국채택국제회계기준(K-IFRS)에 의하여 작성된 장부가액을 의미한다. 장부가액은 평가기준일 현재의 재무상태표상의 자산총계를 의미한다. 순자산가치를 계산함에 있어 자산의 평가는 상속세및증여세법에 의한 가액(상속세및증여세

---

11) 대개의 경우 퇴직금추계액은 퇴직급여충당부채로 설정되어 있으므로 부채가산액으로 가산시에는 이중계산이 되는 것으로 생각될 수 있다. 그러나 자산부채 조정시 제충당금을 부채에서 차감하는데 여기에는 퇴직급여충당부채도 포함된다. 따라서 장부상 퇴직급여충당부채가 계상되어 있는 경우와 그렇지 않은 경우에 관계없이 평가기준일 현재 퇴직금추계액 해당액만큼 순자산에 반영되게 된다.

12) 평가기준일 현재의 제충당금은 대손충당금 · 퇴직급여충당부채 · 판매보증충당금 등을 말한다.

법 제60조 내지 제66조 규정에 의한 평가액)에 의하여야 한다. 다만, 실무적으로는 한국채택국제회계기준(K-IFRS)에 의해 작성된 재무상태표상 자산 · 부채금액을 기초로 상속세및증여세법상의 자산부채평가액과 장부금액과의 차액을 조정하는 방식을 취하고 있다.

순자산가액은 평가기준일 현재 당해 법인의 자산을 기초로 하여 평가하여야 하므로 평가기준일이 속하는 사업연도의 직전 사업연도 현재 재무상태표상의 순자산가액으로 하는 것은 아니다(재삼 46014-663, 1998.4.20.). 평가기준일은 상속개시일 또는 증여일을 의미한다(서사-747, 2006.3.29.).

상속세및증여세법상의 자산을 평가함에 있어 개별자산별 평가액이 장부가액보다 적은 경우에는 장부가액으로 평가하되, 평가한 금액이 장부가액보다 적은 정당한 사유가 있는 경우에는 그러하지 아니하다. 이때의 장부가액이란 한국채택국제회계기준(K-IFRS) 등에 의하여 당해 자산에 대한 평가손익을 반영하여 작성이 된 재무상태표상 장부가액을 뜻한다(서사-1068, 2005.6.28.).

3.4 자산에 가감하는 항목

순자산가액을 계산하기 위한 개별자산의 평가는 상속세및증여세법에 의한 평가액으로 하여야 하나, 순자산가액의 계산구조는 한국채택국제회계기준(K-IFRS)에 의해 작성된 재무상태표상의 장부가액에서 조정항목을 가감하는 구조임을 설명하였다. 따라서 개별자산의 평가는 별도로 이루어지되, 순자산가액의 계산에서는 상속세및증여세법에 의해 평가한 가액과 장부가액의 차액을 가산하도록 하고 있다. 재무상태표상 자산가액에 조정하는 항목은 평가차액 외에 「법인세법」상 유보금액, 지급받을 권리가 확정된 금액, 선급비용, 개발비 등이 있다(相贈則 §17의 2).

(1) 자산에 가산하는 항목

순자산가액을 계산함에 있어 한국채택국제회계기준(K-IFRS)에 의한 자산가액에 가산하는 항목은 다음과 같다.

① 평가차액

순자산가액은 각 자산항목별로 재무상태표상 장부가액과 상속세및증여세법에 의해 개별자산을 평가한 금액 중 큰 금액으로 평가한다. 다만, 상속세및증여세법에 의해 평가한 가액이 장부가액보다 적은 정당한 사유가 있다면 장부가액보다 낮은 가액으로 평가할 수 있다(相贈令 §55 ①).

개별자산항목별로 상속세및증여세법에 의해 평가한 가액과 재무상태표상 자산의 장부가액과의 차액은 '평가차액'으로 하여 재무상태표상 자산가액에 가산한다.

개별자산항목별로 상속세및증여세법에 의한 평가에 대한 자세한 내용은 '5절 개별 자산 · 부채의 평가'에서 설명하기로 한다.

② 법인세법상 유보금액

개별자산항목별로 「법인세법」상 유보금액이 있는 경우 동 유보금액은 순자산가액에 가산한다. 순자산가액의 계산기초는 한국채택국제회계기준(K-IFRS)에 의해 작성된 재무상태표상 자산가액이므로 세무상 자산가액과는 차이가 있기 때문이다. 「법인세법」상 유보금액은 '자본금과 적립금조정명세서'의 개별자산별 유보금액을 의미한다. 주의할 것은 '자본금과 적립금조정명세서'상의 유보금액 중 모든 항목이 가산되는 것은 아니고 개별자산을 상속세및증여세법(제60조 내지 제66조)에 의해 평가된 자산과 관련한 유보금액은 가산하지 않는다(서사-1418, 2004.9.13.). 유보금액을 가산하는 것은 한국채택국제회계기준(K-IFRS)에 의한 자산의 장부가액을 세무상 장부가액으로 조정하는 것인데 상속세및증여세법에 의해 개별평가된 자산은 이미 평가가 끝났기 때문이다. 또한 개별평가되는 자산항목 외에 재무상태표상 자산 · 부채에 가감 · 조정되는 항목도 별도로 조정되므로 유보금액을 가산할 필요가 없다.

자본금과 적립금 조정명세서상의 유보금액 중 재무상태표상 자산가액에 가산하지 않는 항목은 다음과 같다.

가. 개별평가된 자산관련 유보금액 : 상속세및증여세법(제60조 내지 제66조)에 의해 평가한 자산은 개별평가만으로 평가가 완료되므로 별도로 가산할 필요가 없다. 또한 동 평가액이 장부가액보다 낮아서 장부가액으로 평가되는 경우라 하더라도 해당 유보금액을 가산하지 않는다.

나. 무형자산에 계상된 개발비 : 재무상태표에 계상된 개발비(무형자산)는 자산에서 제외된다. 제외된 자산에 대한 유보금액은 가산할 필요가 없다.

다. 제충당금 관련 유보금액 : 대손충당금이나 퇴직급여충당부채와 같은 제충당금은 부채에서 제외한다. 제외된 부채에 대한 유보금액은 가산할 필요가 없다. 특히 퇴직급여충당부채는 별도로 퇴직금추계액상당액을 부채에 가산하므로 결과적으로 순자산가액 계산과 관련하여서는 퇴직급여충당부채의 유보잔액은 아무런 의미가 없다.

라. 제준비금 관련 유보금액 : 「조세특례제한법」 등에 의해 설정된 제준비금은 부채에서 제외된다. 제외된 부채에 대한 유보금액은 가산할 필요가 없다.

마. 미수이자 관련 유보금액 : 자본금과 적립금조정명세서상 부(-)의 유보에 해당하는 미수이자 익금불산입 유보잔액은 상속세및증여세법(제60조 내지 제66조)에 의한 개별자산 평가시 별도로 반영하므로 가감하지 않는다.

상기의 항목들을 재무상태표상 자산가액에 가산하는 유보금액에서 제외하게 되면 실제 가산하는 유보항목은 많지 않게 된다. 상기의 항목들은 실무적으로 자본금과 적립금조정명세서상의 유보금액의 다수를 차지하는 항목들이다. 자본금과 적립금조정명세서상의 유보금액 중 순자산가액에서 직접 고려되는 항목과 그렇지 않은 항목을 구분하는 것이 중요하다.

③ 유상증자금액 등

순자산가액의 계산은 평가기준일 현재의 재무상태표상의 자산가액을 기초로 하여 평가된다. 다만, 직전 사업연도말 현재의 재무상태표를 기준으로 평가할 경우에는 평가기준일까지 추가적인 조정이 필요할 수 있다. 재무상태표상 자산가액에 가산하는 유상증자금액이란 순자산가액의 계산을 직전 사업연도말 현재의 재무상태표를 기준으로 평가한 경우에 한하여 직전 사업연도말 종료일로부터 평가기준일 현재시점까지 유상증자한 경우 그 금액을 가산한다.

④ 지급받을 권리가 확정된 가액

평가기준일 현재 재무상태표상 자산가액에 계상되어 있지 않지만 지급받을 권리가 확정된 가액이 있는 경우에는 이를 자산에 가산한다. 즉 자산가액에 가산하는 것은 평가기준일 현재 평가대상법인의 재무상태표에 계상되지 아니한 것을 말한다.

(2) 자산에서 차감하는 항목

순자산가액을 계산함에 있어 한국채택국제회계기준(K-IFRS)에 의한 자산가액에서 차감하는 항목은 다음과 같다.

① 선급비용

한국채택국제회계기준(K-IFRS)에 의한 선급비용은 지출은 이루어졌으나 그 비용의 발생이 기간의 귀속에 따라 다른 경우 자산으로 계상하고 향후 기간의 경과에 따라 비용으로 인식하게 된다. 선급비용으로 계상된 금액 중 평가기준일 현재 비용으로 확정된 금액은 자산에서 차감한다. 따라서 선급비용으로 계상된 금액 전체를 차감하는 것은 아니다.

② 개발비(무형자산)

무형자산 중 개발비는 자산에서 제외한다. 이때 개발비는 「법인세법」에 규정된 개발비를 의미한다.

「법인세법」에 규정된 개발비란 상업적인 생산 또는 사용 전에 재료 · 장치 · 제품 · 공정 · 시스템 또는 용역을 창출하거나 현저히 개선하기 위한 계획 또는 설계를 위하여 연구결과 또는 관련 지식을 적용하는 데 발생하는 비용으로서 당해 법인이 개발비로 계상한 것을 말한다(法令 §24 ① 2호 바목).

③ 증자일 전 잉여금 유보액

증자일 전 잉여금의 유보금액을 신입주주 또는 신입사원에게 분배하지 아니한다는 것을 조건으로 증자한 경우 신입주주 또는 신입사원의 출자지분을 평가함에 있어서의 순자산가액에는 신입사원 또는 신입주주에게 분배하지 아니하기로 한 잉여금에 상당하는 금액이 제외된다(相贈通 63-55…6).

④ 이연법인세자산

순자산가액을 계산함에 있어 이연법인세자산의 처리에 대해서는 상속세및증여세법에서 명확히 정리되어 있지는 않다. 이연법인세자산은 기업회계상 법인세비용과 「법인세법」상 부담할 법인세의 차이 중 일시적 차이로 인한 효과를 반영하여 향후 발생할 법인세의 유출을 감소시켜 준다는 의미에서 자산으로 인식한다. 그러나 이연법인세자산은 기업회계와 세무회계의 차이를 반영한 회계상의 자산일 뿐 지급받을 권리가 확정된 가액으로 보기 어렵다. 따라서 이연법인세자산은 세무상 자산으로 볼 수 없으므로 차감하는 것이 타당하리라 본다.

3.5 부채에 가감하는 항목

부채총계는 평가기준일 현재 확정된 부채를 의미한다. 따라서 평가기준일 현재 확정된 부채에 대해 장부금액에 반영되지 아니한 부채는 추가로 반영하여야 하며 부채로 보지 아니하는 항목에 대해서는 한국채택국제회계기준(K-IFRS)에 의한 장부금액에서 차감해야 한다(相贈則 §17의 2).

(1) 부채에 가산하는 항목

순자산가액을 계산함에 있어 한국채택국제회계기준(K-IFRS)에 의해 작성된 재무상태표상 부채가액에서 다음의 항목을 가산한다.

① 법인세 등

재무상태표상 결산일과 평가기준일시점이 차이가 발생하게 되면 재무상태표상 결산일로부터 평가기준일시점까지의 과세소득에 대한 법인세가 발생하게 된다. 따라서 동 기간 중에 발생한 법인세 · 농어촌특별세 · 지방소득세는 부채에 가산해야 한다.

② 배당금과 상여금

평가기준일 현재 확정된 채무는 부채에 가산하는 것이 원칙이다. 평가기준일 현재 이익처분으로 확정된 배당금이나 규정에 따라 지급하여야 할 상여금, 기타 지급의무가 확정된 금액이 부채에 계상되지 아니한 경우에는 부채에 가산해야 한다.

한편, 배당기준일 현재 생존하고 있던 주주가 주주총회에서 잉여금 처분결의가 있기 전(주주명부폐쇄기간 중을 말함)에 사망한 경우로서 상속개시 후에 주주총회에서 잉여금의 처분이 확정된 경우에는 상속받은 당해 비상장주식 평가시 동 배당금과 상여금은 부채에 포함하지 않는다(相贈通 63-55…8). 이는 평가기준일 현재로서는 배당금의 지급 여부가 확정되지 아니하였기 때문이다. 이 경우에 피상속인이 사망 전에 처분한 주식은 물론 피상속인이 보유하고 있던 주식과 관련된 배당금 등이 상속개시 후에 지급되는 경우 당해 배당금 등은 상속재산에 포함한다.

③ 퇴직급여추계액

평가기준일 현재 전임직원이 일시에 퇴직할 경우에 퇴직급여로 지급하여야 할 퇴직금추계액 전액을 부채에 가산한다. 퇴직급여추계액은 회사가 장부에 이를 반영하였는지 여부와 관계없이 지급의무가 확정된 채무이므로 부채에 가산하는 것이다. 한국채택국제회계기준(K-IFRS)에 의해 작성된 재무상태표에 이미 계상된 퇴직급여충당부채는 부채에서 제외하는 '제충당금'에서 차감되므로 퇴직급여추계액을 가산하더라도 이중계산되는 것은 아니다.

④ 기타

평가기준일 현재 충당금 중 비용으로 확정된 것은 부채에 가산한다. 또한 보험업을 영위하는 경우 책임준비금과 비상위험준비금으로서 「법인세법 시행령」 제57조 제1항 내지 제3항에 규정된 범위 안의 것은 부채로 인정한다. 보험업을 영위하는 법인의 책임준비금 및 비상위험준비금은 부채에서 제외하는 제준비금과 달리 평가기준일 현재 보험계약이 해지될 경우 계약자 등에 지급해야 할 의무가 있다. 즉 책임준비금과 비상위험준비금은 퇴직급여충당금과 유사한 성격으로 부채에 가산한다.

(2) 부채에서 제외하는 항목

순자산가액을 계산함에 있어 한국채택국제회계기준(K-IFRS)에 의해 작성된 재무상태표상 부채가액에서 다음의 항목을 차감한다.

① 제준비금 및 제충당금

충당금은 미래에 발생될 것으로 예상되는 지출을 합리적으로 추정하여 계산한 것이므로 확정된 채무는 아니다. 따라서 대손충당금 및 퇴직급여충당부채 등 제충당금은 부채에서 제외한다.

또한 조세특례제한법에 의한 제준비금은 조세정책적 목적에 의해 조세지원하기 위한 방법으로 계상되는 것이지 지급이 확정된 채무가 아니다. 연구인력개발준비금 등 각종 준비금을 결산조정에 의해 재무상태표에 반영하였다면 이들은 부채에서 제외되어야 한다.

② 기타

기타 지급의무가 확정되지 아니한 채무는 부채에서 제외한다. 이러한 부채의 예로 이연법인세부채를 들 수 있다. 이연법인세부채는 기업회계와 세무회계의 차이를 조정하기 위해 기간별 법인세효과를 계상하기 위한 계정이다. 이연법인세부채는 지급의무가 확정된 채무가 아닌 조정채무이므로 부채에서 제외한다. 또한 평가대상법인이 사채나 전환사채 · 신주인수권부사채 등을 발행한 경우 관련 사채할인(할증)발행차금(전환권조정계정 · 신주인수권조정계정 포함) 및 전환사채 등의 만기상환에 따른 사채상환할증금은 부채에서 가감하지 않는다. 이에 대해서는 '5절 개별자산 · 부채의 평가'에서 설명하기로 한다.

한편, 보증채무는 보증채무자의 지급의무가 확정되지 않았으므로 부채에 가산하지 않는다. 다만, 주채무자가 변제불능의 상태이고 주채무자에게 구상권을 행사할 수 없는 보증채무는 (지급의무가 확정된 것으로 보아) 부채에 포함한다(재산 01254-2342, 1989.6.28.).

3.6 영업권

순자산가액의 계산은 한국채택국제회계기준(K-IFRS)에 의한 재무상태표상 자산과 부채가액에서 조정항목을 각각 가감하여 최종적으로 영업권평가액을 가산하여 계산된다. 한국채택국제회계기준(K-IFRS)은 자가창출 영업권을 자산으로 인정하지 않는데 반해 비상장주식의 순자산가액 평가에 있어서는 자가창출 영업권을 별도로 평가하여 가산함에 주의한다.

순자산가액에 가산하는 영업권가액은 자기자본이익율을 초과하는 이익의 현재가치로 측정된다. 그러나 영업권 평가액을 추가로 고려하는 것이 불합리하다고 판단되는 경우에는 그러하지 않은데 아래의 경우에는 영업권평가액을 가산하지 않음에 주의한다(相贈令 §55 ③).

① 평가대상 법인의 청산절차가 진행 중이거나 사업자의 사망 등으로 인하여 사업의 계속이 곤란하다고 인정되는 법인의 주식

② 사업개시 전의 법인과 사업개시 후 3년 미만의 법인과 휴 · 폐업 중에 있는 법인의 주식(법인세법상 요건을 갖춘 적격분할 또는 적격물적분할로 신설된 법인의 사업기간은 분할 전 동일 사업부분의 사업개시일부터 기산)

단, 법인과 개인의 합산 사업기간이 3년 이상인 법인전환기업으로 개인사업자가 무체재산권(상속세및증여세법시행령 제59조에 따른 무체재산권)을 현물출자하거나 사업양도양수의 방법(조세특례제한법시행령 제29조 제2항에 따른 사업양수도)에 따라 법인으로 전환하는 경우로서 그 법인이 해당 사업용 무형자산을 사업용으로 계속 사용하고 있다면 영업권 평가액을 가산한다.

③ 평가기준일이 속하는 사업연도 전 3년 내의 사업연도부터 계속하여 결손금이 발생하는

법인의 주식

④ 법인의 자산총액 중 부동산 등의 합계액이 차지하는 비율이 100분의 80 이상인 법인의 주식(소득세법 제94조 제1항 제4호 라목에 해당하는 주식). 이때 부동산 등이란 토지(「공간정보의 구축 및 관리 등에 관한 법률」에 따라 지적공부에 등록하여야 할 지목에 해당하는 것) 및 건물(건물에 부속된 시설물과 구축물을 포함), 부동산을 취득할 수 있는 권리(건물이 완성되는 때에 그 건물과 이에 딸린 토지를 취득할 수 있는 권리 포함) · 지상권 · 전세권 · 등기된 부동산 임차권 그리고 해당 법인이 보유한 다른 법인의 주식가액에 그 다른 법인의 부동산등 보유비율을 곱하여 산출한 가액 등을 말한다.

영업권가액 평가의 구체적인 내용에 대해서는 '5절 개별 자산 · 부채의 평가'에서 살펴보겠다.

예제 9-7 1주당 순자산가치의 계산

비상장법인인 평가대상기업의 재무상태표와 기타 자료는 다음과 같다. 아래의 자료를 이용한 평가대상기업의 1주당 순자산가치를 계산하라.

- 평가기준일 : 20×6년 6월 30일
- 총발행주식수 : 600,000주(1주당 액면금액 : 5,000원)
- 평가기준일 현재의 한국채택국제회계기준(K-IFRS)에 의한 재무상태표

자산		부채 및 자본	
유동자산	3,450,000,000	유동부채	2,590,000,000
비유동자산	9,856,700,000	비유동부채	5,700,000,000
		자본금	3,000,000,000
		자본잉여금	1,000,000,000
		이익잉여금	1,016,700,000
	13,306,700,000		13,306,700,000

- 재산의 평가와 관련한 자료

	장부금액	평가금액	평가내용
토지	3,000,000,000	5,000,000,000	개별공시지가
건물	1,400,000,000	1,200,000,000	기준시가

한편, 비유동자산에는 매도가능증권 200,000,000원이 포함되어 있으며 동 매도가능증권은 지분율 5%의 비상장주식이다. 한편, 매도가능증권과 관련하여 전기에 200,000,000의 감액손실을 인식하였으며, 재무상태표상 잔액은 동 감액손실이 차감된 금액이다.

- 부채의 평가와 관련한 자료
  ① 평가기준일 현재의 재무상태표상의 비유동부채에는 해외시장개척준비금 500,000,000원이 계상되어 있다.

② 평가기준일 현재의 재무상태표상의 비유동부채에는 퇴직급여충당부채 240,000,000원이 계상되어 있다. 이는 20×5년 12월 31일 현재의 퇴직금추계액으로 평가기준일 현재의 퇴직금추계액은 280,000,000원이다.

③ 평가기준일 현재의 재무상태표상의 비유동부채에는 회사채 발행금액이 포함되어 있다. 동 회사채의 액면금액은 1,000,000,000원이며, 관련 사채할인발행차금 잔액 100,000,000원이 차감계상되어 있다.

④ 당해 사업연도초부터 평가기준일까지(20×6년 1월 1일~20×6년 6월 30일) 발생한 법인세(지방소득세 포함)는 총 2,000,000원이며, 이는 상기의 부채금액에 반영되지 않았다.

- 자본금과 적립금명세서상의 유보잔액
  ① 매도가능증권감액손실(유보) : 200,000,000원
  ② 재고자산평가손실(유보) : 10,000,000원
  ③ 건물감가상각비 시부인액(유보) : 50,000,000원
  ④ 정기예금의 미수이자(△유보) : 8,000,000원(동 미수이자는 재무상태표에 반영되어 있음)
- 기타 순자산가액 계산을 위한 추가정보
  ① 영업권평가액 : 200,000,000원

■ **해설**

순자산가액은 상속세및증여세법상 평가한 자산총계에서 부채총계를 차감한 가액을 말한다. 그러나 실무적으로 순자산가치의 계산은 평가기준일 현재의 한국채택국제회계기준(K-IFRS)에 의해 작성된 재무상태표상의 자산 및 부채의 장부가액을 기초로 하여 평가한다.

1. 자산의 평가

	내용	금액
	재무상태표상 자산가액	13,306,700,000
(+)	평가차액(토지)	2,000,000,000
	법인세법상 유보금액	
(+)	매도가능증권감액손실	200,000,000
(+)	재고자산평가손실	10,000,000
	자산총계	15,516,700,000

① 평가차액

순자산가액은 각 자산항목별로 재무상태표상 장부가액과 상속세및증여세법에 의해 개별자산을 평가한 금액(상속세및증여세법 제60조 내지 65조에 의해 평가한 가액) 중 큰 금액으로 평가한다. 다만, 상속세및증여세법에 의해 평가한 가액이 장부가액보다 적은 정당한 사유가 있다면 장부가액보다 낮은 가액으로 평가할 수 있다(相贈令 §55 ①). 개별자산항목별로 상속세및증여세법에 의해 평가한 가액과 재무상태표상 자산의 장부가액과의 차액은 '평가차액'으로 하여 재무상태표상 자산가액에 가산한다. 따라서 장부금액보다 평가금액(개별공시지가)이 큰 토지의 경우는 평가금액과 장부금액의 차이금액(2,000,000,000원)을 평가차액으로 재무상태표상 자산에 가산한다.

반면, 건물의 보충적 평가액(기준시가)은 장부금액보다 작아 장부금액으로 평가하게 되므로 평가차액에서 조정할 필요가 없다.

② 법인세법상 유보금액

개별자산항목별로 법인세법상 유보금액이 있는 경우 동 유보금액은 순자산가액에 가산한다. 단, '자본금과 적립금조정명세서'상의 유보금액 중 모든 항목이 가산되는 것은 아니고 개별자산을 상속세및증여세법(제60조 내지 66조)에 의해 평가된 자산과 관련한 유보금액은 가산하지 않는다(서사-1418, 2004.9.13.). 또한 개별평가되는 자산항목 외에 재무상태표상 자산·부채에 가감·조정되는 항목도 별도로 조정되므로 유보금액을 가산할 필요가 없다.

- 매도가능증권감액손실 : 평가대상이 되는 비상장법인이 다른 비상장주식을 발행한 법인의 발행주식총수 등의 100분의 10 이하의 주식 또는 출자지분을 소유하고 있는 경우에는 그 다른 비상장주식의 평가는 취득가액에 의할 수 있다(相贈令 §54 ③)('5절 개별자산·부채의 평가' 참고). 이에 따라 상기의 매도가능증권에 대해서는 비상장주식의 보충적 평가방법에 의하지 않고 취득가액으로 평가한다. 따라서 장부가액(200,000,000)과 감액손실을 고려한 취득금액(400,000,000)과의 차이금액인 200,000,000원을 자산에 가산한다. 이에 대한 조정방법으로 '평가차액'에서 가산해 줄 수 있으며, '법인세법상 유보금액'에서 가산해 줄 수도 있다. 본 예제에서는 법인세법상 유보금액에서 가산하였다.
- 재고자산평가손실 : 개별자산에서 평가되지 않은 항목으로 유보금액을 가산한다.
- 건물감가상각비 시부인액 : 건물은 개별평가된 자산이다. 보충적 평가금액이 (한국채택국제회계기준(K-IFRS)에 의한) 장부금액보다 낮아 장부금액으로 평가하였으므로 장부금액은 세무상 평가액이 된다. 보충적 평가액이 장부가액보다 낮아서 장부가액으로 평가되는 경우라 하더라도 해당 유보금액을 가산하지 않는다.
- 정기예금의 미수이자는 개별평가대상이다('5절 개별자산·부채의 평가' 참고). 예금·저금 및 적금은 예입총액에 미수이자 경과분을 더하고 원천징수세액을 차감한 가액으로 평가한다(相贈法 §63 ④). 예금 등의 미수이자는 「법인세법」상 익금불산입하여 미수이자가 회수되는 시점까지 유보하지만, 순자산가액 평가시에는 동 미수이자가 순자산가액에 포함되므로 미수이자 관련 유보사항은 한국채택국제회계기준(K-IFRS)에 의한 재무상태표상 자산가액에 가감하지 않는다.

2. 부채의 평가

	내용	금액
	재무상태표상 부채가액	8,290,000,000
(+)	법인세 등	2,000,000
(+)	퇴직급여추계액	280,000,000
(+)	사채할인발행차금	100,000,000
(-)	해외시장개척준비금	500,000,000
(-)	퇴직급여충당금	240,000,000
	부채총계	7,932,000,000

① 법인세법 등

평가대상법인의 재무상태표상 결산일(20×5년 12월 31일)과 평가기준일(20×6년 6월 30일) 간에 차이가 발생하므로 재무상태표상 결산일로부터 평가기준일시점까지의 과세소득에 대한 법인세가 발생하게 된다. 따라서 동 기간 중에 발생한 법인세·농어촌특별세·주민세는 부채에 가산해야 한다.

② 퇴직급여추계액

평가기준일 현재 전임직원이 일시에 퇴직할 경우에 퇴직급여로 지급하여야 할 퇴직금추계액 전액을 부채에 가산하고, 이미 계상된 퇴직급여충당부채는 부채에서 제외하는 '제충당금'에서 차감한다.

③ 사채할인발행차금

사채할인발행차금은 사채의 평가계정으로 확정채무가 아닌 것으로 보므로 당해 법인의 부채에서 차감하지 아니한다('5절 개별자산 · 부채의 평가' 참고). 부채에서 가감하지 않는다는 의미는 사채할인발행차금이 차감되기 전 사채금액이 부채금액이라는 의미이므로 사채할인발행차금에 해당하는 금액을 부채에 가산해 주어야 한다.

④ 해외시장개척준비금

「조세특례제한법」에 의한 제준비금은 조세정책적 목적하에 계상되는 것이지 지급이 확정된 채무가 아니다. 각종 준비금을 결산조정에 의해 재무상태표에 반영하였다면 이들은 부채에서 제외되어야 한다.

3. 순자산가액의 계산

내용	금액
영업권 포함 전 순자산가액	7,584,700,000
영업권	200,000,000
순자산가액	7,784,700,000

자산총계에서 부채총계를 차감하여 영업권 포함 전 순자산가액을 계산한다.

영업권 포함 전 순자산가액 = 자산총계(15,516,700,000) − 부채총계(7,932,000,000)
= 7,584,700,000원

이에 더하여 별도로 평가한 영업권평가액('5절 개별자산 · 부채의 평가' 참고)을 가산하여 순자산가액을 계산한다.

4. 1주당 순자산가치의 계산

◎ 1주당 순자산가치 = 순자산가액(7,784,700,000) ÷ 총발행주식수(600,000) = 12,974원

※본 예제는 일반적인 경우를 가정한 것이므로 구체적인 상황에 따라 달리 적용될 수 있음.

Section 5 개별 자산 · 부채의 평가

순자산가치를 산정하기 위해서는 개별자산의 평가방법에 대한 적용원칙을 이해해야 한다. 이하에서는 자산의 평가원칙을 먼저 살펴보고 개별자산의 구체적인 평가방법을 살펴본다. 개별자산의 구체적인 평가방법은 비상장주식의 순자산가치를 평가하기 위해 사용될 뿐 아니라 비상장주식의 평가목적 외의 일반적인 상속세 및 증여세 계산을 위한 평가기준이 된다.

1. 자산의 평가원칙

자산의 평가원칙은 모든 자산의 평가에 있어 그대로 적용된다. 즉 상속세및증여세법상 모든 자산은 시가로 평가하는 것이 원칙(相贈法 §60)이므로 평가대상법인의 소유자산에 대해서도 시가로 평가하는 것이 원칙이다. 따라서 법인의 자산을 보충적 방법으로 평가하기에 앞서 시가를 산정할 수 있는 경우에는 시가를 이용하여야 한다.

시가는 불특정다수 사이에 자유로이 거래가 이루어지는 경우에 성립된다고 인정되는 가액으로 하되, 수용 · 공매가격 및 감정가격 등 대통령령이 정하는 바에 의하여 시가로 인정되는 것을 포함한다. 시가를 산정하기 어려운 경우에는 당해 재산의 종류, 규모, 거래상황 등을 고려하여 다음의 보충적 평가방법에 의한다(相贈法 §61~§65).

2. 토지의 평가

토지는 개별공시지가에 의해 평가한다(相贈法 §61 ① 1호). 개별공시지가는 「부동산 가격공시에 관한 법률」에 의한 개별공시지가를 말한다(개별공시지가의 열람은 해당 표준지가 속한 자치단체에서 가능하며 각종 부동산정보 제공 사이트에서도 열람이 가능함). 개별공시지가는 평가기준일 현재 고시되어 있는 것을 적용한다.

개별공시지가는 매년 초를 기준일로 하여 고시되지만 공시지가의 조사 · 집계과정에서 많은 시간이 소요되므로 개별공시지가의 고시는 대개 매년 6월경에 이루어진다. 따라서 기준일시점과 고시일 시점 사이에 평가기준일이 해당되는 경우에는 어떤 공시지가를 적용해야 하는지 혼란스러울 수 있다. 이에 대해 개별공시지가는 평가기준일 현재 고시되어 있는 것을 적용하도록 하고 있다(相贈令 §50 ⑥). 예를 들어 평가기준일이 20×6년 3월 31일이라면 보유하고 있는 토지의 평가는 평가기준일 시점에 고시되어 있는 20×5년 6월 30일 고시분(20×5년 1월 1일 기준일)을 적용해야 한다.

> ● 대법원 99두2277, 2001.1.19.
> 당해 연도의 개별공시지가 고시 전에 상속 또는 증여가 이루어진 경우 전년도 개별공시지가를 적용함은 적법하고 모법의 위임한계를 벗어나거나 조세법률주의 위반 아님.

2.1 개별공시지가가 없는 경우

개별공시지가가 없는 경우에는 납세지관할세무서장이 인근 유사토지의 개별공시지가를 참작하여 대통령령이 정하는 방법에 의하여 평가한 금액으로 한다(相贈法 §61).

납세지관할세무서장은 인근 유사토지의 개별공시지가를 참작하여 개별공시지가가 없는 해당 토지와 지목 · 이용상황 등 지가형성요인이 유사한 인근토지를 표준지로 보고 「부동산 가격공시에 관한 법률」 제3조 제7항의 규정에 의한 비교표에 의해 평가한다. 이때 납세지관할세무서장과 해당 토지의 소재지를 관할하는 세무서장이 서로 다른 경우로서 납세지관할세무서장의 요청이 있는 경우에는 당해 토지의 소재지를 관할하는 세무서장이 평가한다. 한편, 납세지관할세무서장은 「지방세법」 제4조 제1항 단서에 따라 시장, 군수가 산정한 가액 또는 2 이상의 감정기관에 의뢰하여 감정한 가액의 평균액을 평가가액으로 할 수 있다(相贈令 §50 ①).

개별공시지가가 없어 납세지관할세무서장이 인근유사토지의 개별공시지가를 참작하여 평가하는 대상이 되는 토지는 다음과 같다.

① 「공간정보의 구축 및 관리 등에 관한 법률」에 의한 신규등록토지

② 「공간정보의 구축 및 관리 등에 관한 법률」에 의하여 분할 또는 합병된 토지

③ 토지의 형질변경 또는 용도변경으로 인하여 「공간정보의 구축 및 관리 등에 관한 법률」상의 지목이 변경된 토지

④ 개별공시지가의 결정 · 고시가 누락된 토지(국 · 공유지 포함)

분할 또는 합병된 토지는 상기의 개별공시지가가 없는 토지에 대한 평가방법에 따르는 것이 원칙이나 분할 또는 합병 전후 해당 토지의 지목변경 및 이용상태 등으로 보아 종전의 개별공시지가를 적용하는 것이 합리적이라고 인정되는 경우에는 분할 · 합병 전의 개별공시지가에 의해 평가할 수 있으며 그 평가방법은 다음과 같다(相贈通 61-50…1 ②).

• 분할된 토지 : 분할 전 토지에 대한 개별공시지가에 의한다.
• 합병된 토지 : 합병 전 토지에 대한 각 개별공시지가의 합계액을 총면적으로 나눈 금액에 의한다.

2.2 지가가 급등하는 지역(지정지역)

각종 개발사업 등으로 지가가 급등하거나 급등할 우려가 있는 지역에 대해서는 국세청장이 지정지역을 지정 · 고시하고 있다. 지가가 급등하는 지역의 토지에 대하여는 배율방법에 의하여 평가한 가액으로 한다. 그러나, 1990년 9월 1일 개별공시지가가 공시된 이후 현재까지 지가가 급등하는 지역으로 국세청장이 지정한 지정지역은 없는 상황이다.

2.3 환지예정지 등

환지예정지의 가액은 환지관리면적에 따라 계산한 가액에 따르며(相贈通 61－50…3), 불특정 다수인이 공용하는 사실상 도로 · 하천 · 제방 · 구거 등이 평가기준일 현재 개별공시지가 또는 보상가액이 없는 등 재산적 가치가 없다고 인정되는 때에는 그 평가액을 영(0)으로 한다(相贈通 61－50…4).

3. 건물의 평가

예전에는 일반건물의 평가방법으로 「지방세법」상 시가표준액을 이용하였으나 지방세 시가표준액이 시가의 약 30~50% 수준에 불과해 공평과세를 저해한다는 비판이 있었다. 이에 법개정을 통해 시가표준액을 적용하지 않고 국세청 기준시가를 적용(相贈法 §61 ① 2호)하도록 하였다. 국세청장은 건물의 신축가격 · 구조 · 용도 · 위치 · 신축연도 등을 참작하여 매년 1회 이상 기준시가를 산정 · 고시하고 있다. 건물에 대한 평가는 일반건물, 상업용 건물 및 특수용도의 건물, 공동주택과 개별주택에 대한 평가를 구분해서 한다.

3.1 일반건물

일반건물의 평가는 건물의 신축가격 · 구조 · 용도 · 위치 · 신축연도 등을 참작하여 매년 1회 이상 국세청장이 산정 고시하는 가액(국세청기준시가)에 의해 평가한다. 이때 건물에 대한 기준시가에는 건물가격만이 포함되며, 건물부속 토지가격과 영업권 등 각종 권리의 가액은 기준시가에 포함되지 않는다. 국세청에서 산정 · 고시하는 기준시가 및 기준시가의 계산방법('상속세및증여세법에 의한 건물기준시가고시', 국세청고시 2007－38)은 국세청 홈페이지에서 조회할 수 있다.

3.2 오피스텔 및 상업용 건물

건물에 딸린 토지를 공유로 하고 건물을 구분소유하는 것으로서 건물의 용도 · 면적 및 구분소유하는 건물의 수(數) 등을 고려하여 대통령령이 정하는 오피스텔 및 상업용 건물(이에 딸린 토지를 포함)에 대하여는 건물의 종류 · 규모 · 거래상황 · 위치 등을 참작하여 매년 1회 이상 국세청장이 토지와 건물에 대하여 일괄하여 산정 · 고시한 가액으로 평가한다. 국세청장은 오피스텔 및 상업용 건물에 대하여 매년 1회 이상 토지와 건물을 일괄하여 산정 · 고시하여야 하나, 모든 오피스텔 및 상업용 건물에 대해 토지와 건물이 일괄고시된 것은 아니므로 국세청장이 토지와 건물을 일괄하여 산정 · 고시하는 지정지역에 한하여 일괄고시가액으로 평가한다(相贈令 §50 ③).

국세청장이 토지와 건물을 일괄고시하지 아니한 오피스텔 및 상업용 건물에 대해서는 토지와 건물을 각각 평가해야 한다. 즉 토지에 대해서는 개별공시지가를 적용하고, 건물에 대해서는 국세청장이 산정 · 고시하는 건물기준시가를 적용한다.

3.3 주택

주택에 대해서는 「부동산가격공시 및 감정평가에 관한 법률」에 따른 개별주택가격 및 공동주택가격으로 한다. 다만, 공동주택가격의 경우에는 같은 법 제18조 제1항의 단서의 규정에 의하여 국세청장이 결정 · 고시한 공동주택가격이 있는 때에는 그 가격(고시주택가격)에 의한다. 개별주택가격 및 공동주택가격이 없거나 고시주택가격 고시 후에 해당 주택을 「건축법」 제2조 제1항 제9호 및 제10호에 따른 대수선 또는 리모델링을 하여 고시주택가격으로 평가하는 것이 적절하지 않은 경우에는 납세지 관할세무서장이 인근 유사주택의 개별주택가격 및 공동주택가격을 고려하여 평가한 금액으로 한다.

3.4 철거대상건물과 건설 중인 건물

평가기준일 현재 다른 법령에 따라 철거대상에 해당하는 건물의 평가액은 그 재산의 이용도,

철거의 시기 및 철거에 따른 보상의 유무 등 제반 상황을 감안한 적정가액에 의해 평가하며(相贈通 61-50…2), 신축 중인 건물은 건설에 소요된 비용의 합계액으로 한다. 신축 중인 건물의 평가시에 건설자금이자는 평가금액에서 제외한다(국심 2000서1205, 2001.2.5.).

4. 기타의 유형자산 평가방법

지상권, 부동산을 취득할 수 있는 권리 및 특정시설물이용권과 같이 부동산과 관련된 권리로서 재산적 가치를 가지는 경우에는 별도의 평가방법에 의해 평가한다. 지상권 및 부동산을 취득할 수 있는 권리와 특정시설물을 이용할 수 있는 권리는 그 권리 등이 남은 기간, 성질, 내용, 거래 상황 등을 고려하여 평가한다(相贈法 §61 ③). 또한 그 밖에 시설물 및 구축물은 평가기준일에 다시 건축하거나 다시 취득할 때 드는 가액을 고려하여 평가하며(相贈法 §61 ④), 사실상 임대차계약이 체결되거나 임차권이 등기된 재산의 경우에는 임대료 등을 기준으로 하여 평가한다(相贈法 §61 ⑤). 그 밖에 선박, 항공기, 차량, 기계장비 등의 유형자산에 대한 평가방법에 대해서도 살펴보겠다.

4.1 지상권

지상권이란 타인의 토지에서 건물, 기타의 공작물이나 수목을 소유하기 위해 그 토지를 사용할 수 있는 물권(物權)을 말한다. 지상권은 토지소유자에 대한 권리가 아니라 토지를 배타적으로 지배하는 권리이다. 그러므로 지상권의 양도나 전대를 하는 데 있어 토지소유자의 동의를 받을 필요가 없다.

지상권의 가액은 토지의 가액에 기획재정부령이 정하는 율(2%)(相贈則 §16 ①)을 곱하여 계산한 금액(아래의 산식에서 '각 연도의 수익금액'을 말함)을 당해 지상권의 잔존연수를 감안하여 기획재정부령이 정하는 방법(相贈則 §16 ②)에 의하여 환산한 가액(아래의 산식)에 의한다(相贈令 §51 ①).

$$\text{지상권평가액} = \sum_{n=1}^{N} \frac{\text{각 연도의 수입금액}}{(1+\frac{10}{100})^n}$$

n : 평가기준일로부터의 경과연수

이 경우 잔존연수에 관하여는 「민법」 제280조 및 제281조에 규정된 지상권의 존속기간을 준용한다.

● 민법 제280조【존속기간을 약정한 지상권】
① 계약으로 지상권의 존속기간을 정하는 경우에는 그 기간은 다음 연한보다 단축하지 못한다.
1. 석조, 석회조, 연와조 또는 이와 유사한 견고한 건물이나 수목의 소유를 목적으로 하는 때에는 30년
2. 전호 이외의 건물의 소유를 목적으로 하는 때에는 15년
3. 건물 이외의 공작물의 소유를 목적으로 하는 때에는 5년
② 전항의 기간보다 단축한 기간을 정한 때에는 전항의 기간까지 연장한다.

● 민법 제281조【존속기간을 약정하지 아니한 지상권】
① 계약으로 지상권의 존속기간을 정하지 아니한 때에는 그 기간은 전조의 최단존속기간으로 한다.
② 지상권 설정당시에 공작물의 종류와 구조를 정하지 아니한 때에는 지상권은 전조 제2호의 건물의 소유를 목적으로 한 것으로 본다.

4.2 부동산을 취득할 수 있는 권리

부동산을 취득할 수 있는 권리는 취득시기가 도래하기 전의 해당 부동산을 취득할 수 있는 권리를 말한다. 일반적인 부동산의 취득과정은 잔금을 청산하고 소유권이전등기를 함으로써 소유권이 성립된다. 그러나 부동산의 등기를 하지 않은 상태에서 부동산을 취득할 수 있는 권리가 형성될 수 있는데 이에는 다음과 같은 것들이 있다.

① 건물이 완성되기 전에 그 건물과 부수되는 토지를 취득할 수 있는 권리(아파트당첨권 등)
② 지방자치단체 · 한국토지공사가 발행하는 토지상환채권
③ 대한주택공사가 발행하는 주택상환채권
④ 부동산매매계약을 체결한 자가 계약금만 지급한 상태에서 양도하는 권리 등

부동산을 취득할 수 있는 권리는 평가기준일까지 납입한 금액과 평가기준일 현재의 프리미엄에 상당하는 금액을 합한 금액으로 한다. 단, 부동산을 취득할 수 있는 권리에 대하여 「소득세법 시행령」 제165조 제8항 제3호의 규정에 의한 가액(국세청 기준시가)이 있는 경우에는 해당 가액에 의한다(相贈令 §51 ②).

부동산을 취득할 수 있는 권리의 평가액	= 평가기준일까지 납입한 금액 + 평가기준일 현재의 프리미엄

4.3 특정시설물을 이용할 수 있는 권리

특정시설물을 이용할 수 있는 권리는 명칭 여하를 불문하고 해당 시설물을 배타적으로 이용하거나 일반이용자에 비하여 유리한 조건으로 이용할 수 있도록 약정한 단체의 일원이 된 자에게 부여되는 권리를 말한다(相贈令 §51 ③). 특정시설물을 이용할 수 있는 권리에는 골프회원권, 콘도미니엄회원권, 종합체육시설이용권, 헬스클럽회원권, 사우나 회원권, 스키장회원권 등이 있다.

특정시설물을 이용할 수 있는 권리의 평가는 부동산을 취득할 수 있는 권리의 평가방법과 동일하다(相贈令 §51 ②).

특정시설물을 이용할 수 있는 권리의 평가액	= 평가기준일까지 납입한 금액 +평가기준일 현재의 프리미엄

부동산을 취득할 수 있는 권리와 동일하게 특정시설물을 이용할 수 있는 권리에 대해서도 국세청 기준시가가 있는 경우는 기준시가를 적용한다.[13)]

4.4 기타 시설물 및 구축물

토지 또는 건물에 포함하여 일괄하여 평가한 공동주택에 부속 또는 부착된 시설물 및 구축물은 토지 및 건물과 일괄하여 평가한 것으로 보는데(相贈令 §51 ⑤), 일괄하여 평가하지 않은 기타 시설물 · 구축물의 경우에는 그것을 다시 건축하거나 다시 취득할 경우에 소요되는 가액(재취득가액 등)에서 그것의 설치일로부터 평가기준일까지 기획재정부령이 정하는 감가상각비 상당액을 차감한 가액으로 평가한다(相贈令 §51 ④).

기타 시설물 및 구축물 평가액*	=재취득가액 등 – 설치일로부터 평가기준일까지의 감가상각비상당액

* 토지 또는 건물에 포함하여 일괄하여 평가한 기타 시설물 및 구축물은 제외됨.

재취득가액 등은 평가기준일에 그것을 다시 건축하거나 다시 취득할 경우에 소요되는 가액을 의미한다. 재취득가액 등을 산정하기 어려운 경우에는 「지방세법 시행령」 제4조 제1항의 규정(「토지 또는 주택 외의 과세대상에 대한 시가표준액의 결정 등」에 대한 규정)에 의한 시가표준액 계산방식에 따라 계산할 수 있다. 이때 「지방세법 시행령」 제6조 각 호에 규정된 특수부대설비

13) 특정시설물을 이용할 수 있는 권리 중 골프회원권의 기준시가만을 국세청장이 고시하고 있다.

에 대하여 「지방세법 시행령」 제4조 제1항의 규정에 의하여 해당 시설물 및 구축물과 별도로 평가한 가액이 있는 경우에는 이를 가산한 가액으로 한다. 한편, 공동주택에 부속 또는 부착된 시설물 및 구축물은 토지 또는 건물과 일괄하여 평가한 것으로 보고 평가한다(相贈令 §51 ⑤).

4.5 사실상 임대차계약이 체결되거나 임차권이 등기된 재산

사실상 임대차계약이 체결되거나 임차권이 등기된 재산의 경우에는 임대료 등을 기준으로 대통령령이 정하는 바에 따라 평가한 가액과 해당 재산에 대하여 보충적 평가방법에 의하여 평가한 가액 중 큰 금액으로 평가한다(相贈法 §61 ⑤).

평가액=Max{①, ②}

① 임대료 등의 환산가액=임대보증금+ $\frac{\text{1년간 임대료}}{\text{기획재정부령이 정하는 율(12\%)}}$

② 해당 부동산에 대한 보충적 평가방법에 의한 평가액

토지와 건물에 대한 임대료와 임대보증금에 의하여 환산평가함에 있어 토지와 건물의 소유자가 동일할 수 있으나 토지와 건물의 소유자가 다를 수도 있다. 또한 토지 · 건물을 임차하여 제3자에 임대한 경우도 있을 수 있다. 토지 · 건물의 소유구분에 따른 평가는 다음과 같이 한다(相贈令 §50 ⑧).

① 토지와 건물의 소유자가 동일한 경우

토지 및 건물의 소유자가 임차인으로부터 받은 임대료 등의 환산가액을 상속세및증여세법 제61조 제1항부터 제4항까지의 규정으로 평가한 토지와 건물의 기준시가로 나누어 계산한 금액을 각각 토지와 건물의 평가액으로 한다.

② 토지와 건물의 소유자가 다른 경우

토지와 건물의 소유자가 임차인과 공동으로 임대차계약의 당사자로 임대보증금 등의 귀속이 구분되는 경우에는 각각의 임대료 등의 환산가액에 의하고, 토지 소유자와 건물 소유자 중 어느 한 사람만이 제3자와의 임대차계약의 당사자인 경우에는 토지 소유자와 건물 소유자 사이의 임대차계약의 존재 여부 및 그 내용에 상관없이 제3자가 지급하는 임대료와 임대보증금을 토지와 건물 전체에 대한 것으로 보아 제3자가 지급하는 임대료 등의 환산가액을 토지와 건물의 기준시가로 나누어 계산한 금액을 각각 토지와 건물의 평가가액으로 한다.

4.6 선박 및 차량 등 기타유형자산의 평가

선박 · 항공기 · 차량 · 기계장비 및 「입목에 관한 법률」의 적용을 받는 입목에 대하여는 해당 재산의 종류 · 규모 및 거래상황 등을 감안하여 대통령령이 정하는 방법에 의하여 평가한다(相贈法 §62 ①). 또한 상품 · 제품 · 서화 · 골동품 · 소유권의 대상이 되는 동물 기타 유형재산에 대하여는 해당 재산의 종류 · 규모 및 거래상황 등을 고려하여 대통령령이 정하는 방법에 의하여 평가한다(相贈法 §62 ②).

① 선박 · 항공기 · 차량 · 기계장비 · 입목

선박 · 항공기 · 차량 · 기계장비 · 입목(「입목에 관한 법률」의 적용을 받는 입목을 말함)에 대한 평가는 다음의 가액을 순차적으로 적용한다(相贈令 §52 ①).

가. 재취득가액 : 당해 선박 등을 처분할 경우 다시 취득할 수 있다고 예상되는 가액을 말한다.

나. 장부가액 : 취득가액에서 감가상각비를 차감한 가액을 말한다.

다. 시가표준액 : 「지방세법 시행령」 제4조 제1항의 규정에 의한 시가표준액을 말한다.

② 상품 · 제품 · 반제품 · 재공품 · 원재료 기타 이에 준하는 동산 및 소유권의 대상이 되는 동산

상품 등의 평가는 그것을 처분할 때에 취득할 수 있다고 예상되는 가액으로 평가하되 그 가액이 확인되지 않는 경우에는 장부가액으로 한다(相贈令 §52 ② 1호). 사업용 재고자산인 경우 처분할 때에 취득할 수 있다고 예상되는 가액에는 부가가치세가 포함되지 아니한다(相贈通 62−52…1).

③ 판매용이 아닌 서화 · 골동품

판매용이 아닌 서화 · 골동품 등 예술적 가치가 있는 유형자산의 평가는 다음의 구분에 의한 전문분야별로 2인 이상의 전문가가 감정한 가액의 평균액으로 평가한다. 단, 2인 이상의 전문가가 감정한 가액의 평균액이 국세청장이 위촉한 3인 이상의 전문가로 구성된 감정평가심의회에서 감정한 감정가액에 미달시는 그 감정가액에 의한다(相贈令 §52 ② 2호).

- 서화 · 전적
- 도자기 · 토기 · 철물
- 목공예 · 민속장신구
- 선사유물
- 석공예
- 기타 골동품
- 그밖의 미술품

④ 소유권의 대상이 되는 동물 및 기타 유형재산

소유권의 대상이 되는 동물 및 기타 유형재산에 대해서는 상기의 상품 등의 평가방법을 준용한다(相贈令 §52 ② 3호). 즉 소유권의 대상이 되는 동물 및 기타유형자산은 그것을 처분할 때에 취득할 수 있다고 예상되는 가액으로 하며, 그 가액이 확인되지 않는 경우에는 장부가액으로 한다. 또한 따로 평가방법을 정하지 않은 기타 유형재산에 대해서도 상기의 상품 등의 평가방법을 준용하여 평가한다.

5. 유가증권 및 예 · 적금 등의 평가

5.1 상장 및 비상장주식

보충적 평가방법에 의해 순자산가치를 계산하는 과정에서 평가대상인 비상장법인이 소유하는 상장 및 비상장주식은 동일한 방법에 따라 평가하는 것이 원칙이다. 따라서 평가대상 비상장법인이 보유한 상장주식은 평가기준일을 전후하여 2월간의 매일의 최종시세가액(거래실적의 유무를 불문)의 평균액으로 평가해야 한다. 다만, 비중소기업의 최대주주로서 보유한 상장주식에 해당하는 경우에는 할증평가한다.

반면, 평가대상 비상장법인이 보유한 다른 비상장법인을 동일한 방법으로 평가하는 것은 실무적으로 대단히 어려운 작업이다. 따라서 평가대상이 되는 비상장법인이 다른 비상장주식을 발행한 법인의 발행주식총수 등의 100분의 10 이하의 주식 또는 출자지분을 소유하고 있는 경우에는 그 다른 비상장주식의 평가는 취득가액에 의할 수 있다(相贈令 §54 ③). 이때 발행주식총수의 계산에 있어 그 비상장법인이 보유하고 있는 자기주식은 제외하여 보유비율을 계산해야 함에 주의한다. 또한, 모든 자산에 대한 평가원칙은 시가평가가 최우선인바, 해당 비상장주식의 시가가 있는 경우에는 우선적으로 시가에 따라 평가하여야 하며, 시가가 없는 경우에 한해 취득가액으로 평가할 수 있음에 주의하기 바란다. 비상장법인의 주식의 취득가액은 이동평균법(자산을 취득할 때마다 장부시재금액을 장부시재수량으로 나누어 평균단가를 산출하고 그 평균단가에 의하여 산출한 취득가액을 그 자산의 평가액으로 하는 방법)에 의한 가액으로 한다.

5.2 국채 · 공채 · 사채의 평가

한국거래소에서 거래되는 국채 · 공채 · 사채(이하 “국채 등”. 단, 전환사채 등은 별도의 규정에 의해 평가하므로 제외)는 평가기준일 이전 2월간의 공표된 매일의 한국거래소의 최종시세가액(거래실적의 유무를 불문)의 평균액과 평가기준일 이전 최근일의 최종시세가액 중 큰 금액으로 평가한다(相贈令 §58 ①).

상장된 국채 등의 평가액=Max{①, ②}

① 평가기준일 이전 2월간의 공표된 매일의 한국거래소의 최종시세가액
② 평가기준일 전 최근일의 최종시세가액

• 평가기준일 이전 2월의 기간 중 거래실적이 없는 국채 등의 평가

상장된 국채 등 채권 중 평가기준일 이전 2월의 기간 중 거래실적이 없는 것과 상장되지 아니한 채권은 타인으로부터 매입한 국채 등과 나머지 경우의 채권으로 구분하여 다음과 같이 평가한다(相贈令 §58 ①).

① 타인으로부터 매입한 국채 등

타인으로부터 매입한 국채 등(국채 등의 발행기관 및 발행회사로부터 액면가액으로 직접 매입한 것을 제외)은 매입가액에 평가기준일까지의 미수이자상당액을 가산한 금액으로 평가한다.

평가액=매입가격+평가기준일까지의 미수이자

② 이외의 국채 등

상기의 타인으로부터 매입한 국채 등을 제외한 나머지 국채 등에 대해서는 평가기준일 현재 이를 처분하는 경우에 받을 수 있다고 예상되는 금액(이하 "처분예상금액")으로 평가한다. 다만, 처분예상금액을 산정하기 어려운 경우에는 「자본시장과 금융투자업에 관한 법률」에 따라 인가를 받은 투자매매업자, 투자중개업자, 회계법인 및 세무법인 중 2 이상의 자로부터 상환기간 · 이자율 · 이자지급방법 등을 감안하여 평가한 금액의 평균액으로 한다(相贈則 §18의 2 ①).

5.3 대부금, 외상매출금, 받을어음 등의 채권평가

대부금 · 외상매출금 및 받을어음 등의 채권가액은 아래와 같이 평가한다. 다만, 채권의 전부 또는 일부가 평가기준일 현재 회수불가능한 것으로 인정되는 경우에는 그 가액을 산입하지 아니한다(相贈令 §58 ②).

① 원본회수기간이 5년을 초과하거나 회사정리절차 등으로 채권의 내용이 변경된 경우의 평가

원본의 회수기간이 5년을 초과하거나 회사정리절차 또는 화의절차의 개시 등의 사유로 당초

채권의 내용이 변경된 경우에는 각 연도에 회수할 금액(원본에 이자상당액을 가산한 금액)을 적정할인율(8.0%, 相贈則 §18의 3)에 의하여 현재가치로 할인한 금액의 합계액으로 평가한다. 이 경우 시설물이용권에 대한 입회금 · 보증금 등으로서 원본의 회수기간이 정하여지지 아니한 것은 그 회수기간을 5년으로 본다(相贈則 §18의 2 ②).

② 상기 이외의 대부금 등 채권의 평가

상기 이외의 대부금 등 채권의 경우에는 원본의 가액에 평가기준일까지의 미수이자 상당액을 가산한 금액으로 평가한다.

5.4 집합투자증권

「자본시장과 금융투자업에 관한 법률」에 따른 집합투자증권의 평가는 평가기준일 현재의 한국거래소의 기준가격에 의하거나 집합투자업자 또는 투자회사가 같은 법에 따라 산정 또는 공고한 기준가격으로 한다. 다만, 평가기준일 현재의 기준가격이 없는 경우에는 평가기준일 현재의 환매가격 또는 평가기준일 전 가장 가까운 날의 기준가격으로 한다(相贈令 §58 ③).

5.5 예금 · 저금 · 적금

예금 · 저금 및 적금은 예입총액에 같은 날 현재 이미 지난 미수이자 상당액을 더하고 원천징수세액을 뺀 가액으로 평가한다(相贈法 §63 ④). 예금 등의 미수이자는 「법인세법」상 익금불산입하여 미수이자가 회수되는 시점까지 유보하지만, 순자산가액 평가시에는 동 미수이자가 순자산가액에 포함됨에 주의한다. 미수이자상당액이 순자산가액에 포함되므로 미수이자 관련 유보사항은 한국채택국제회계기준(K-IFRS)에 의한 재무상태표상 자산가액에 가감하지 않는다.

6. 전환사채 · 신주인수권부사채 · 신주인수권증권 등

전환사채(轉換社債, Convertible Bond)는 사채로서 발행되었지만 일정기간 경과 후 소유자의 청구에 의하여 주식으로 전환할 수 있는 사채를 말한다. 전환사채는 전환권행사기간 내에 주식으로 전환할 수 있는 권리가 부여되어 있으므로 일반사채보다 낮은 이율로 발행할 수 있다. 또한 전환사채의 전환청구가 이루어지면 사채금액은 납입자본금으로 대체되므로 재무구조의 개선에도 긍정적인 효과를 가져온다. 신주인수권부사채(新株引受權附社債, Bond with Warrants)는 사채권자에게 사채발행 이후에 발행회사가 신주를 발행하는 경우 미리 약정된 가격에 따라 일정한 수의 신주인수를 청구할 수 있는 권리가 부여된 사채이다. 따라서 사채권자는 보통사채의 경우와 마찬가지로 일정한 이자를 받으면서 만기에 사채금액을 상환받을 수 있으며, 동시에 자신에게 부여된 신주인수권으로 주가가 발행가액보다 높은 경우 발행회사에 신주의 발행을 청구할 수 있다.

구 분	전환사채	신주인수권부사채
자본의 특징	• 전환 전까지는 사채이며, 전환 후에는 자본으로 변경 • 만기까지 전환이 없을 경우 사채상환의 부담 존재	• 사채는 만기까지 존재하며 신주인수권 행사시 별도의 자본증가 효과
발행이율	• 일반사채 및 신주인수권부사채보다 낮은 이율	• 일반사채와 전환사채의 중간수준
납입자본금의 증가	• 사채금액과 대체	• 사채금액의 범위 내에서 약정에 따른 현금납입

전환사채와 신주인수권부사채는 채권인수자에게 주식으로 전환할 수 있는 권리 또는 신주인수권을 부여하고 있으므로 투자기회를 제공하고, 발행회사에 있어서는 채권자의 추가적인 선택권(option)으로 인해 낮은 이율로 발행할 수 있는 데다 자본을 충실화할 수 있는 기회가 있으므로 발행회사와 투자자 모두에게 긍정적인 효과를 가져올 수 있다. 그럼에도 불구하고 전환사채 및 신주인수권부사채의 특징을 이용하여 변칙적인 상속 · 증여의 방법으로 이용되는 사례가 증가함에 따라 전환사채와 신주인수권부사채의 인수 및 주식전환(주식인수)에 대한 증여이익에 대한 규정을 두고 있다('8절 주식가치평가의 적용' 참고).

한편, 신주를 인수할 수 있는 권리가 부여된 유가증권으로 신주인수권증권과 유상증자에 참여할 수 있는 권리가 부여된 증서인 신주인수권증서가 있다. 신주인수권부사채를 인수한 투자자는 신주인수권부사채에 부여된 신주인수권을 분리하여 거래할 수 있는데 이를 신주인수권증권(Warrant)이라 한다. 신주인수권부사채는 신주인수권부사채에 부과된 신주인수권증권을 분리하여 거래할 수 있는 분리형 신주인수권부사채와 신주인수권부사채를 보유한 자만 신주인수권을 행사할 수 있는 미분리형 신주인수권부사채로 분류된다. 회사는 정관의 특별한 규정이 없는 한 이사회의 결정으로 신주인수권부사채를 발행할 수 있으며 신주인수권만을 양도할 수 있는 것에 관한 사항을 규정할 수 있도록 하고 있다(商法 §516의 2).

신주인수권증서는 신주의 발행과정에서 주주 또는 주주 외의 자가 신주의 배정을 받을 권리가 있음을 표시하는 증서이다. 신주인수권증서를 보유한 자는 청구가능기간 동안 그 권리를 행사할 수 있으며(商法 §420의 2), 신주발행사항에 따라 양도할 수도 있다(商法 §420의 3).

전환사채 · 신주인수권부사채 · 신주인수권증권은 한국거래소에서 거래되는 경우와 거래되지 않는 경우로 나누어 평가한다(相贈令 §58의 2). 아래에서는 전환사채, 신주인수권부사채, 신주인수권증권 및 신주인수권증서를 나누어 그 평가방법에 대해 살펴본다.

6.1 전환사채의 평가

전환사채는 유가증권시장에서 거래되는 경우와 그렇지 않은 경우로 구분하여 평가한다. 전환사채의 평가구조를 요약 · 정리하면 다음과 같다.

[그림 9-5] 전환사채의 평가구조

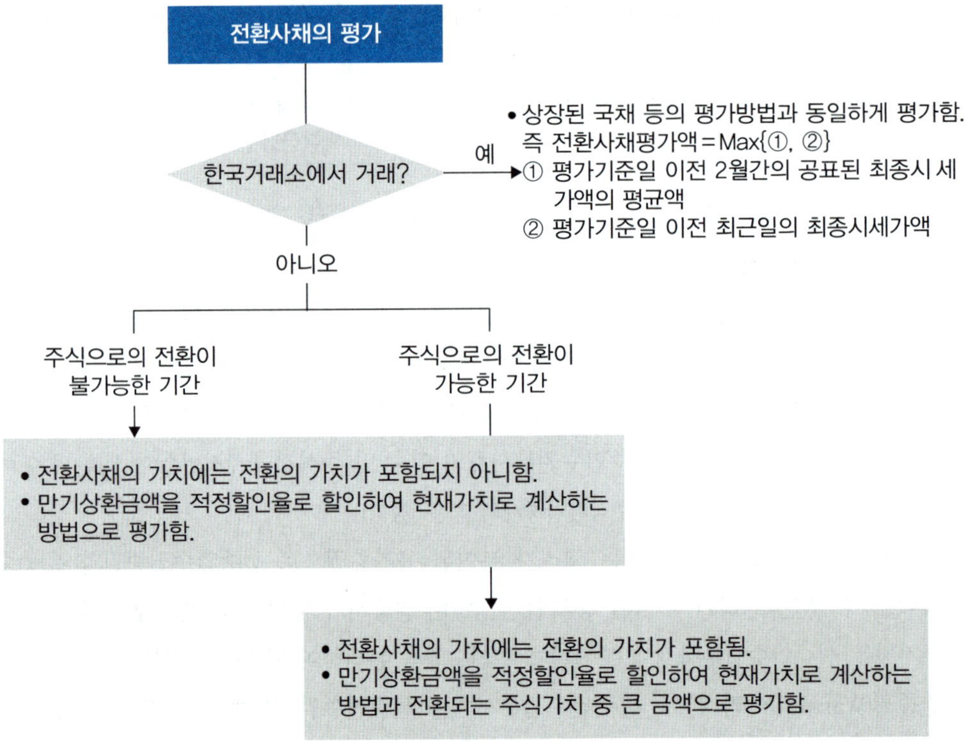

(1) 한국거래소에서 거래되는 전환사채의 평가

한국거래소에서 거래되는 전환사채는 상장된 국채 등의 평가방법을 준용한다(相贈令 §58의 2 ①). 즉 평가기준일 이전 2월간의 공표된 매일의 한국거래소 최종시세가액(거래실적의 유무를 불문)의 평균액과 평가기준일 이전 최근일의 최종시세가액 중 큰 가액에 의한다. 한국거래소에 거래되는 전환사채라 하더라도 평가기준일 이전 2월간 거래가 없는 경우에는 아래의 한국거래소에서 거래되지 않는 전환사채 평가방법과 동일한 방법으로 평가한다.

한국거래소에서 거래되는 전환사채 등의 평가액=Max{①, ②}
① 평가기준일 이전 2월간의 평균액
② 평가기준일 이전 최근일의 최종시세가액

(2) 한국거래소에서 거래되지 않는 전환사채의 평가

한국거래소에서 거래되지 않는 전환사채 등에 대해서는 별도의 평가규정에 따른다(相贈令 §58의 2 ②). 다만, (「자본시장과 금융투자업에 관한 법률」에 의해 설립된) 투자매매업자, 투자중개업자, (「공인회계사법」에 따른) 회계법인, (「세무사법」에 따른) 세무법인 중 둘 이상의 자가 상환기간 · 이자율 · 이자지급방법 등을 감안하여 평가한 금액의 평균액에 의해 평가할 수 있다.

한국거래소에서 거래되지 않는 전환사채는 주식으로의 전환이 불가능한 기간 중인 경우와 주식으로의 전환이 가능한 기간으로 나누어 평가한다. 이는 전환사채의 발행시에는 전환가액 및 전환가능기간 등을 명시하게 되는데, 전환이 불가능한 기간에는 전환사채에 부여된 권리를 행사할 수 없으므로 전환가능기간의 전환사채의 평가방법과 달리 평가할 필요가 있기 때문이다.

① 주식으로의 전환이 불가능한 기간 중인 경우의 전환사채의 평가

주식으로의 전환이 불가능한 기간 중인 전환사채는 만기상환금액(만기 전에 발생하는 이자상당액 포함)을 사채발행이율과 적정할인율(8.0%, 相贈則 §18의 3) 중 낮은 이율에 의하여 발행당시의 현재가치로 할인한 가액에서 발행 후 평가기준일까지 발생한 이자상당액을 가산한 금액으로 평가한다(相贈令 §58의 2 ② 1호 나목).

$$\text{전환사채평가액} = \sum \frac{\text{만기상환금액}}{(1+\text{사채발행이율과 적정할인율 중 낮은 이율})} + \text{평가기준일까지 발생한 이자상당액}$$

(만기상환금액에는 만기 전에 발생하는 이자상당액이 포함됨)

전환이 불가능한 기간의 전환사채의 평가에 있어서 전환사채의 인수 · 취득시점에 따라 원리금회수금액의 현재가치를 계산하지 않고, 발행당시의 원리금회수금액의 현재가치로 계산한 금액에 평가기준일까지 발생한 이자상당액을 가산한다는 점에 주의한다. 이는 사채의 평가에 있어 평가시점별로 할인율을 달리 적용하지 않고 발행시점의 사채발행이율(사채발행이율보다 적정할인율이 낮은 경우에는 적정할인율)을 일괄적으로 사용하며, 평가기준일까지 발생한 이자상당액을 더하여 줌으로써 평가기준일 시점의 가치를 산정하는 방식이다.

[그림 9-6] 전환이 불가능한 기간의 전환사채의 평가금액 계산구조

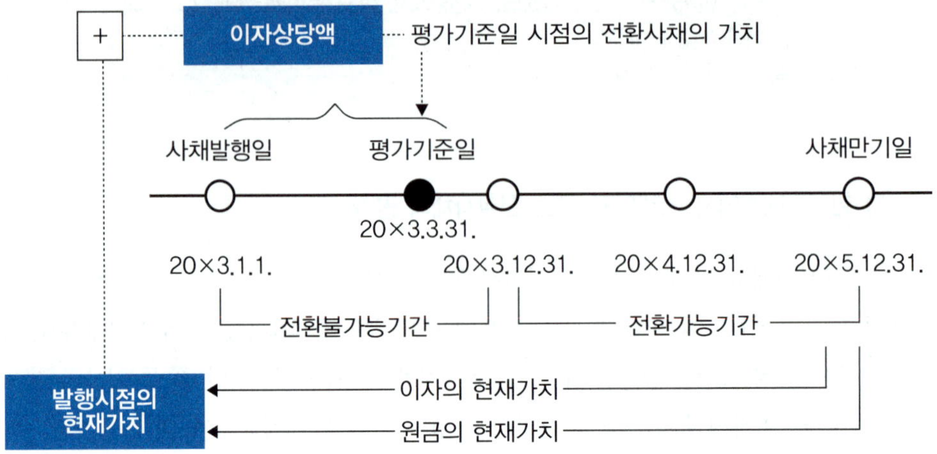

전환이 불가능한 기간의 전환사채 만기상환금액에 상환할증금을 포함하여 계산하여야 할지에 대해 의문이 있을 수 있다. 상속세및증여세법상 상환할증금을 만기상환금액에 포함시킬 것인지에 대한 명문화된 규정은 없으나 상환할증금을 제외하는 것이 타당하리라 생각된다. 한국채택국제회계기준(K-IFRS)에서는 발행시점에 만기시점까지 전환권을 행사하지 않을 경우 수령할 수 있는 상환할증금을 별도로 계산하여 전환사채금액에 부가하도록 하고 있으나, 「법인세법」에서는 전환사채 발행법인은 상환할증금은 만기일이 속하는 사업연도에 손금으로 추인하도록 하고 있다(法通 40-71…2). 즉 발행시점에서의 상환할증금은 그 지급의무가 완성되지 않은 것으로 보는 것이다. 마찬가지의 이유로 전환사채의 인수자 입장에서도 전환이 불가능한 시점에 전환이 이루어지지 않을 것을 가정하고 상환할증금을 고려하여 만기상환금액에 포함시킬 수는 없는 것으로 판단된다.

② 주식으로의 전환이 가능한 기간 중인 경우의 전환사채의 평가

전환이 가능한 기간 중인 전환사채의 평가는 전환이 불가능한 기간 중의 전환사채 평가액과 해당 전환사채로 전환할 수 있는 주식가액에서 배당차액을 차감한 금액 중 큰 금액으로 한다(相贈令 §58의 2 ② 2호).

전환사채평가액 = Max { ① 전환이 불가능한 기간 중의 전환사채평가액, ② (전환할 수 있는 주식가액 − 배당차액) }

이때 배당차액이란 다음의 산식에 의하여 계산한 금액을 말한다(相贈則 §18 ②).

$$\text{배당차액} = \text{1주당 액면가액} \times \text{직전기 배당률} \times \frac{\text{신주발행일이 속하는 사업연도개시일부터 배당기산일 전일까지의 일수}}{365}$$

전환이 가능한 기간의 전환사채의 투자자는 전환가액이 전환되는 주식의 시가보다 낮은 경우에는 전환권을 행사하는 것이 유리하다. 즉 전환사채투자자는 자신에게 추가적으로 부가된 권리(option)를 행사할 수 있는 상황에 있다. 이러한 경우에는 전환사채의 가치와 전환사채의 전환권의 행사로 전환할 수 있는 주식의 가치 중 큰 가치가 투자자에게 귀속되는 가치가 된다. 따라서 전환이 가능한 기간의 전환사채의 평가는 전환사채 자체의 평가액(전환이 불가능한 기간 중의 전환사채평가액)과 전환할 수 있는 (배당차액을 차감한) 주식가액 중 큰 가액으로 평가하는 것이다.

예제 9-8 전환사채의 평가

전환사채의 발행 및 전환조건이 다음과 같다. 동 전환사채는 한국거래소에서 거래되지 아니한다.

- 전환사채 발행일 : 20×5년 1월 1일, 만기 3년(만기일 : 20×7년 12월 31일)
- 전환사채 발행금액 : 1,000,000,000원(액면발행)
- 만기상환 할증률 : 110%
- 전환사채 표면이자율 : 10.0%, 매연도말 후급
- 전환사채의 적정할인율 : 8.0%
- 전환조건 : 사채권면 20,000당 1주로 전환가능, 즉 총전환가능주식수는 50,000주 (=1,000,000,000/20,000)
- 전환가능기간 : 사채발행일 이후 1년 경과일(20×6.1.1.)부터 상환기일의 30일 전까지
- 배당률 : 20×5년 1월 1일부터 20×6년 12월 31일까지 배당실적 없음.
- 전환사채 발행법인의 1주당 평가액

	20×5.1.1.	20×5.12.31.	20×6.12.31.	20×7.12.31.
1주당 평가액	20,000	20,000	30,000	35,000

- 현가계수표 및 연금현가계수표

기간	현가계수(PVF)			연금현가계수(PVIF)		
	6%	8%	10%	6%	8%	10%
1	0.9434	0.9259	0.9091	0.9434	0.9259	0.9091
2	0.8900	0.8573	0.8265	1.8334	1.7833	1.7355
3	0.8396	0.7938	0.7513	2.6730	2.5771	2.4869

상기의 전환사채 발행조건 및 추가적인 자료를 이용하여 아래의 각 시점별로 전환사채의 가치를 평가하라.

① 전환사채 발행(인수)시점(20×5.1.1.)의 전환사채의 가치
② 전환사채 발행 후 1년이 되는 시점(20×5.12.31.)의 전환사채의 가치. 단, 1차연도 이자는 지급됨
③ 전환사채 발행 후 2년이 되는 시점(20×6.12.31.)의 전환사채의 가치. 단, 1차 및 2차연도 이자는 지급되었으며, 전환사채의 전환은 없음.

■ **해설**

한국거래소에서 거래되지 않는 전환사채 등에 대해서는 별도의 평가규정에 따른다(相贈令 §58의 2 ②). 다만, 2 이상의 투자매매업자, 투자중개업자, 회계법인 또는 세무법인에서 상환기간 · 이자율 · 이자지급방법 등을 감안하여 평가한 금액의 평균액에 의해 평가할 수 있다. 본 예제에서는 회계법인 등의 평가액은 없는 것으로 가정한다. 한국거래소에서 거래되지 않는 전환사채는 주식으로의 전환이 불가능한 기간 중인 경우와 주식으로의 전환이 가능한 기간으로 나누어 평가한다.

① 전환사채 발행(인수)시점(20×5.1.1.)의 가치평가

전환사채의 발행시점(20×5.1.1.)에는 전환이 불가능하므로 전환이 불가능한 경우의 전환사채의 평가방법에 따른다. 주식으로의 전환이 불가능한 기간 중인 전환사채는 만기상환금액(만기 전에 발생하는 이자상당액 포함)을 사채발행이율과 적정할인율 중 낮은 이율에 의하여 발행당시의 현재가치로 할인한 가액에서 발행 후 평가기준일까지 발생한 이자상당액을 가산한 금액으로 평가한다(相贈令 §58의 2 ② 1호 나목). 만기상환할증금은 만기상환금액에 포함하지 않는다.

한편, 만기상환금액(이자상당액 포함)의 현재가치를 계산함에 있어 적용할 할인율은 사채발행이율(10.0%)과 적정할인율(8.0%) 중 낮은 이율을 사용하므로 동 전환사채의 할인율은 적정할인율(8.0%)을 사용한다.

㉮ 만기금액	1,000,000,000 × 0.7938 (8.0%, 현가계수)	= 793,800,000
㉯ 이자	100,000,000 × 2.5771 (8.0%, 연금현가계수)	= 257,100,000
전환사채의 가치(=㉮+㉯)		1,050,900,000

전환사채의 발행이율(10.0%)이 적정할인율(8.0%)보다 높으므로 동 전환사채는 과소평가되어 발행된 것으로 볼 수 있다. 참고로 사채발행이율이 적정할인율보다 낮은 경우에는 사채발행이율을 할인율로 사용하여 현재가치로 계산하므로 과소 · 과대평가되지 않는다.

② 전환사채 발행 후 1년이 되는 시점(20×5.12.31.)의 전환사채의 가치. 단, 1차연도 이자는 지급됨

전환사채의 발행 후 1년이 되는 시점(20×5.12.31.)에도 전환이 불가능하므로 전환이 불가능한 경우의 전환사채의 평가방법에 따른다. 단, 평가기준시점에 기대되는 원리금상환액의 현재가치로 계산하지 않고 발행시점의 현재가치에 평가기준일까지 이자상당액을 가산하는 방식으로 계산한다.

㉮ 발행당시의 전환사채의 가치	1,050,900,000
㉯ 평가기준일까지 이자상당액	100,000,000
전환사채의 가치(=㉮+㉯)	1,150,900,000

평가기준일까지 이자상당액은 1차연도 이자지급액(=1,000,000,000×10.0%)을 의미한다.

③ 전환사채 발행 후 2년이 되는 시점(20×6.12.31.)의 전환사채의 가치. 단, 1차 및 2차연도 이자는 지급되었으며, 전환사채의 전환은 없음.

전환사채 발행 후 2년이 되는 시점에는 전환이 가능한 시점이다. 전환이 가능한 기간 중인 전환사채의 평가는 전환이 불가능한 기간 중의 전환사채평가액과 당해 전환사채로 전환할 수 있는 주식가액에서 배당차액을 차감한 금액 중 큰 금액으로 한다(相贈令 §58의 2 ② 2호).

(1) 전환불가능기간의 전환사채의 가치 계산

① 발행 당시의 전환사채의 가치	1,050,900,000
② 평가기준일까지 이자상당액	200,000,000
전환불가능기간의 전환사채의 가치(=①+②)	1,250,900,000

전환불가능기간의 전환사채의 가치는 상기의 계산방법과 동일하다. 다만, 평가기준일까지 이자상당액을 별도로 고려해야 한다.

(2) 전환할 수 있는 주식가액에서 배당차액을 차감한 금액

평가기준일 현재 1주당 가치(30,000원)에 전환가능 주식수(50,000주)를 곱하여 계산한 전환할 수 있는 주식가액은 1,500,000,000원이다. 또한 평가기준일 직전 기의 배당실적이 없으므로 배당차액은 차감하지 않는다.

(3) 전환가능기간의 전환사채의 가치

◎ 전환가능기간의 전환사채의 가치=Max{(1) 1,250,900,000, (2) 1,500,000,000}
=1,500,000,000원

※본 예제는 일반적인 경우를 가정한 것이므로 구체적인 상황에 따라 달리 적용될 수 있음.

6.2 신주인수권증권의 평가

신주인수권증권(warrant)은 신주인수권부사채에서 신주인수권만을 떼어낸 증권이다. 신주인수권부사채는 「상법」에 의해 신주인수권 분리형과 미분리형이 모두 발행가능하다. 신주인수권부사채 발행기업이 분리형으로 발행한 경우에는 발행조건에 의해 일정기간이 경과하면 증권의 제시로 신주를 인수할 수 있다. 이러한 추가적인 권리(option)에 대한 가치는 별도의 평가대상이 된다. 따라서 신주인수권증권(warrant)은 신주인수권부사채와 관련된 것이며, 신주인수권증권의 평가결과는 신주인수권부사채의 평가에도 영향을 미치게 된다.

신주인수권증권의 평가는 한국거래소에서 거래되는 경우 전환사채의 평가방법과 동일하다. 다만, 신주인수권증권은 신주인수권부사채에 부가된 권리이므로 한국거래소에서 거래되지 아니하는 경우에는 별도의 평가방법을 필요로 한다.

(1) 한국거래소에서 거래되는 신주인수권증권의 평가

한국거래소에서 거래되는 신주인수권증권은 전환사채의 평가와 동일하다(相贈令 §58의 2 ①). 즉 평가기준일 이전 2월간의 공표된 매일의 한국거래소 최종시세가액(거래실적의 유무를 불문)의 평균액과 평가기준일 이전 최근일의 최종시세가액 중 큰 가액에 의한다.

한국거래소에서 거래되는 신주인수권증권의 평가액=Max{①, ②}

① 평가기준일 이전 2월간의 평균액

② 평가기준일 이전 최근일의 최종시세가액

(2) 한국거래소에서 거래되지 않는 신주인수권증권의 평가

① 신주인수권증권의 행사가 불가능한 기간의 신주인수권증권의 평가

신주인수권증권은 독립적으로 발행될 수 없으며, 신주인수권부사채에 부가되어 발행된다. 따라서 신주인수권부사채에서 분리된 신주인수권증권이라 하더라도 신주인수권증권의 행사가 불가능한 기간에는 신주인수권부사채의 평가결과를 바탕으로 한다. 신주인수권의 행사가 불가능한 기간의 신주인수권증권은 신주인수권부사채의 만기상환금액(만기 전에 발생하는 이자상당액 포함)을 사채발행이율에 의하여 발행당시의 현재가치로 할인한 가액에서 동 만기상환금액을 적정할인율(8.0%)에 의하여 발행당시의 현재가치로 할인한 가액을 차감한 가액으로 한다. 이때 평가액이 영(0)원 이하인 경우에는 영(0)원으로 한다(相贈令 §58의 2 ② 1호 가목).

$$신주인수권증권평가액 = \Sigma \frac{만기상환금액}{(1+사채발행이율)^n} - \Sigma \frac{만기상환금액}{(1+적정할인율)^n}$$

(만기상환금액에는 만기 전에 발생하는 이자상당액이 포함됨)

전환권의 행사가 불가능한 기간의 전환사채(또는 신주인수권부사채)는 만기상환금액을 '사채발행이율'이나 '적정할인율(8.0%)' 중 낮은 이율에 의해 현재가치로 환산한 가액으로 평가하였다. 신주인수권증권의 평가는 사채발행이율에 의해 현재가치로 계산된 금액과 적정할인율에 의해 현재가치로 계산된 금액과의 차이금액을 신주인수권증권평가액으로 본다. 이는 신주인수권부사채의 발행은 신주인수권의 부여로 인해 적정할인율보다 낮은 이자율로 발행됨을 가정한 것이다. 만일 적정할인율이 사채발행이율보다 낮다면 상기의 신주인수권증권평가액은 '영(0)'보다 작아지게 되며 이때의 신주인수권증권의 가치는 '영(0)'으로 보는 것이다.

② 신주인수권증권의 행사가 가능한 기간의 신주인수권증권의 평가

신주인수권의 행사가 가능한 기간 중인 신주인수권증권의 평가는 신주인수권행사가 불가능한 기간의 신주인수권증권의 평가액과 신주인수권증권으로 인수할 수 있는 주식가액에서 배당차액과 신주인수가액을 차감한 가액 중 큰 금액으로 한다(相贈令 §58의 2 ② 2호 다목). 신주인수권행사가 가능한 기간 중인 신주인수권증권의 평가는 아래의 산식에 의해 평가한다.

신주인수권증권의 평가액 = Max{A, B}

A : 전환이 불가능한 기간의 신주인수권증권의 평가액
즉 아래의 산식에 따라 계산한 가액

$$\frac{\text{신주인수권증권평가액}}{\text{(전환불가능기간)}} = \Sigma\frac{\text{만기상환금액}}{(1+\text{사채발행이율})^n} - \Sigma\frac{\text{만기상환금액}}{(1+\text{적정할인율})^n}$$

(만기상환금액에는 만기 전에 발생하는 이자상당액이 포함됨)

B : 신주인수권증권으로 인수할 수 있는 주식가액－(배당차액＋신주인수가액)

$$\text{배당차액} = \text{1주당 액면가액} \times \text{직전기 배당률} \times \frac{\text{신주발행일이 속하는 사업연도개시일부터 배당기산일 전일까지의 일수}}{365}$$

6.3 신주인수권부사채의 평가

신주인수권부사채의 평가구조는 전환사채의 평가방법과 기본적으로 동일하다. 다만, 한국거래소에서 거래되지 않는 신주인수권부사채로서 신주인수권을 행사할 수 있는 기간 중의 평가방법에 있어서만 달리 평가한다.

(1) 한국거래소에서 거래되는 신주인수권부사채의 평가

한국거래소에서 거래되는 신주인수권부사채의 평가는 전환사채의 평가방법과 동일하다. 한국거래소에서 거래되는 신주인수권부사채는 평가기준일 이전 2월간의 공표된 매일의 한국거래소 최종시세가액(거래실적의 유무를 불문)의 평균액과 평가기준일 이전 최근일의 최종시세가액 중 큰 가액에 의한다(相贈令 §58의 2 ①).

한국거래소에서 거래되는 신주인수권부사채의 평가액 = Max{①, ②}

① 평가기준일 이전 2월간의 평균액
② 평가기준일 이전 최근일의 최종시세가액

(2) 한국거래소에서 거래되지 않는 신주인수권부사채의 평가

한국거래소에서 거래되지 않는 신주인수권부사채는 전환사채와 기본적으로 동일한 방법으로 평가한다. 다만, 사채금액이 주식으로 전환되는 전환사채와 달리 사채의 상환과 별도로 신주인수권이 부여된 신주인수권부사채의 특성을 고려하여 신주인수권의 행사가 가능한 기간에 대한 평가방법에 있어서는 차이가 발생한다. 2 이상의 회계법인 등에서 상환기간 · 이자율 · 이자지급방법 등을 감안하여 평가한 금액의 평균액에 의해 평가할 수 있는 것도 전환사채의 평가와 동일하다.

한국거래소에서 거래되지 않는 신주인수권부사채는 신주인수권의 행사가 불가능한 기간 중인 경우와 신주인수권의 행사가 가능한 기간으로 나누어 평가한다.

① 신주인수권의 행사가 불가능한 기간 중인 경우의 신주인수권부사채의 평가

신주인수권의 행사가 불가능한 기간 중인 경우의 신주인수권부사채는 만기상환금액을 사채발행이율과 적정할인율 중 낮은 이율에 의하여 발행당시의 현재가치로 할인한 가액에서 발행 후 평가기준일까지 발생한 이자상당액을 가산한 금액으로 평가한다(相贈令 §58의 2 ② 1호 나목). 이는 전환이 불가능한 기간 중의 전환사채의 평가와 동일한 방법이다.

$$\text{신주인수권부사채평가액} = \Sigma \frac{\text{만기상환금액}}{(1+\text{사채발행이율과 적정할인율 중 낮은 이율})}$$

$$+\text{평가기준일까지 발생한 이자상당액}$$

(만기상환금액에는 만기 전에 발생하는 이자상당액이 포함됨)

한편, 적정할인율은 전환사채 평가시 적용한 할인율(8.0%)을 동일하게 적용한다.

② 신주인수권의 행사가 가능한 기간 중인 경우의 신주인수권부사채의 평가

신주인수권의 행사가 가능한 기간 중인 신주인수권부사채의 평가는 아래의 산식에 따라 평가한다(相贈令 §58의 2 ② 2호 나목).

신주인수권부사채의 평가액=Max{A, B}

A : 아래의 ①

B : 아래의 ①-②+③

① 전환 등이 불가능한 기간 중 신주인수권부사채의 평가액

② 전환 등이 불가능한 기간 중 신주인수권증권평가액

③ 전환이 가능한 기간 중 신주인수권증권평가액

신주인수권부사채는 사채의 원리금의 만기상환과 별도로 신주를 인수할 수 있는 추가적인 권리가 부여되어 있는 사채이다. 또한 신주인수권부사채가 분리형으로 발행된 경우에는 신주인수권만이 별도로 유통될 수 있다. 따라서 신주인수권의 행사가 가능한 기간의 신주인수권부사채의 평가는 신주인수권 증권의 가치를 별도로 고려해야 한다.

예제 9-9 신주인수권부사채 및 신주인수권증권의 평가

신주인수권부사채의 발행 및 신주인수권의 행사조건이 다음과 같다. 동 신주인수권부사채는 한국거래소에서 거래되지 아니하며, 신주인수권부사채에 부가된 신주인수권증권은 분리되어 행사 가능하다.

- 신주인수권부사채 발행일 : 20×5년 1월 1일, 만기 3년(만기일 : 20×7년 12월 31일)
- 신주인수권부사채 발행금액 : 1,000,000,000원(액면발행)
- 신주인수권부사채 표면이자율 : 4% 매 연도말 후급
- 신주인수권부사채의 적정할인율 : 8.0%
- 행사조건 : 신주 1주당 인수금액은 20,000원이며, 행사가능주식수는 50,000주임.
- 행사가능기간 : 사채발행일 이후 1년 경과일(20×6년 1월 1일)부터 상환기일의 30일 전까지
- 배당률 : 20×5년 1월 1일부터 20×6년 12월 31일까지 배당실적 없음.
- 신주인수권부사채 발행법인의 1주당 평가액

	20×5.1.1.	20×5.12.31.	20×6.12.31.	20×7.12.31.
1주당 평가액	20,000	20,000	25,000	25,000

- 현가계수표 및 연금현가계수표

기간	현가계수(PVF)			연금현가계수(PVIF)		
	4%	6%	8%	4%	6%	8%
1	0.9615	0.9434	0.9259	0.9615	0.9434	0.9259
2	0.9266	0.8900	0.8573	1.8861	1.8334	1.7833
3	0.8890	0.8396	0.7938	2.7751	2.6730	2.5771

상기의 신주인수권부사채 발행조건 및 추가적인 자료를 이용하여 아래의 각 시점별로 신주인수권부사채 및 신주인수권증권의 가치를 평가하라.

① 신주인수권부사채 발행(인수)시점(20×5.1.1.)의 신주인수권부사채의 가치
② 신주인수권부사채 발행(인수)시점(20×5.1.1.)의 신주인수권증권의 가치
③ 신주인수권부사채 발행 후 1년이 되는 시점(20×5.12.31.)의 신주인수권부사채의 가치 (단, 1차연도 이자는 지급됨)
④ 신주인수권부사채 발행 후 1년이 되는 시점(20×5.12.31.)의 신주인수권증권의 가치
⑤ 신주인수권부사채 발행 후 2년이 되는 시점(20×6.12.31.)의 신주인수권부사채의 가치. 단, 1차 및 2차연도 이자는 지급되었으며, 신주인수권부사채의 행사는 없음.
⑥ 신주인수권부사채 발행 후 2년이 되는 시점(20×6.12.31.)의 신주인수권증권의 가치

■ **해설**

신주인수권증권은 독립적으로 발행될 수 없으며, 신주인수권부사채에 부가되어 발행된다. 따라서 신주인수권부사채에서 분리된 신주인수권증권이라 하더라도 신주인수권증권의 행사가 불가능한 기간에는 신주인수권부사채의 평가결과를 바탕으로 한다. 신주인수권의 행사가 가능한 시점에서는 신주인수권증권의 평가결과가 신주인수권부사채의 가치에 영향을 미치므로 신주인수권의 행사가 가능한 시점에서는 신주인수권증권의 평가가 선행되어야 한다. 한국거래소에서 거래되지 않는 신주인수권부사채는 전환사채와 기본적으로 동일한 방법으로 평가한다. 다만, 사채금액이 주식으로 전환되는 전환사채와 달리 사채의 상환과 별도로 신주인수권이 부여된 신주인

수권부사채의 특성을 고려하여 신주인수권의 행사가 가능한 기간에 대한 평가방법에 있어서만 차이가 발생한다.

① 신주인수권부사채 발행(인수)시점(20×5.1.1.)의 신주인수권부사채의 가치

신주인수권부사채의 발행시점(20×5.1.1.)에는 신주인수권의 행사가 불가능하므로 전환이 불가능한 경우의 전환사채의 평가방법과 동일하다. 행사가 불가능한 기간 중인 신주인수권부사채는 만기상환금액(만기 전에 발생하는 이자상당액 포함)을 사채발행이율과 적정할인율 중 낮은 이율에 의하여 발행당시의 현재가치로 할인한 가액에서 발행 후 평가기준일까지 발생한 이자 상당액을 가산한 금액으로 평가한다. 만기상환금액(이자상당액 포함)의 현재가치를 계산함에 있어 적용할 할인율은 사채발행이율(4%)과 적정할인율(8%) 중 낮은 이율을 사용하므로 동 신주인수권부사채의 할인율은 사채발행이율(4%)을 사용한다.

㉮ 만기상환금액	1,000,000,000 × 0.8890 (4%, 현가계수)	= 889,000,000
㉯ 이자	40,000,000 × 2.7751 (4%, 연금현가계수)	= 111,000,000
신주인수권부사채의 가치(=㉮+㉯)		1,000,000,000

② 신주인수권부사채 발행(인수)시점(20×5.1.1.)의 신주인수권증권의 가치

신주인수권의 행사가 불가능한 기간의 신주인수권증권은 신주인수권부사채의 만기상환금액(만기 전에 발생하는 이자상당액 포함)을 사채발행이율에 의하여 발행당시의 현재가치로 할인한 가액에서 동 만기상환금액을 적정할인율(8%)에 의하여 발행당시의 현재가치로 할인한 가액을 차감한 가액으로 한다. 이때 평가액이 영(0)원 이하인 경우에는 영(0)원으로 한다(相贈令 §58의 2 ② 1호 가목).

A : 만기상환금액의 현재가치(사채발행이율로 할인한 가치)		
만기상환금액	1,000,000,000 × 0.8890 (4%, 현가계수)	= 889,000,000
이자	40,000,000 × 2.7751 (4%, 연금현가계수)	= 111,000,000
		1,000,000,000
B : 만기상환금액의 현재가치(적정할인율로 할인한 가치)		
만기상환금액	1,000,000,000 × 0.7938 (8.0%, 현가계수)	= 793,800,000
이자	40,000,000 × 2.5771 (8.0%, 현가계수)	= 103,084,000
		896,884,000
C : 행사불가능기간의 신주인수권증권의 가치(A−B)		103,116,000

발행시점의 신주인수권증권의 가치가 의미하는 것은 발행당시의 시장이자율(적정할인율)보다 낮은 이율로 발행된 신주인수권부사채에는 신주인수권증권의 가치가 포함되어 있기 때문임을 뜻한다. 따라서 만일 시장이자율(적정할인율)보다 높은 이율로 사채발행이율이 결정되었다면 신주인수권증권의 가치는 영(0)이 된다.

③ 신주인수권부사채 발행 후 1년이 되는 시점(20×5.12.31.)의 신주인수권부사채의 가치

행사가 불가능한 기간의 신주인수권부사채의 가치는 발행시점의 가치에 평가기준일까지의 이자상당액을 가산하여 계산한다.

㉮ 발행당시의 신주인수권부사채의 가치	1,000,000,000
㉯ 평가기준일까지 이자상당액	40,000,000
㉰ 신주인수권부사채의 가치(=㉮+㉯)	1,040,000,000

④ 신주인수권부사채 발행 후 1년이 되는 시점(20×5.12.31.)의 신주인수권증권의 가치

신주인수권의 행사가 불가능한 기간의 신주인수권증권은 신주인수권부사채의 만기상환금액(만기 전에 발생하는 이자상당액 포함)을 사채발행이율에 의하여 발행당시의 현재가치로 할인한 가액에서 동 만기상환금액을 적정할인율(8.0%)에 의하여 발행당시의 현재가치로 할인한 가액을 차감한 가액으로 한다. 평가기준일까지의 이자상당액은 고려할 필요가 없으므로 행사가 불가능한 기간의 신주인수권증권의 가치는 발행당시의 신주인수권증권의 가치에서 변동이 없다.

◎ 행사가 불가능한 기간의 신주인수권증권의 가치＝발행당시의 신주인수권증권의 가치
＝103,116,000

⑤ 신주인수권부사채 발행 후 2년이 되는 시점(20×6.12.31.)의 신주인수권부사채의 가치

행사가 가능한 기간의 신주인수권부사채의 평가는 신주인수권증권의 가치평가가 선행되어야 한다. 따라서 아래의 행사가능기간의 신주인수권증권의 가치결과를 이용한다. 신주인수권의 행사가 가능한 기간 중인 신주인수권부사채의 평가는 아래의 산식에 따라 평가한다(相贈令 §58의 2 ② 2호 나목).

신주인수권부사채의 평가액＝Max{A, B}

A : 아래의 ㉮

B : 아래의 ㉮－㉯＋㉰

㉮ 행사가 불가능한 기간 중 신주인수권부사채의 평가액

㉯ 행사가 불가능한 기간 중 신주인수권증권 평가액

㉰ 행사가 가능한 기간 중 신주인수권증권 평가액

상기의 산식의 각 항목에 대한 평가결과는 다음과 같다.

㉮ 행사가 불가능한 기간 중 신주인수권부사채의 평가액＝1,080,000,000

㉠ 발행당시의 현재가치	1,000,000,000
㉡ 평가기준일까지 이자상당액	80,000,000
㉢ 행사불가능기간의 신주인수권부사채의 가치(＝㉠＋㉡)	1,080,000,000

㉯ 행사가 불가능한 기간 중 신주인수권증권 평가액＝103,116,000

㉰ 행사가 가능한 기간 중 신주인수권증권 평가액＝250,000,000(아래 ⑥의 계산결과를 이용함)

◎ 신주인수권부사채의 평가액＝Max{A, B}＝1,263,740,000

A＝㉮ 행사가 불가능한 기간 중 신주인수권부사채의 평가액＝1,080,000,000

B＝㉮－㉯＋㉰＝1,080,000,000－103,116,000＋250,000,000＝1,226,884,000

⑥ 신주인수권부사채 발행 후 2년이 되는 시점(20×6.12.31.)의 신주인수권증권의 가치

신주인수권의 행사가 가능한 기간 중인 신주인수권증권의 평가는 신주인수권행사가 불가능한 기간의 신주인수권증권의 평가액과 신주인수권증권으로 인수할 수 있는 주식가액에서 배당차액과 신주인수가액을 차감한 가액 중 큰 금액으로 한다(相贈令 §58의 2 ② 2호 다목).

A : 행사불가능기간의 신주인수권증권의 가치		103,116,000
B : 신주인수권 행사이익(㉮－㉯－㉰)		250,000,000
㉮ 신주인수권으로 인수할 수 있는 주식가액	＝25,000원 × 50,000주	1,250,000,000
㉯ 신주인수가액	＝20,000원 × 50,000주	1,000,000,000
㉰ 배당차액		0
C : 행사가능기간의 신주인수권증권의 가치＝Max{A, B}		250,000,000

> 행사가능기간에 신주인수권증권을 보유한 자는 신주인수권을 행사함으로써 1주당 평가액(25,000원)과 신주인수가액(20,000원)의 차액에 인수가능주식수를 곱한 금액만큼의 신주인수권의 가치를 가진다. 단, 1주당 평가액과 신주인수가액의 차이로 인해 얻게 되는 신주인수권행사이익이 행사불가능기간의 신주인수권증권의 가치보다 작은 경우에는 행사불가능기간의 신주인수권증권의 가치에 의해 평가한다.
>
> ※본 예제는 일반적인 경우를 가정한 것이므로 구체적인 상황에 따라 달리 적용될 수 있음.

6.4 신주인수권증서의 평가

기업이 신주를 발행할 때 신주를 인수할 수 있는 권리를 표창한 증서가 신주인수권증서이다. 신주를 발행할 때에는 주권을 인수할 대상이 특정될 수도 있고, 신주를 인수할 권리를 타인에게 양도할 수 있도록 할 수 있다. 이러한 신주인수권을 양도할 경우에는 일종의 증서를 발행해야 하며, 이때 발행되는 증서가 신주인수권증서이다. 신주인수권증서의 평가는 인수할 수 있는 신주가 주권상장법인의 신주인지 혹은 비상장법인의 신주인지에 따라 평가방법이 다르다.

신주인수권증서의 평가는 당해 신주인수권증서로 인수할 수 있는 주식의 권리락 전 가액에서 배당차액과 신주인수가액을 차감한 가액으로 한다. 단, 인수할 수 있는 신주가 주권상장법인의 주식인 경우로서 권리락 후 주식가액이 권리락 전 주식가액에서 배당차액을 차감한 가액보다 적은 경우에는 권리락 후 주식가액에서 신주인수가액을 차감한 가액으로 한다(相贈令 §58의 2 ② 2호 라목).

> **신주인수권증서의 평가액=인수할 수 있는 주식의 권리락 전 가액－(배당차액＋신주인수가액)**
>
> 단, 주권상장법인의 경우로서 권리락 후 주식가액<(권리락 전 주식가액－배당차액)인 경우에는 신주인수권증서의 평가액=(인수할 수 있는 주식의 권리락 후 가액－신주인수가액)

7. 무체재산권(무형자산)의 평가

무체재산권(무형자산)은 영업권, 공업소유권(특허권, 실용신안권, 상표권, 디자인권 등), 저작권, 광업권, 채석권 및 어업권 등이 있다. 무체재산권은 취득한 무체재산권과 자가 창설한 무체재산권으로 구분되는데, 취득한 무체재산권은 타인으로부터 특정 권리의 사용권을 취득한 권리 등을 의미한다. 반면, 자가 창설한 무체재산권은 기업의 연구개발 활동 또는 영업활동을 통해 눈에 보이지 않는 무형의 가치를 창출한 경우에 인정되는 재산이다.

취득한 무체재산권은 취득 당시의 취득금액에 기간별 원가배분한 금액으로 평가할 수 있고 장래의 경제적 이익에 기초해 수익가치로 평가할 수도 있으므로 두가지 방법으로 모두 평가한 후 둘 중 큰 금액으로 한다. 반면 자가 창출한 무체재산권은 취득가격이 없으므로 경제적 이익에 기초해 환산한 가치로 평가한다.

7.1 취득한 무체재산권

취득한 무체재산권(무형자산)의 가액은 재산의 취득가액에서 취득한 날로부터 평가기준일까지의 「법인세법」상의 감가상각비(무형자산상각비를 의미함)를 뺀 금액과 경제적 이익을 고려해 환산하여 평가한 금액 중 큰 금액으로 한다(相贈法 §64). 이때의 취득가액이란 취득금액에 취득부대비용을 가산한 금액을 말한다.

무체재산권의 경제적 이익을 고려한 평가란 해당 재산의 취득을 위하여 소요된 가액 또는 장래의 경제적 이익 등을 감안하여 대통령령이 정하는 방법에 의하여 평가(相贈法 §64 2호)함을 의미하는데 공업소유권(특허권 · 실용신안권 · 상표권 · 디자인권) 등(저작권 포함)과 광업권 등(채석권 포함)으로 구분하여 평가한다.

(1) 공업소유권 등

특허권 · 실용신안권 · 상표권 · 디자인권 및 저작권 등은 그 권리에 의하여 장래에 받을 각 연도의 수입금액을 기준으로 현재가치로 환산한 금액으로 평가한다(相贈令 §59 ⑤). 특허권 등은 각 연도마다 다음 산식에 의하여 환산한 금액의 합계액으로 평가한다(相贈則 §19 ②).

$$\text{특허권 등의 평가액} = \sum_{n=1}^{N} \frac{\text{각 연도의 수입금액}}{\left(1+\frac{10}{100}\right)^{n}}$$

n : 평가기준일로부터의 경과연수

특허권 등으로부터의 각 연도의 수입금액이 확정되어 있는 경우는 많지 않다. 따라서 각 연도의 수입금액이 확정되지 않은 때에는 평가기준일 전 최근 3년간(3년에 미달하는 경우에는 그 미달하는 연수)의 각 연도수입금액의 합계액을 각 연도의 수입금액으로 한다(相贈令 §59 ⑤). 이때 최근 3년간 수입금액이 없거나 저작권(저작인접권을 포함)으로서 평가기준일 현재 장래에 받을 각 연도의 수입금액이 하락할 것이 명백한 경우에는 세무서장 등이 2 이상의 공신력 있는 감정기관('감정평가 및 감정평가사에 관한 법률에 의한 감정평가법인'을 말함) 또는 전문가의 감정가액 및 해당 권리의 성질 기타 제반 사정을 감안하여 적정한 가액으로 평가할 수 있다(相贈則 §19 ④).

(2) 광업권 및 채석권

광업권 및 채석권 등은 평가기준일 이후의 채굴가능연수에 대하여 평가기준일 전 3년간 평균소득(실적이 없는 경우에는 예상순소득으로 함)을 각 연도마다 다음 산식에 의하여 환산한 금액의 합계액으로 한다. 조업할 가치가 없는 경우에는 평균순소득을 할인하는 방법에 의하지 않고 설비 등에 의하여만 평가할 수 있다(相贈令 §59 ⑥).

$$\text{광업권 또는 채석권의 평가액} = \sum_{n=1}^{N} \frac{\text{평가기준일 전 3년간 평균소득}}{(1+\frac{10}{100})^n}$$

n : 평가기준일로부터의 경과연수(채굴가능연수)

7.2 영업권

한국채택국제회계기준(K-IFRS)에 의해 작성된 재무제표에는 인수 · 합병시 피인수(합병)법인의 순자산을 초과하는 취득금액에 대한 영업권 인식 외에 자가 창출한 영업권은 인정하지 않는다. 반면, 상속세및증여세법에 의한 보충적 평가에서는 자가 창출한 영업권을 별도로 인식한다. 증권시장에서 거래되고 있는 상장회사의 주식의 시가에는 현재의 순자산가치보다 높거나 낮게 거래되는데, 순자산가치와 시가와의 차이는 해당 기업이 미래에 창출되는 현금흐름의 현재가치가 순자산보다 높거나 낮기 때문이다. 따라서 비상장법인에 대한 평가시 장부상의 순자산가치만 반영하게 되면 상장회사의 가치와는 근본적으로 달라지게 된다. 이에 따라 보충적 평가방법을 적용할 때 한국채택국제회계기준(K-IFRS)에서 반영하지 아니하는 영업권의 가치를 별도로 계산하여 가산한다는 점을 주의해야 한다.

영업권 평가액을 가산하는 이유가 장부가치를 초과하는 미래의 경제적 이익의 현재가치를 반영하기 위한 취지라고 본다면 최근 사업연도 중에 이익이 발생하였다 하더라도 휴업 중인 경우와 같이 초과이익을 창출할 것으로 보기 어려운 상황에는 영업권의 가치를 가산해 주지 않는 것이 논리적으로 타당할 것이다. 영업권 평가액을 가산하지 않는 경우는 다음과 같다(相贈令 §55 ③).

① 평가대상 법인의 청산절차가 진행 중이거나 사업자의 사망 등으로 인하여 사업의 계속이 곤란하다고 인정되는 법인의 주식

② 사업개시 전의 법인과 사업개시 후 3년 미만의 법인과 휴 · 폐업 중에 있는 법인의 주식(법인세법상 요건을 갖춘 적격분할 또는 적격물적분할로 신설된 법인의 사업기간은 분할 전 동일 사업

부분의 사업개시일부터 기산)

단, 법인과 개인의 합산 사업기간이 3년 이상인 법인전환기업으로 개인사업자가 무체재산권(상속세및증여세법시행령 제59조에 따른 무체재산권)을 현물출자하거나 사업양도양수의 방법(조세특례제한법시행령 제29조 제2항에 따른 사업양수도)에 따라 법인으로 전환하는 경우로서 그 법인이 해당사업용 무형자산을 사업용으로 계속 사용하고 있다면 영업권 평가액을 가산한다.

③ 평가기준일이 속하는 사업연도 전 3년 내의 사업연도부터 계속하여 결손금이 발생하는 법인의 주식

④ 법인의 자산총액 중 부동산 등의 합계액이 차지하는 비율이 100분의 80 이상인 법인의 주식(소득세법 제94조 제1항 제4호 라목에 해당하는 주식). 이때 부동산 등이란 토지(「공간정보의 구축 및 관리 등에 관한 법률」에 따라 지적공부에 등록하여야 할 지목에 해당하는 것) 및 건물(건물에 부속된 시설물과 구축물을 포함), 부동산을 취득할 수 있는 권리(건물이 완성되는 때에 그 건물과 이에 딸린 토지를 취득할 수 있는 권리 포함) · 지상권 · 전세권 · 등기된 부동산 임차권 그리고 해당 법인이 보유한 다른 법인의 주식가액에 그 다른 법인의 부동산등 보유비율을 곱하여 산출한 가액 등을 말한다.

영업권의 평가는 초과이익금액을 평가기준일 이후의 영업권의 지속연수(원칙적으로 5년으로 함)를 감안하여 다음의 방법(相贈則 §16 ②)으로 환산한 가액에 의한다. 다만, 매입한 무체재산권으로서 그 성질상 영업권에 포함시켜 평가되는 무체재산권의 경우에는 이를 별도로 평가하지 아니하되, 당해 무체재산권의 평가액이 환산한 가액보다 큰 경우에는 동 무체재산권의 평가액을 영업권의 평가액으로 한다(相贈令 §59 ②). 또한, 어업권의 가액은 영업권에 포함하여 계산한다(相贈令 §59 ④).

$$\text{영업권의 평가액} = \sum_{n=1}^{5} \frac{\left\{ \begin{matrix} \text{최근 3년간의} \\ \text{순손익액의 가중평균액} \end{matrix} \times 50\% \right\} - \left\{ \begin{matrix} \text{평가기준일} \\ \text{현재의 자기자본} \end{matrix} \times 10\% \right\}}{(1+10\%)^n}$$

① 최근 3년간의 순손익액의 가중평균액

최근 3년간의 순손익액의 가중평균액은 비상장주식의 보충적 평가방법을 적용할 때의 1주당 순손익가치를 계산하는 과정에서 계산되는 최근 3년간의 순손익액 계산방법을 준용한다. 즉 평가대상 비상장법인의 순손익가치를 계산하는 과정에서 계산된 순손익액을 영업권 평가시에도 그대로 이용한다. 다만, 1주당 순손익가치의 계산은 각 사업연도의 순손익액에 각 사업연도 종료일 현재의 발행주식수를 나누어 계산한 후 이를 가중 평균하는데, 영업권의 평가시에는

각 사업연도 순손익액을 바로 가중 평균한다는 점이 다르다(相贈令 §59 ③).

한편, 영업권의 평가시에도 해당 법인이 일시우발적 사건에 의하여 최근 3년간의 순손익액이 비정상적으로 증가하는 등의 사유(상속세및증여세법시행규칙 제17조의 3 제1항에 열거된 1주당 순손익가치를 추정이익을 할 수 있는 사유와 동일)로 최근 3년간의 순손익액의 계산방법이 불합리할 때에는 2 이상의 회계법인 등이 산출한 추정이익의 평균가액을 적용할 수 있다(相贈令 §59 ③).

최근 3년간의 순손익액의 가중평균액을 계산함에 있어 3년 미만인 경우에는 당해 연수로 한다(相贈令 §59 ②).

② 평가기준일 현재 자기자본

평가기준일 현재의 자기자본은 순자산가액의 계산방법에 의해 계산되는 해당 법인의 총자산가액에서 부채를 차감한 가액을 말한다. 즉 개별자산 · 부채의 평가가 모두 반영된 자기자본을 의미한다. 이때 개별자산 · 부채의 평가가 모두 반영된 자기자본의 계산을 위해서는 영업권의 평가액도 포함되는 것이 원칙이나, 이러한 경우에는 순환의 문제가 발생하므로 영업권 계산에서의 자기자본이란 개별자산 · 부채의 평가가 모두 반영된 순자산가액을 의미하되, 영업권은 자산가액에 포함하지 않는다(相贈通 64－59…1 ②).

한편, 영업권을 평가하기 위하여 제시한 증빙에 의해서 평가기준일 현재 자기자본을 확인할 수 없는 경우에는 다음의 산식에 의하여 계산한 금액 중 많은 금액을 적용한다.

제시한 증빙에 의해 자기자본을 확인할 수 없는 경우의 자기자본금액＝Max{①, ②}

① 자기자본＝ $\frac{\text{사업소득금액}}{\text{자기자본이익률}}$

② 자기자본＝ $\frac{\text{수입금액}}{\text{자기자본회전율}}$

이때 자기자본을 계산하기 위한 자기자본이익률과 자기자본회전율은 소득세법시행령 제165조 제10항 제1호와 제2호에서 규정하는 것으로 한국은행이 업종별 · 규모별로 발표한 자기자본이익률 및 자기자본회전율을 말한다.

③ 영업권 지속연수 및 기획재정부령이 정하는 율

영업권의 지속연수는 5년으로 하며, 초과이익금의 계산에 있어 1년 만기 정기예금이자율을 감안하여 기획재정부령이 정하는 이자율은 10%를 적용한다(相贈則 §19 ①).

예제 9-10 영업권의 평가

다음의 자료를 이용하여 비상장기업인 평가대상기업의 보충적 평가를 위한 영업권의 가치를 평가하라.

• 평가기준일 : 20×6년 12월 31일

• 순손익액에 관한 사항

	20×4.12.31.	20×5.12.31.	20×6.12.31.
① 각사업연도소득	200,000,000	250,000,000	180,000,000
② 국세 및 지방세환급금이자	50,000,000	–	–
소계(A)	250,000,000	250,000,000	180,000,000
③ 벌금 및 과태료	3,000,000	2,000,000	2,000,000
④ 기부금한도초과액	–	23,000,000	–
⑤ 접대비한도초과액	20,000,000	18,000,000	12,000,000
⑥ 지급이자손금불산입액	–	–	24,000,000
⑦ 법인세 등	–	30,000,000	50,000,000
차감 계(B=S(③~⑦))	23,000,000	73,000,000	88,000,000
순손익액(A−B)	227,000,000	177,000,000	92,000,000

• 자산 · 부채 평가결과

상속세및증여세법 제60조 내지 제66조에 의해 평가대상기업에 대한 자산 · 부채를 평가한 결과는 다음과 같다.

자산총계=2,200,000,000(영업권평가액이 포함되기 전 가액임)

부채총계=1,500,000,000

• 기획재정부령이 정하는 율 : 10%

• 현가계산표

기간(n)	1	2	3	4	5
연금현가계수(10%)	0.9091	1.7355	2.4868	3.1699	3.7908

■ **해설**

영업권의 평가는 초과이익금액을 평가기준일 이후의 영업권의 지속연수(원칙적으로 5년으로 함) 동안의 초과이익을 자본환원율로 할인하여 계산한다.

• 평가기준일 전 3년간 순손익액 가중평균액
 =(92,000,000×3+177,000,000×2+227,000,000×1)÷6=142,833,333

• 3년간 순손익액의 가중평균액의 50%=142,833,333×50%=71,416,666

• 평가기준일 현재의 자기자본=2,200,000,000−1,500,000,000=700,000,000

• 자기자본×이익률=700,000,000×10%=70,000,000

• 초과이익금액=71,416,666−70,000,000=1,416,666

• 영업권평가액=1,416,666×3.7908(10%, 5년 연금현가계수)=5,370,297

※본 예제는 일반적인 경우를 가정한 것이므로 구체적인 상황에 따라 달리 적용될 수 있음.

8. 기타 조건부권리 등의 평가

조건부권리 · 존속기간이 불확정한 권리 · 신탁의 이익을 받을 권리 또는 소송 중인 권리 및 대통령령이 정하는 정기금을 받을 권리에 대해서는 해당 권리의 성질 · 내용 · 잔존기간 등을 기준으로 다음과 같이 평가한다(相贈法 §65 ①).

8.1 조건부권리 등의 평가

조건부권리 · 존속기간이 불확정한 권리 · 소송 중인 권리의 가액은 다음과 같이 평가한다(相贈令 §60).

① 조건부권리의 가액

조건부권리는 본래의 권리의 가액을 기초로 하여 평가기준일 현재의 조건내용을 구성하는 사실, 조건성취의 확실성 기타 제반 사정을 감안한 적정가액으로 평가한다.

② 존속기간이 불확정한 권리의 가액

존속기간이 불확정한 권리는 평가기준일 현재의 권리의 성질, 목적물의 내용연수 기타 제반 사항을 감안한 적정가액으로 평가한다.

③ 소송 중인 권리의 가액

소송 중인 권리의 가액은 평가기준일 현재의 분쟁관계의 진상을 조사하고 소송진행의 상황을 감안한 적정가액으로 평가한다.

8.2 신탁의 이익을 받을 권리의 평가

신탁의 이익을 받을 권리의 가액은 '원본'과 '수익의 이익'의 수익자가 동일한 경우와 '원본'과 '수익의 이익'의 수익자가 다른 경우로 나누어 다음과 같이 평가한다(相贈令 §61). 다만, 2019년 2월 12일 이후 상속이 개시되거나 증여받는 분을 평가하는 경우부터 평가기준일 현재 신탁계약의 철회, 해지, 취소 등을 통해 받을 수 있는 일시금이 아래의 어느 하나와 같이 평가한 가액보다 큰 경우에는 그 일시금의 가액에 의한다(相贈令 §61 ①).

① 원본과 수익의 이익의 수익자가 동일한 경우

원본과 수익의 이익의 수익자가 동일한 경우에는 상속세및증여세법에 의하여 평가한 신탁재산의 가액에 대하여 수익시기까지의 기간 및 수익의 이익에 대한 원천징수세액상당액을 감안하여 다음의 방법으로 계산한다.

$$\sum_{n=1}^{N} \frac{\text{신탁재산가액} + \text{각 연도에 받을 원본 및 수익의 이익} - \text{원천징수세액상당액}}{(1 + \text{신탁재산의 평균수익률 등을 감안하여 정한 이자율}(3\%))^{n}}$$

n : 평가기준일로부터 수익시기까지의 연수

② 원본과 수익의 이익의 수익자가 다른 경우

원본의 이익을 수익하는 경우에는 평가기준일 현재 원본의 가액에 수익시기까지의 기간에 대하여 다음의 산식에 따라 평가한다.

$$\sum_{n=1}^{N} \frac{\text{평가기준일 현재 원본의 가액}}{(1 + \text{신탁재산의 평균수익률 등을 감안하여 정한 이자율}(3\%))^{n}}$$

n : 평가기준일로부터 수익시기까지의 연수

한편, 수익의 이익을 수익하는 경우에는 평가기준일 현재 다음의 산식에 따라 평가한다. 이때, 각 연도에 받을 수익의 이익에 있어 평가기준일 현재 신탁재산의 수익에 대한 수익률이 확정되지 아니한 경우 원본의 가액에 3%를 곱하여 계산한 금액으로 한다(相贈則 §19의 2 ②).

$$\sum_{n=1}^{N} \frac{\text{각 연도에 받을 수익의 이익} - \text{원천징수세액상당액}}{(1 + \text{신탁재산의 평균수익률 등을 감안하여 정한 이자율}(3\%))^{n}}$$

n : 평가기준일로부터 수익시기까지의 연수

8.3 정기금을 받을 권리의 평가

정기금을 받을 권리는 유기정기금, 무기정기금 및 종신정기금으로 구분하여 다음과 같이 평가한다(相贈令 §62). 다만, 2019년 2월 12일 이후 상속이 개시되거나 증여받는 분을 평가하는 경우부터 평가기준일 현재 계약의 철회, 해지, 취소 등을 통해 받을 수 있는 일시금이 아래와 같이 평가한 가액보다 큰 경우에는 그 일시금의 가액에 의한다(相贈令 §62 ①).

① 유기정기금

유기(有期)정기금은 그 잔존기간에 각 연도에 받을 정기금액을 기준으로 다음의 산식에 의하여 계산한 금액의 합계액에 의한다. 단, 1년분 정기금액의 20배를 초과할 수 없다.

$$유기정기금평가액 = \frac{각\ 연도에\ 받을\ 정기금액}{(1+적정이자율)^n}$$

n : 평가기준일로부터의 경과연수

적정이자율 : (3.0%)

유기정기금 평가액에서 적정이자율은 보험회사의 평균공시이율 등을 감안하여 기획재정부령으로 정하는 이자율(3.0%, 相贈則 §19의 2 ③)을 말한다.

② 무기정기금

무기(無期)정기금은 상기의 유기정기금의 1년분 정기금액의 20배에 상당하는 금액으로 평가한다.

③ 종신정기금

종신(終身)정기금은 그 목적으로 된 자의 기대여명의 연수까지의 기간 중 각 연도에 받을 정기금액을 기준으로 상기의 유기정기금의 평가산식과 같이 계산한 금액으로 평가한다. 이때 기대여명의 연수란 「통계법」 제18조에 따라 통계청장이 승인하여 고시하는 통계표에 따른 성별 · 연령별 기대여명의 연수(소수점 이하는 버림)를 말한다.

9. 저당권 등이 설정된 재산에 대한 특례

저당권 등이 설정된 재산에 대해서는 당해 재산이 '담보하는 채권액 등을 기준으로 대통령령이 정하는 바에 의하여 평가한 가액'과 '상속세및증여세법 제60조의 규정에 의하여 평가한 금액'(재산의 평가원칙, 즉 시가로 평가함을 원칙으로 하되 시가가 불분명한 경우에는 보충적 평가방법에 의한 평가액)을 비교하여 그중 큰 금액으로 평가해야 한다(相贈法 §66).

저당권 등이 설정된 재산에 대한 평가액=Max{①, ②}

① 해당 재산의 시가. 단, 시가가 불분명한 경우에는 보충적 평가방법에 의한 평가

② 담보하는 채권 등을 기준으로 대통령령이 정하는 바에 의하여 평가한 가액(평가특례)

저당권 등이 설정된 재산은 다음과 같다.

① 저당권 또는 질권이 설정된 재산

② 양도담보재산

③ 전세권이 등기된 재산(임대보증금을 받고 임대한 재산을 포함)

④ 위탁자의 채무이행을 담보할 목적으로 대통령령으로 정하는 신탁계약을 체결한 재산

9.1 담보하는 채권 등을 기준으로 대통령령이 정하는 바에 의하여 평가한 가액 (평가특례)

저당권 등이 설정된 재산에 대해서는 '담보하는 채권액 등을 기준으로 대통령령이 정하는 바에 의하여 평가한 가액'과 '재산의 평가원칙, 즉 시가로 평가함을 원칙으로 하되 시가가 불분명한 경우에는 보충적 평가방법에 의한 평가액'을 비교하여 그중 큰 금액으로 평가해야 한다. 해당 재산에 대한 재산의 평가원칙에 따른 평가는 해당 시가 또는 지금까지 각 재산의 종류별로 평가하는 방법을 참고하면 된다. 여기서는 담보하는 채권 등을 기준으로 대통령령이 정하는 바에 의하여 평가한 가액에 대해서 살펴본다(相贈令 §63 ①).

① 저당권이 설정된 재산의 가액의 평가

저당권(공동저당권 및 근저당권을 제외)이 설정된 재산의 평가는 해당 재산이 담보하는 채권액으로 평가한다. 공동저당권이 설정된 재산의 가액은 평가기준일 현재의 해당 공동 저당된 재산가액을 기준으로 안분하여 계산한 가액에 의하여 채권액을 평가한다.

참고 저당권

채권자가 채무자 또는 제3자로부터 점유를 옮기지 않고 그 채권의 담보로 제공된 목적물(부동산)에 대하여 일반 채권자에 우선하여 변제를 받을 수 있는 약정담보물권(約定擔保物權)을 말한다(民法 §356).

저당권은 질권(質權)과 달라서 목적물을 유치하지 않고, 저당권 설정자는 계속 사용 · 수익을 할 수 있다. 저당권은 점유를 수반하지 않으므로 성립요건으로서 등기(등록)가 필요하게 되며, 이에 따라 목적물이 부동산(그밖에 등기에 적합한 것)에 한정되어 목적물의 범위가 좁다(민법상으로는 부동산 · 부동산물권에 한정됨). 근래에는 등기(등록)기술이 발전되어 목적물의 범위도 넓어지고 있으며, 각종 재단(재단저당) · 자동차 · 항공기 등에도 적용되기도 한다. 저당권은 목적물을 경매하여 그 대금에서 우선변제를 받는 것이므로 저당권이 설정된 후에 목적물을 제3자에게 양도하거나 용익물권(用益物權)을 설정할 수 있다. 그러나 저당권을 실행하여 목적물을 경매하면 이들 권리는 소멸한다.

저당권을 실행하는 것은 저당권자가 저당물을 경매하여 그 대금에서 피담보채권의 우선변제를 받는 일이다. 저당물의 소유권을 취득한 제3취득자도 경매인이 될 수 있고 공동저당에 있어서는 배당제한의 규정이 있다.

② 근저당권이 설정된 재산의 가액의 평가

근저당권이 설정된 재산의 평가는 해당 재산이 담보하는 채권액으로 평가한다.

참고 근저당권

근저당권이란 일정기간 동안 증감 변동할 불특정의 채권을 결산기에 최고액을 한도로 담보하기 위한 저당권을 말한다. 근저당권은 당좌대월계약이나 계속적 어음할인계약 또는 상품공급계약 등과 같은 기본계약관계로부터 발생하여 증감 · 변동하는 채권은 일반 저당권으로는 그 담보의 목적을 달성할 수 없으므로 일시적으로 피담보채권(被擔保債權)이 소멸하여도 저당권은 그대로 존속하도록 저당권의 부종성(附從性)을 완화할 필요에서 강구된 제도이다. 그러므로 근저당권은 채권의 최고액만을 정하고 채권의 확정을 장래에 보류하는 점과 그 채권이 확정될 때까지의 채무의 소멸 또는 이전은 저당권에 영향이 없으므로 저당권의 소멸에서 부종성의 예외가 된다는 점이 일반저당권과 다르다(民法 §357).

③ 질권이 설정된 재산의 가액의 평가

질권이 설정된 재산 및 양도담보재산가액의 평가는 해당 재산이 담보하는 채권액으로 한다.

참고 **질권**

질권이란 채권자가 채권의 담보로서 채무자 또는 제3자로부터 받은 담보물권을 말한다(民法 §329~§355). 담보물건을 채무의 변제가 있을 때까지 유치함으로써 채무의 변제를 간접적으로 강제하는 동시에, 변제가 없는 때에는 그 질물로부터 우선적으로 변제를 받는다. 질권은 저당권과 함께 약정담보물권으로서 금융을 얻는 수단으로 이용된다. 질권을 설정할 수 있는 것은 동산과 양도할 수 있는 권리(채권 · 주식 · 특허권 등)이다.

질권자는 질물을 유치할 권리와 함께 채무자가 기한 내에 변제하지 않을 때에는 질물로부터 우선변제를 받을 권리를 가진다.

참고 **양도담보**

양도담보란 담보목적물을 채권자에게 양도하는 형식에 의한 담보를 말한다. 관습법상 발달하고 판례가 유효성을 인정하는 비전형담보(非典型擔保)이다.

동산 · 부동산 · 물권 · 채권 · 무체재산권 등 재산권으로서 양도될 수 있는 것은 모두 양도담보의 목적물로 할 수 있다. 목적물의 이용관계는 당사자의 계약으로 결정되나, 보통 양도담보설정자(채무자)가 점유하여 이용한다. 양도담보권자(채권자)는 담보목적을 넘어서 권리를 행사할 수 없으며, 이에 위반하면 손해배상책임이 발생한다. 양도담보권자는 목적물을 제3자에게 처분할 수 없으나, 양도담보설정자는 목적물을 제3자에게 처분할 수 있다.

④ 전세권이 설정된 재산의 가액의 평가

전세권이 등기된 재산의 가액은 당해 재산에 대하여 등기된 전세금(임대보증금을 받고 임대한 경우에는 임대보증금)으로 평가한다.

⑤ 담보신탁계약이 설정된 재산의 가액의 평가

상속세및증여세법에서 의미하는 신탁계약이란 「자본시장과 금융투자업에 관한 법률」 제103조 제1항 제5호(부동산) 또는 제6호(지상권, 전세권, 부동산임차권, 부동산소유권의 이전등기청구권, 기타 부동산 관련 권리)의 재산을 위탁자의 채무이행을 담보하기 위해 수탁으로 운용하는 내용으로 체결된 담보신탁계약을 의미한다. 담보신탁계약에 의한 재산의 가액은 신탁계약 또는 수익증권에 따른 우선수익자인 채권자의 수익한도금액으로 평가한다(相贈法 §66 ④).

9.2 저당권 등이 설정된 재산의 평가특례에 대한 보완규정

저당권 등이 설정된 재산의 평가는 재산의 평가원칙(시가평가. 단, 시가불분명시 보충적 방법에 의한 평가)에 의한 평가금액과 상기에서 설명한 해당 재산이 담보하는 채권액 등을 기준으로 평가한 가액(평가특례) 중 큰 금액으로 평가함을 설명하였다. 이때 저당권 등이 설정된 재산의 평가는 해당 재산에 설정된 채권액 등을 기준으로 평가함에 있어 추가적으로 검토할 사항이 있다.

이는 저당권 등이 설정된 재산의 평가특례에 의한 평가에 있어 해당 재산에 설정된 근저당의 채권최고액이 담보하는 채권액보다 적은 경우에는 채권최고액으로 평가한다는 것이다.

만일 해당 재산에 설정된 물적 담보 외에 신용보증기관의 보증이 있는 경우에는 담보하는 채권액에서 해당 신용보증기금이 보증한 금액을 차감한 가액으로 한다. 또한 동일한 재산이 다수의 채권(전세금채권과 임차보증금 채권을 포함)의 담보로 되어 있는 경우에는 그 재산이 담보하는 채권액의 합계액으로 한다(相贈令 §63 ②).

참고 **국외재산에 대한 평가**

외국에 소재한 재산의 평가도 국내 재산과 동일한 방법으로 하는 것이 원칙이다. 다만, 외국에 있는 재산으로서 상속세및증여세법 제60조 내지 제65조의 규정을 적용하는 것이 부적당한 경우에는 해당 재산이 소재하는 국가에서 양도소득세 · 상속세 또는 증여세의 부과목적으로 평가한 가액을 평가액으로 한다. 해당 재산이 소재하는 국가에서 양도소득세 등의 부과목적으로 평가한 가액이 없는 경우에는 세무서장 등이 2 이상의 국내 또는 외국의 감정기관에 의뢰하여 감정한 가액을 참작하여 평가한 가액에 의한다(相贈令 §58의 3).

10. 부채의 평가

순자산가액을 계산함에 있어 부채의 개별항목에 대한 보충적 평가규정을 별도로 규정하고 있지는 않다. 따라서 부채에 대해서는 일반적인 기준, 즉 지급의무가 확정된 채무를 부채로 평가한다고 볼 수 있다. 일반적으로 한국채택국제회계기준(K-IFRS)에 의해 작성된 재무상태표상의 부채에서 '4절 3.2 순자산가액의 계산구조'에서 설명한 부채에 조정하는 항목을 가감하여 순자산가액으로 계산한다. 이에 더하여 부채의 평가에서 추가적으로 고려해야 할 부분은 다음과 같다.

(1) 회수기간이 5년을 초과하는 장기채무

회수기간이 5년을 초과하는 장기채권이나 장기채무의 경우에는 (상속세및증여세법시행령 제58조 제2항 및 상속세및증여세법시행규칙 제18조의 2 제2항의 규정을 적용하여) 현재가치로 할인하여 평가한다(서사-1083, 2007.4.3.). 즉 원본의 회수기간이 5년을 초과하거나 회사정리절차 또는 화의절차의 개시 등의 사유로 당초 채권의 내용이 변경된 경우에는 각 연도에 회수할 금액(원본에 이자상당액을 가산한 금액)을 금융기관이 보증한 3년 만기 회사채의 유통수익률을 감안하여 기획재정부장관이 고시하는 이자율에 의하여 현재가치로 할인한 금액의 합계액으로 평가한다. 이는 부채를 부(-)의 자산으로 보아 자산평가기준을 준용하는 것으로 해석하는 것으로 구체적인 적용을 위한 법제도의 보완이 필요한 부분이다.

(2) 사채할인발행차금 등

사채할인(할증)발행차금은 사채의 평가계정으로 확정채무가 아닌 것으로 보므로 해당 법인의 부채에서 가감하지 아니한다. 또한 전환사채 및 신주인수권부사채의 권리가 중도에 전환권 또는 신주인수권을 행사하지 않아 만기상환할 것을 가정하여 발행회사가 채권자에게 만기에 지급하는 이자비용을 장기미지급금으로 계상한 경우에는 해당 장기미지급이자[한국채택국제회계기준(K-IFRS)에 의한 "사채상환할증금"을 의미]는 부채에 가산하지 않게 된다(서일 46014-10359, 2001.10.26.). 따라서 전환사채나 신주인수권부사채의 발행시점의 전환권가치로 계상한 '전환권조정계정'이나 '신주인수권조정계정' 역시 전환사채 등의 평가계정으로 확정채무가 아니므로 해당 사채에서 차감하지 않는다.

보론 보충적 평가방법의 시가인정 여부 논란

상속세및증여세법에 의한 비상장주식의 평가의 원칙은 상속개시일 또는 증여일 현재의 '시가'이며 시가는 불특정다수인 사이에 자유로이 거래가 이루어지는 경우에 통상 성립된다고 인정되는 가액으로 하고 수용 · 공매가격 및 감정가격 등 대통령령이 정하는 바에 의하여 시가로 인정되는 것을 포함한다는 점은 여러 차례 설명되었다. 상속세및증여세법상의 주식가치에 대한 평가원칙이 시가이므로 유가증권시장에서 거래되는 가격이나 매매사례가액을 시가로 보는 데에는 이견이 없으리라 생각된다. 그러나 유가증권시장 거래가격이나 매매사례가액 등 시가로 인정될 수 있는 가격이 없는 경우에는 보충적 평가방법에 의해 계산된 금액을 시가에 준하게 평가하고 있는데 이러한 보충적 평가방법에 의한 평가결과가 경제 현실하에서 시가로 인정될 수 있는지에 대한 논란이 있다.

상속세및증여세법상의 보충적 평가방법에 의한 주식가치는 과거 3개년의 손익과 평가기준일 현재의 순자산가치에 의해 측정되므로 기업이 미래에 창출할 가치로 측정되지 못하는 문제점이 있다. 즉 비상장주식에 대한 보충적 평가방법은 자산가치접근법과 수익가치접근법을 적절히 활용한 방식이긴 하나 미래의 경제적 이익의 창출능력을 측정하는 수익가치접근법을 제대로 반영했다고 볼 수는 없다. 상속세및증여세법상의 보충적 평가방법을 시가로 인정할 수 없다는 주장의 근거이다. 반면, 보충적 평가방법이 과거의 손익과 평가시점의 순자산에 대한 청구권으로 측정되기는 하나 기업이 미래에 창출할 이익의 범위는 과거의 손익에서 크게 벗어나지 않으며, 한국채택국제회계기준(K-IFRS)에 의한 이익과 세법상의 순이익이 일치하지는 않으나 근본적인 차이가 크지 않기 때문에 객관적이고 신뢰할 수 있는 평가방법이라는 주장도 있다.

보충적 평가방법이 과연 시가를 반영하는지에 대한 최근의 견해는 전자에 가깝다고 할 수 있다. 회계장부상 또는 세무상의 손익은 적으나 높은 성장성을 기반으로 하는 성장기업이나 경영여건의 개선으로 이익이 예상되는 기업의 경우에는 과거의 실적은 무의미하다. 경영현실에서 실무적인 어려움과 세부담 문제 등으로 인해 특수관계인 간의 주식 양수도시 상속세및증여세법상의 보충적 평가방법에 따라 양수도가액을 결정하는 경우도 있는데 이는 경제적 합리성이 법적 테두리를 벗어나지 못하는 문제가 야기될 수 있는 것이다.

News Clip **대법원, "상속세및증여세법상 비상장주식 평가액은 주가 인정 안돼"**

'전환사채 저가발행한 회사대표 업무상 배임죄'

비등록 · 비상장회사라고 해도 회사대표가 전환사채를 시가보다 낮은 금액의 전환가격으로 발행한 경우엔 업무상 배임죄가 성립, 회사대표가 회사에 손해배상의 책임을 져야 한다는 대법원의 확정판결이 나왔다. 대법원의 이번 판결은 특히 상속 · 증여세법에 따라 비상장주식을 평가한 뒤 이를 기초로 전환사채를 발행한 회사에 대해 상속 · 증여세법에 따른 주식의 평가는 보충적 평가에 불과한 만큼 전환사채를 발행할 때의 주식의 시가로 볼 수 없다는 내용을 담고 있어 주목된다.

대법원은 13일 시가보다 낮은 전환가격으로 전환사채를 발행한 某회사대표 A씨가 제기한 '특정경제범죄가중처벌등에관한법률위반(사기)등'에 관한 사건의 상고심을 기각, A씨에게 유죄를 판결한 원심을 확정했다. 대법원은 판결문(대법원 2003도5309)에서 "증권거래소에 상장되지 않거나 증권업협회에 등록되지 않은 법인이 발행한 주식의 경우에도 객관적 교환가치가 적정하게 반영된 정상적인 거래의 실례가 있는 경우에는 그 거래가격을 시가로 봐 주가를 평가해야 한다"고 밝혔다. 상속 · 증여세법에서 정한 비상장주식의 평가방법은 보충적 평가방법에 불과하기 때문에 상속 · 증여세법에 따라 산정한 평가액은 곧바로 주식의 가액에 해당한다고 볼 수 없다는 것이 대법원의 설명.

전환사채는 채권의 만기 등 일정한 시점에 주식값이 크게 오른 경우 채권자가 미리 정해진 전환가격(사채1매당 약정한 주식수)에 따라 사채를 주식으로 바꿀 수 있는 옵션이 딸린 사채다. 전환가격을 턱없이 낮게 평가해 전환사채를 발행했다는 것은 전환시기에 전환사채 1매로 많은 수의 주식을 확보할 수 있게 된다는 것을 의미한다.

이와 관련 대법원은 "회사 대표이사가 시세차익을 얻을 의도로 주가보다 현저히 낮은 금액을 전환가격으로 한 전환사채를 발행하고, 제3자의 이름을 빌려 이를 인수한다면 회사에는 손해가 생긴다"고 설명했다. 이에 따라 대법원은 "A씨는 전환사채를 저가로 발행 · 인수함으로써 주식 시가와 전환가격의 차액상당의 재산상의 이익을 취득하고 법인에게 손해를 가한 것"이라며 "업무상 배임죄가 성립하는 만큼 회사에 대한 손해배상책임도 있다"고 판결했다.

■ 조세일보 2005.6.13.자 ■

News Clip

비상장기업인 워커힐 주식과 상장기업인 SK주식의 가치평가 논란

검찰 '워커힐株 과대평가', 'SK 稅法 따라 적법처리'

《검찰과 SK 간의 공방의 핵심은 워커힐호텔 주식을 시세보다 고평가했느냐는 것이다. 이번 수사의 발단이 된 JP모건과의 이면거래에 대해선 배임 여부 외에 이면계약의 배경에 대한 참작 여지를 놓고 시각차가 크다. 또 이번 수사와 직접 관련은 없지만 최태원(崔泰源) 회장이 대주주로 있는 SK C&C에 대한 계열사들의 밀어주기 의혹도 논란을 빚고 있다. 쟁점과 SK측의 반박을 정리해 본다.》

▸워커힐株 평가

지난해 3월 최 회장이 보유한 워커힐 주식 325만주를 SK C&C가 보유 중이던 SK㈜ 주식 645만주와 맞바꾸었다. 비상장기업이라도 장외시장에서 대량거래가 이뤄져 시세가 형성돼 있다면 그 시세대로 거래하는 것이 원칙. 그러나 대부분의 비상장사는 그런 시세가 없다. 그래서 법은 과거에 순이익이 얼마나 났는지를 반영하거나 기업의 자산가치를 따져 값을 정하도록 하고 있다. '세법대로 했다'는 SK측의 주장이 바로 이 논리다.

그러나 모르는 사람끼리 '진짜로 거래할 때'는 이렇게 계산하지 않는다. 장차 얼마나 이익을 낼지, 전망이 어떤지를 따진다. 비슷한 기업의 주가와 비교하기도 한다. 시민단체나 검찰은 주당 4만495원으로 계산된 워커힐 주식가격이 턱없이 높게 책정돼 최회장에게 부당이득을 안겨줬다는 시각이다. 당시 SK㈜ 주식 가격은 주당 2만400원. 자산가치나 수익면에서 워커힐보다 나은 SK㈜ 주식이 절반가격에 평가된 것은 비정상이었다는 것이다.

검찰은 고평가 여부와 별개로 SK C&C가 불필요한 워커힐 주식을 취득했다는 점도 문제 삼고 있다. 시장에서 바로 현금화할 수 있는 주식을 유동성이 떨어지는 주식으로 바꾼 건 회사측에 손실을 입힌 것이라는 주장이다. 검찰은 최 회장 사무실에서 압수한 문건을 근거로 이같은 거래 과정에 최 회장이 직접 개입한 것으로 보고 있다.

▸JP모건과 이면계약

1999년 JP모건과 이면계약을 맺고 이를 공시하지 않고 SK글로벌 등이 사들이도록 해 계열사에 손해를 입힌 것에 대해 검찰은 배임 혐의를 두고 있다. 이에 대해 SK측은 당시의 이면계약은 SK증권의 소액주주 보호 등을 위해 불가피했다는 주장을 펴고 있다. SK측은 "당시 SK증권이 부도 위기에 처했는데 손을 안 썼다면 투자자 손실로 이어졌을 것"이라고 주장한다. 위법은 인정하되 위법의 불가피성을 참작해 달라는 것이다.

▸SK C&C 급성장 논란

최 회장 상속과정에서 의혹의 핵심으로 떠오른 SK C&C는 그룹 지주회사로 최근 급성장해온 회사. 최 회장(49%)을 포함해 사주가족의 지분이 59.5%로 이익의 많은 부분이 오너 일가에 돌아가게 돼 있다. 최 회장 일가 지분은 이 회사 전신인 대한텔레콤 시절 주당 400원의 헐값에 받은 것이다.

공교롭게 이 회사는 98년 이후 급성장했고 올해는 매출 1조원 돌파가 예상된다. 이같은 급성장은 계열사들의 전폭적인 도움, 즉 부당내부거래 덕분이라는 게 시민단체 등의 시각이다. 98년 12월 SK텔레콤과 1조3000억원어치 등 계열사들과 2조원가량의 장기계약을 맺은 것이 전형적인 '회장 회사 봐주기'라고 주장하고 있다. 이에 대해 SK측은 "SK C&C가 급성장한 건 98년 구조조정 과정에서 계열사 전산 업무를 통합했기 때문"이라며 "경영을 잘해서 회사수익과 가치가 좋아진 것"이라고 말하고 있다.

■ 동아일보 2003.2.20.자 ■

Section 6 기업공개준비 중인 주식 및 코스닥시장 상장준비 중인 주식

기업공개(IPO; Initial Public Offering)란 기업이 발행한 주식을 일반투자자를 상대로 모집하거나 대주주가 보유하고 있는 주식의 일부를 불특정다수의 투자자에게 분산시키는 것을 말한다. 유가증권시장이나 코스닥시장에 상장하는 것은 기업공개의 한 방법으로 볼 수 있다.

상속세및증여세법에서는 기업공개를 유가증권시장에 상장하는 행위의 의미로 사용하고 있다. 반면, 코스닥시장 상장에 대해서는 기업공개와 다른 의미로 사용하고 있다. 즉 상속세및증여세법의 개념구분에 따라 유가증권시장에 상장을 준비 중인 기업을 '기업공개준비 중인 주식'으로, 코스닥시장에 상장을 준비 중인 기업을 '코스닥시장 상장준비 중인 주식'으로 구분하여 설명한다. 「자본시장과 금융투자업에 관한 법률」에 따라 거래시장의 구분 외에 유가증권시장과 코스닥시장의 각 상장법인에 큰 차이가 없음에도 불구하고, 상속세및증여세법에서는 신규상장에 대해 각 시장별로 구분하고 있음에 주의할 필요가 있다.

1. 기업공개준비 중인 주식

기업공개를 목적으로 금융위원회에 유가증권신고를 한 법인의 주식으로서 평가기준일 현재 유가증권신고 직전 6월(증여세가 부과되는 주식 등의 경우에는 3월)부터 유가증권시장(한국거래소)에 최초로 상장하기 전까지의 주식은 별도로 평가한다(相贈令 §57 ①). 따라서 유가증권신고를 함에 따라 기업공개를 준비 중인 기업에 해당된다면 별도로 평가해야 하는 시점은 유가증권신고일 이후부터가 아니라 그 전 6월(증여는 3월)임에 주의해야 한다. 예를 들어 평가기준일이 유가증권신고일로부터 3월 전이라면 별도의 평가대상이 되는 기업공개준비 중인 주식에 해당된다.

만일 유가증권신고를 하지 아니하고 상장신청을 하는 경우에는 상장신청일을 기준으로 대상여부를 판단한다. 한편, 유가증권시장에 신규로 상장하는 기업은 비상장법인뿐 아니라 코스닥상장법인이 될 수도 있다. 코스닥시장 상장법인이 유가증권시장에 신규로 상장되는 경우에도 기업공개준비 중인 주식에 포함되므로 주의를 요한다. 기업공개준비 중인 주식은 「자본시장과 금융투자업에 관한 법률」에 의하여 금융위원회가 정하는 기준에 따라 결정된 공모가격('제5장

자본시장과 금융투자업에 관한 법률에 의한 주식가치평가' 참고)을 준용하여 평가한 가액과 코스닥시장 상장법인의 주식 평가액 또는 비상장주식 평가방법에 의한 평가액 중 큰 금액으로 한다.

기업공개준비 중인 주식의 평가액=Max{①, ②}

① 공모주식평가액
(자본시장과 금융투자업에 관한 법률에 의하여 금융위원회가 정하는 기준에 따라 결정된 공모가격을 준용하여 평가한 가액)
② 코스닥시장 상장법인 주식평가액 또는 비상장주식 평가방법에 의한 평가액

따라서 코스닥시장 상장법인이 유가증권시장에 상장하고자 할 때에는 금융위원회가 정한 공모가격 평가액과 코스닥시장 상장법인의 주식가치평가액 중 큰 금액으로 평가해야 하며, 비상장법인이 기업공개를 하고자 할 때에는 금융위원회가 정한 기준에 따른 공모가격 평가액과 비상장주식 평가방법에 의한 평가액 중 큰 금액으로 평가한다.

기업공개준비 중인 주식의 경우에도 최대주주가 보유하는 주식에 대한 할증평가는 동일하게 적용한다.

2. 코스닥시장 상장준비 중인 주식의 평가

비상장법인이 코스닥시장에 주식 등을 거래하고자 평가기준일 현재 유가증권신고(유가증권신고를 하지 아니하고 상장신청을 한 경우에는 상장신청) 직전 6월(증여세는 3월)부터 코스닥시장에 상장하기 전까지의 기간(금융투자협회에 등록하기 전까지의 기간을 말함)에 코스닥시장에 상장신청한 법인의 주식 등의 평가는 「자본시장과 금융투자업에 관한 법률」에 의하여 금융위원회가 정하는 기준에 따라 결정된 공모가격과 비상장주식의 평가방법에 의한 평가액 중 큰 가액으로 평가한다(相贈令 §57 ②).

코스닥시장 상장준비 중인 주식의 평가액=Max{①, ②}

① 공모주식평가액
(자본시장과 금융투자업에 관한 법률에 의하여 금융위원회가 정하는 기준에 따라 결정된 공모가격을 준용하여 평가한 가액)
② 비상장주식의 평가방법에 의한 평가액

비상장주식에 대한 평가심의위원회

보충적 방법에 의한 비상장주식의 가치평가는 자산가치와 수익가치를 가중평균하여 계산한다. 이때 자산가치는 평가기준일 현재 세무상 순자산을 의미하며 수익가치는 과거 일정기간의 세무상 손익을 기초로 계산된다. 주식가치는 미래의 현금흐름의 현재가치라는 측면에서 볼 때 평가기준일 현재의 순자산과 과거 일정기간의 손익을 기초로 계산한 가치는 적정한 시가를 표현한다고 볼 수는 없다. 이에 보충적 방법에 의해 계산된 주식가치가 해당 기업의 실질가치에 비해 과대 혹은 과소평가되었다고 판단한 납세자의 불만이 쌓여 온 것도 사실이다.

상속세및증여세법은 이를 보완하기 위해 재산평가를 위한 별도의 심의기구를 마련하였다. 즉 평가심의위원회의 법적 근거를 마련(相贈令 §49의 2)하고 이를 기초로 「재산평가심의위원회 운영규정」(국세청훈령 제2209호, 2017.7.1.)은 구체적인 평가방법을 규정하고 있다.

특히 2017년 7월부터 평가심의위원회 제도운영의 큰 변화가 있다. 비상장주식의 평가에 있어 순자산가액과 과거손익에 기초해 평가하는 보충적 방법에 따른 평가가액이 불합리하다고 인정되는 경우 납세자는 전문평가기관을 통해 현금흐름할인모형 등 일반적으로 인정되는 가치평가모형을 이용해 평가할 수 있고 평가심의위원회의 심의를 통해 그 가액을 인정받을 지 여부를 결정하게 된다. 이러한 변화는 매우 큰 의미가 있는데 상속·증여재산을 과거가치로 판단하는 오랜 관행에서 미래가치를 적극적으로 검토하겠다는 취지이기 때문이다. 다만, 제도 변화로 생길 수 있는 불확실성을 제거하기 위해 비상장주식의 대체적 평가방법(즉 현금흐름할인모형 등)의 요건·절차 및 평가기준에 대해 상속세및증여세법과 「재산평가심의위원회 운영규정」은 세부적인 기준을 제시하고 있으므로 관련 법령과 규정을 충분히 숙지하여야 할 것이다.

1. 평가심의위원회의 심의평가대상

재산평가심의위원회 운영규정(이하 "규정")은 재산평가심의위원회의 설치 및 운영에 대한 내용을 정하고 재산가액에 대한 시가인정 심의 신청절차와 비상장주식의 가액평가 및 그 평가방법에 필요한 사항을 정하고 있다. 즉 재산평가심의위원회는 크게 두 가지 심의평가업무를 수행하는데 일정요건을 갖춘 비상장주식의 평가가액 및 평가방법에 대한 심의와 재산가액에 대한 시가인정 심의로 구분된다.

① 비상장주식에 대한 평가심의

비상장주식의 보충적 방법(相贈法 §54~§56)에 따라 평가한 가액이 불합리하다고 인정되는 경우 보충적 방법에 따른 주식평가액이 불합리하다고 인정되는 근거자료와 일반적으로 공정타당한 것으로 인정되는 대체적 방법(현금흐름할인모형 등)으로 평가하여 심의를 신청한 경우(相贈令 §54 ⑥)

특히 비상장주식에 대한 평가심의대상은 과거에는 중소기업에 한하였으나 2017년 7월 이후 상속 · 증여분부터는 기업규모에 대한 제한은 폐지하였으며 기존의 유사상장법인 비교평가방법(해당 법인의 자산 · 매출액규모 및 사업의 영위기간 등을 감안하여 같은 업종을 영위하고 있는 다른 상장법인의 주식가액과 비교하여 평가하는 방법) 외에 현금흐름할인모형과 배당평가모형 등 공정타당한 대체적 방법을 허용하게 되었다.

② 재산가액에 대한 시가인정 심의

재산평가심의위원회의 시가인정심의는 아래와 같다.

가. 시가인정기간(평가기준일 전후하여 상속재산은 6개월, 증여재산은 평가기준일 전 6개월부터 평가기준일 후 3개월의 기간)에 해당하지 않는 기간으로서 평가기준일 전 2년 이내의 기간 중에 매매 · 감정 · 수용 · 경매(「민사집행법」에 따른 경매) 또는 공매(이하 "매매사례가액 등")가 있는 경우로서 그 기간 중에 가격변동의 특별한 사정이 없다고 인정되는 때에 해당 매매사례가액 등의 가액을 시가에 포함하고자 할 경우(相贈令 §49 ①)

나. 해당 감정가액(상속세및증여세법시행령 제49조 제1항 2호에 의한 감정가액)이 법 제61조 · 법 제62조 · 법 제64조 및 법 제65조에 따라 평가한 가액과 유사매매사례가액에 따른 시가(상속세및증여세법시행령 제49조 제4항에 의한 시가인정액)의 100분의 90에 해당하는 가액 중 적은 금액(기준금액) 이상인 경우에도 감정평가목적 등을 감안하여 동 가액이 부적정하다고 인정되는 경우(相贈令 §49 ① 2호)

다. 시가인정기간(평가기준일 전후하여 상속재산은 6개월, 증여재산은 평가기준일 전 6개월부터 평가기준일 후 3개월의 기간)의 매매사례가액이 소액(액면가액의 합계액으로 계산한 해당 법인의 발행주식총액의 100분의 1에 해당하는 금액과 3억원 중 적은 금액 미만의 금액을 말함)인 경우로서 그 거래가액이 거래의 관행상 정당한 사유가 있는지에 대한 판단이 필요할 때(相贈令 §49 ① 1호 나목)

라. 납세자가 제시한 감정기관(원감정기관)의 감정가액이 부실감정의 고의성 여부와 원감정가액 세무서장등이 다른 감정기관에 의뢰하여 평가한 감정가액(재감정가액)의 100분의 80에 미달하는 경우 그 미달하는 정도를 감안하여 1년 이내의 범위에서 기간을 정하여 시가불인정 감정기관으로 지정할 지의 심의(相贈令 §49 ⑦)

이하 본장에서는 비상장주식에 대한 평가심의를 중심으로 설명하고 재산가액에 대한 시가인정심의는 간략하게 설명하고자 한다.

2. 비상장주식 평가 심의신청

비상장주식의 평가에 대한 평가심의위원회의 심의를 요청하려면 비상장주식의 평가와 관련하여 납세자는 상속세 과세표준신고기간 만료 4월 전(증여의 경우에는 증여세과세표준 신고기한만료 70일 전)까지 심의를 요청할 수 있다(相贈令 §49의 2 ⑤). 평가심의신청은 정해진 절차와 기준을 반드시 준수하여야 함에 주의한다.

(1) 평가심의신청 요건

납세자가 비상장주식의 1주당 가액의 평가심의를 납세지관할 지방국세청장에게 신청하기 위해서는 위의 심의신청 기간 내에 다음 서류를 납세지 관할지방국세청장에게 제출해야 한다(相贈令 §49의 2 ⑤ 2호 및 規程 §13).

해설 비상장주식 심의신청자격의 변경

종전에는 해당 법인이 중소기업기본법상 중소기업일 것과 그 중소기업이 사업개시 후 3년이 지나야 하며, 해당 법인의 주당경상이익 및 순자산가액이 양수일 것을 요구하였다. 또한 기존에는 시장가치비교법(유사상장법인 비교평가방법, 일명 상대가치)만을 허용하였기 때문에 규정에서 정한 유사상장법인이 2개 이상일 것을 요구하였다. 그러나 2017년 7월 이후 비상장주식 상속증여분에 대해서는 그러한 요건들은 유사상장법인 비교평가방법에 한해 적용되고 기타 평가방법에는 적용되지 아니한다. 따라서 기본적으로 보충적 방법으로 평가한 비상장주식의 평가액이 불합리하다는 근거자료가 있다면 비중소기업을 포함한 해당 법인의 대체적 평가방법으로 평가한 가액을 심의 신청할 수 있도록 하였다.

① 비상장주식의 보충적 방법에 의한 평가액(相贈令 §54 ①·④, 相贈令 §55, 相贈令 §56에 따라 평가한 가액) 및 그 평가 부속서류

② 보충적 평가방법에 따른 주식평가액이 불합리하다고 인정할 수 있는 근거자료와 해당 평가업무에 적용한 평가방법

③ 다음의 대체적 평가방법(相贈令 §54 ⑥ 각 호) 중 어느 하나의 방법에 따라 평가한 비상장주식 등의 평가액 및 그 평가 부속서류

가. 유사상장법인 비교평가방법 : 해당 법인의 자산·매출액 규모 및 사업의 영위기간 등을 고려하여 같은 업종을 영위하고 있는 다른 상장법인의 주식가액을 이용하여 평가하는 방법

나. 현금흐름할인모형에 의한 평가방법 : 향후 기업에 유입될 것으로 예상되는 현금흐름에 일정한 할인율을 적용하여 평가하는 방법

다. 배당평가모형에 의한 평가방법 : 향후 주주가 받을 것으로 예상되는 배당수익에 일정

한 할인율을 적용하여 평가하는 방법

라. 그 밖에 일반적으로 공정하고 타당한 것으로 인정되는 방법

다만, 평가기간이 경과한 후부터 상속증여세 결정기한(상속세는 신고기한부터 9개월, 증여세는 신고기한부터 6개월)까지의 기간 중에 매매등이 있는 경우에는 해당 매매등이 있는 날로부터 6개월 이내에 다음의 구분에 따른 자료를 첨부하여 평가심의위원회에 신청해야 한다(相贈令 §49의 2 ⑤).

① 매매등의 가액의 입증자료(相贈令 §49 ① 각 호)

② 비상장주식 등의 평가액 및 그 평가 부속서류(相贈令 §54 ⑥ 각 호)

③ 가업상속 시 주된 업종 변경 승인의 필요성을 인정할 수 있는 근거자료(相贈令 §15 ⑪ 제2호 나목, 租特令 §27의 6 ⑥ 제2호 나목)

(2) 대체적 방법에 의한 평가 인정범위

일반적으로 공정하고 타당한 것으로 인정받는 평가방법이 해당 법인의 본질적인 내재가치를 잘 반영하도록 평가하였다 하더라도 해당 기업의 미래현금흐름(또는 미래예상이익)은 불확실한 것으로서 과거 순자산과 손익에 기초해 평가하는 보충적 방법에 비해 객관성이 떨어질 수 있다. 따라서 납세자가 현금흐름할인모형 등 대체적인 방법으로 평가한 비상장주식 가액이 보충적 방법으로 평가한 가액의 100분의 70에서 100분의 130까지의 범위 안의 가액인 경우로 한정한다(相贈令 §54 ⑥ 및 規程 §13 ②).

(3) 평가서 작성자

보충적 방법과 달리 현금흐름할인모형 등 대체적 방법은 그 적용에 필요한 가정, 적용절차 및 결과에 대한 해석에 있어 상당한 수준의 전문지식을 필요로 한다. 따라서 현금흐름할인모형 등 대체적 방법에 의한 평가서는 아래의 전문평가기관이 작성 · 제출하는 경우에 한한다(規程 §12).

① 신용평가전문기관(「자본시장과 금융투자업에 관한 법률」 §335의 3에 따라 신용평가업 인가를 받은 신용평가전문기관)

② 회계법인(「공인회계사법」에 따른 회계법인)

③ 세무법인(「세무사법」에 따른 세무법인)

한편 상기의 전문평가기관이라 하더라도 아래의 경우와 같이 독립성이 결여되었다고 판단되거나 부실한 평가서가 반복 작성되는 경우에는 평가서 작성자에서 제외된다.

① 평가대상법인의 소송대리 · 회계감사 · 세무대리 · 고문 등의 거래가 있는 자
② 평가대상법인과 채권 · 채무 관계가 있는 자
③ 평가대상법인과 특수관계인(相贈令 §2의 2 각 호의 특수관계인)에 해당하는 자
④ 국세청평가심의위원회의 심의에서 2번 이상 평가서를 작성하여 신청한 가액이 인정되는 않은 자
⑤ 그 밖에 평가서 작성이 부적절한 자

(4) 요건심사와 보정요구

대체적 방법에 의한 비상장주식 평가신청에 대해 납세지 관할지방국세청장(개인납세2과장)은 그 평가신청의 내용을 검토하기 전에 청구요건을 검토하여야 하며, 이때 관할지방국세청장(개인납세2과장)은 평가신청이 다음의 어느 하나에 해당하는 경우에는 심의신청을 반려한다(規程 §14).

① 평가신청기한(상속 : 과세표준신고기간 만료 4월 전, 증여 : 증여세과세표준 신고기한 만료 70일 전)을 경과하여 신청하는 경우
② 보충적 방법에 따른 주식평가액이 불합리하다고 인정할 수 있는 근거자료와 해당 평가업무에 적용한 평가방법에 관한 자료를 제출하지 아니한 경우
③ 상속세 및 증여세의 납부의무가 없는 자가 평가를 신청하는 경우
④ 납세지 관할지방국세청장(개인납세2과장)의 보정요구가 있는 경우 보정기한까지 필요한 보정을 아니하거나 보정기한이 지난 후 보정서류를 제출하는 경우

이때 납세지 관할지방국세청장(개인납세2과장)의 보정요구란 납세자가 제출한 평가 신청서류 중 일부를 제출하지 아니하거나 부실하게 제출한 경우 또는 해당 서류에 오류가 있는 경우에는 납세지 관할지방국세청장(개인납세2과장)이 1회 10일 이내의 기한을 정하여 보정요구를 할 수 있는 것을 말한다.

납세지 관할지방국세청장(개인납세2과장)은 제출서류를 검토하여 접수된 날로부터 5일(보정요구시 15일) 내에 국세청장(상속증여세과장)에게 제출서류 원본을 송부하여야 하며, 납세자의 평가신청을 반려하는 경우 그 사유를 기재하여 당초 제출한 신청서 원본등을 납세자에게 반려하여야 한다.

3. 현금흐름할인모형 및 배당할인법에 의한 평가

현금흐름할인모형이란 향후 기업에 유입될 것으로 예상되는 현금흐름에 일정한 할인율을

적용하여 평가하는 방법을 말한다. 즉, 현금흐름할인모형은 본서 '제3장 현금흐름할인모형'에서 설명하고 있는 내용을 말한다. 다만 본서 '제3장 현금흐름할인모형'에서 설명하고 있는 내용 중 아래의 평가요소에 대해서는 규정에서 정한 내용을 따라야 한다(規程 §15).

① 추정기간은 5년을 적용한다.

② 할인율은 10%로 적용한다.

③ 영구성장률은 0%로 한다.

④ 주요 거시경제지표, 임금상승률 등의 가정은 한국은행 경제전망보고서 및 한국은행 경제통계시스템을 이용하여 산출한다.

이때 평가서 작성자는 평가심의위원회 운영규정에서 별도로 규정한 부분을 제외한 다른 부분에 대해서는 한국공인회계사회가 제정한 「가치평가서비스 수행기준」 및 금융감독원 기업공시본부에서 제시한 「외부평가업무 가이드라인」을 준수하여 평가업무를 수행해야 한다.

한편 비상장주식의 대체적인 평가로 배당할인법에 따라 평가하는 경우에도 위의 현금흐름할인모형 적용 시의 기준을 동일하게 적용한다(規程 §16).

4. 유사상장법인 비교평가방법에 의한 평가

유사상장법인 비교평가방법(이하 "시장가치비교법") 해당 법인의 자산 · 매출액 규모 및 사업의 영위기간 등을 고려하여 같은 업종을 영위하고 있는 다른 상장법인의 주식가액을 이용하여 평가하는 방법을 말한다. 시장가치비교법은 본서 '제6장 상대가치 평가방법'에서 설명하는 내용을 기본개념으로 하나 시장가치비교법 신청요건, 유사상장회사의 선정기준 및 방법 및 계산방법을 규정에서 세부적으로 적용하고 있으므로 주의를 요한다. 실무적으로 볼 때 본 규정에서 정한 유사상장회사의 선정기준 및 적용방법이 평가대상 비상장주식에 적용 가능한 범위가 한정되어 있어 실제 적용되는 사례는 많지 아니하다. 이하 규정에서 정한 시장가치비교법의 적용기준을 살펴본다.

4.1 평가신청의 요건

평가대상법인은 비상장법인으로 아래의 요건을 모두 만족해야 한다. 납세자는 아래의 요건에 해당하는 지 여부를 아래의 '비상장기업의 주식평가 관련 검토서'에 기재하여 제출해야 한다(規程 §18).

① 사업개시 후 3년 이상 경과할 것

② 1주당 경상이익 및 1주당 순자산가액(規程 §22에 의한 경상이익 및 순자산가액)이 양수일 것
③ 유사상장법인(規程 §20 ①에 유사상장법인)이 2개 이상 있을 것
④ 자산총액 중 부동산 등(토지 · 건물 · 지상권 · 부동산을 취득할 수 있는 권리 · 시설물이용권의 가액)이 80% 이상인 법인의 주식 등에 해당하지 아니할 것

한편 위의 요건을 모두 갖춘 납세자는 다음의 서류를 첨부하여 납세지 관할지방국세청장(개인납세2과장)에게 신청하여야 한다.

1. 비상장기업의 주식평가신청서(별지 제3호 서식)
2. 비상장기업의 주식평가 관련 검토서(별지 제3호 서식 부표)
3. 유사상장법인 주가비교평가액 계산서(별지 제4호 서식)
4. 유사상장법인 종가명세서(별지 제4호 서식 부표 1)
5. 유사상장법인 선정기준 검토서(별지 제4호 서식 부표 2)
6. 비상장주식 평가조서(별지 제4호 서식 부표 3)
7. 순손익액계산서(별지 제4호 서식 부표 4)
8. 순자산가액계산서(별지 제4호 서식 부표 5)
9. 평가차액계산명세서(별지 제4호 서식 부표 6)
10. 영업권평가조서(별지 제4호 서식 부표 7)
11. 위 서식의 기재내용을 증명할 수 있는 증거서류

4.2 유사상장법인의 요건

유사상장법인은 평가기준일 현재 다음의 요건에 모두 해당하는 유가증권시장 상장법인 또는 코스닥시장 상장법인이어야 한다(規程 §19).

① 일반기준

가. 상장일로부터 6월이 경과할 것
나. 최근 2년간의 감사의견이 적정의견에 해당할 것
다. 최근 2년간 경영에 중대한 영향을 미칠 수 있는 합병, 영업의 양수도, 분할 등이 없을 것
라. 최근 2년간 한국채택국제회계기준(K-IFRS) 위배로 인한 조치를 받은 사실이 없을 것
마. 최근 6월 이내에 관리종목으로 지정된 사실이 없을 것
바. 1주당 경상이익 및 1주당 순자산가액(規程 §22에 의한 경상이익 및 순자산가액)이 양수일 것

② 업종기준

「소득세법 시행령」 제145조 제1항에 따라 국세청장이 결정하는 기준경비율 및 단순경비율의 업종분류를 기준으로 하여 평가대상 비상장기업과 같은 중분류 이내에 해당하는 업종을 영위하되, 도 · 소매 및 소비자용품 수리업의 경우에는 소분류 이내에 해당하는 업종을 영위할 것. 이 경우 해당 비상장기업 및 유사상장법인이 2 이상의 업종을 영위하는 경우에는 매출의 비중이 가장 높은 업종을 주업종으로 한다.

③ 규모기준

가. 유사상장법인의 총자산가액이 평가대상 비상장기업의 총자산가액의 5배를 초과하지 않을 것

나. 유사상장법인의 매출액이 평가대상 비상장기업의 매출액의 5배를 초과하지 않을 것

이때, 총자산가액 및 매출액은 해당 법인이 「법인세법」 제60조에 따라 제출한 평가기준일이 속하는 사업연도의 직전 사업연도의 재무상태표 및 포괄손익계산서에 기재된 자산총계 및 매출액에 의한다.

한편, 유가증권시장 상장법인 및 코스닥시장 상장법인이 다음 중 하나에 해당할 경우에는 유사상장법인으로 선정할 수 없다.

가. 「자본시장과 금융투자업에 관한 법률」 제9조 제18항에 따른 집합투자기구

나. 「자본시장과 금융투자업에 관한 법률」 제9조 제19항에 따른 사모투자집합기구

다. 「자본시장과 금융투자업에 관한 법률」 제249조의 13에 따른 투자목적회사

라. 「자본시장과 금융투자업에 관한 법률 시행령」 제6조 제4항 제14호에 따른 기업인수목적회사

마. 「독점규제 미 공정거래에 관한 법률」 제2조 제1의 2호에 따른 지주회사

바. 「금융지주회사법」 제2조 제1항 제1호에 따른 금융지주회사

사. 그 밖에 위의 회사와 유사한 법인

4.3 유사상장법인의 선정방법

비상장기업과 비교할 유사상장법인은 상기의 유사상장법인의 요건을 만족하는 법인으로서 상기의 '② 업종기준'에서 정한 업종분류를 기준으로 하여 세세분류가 같은 2 이상의 법인으로 하며, 세세분류가 같은 법인이 2개에 미달하는 경우에는 세분류, 소분류, 중분류까지 순차로 적용하여 2개 이상의 유사상장법인을 선정한다(規程 §20).

그리고 선정된 2 이상의 유사상장법인 중에서 자본이익률이 평가대상 비상장기업의 자본이

익률과 가장 근접한 상위 2개 법인과 하위 2개 법인을 유사상장법인으로 선정한다. 다만, 유사상장법인의 수가 각각 2개에 미달하는 경우에는 그 미달하는 법인을 유사상장법인으로 선정한다.

이때, 자본이익률은 평가기준일이 속하는 사업연도의 직전 사업연도의 재무상태표 및 포괄손익계산서를 기준으로 다음 산식에 의하여 계산한다.

$$\text{자본이익률} = \frac{\text{당기순이익}}{\text{자산총계}}$$

자본이익률을 적용함에 있어 1년 미만의 사업연도가 있는 경우에는 해당 사업연도의 자본이익률은 다음 산식에 의하여 연으로 환산한 가액에 따르되, 월수의 계산은 달력에 따라 계산하고 평가기준일이 속하는 달의 일수가 1개월 미만인 경우에는 1개월로 본다.

환산자본이익률＝1년 미만 사업연도의 자본이익률×(12월÷월수)

4.4 유사상장법인을 이용한 비상장기업의 주식평가

평가대상 비상장주식의 유사상장법인 주가비교평가액은 아래에서 설명하는 「유사상장법인별로 유사상장법인의 주가비교평가액」의 단순평균값을 원칙으로 하되, 해당 비상장주식의 1주당 순자산가치의 100분의 70에 미달할 경우에는 「순자산가치의 100분의 70에 해당하는 가액」으로 평가한다(規程 §21).

비상장기업의 1주당 가액＝Max{①, ②}

① 유사상장법인별 주가 비교평가액의 단순평균값

② 해당 비상장주식의 1주당 순자산가치의 100분의 70에 해당하는 가액

해당 비상장주식의 1주당 순자산가치는 상속세및증여세법(相贈令 §54 ②에 의한 순자산가치)에 의해 계산된 순자산가치를 말한다. 즉 평가기준일 현재 해당 법인의 자산평가액(相贈法 §60 내지 §66에 의하여 평가한 가액)에서 부채를 차감한 가액으로 하며, 동 평가액이 장부가액보다 적은 경우에는 장부가액으로 평가한 가액에 발행주식총수를 나누어 계산한 가액이다.

(1) 유사상장법인별 주가비교평가액

유사상장법인을 이용한 비상장기업의 1주당 가액을 계산하기 위한 「유사상장법인별 유사상장법인의 주가비교평가액」의 계산방법은 다음과 같다. 단, 부동산과다보유법인(「소득세법 시행

령」 제94조 제1항 제4호 다목에 해당하는 법인을 말함)의 경우에는 1주당 경상이익과 순자산가액의 비율을 각각 2와 3으로 가중평균한다.

$$\text{유사상장법인의 주가비교평가액} = \text{유사상장법인의 1주당 가액} \times \left[\left\{ \frac{\text{비상장기업의 1주당 경상이익}}{\text{유사상장법인의 1주당 경상이익}} \times 3 + \frac{\text{비상장기업의 1주당 순자산가액}}{\text{유사상장법인의 1주당 순자산가액}} \times 2 \right\} \div 5 \right]$$

① 유사상장법인의 1주당 가액

유사상장법인의 1주당 가액은 선정된 유사상장법인의 평가기준일 이전 2월간의 보통주의 종가평균액을 말한다. 다만, 2월간의 기간 중에 증자 · 감자 · 주식의 액면분할 또는 액면병합 등의 사유가 발생하여 해당 평균액에 의하는 것이 부적당한 경우에는 그 사유가 발생한 날의 다음날부터 평가기준일까지의 최종시세가액 평균액에 의한다.

만일 평가기준일 현재 유사상장법인의 주식액면가액이 평가기준일이 속하는 사업연도의 직전 사업연도말의 액면가액과 다른 경우에는 같은 항의 규정에 의한 유사상장법인의 1주당 가액은 다음 산식에 의하여 환산한 1주당 가액에 의한다.

$$\text{유사상장법인의 환산 1주당 가액} = \text{유사상장법인의 1주당 가액} \times \frac{\text{직전 사업연도말의 액면가액}}{\text{평가기준일 현재의 액면가액}}$$

② 1주당 경상이익

경상이익은 법인세차감전 손익에서 계속적 · 반복적으로 발생할 것으로 보기 어려운 자산수증익, 채무면제익, 보험차익 및 재해손실을 차감하여 계산한다.

평가대상 비상장기업과 유사상장법인의 1주당 경상이익은 평가기준일로부터 최근 2년간의 1주당 경상이익을 평균하여 계산하는데 구체적인 산식은 다음과 같다.

$$\text{1주당 경상이익} = \left\{ \frac{\text{평가기준일이 속하는 사업연도의 직전 사업연도의 경상이익}}{\text{평가기준일이 속하는 사업연도의 직전 사업연도말 현재 발행주식총수}} + \frac{\text{평가기준일이 속하는 사업연도의 직전 전 사업연도의 경상이익}}{\text{평가기준일이 속하는 사업연도의 직전 전 사업연도말 현재 발행주식총수}} \right\} \div 2$$

1주당 경상이익을 계산함에 있어 1년 미만의 사업연도가 있는 경우에는 해당 사업연도의 경상이익은 연으로 환산한 가액에 의한다. 이 경우 월수의 계산은 달력에 따라 계산하되, 평가기준일이 속하는 달의 일수가 1월 미만인 경우에는 1월로 본다.

$$\text{환산경상이익} = \text{1년 미만의 사업연도의 경상이익} \times \frac{\text{12월}}{\text{월수}}$$

한편, 1주당 경상이익을 계산함에 있어 평가기준일이 속하는 사업연도 직전 사업연도 개시일부터 평가기준일까지의 기간 중에 증자 또는 감자를 한 사실이 있는 경우에는 증자 또는 감자 전의 각 사업연도 종료일 현재의 발행주식총수는 다음과 같이 환산한 주식수에 의해 계산한다.

가. 증자의 경우 환산주식수

$$\text{환산주식수} = \begin{matrix}\text{증자 전 각} \\ \text{사업연도말 주식수}\end{matrix} \times \frac{\text{(증자 직전 사업연도말 주식수+증자 주식수)}}{\text{증자 직전 사업연도말 주식수}}$$

나. 감자의 경우 환산주식수

$$\text{환산주식수} = \begin{matrix}\text{감자 전 각} \\ \text{사업연도말 주식수}\end{matrix} \times \frac{\text{(감자 직전 사업연도말 주식수+감자 주식수)}}{\text{감자 직전 사업연도말 주식수}}$$

1주당 경상이익을 계산함에 있어 평가기준일이 속하는 사업연도의 직전 사업연도말의 주식액면가액과 직전 전 사업연도말의 주식액면가액이 다른 경우에는 평가기준일이 속하는 사업연도의 직전 전 사업연도말의 발행주식총수는 다음과 같이 환산한 주식수에 의한다.

$$\text{환산주식수} = \begin{matrix}\text{평가기준일이 속하는 사업연도의 직전} \\ \text{전 사업연도말의 발행주식총수}\end{matrix} \times \frac{\begin{matrix}\text{평가기준일이 속하는 사업연도의 직전 전} \\ \text{사업연도말의 액면가액}\end{matrix}}{\begin{matrix}\text{평가기준일이 속하는 사업연도의 직전} \\ \text{사업연도말의 액면가액}\end{matrix}}$$

(2) 1주당 순자산가액

평가대상 비상장기업과 유사상장법인의 1주당 순자산가액은 평가기준일이 속하는 사업연도의 직전 사업연도말의 재무상태표를 기준으로 다음과 같이 계산한다.

$$1주당\ 순자산가액 = \frac{(자산총계 - 부채총계)}{발행주식총수}$$

유사상장법인의 주가비교평가액과 비교하는 해당 비상장주식의 1주당 순자산가치의 100분의 70을 계산할 때의 순자산가치는 상속세및증여세법상의 평가방법에 의한 순자산가치를 계산하였다. 그러나 유사상장법인의 주가비교평가액을 계산할 때에는 한국채택국제회계기준(K−IFRS)에 의한 재무상태표상의 순자산가액으로 계산함에 주의한다. 이는 평가대상 비상장기업의 상속세및증여세법상의 순자산가치를 계산하는 것은 가능하지만, 유사상장법인의 순자산가치를 상속세및증여세법에 따라 계산하는 것은 현실적으로 불가능하기 때문이다.

4.5 유사상장법인 비교요소일람표의 이용

납세자 입장에서 유사상장법인을 선정하고 유사상장법인 주가비교평가액을 계산하기 위해 필요한 자료를 일일이 찾아서 계산한다는 것은 시간과 비용이 많이 소요되며, 필요한 지식이 부족해 법제도를 충분히 활용하지 못할 수 있다. 이에 따라 납세자의 편의를 돕기 위하여 국세청은 유사상장법인 비교요소일람표를 발표[14]하고 납세자가 이를 이용할 수 있도록 제도화하고 있다(規程 §23).

① 유사상장법인 비교요소일람표의 작성 · 발표

국세청장(자본거래관리과장)은 납세지 관할세무서장이 유가증권시장 상장법인 및 코스닥시장 상장법인으로부터 「법인세법」 제60조 제1항 및 제2항에 따라 제출받은 재무상태표 및 포괄손익계산서 등 부속서류(이하 "재무제표")를 기준으로 유사상장법인 비교요소일람표를 매년 1회 이상 작성하여 발표하여야 한다.

유사상장법인 비교요소일람표는 국세청장이 평가기준일이 속하는 사업연도의 직전 사업연도의 재무제표를 기준으로 작성하여 발표한 자료를 말한다. 다만, 해당 유사상장법인 비교요소일람표가 발표되지 아니한 경우에는 평가기준일이 속하는 사업연도의 직전전 사업연도의 재무제표를 기준으로 작성하여 발표된 유사상장법인 비교요소일람표에 의한다.

② 유사상장법인 비교요소일람표의 이용

납세자는 비상장주식의 평가신청자격 해당 여부 판정, 유사상장법인의 선정 및 비상장기업의 유사상장법인 주가비교평가액의 계산 등을 위하여 유사상장법인 비교요소일람표를 이용할

14) 유사상장법인 비교요소일람표의 구체적인 활용방법을 국세청 홈페이지에서 관련 자료를 다운받을 수 있다.

수 있다. 다만, 납세자는 유사상장법인 비교요소일람표에 사실과 다른 부분이 있는 것으로 확인되는 경우에는 정당한 내용에 의한다.

한편, 유사상장법인 비교요소일람표의 비교요소 중에서 평가기준일이 속하는 사업연도 중에 실시한 무상증자 또는 무상감자 등의 사실과 같이 직전 사업연도말의 재무제표에 의하여 파악할 수 없는 비교요소에 대하여는 납세자가 유사상장법인, 한국거래소에서 자료를 수집하여야 한다.

5. 신용평가전문기관에 대한 평가의뢰

국세청평가심의위원회는 공정하고 객관적인 심의를 위하여 납세자별 주식평가액의 차이(보충적평가액－대체적 방법에 의한 평가액)가 10억원 이상에 해당하는 경우 신용평가전문기관(相贈令 §56 ②에 의한 신용평가전문기관)에 평가를 의뢰할 수 있다. 이 경우 비상장주식의 평가를 신청한 납세자는 신용평가전문기관의 평가에 따른 평가수수료를 부담하여야 한다(規程 §8).

6. 평가심의위원회의 평가가액 검토 및 결과통지

국세청평가심의위원회는 납세자가 신청한 가액과 규정 제8조 신용평가전문기관에 의뢰한 경우 그 평가가액을 참고하여 평가대상 비상장주식의 적정한 평가가액이나 평가방법을 결정하고 결정한 평가가액 또는 평가방법을 해당 상속세 과세표준 신고기한 만료 1개월 전(증여의 경우에는 증여세 과세표준 신고기한 만료 20일 전)까지 별지 제5호 서식에 납세자에게 서면으로 통지하여야 한다(規程 §24). 다만, 법정결정기한 내 매매가액 등 시가가 있는 경우의 시가인정에 대한 신청을 받은 날로부터 3개월 이내에 그 결과를 납세자에게 서면으로 통지하여야 하며, 평가서의 기재내용이 허위인 것으로 확인되는 경우 그 결과통지는 효력이 상실된다.

납세자는 국세청평가심의위원회가 통지한 평가가액 또는 평가방법으로 계산한 평가가액을 해당 비상장기업의 1주당 가액으로 할 수 있다(規程 §25).

7. 평가심의위원회의 구성

7.1 평가심의위원회의 설치 및 역할

상속세및증여세법시행령 제49조의 2에 의해 재산의 가액에 대한 시가인정 심의 신청절차, 비상장주식의 가액평가 및 평가방법, 시가불인정 감정기관 지정 등을 위하여 평가심의위원회를 두도록 하고 있다. 이에 국세청장은 국세청 및 지방국세청별로 재산평가심의위원회를 설치한다(規程 §3). 평가심의위원회는 국세청 평가심의위원회와 지방청 평가심의위원회로 구분되어 그 업무와 역할이 이원화되어 있다(規程 §4). 국세청 평가심의위원회는 평가심의위원회의 운영방법, 재산의 가액에 대한 시가인정 심의 기준을 설정할 수 있고, 비상장주식의 평가를 신청하는 경우 가액의 적정성 여부를 심의하여 의견을 제시할 수 있다. 지방청 평가심의위원회는 납세자, 지방국세청장 또는 관할세무서장이 시가인정에 대한 심의를 신청한 경우 가액의 적정성 여부를 심의하여 의견을 제시할 수 있다. 이때 시가인정이란 평가기간(상속개시일 전 6개월 이내의 기간 및 증여일 전 6개월 이내의 기간)을 제외한, 평가기준일 전 2년 이내의 기간 중에 매매 등의 가액에 대한 시가심의를 신청한 경우 그 가액의 적정성 여부를 심의하여 의견을 제시할 수 있다. 다만, 지방청 평가심의위원회에서 평가가액 또는 평가방법을 제시하는 것이 불합리하다고 인정되는 경우에는 신청을 반려할 수 있다. 또한, 지방청평가심의위원회는 시가불인정 감정기관(相贈法 §60 ⑤ 및 相贈令 §49 ⑦) 지정 여부를 심의한다(規程 §5).

7.2 평가심의위원회의 구성

평가심의위원회는 국세청 평가심의위원회와 지방청 평가심의위원회로 이원화되어 있으며, 그 구성에서도 차이가 있다.

① 국세청 평가심의위원회

국세청평가심의위원회는 3명의 내부위원과 9명 이내의 외부위원으로 구성한다. 국세청평가심의위원회의 위원장은 국세청 상속증여세과장으로 하고 내부위원은 국세청 상속증여세과장, 서울청 개인납세2과장, 중부청 개인납세2과장으로 한다. 외부위원은 변호사 · 공인회계사 · 세무사 · 감정평가사 및 그밖에 기업의 인수 · 합병과 관련하여 학식과 경험이 풍부한 사람 중에서 국세청장이 위촉한다. 외부위원의 임기는 2년으로 하되, 1회에 한하여 연임할 수 있다(規程 §4 ①).

② 지방청 평가심의위원회

지방청평가심의위원회는 3명의 내부위원과 4명 이내의 외부위원으로 구성한다. 지방청 평가심의위원회의 위원장은 내부위원 중 성실납세지원국장 또는 개인납세2과장으로 한다. 지방청평가심의위원회의 내부위원은 각 지방국세청별로 본 규정에서 세부적으로 정하고 있다. 외부위원은 국세청평가심의위원회의 외부위원 기준을 준용하여 지방국세청장이 위촉하되 국세청평가심의위원회의 외부위원 1명을 포함하여야 한다(規程 §4 ②).

③ 심의위원의 임기 및 해촉

외부위원의 임기는 2년으로 하되 1회에 한하여 연임할 수 있다. 단 외부위원이 해임 또는 해촉된 경우 후임위원의 임기는 전임자의 나머지 기간으로 한다(規程 §4 ③). 한편, 국세청장 및 지방국세청장은 국세청 및 지방청 평가심의위원회 소속 위원이 다음에 해당하는 사유가 발생하는 경우에는 해임 또는 해촉할 수 있다.

1. 형벌의 집행 또는 심신상의 사유로 위원의 직무를 수행할 수 없게 된 경우
2. 평가심의위원회의 심의내용에 관하여 비밀을 누설한 경우
3. 직무와 관련된 비위사실이 있는 경우
4. 위원 스스로 직무를 수행하는 것이 곤란하다고 의사를 밝히는 경우
5. 직무태만, 품위손상이나 그 밖의 사유로 인하여 위원으로 적합하지 아니하다고 인정되는 경우

위원회는 위원이 해당 심의안건에 관여하고 있거나 관여하였던 경우에는 그 안건의 심의에서 제척하여야 하며, 특정한 위원에 의하여 부당하게 심의 · 의결되지 아니하도록 공정하게 운영되어야 한다. 위원장은 평가심의위원회를 대표하고 업무를 총괄한다. 만일 위원장이 사고가 있는 때에는 국세청장 및 지방국세청장이 지정하는 소속공무원이 그 직무를 대행한다.

7.3 평가심의위원회의 진행

국세청평가심의위원회는 재산의 가액에 대한 평가 및 비상장기업의 주식에 대한 평가업무를 효율적으로 수행하기 위하여 필요한 경우 다음의 사항을 심의하여 이를 평가심의위원회 운영규정에 포함하도록 국세청장에게 요청할 수 있으며, 국세청장은 국세청평가심의위원회의 요청이 타당하다고 인정되는 경우에는 해당 사항을 평가심의위원회 운영규정에 포함시켜야 한다(規程 §6).

① 재산의 가액에 대한 시가인정 심의요건 및 절차

② 비상장주식에 대한 평가신청의 요건 및 절차

③ 평가신청 반려의 기준

④ 비상장주식의 가액산정 및 평가방법

⑤ 그밖에 업무를 수행하기 위해 필요한 사항

평가심의위원회 위원장은 평가심의위원회 심의안건 및 내용을 회의소집일 3일전(비상장주식 평가심의의 경우에는 21일 전)까지 각 위원에게 통보하여야 한다. 평가심의위원회는 공정하고 객관적인 심의를 위하여 필요할 때 재산평가 전문가 및 납세자, 조사담당 공무원 등 관계인을 회의에 참석하게 하여 의견을 청취할 수 있으며 관계기관 및 단체 등에게 자료 또는 의견서 제출 등 필요한 협조를 요청할 수 있다. 평가심의위원회 회의는 위원장을 포함한 재적위원 과반수의 출석으로 개의하고, 출석위원 과반수의 찬성으로 결정한다(規程 §9).

8. 재산의 평가에 대한 시가인정심의

8.1 재산의 가액에 대한 시가인정심의

지방청 평가심의위원회는 다음의 어느 하나에 해당되는 경우에는 납세자, 납세지 관할세무서장 및 지방국세청장(이하 "세무서장등")의 재산의 가액에 대한 시가인정 심의에 응할 수 있다(規程 §26).

(1) 매매사례가액등의 시가인정 여부

평가기준일 전 2년 이내의 기간(평가기간은 제외함) 중에 매매, 감정, 수용, 경매(「민사집행법」에 따른 경매를 말함) 또는 공매(이하 "매매 등")가 있는 경우로서 평가기준일과 매매 등이 있는 날까지의 기간 중에 가격변동의 특별한 사정이 없다고 인정되는 때에 해당 매매 등의 가액을 시가에 포함하고자 할 경우 시가인정 여부를 심의한다(規程 §26 ① 1호).

매매 등의 가액이 시가로 인정되는 것은 평가기준일 전후 6개월(증여재산은 평가기준일 전 6개월부터 평가기준일 후 3개월) 이내의 기간(이하 "평가기간") 중 매매 · 감정 · 수용 · 경매 또는 공매가 있는 경우이다. 단, 상속세및증여세법 시행령 제49조 제1항 단서의 규정에 의해 평가기준일 전 2년 이내의 기간(평가기간은 제외) 중에 매매 등이 있는 경우에도 주식발행회사의 경영상태, 시간의 경과 및 주위환경의 변화 등을 감안하여 가격변동의 특별한 사정이 없다고 인정되는 때에는 평가심의위원회의 심의를 거쳐 해당 매매 등의 가액을 시가에 포함시킬 수 있도록 하였다. 이에 지방청평가심의위원회는 평가기준일 전 2년 이내의 기간(평가기간은 제외) 중에 매매 등이 있는 경우로서 평가기준일과 매매계약일 등(相贈令 §49 ② 각호의 1에 해당하는 날)까지의 기간 중에 가격변동의 특별한 사정이 없다고 인정되는 때에 해당 매매 등의 가액을 시가에 포함하고자 하는 경우 그 시가인정 여부 등에 관해 심의할 수 있다. 또한, 평가기간이 경과한 후부터 상속증여세 결정기한(상속세는 신고기한부터 9개월, 증여세는 신고기한부터 6개월)까지의 기간 중에 매매등이 있는 경우에도 이를 시가에 포함시킬 수 있다.

한편, 상기의 심의와 관련하여 납세자와 세무서장등은 다음의 사항을 입증하여야 하고, 지방청평가심의위원회는 증명내용의 신빙성 및 객관적 교환가치 등을 감안하여 시가인정 여부에 대한 심의에 응하여야 한다.

① 재산의 형태 및 이용상태 등에 대한 동일성이 유지되고 있다는 점
② 부동산의 경우 주위환경의 변화가 없다는 점
③ 주식의 경우 주식발행회사의 재무상태, 경영상태 및 주요 업종의 변동 등이 없다는 점
④ 그 밖에 거래당시와 평가기준일 사이에 가격변동의 특별한 사정이 없다는 점

(2) 다른 감정가액의 시가인정 여부

앞서 재산의 평가에서 살펴보았듯이 평가대상 재산(주식등은 제외)은 둘 이상의 감정기관이 평가한 감정가액이 있는 경우에는 그 감정가액의 평균액으로 할 수 있도록 하고 있는데(相贈令 §49 ① 2호), 해당 감정가액이 보충적 평가방법에 의한 평가액과 시가로 인정되는 유사재산가액(相贈令 §49 ④에 의한 시가)의 100분의 90에 해당하는 가액 중 적은 금액(이하 "기준금액")에 미달하는 경우에는 세무서장은 다른 감정기관에 감정을 의뢰할 수 있도록 하고 있다. 이때 해당 감정가액이 기준금액의 100분의 90 이상인 경우에도 평가심의위원회의 심의를 거쳐 동 가액이 부적정하다고 판단되는 경우에는 다른 감정기관에 감정을 의뢰할 수 있도록 하고 있다(規程 §26 ① 2호).

(3) 타세목 과세목적의 재산평가액 시가인정

상속 · 증여세 외의 타세목 과세목적으로 재산평가를 하는 경우로서 해당 법령에서 상속세및증여세법시행령 제49조 및 제54조 규정을 준용하고자 하는 경우에는 시가인정여부를 심의할 수 있다(規程 §26 ① 3호).

(4) 매매사실이 있는 비상장주식이 소액거래인 경우

평가기간 내에 비상장주식에 대한 매매사실이 있는 경우에는 그 거래가액을 시가로 인정할 수 있는데 매매가액이 시가로 인정되기 위해서는 거래된 비상장주식이 총발행주식의 100분의 1에 해당하면서 거래된 비상장주식의 액면가액의 합계액이 3억원 이상인 경우에만 인정된다.

이때, 평가심의위원회의 심의를 거쳐 그 거래가액이 상기 기준 이하의 금액이더라도 거래의 관행상 정당한 사유가 있다고 인정되는 경우에는 예외적으로 평가심의위원회의 심의를 걸쳐 시가로 인정될 수 있다(規程 §26 ① 4호).

Section 8 주식가치평가의 적용

상속세및증여세법상의 주식가치평가규정은 상속 및 증여시의 재산가치평가가 일차적인 목적이다. 그러나 상속세및증여세법상의 주식가치평가방법에 의해 계산된 주식가치는 상속재산 또는 증여재산의 가치평가에만 한정되지 않고 상속세및증여세법에서 규정한 증여유형, 「법인세법」상의 부당행위계산의 부인에 대한 판단기준으로 사용되기도 한다. 여기서는 상속세및증여세법에 의해 계산된 주식가치평가결과(보충적 평가방법을 포함)가 각 세법에서 적용되는 예를 살펴본다.

참고

열거주의에서 포괄주의로 변경

상속세및증여세법상의 과세원칙이 열거주의에서 포괄주의로 변경되었다. 따라서 법개정 전에 사용되던 증여의제는 증여유형의 예시규정으로 변경되었다. 예를 들어 '저가 · 고가양도시의 증여의제'는 '저가 · 고가양도에 따른 이익의 증여'로 제목이 변경되었으며, '증자에 따른 증여의제'는 '증자에 따른 이익의 증여'로 바뀌었다. 포괄주의로의 변경은 상속세및증여세법상의 증여유형은 예시에 불과하며 실질적인 상속 또는 증여의 성격에 해당한다면 상속세 또는 증여세의 납세의무가 발생함을 의미한다.

1. 자산의 고가 또는 저가양도에 따른 이익의 증여

타인으로부터 시가보다 낮은 가액으로 재산을 양수한 경우에는 양수자가, 타인으로부터 시가보다 높은 가액으로 재산을 양도하는 경우에는 양도자가 각각 그 양도자와 양수자로부터 재산을 증여받은 것으로 보아 증여세를 과세한다. 이때 특수관계인 외의 자 간에는 '정당한 사유없이' '현저히 낮은 가격 또는 높은 가격으로 거래한 경우'에는 증여세과세대상이 된다(相贈法 §35).

자산의 고가 또는 저가양도에 따른 이익의 증여 여부를 판단함에 있어서 그 거래가액이 시가보다 높은지 또는 낮은지 여부를 판단해야 하는데, 이때의 판단기준이 되는 시가(相贈法 §60 내지 §66의 규정에 의하여 평가한 가액)가 상속재산 또는 증여재산의 평가규정, 즉 대상자산이 주식이라면 주식가치평가규정이 적용되는 것이다. 저가 · 고가양도에 따른 증여이익을 적용하는 대상은 별도의 규정을 두고 있는 전환사채 등과 주권상장주식(시간외 시장에서 매매된 것은 제외)을 제외한 모든 종류의 재산이 포함된다.

> ● **상속세및증여세법 제35조【저가 · 고가양도에 따른 이익의 증여】**
> ① 특수관계인 간에 재산(전환사채 등 대통령령으로 정하는 재산은 제외한다)을 시가보다 낮은 가액으로 양수하거나 시가보다 높은 가액으로 양도한 경우로서 그 대가와 시가의 차액이 대통령령으로 정하는 기준금액(이하 "기준금액") 이상인 경우에는 해당 재산의 양수일 또는 양도일을 증여일로 하여 그 대가와 시가의 차액에서 기준금액을 뺀 금액을 그 이익을 얻은 자의 증여재산가액으로 한다.
> ② 특수관계인이 아닌 자 간에 거래의 관행상 정당한 사유 없이 재산을 시가보다 현저히 낮은 가액으로 양수하거나 시가보다 현저히 높은 가액으로 양도한 경우로서 그 대가와 시가의 차액이 대통령령으로 정하는 기준금액 이상인 경우에는 해당 재산의 양수일 또는 양도일을 증여일로 하여 그 대가와 시가의 차액에서 대통령령으로 정하는 금액을 뺀 금액을 그 이익을 얻은 자의 증여재산가액으로 한다.
> ③ 개인과 법인 간에 재산을 양수하거나 양도하는 경우로서 그 대가가 「법인세법」 제52조 제2항에 따른 시가에 해당하여 그 법인의 거래에 대하여 같은 법 제52조 제1항이 적용되지 아니하는 경우에는 제1항 및 제2항을 적용하지 아니한다. 다만, 거짓이나 그 밖의 부정한 방법으로 상속세 또는 증여세를 감소시킨 것으로 인정되는 경우에는 그러하지 아니하다.
> ④ 제1항 및 제2항을 적용할 때 양수일 또는 양도일의 판단 및 그 밖에 필요한 사항은 대통령령으로 정한다.

1.1 기준금액

자산의 저가 또는 고가양도 여부를 판단함에 있어 상속세및증여세법에서 정한 재산의 평가액이 절대적인 가치를 뜻하는 것은 아니므로 재산의 평가액에서 일정범위를 벗어나는 금액, 즉 기준금액을 설정하고 자산의 저가 또는 고가양도는 시가와 대가와의 차액이 기준금액 이상인 경우에 한해 적용한다.

자산의 저가 또는 고가양도 여부를 판단하는 기준금액은 시가(相贈法 §60 내지 §66의 규정에 의하여 평가한 가액)의 100분의 30에 상당하는 가액과 3억원 중 적은 금액을 말한다(相贈令 §26 ②).

다만, 특수관계인이 아닌 자 간 자산을 저가 · 고가양도에 따른 이익의 계산시 기준금액은 시가의 100분의 30에 상당하는 가액으로 하며 3억원은 적용하지 아니한다(相贈令 §26 ③).

저가 · 고가양도에 따른 이익의 증여대상이 되는 경우를 정리하면 다음과 같다.

① **특수관계인 간 재산을 시가보다 낮은 가액으로 양수하거나 또는 높은 가액으로 양도하는 때**

시가보다 낮은 가액으로 양수 : (시가 − 대가) ≥ 시가 × 30% 또는 3억원인 경우

시가보다 높은 가액으로 양도 : (대가 − 시가) ≥ 시가 × 30% 또는 3억원인 경우

② 특수관계인이 아닌 자 간에 거래의 관행상 정당한 사유 없이 현저히 낮은 가격으로 양수하거나 또는 높은 가격으로 양도한 경우

현저히 높거나 낮은 가격 : 시가와 대가차이가 시가의 30% 이상인 경우

1.2 저가 · 고가양도에 따른 이익의 증여재산가액의 계산

저가 · 고가양도에 따른 이익의 증여대상이 될 때 증여재산가액(대통령령이 정하는 이익)은 다음과 같이 계산한다.

① 특수관계인 간의 저가 · 고가양도 증여재산가액

=대가와 시가와의 차액－Min{시가×30%, 3억원}

② 특수관계인 외의 자 간의 저가 · 고가양도 증여재산가액

=대가와 시가와의 차액－3억원

한편, 저가 · 고가양도에 따른 이익의 증여에 있어 양수일 또는 양도일은 각각 해당 재산의 대금을 청산한 날을 기준으로 하되, 매매계약 후 환율의 급격한 변동으로 매매계약일부터 대금청산일 전일까지 환율이 30% 이상 변동되는 경우에는 매매계약일을 기준으로 한다(相贈令 §26 ⑤).

저가 · 고가양도에 따른 이익의 증여는 특수관계인 간의 거래에 대해서만 적용해 왔다. 왜냐하면 특수관계인이 아닌 자 간의 거래는 그 거래가액 자체가 상속세및증여세법상의 시가로 볼 수도 있기 때문이다. 그러나 법 개정으로 특수관계에 있지 아니한 경우에도 정당한 사유없이 현저하게 높거나 낮은 가액으로 거래할 때에는 실질과세원칙에 따라 일방이 상대방에게 증여한 것으로 추정한다. 이때 거래의 관행상 정당한 사유가 있는지 여부는 해당 거래의 경위, 거래당사자의 관계, 거래가액의 결정과정 등을 감안할 때에 적정한 교환가치를 반영하여 거래하였다고 볼 수 있는지 여부 등 구체적인 사실을 확인하여 판단할 사항이다(서사－459, 2005. 3.29.).

특수관계인이 아닌 자 간의 거래에 대해 시가보다 현저히 높은 가액 또는 낮은 가액으로 거래하였는지 여부를 판단하는 것은 쉽지 않다. 이는 역으로 특수관계인이 아닌 자 간의 거래가 시가가 아님을 전제로 하는 것이기 때문이다. 이러한 경우 실무적으로 조세부담 여부에 대해 납세자가 판단해야 하는 상황이 될 수 있다. 궁극적으로는 특수관계 없는 자 간의 거래를 시가로 볼 것인가는 거래상황, 거래당사자와의 관계 및 거래금액의 결정과정 등에 대한 사실판단에 따라야 할 것이다.

저가 · 고가양도에 따른 증여이익을 계산하기 위해 최대주주가 보유하는 주식에 대해서는 할증한 가액으로 평가해야 한다. 최대주주가 보유하는 주식은 경영권프리미엄이 부가되어 거래될 것이므로 정상적 · 반복적으로 거래되는 시가보다 높은 금액으로 거래되기 때문이다. 즉 저가 · 고가양도 여부를 결정하기 위한 시가의 판단시에는 최대주주가 보유하는 주식에 대해서는 할증률을 가산한 금액이 시가가 된다. 다만, 이 경우 해당 주식이 중소기업의 최대주주 등의 주식에 해당하는 경우에는 중소기업 최대주주 등의 주식할증평가 적용특례에 의한 할증평가 면제 규정이 적용된다(재재산-614, 2007.5.28.).

예제 9-11 주식양수도시 저가 · 고가양도에 따른 이익의 증여

박모씨는 비상장법인(비중소기업)인 평가대상회사의 주식 200,000주(40%)를 최모씨로부터 주당 7,000원에 매입하는 계약을 체결하였다. 평가대상회사의 주식은 박모씨가 최모씨로부터 주식을 매입하기 1개월 전에 동 평가대상회사에 대해 특수관계가 없는 제3자와의 거래가 수차례 있었으며, 제3자의 거래금액은 주당 4,000원으로 모두 비슷한 시기에 발생하였다. 평가대상회사 주식의 상속세및증여세법상의 보충적 평가방법에 의한 1주당 평가액은 주당 5,000원이다. 아래의 각각의 경우 박모씨 또는 최모씨가 부담해야 할 증여재산가액은 얼마인가?

① 박모씨가 최모씨와 특수관계에 있는 경우
② 박모씨가 최모씨와 특수관계에 있지 않는 경우

■ **해설**

평가기준일 전후 3개월 내에 특수관계 없는 제3자와의 거래가 있었으므로 동 매매사례금액은 시가로 인정될 수 있다. 시가로 인정되는 매매사례가액이 있으므로 상속세및증여세법상의 보충적 평가방법에 의한 평가금액은 시가로 보지 아니한다.

[자산의 고가 또는 저가양도에 해당하는지 여부의 판단]
거래금액(대가)와 시가와의 차액=(7,000원−4,000원)×200,000주=600,000,000원
거래금액과 시가와의 차액(600,000,000)이 시가의 30%(4,000×200,000주×30%=240,000,000원)보다 크므로 자산의 고가양수도에 해당한다.

① 박모씨가 최모씨와 특수관계에 있는 경우
비상장법인 주식의 양수자(박모씨)와 양도자(최모씨)가 특수관계에 있는 경우에는 대가와 시가와의 차액에서 시가의 30%와 3억원 중 적은 금액을 차감한 금액을 증여재산가액으로 한다. 양수자는 특수관계인에게 고가로 자산을 양수하였으므로 고가로 양수한 박모씨가 증여재산가액에 해당하는 금액을 증여한 것으로 본다.

증여재산가액=대가와 시가와의 차액−Min[시가×30%, 3억원]
=600,000,000−Min{시가의 30%(240,000,000원), 300,000,000}
=360,000,000원

② 박모씨가 최모씨와 특수관계에 있지 않는 경우
양수자(박모씨)와 양도자(최모씨) 간에 특수관계가 없지만 시가와 대가와의 차액이 시가의 30% 이상 발생하므로 특수관계 없는 양도자가 양수자에게 '현저히 높은 가액'으로 양도한

것으로 보아 자산의 저가 · 고가양도에 따른 증여이익이 적용된다.

◎ 증여재산가액 = 대가와 시가와의 차액 − 3억원 = 600,000,000원 − 300,000,000원
= 300,000,000

특수관계인이 아닌 자 간에 자산을 양수도 함에 있어 그 대가가 시가에 비해 현저히 높거나 현저히 낮은 것으로 판단하는 것은 쉽지 않다. 사례의 경우와 같이 박모씨가 최모씨에게 비상장법인의 주식을 취득하기 전 수차례에 걸쳐 제3자와의 거래가 있었다고 하나 특수관계 없는 박모씨와 최모씨 간의 주식양수도금액이 시가가 아님을 단정하는 것은 어렵다. 또한, 박모씨와 최모씨 간의 주식양수도금액은 거꾸로 이전 거래의 매매사례가액이 될 수 있는데 이 거래를 매매사례가액으로 보게 되면 이전의 거래도 저가 · 고가 양도에 해당되므로 저가 · 고가 양도에 따른 이익의 증여문제가 순환적으로 발생하는 모순이 생긴다. 이러한 경우 해당 거래의 상황이나 양도대상기업의 재무상황 등 여러 요소를 종합적으로 고려하여 사실 판단할 문제이며, 이를 위해 박모씨와 최모씨 간의 거래과정에서 거래가액의 결정에 정당한 절차를 갖추는 과정이 필요하다고 판단된다.

※본 예제는 일반적인 경우를 가정한 것이므로 구체적인 상황에 따라 달리 적용될 수 있음.

2. 합병에 따른 이익의 증여

합병이란 2개 이상의 회사가 「상법」의 규정에 의한 절차에 따라 합병계약을 통해 하나의 회사로 합하는 것을 말한다. 당사자인 회사의 일부 또는 전부가 해산하고 그 재산은 청산절차를 거치지 않고 포괄적으로 존속회사 또는 신설회사에 이전하게 된다. 흡수합병의 경우 합병절차에 따라 피합병법인의 주주는 보유한 피합병법인의 주식을 반납하고 그 대가로 합병법인의 주식을 교부받거나 합병교부금, 즉 합병대가를 받게 된다. 피합병법인의 주식을 반납하면 피합병법인의 자산 · 부채 및 모든 권리 · 의무가 합병법인에 포괄적으로 승계된다. 피합병법인의 주주가 합병대가로 합병법인의 주식을 교부받는 경우에는 반납한 피합병법인과 새로 교부받는 합병법인의 주식의 교환비율, 즉 합병비율의 결정이 필요하다.

[그림 9-7] 합병비율의 결정

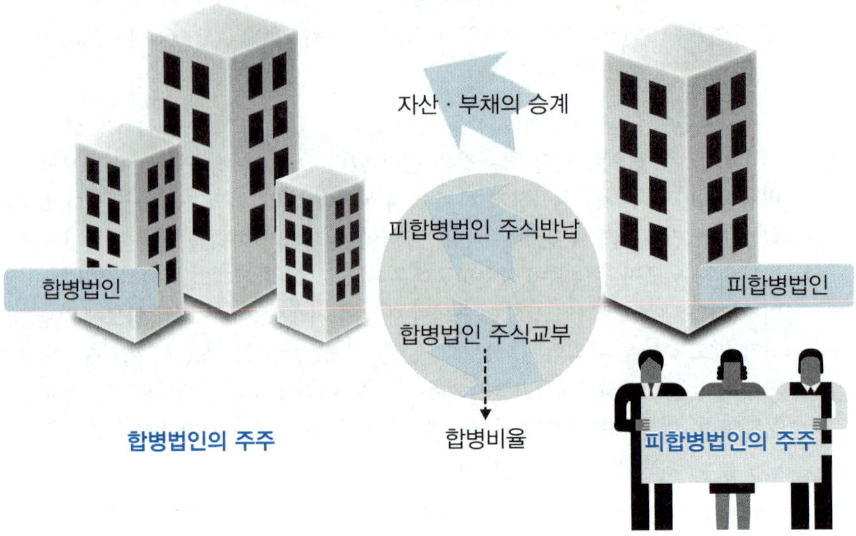

2.1 합병에 따른 이익의 증여요건

합병비율은 피합병법인의 주주가 새로이 교부받을 합병법인의 주식의 수를 결정하므로 합병비율에 따라 합병당사법인 각 주주의 재산가치가 변동될 수 있으며, 합병비율에 따라 합병당사법인 각 주주의 재산의 변동된다면 이를 증여로 보는 것이다. 즉 합병비율의 결정에 있어 합병당사회사의 실제적인 가치보다 높거나 낮은 합병비율로 합병교부주식수(또는 합병교부금)를 결정하게 되면 과대평가된 법인의 주주는 이러한 불공정한 합병으로 인해 경제적 이익을 얻게 된다. 이러한 불공정한 합병은 합병당사법인이 특수관계에 있는 경우에 주로 발생하게 된다.

상속세및증여세법에서는 특수관계에 있는 법인 간의 합병시에 부당한 합병비율에 의해 합병법인의 대주주가 이익을 얻은 경우에는 그 이익을 얻은 자가 합병에 따른 이익을 증여받은 것으로 본다. 합병에 따른 이익의 증여로 보는 요건은 다음과 같다.

- 특수관계 있는 법인 간의 합병일 것
- 합병당사법인의 대주주가 존재할 것
- 이러한 대주주가 합병으로 인하여 일정한 규모 이상의 이익을 받을 것

● 상속세및증여세법 제38조【합병에 따른 이익의 증여】

① 대통령령으로 정하는 특수관계에 있는 법인의 합병(분할합병을 포함한다. 이하 이 조에서 같다)으로 소멸하거나 흡수되는 법인 또는 신설되거나 존속하는 법인의 대통령령으로 정하는 대주주등(이하 이 조 및 제39조의 2에서 "대주주등"이라 한다)이 합병으로 인하여 이익을 얻는 경우에는

그 합병등기일을 증여일로 하여 그 이익에 상당하는 금액을 그 대주주등의 증여재산가액으로 한다. 다만, 그 이익에 상당하는 금액이 대통령령으로 정하는 기준금액 미만인 경우는 제외한다.
② 제1항의 경우에 합병으로 인한 이익을 증여한 자가 대주주등이 아닌 주주등으로서 2명 이상인 경우에는 주주등 1명으로부터 이익을 얻은 것으로 본다.
③ 제1항을 적용할 때 합병으로 인한 이익의 계산방법 및 그 밖에 필요한 사항은 대통령령으로 정한다.

2.2 특수관계에 있는 법인

합병에 따른 이익의 증여적용대상이 되는 특수관계에 있는 법인 간의 합병은 합병 등기일이 속하는 사업연도의 직전 사업연도개시일(그 개시일이 서로 다른 법인이 합병한 경우에는 먼저 개시한 날을 말함)부터 합병등기일까지의 기간 중 「법인세법」상의 특수관계에 있는 법인(法令 §87 ①), 기업집단소속의 다른 법인(相贈令 §2의 2 ① 3호 나목) 또는 합병당사법인의 경영에 영향력을 행사하고 있다고 인정되는 관계(相贈令 §28 ① 3호)에 해당되는 경우를 말한다. 합병등기일이 속하는 사업연도의 직전 사업연도개시일부터 합병등기일까지의 기간 중 1회라도 특수관계에 해당되면 특수관계에 있는 것으로 본다(相贈通 38－28…1).

(1) 법인세법상의 특수관계에 있는 법인

「법인세법」상 특수관계인은 법인과 다음의 1의 관계에 있는 자를 말한다.

① 임원의 임면권의 행사, 사업방침의 결정 등 당해 법인의 경영에 대하여 사실상 영향력을 행사하고 있다고 인정되는 자(「상법」 제401조의 2 제1항의 규정에 의하여 이사로 보는 자를 포함)와 그 친족

② 주주 등(소액주주 등을 제외)과 그 친족

③ 법인의 임원, 사용인 또는 주주 등의 사용인(주주 등이 영리법인인 경우에는 그 임원을, 비영리법인인 경우에는 그 이사 및 설립자를 말함)이나 사용인 외의 자로서 법인 또는 주주 등의 금전 기타 자산에 의하여 생계를 유지하는 자와 이들과 생계를 함께하는 친족

④ 해당 법인이 직접 또는 그와 '①~③'에 해당하는 자를 통하여 어느 법인의 경영에 대하여 지배적인 영향력을 행사하고 있는 경우 그 법인

⑤ 해당 법인이 직접 또는 그와 '①~④'에 해당하는 자를 통하여 어느 법인의 경영에 대하여 지배적인 영향력을 행사하고 있는 경우 그 법인

⑥ 당해 법인에 100분의 30 이상을 출자하고 있는 법인에 100분의 30 이상을 출자하고 있는 법인이나 개인

⑦ 당해 법인이 「독점규제 및 공정거래에 관한 법률」에 의한 기업집단에 속하는 법인인 경우 그 기업집단에 소속된 다른 계열회사 및 계열회사의 임원

(2) 기업집단소속의 다른 법인

기획재정부령이 정하는 기업집단(「독점규제 및 공정거래에 관한 법률 시행령」 제3조 각호의 1에 해당하는 기업집단에 속하는 계열회사)의 소속기업과 해당 기업의 임원에 대한 임면권의 행사 및 사업방침의 결정 등을 통하여 그 경영에 관하여 사실상의 영향력을 행사하고 있는 자 및 그와 친족관계에 있는 자와 다음의 관계에 있는 자

- 기업집단소속의 다른 기업

(3) 합병당사법인의 경영에 영향력을 행사하고 있다고 인정되는 관계

동일인이 임원의 임면권의 행사 또는 사업방침의 결정 등을 통하여 합병당사법인(합병으로 인하여 소멸·흡수되는 법인 또는 신설·존속하는 법인을 말함)의 경영에 대하여 영향력을 행사하고 있다고 인정되는 관계에 있는 법인을 말한다.

한편, 「자본시장과 금융투자업에 관한 법률」에 의한 상장법인이 다른 법인과 「자본시장과 금융투자업에 관한 법률」에서 정한 따라 행하는 합병은 특수관계에 있는 법인 간의 합병으로 보지 아니한다(相贈令 §28). 즉, 상장법인이 「자본시장과 금융투자업에 관한 법률」의 규정과 절차에 따라 합병비율을 적용하는 경우에는 합병에 따른 이익의 증여로 보지 않는다. 상장법인이 포함된 합병은 「자본시장과 금융투자업에 관한 법률」에서 정한 바대로 합병이 이뤄질 것이므로 본서에서 설명하고 있는 내용 중 상장법인과 관련된 내용은 실제적으로 적용될 여지는 없다고 보인다.

2.3 대주주등

대통령령이 정하는 대주주라 함은 당해 주주 등의 지분과 특수관계인의 지분을 합하여 해당 법인의 발행주식총수 등의 100분의 1 이상을 소유하고 있거나 소유하고 있는 주식 등의 액면가액이 3억원 이상인 주주를 말한다.

2.4 합병에 따른 일정한 규모 이상의 이익

합병에 따른 이익의 증여에 해당될 경우 증여재산가액은 다음과 같이 계산한다. 단, 아래의 산식에서 합병 후 존속법인의 1주당 평가액과 과대평가법인의 1주당 평가액을 합병 전·후

주식수로 환산한 평가액의 차이가 30% 이상 차이가 나거나 증여재산가액이 3억원 이상인 경우에만 적용한다(相贈令 §28 ④). 증여재산가액이 3억원 이상인지의 여부는 주가가 과대평가된 합병당사법인의 대주주 1인을 기준으로 하여 판단한다. 또한, 합병에 따른 이익을 계산할 때 동일한 대주주가 합병당사법인의 주식 등을 동시에 소유하고 있는 상태에서 합병한 경우 그 대주주가 증여자와 수증자 모두에 해당함으로써 그 대주주 본인으로부터의 증여에 해당하는 금액은 증여재산가액에서 제외한다(相贈通 38-28…3).

증여재산가액=(A−B)×주가가 과대평가된 합병당사법인의 대주주등이 합병으로 인하여 교부받은 신설 또는 존속하는 법인의 주식수

단, {A−B}≥A×30%이거나 증여재산가액≥3억원인 경우에 한함.

A=합병 후 신설·존속하는 법인의 1주당 평가액

B=합병 전 1주당 평가액

$$= \frac{\text{주가가 과대평가된}}{\text{합병당사법인의 1주당 평가액}} \times \frac{\text{주가가 과대평가된 합병당사법인의 합병 전 주식수}}{\text{주가가 과대평가된 합병당사법인의 주주등이 합병으로 교부받은 신설 또는 존속법인의 주식수}}$$

만일 합병대가를 주식등 외의 재산으로 지급받은 경우로서 합병당사법인의 1주당 평가액이 액면가액에 미달하고 그 평가가액을 초과하여 지급받은 경우에는 증여재산가액을 다음과 같이 계산한다.

증여재산가액=(A−B)×합병당사법인의 대주주의 주식수

단, 증여재산가액≥3억원인 경우에 한함.

A=액면가액(합병대가가 액면가액에 미달하는 경우에는 해당 합병대가)

B=합병당사법인의 1주당 평가가액

위의 경우에는 증여재산가액이 3억원 이상인 경우에만 해당되는 점에 주의한다.

합병에 따른 증여재산가액 계산을 위한 각 항목별 내용을 살펴보자.

(1) 합병 후 신설·존속하는 법인의 1주당 평가액

합병에 따른 이익을 계산함에 있어 합병 후 신설·존속하는 법인의 1주당 평가가액의 계산은 주권상장법인과 비상장법인으로 나누어 다음과 같이 평가한다.

① 주권상장법인

주권상장법인(유가증권시장 상장법인 및 코스닥시장 상장법인)의 합병 후 신설·존속법인의 1주당 평가액은 다음과 같이 계산한다.

> **주권상장법인 등의 합병 후 신설·존속법인의 1주당 평가액=Min{①, ②}**
> ① 합병 후 신설·존속법인의 시가평가액
> ② 합병 전·후 주식가액의 평균액

가. 합병 후 신설·존속법인의 시가평가액

합병 후 신설·존속법인의 시가평가액은 법 제63조 제1항 제1호 가목(상장법인의 시가평가)에 따라 평가한 가액이다. 이는 합병등기일로부터 2월이 되는 날까지의 기간 중 합병 후 신설·존속법인의 한국거래소의 최종시세가액으로 평가한 가액을 말한다(相贈通 38-28…4 2호).

나. 합병 전·후 주식가액의 평균액

합병 전·후 주식가액의 평균액은 주가가 과대평가된 합병당사법인의 합병 직전 주식등의 가액과 주가가 과소평가된 합병당사법인의 합병 직전 주식등의 가액을 합한 가액을 합병 후 신설 또는 존속하는 법인의 주식등의 수로 나눈 가액을 말한다. 이를 산식으로 표현하면 다음과 같다.

$$\text{합병 전·후 주식가액의 평균액} = \frac{\left\{\text{합병법인의 1주당 평가액} \times \text{합병법인의 합병직전 발행주식수}\right\} + \left\{\text{피합병법인의 1주당 평가액} \times \text{피합병법인의 합병직전 발행주식수}\right\}}{\text{합병 후 신설·존속법인의 주식수}}$$

합병법인 및 피합병법인의 합병 직전 주식가액의 평가방법은 상속세및증여세법상의 평가원칙(相贈法 §60)과 유가증권 등의 평가방법(相贈法 §63)의 규정에 의하여 평가한 가액에 의한다. 단, 주권상장법인의 경우에는 합병당사법인의 합병 직전 주식가액의 계산에 있어 '비상장주식의 평가방법(相贈法 §60 및 相贈法 §63 ① 1호 나목에 의한 평가방법)'에 의한 증여재산금액이 '상장주식의 평가방법(相贈法 §60 및 相贈法 §63 ① 1호 가목에 의한 평가방법)'에 의한 증여재산금액보다 작은 경우에는 '비상장주식의 평가방법'에 의해 합병당사법인의 합병 직전 주식가액을 계산할 수 있다(相贈令 §28 ⑥). 즉 주권상장법인의 경우에는 합병당사법인의 합병 직전 주식가액을 계산함에 있어 증여재산가액이 적게 나온다면 비상장법인의 주식가치평가방법을 이용할 수 있다.

합병 직전 주식가액의 평가방법을 결정함에 있어 평가기준일은 「상법」에 따른 재무상태표공시일(商法 §522의 2) 또는 「자본시장과 금융투자업에 관한 법률」 제119조 및 같은 법 시행령 제129조에 따라 합병의 증권신고서를 제출한 날 중 빠른 날이 된다.

한편, 상장법인이 포함된 경우 「자본시장과 금융투자업에 관한 법률」에서 규정한 요건과 절차를 만족하여 합병하여야 하는데, 「자본시장과 금융투자업에 관한 법률」에 따른 주권상장법인이 다른 법인과 같은 법 제165조의 4 및 같은 법 시행령 제176조의 5에 따라하는 합병은 특수관계인 간의 합병으로 보지 아니하므로(相贈令 §28 ① 단서) 상장기업에 대한 합병 전후의 평가금액은 현실적으로 적용될 여지는 많지 않아 보인다.

② 비상장법인

비상장법인의 합병 후 존속법인의 1주당 평가액은 주권상장법인 등과 달리 '합병등기 후 시가평가액'은 고려하지 않고 '합병 전 · 후 주식가액의 평균액'만으로 평가한다. 즉

$$\text{합병 전·후 주식가액의 평균액} = \frac{\left\{\begin{matrix}\text{합병법인의}\\\text{1주당 평가액}\end{matrix} \times \begin{matrix}\text{합병법인의 합병직전}\\\text{발행주식수}\end{matrix}\right\} + \left\{\begin{matrix}\text{피합병법인의}\\\text{1주당 평가액}\end{matrix} \times \begin{matrix}\text{피합병법인의}\\\text{합병직전 발행주식수}\end{matrix}\right\}}{\text{합병 후 신설·존속법인의 주식수}}$$

다만, 합병 직전 주식가액의 평가시 평가기준일은 「상법」에 따른 재무상태표공시일(商法 §522의 2)이 된다. 합병법인 및 피합병법인의 합병 직전 주식가액의 평가방법은 상속세및증여세법상의 평가원칙(相贈法 §60)과 유가증권 등의 평가방법(相贈法 §63)의 규정을 따르는 것은 동일하다.

(2) 할증평가의 적용배제

합병에 따른 이익의 증여를 계산함에 있어 최대주주에 대한 할증평가규정은 적용하지 않는다(相贈令 §53 ⑤ 2호).

증여재산가액의 산식에서 알 수 있듯이 합병당사법인의 1주당 가치의 평가에 의해 증여이익이 결정된다. 따라서 합병의 당사법인이 특수관계인에 해당된다면 합병당사법인의 1주당 가치는 상속세및증여세법상의 주식가치평가방법에 의해 합병비율이 결정될 경우 증여추정의 문제가 발생하지 않는다.

3. 증자에 따른 이익의 증여

자본의 증가(증자)시 주주는 원칙적으로 그가 가진 소유주식수에 비례하여 신주를 교부받을 수 있다. 그러나 모든 주주에게 소유주식수에 비례하여 주식을 배정하는 경우에도 일부 주주는 배정받은 주식을 인수하지 않는 실권주(失權株)가 발생할 수 있다. 실권주가 발생하게 되면 주주 간 지분율이 변동되며 지분율의 변동으로 인해 주주 간에 주식가치가 무상으로 이전되는

증여효과가 발생할 수 있다. 이때 유상증자 발행가액이 기업의 실제 주식가치에 의해 결정되는 경우에는 실권주로 인한 가치의 무상이전이 발생하지 않는다. 그러나 현실적으로는 신주인수가액은 저가발행(低價發行)되거나 고가발행(高價發行)되는 경우가 많으므로 실권주의 발생은 지분의 변동으로 인한 가치의 무상이전효과를 야기한다고 볼 수 있다.

상속세및증여세법에서는 신주의 저가발행 또는 고가발행시에 실권주의 배정 여부를 고려하여 증자에 따른 이익의 계산방법을 규정하고 있다. 신주의 저가발행 또는 고가발행에 따라 증여이익의 계산은 다음의 세 가지로 구분한다.

- 신주를 시가보다 낮은 가액으로 발행하는 경우(저가발행)(相贈法 §39 ① 1호)
- 신주를 시가보다 높은 가액으로 발행하는 경우(고가발행)(相贈法 §39 ① 2호)
- 전환주식을 시가보다 낮은 가액 또는 높은 가액으로 발행하는 경우(相贈法 §39 ① 3호)

한편, 증자에 따른 이익의 증여를 계산함에 그 이익을 받은 시기(증여일)는 다음과 같다(相贈令 §29 ①).

① 상장법인이 주주에게 신주를 배정하는 경우 : 권리락이 있는 날
② 전환주식을 발행한 경우 : 전환주식을 다른 종류의 주식으로 전환한 날
③ 이 외의 경우 : 주식대금 납입일(주식대금 납입일 이전에 실권주를 배정 받은 자가 신주인수권증서를 교부받은 경우에는 그 교부일)

증자에 따른 이익의 증여는 불공정한 증자방식에 의한 부(副)의 이전에 대해 과세하는 것이 입법취지이다. 따라서 유상증자의 전반적인 과정이 「자본시장과 금융투자업에 관한 법률」에 의한 경우라면 증여이익의 과세대상에서 제외하는 것이 타당할 것이다. 따라서 상장법인이 「자본시장과 금융투자업에 관한 법률」 제9조 제7항에 따른 유가증권의 모집방법으로 신주를 배정하거나 전환주식을 발행하는 경우에는 증자에 따른 이익의 증여를 적용하지 않는다. 다만, 「자본시장과 금융투자업에 관한 법률 시행령」 제11조 제3항에 따른 공모의 방법이 아닌 방법으로 모집하는 경우에는 배제한다.

증자에 따른 이익의 증여에 해당하는 지 여부는 신주의 발행가액이 시가보다 높은지 혹은 낮은 지에 따라 판단되는데 이때의 시가는 해당 유가증권을 재산의 일반적인 평가원칙(相贈法 §60)과 유가증권에 대한 보충적 방법에 의한 평가(相贈法 §63)에 의해 평가된 가액으로 한다. 이는 후술할 감자에 따른 이익의 증여(相贈法 §39의 2), 현물출자에 따른 이익의 증여(相贈法 §39의 2) 및 전환사채 등의 주식전환에 따른 이익의 증여(相贈法 §40)에서도 동일하게 적용된다(相贈法 §39 ① 1호).

3.1 신주의 저가발행

신주를 시가보다 낮게 발행(저가발행)하는 경우에는 다음의 각 항목에 해당하는 이익에 대해 증여세가 과세된다. 이때에는 신주를 저가발행하였을 때 발생한 '실권주를 재배정하는 경우'와 '재배정하지 않는 경우' 그리고 '제3자에게 직접 배정하거나 기존주주에게 초과 배정하는 경우' 등 세 가지로 나누어 증여재산가액을 계산한다. 한편, 신주를 시가보다 낮게 발행하였는지 여부를 판단할 때 시가(相贈法 §60 또는 相贈法 §63에 의한 평가액)는 최대주주 등의 할증평가규정을 적용하지 않은 가액이다(재재산 46014-3, 2001.1.5.).

(1) 실권주를 재배정하는 경우

신주를 시가보다 낮은 가액으로 발행(저가발행)한 경우로서 해당 법인의 주주가 신주를 배정받을 수 있는 권리의 전부 또는 일부를 포기한 경우로서 그 포기한 신주(실권주)를 배정하는 경우에는 그 실권주를 배정받은 자가 실권주를 배정받음으로써 얻은 이익에 상당하는 금액을 증여재산가액으로 한다(相贈法 §39 ① 1호 가목). 이때에는 특수관계의 여부를 불문한다.

증여재산가액 = (A − B) × C

$$A = \text{증자 후의 1주당 평가액}^{*} = \frac{\left(\begin{array}{c}\text{증자 전의 1주당 평가액} \times \\ \text{증자 전의 발행주식총수}\end{array}\right) + \left(\begin{array}{c}\text{신주 1주당 인수가액} \times \\ \text{증자에 의하여 증가한 주식수}\end{array}\right)}{(\text{증자 전의 발행주식총수} + \text{증자에 의하여 증가한 주식수})}$$

* 상장법인의 경우 증자 후의 1주당 평가액이 상기의 산식에 따라 계산한 증자 후의 1주당 평가액보다 적은 경우에는 해당 가액을 적용

B = 신주 1주당 인수가액

C = 배정받은 실권주수

상기의 증여재산가액 산식에서 'A 산식'에 의해 계산된 금액은 '증자 후 주식가액'으로 본다. 증자 전 · 후의 1주당 평가액이 모두 '영(0)' 이하인 경우에는 이익이 없는 것으로 본다. 한편, '증자 후의 1주당 평가액(A)'을 계산함에 있어 주권상장법인의 경우에는 (유가증권시장에서 거래되는 가액으로 평가된) 증자 후의 1주당 평가액이 상기의 산식에 의해 계산한 증자 후의 1주당 평가액보다 적은 경우에는 유가증권시장에서 거래되는 가액으로 평가된 1주당 평가액을 사용한다. 유가증권시장에서 거래되는 가액으로 평가된 1주당 평가액은 상장주식 등의 일반적인 평가방법(相贈法 §60, §63 ① 1호 가목)을 따르되, 권리락 전의 주가는 의미가 없으므로 증자의 권리락일 이후 2월간 공표된 한국거래소 최종시세가액의 평균액으로 하여 계산한다(서사-946, 2004.6.28.).

증자 전의 1주당 평가액을 계산함에 있어서는 주권상장법인의 경우 해당 증자에 따른 권리

락이 있는 날 전 2월이 되는 날부터 권리락이 있는 날의 전일까지 공표된 한국거래소 최종시세가액의 평균액으로 한다(相贈通 39－29…2).

(2) 실권주를 재배정하지 않는 경우

해당 법인의 주주가 신주를 배정받을 수 있는 권리의 전부 또는 일부를 포기한 경우로서 실권주를 배정하지 아니하는 경우에는 해당 신주인수를 포기한 자와 그의 특수관계인이 신주를 인수함으로써 얻은 이익에 상당하는 금액을 증여재산가액으로 한다(相贈法 §39 ① 1호 나목). 실권주를 재배정하는 경우에는 특수관계 여부를 불문하였으나 실권주를 재배정하지 않는 경우에는 신주인수를 포기한 자와 그의 특수관계인이 신주를 인수하여 이익을 얻은 경우에만 증여재산을 계산한다는 점에 주의해야 한다. 또한 실권주를 재배정하는 경우에는 증자 후의 주식가액 및 신주인수가액의 차이비율[아래의 산식에서 (A－B)를 의미함]이나 증여재산금액의 크기에 관계 없이 증여재산가액을 계산하였으나, 실권주를 재배정하지 않는 경우에는 증자 후의 주식가액 및 신주인수가액의 차이비율이 증자 후의 주식가액(아래의 산식에서 A를 의미함)의 30%보다 크거나 증여재산금액이 3억원 이상인 경우에 적용하는 점에서 차이가 있다.

$$\text{증여재산가액} = (A-B) \times C$$

단, (A－B)≥A×30%이거나 (A－B)×C≥3억원인 경우에 한함.

$$A = \text{증자 후의 1주당 평가액}^{*} = \frac{\left(\dfrac{\text{증자 전의 1주당 평가액} \times}{\text{증자 전의 발행주식총수}}\right) + \left(\dfrac{\text{신주 1주당 인수가액} \times \text{증자 전의 비율대로}}{\text{균등하게 증자한 경우의 증자주식수}}\right)}{(\text{증자 전의 발행주식총수} + \text{증자 전의 비율대로 균등하게 증자한 경우의 증가주식수})}$$

* 상장법인의 경우 증자 후 1주당 평가액이 상기 계산한 증자 후의 1주당 평가액보다 적은 경우에는 당해 가액을 적용

B＝신주 1주당 인수가액

$$C = \text{실권주총수} \times \text{증자 후 신주인수권자의 지분비율} \times \frac{\text{신주인수자와 그의 특수관계인의 실권주수}}{\text{실권주총수}}$$

상기의 증여재산가액 산식에서 'A 산식'에 의해 계산된 금액은 '증자 후 주식가액'으로 본다. 증자 전 · 후의 1주당 평가액이 모두 '영(0)' 이하인 경우에는 이익이 없는 것으로 본다. 한편, 증자 후의 1주당 평가액(A)을 계산함에 있어 상장법인의 경우에는 (유가증권시장에서 거래되는 가액으로 평가된) 증자 후의 1주당 평가액(권리락일 이후 2월간 공표된 한국거래소 최종시세가액 등의 평균액)이 상기의 산식에 의해 계산한 증자 후의 1주당 평가액보다 적은 경우에는 유가증권시장에서 거래되는 가액으로 평가된 1주당 평가액을 사용한다.

또한 증자 전의 1주당 평가액을 계산함에 있어 주권상장법인의 경우 당해 증자에 따른 권리락이 있는 날 전 2월이 되는 날부터 권리락이 있는 날의 전일까지 공표된 한국거래소 최종시세가액의 평균액으로 한다(相贈通 39－29…2).

(3) 신주의 직접배정 또는 초과배정

해당 법인의 주주가 아닌 자(제3자)가 해당 법인으로부터 신주를 직접배정 받음으로써 얻은 이익(相贈法 §39 ① 1호 다목)과 해당 법인의 주주가 그 소유주식수에 비례하여 균등한 조건에 의하여 배정받을 수 있는 수를 초과하여 신주를 직접배정(초과배정)받음으로써 얻은 이익(相贈法 §39 ① 1호 라목)에 대해서는 증여세가 과세된다.

이때, 앞서 설명하였듯이 「자본시장과 금융투자업에 관한 법률」에서 정한 방법으로 모집하는 경우에는 증자에 따른 이익의 증여 규정을 적용하지 않으나, 「자본시장과 금융투자업에 관한 법률」 제9조 제12항에 따른 인수인으로부터 그 신주를 인수 · 취득하는 경우(相贈法 §39 ① 1호 다목)와 제3자에게 증권을 취득시킬 목적으로 그 증권의 전부 또는 일부를 취득한 자로부터 인수 · 취득하는 경우(相贈令 §29 ④)에는 예외 규정이 적용되지 않음에 주의한다.

신주를 직접 배정받은 제3자와 초과배정을 받은 기존주주에 대한 증여재산가액의 계산은 '실권주를 재배정한 경우 증여재산가액의 계산방식'과 동일하다(相贈令 §29 ③ 1호). 한편, 신주인수권을 포기한 주주와 그의 특수관계인이 자기지분비율을 초과해 신주를 배정받은 이익은 그 증여의사 여부와는 관계없이 증여로 보아 과세된다(대법원 99두2499, 2000.1.21.). 따라서 초과배정 등으로 이익을 받은 자에 대한 증여의사표시 여부는 증여세 과세대상 여부와는 무관하다.

증여재산가액 = (A − B) × C

$$A = \text{증자 후의 1주당 평가액}^* = \frac{\left(\begin{array}{c}\text{증자 전의 1주당 평가액} \times \\ \text{증자 전의 발행주식총수}\end{array}\right) + \left(\begin{array}{c}\text{신주 1주당 인수가액} \times \\ \text{증자에 의하여 증가한 주식수}\end{array}\right)}{(\text{증자 전의 발행주식총수} + \text{증자에 의하여 증가한 주식수})}$$

* 상장법인의 경우 증자 후의 1주당 평가액이 상기의 산식에 따라 계산한 증자 후의 1주당 평가액보다 적은 경우에는 해당 가액을 적용

B = 신주 1주당 인수가액

C = 배정받은 신주수*

- 신주를 직접 배정받은 제3자의 경우에는 그 신주수를 의미하며,
- 균등한 조건에 의하여 배정받을 신주수를 초과하여 배정받은 자의 경우에는 그 초과부분의 신주수를 의미함.

상기의 증여재산가액 산식에서 'A 산식'에 의해 계산된 금액은 '증자 후 주식가액'으로 본다. 증자 전 · 후의 1주당 평가액이 모두 '영(0)' 이하인 경우에는 이익이 없는 것으로 본다. 한편, 증자 후의 1주당 평가액(A)을 계산함에 있어 주권상장법인 등의 경우에는 (유가증권시장에서 거래되는 가액으로 평가된) 증자 후의 1주당 평가액(권리락일 이후 2월간 공표된 한국거래소 최종시세가액 등의 평균액)이 상기의 산식에 의해 계산한 증자 후의 1주당 평가액보다 적은 경우에는 유가증권시장에서 거래되는 가액으로 평가된 1주당 평가액을 사용한다.

또한 증자 전의 1주당 평가액을 계산함에 있어 주권상장법인의 경우 당해 증자에 따른 권리락이 있는 날 전 2월이 되는 날부터 권리락이 있는 날의 전일까지 공표된 한국거래소 최종시세가액의 평균액으로 한다(相贈通 39-29…2).

(4) 소액주주

저가발행시 증여를 적용함에 있어 신주를 배정받을 수 있는 권리를 포기하거나 그 소유주식수에 비례하여 균등한 조건에 의하여 배정받을 수 있는 수에 미달(신주를 배정받지 아니한 경우 포함)되게 배정받은 소액주주가 2인 이상인 경우에는 이익을 증여한 소액주주가 1명인 것으로 보고 이익을 계산한다(相贈法 §39 ②). 이때 소액주주는 해당 법인의 발행주식총수 등의 100분의 1 미만을 소유하는 경우로서 주식 등의 액면가액의 합계액이 3억원 미만인 주주 등을 말한다(相贈令 §29 ⑤).

3.2 신주의 고가발행

신주를 시가보다 높게 발행하는 경우에는 다음의 각 항목에 해당하는 이익에 대해 증여세가 과세된다. 신주를 시가보다 높게 발행하게 된다면 발행기업의 재무적 안정성을 높이는 방향이기 때문에 신주의 저가발행의 경우보다 완화된 규정이 적용된다. 즉 신주의 저가발행시에는 특수관계가 없는 경우에도 증여로 추정되는 경우가 있으나 신주의 고가발행시에는 특수관계가 있는 경우에 한하여 증여세가 과세되는 것이 특징이다.

신주를 고가발행하였을 때 발생한 '실권주를 재배정하는 경우'와 '재배정하지 않는 경우' 그리고 '제3자에게 직접배정하거나 기존주주에게 초과배정하는 경우' 등 세 가지로 나누어 증여재산가액을 계산한다. 한편, 신주를 시가보다 낮게 발행하였는지 여부를 판단할 때 시가(상속세및증여세법 제60조 또는 제63조에 의한 평가액)는 최대주주 등의 할증평가규정은 적용하지 않는다(재재산 46014-3, 2001.1.5.).

(1) 실권주를 재배정하는 경우

해당 법인의 주주가 신주를 배정받을 수 있는 권리의 전부 또는 일부를 포기한 경우로서 실권주를 배정하는 경우에는 그 실권주를 배정받은 자가 이를 인수함으로써 그와 특수관계에 있는 신주인수포기자가 얻은 이익에 대해서는 증여세가 과세된다(相贈法 §39 ① 2호 가목). 신주를 저가발행하고 실권주를 재배정하는 경우에는 특수관계 여부를 불문하였으나 신주를 고가발행하고 실권주를 재배정하는 경우에는 실권주를 배정받은 자와 신주인수포기자가 특수관계에 있는 경우에 한해 증여세가 과세된다는 점에 주의할 필요가 있다.

$$증여재산가액 = (B - A) \times C$$

$$A = 증자\ 후의\ 1주당\ 평가액^{*} = \frac{\left(\begin{array}{c}증자\ 전의\ 1주당\ 평가액\times\\ 증자\ 전의\ 발행주식총수\end{array}\right) + \left(\begin{array}{c}신주\ 1주당\ 인수가액\times\\ 증자에\ 의하여\ 증가한\ 주식수\end{array}\right)}{(증자\ 전의\ 발행주식총수 + 증자에\ 의하여\ 증가한\ 주식수)}$$

* 주권상장법인 및 코스닥상장법인의 경우 증자 후의 1주당 평가액이 상기의 산식에 따라 계산한 증자 후의 1주당 평가액보다 큰 경우에는 해당 가액을 적용

B=신주 1주당 인수가액

$$C = 신주인수를\ 포기한\ 주주의\ 실권주수 \times \frac{신주인수를\ 포기한\ 주주와\ 그의\ 특수관계인이\ 인수한\ 실권주수}{실권주총수}$$

상기의 증여재산가액 산식에서 'A 산식'에 의해 계산된 금액은 '증자 후 주식가액'으로 본다. 증자 전 · 후의 1주당 평가액이 모두 '영(0)' 이하인 경우에는 이익이 없는 것으로 본다. 한편, 증자 후의 1주당 평가액(A)을 계산함에 있어 상장법인의 경우에는 (유가증권시장에서 거래되는 가액으로 평가된) 증자 후의 1주당 평가액(권리락일 이후 2월간 공표된 한국거래소 최종시세가액 등의 평균액)이 상기의 산식에 의해 계산한 증자 후의 1주당 평가액보다 큰 경우에는 유가증권시장에서 거래되는 가액으로 평가된 1주당 평가액을 사용한다.

또한 증자 전의 1주당 평가액을 계산함에 있어 주권상장법인의 경우 당해 증자에 따른 권리락이 있는 날 전 2월이 되는 날부터 권리락이 있는 날의 전일까지 공표된 한국거래소 최종시세가액의 평균액으로 한다(相贈通 39-29…2).

(2) 실권주를 재배정하지 않는 경우

해당 법인의 주주가 신주를 배정받을 수 있는 권리의 전부 또는 일부를 포기한 경우로서 실권주를 배정하지 아니하는 경우에는 해당 신주를 인수함으로써 그와 특수관계에 있는 신주인수포기자가 얻은 이익에 대해서는 증여세가 과세된다(相贈法 §39 ① 2호 나목). 신주를 저가에 발행하고 실권주를 배정하지 않는 경우와 마찬가지로 신주를 고가발행한 경우에도 실권주를 재배정받은 자와 신주인수포기자가 특수관계에 있을 때 증여재산을 계산하게 된다.

$$증여재산가액 = (B - A) \times C$$

단, (B−A)≥A×30%이거나 (B−A)×C≥3억원인 경우에 한함.

$$A = 증자\ 후의\ 1주당\ 평가액^{*} = \frac{\left(\begin{array}{c}증자\ 전의\ 1주당\ 평가액\times\\ 증자\ 전의\ 발행주식총수\end{array}\right) + \left(\begin{array}{c}신주\ 1주당\ 인수가액\times\\ 증자에\ 의하여\ 증가한\ 주식수\end{array}\right)}{(증자\ 전의\ 발행주식총수 + 증자에\ 의하여\ 증가한\ 주식수)}$$

* 상장법인의 경우 증자 후의 1주당 평가액이 상기의 산식에 따라 계산한 증자 후의 1주당 평가액보다 큰 경우에는 해당 가액을 적용

B=신주 1주당 인수가액

$$C = 신주인수를\ 포기한\ 주주의\ 실권주수 \times \frac{신주인수를\ 포기한\ 주주의\ 특수관계인이\ 인수한\ 신주수}{증자\ 전의\ 비율대로\ 균등하게\ 증자한\ 경우의\ 증자주식총수}$$

상기의 증여재산가액 산식에서 'A 산식'에 의해 계산된 금액은 '증자 후 주식가액'으로 본다. 증자 전 · 후의 1주당 평가액이 모두 '영(0)' 이하인 경우에는 이익이 없는 것으로 본다. 한편, 증자 후의 1주당 평가액(A)을 계산함에 있어 상장법인의 경우에는 (유가증권시장에서 거래되는 가액으로 평가된) 증자 후의 1주당 평가액(권리락일 이후 2월간 공표된 한국거래소 최종시세가액 등의 평균액)이 상기의 산식에 의해 계산한 증자 후의 1주당 평가액보다 큰 경우에는 유가증권시장에서 거래되는 가액으로 평가된 1주당 평가액을 사용한다.

또한 증자 전의 1주당 평가액을 계산함에 있어 주권상장법인의 경우 당해 증자에 따른 권리락이 있는 날 전 2월이 되는 날부터 권리락이 있는 날의 전일까지 공표된 한국거래소 최종시세가액의 평균액으로 한다(相贈通 39-29…2).

(3) 신주의 직접배정 또는 초과배정

해당 법인의 주주가 아닌 자(제3자)가 해당 법인으로부터 신주를 직접배정 받음으로써 그와 그의 특수관계인이 얻은 이익(相贈法 §39 ① 2호 다목)과 해당 법인의 주주가 그 소유주식수에 비례하여 균등한 조건에 의하여 배정받을 수 있는 수를 초과하여 신주를 직접배정(초과배정)받음으로써 그와 그의 특수관계인이 얻은 이익(相贈法 §39 ① 2호 라목)에 대해서는 증여세가 과세된다.

또한, 저가발행과 마찬가지로 「자본시장과 금융투자업에 관한 법률」 제9조 제12항에 따른 인수인으로부터 그 신주를 인수 · 취득하는 경우(相贈法 §39 ① 1호 다목)와 제3자에게 증권을 취득시킬 목적으로 그 증권의 전부 또는 일부를 취득한 자로부터 인수 · 취득하는 경우(相贈令 §29 ④)에는 예외 규정이 적용되지 않는다.

신주를 저가발행하고 신주를 제3자에게 직접 배정하거나 기존주주에게 초과배정한 경우에는 특수관계 여부를 불문하였으나, 신주를 고가발행하고 신주를 제3자에게 직접 배정하거나 기존주주에게 초과배정한 경우에는 신주를 직접 배정받은 자 또는 초과배정받은 자와 그로 인해 이익을 얻은 자 간에 특수관계에 있는 경우에 한해 증여세가 과세된다는 점에 주의한다.

신주인수권을 포기한 주주와 그의 특수관계인이 자기지분비율을 초과해 신주를 배정받은 이익은 그 증여의사 여부와는 관계없이 증여로 보아 과세된다(대법원 99두2499, 2000.1.21.). 따라서 초과배정 등으로 이익을 받은 자에 대한 증여의사표시 여부는 증여세 과세대상 여부와는 무관하다.

$$\text{증여재산가액} = (B - A) \times C$$

$$A = \text{증자 후의 1주당 평가액*} = \frac{\left(\frac{\text{증자 전의 1주당 평가액} \times}{\text{증자 전의 발행주식총수}}\right) + \left(\frac{\text{신주 1주당 인수가액} \times}{\text{증자에 의하여 증가한 주식수}}\right)}{(\text{증자 전의 발행주식총수} + \text{증자에 의하여 증가한 주식수})}$$

* 상장법인의 경우 증자 후의 1주당 평가액이 상기의 산식에 따라 계산한 증자 후의 1주당 평가액보다 큰 경우에는 해당 가액을 적용

B=신주 1주당 인수가액

$$C = \text{가} \times \frac{\text{나}}{\text{다}}$$

가 : 신주를 배정받지 아니하거나 균등한 조건에 의하여 배정받을 신주수에 미달되게 신주를 배정받은 주주의 배정받지 아니하거나 그 미달되게 배정받은 부분의 신주수

나 : 신주를 배정받지 아니하거나 미달되게 배정받은 주주의 특수관계인이 인수한 신주수

다 : 주주가 아닌 자에게 배정된 신주 및 해당 법인의 주주가 균등한 조건에 의하여 배정받을 신주수를 초과하여 인수한 신주의 총수

상기의 증여재산가액 산식에서 'A 산식'에 의해 계산된 금액은 '증자 후 주식가액'으로 본다. 증자 전 · 후의 1주당 평가액이 모두 '영(0)' 이하인 경우에는 이익이 없는 것으로 본다. 한편, 증자 후의 1주당 평가액(A)을 계산함에 있어 상장법인의 경우에는 (유가증권시장에서 거래되는 가액으로 평가된) 증자 후의 1주당 평가액(권리락일 이후 2월간 공표된 한국거래소 최종시세가액 등의 평균액)이 산식에 의해 계산한 증자 후의 1주당 평가액보다 큰 경우에는 유가증권시장에서 거래되는 가액으로 평가된 1주당 평가액을 사용한다.

또한 증자 전의 1주당 평가액을 계산함에 있어 주권상장법인의 경우 해당 증자에 따른 권리락이 있는 날 전 2월이 되는 날부터 권리락이 있는 날의 전일까지 공표된 한국거래소 최종시세가액의 평균액으로 한다(相贈通 39－29…2).

3.3 전환주식을 시가보다 낮거나 높게 발행한 경우

전환주식은 「상법」 제346조에 따른 종류주식의 유형으로 전환주식을 보유한 자는 보통주 등 다른 종류의 주식으로 전환할 선택권(option)을 가지게 된다. 해당 법인이 전환주식을 발행한 경우에는 발행 이후 다른 종류의 주식으로 전환함에 따라 이익을 얻은 것으로 볼 경우에는 증자에 따른 이익의 증여규정이 적용된다.

전환주식을 시가보다 낮은 가액으로 발행한 경우에는 교부받았거나 교부받을 주식의 가액이 전환주식 발행 당시 전환주식의 가액을 초과함으로서 그 주식을 교부받은 자가 얻은 이익이 있는 경우(相贈法 §39 ① 3호 가목)와 전환주식을 시가보다 높은 가액으로 발행한 경우에는 교부받았거나 교부받을 주식의 가액이 전환주식 발행 당시 전환주식의 가액보다 낮아짐으로서 그

주식을 교부받은 자의 특수관계인이 얻은 이익이 있는 경우(相贈法 §39 ① 3호 나목)에 증여세과 과세된다.

전환주식 발행에 따른 증여이익의 계산은 신주발행시 이익계산방식을 사용하는데, 전환주식의 저가 또는 고가발행의 이익은 전환주식을 다른 종류의 주식으로 전환함에 따라 교부받은 주식을 신주로 보아 신주발행의 각 경우의 산식에 따라 계산한 이익에서 전환주식 발행 당시 신주발행의 각 경우의 산식에 따라 계산한 이익을 차감한 금액으로 한다(相贈令 §29 ② 6호).

4. 감자에 따른 이익의 증여

일단 납입되어 확정된 자본은 감소시킬 수 없는 것이 원칙이나, 특별한 경우에는 예외적으로 자본의 감소를 행할 수 있는데, 이를 감자(減資)라 한다. 「상법」은 자본의 충실을 기하기 위하여 자본금의 감소를 엄격히 제한하고 있다. 자본금의 감소(減少)시에는 특별결의 및 채권자보호절차를 반드시 거쳐야 한다.

감자는 유상감자와 무상감자로 구분할 수 있다. 유상감자(有償減資)는 감소된 주금액을 주주에게 환급해 주는 실질적인 감자이다. 무상감자(無償減資)는 주금액을 주주에게 반환하지 않고 액면금액 또는 발행주식수만을 감소시키는 방법이다. 유상감자이든 무상감자이든 감자는 주주의 보유주식수에 비례하여 감소시키는 것이 원칙이다. 그러나 때로는 특정주주의 주식 또는 지분을 소각하는 불균등감자가 있을 수 있다. 예를 들어 부실화된 기업의 구조조정과정에서 대주주의 경영책임을 물어 대주주의 주식을 일시에 소각처리하는 불균등감자를 행하기도 한다.

법인이 자본을 감소시키기 위하여 주식등을 소각함에 있어 일부 주주의 주식등을 소각함으로써 이익을 얻은 경우에는 감자를 위한 주주총회 결의일을 증여일로 하여 그 이익에 상당하는 금액을 그 이익을 얻은 자의 증여재산가액으로 한다. 다만, 그 이익에 상당하는 금액이 기준금액 미만인 경우에는 제외한다(相贈法 §39의 2 ①). 감자에 따른 이익의 증여로 보지 않은 기준금액은 감자한 주식등의 평가액의 30%에 해당하는 금액과 3억원 중 적은 금액을 말한다(相贈令 §29의 2 ②).

한편, 주권상장법인이 장내거래 또는 공개매수를 통하여 취득한 주식을 소각하는 경우에는 특정대주주의 이익을 위한 행위로 보기 어려우므로 증여세과세대상이 되지 아니한다(서사-211, 2005.2.1.).

4.1 시가보다 낮은 대가로 소각한 경우

해당 법인이 시가보다 낮은 대가로 소각한 경우에는 주식등을 소각한 주주등의 특수관계인에 해당하는 대주주등이 얻은 이익을 증여재산가액으로 하며(相贈法 §39의 2 ① 1호), 구체적인 계산 방법은 다음과 같다(相贈令 §29의 2 ① 1호).

> **증여재산가액**=(A−B)×C
> 단, (A−B)≥A×30%이거나 (A−B)×C≥3억원인 경우에 한함.
> A=감자한 주식 1주당 평가액
> B=주식소각시 지급한 1주당 금액
> C=총감자주식수×대주주등의 감자 후 지분비율×$\frac{\text{대주주등과 특수관계인의 감자주식수}}{\text{총감자주식수}}$

이때 '대주주등'은 합병시의 증여이익의 계산시 적용한 대주주 요건과 같다(相贈令 §28 ②). 즉 대주주등은 해당 주주 등의 지분과 특수관계인의 지분을 합하여 해당 법인의 발행주식총수 등의 100분의 1 이상을 소유하고 있거나 소유하고 있는 주식 등의 액면가액이 3억원 이상인 주주를 말한다.

4.2 시가보다 높은 대가로 소각한 경우

해당 법인이 시가보다 높은 대가로 소각한 경우에는 대주주등의 특수관계인에 해당하는 주식등을 소각한 주주등이 얻은 이익을 증여재산가액으로 하며(相贈法 §39의 2 ① 2호), 1주당 평가액이 액면가액(대가가 액면가액에 미달하는 경우에는 해당 대가)에 미달하는 경우에 한한다(相贈令 §29의 2 ① 2호).

> **증여재산가액**=(A−B)×C
> 단, (A−B)≥A×30%이거나 (A−B)×C≥3억원인 경우에 한함.
> A=주식소각시 지급한 1주당 금액
> B=감자한 주식 1주당 평가액
> C=해당 주주의 감자주식수

5. 현물출자에 따른 이익의 증여

현물출자(現物出資)란 주금의 납입을 금전이 아닌 기타 다른 재산으로 하는 것을 말한다.

현물출자로 납입되는 재산은 토지 · 건물 등의 부동산 외에 유가증권이나 상품 등의 동산, 특허권 등 무형자산이 될 수도 있다. 구조조정협의에 따른 출자전환(出資轉換)도 현물출자의 일종이다. 현물출자를 통해 자본이 증가되므로 현물출자에 의해 발행되는 주식이 시가보다 높거나 낮으면 인수하는 자 또는 기존주주는 현물출자에 따른 이익을 얻게 된다.

현물출자에 의하여 법인이 발행한 주식 또는 지분(이하 "주식")을 인수하는 과정에서 주식을 시가보다 낮은 가액으로 인수하게 되면 현물출자자는 이익을 얻게 되며, 주식을 시가보다 높은 가액으로 인수하게 되면 현물출자자 외의 주주 등이 이익을 얻게 된다.

이때 주식을 시가보다 높은 가액으로 인수하게 되면 법인 전체적으로 자본의 충실을 꾀하는 것이므로 이러한 경우 증여이익의 과세는 현물출자자와 특수관계에 있는 기존 주주 등에 대해서만 과세한다. 반면, 주식을 시가보다 낮은 가액으로 인수하게 되면 기존 주주의 이익이 침해됨에도 불구하고 그러한 의사결정을 하였으므로 특수관계 여부에 불문하고 현물출자자에게 이익을 증여한 것으로 본다(相贈法 §39의 3). 한편, 현물출자에 따른 이익의 증여에 있어 증여일은 현물출자 납입일로 한다.

5.1 주식을 시가보다 낮은 가액으로 인수한 경우

주식을 시가보다 낮은 가액으로 인수(저가발행)한 경우는 현물출자대상이 되는 재산을 과대평가하였음을 의미한다. 주식을 시가보다 낮은 가액으로 인수한 경우에는 특수관계 여부에 불문하고 현물출자자에게 이익을 증여한 것으로 본다. 단, 주권상장법인이 「자본시장과 금융투자업에 관한 법률」 제165조의 6에 따른 일반공모증자의 방법으로 배정하는 경우는 제외한다.

주식을 시가보다 낮은 가액으로 인수한 경우 증여이익의 계산은 다음과 같다.

$$\text{증여재산가액} = (A - B) \times C$$

$$A = \text{현물출자 후의 1주당 평가액}^{*} = \frac{\left(\begin{array}{c}\text{현물출자 전의 1주당 평가액} \times \\ \text{현물출자 전의 발행주식총수}\end{array}\right) + \left(\begin{array}{c}\text{신주 1주당 인수가액} \times \\ \text{현물출자에 의하여 증가한 주식수}\end{array}\right)}{(\text{현물출자 전의 발행주식총수} + \text{현물출자에 의하여 증가한 주식수})}$$

* 상장법인의 경우 현물출자 후의 1주당 평가액이 상기의 산식에 따라 계산한 현물출자 후의 1주당 평가액보다 적은 경우에는 해당 가액을 적용

B = 신주 1주당 인수가액

C = 현물출자자가 배정받은 신주수

상기의 증여재산가액 산식에서 'A 산식'에 의해 계산된 금액은 '현물출자 후의 주식가액'으로 본다. 현물출자 전 · 후의 1주당 평가액이 모두 '영(0)' 이하인 경우에는 이익이 없는 것으로

본다. 한편, 증자 후의 1주당 평가액(A)을 계산함에 있어 상장법인 등의 경우에는 (유가증권시장에서 거래되는 가액으로 평가된) 증자 후의 1주당 평가액(권리락일 이후 2월간 공표된 한국거래소 최종시세가액 등의 평균액)이 상기의 산식에 의해 계산한 증자 후의 1주당 평가액보다 적은 경우에는 유가증권시장에서 거래되는 가액으로 평가된 1주당 평가액을 사용한다.

5.2 주식을 시가보다 높은 가액으로 인수한 경우

주식을 시가보다 높은 가액으로 인수(고가발행)한 경우는 현물출자대상이 되는 재산을 과소평가하였음을 의미한다. 주식을 시가보다 높은 가액으로 인수한 경우에는 기존주주와 현물출자자 간에 특수관계인에 해당하는 경우에 한하여 기존주주에게 이익을 증여한 것으로 본다. 단, 주권상장법인이 「자본시장과 금융투자업에 관한 법률」 제165조의 6에 따른 일반공모증자의 방법으로 배정하는 경우는 제외한다. 주식을 시가보다 높은 가액으로 인수한 경우 증여이익의 계산은 다음과 같다.

$$\text{증여재산가액} = (B - A) \times C$$

단, $(B-A) \geq A \times 30\%$이거나 $(B-A) \times C \geq 3$억원인 경우에 한함.

$$A = \text{현물출자 후의 1주당 평가액}^{*} = \frac{\left(\frac{\text{현물출자 전의 1주당 평가액} \times}{\text{현물출자 전의 발행주식총수}}\right) + \left(\frac{\text{신주 1주당 인수가액} \times}{\text{현물출자에 의하여 증가한 주식수}}\right)}{(\text{현물출자 전의 발행주식총수} + \text{현물출자에 의하여 증가한 주식수})}$$

* 상장법인의 경우 증자 후의 1주당 평가액이 상기의 산식에 따라 계산한 증자 후의 1주당 평가액보다 큰 경우에는 해당 가액을 적용

B = 신주 1주당 인수가액

C = 현물출자자 인수 신주수×현물출자자 외의 주주* 또는 출자자의 지분비율

* 현물출자 전에 현물출자자와 그의 특수관계인에 한한다.

상기의 증여재산가액 산식에서 'A 산식'에 의해 계산된 금액은 '현물출자 후의 주식가액'으로 본다. 현물출자 전·후의 1주당 평가액이 모두 '영(0)' 이하인 경우에는 이익이 없는 것으로 본다. 한편, 증자 후의 1주당 평가액(A)을 계산함에 있어 주권상장법인의 경우에는 (유가증권시장에서 거래되는 가액으로 평가된) 증자 후의 1주당 평가액(권리락일 이후 2월간 공표된 한국거래소 최종시세가액 등의 평균액)이 상기의 산식에 의해 계산한 증자 후의 1주당 평가액보다 큰 경우에는 유가증권시장에서 거래되는 가액으로 평가된 1주당 평가액을 사용한다.

6. 전환사채 등의 주식전환 등에 따른 이익의 증여

전환사채와 신주인수권부사채와 같이 주식으로 전환 · 교환 또는 인수할 수 있는 권리가 부여된 사채에 대해서 상속세및증여세법에서는 증여이익에 관해 별도로 규정하고 있다. 전환사채등은 다른 일반 재산과 달리 원본 재산에 추가적인 옵션(option)이 부여되어 있기 때문에 사채에 부가된 옵션에 대한 가치를 별도로 고려하여야 증여효과를 측정할 수 있기 때문이다.

전환사채등에 대한 주식전환에 따른 이익의 증여는 전환사채등을 시가보다 낮은 가액으로 인수 또는 취득시 일차적으로 과세하고, 전환사채등에 의하여 주식으로의 전환 · 교환 또는 주식의 인수, 전환사채등의 양도시 추가적으로 이익의 증여 여부를 판단한다.

전환사채등의 주식전환에 따른 이익의 증여는 전환사채, 신주인수권부사채(신주인수권증권이 분리된 경우에는 신주인수권증권을 말함), 기타 주식으로 전환 · 교환하거나 주식을 인수할 수 있는 권리가 부여된 사채를 인수 · 취득 · 양도하거나 전환사채등에 의하여 주식으로의 전환 · 교환 또는 주식의 인수를 함으로써 이익을 얻는 경우를 말한다.

전환사채등의 발행(인수), 취득, 전환, 교환, 양도시에 이익의 분여가 있는 경우에는 각각 과세한다. 다만, 발행시에 발생한 이익에 대해 과세되었다면 향후 교환시점에서 계산한 이익 중 발행시에 과세한 증여이익에 대해서는 차감한다. 전환사채등의 발행, 취득, 전환, 교환 및 양도시의 증여세과세구조를 간략하게 표시하면 다음과 같다.

[그림 9-8] 전환사채등 관련 증여세과세구조

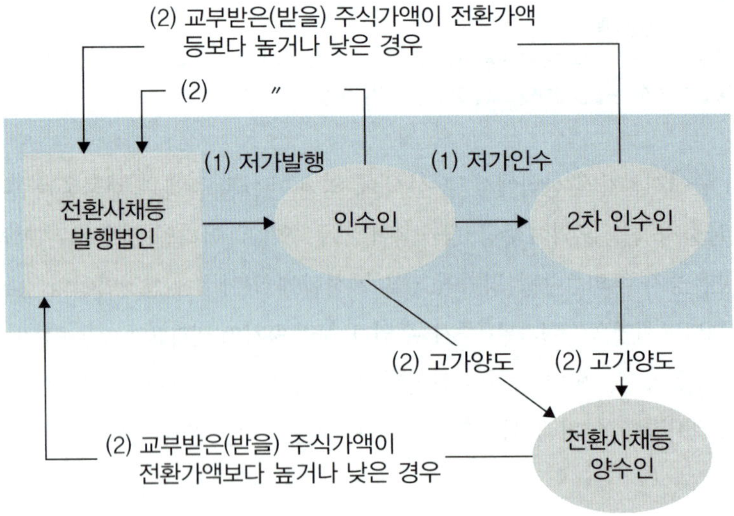

[그림 9-8]에서 (1)은 '전환사채등을 인수 · 취득함으로써 얻은 이익'을 의미하며, (2)는 '전

환사채등에 의해 주식으로의 전환, 교환 또는 주식의 인수(이하 "주식전환등") 및 전환사채등의 양도를 통해 얻는 이익'을 의미한다. 각 이익의 과세 여부는 인수인 등이 전환사채등의 발행법인과의 관계, 양도자와 양수자 간의 관계를 별도로 규정하고 있으며, 이익의 증여로 보지 않는 기준금액에 대한 정의도 각 유형별로 달리 적용하고 있으므로 구체적인 증여이익 해당 여부는 항목에서 확인하기 바란다.

6.1 전환사채등을 인수 · 취득함으로써 얻은 이익

전환사채등을 인수 · 취득함으로써 인수 · 취득한 날에 얻은 이익([그림 9-8]에서 '(1)에 해당하는 이익을 말함)은 다음의 어느 하나에 해당하는 경우이다(相贈法 §40 ① 1호 가목~다목).

① 특수관계인으로부터 전환사채등을 시가보다 낮은 가액으로 취득함으로써 얻은 이익
② 전환사채등을 발행한 법인의 최대주주나 그와 특수관계인인 주주가 그 법인으로부터 전환사채등을 시가보다 낮은 가액으로 그 소유주식수에 비례하여 균등한 조건에 의하여 배정받을 수 있는 수를 초과하여 인수 · 취득함으로써 얻은 이익
③ 전환사채등을 발행한 법인의 최대주주의 특수관계인(그 법인의 주주는 제외)이 그 법인으로부터 전환사채등을 시가보다 낮은 가액으로 인수등을 함으로써 얻은 이익

전환사채등을 인수 · 취득함으로써 얻는 이익의 내용을 보면 전환사채등을 시가보다 낮은 가액으로 인수등을 하는 경우에만 증여세를 과세하고 시가보다 높은 가액으로 인수등을 하는 경우에는 증여세를 과세하지 않는 특징이 있다. 전환사채등의 고가인수에 대해서 인수시점에는 과세하지 않고 후술하게 될 이익의 증여가 확정되는 시점(주식의 전환시점)에 과세하는 점에 주의한다. 이는 전환사채를 고가인수한 경우에는 기존의 주주에게 미치는 손실이 없기 때문인 것으로 이해된다. 반면, 위 ①~③과 같이 인수인이 저가인수를 한 경우에는 인수 · 취득시점에 1차 과세하고, 주식으로 전환할 수 있는(또는 전환한) 전환가액등과 교부받은(받을) 주식가액을 비교하여 2차로 과세하되 1차로 과세한 부분은 차감하는 구조임을 참고하기 바란다.

한편, 위 ②에서 전환사채등의 발행의 전반적인 과정이 「자본시장과 금융투자업에 관한 법률」에 의한 경우라면 증여이익의 과세대상에서 제외하는 것이 타당할 것이다. 따라서 상장법인이 「자본시장과 금융투자업에 관한 법률」 제9조 제7항에 따른 유가증권의 모집방법으로 신주를 배정하거나 전환주식을 발행하는 경우에는 증자에 따른 이익의 증여를 적용하지 않는다. 다만, 「자본시장과 금융투자업에 관한 법률」 제9조 제12항에 따른 인수인으로부터 인수 · 취득한 경우와 「자본시장과 금융투자업에 관한 법률 시행령」 제11조 제3항에 따른 공모의 방법이 아닌 방법으로 모집하는 경우에는 배제한다(相贈令 §30 ④).

일반적인 증자의 경우와 달리 전환사채등의 발행은 상장기업이라 하더라도 사모의 방법으로 유가증권을 모집하는 경우가 많으므로 주의를 필요로 한다. 전환사채 등을 인수 · 취득함으로써 얻은 이익에 대한 과세구조를 그림으로 나타내면 다음과 같다.

[그림 9-9] 전환사채등을 인수 · 취득함으로써 얻은 이익

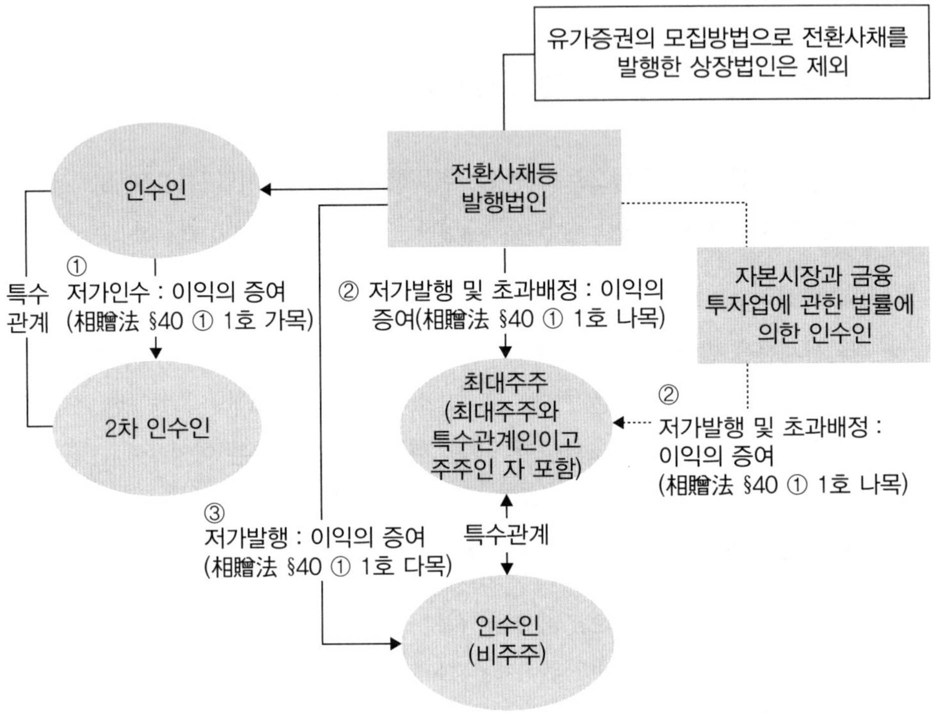

이때, 최대주주는 최대주주등(주주 1인과 그의 특수관계인의 보유주식을 합하여 그 보유주식의 합계가 가장 많은 경우의 해당주주 1인과 그의 특수관계인 모두) 중 보유주식의 수가 가장 많은 1인을 말한다(相贈令 §30 ③).

전환사채 등의 인수 · 취득시 증여재산가액은 전환사채등의 시가에서 전환사채등의 인수 · 취득가액을 차감한 가액이 전환사채등의 시가의 100분의 30 이상이거나 1억원 이상인 경우의 해당 금액이다.

> 전환사채등의 인수 · 취득시 증여재산가액 = 전환사채등의 시가 − 전환사채등의 인수 · 취득가액

* 단, 증여재산가액이 전환사채등의 시가의 30% 이상이거나 1억원 이상인 경우에만 적용

전환사채등의 인수 · 취득시 증여이익을 계산하기 위한 전환사채등의 시가는 상속세및증여세법 제60조 및 제63조 제1항 제2호에 의하여 평가한다. 이에 대해서는 본서의 재산평가방법 중 전환사채의 시가평가방법을 참고하기 바란다.

6.2 주식전환등에 의해 얻은 이익

전환사채등을 주식전환등(전환 · 교환 또는 주식인수)을 함으로써 주식전환등을 한 날에 얻은 이익은 다음의 어느 하나에 해당하는 경우이다(相贈法 §40 ① 2호).

① 전환사채등을 특수관계인으로부터 취득한 자가 전환사채 등에 의하여 교부받았거나 교부받을 주식의 가액이 전환가액등(전환 · 교환 또는 인수가액)을 초과함으로써 얻은 이익(유형 1)
② 전환사채등을 발행한 법인의 최대주주나 그의 특수관계인인 주주가 그 법인으로부터 전환사채등을 그 소유주식수에 비례하여 균등한 조건으로 배정받을 수 있는 수를 초과하여 인수등을 한 경우로서 전환사채등에 의하여 교부받았거나 교부받을 주식의 가액이 전환가액등을 초과함으로써 얻은 이익(유형 2)
③ 전환사채등을 발행한 법인의 최대주주의 특수관계인(그 법인의 주주는 제외)이 그 법인으로부터 전환사채등의 인수등을 한 경우로서 전환사채등에 의하여 교부받았거나 교부받을 주식의 가액이 전환가액등을 초과함으로써 얻은 이익(유형 3)
④ 전환사채등에 의하여 교부받은 주식의 가액이 전환가액등보다 낮게 됨으로써 그 주식을 교부받은 자의 특수관계인이 얻은 이익(유형 4)

주식전환등에 의한 이익의 유형별로 증여재산가액을 계산하는 구체적 내용은 다음과 같다.

(1) [유형 1]의 주식전환등에 의해 얻은 이익의 계산

전환사채등을 특수관계인으로부터 취득한 자가 전환사채 등에 의하여 교부받았거나 교부받을 주식의 가액이 전환가액등(전환 · 교환 또는 인수가액)을 초과함으로써 얻은 이익에 대해서는 증여세를 과세한다(相贈法 §40 ① 2호 가목).

[그림 9-10] [유형 1]의 과세구조

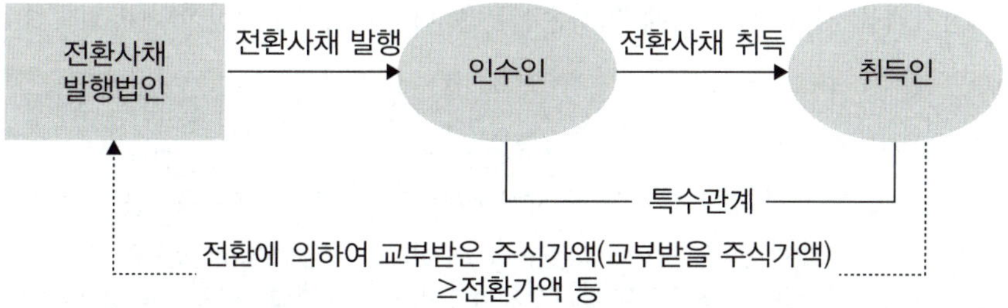

[유형 1]의 증여재산가액은 다음과 같이 계산한다.

증여재산가액=(A−B)×C−(이자손실분+전환사채등의 인수·취득시 증여재산가액)

A : 교부받은 주식가액(전환사채등의 양도의 경우에는 교부받을 주식가액)

B : 주식 1주당 전환가액등

C : 교부받은 주식수(교부받을 주식수)

A : 교부받은 주식가액

$$=\frac{\left(\begin{array}{c}\text{전환등 전의 1주당 평가액}\times\\ \text{전환등 전의 발행주식총수}\end{array}\right)+\left(\begin{array}{c}\text{주식 1주당 전환가액}\times\\ \text{전환등에 의하여 증가한 주식수}\end{array}\right)}{(\text{전환등 전의 발행주식총수}+\text{전환등에 의하여 증가한 주식수})}$$

A′ : 교부받을 주식가액

$$=\frac{\left(\begin{array}{c}\text{양도 전의 1주당 평가액}\times\\ \text{양도 전의 발행주식총수}\end{array}\right)+\left(\begin{array}{c}\text{주식 1주당 전환가액}\times\\ \text{전환등을 할 경우 증가할 주식수}\end{array}\right)}{(\text{양도 전의 발행주식총수}+\text{전환등을 할 경우 증가할 주식수})}$$

***전환등 : 전환사채등에 의하여 주식으로 전환·교환하거나 주식을 인수**

교부받은(받을) 주식가액의 계산방법은 증자시의 증여이익 계산과정에서 증자 후의 1주당 평가액과 유사한 방식이다. 교부받은 주식가액을 계산함에 있어 상장법인등의 주식으로 전환등(전환사채등에 의하여 주식으로 전환·교환하거나 주식을 인수)을 한 경우로서 전환등 후의 1주당 평가가액(이는 상장법인의 증자 후의 1주당 평가액의 계산특례와 동일하다. 즉 권리락일 이후 2월간 공표된 한국거래소 최종시세가액 등의 평균액을 의미)이 상기의 산식에 의해 계산한 1주당 가액보다 적은 경우에는 해당 1주당 평가가액으로 한다.

또한 교부받을 주식가액을 계산함에 있어서도 상장법인등의 경우로서 양도일을 기준으로 한 1주당 평가가액(양도일 이후 2월간 공표된 한국거래소 최종시세가액 등의 평균액을 의미)이 상기의 산식에 의해 계산한 1주당 평가가액보다 적은 경우에는 해당 1주당 평가가액으로 한다.

증여재산가액은 교부받은 주식가액(또는 교부받을 주식가액)이 주식 1주당 전환가액등보다 큰 경우 그 차액에 교부받은 주식수를 곱하고, 이 중 이자손실분과 전환사채등의 인수·취득시의 증여재산가액을 차감한다. 이때 이자손실분은 다음과 같이 계산한다(相贈則 §10의 2).

$$\textbf{이자손실분}=\overset{(①)}{\Sigma\frac{\text{만기상환금액}}{(1+\text{사채발행이율})^{n}}}-\overset{(②)}{\Sigma\frac{\text{만기상환금액}}{(1+\text{적정할인율})^{n}}}$$

① 전환사채등의 만기상환금액을 사채발행이율에 의하여 취득당시의 현재가치로 할인한 금액

② 전환사채등의 만기상환금액을 적정할인율(8%, 相贈則 §18의 3)에 의하여 취득당시의 현재가치로 할인한 금액

이자손실분의 계산은 전환사채등의 만기상환금액을 평가기준일이 아닌 '취득당시의 현재가

치'로 할인하여 계산한 금액으로 함에 주의해야 한다.

한편, 증여재산가액의 계산에 있어 전환사채 등을 취득한 당시에 저가로 인수함에 따라 이미 증여이익에 대해 과세(전환사채 등을 인수함으로써 얻은 이익 부분 참고)되었다면 이를 차감하여야 이중과세가 되지 않는다.

(2) [유형 2] 및 [유형 3]의 주식전환등에 의해 얻은 이익의 계산

전환사채등을 발행한 법인의 최대주주나 그의 특수관계인인 주주가 그 법인으로부터 전환사채등을 그 소유주식수에 비례하여 균등한 조건으로 배정받을 수 있는 수를 초과하여 인수등을 한 경우로서 전환사채등에 의하여 교부받았거나 교부받을 주식의 가액이 전환가액등을 초과함으로써 얻은 이익(유형 2, 相贈法 §40 ① 2호 나목)과 전환사채등을 발행한 법인의 최대주주의 특수관계인(그 법인의 주주는 제외)이 그 법인으로부터 전환사채등의 인수등을 한 경우로서 전환사채등에 의하여 교부받았거나 교부받을 주식의 가액이 전환가액등을 초과함으로써 얻은 이익(유형 3, 相贈法 §40 ① 2호 다목)에 대해서는 증여세를 과세한다.

[그림 9-11] [유형 2]와 [유형 3]의 과세구조

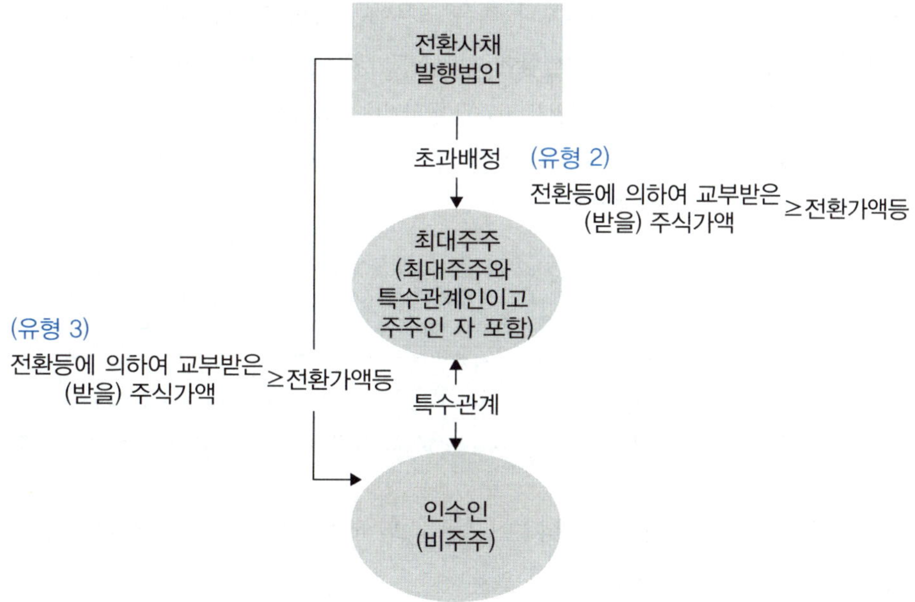

[유형 2]와 [유형 3]의 경우 증여재산가액은 [유형 1]의 경우와 같은 방법으로 다음과 같이 계산한다.

증여재산가액=(A-B)×C-(이자손실분+전환사채등의 인수·취득시 증여재산가액)

A : 교부받은 주식가액(전환사채등의 양도의 경우에는 교부받을 주식가액)
B : 주식 1주당 전환가액등
C : 교부받은 주식수(교부받을 주식수)

A : 교부받은 주식가액

$$= \frac{\left(\begin{array}{c}\text{전환등 전의 1주당 평가액×}\\ \text{전환등 전의 발행주식총수}\end{array}\right) + \left(\begin{array}{c}\text{주식 1주당 전환가액×}\\ \text{전환등에 의하여 증가한 주식수}\end{array}\right)}{(\text{전환등 전의 발행주식총수} + \text{전환등에 의하여 증가한 주식수})}$$

A′ : 교부받을 주식가액

$$= \frac{\left(\begin{array}{c}\text{양도 전의 1주당 평가액×}\\ \text{양도 전의 발행주식총수}\end{array}\right) + \left(\begin{array}{c}\text{주식 1주당 전환가액×}\\ \text{전환등을 할 경우 증가할 주식수}\end{array}\right)}{(\text{양도 전의 발행주식총수} + \text{전환등을 할 경우 증가할 주식수})}$$

*전환등 : 전환사채등에 의하여 주식으로 전환·교환하거나 주식을 인수

또한 상기 산식의 교부받은(받을) 주식수의 계산방법에 있어서도 [유형 1]과 동일하다. 즉 교부받은 주식가액을 계산함에 있어 상장법인등의 주식으로 전환등을 한 경우로서 전환등 후의 1주당 평가가액(권리락일 이후 2월간 공표된 한국거래소 최종시세가액 등의 평균액)이 상기의 산식에 의해 계산한 1주당 가액보다 적은 경우에는 해당 1주당 평가가액으로 한다.

또한 교부받을 주식가액을 계산함에 있어서도 상장법인등의 경우로서 양도일을 기준으로 한 1주당 평가가액(양도일 이후 2월간 공표된 한국거래소 최종시세가액 등의 평균액)이 상기의 산식에 의해 계산한 1주당 평가가액보다 적은 경우에는 해당 1주당 평가가액으로 한다. 이자손실분의 경우에도 동일하게 계산한다.

$$\text{이자손실분} = \Sigma \overset{(①)}{\frac{\text{만기상환금액}}{(1+\text{사채발행이율})^n}} - \Sigma \overset{(②)}{\frac{\text{만기상환금액}}{(1+\text{적정할인율})^n}}$$

① 전환사채등의 만기상환금액을 사채발행이율에 의하여 취득당시의 현재가치로 할인한 금액
② 전환사채등의 만기상환금액을 적정할인율(8%, 相贈則 §18의 3)에 의하여 취득당시의 현재가치로 할인한 금액

한편, [유형 2]와 [유형 3]의 경우도 [유형 1]과 마찬가지로 인수·취득시점의 증여재산가액을 차감해 주어야 이중과세가 되지 않는다.

(3) 유형 4의 주식전환등에 의해 얻은 이익의 계산

전환사채등에 의하여 교부받은 주식의 가액이 전환가액등보다 낮게 됨으로써 그 주식을 교부받은 자의 특수관계인이 얻은 이익(유형 4)에 대해서는 증여세를 과세한다.

[그림 9-12] [유형 4]의 과세구조

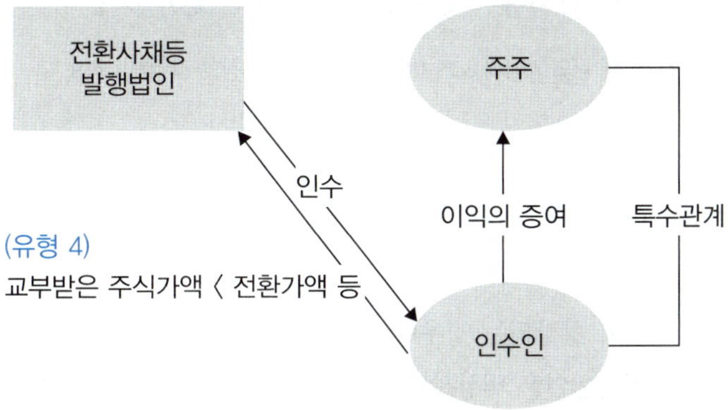

[유형 4]의 과세구조는 전환사채의 인수인이 고가인수를 함에 따라 인수인과 특수관계에 있는 전환사채등 발행법인의 주주에게 이익을 증여한 것으로 보는 것이다. 인수인이 저가인수를 한 경우에는 인수 · 취득시점에 1차 과세하고, 주식으로 전환할 수 있는(또는 전환한) 전환가액등과 교부받은 주식가액을 비교하여 2차로 과세하는 구조를 보이고 있는 반면(1차로 과세한 부분은 차감함), 전환사채등의 고가인수의 경우에는 인수시점에는 과세하지 않고 이익의 증여가 확정되는 시점(주식의 전환시점)에만 과세하는 점이 다르다. 이는 전환사채등을 고가인수한 경우에는 기존 주주에게 미치는 손실이 없기 때문인 것으로 이해된다.

교부받은 주식가액이 전환가액보다 낮게 됨으로써 그 전환사채 등을 인수한 자와 그의 특수관계인이 얻은 이익은 다음과 같이 계산한다.

> **증여재산가액** = (A − B) × C
>
> A : 주식 1주당 전환가액 등
> B : 교부받은 주식가액
> C : 전환 등에 의하여 증가한 주식수 × 해당 주식을 교부받은 자의 특수관계인이 전환등을 하기 전에 보유한 지분비율

교부받은 주식수는 [유형 1]에서 설명한 바와 같이 계산하되, 상장법인등의 주식으로 전환등 후의 1주당 평가가액(권리락일 이후 2월간 공표된 한국거래소 최종시세가액 등의 평균액)이 산식에 의해 계산한 1주당 가액보다 '낮은'은 '높은'으로 바뀌게 된다.

6.3 전환사채등을 양도함으로서 얻은 이익

전환사채등을 특수관계인에게 양도한 경우로서 전환사채등의 양도일에 양도가액이 시가를 초과함으로써 양도인이 얻은 이익에 대해서는 증여세를 과세한다(相贈法 §40 ① 3호). 다만, 증여재산가액이 기준금액 이상 즉, 전환사채등의 시가의 30% 이상이거나 1억원 이상인 경우에 한한다.

증여재산가액 = 전환사채등의 양도가액 – 전환사채등의 시가

* 단, 증여재산가액이 전환사채 등의 시가의 30% 이상이거나 1억원 이상인 경우에만 적용

7. 주식 또는 출자지분의 상장 등에 따른 이익의 증여

비상장법인의 주식이 상장되는 경우에는 통상적으로 그 가치가 증가된다. 시장가치비교법에서 설명되었듯이 상장법인은 비상장법인에 비해 추가적인 유동성을 확보하게 되므로 내재가치 외에 유동성가치를 가지기 때문이다. 또한 상장된 기업은 영업활동에 소요될 자금을 유가증권시장에서 수월하게 조달할 수 있으므로 비상장기업에 비해 재무활동측면에서도 여러 가지 이익을 얻게 된다.

비상장법인의 대주주는 상장을 통해 얻게 될 이익을 알고 특수관계인에게 미리 그 주식의 일부 또는 전부를 증여 또는 매도함으로써 부의 이전효과를 얻을 수 있다.

따라서 기업의 경영 등에 관하여 공개되지 아니한 정보를 이용할 수 있는 지위에 있다고 인정되는 자(이하 "최대주주 등")의 특수관계인이 해당 법인의 주식등을 증여받거나 취득한 경우 그 주식등을 증여받거나 취득한 날로부터 5년 이내에 그 주식등이 증권시장(유가증권시장 및 코스닥시장)에 상장됨에 따라 그 가액이 증가한 경우로서 그 주식등을 증여받거나 취득한 자가 당초 증여세 과세가액 또는 취득가액을 초과하여 이익을 얻은 경우에는 그 이익에 상당하는 금액을 그 이익을 얻은 자의 증여재산가액으로 하되 그 이익에 상당하는 금액이 기준금액 미만인 경우에는 증여세를 과세하지 아니한다(相贈法 §41의 3 ①).

7.1 과세대상범위

기업의 경영등에 관하여 공개되지 아니한 정보를 이용할 수 있는 지위에 있다고 인정되는 다음의 어느 하나에 해당하는 자(이하 "최대주주등")가 해당 법인의 주식등을 상장일로부터 소급하여 5년 이내에 특수관계인에게 그 주식등을 양도 또는 증여한 경우에 해당한다.

① 최대주주 또는 최대출자자

② 내국법인의 발행주식 등 총수의 100분의 25 이상(특수관계인 지분 포함)을 소유한 자(특수관계인 포함)

최대주주 또는 최대출자자란 주주등 1인과 그의 특수관계인의 보유주식 등을 합하여 그 보유주식 등의 합계가 가장 많은 경우의 해당 주주 등 1인과 그의 특수관계인 모두를 말한다(相贈法 §22 ②).

상장일로부터 소급하여 5년 이내에 주식등을 증여받거나 취득한 경우란 최대주주등으로부터 해당 법인의 주식등을 증여받거나 유상으로 취득한 경우와 증여받은 재산(주식 등을 유상으로 취득한 날로부터 소급하여 3년 이내에 최대주주 등으로부터 증여받은 재산을 말함)으로 최대주주등이 아닌 자로부터 해당법인의 주식등을 취득한 경우를 말하며, 증여받거나 취득한 날로부터 5년 이내에 그 주식 등이 「자본시장과 금융투자업에 관한 법률」에 따라 증권시장(유가증권시장 및 코스닥시장)에 상장됨에 따라 그 가액이 증가한 경우로서 그 주식 등을 증여받거나 유상으로 취득한 자가 당초 증여세 과세가액(증여받은 재산으로 주식 등을 취득한 경우를 제외) 또는 취득가액을 초과하여 기준금액 이상의 이익을 얻은 때에는 해당 이익에 상당하는 금액을 증여재산가액으로 한다(相贈法 §41의 3 ①). 만일 납세자가 내부정보를 이용한 시세차익을 얻은 것이 아닌 기업가치의 실질적인 증가로 인한 이익임이 재무제표 등 관련 서류를 통해 확인되는 경우에는 이를 차감한다.

7.2 증여재산가액 또는 차감증여재산가액의 계산

증여재산가액 또는 차감증여재산가액은 다음과 같이 계산한다. 증여재산가액의 계산은 정산기준일 현재 1주당 평가가액(A)이 취득가액 등(B)보다 큰 경우와 작은 경우로 나누어 별도의 산식에 의한다.

① 정산기준일 현재 1주당 평가액이 취득가액 등의 가액보다 큰 경우

증여재산가액 = (A − B − C) × 증여받거나 유상으로 취득한 주식수

단, {A − (B + C)} ≥ B × 30%이거나 증여재산가액 ≥ 3억원인 경우에 한함.

A = 정산기준일 현재 1주당 평가액

B = 취득가액 등

C = 1주당 기업가치의 실질적인 증가로 인한 이익

$$= \frac{\text{해당 주식 등의 취득일(증여일)이 속하는 사업연도 개시일부터 상장일 전일까지의 사이의 1주당 순손익액의 합계액}}{\text{해당 기간의 월수}} \times \text{해당 주식 등의 취득일(증여일)로부터 정산기준일까지의 월수}$$

② 정산기준일 현재 1주당 평가액이 취득가액 등의 가액보다 작은 경우

증여재산가액=(A－B)×증여받거나 유상으로 취득한 주식수

단, {A－B}≥B×30%이거나 증여재산가액≥3억원인 경우에 한함.
A=정산기준일 현재 1주당 평가액
B=취득가액 등

가. 정산기준일 현재 1주당 평가액

정산기준일 현재 1주당 평가가액(A)은 '유가증권 등의 평가(相贈法 §63)'의 방법에 따른 가액을 의미한다. 정산기준일은 해당 주식 등의 상장일로부터 3개월이 되는 날(그 주식 등을 보유한 자가 상장일로부터 3개월 이내에 사망하거나 그 주식 등을 증여 또는 양도한 경우에는 그 사망일 · 증여일 또는 양도일)로 한다(相贈法 §41의 3 ③). 이때, 상장일은 증권시장에 최초로 주식등의 매매거래를 시작한 날로 한다(相贈法 §41의 3 ⑤).

나. 취득가액 등

취득가액 등(B)은 주식 등을 취득한 날 현재의 1주당 취득가액을 의미하며, 증여받은 경우에는 증여받은 날 현재의 1주당 증여세과세가액을 의미한다.

다. 1주당 기업가치의 실질적인 증가로 인한 이익

취득(또는 수증)한 주식으로부터 발생한 가치의 실질적인 증가금액은 내부정보를 불공정하게 이용하여 얻은 이익이 아니므로 차감하는 것이 합리적이다. 1주당 기업가치의 실질적인 증가로 인한 이익의 계산은 취득일(증여일)이 속하는 사업연도개시일로부터 상장일 전일까지의 1주당 순손익액의 합계액을 이용한다. 1주당 순손익액의 계산은 사업연도 단위로 각 사업연도별 순손익가치 계산시 사용한 방법(상속세및증여세법시행령 제56조 제4항에 의한 방법)을 준용한다(相贈則 §10의 4 ②). 다만, 주식 등의 상장일 등이 속하는 사업연도개시일로부터 상장일 등의 전일까지의 1주당 순손익액을 산정하기 어려운 경우에는 각 사업연도별 순손익가치 계산의 방법(상속세및증여세법시행령 제56조 제3항에 의한 방법)에 의하여 계산한 상장일이 속하는 사업연도의 직전 사업연도의 1주당 순손익액을 해당 사업연도의 월수로 나눈 금액에 상장일이 속하는 사업연도개시일부터 상장일 전일까지의 월수를 곱한 금액에 의할 수 있다(相贈則 §10의 4 ③).

만일 결손금 등이 발생하여 1주당 순손익액으로 당해 이익을 계산하는 것이 불합리한 경우에는 1주당 순자산가액(상속세및증여세법 제55조의 규정에 의한 가액)의 증가분에 의할 수 있다(相贈令 §31의 3 ⑤).

라. 증여재산가액 또는 차감증여재산가액

증여재산가액이 (+)의 금액이 발생할 경우(이익이 발생하는 경우)에는 당초의 증여세과세가액에 가산하여 증여세과세표준과 세액을 정산하고, (−)의 금액이 발생하는 경우(손실이 발생하

는 경우)에는 그 금액이 증여재산가액을 계산할 때의 기준금액 이상인 경우에 한해(相贈令 §31의 3 ⑥) 증여받은 때에 납부한 당초의 증여세액을 기준으로 환급계산할 수 있다(相贈法 §41의 3 ④).

7.3 전환사채등의 경우

전환사채등[전환사채 · 신주인수권부사채(신주인수권증권이 분리된 경우에는 신주인수권증서) · 기타 주식으로 전환 · 교환하거나 주식을 인수할 수 있는 권리가 부여된 사채]을 상장일로부터 5년 이내에 증여받거나 유상으로 취득(발행법인으로부터 직접 인수 · 취득하는 경우를 포함)한 전환사채등이 주식 등으로 전환된 경우에는 그 전환사채등을 증여받거나 취득한 때에 그 전환된 주식 등을 증여받거나 취득한 것으로 보아 상기 규정을 적용한다. 이 경우 정산기준일까지 주식 등으로 전환되지 아니한 경우에는 정산기준일에 주식 등으로 전환된 것으로 보아 상기의 규정을 적용하되, 그 전환사채등의 만기일까지 주식 등으로 전환되지 아니한 경우에는 정산기준일을 기준으로 과세한 증여세액을 환급한다.

8. 합병에 따른 상장 등 이익의 증여

최대주주 등의 특수관계인이 아래의 어느 하나에 해당하는 경우로서 그 주식 등을 증여받거나 취득한 날로부터 5년 이내에 그 주식등을 발행한 법인이 특수관계에 있는 상장법인과 합병되어 주식등의 가액이 증가함으로써 그 주식등을 증여받거나 취득한 자가 당초 증여세 과세가액(증여받은 재산으로 주식등을 취득한 경우는 제외) 또는 취득가액을 초과하여 이익을 얻은 경우에는 그 이익에 상당하는 금액을 그 이익을 얻은 자의 증여재산가액으로 하되, 그 이익에 상당하는 금액이 기준금액 미만인 경우에는 증여세를 과세하지 아니한다(相贈法 §41의 5 ①). 이때, 기준금액은 '주식등의 상장등에 따른 이익의 증여'에서 정한 기준금액과 동일하다(相贈令 §31의 5 ②).

① 최대주주등으로부터 해당 법인의 주식 등을 증여받거나 유상으로 취득한 경우
② 증여받은 재산으로 최대주주등이 아닌 자로부터 해당 법인의 주식등을 취득한 경우
③ 증여받은 재산으로 최대주주등이 주식등을 보유하고 있는 다른 법인의 주식 등을 최대주주등이 아닌 자로부터 취득함으로써 최대주주등과 그의 특수관계인이 보유한 주식등을 합하여 그 다른 법인의 최대주주등에 해당하게 되는 경우

합병에 따른 상장 등 이익의 증여는 앞서 설명한 '주식등의 상장등에 따른 이익의 증여'의 규정을 준용한다. 이 경우 상장일은 합병등기일로 본다(相贈法 §41의 5 ②). 따라서 특수관계에

있는 상장법인과 합병하는 경우 합병등기일로부터 3월이 되는 날의 가액을 계산하여 그 차액분을 증여 받은 것으로 보아 증여세를 과세하게 된다.

한편, 특수관계에 있는 상장법인이란 합병등기일이 속하는 사업연도의 직전 사업연도개시일(개시일이 서로 다른 법인이 합병한 경우에는 먼저 개시한 날을 말함)부터 합병등기일까지의 기간 중 다음 중 하나에 해당하는 법인을 말한다(相贈令 §31의 5 ③).

① 해당 법인 또는 다른 법인의 주식 등을 취득한 자와 그의 특수관계인이 상장법인의 최대주주 등에 해당하는 경우의 해당 법인

② 기업집단소속의 다른 법인 또는 동일인 임원의 임면권의 행사 또는 사업방침의 결정 등을 통하여 경영에 영향력을 행사하고 있다고 인정되는 관계에 있는 법인

합병에 따른 상장 등 이익의 증여에 대한 증여재산가액(또는 차감증여가액)의 계산은 '주식 또는 출자지분의 상장 등에 따른 이익의 증여'와 동일한 방법에 의하므로 구체적인 설명은 생략한다.

부 록

부록 1. 현가계수표

₩1의 현가계수표 $PVIF = \frac{1}{(1+i)^n}$

n / i	1%	2%	3%	4%	5%	6%	7%	8%	9%	10%
1 ···	0.99010	0.98039	0.97087	0.96154	0.95238	0.94340	0.93458	0.92593	0.91743	0.90909
2 ···	0.98030	0.96117	0.94260	0.92456	0.90703	0.89000	0.87344	0.85734	0.84168	0.82645
3 ···	0.97059	0.94232	0.91564	0.88900	0.86384	0.83962	0.81630	0.79383	0.77228	0.75131
4 ···	0.96098	0.92385	0.88849	0.85480	0.82270	0.79209	0.76290	0.73503	0.70843	0.68301
5 ···	0.95147	0.90573	0.86261	0.82193	0.78353	0.74726	0.71299	0.68058	0.64993	0.62092
6 ···	0.94205	0.88797	0.83748	0.79031	0.74622	0.70496	0.66634	0.63017	0.59627	0.56447
7 ···	0.93272	0.87056	0.81309	0.75992	0.71068	0.66506	0.62275	0.58349	0.54703	0.51316
8 ···	0.92348	0.85349	0.78941	0.73069	0.67684	0.62741	0.58201	0.54027	0.50187	0.46651
9 ···	0.91434	0.83676	0.76642	0.70259	0.64461	0.59190	0.54393	0.50025	0.46043	0.42410
10 ···	0.90529	0.82035	0.74409	0.67556	0.61391	0.55839	0.50835	0.46319	0.42241	0.38554
11 ···	0.89632	0.80426	0.72242	0.64958	0.58468	0.52679	0.47509	0.42888	0.38753	0.35049
12 ···	0.88745	0.78849	0.70138	0.62460	0.55684	0.49697	0.44401	0.39711	0.35553	0.31863
13 ···	0.87866	0.77303	0.68095	0.60057	0.53032	0.46884	0.41496	0.36770	0.32618	0.28966
14 ···	0.86996	0.75788	0.66112	0.57748	0.50507	0.44230	0.38782	0.34046	0.29925	0.26333
15 ···	0.86135	0.74301	0.64186	0.55526	0.48102	0.41727	0.36245	0.31524	0.27454	0.23939
16 ···	0.85282	0.72845	0.62317	0.53391	0.45811	0.39365	0.33873	0.29189	0.25187	0.21763
17 ···	0.84438	0.71416	0.60502	0.51337	0.43630	0.37136	0.31657	0.27027	0.23107	0.19784
18 ···	0.83602	0.70016	0.58739	0.49363	0.41552	0.35034	0.29586	0.25025	0.21199	0.17986
19 ···	0.82774	0.68643	0.57029	0.47464	0.39573	0.33051	0.27651	0.23171	0.19449	0.16351
20 ···	0.81954	0.67297	0.55368	0.45639	0.37689	0.31180	0.25842	0.21455	0.17843	0.14864

n / i	11%	12%	14%	15%	16%	18%	20%	22%	24%	25%
1 ···	0.90090	0.89286	0.87719	0.86957	0.86207	0.84746	0.83333	0.81967	0.80645	0.80000
2 ···	0.81162	0.79719	0.76947	0.75614	0.74316	0.71818	0.69444	0.67186	0.65036	0.64000
3 ···	0.73119	0.71178	0.67497	0.65752	0.64066	0.60863	0.57870	0.55071	0.52449	0.51200
4 ···	0.65873	0.63552	0.59208	0.57175	0.55229	0.51579	0.48225	0.45140	0.42297	0.40960
5 ···	0.59345	0.56743	0.51937	0.49718	0.47611	0.43711	0.40188	0.37000	0.34111	0.32768
6 ···	0.53464	0.50663	0.45559	0.43233	0.41044	0.37043	0.33490	0.30328	0.27509	0.26214
7 ···	0.48166	0.45235	0.39964	0.37594	0.35383	0.31393	0.27908	0.24859	0.22184	0.20972
8 ···	0.43393	0.40388	0.35056	0.32690	0.30503	0.26604	0.23257	0.20376	0.17891	0.16777
9 ···	0.39092	0.36061	0.30751	0.28426	0.26295	0.22546	0.19381	0.16702	0.14428	0.13422
10 ···	0.35218	0.32197	0.26974	0.24718	0.22668	0.19106	0.16151	0.13690	0.11635	0.10737
11 ···	0.31728	0.28748	0.23662	0.21494	0.19542	0.16192	0.13459	0.11221	0.09383	0.08590
12 ···	0.28584	0.25668	0.20756	0.18691	0.16846	0.13722	0.11216	0.09198	0.07567	0.06872
13 ···	0.25751	0.22917	0.18207	0.16253	0.14523	0.11629	0.09346	0.07539	0.06103	0.05498
14 ···	0.23199	0.20462	0.15971	0.14133	0.12520	0.09855	0.07789	0.06180	0.04921	0.04398
15 ···	0.20900	0.18270	0.14010	0.12289	0.10793	0.08352	0.06491	0.05065	0.03969	0.03518
16 ···	0.18829	0.16312	0.12289	0.10686	0.09304	0.07078	0.05409	0.04152	0.03201	0.02815
17 ···	0.16963	0.14564	0.10780	0.09293	0.08021	0.05998	0.04507	0.03403	0.02581	0.02252
18 ···	0.15282	0.13004	0.09456	0.08081	0.06914	0.05083	0.03756	0.02789	0.02082	0.01801
19 ···	0.13768	0.11611	0.08295	0.07027	0.05961	0.04308	0.03130	0.02286	0.01679	0.01441
20 ···	0.12403	0.10367	0.07276	0.06110	0.05139	0.03651	0.02608	0.01874	0.01354	0.01153

부록 2. 연금현가계수표

정상연금 ₩1의 현가계수표

$$PVIFA = \frac{1 - \frac{1}{(1+i)^n}}{i}$$

n / i	1%	2%	3%	4%	5%	6%	7%	8%	9%	10%
1 …	0.99010	0.98039	0.97087	0.96154	0.95238	0.94340	0.93458	0.92593	0.91743	0.90909
2 …	1.97039	1.94156	1.91347	1.88609	1.85941	1.83339	1.80802	1.78326	1.75911	1.73554
3 …	2.94098	2.88388	2.82861	2.77509	2.72325	2.67301	2.62432	2.57710	2.53129	2.48685
4 …	3.90197	3.80773	3.71710	3.62990	3.54595	3.46511	3.38721	3.31213	3.23972	3.16987
5 …	4.85343	4.71346	4.57971	4.45182	4.32948	4.21236	4.10020	3.99271	3.88965	3.79079
6 …	5.79548	5.60143	5.41719	5.24214	5.07569	4.91732	4.76654	4.62288	4.48592	4.35526
7 …	6.72819	6.47199	6.23028	6.00205	5.78637	5.58238	5.38929	5.20637	5.03295	4.86842
8 …	7.65168	7.32548	7.01969	6.73274	6.46321	6.20979	5.97130	5.74664	5.53482	5.33493
9 …	8.56602	8.16224	7.78611	7.43533	7.10782	6.80169	6.51523	6.24689	5.99525	5.75902
10 …	9.47130	8.98259	8.53020	8.11090	7.72173	7.36009	7.02358	6.71008	6.41766	6.14457
11 …	10.36763	9.78685	9.25262	8.76048	8.30641	7.88687	7.49867	7.13896	6.80519	6.49506
12 …	11.25508	10.57534	9.95400	9.38507	8.86325	8.38384	7.94269	7.53608	7.16073	6.81369
13 …	12.13374	11.34837	10.63496	9.98565	9.39357	8.85268	8.35765	7.90378	7.48690	7.10336
14 …	13.00370	12.10625	11.29607	10.56312	9.89364	9.29498	8.74547	8.24424	7.78615	7.36669
15 …	13.86505	12.84926	11.93794	11.11839	10.37966	9.71225	9.10791	8.55948	8.06069	7.60608
16 …	14.71787	13.57771	12.56110	11.65230	10.83777	10.10590	9.44665	8.85137	8.31256	7.82371
17 …	15.56225	14.29187	13.16612	12.16567	11.27407	10.47726	9.76322	9.12164	8.54363	8.02155
18 …	16.39827	14.99203	13.75351	12.65930	11.68959	10.82760	10.05909	9.37189	8.75563	8.20141
19 …	17.22601	15.67846	14.32380	13.13394	12.08532	11.15812	10.33560	9.60360	8.95011	8.36492
20 …	18.04555	16.35143	14.87747	13.59033	12.46221	11.46992	10.59401	9.81815	9.12855	8.51356

n / i	11%	12%	14%	15%	16%	18%	20%	22%	24%	25%
1 …	0.90090	0.89286	0.87719	0.86957	0.86207	0.84746	0.83333	0.81967	0.80645	0.80000
2 …	1.71252	1.69005	1.64666	1.62571	1.60523	1.56564	1.52778	1.49153	1.45682	1.44000
3 …	2.44371	2.40183	2.32163	2.28323	2.24589	2.17427	2.10648	2.04224	1.98130	1.95201
4 …	3.10245	3.03735	2.91371	2.85498	2.79818	2.69006	2.58873	2.49364	2.40428	2.36160
5 …	3.69590	3.60478	3.43308	3.35216	3.27429	3.12717	2.99061	2.86364	2.74538	2.68928
6 …	4.23054	4.11141	3.88867	3.78448	3.68474	3.49760	3.32551	3.16692	3.02047	2.95142
7 …	4.71220	4.56376	4.28830	4.16042	4.03857	3.81153	3.60459	3.41551	3.24232	3.16114
8 …	5.14612	4.96764	4.63886	4.48732	4.34359	4.07757	3.83716	3.61927	3.42122	3.32891
9 …	5.53705	5.32825	4.94637	4.77158	4.60654	4.30302	4.03079	3.78628	3.56550	3.46313
10 …	5.88923	5.65022	5.21612	5.01877	4.83323	4.49409	4.19247	3.92318	3.68186	3.57050
11 …	6.20652	5.93770	5.45273	5.23371	5.02864	4.65601	4.32706	4.03540	3.77569	3.65640
12 …	6.49236	6.19437	5.66029	5.42062	5.19711	4.79322	4.43922	4.12737	3.85136	3.72512
13 …	6.74987	6.42355	5.84236	5.58315	5.34233	4.90951	4.53268	4.20277	3.91239	3.78010
14 …	6.98187	6.62817	6.00207	5.72448	5.46753	5.00806	4.61057	4.26456	3.96160	3.82408
15 …	7.19087	6.81086	6.14217	5.84737	5.57546	5.09158	4.67547	4.31522	4.00129	3.85926
16 …	7.37916	6.97399	6.26506	5.95423	5.66850	5.16235	4.72956	4.35673	4.03330	3.88741
17 …	7.54879	7.11963	6.37286	6.04716	5.74870	5.22233	4.77463	4.39077	4.05911	3.90993
18 …	7.70162	7.24967	6.46742	6.12797	5.81785	5.27316	4.81219	4.41866	4.07993	3.92794
19 …	7.83929	7.36578	6.55037	6.19823	5.87746	5.31624	4.84350	4.44152	4.09672	3.94235
20 …	7.96333	7.46944	6.62313	6.25933	5.92884	5.35275	4.86958	4.46027	4.11026	3.95388

부록 3. 종가계수표

₩1의 종가계수표 $CVIF = (1+i)^n$

n / i	1%	2%	3%	4%	5%	6%	7%	8%	9%	10%
1 ···	1.01000	1.02000	1.03000	1.04000	1.05000	1.06000	1.07000	1.08000	1.09000	1.10000
2 ···	1.02010	1.04040	1.06090	1.08160	1.10250	1.12360	1.14490	1.16640	1.18810	1.21000
3 ···	1.03030	1.06121	1.09273	1.12486	1.15763	1.19102	1.22504	1.25971	1.29503	1.33100
4 ···	1.04060	1.08243	1.12551	1.16986	1.21551	1.26248	1.31080	1.36049	1.41158	1.46410
5 ···	1.05101	1.10408	1.15927	1.21665	1.27628	1.33823	1.40255	1.46933	1.53862	1.61051
6 ···	1.06152	1.12616	1.19405	1.26532	1.34010	1.41852	1.50073	1.58687	1.67710	1.77156
7 ···	1.07214	1.14869	1.22987	1.31593	1.40710	1.50363	1.60578	1.71382	1.82804	1.94872
8 ···	1.08286	1.17166	1.26677	1.36857	1.47746	1.59385	1.71819	1.85093	1.99256	2.14359
9 ···	1.09369	1.19509	1.30477	1.42331	1.55133	1.68948	1.83846	1.99900	2.17189	2.35795
10 ···	1.10462	1.21899	1.34392	1.48024	1.62889	1.79085	1.96715	2.15892	2.36736	2.59374
11 ···	1.11567	1.24337	1.38423	1.53945	1.71034	1.89830	2.10485	2.33164	2.58043	2.85312
12 ···	1.12683	1.26824	1.42576	1.60103	1.79586	2.01220	2.25219	2.51817	2.81266	3.13843
13 ···	1.13809	1.29361	1.46853	1.66507	1.88565	2.13293	2.40985	2.71962	3.06580	3.45227
14 ···	1.14947	1.31948	1.51259	1.73168	1.97993	2.26090	2.57853	2.93719	3.34173	3.79750
15 ···	1.16096	1.34587	1.55797	1.80094	2.07893	2.39656	2.75903	3.17217	3.64248	4.17725
16 ···	1.17258	1.37279	1.60471	1.87298	2.18287	2.54035	2.95216	3.42594	3.97031	4.59497
17 ···	1.18430	1.40024	1.65285	1.94790	2.29202	2.69277	3.15882	3.70002	4.32763	5.05447
18 ···	1.19615	1.42825	1.70243	2.02582	2.40662	2.85434	3.37993	3.99602	4.71712	5.55992
19 ···	1.20811	1.45681	1.75351	2.10685	2.52695	3.02560	3.61653	4.31570	5.14166	6.11591
20 ···	1.22019	1.48595	1.80611	2.19112	2.65330	3.20714	3.86968	4.66096	5.60441	6.72750

n / i	11%	12%	14%	15%	16%	18%	20%	22%	24%	25%
1 ···	1.11000	1.12000	1.14000	1.15000	1.16000	1.18000	1.20000	1.22000	1.24000	1.25000
2 ···	1.23210	1.25440	1.29960	1.32250	1.34560	1.39240	1.44000	1.48840	1.53760	1.56250
3 ···	1.36763	1.40493	1.48154	1.52088	1.56090	1.64303	1.72800	1.81585	1.90662	1.95313
4 ···	1.51807	1.57352	1.68896	1.74901	1.81064	1.93878	2.07360	2.21533	2.36421	2.44141
5 ···	1.68506	1.76234	1.92541	2.01136	2.10034	2.28776	2.48832	2.70271	2.93163	3.05176
6 ···	1.87041	1.97382	2.19497	2.31306	2.43640	2.69955	2.98598	3.29730	3.63522	3.81470
7 ···	2.07616	2.21068	2.50227	2.66002	2.82622	3.18547	3.58318	4.02271	4.50767	4.76837
8 ···	2.30454	2.47596	2.85259	3.05902	3.27841	3.75886	4.29982	4.90771	5.58951	5.96006
9 ···	2.55804	2.77308	3.25195	3.51788	3.80296	4.43545	5.15978	5.98740	6.93099	7.45058
10 ···	2.83942	3.10585	3.70722	4.04556	4.41144	5.23384	6.19174	7.30463	8.59443	9.31323
11 ···	3.15176	3.47855	4.22623	4.65239	5.11726	6.17593	7.43008	8.91165	10.65709	11.64153
12 ···	3.49845	3.89598	4.81790	5.35025	5.93603	7.28759	8.91610	10.87221	13.21479	14.55192
13 ···	3.88328	4.36349	5.49241	9.15279	6.88579	8.59936	10.69932	13.26410	16.38634	18.18989
14 ···	4.31044	4.88711	6.26135	7.07571	7.98752	10.14724	12.83918	16.18220	20.31906	22.73737
15 ···	4.78459	5.47357	7.13794	8.13706	9.26552	11.97375	15.40702	19.74229	25.19563	28.42171
16 ···	5.31089	6.13039	8.13725	9.35762	10.74800	14.12902	18.48843	24.08559	31.24259	35.52714
17 ···	5.89509	6.86604	9.27646	10.76126	12.46768	16.67225	22.18611	29.38442	38.74081	44.40892
18 ···	6.54355	7.68997	10.57517	12.37545	14.46251	19.67325	26.62333	35.84899	48.03860	55.51115
19 ···	7.26334	8.61276	12.05569	14.23177	16.77652	23.21444	31.94800	43.73577	59.56786	69.38894
20 ···	8.06231	9.64629	13.74349	16.36654	19.46076	27.39303	38.33760	53.35764	73.86425	86.73617

정상연금 ₩1의 종가계수표 $CVIFA = \frac{(1+i)^n - 1}{i}$

n / i	1%	2%	3%	4%	5%	6%	7%	8%	9%	10%
1 …	1.00000	1.00000	1.000000	1.00000	1.00000	1.00000	1.00000	1.00000	1.00000	1.00000
2 …	2.01000	2.02000	2.03000	2.04000	2.05000	2.06000	2.07000	2.08000	2.09000	2.10000
3 …	3.03010	3.06040	3.09090	3.12160	3.15250	3.18360	3.21490	3.24640	3.27810	3.31000
4 …	4.06040	4.12161	4.18363	4.24646	4.31013	4.37462	4.43994	4.50611	4.57313	4.64100
5 …	5.10100	5.20404	5.30914	5.41632	5.52563	5.63709	5.75074	5.86660	5.98471	6.10510
6 …	6.15201	6.30812	6.46841	6.63298	6.80191	6.97532	7.15329	7.33593	7.52333	7.71561
7 …	7.21353	7.43428	7.66246	7.89829	8.14201	8.39384	8.65402	9.92280	9.20043	9.48717
8 …	8.28567	8.58297	8.89234	9.21423	9.54911	9.89747	10.25980	10.63663	11.02847	11.43589
9 …	9.36853	9.75453	10.15911	10.58280	11.02656	11.49132	11.97799	12.48756	13.02104	13.57948
10 …	10.46221	10.94972	11.46388	12.00611	12.57789	13.18079	13.81645	14.48656	15.19293	15.93742
11 …	11.56883	12.16872	12.80780	13.48635	14.20679	14.97164	15.78360	16.64549	17.56029	18.53117
12 …	12.68250	13.41209	14.19203	15.02581	15.91713	16.86994	17.88845	18.97713	20.14072	21.38428
13 …	13.80933	14.68033	15.61779	16.62684	17.71298	18.88214	20.14064	21.49530	22.95338	24.52271
14 …	14.94742	15.97394	17.08632	18.29191	19.59863	21.01507	22.55049	24.21492	26.01919	27.97498
15 …	16.09689	17.29342	18.59891	20.02359	21.57856	23.27597	25.12902	27.15211	29.36092	31.77248
16 …	17.25786	18.63929	20.15688	21.82453	23.65749	25.67253	27.88805	30.32428	33.00340	35.94973
17 …	18.43044	20.01207	21.76159	23.69751	25.84037	28.21288	30.84022	33.75023	36.97370	40.54470
18 …	19.61474	21.41231	23.41444	25.64541	28.13238	30.90565	33.99903	37.45024	41.30134	45.59917
19 …	20.81089	22.84056	25.11687	27.67123	30.53900	33.75999	37.37876	41.44626	46.01846	51.15909
20 …	22.01900	24.29737	26.87037	29.77808	33.06595	36.78559	40.99549	45.76196	51.16012	57.27500

n / i	11%	12%	14%	15%	16%	18%	20%	22%	24%	25%
1 …	1.00000	1.00000	1.00000	1.00000	1.00000	1.00000	1.00000	1.00000	1.00000	1.00000
2 …	2.11000	2.12000	2.14000	2.15000	2.16000	2.18000	2.20000	2.22000	2.24000	2.25000
3 …	3.34210	3.37440	3.43960	3.47250	3.50560	3.57240	3.64000	3.70840	3.77760	3.81250
4 …	4.70973	4.77933	4.92114	4.99338	5.06650	5.21543	5.36800	5.52425	5.68422	5.76563
5 …	6.22780	6.35285	6.61010	6.74238	6.87714	7.15421	7.44160	7.73958	8.04844	8.20703
6 …	7.91286	8.11519	8.53552	8.75374	8.97748	9.44197	9.92992	10.44229	10.98006	11.25879
7 …	9.78327	10.08901	10.73049	11.06680	11.41387	12.14152	12.91590	13.73959	14.61528	15.07349
8 …	11.85943	12.29969	13.23276	13.72682	14.24009	15.32700	16.49908	17.76231	19.12294	19.84186
9 …	14.16397	14.77566	16.08536	16.78584	17.51851	19.08585	20.79890	22.67001	24.71245	25.80232
10 …	16.32201	17.54874	19.33730	20.30372	21.32147	23.52131	25.95868	28.65742	31.64344	33.25290
11 …	19.56143	20.65458	23.04452	24.34928	25.73290	28.75514	32.15042	35.96205	40.23787	42.56613
12 …	22.71319	24.13313	27.27075	29.00167	30.85017	34.93107	39.58050	44.87370	50.89495	54.20766
13 …	26.21164	28.02911	32.08865	34.35192	36.78620	42.21866	48.49660	55.74591	64.10974	68.75958
14 …	30.09492	32.39260	37.58107	40.50471	43.67199	50.81802	59.19592	69.01001	80.49608	86.94947
15 …	34.40536	37.27971	43.84241	47.58041	51.65951	60.96527	72.03511	85.19221	100.81514	109.68684
16 …	39.18995	42.75328	50.98035	55.71747	60.92503	72.93901	87.44213	104.93450	126.01077	138.10855
17 …	44.50084	48.88367	59.11760	65.07509	71.67303	87.06804	105.93056	129.02009	157.25336	173.63568
18 …	50.39594	55.74971	68.39407	75.83636	84.14072	103.74028	128.11667	158.40451	195.99416	218.04460
19 …	56.93949	63.43968	78.96923	88.21181	98.60323	123.41353	154.74000	194.25350	244.03276	273.55576
20 …	64.20283	72.05244	91.02493	102.44358	115.37975	146.62797	186.68800	237.98927	303.60062	342.94470

김 종 일

고려대학교 경영학과
Washington University MBA(Olin School in St. Louis)
고려대학교 경영학 박사

현, 가톨릭대학교 경영학부 교수

특기사항
· 한국공인회계사
· 세무사
· 미국공인회계사
· 미국선물거래사
· 한국회계학회 최우수 학위논문상 수상(2007년)
· 삼일회계법인 저명교수 선정(2021년)

주요경력
· Deloitte 안진회계법인: 컨설팅본부
· E&Y 한영회계법인: 국제본부
· 한국씨티은행: 기업여신심사팀
· 신한금융투자: 기업금융본부 Equity Capital Market
· 삼성화재: 기업연금파트

· 한국공인회계사회 가치평가위원회 위원장
· 한국회계학회 공정가치회계위원회 위원장
· 한국전력공사 매각심사위원회 심사위원
· 한국서부발전(주) 투자심의위원회 심의위원
· 국민연금기금 대체투자위원회 위원
· 한국석유공사 투자심의위원회 위원
· 농업정책보험금융원 농식품모태펀드 투자관리심의위원회 위원
· 제주국제자유도시개발센터(JDC) 투자 및 자금운용심의위원회 위원
· 경찰공제회 외부심의위원(리스크관리위원회, 대체투자실무협의회의 및 투자심사위원회
· 서울주택도시공사 투자심사위원회 위원
· 한국토지주택공사(LH) 기술심사평가위원
· 근로복지공단 근로복지진흥기금운용심의회 심의위원
· 건설공제조합 리스크관리위원회 위원
· 사학연금(사립학교교직원연금공단) 투자심의위원회 위원
· 스톤브릿지벤처스(주) 사외이사
· SK쉴더스(주)(前 ADT캡스) 이사회 의장 겸 사외이사

· 글로벌경영학회 부회장
· 한국회계정책학회 부회장
· 한국회계학회 회계저널 편집위원장
· 한국연금학회 편집이사

· 금융감독원 회계심의위원회 위원
· 한국거래소 기업심사위원회 심의위원단 위원
· 한국거래소(KRX) 주가지수운영위원회 위원
· (증권선물위원회) 회계감리위원 위원
· 공기업 · 공공기관 경영평가단 평가위원
· 문화방송(MBC) 경영평가위원
· 한국전력공사 매각심사위원회 심사위원
· 정보통신산업진흥원 누리꿈스퀘어 운영위원회 운영위원
· 한전KPS(주) 환위험관리위원
· 농림축산식품부 부정수급자심의위원회 위원
· 한국상장회사협의회 지배구조 자문위원회 자문위원
· 대한민국 브랜드대상 심사위원
· 사회복지법인 자애종합복지원 이사
· 한국디자인진흥원 비상임 감사
· 한식진흥원 비상임 감사

· 한국공인회계사, 관세사, 세무사, 경영 · 기술지도사 등 국가시험 출제위원

저서
· 기업가치평가(대표저자, 제7판, McKinsey & Company 『Valuation』, 인피니티북스, 2022.09)
· Cross border M&A Insight(공저, 단행본, 한국소재부품투자기관협의회, 2018.01)
· 현금흐름표를 알면 성공이 보인다(대표저자, 제1판, 리스크컨설팅코리아, 2018.02.23)
· 재무제표분석과 기업가치평가(대표저자, 제1판 3쇄, 도서출판 탐진, 2021.02.03.)
· 재무회계(대표저자, 제6판, 도서출판 탐진, 2021.03.08)
· K-IFRS 회계학 원론(공저, 제4판, 퍼스트북, 2022.03.02)

강 진 홍

한국공인회계사 세무사
고려대학교 경영학과
고려대학교 경영대학원
딜로이트안진회계법인
한국기업평가
삼경회계법인
서린회계법인
이정회계법인(현)

한국회계학회 공정가치회계 분과위원
한국공인회계사회 가치평가위원회 위원
국세청 재산평가심의위원회 심의위원(전)

저서 "공정가치평가"(조세통람)

정 호 준

한국공인회계사 세무사
고려대학교 경영학과
고려대학교 일반대학원 회계학
삼일회계법인
서린회계법인
이정회계법인(현)

기업가치평가실무

저 자 김종일 · 강진홍 · 정호준
발 행 인 서동혁
편집 · 교정 류현수, 박가온, 김영림
편집디자인 이인아, 이은희, 황자애
발 행 처 ㈜조세통람
펴 낸 날 2006년 9월 28일 초판 발행
2022년 8월 30일 개정 9판 발행

저자와의 협의하에 인지생략

주 소 서울특별시 중구 동호로 14길 5-6(신당동)
등 록 1976. 11. 5. 제9-81호
대 표 전 화 02) 2231-7027
F A X 02) 2234-1754
구 입 문 의 02) 2231-7027~9

I S B N 979-11-6064-243-8 13320
정 가 65,000원

(주)조세통람은 좋은 책을 만들기 위해 독자 여러분의 의견을 기다립니다.
E-mail(josetop@inaus.co.kr)과 홈페이지(www.taxnet.co.kr)의 고객지원센터 "고객의 소리" 코너